数据立法重点问题研究

——以全国省级地方立法文件为研究对象

时建中◎主编

中国政法大学出版社

2024·北京

序

数据作为新型生产要素，是数字化、网络化、智能化的基础，已快速融入生产、分配、流通、消费和社会服务管理等各环节，深刻改变着生产方式、生活方式和社会治理方式。数据基础制度建设事关国家发展和安全大局。2022 年 12 月发布的《中共中央 国务院关于构建数据基础制度更好发挥数据要素作用的意见》（以下简称"数据二十条"）指出，"构建适应数据特征、符合数字经济发展规律、保障国家数据安全、彰显创新引领的数据基础制度"。"数据二十条"为全国性的数据基础法律制度的建立奠定了重要的政策基础，但如果将其转化为具体的法律制度安排，仍有许多问题值得深入思考。实际上，为了发挥数据和数字技术的牵引作用和赋能作用，提高数据开发利用的规范化程度，我国各地加快了数据立法的进程，呈现出"地方包围中央"的态势。丰富的地方立法实践凝聚着我国数据法律制度建设的智慧，成为构建全国数据基础制度的宝贵资源。在此背景下，本书致力于系统考察全国省级数据立法，总结具有探索意义和价值的地方立法的得与失，以推动全国性法律制度的健全和完善。

本书以"数据""数字经济""政务信息""公共信息""政务云""政府信息资源"等关键词进行检索，经筛选后共计得到 169 份省级数据立法文件。根据需要，也收集分析了若干有代表性城市的数据立法文件。分析这些地方数据立法文件，可以在宏观和微观层面，分别得出若干结论：

在宏观层面上，可以发现地方数据立法经历了认识不断深化和升华的过程，呈现出以下特点：其一，在规范对象方面，对数据经历了关注其信息载体属性到关注其生产要素属性的过程；其二，在立法内容方面，经历了从强调管理数据到注重释放数据资源的进步；其三，在立法模式上，经历了从单项立法向综合立法的跨越。可见，地方数据立法的探索过程，是深化认识数据特征、数字经济规律及数据法律制度科学性的过程，由点到面的立法进程彰显了地方的法治自觉。

在微观层面，本书聚焦于数据基础制度的重点问题研究并形成若干具体专题，并初步得出以下结论：①关于数据类型界定。各地数据立法实践已初步形成"基于公共数据及其对应概念"与"基于特殊领域"的数据类型体系。然而，目前数据类型的界定标准未能坚持同一性，导致概念的定义维度不同，概念之间存在内涵不清、外延错乱、关系不顺等问题。如何进一步统一界分数据类型的通用方法和标准，并厘清概念界定过程中的主体要素、行为要素等内涵或将成为调和数据类型体系化难题的重点问题；②关于数据权益配置。数据的特征决定了不应该对数据作绝对权的安排，而应通过数据权利制度安排让数据可以被更多主体合法地持有、加工、利用，使得数据资源在更大范围、更大程度发挥数据要素价值。讨论数据的权利化制度安排，一是需要考虑数据作为信息载体和生产要素的双重属性以及数据资源的非竞争性、可复制性和非排他性特征，二是需要考虑数据信息的处理和数据资源的应用都离不开数据技术，三是要考虑围绕数据利益相关者的正当利益来构建相应的权利制度和行为规则；③关于数据交易。应当尊重数据的特征和数字经济规律，不宜对场内交易与场外交易作优劣之分，更不应该褒扬场内交易而贬弃场外交易；④关于公共数据开放。应在厘清"公共数据"的内涵与外延基础之上，出台全国统一适用的公共数据开放制度，在立法层面、技术层面、组织层面打破公共数据面向全国开放的阻碍；⑤关于公共数据授权运营。应当坚持公共数据的公共属性并将公共数据授权运营限缩到最小的数据范围，最大程度实现公共数据"取之于民、用之于民、惠之于民"，构建科学合理的公共数据控制者、处理者和运营者的权利义务规则体系，处理好运营与安全、整体发展与局部差异的关系，高质量推进数据要素市场建设；⑥关于公共数据是否有偿开放。基于公共数据的公共性特征和承载的公共利益考量，公共数据应当以无偿开放为原则、有偿开放为例外；⑦关于数据授权运营政策措施的公平竞争审查。高质量的发展离不开高质量的竞争，竞争是市场机制的灵魂。当前地方数据立法实践对于公平竞争原则的重视程度不够，强势的产业政策和不完善的立法规定暗含了潜在的反竞争风险，有必要进行高质量实质性的公平竞争审查，强化竞争政策基础地位，处理好竞争政策与产业政策等其他经济政策的关系，推动产业政策与竞争政策协调发展；⑧关于全国统一数据市场建设。部分地方数据立法开始探索"促进区域内数据开放"和"促进跨区域数据开放"方面的制度设计，前者着眼地方区域内部的数据整合与共享，后者关注跨地域的数据流通。构建全国统一数据市场体系是一个系统工程，整体来看我国建设全国统一数据市场仍然存在三大壁垒，部门壁垒、地域壁垒和技术壁垒，有必要从治理机制、激励机制、技术规范方面对上述问题予以回应；⑨关于域外相关制度的借鉴。为了科学构建我国公共数据开放制度，本书还将视野扩展至世界范围内的比较研究，对美国、欧盟、加拿大、澳大利亚、日本和韩国的公共（政务）数据开放制度和实践展开了研究，从中归纳出各国或地区政务数据开放的制度要素与总体趋势；⑩关于欧盟语境下的"Data subject（数据主体）"等概念的引入与改造。无论是数据法学的理论研究，还是政策意见与相关立法中的分类表述，尚未就数据主体以及数据行为等概念达成共识。例如，欧盟语境下的"Data subject（数据主体）"限于个人数据。然而，在我国法理学或部门法学中，"主体"多指法律关系的主体，可以解构为权利主体、义务主体、责任主体等法律关系主体，可以是法人、自然人或者非法人组织。数据法律关系主体的类型和种类亦同，不限于自然人。若坚持公共数据、企业数据和个人数据的分类，欧盟语境下的"Data subject（数据主体）"即个人数据主体，仅仅数据主体的类型之一，而非全部。换言之，欧盟语境下的"Data subject（数据主体）"不能支撑数据法律制度。

党的十八大以来，我国高度重视数据安全制度建设。目前，与数据开发利用有机衔接的数据安全法治体系——以《中华人民共和国国家安全法》（以下简称《国家安全法》）为龙头，以《中华人民共和国网络安全法》（以下简称《网络安全法》）、《中华人民共和国数据安全法》（以下简称《数据安全法》）和《中华人民共和国个人信息保护法》（以下简称《个人信息保护法》）为主体的数据安全制度体系基本建成。然而，在促进数据开发利用方面，存在法律制度供给不足甚至滞后的情形。与数据相关的地方立法固然可以提高数据开发利用的规范化程度，但地方立法的效力地域性与数据经济的开放性有着不可克服的固有冲突，不同地方的差异化制度安排制约着全国统一数字经济的建设与发展，甚至影响了新发展格局的构建。在全国性制度安排长期缺失的情况下，数字经济可能面临封闭、分割和竞争失序的发展障碍。目前，全国已有30个省级行政区出台了与数据有关的地方立法，及时总结地方数据立法的经验，科学地进行归纳、概括和提炼，并转化为全国性法律规范具有必要性、迫切性和可行性。只有科学的符合经济发展规律、社会进步规律、科技进步规律和法治规律的全国性制度安排，才能最大程度保障做强做优做大我国数字经济，才能保障国家发展和安全大局。这就是编写本书的初衷。

2023 年 4 月，我指导我的学生开始了本书的撰写工作，成员包括：郭江兰、叶逸群、吴宗泽、杨一、万丰阁、马栋、罗雅文、刘思洁、杜祖炜、徐鹏、司歌、梁嘉怡、陈姜韬、黄俊源、郁卓、王健宇、孙竞敏、万梦云、王以玮、李彦威、高龙祺、陈泽溥、吴明键、李文烈。德国马克斯·普朗克创新与竞争研究所与弗里德里希·席勒·耶拿大学法学院联合培养的胥智仁博士参与了专题十六的撰写。此外，中国政法大学数据法治研究院和竞争法研究中心的多位硕士研究生也参与了资料收集整理和文稿校对工作。

本书从开始撰写到最后完成，历经了多次修改，一定还存在诸多不足甚至谬见。我们真诚地期待社会各界能够提出宝贵意见和建议，让我们一起为推动数据法律制度的构建作出应有的贡献。

时建中
2024 年 3 月 16 日于中国政法大学数据法治实验室

目　录

专题一

数据基础制度建设的地方立法实践

——基于政策文献计量的初步研究

　　数据作为新型生产要素，是数字化、网络化、智能化的基础，已快速融入生产、分配、流通、消费和社会服务管理等各环节，深刻改变着生产方式、生活方式和社会治理方式。数据基础制度建设事关国家发展和安全大局。[1] 为加快构建数据基础制度，充分发挥我国海量数据规模和丰富应用场景优势，激活数据要素潜能，做强做优做大数字经济，增强经济发展新动能，构筑国家竞争新优势，2022 年 12 月 2 日公布的"数据二十条"提出，"构建适应数据特征、符合数字经济发展规律、保障国家数据安全、彰显创新引领的数据基础制度"。

　　在我国，数据基础制度的建设已经有了丰富的地方立法实践，凝聚着我国数据法律制度建设的智慧，成为构建全国数据基础制度的宝贵资源，值得认真研究并加以总结、提炼和吸收。

一、省级数据立法概况

　　客观地讲，省级数据立法经历了认识不断深化和升华的过程，数据立法经历了关注信息载体到关注生产要素的过程。由于数据具有信息载体和生产要素双重属性的特征，[2] 并且考虑到凡是与数据相关的立法，均会产生规范数据处理行为的作用，本书为了对省级数据立法文件作尽可能的全面梳理，以"数据""数字经济""政务信息""公共信息""政务云""政府信息资源"等关键词进行检索（截至 2024 年 1 月 22 日）。经筛选后，共计得到 169 份现行有效和公开征求意见（草案）的省级数据立法文件（包括省级政府部门发布的相关细则或相关办法），如表 1-1 所示。[3]

表 1-1　省级数据立法文件[4]

序号	省级	文件名称	效力层级	公布时间
1	山西省	《山西省基础地理信息数据提供使用管理办法》	地方规范性文件	2006 年 10 月 19 日

---

〔1〕　参见《中共中央 国务院关于构建数据基础制度更好发挥数据要素作用的意见》，载 http://www.gov.cn/zhengce/2022-12/19/content_5732695.htm，最后访问日期：2022 年 12 月 19 日。

〔2〕　参见时建中：《数据概念的解构与数据法律制度的构建　兼论数据法学的学科内涵与体系》，载《中外法学》2023 年第 1 期。

〔3〕　深圳经济特区和厦门经济特区发布的相关文件虽不属于省级数据立法文件，但因其具有先试先行的典型分析意义，特将其纳入广东省和福建省的省级数据立法文件进行统计分析。

〔4〕　省级数据立法文件收集时间截至 2024 年 1 月 22 日。

序号	省级	文件名称	效力层级	公布时间
2	北京市	《北京市政务信息资源共享交换平台管理办法（试行）》	地方规范性文件	2008 年 6 月 23 日
3	浙江省	《浙江省地理空间数据交换和共享管理办法》	地方政府规章	2010 年 5 月 4 日
4	广西壮族自治区	《广西国土资源数据管理暂行办法》	地方规范性文件	2010 年 10 月 25 日
5	湖南省	《湖南省国土资源数据管理办法》	地方规范性文件	2011 年 4 月 11 日
6	江西省	《江西省国土资源数据管理暂行办法》	地方规范性文件	2011 年 6 月 23 日
7	广东省	《广东省国土资源数据管理暂行办法》	地方规范性文件	2013 年 9 月 30 日
8	江西省	《江西省企业信用监管警示系统数据管理和运用试行办法》	地方规范性文件	2015 年 11 月 16 日
9	青海省	《青海省健康保障一体化省级综合平台跨行业数据交换与信息共享管理办法》	地方规范性文件	2015 年 12 月 11 日
10	贵州省	《贵州省大数据发展应用促进条例》	地方性法规	2016 年 1 月 15 日
11	浙江省	《浙江省教育数据暂行管理办法》	地方规范性文件	2016 年 5 月 27 日
12	福建省	《福建省政务数据管理办法》	地方政府规章	2016 年 10 月 15 日
13	贵州省	《贵州省应急平台体系数据管理暂行办法》	地方规范性文件	2016 年 11 月 10 日
14	湖南省	《湖南省地理空间数据管理办法》	地方政府规章	2017 年 3 月 3 日
15	宁夏回族自治区	《宁夏回族自治区大数据产业发展促进条例（草案）》	/	2017 年 3 月 7 日
16	贵州省	《贵州省政务信息数据采集应用暂行办法》	地方规范性文件	2017 年 3 月 31 日
17	重庆市	《重庆市地理国情数据动态更新管理办法》	地方规范性文件	2017 年 7 月 21 日
18	江西省	《江西省地理信息数据管理办法》	地方政府规章	2017 年 12 月 26 日
19	江西省	《江西省森林资源数据更新管理办法》	地方规范性文件	2017 年 12 月 27 日
20	北京市	《北京市政务信息资源管理办法（试行）》	地方规范性文件	2017 年 12 月 27 日
21	河南省	《河南省政务信息资源共享管理暂行办法》	地方规范性文件	2018 年 1 月 8 日
22	海南省	《海南省公共信息资源管理办法》	地方规范性文件	2018 年 5 月 25 日
23	黑龙江省	《黑龙江省贯彻落实〈科学数据管理办法〉实施细则》	地方规范性文件	2018 年 8 月 17 日
24	甘肃省	《甘肃省科学数据管理实施细则》	地方规范性文件	2018 年 8 月 29 日
25	宁夏回族自治区	《宁夏回族自治区政务数据资源共享管理办法》	地方政府规章	2018 年 9 月 4 日
26	湖北省	《湖北省政务信息资源共享管理办法》	地方规范性文件	2018 年 9 月 26 日
27	云南省	《云南省科学数据管理实施细则》	地方规范性文件	2018 年 9 月 28 日

序号	省级	文件名称	效力层级	公布时间
28	上海市	《上海市公共数据和一网通办管理办法》	地方政府规章	2018 年 9 月 30 日
29	湖南省	《湖南省遥感影像数据统筹共享管理办法》	地方规范性文件	2018 年 10 月 15 日
30	湖北省	《湖北省科学数据管理实施细则》	地方规范性文件	2018 年 11 月 1 日
31	安徽省	《安徽省科学数据管理实施办法》	地方规范性文件	2018 年 11 月 18 日
32	内蒙古自治区	《内蒙古自治区科学数据管理办法》	地方规范性文件	2018 年 11 月 20 日
33	陕西省	《陕西省民政数据资源管理暂行办法》	地方规范性文件	2018 年 12 月 4 日
34	天津市	《天津市促进大数据发展应用条例》	地方性法规	2018 年 12 月 14 日
35	吉林省	《吉林省科学数据管理办法》	地方规范性文件	2018 年 12 月 14 日
36	广西壮族自治区	《广西科学数据管理实施办法》	地方规范性文件	2018 年 12 月 24 日
37	吉林省	《吉林省公共数据和一网通办管理办法（试行）》	地方规范性文件	2019 年 1 月 17 日
38	江苏省	《江苏省科学数据管理实施细则》	地方规范性文件	2019 年 2 月 19 日
39	海南省	《海南省大数据管理局管理暂行办法》	地方政府规章	2019 年 5 月 21 日
40	广西壮族自治区	《广西民用遥感卫星数据开放共享管理暂行办法》	地方规范性文件	2019 年 6 月 13 日
41	海南省	《海南省公共信息资源安全使用管理办法》	地方规范性文件	2019 年 7 月 22 日
42	吉林省	《吉林省数据共享交换平台（政务外网）服务接口申请、授权和使用管理暂行办法》	地方规范性文件	2019 年 7 月 30 日
43	重庆市	《重庆市政务数据资源管理暂行办法》	地方政府规章	2019 年 7 月 31 日
44	贵州省	《贵州省大数据安全保障条例》	地方性法规	2019 年 8 月 1 日
45	北京市	《北京市大数据培训基地管理办法（试行）》	地方规范性文件	2019 年 8 月 27 日
46	上海市	《上海市公共数据开放暂行办法》	地方政府规章	2019 年 8 月 29 日
47	广西壮族自治区	《广西政务数据"聚通用"实施细则（试行）》	地方规范性文件	2019 年 9 月 11 日
48	海南省	《海南省大数据开发应用条例》	地方性法规	2019 年 9 月 27 日
49	上海市	《上海教育数据管理办法（试行）》	地方规范性文件	2019 年 10 月 11 日
50	山东省	《山东省科学数据管理实施细则》	地方规范性文件	2019 年 10 月 23 日
51	辽宁省	《辽宁省政务数据资源共享管理办法》	地方政府规章	2019 年 11 月 26 日
52	山西省	《山西省政务数据资产管理试行办法》	地方政府规章	2019 年 11 月 28 日
53	湖北省	《湖北省高分辨率对地观测系统卫星遥感数据管理办法》	地方规范性文件	2019 年 12 月 5 日

序号	省级	文件名称	效力层级	公布时间
54	重庆市	《重庆市卫生健康行业健康医疗数据资源管理办法》	地方规范性文件	2019 年 12 月 18 日
55	山东省	《山东省电子政务和政务数据管理办法》	地方政府规章	2019 年 12 月 25 日
56	四川省	《四川省科学数据管理实施细则》	地方规范性文件	2019 年 12 月 26 日
57	黑龙江省	《黑龙江省林业和草原局大数据中心林草数据使用管理办法》	地方规范性文件	2020 年 3 月 13 日
58	广西壮族自治区	《广西政务数据资源调度管理办法》	地方规范性文件	2020 年 4 月 7 日
59	山西省	《山西省大数据发展应用促进条例》	地方性法规	2020 年 5 月 15 日
60	浙江省	《浙江省水利工程数据管理办法（试行）》	地方规范性文件	2020 年 5 月 19 日
61	浙江省	《浙江省公共数据开放与安全管理暂行办法》	地方政府规章	2020 年 6 月 12 日
62	广西壮族自治区	《广西公共数据开放管理办法》	地方规范性文件	2020 年 8 月 19 日
63	山东省	《山东省健康医疗大数据管理办法》	地方政府规章	2020 年 8 月 20 日
64	重庆市	《重庆市公共数据开放管理暂行办法》	地方规范性文件	2020 年 9 月 11 日
65	贵州省	《贵州省政府数据共享开放条例》	地方性法规	2020 年 9 月 25 日
66	吉林省	《吉林省促进大数据发展应用条例》	地方性法规	2020 年 11 月 27 日
67	山西省	《山西省政务数据管理与应用办法》	地方性法规	2020 年 11 月 27 日
68	浙江省	《浙江省数字经济促进条例》	地方性法规	2020 年 12 月 24 日
69	安徽省	《安徽省政务数据资源管理办法》	地方政府规章	2020 年 12 月 30 日
70	江西省	《江西省林业信用数据管理办法（暂行）》	地方规范性文件	2020 年 12 月 30 日
71	上海市	《上海市科学数据管理实施细则（试行）》（草案）	/	2020 年 12 月 31 日
72	湖北省	《湖北省政务数据资源应用与管理办法》	地方政府规章	2021 年 1 月 25 日
73	北京市	《北京市公共数据管理办法》	地方规范性文件	2021 年 1 月 28 日
74	重庆市	《重庆市航空航天遥感影像数据统筹管理办法》	地方规范性文件	2021 年 2 月 2 日
75	安徽省	《安徽省大数据发展条例》	地方性法规	2021 年 3 月 29 日
76	宁夏回族自治区	《宁夏回族自治区科学数据管理实施细则》	地方规范性文件	2021 年 4 月 12 日
77	广东省	《广东省地理空间数据管理办法（试行）》	地方规范性文件	2021 年 4 月 23 日
78	黑龙江省	《黑龙江省省级政务云管理暂行办法》	地方规范性文件	2021 年 4 月 25 日
79	内蒙古自治区	《内蒙古自治区教育厅机关及直属事业单位教育数据管理办法（试行）》	地方规范性文件	2021 年 4 月 27 日

序号	省级	文件名称	效力层级	公布时间
80	广东省	《广东省道路运输车辆智能监控数据综合应用管理办法（试行）》	地方规范性文件	2021 年 5 月 7 日
81	贵州省	《贵州省大数据创新中心创新创业基地服务管理暂行办法》	地方规范性文件	2021 年 7 月 1 日
82	广东省	《深圳经济特区数据条例》	地方性法规	2021 年 7 月 6 日
83	广东省	《广东省数字经济促进条例》	地方性法规	2021 年 7 月 30 日
84	北京市	《北京市教育数据资源管理办法（试行）》	地方规范性文件	2021 年 7 月 30 日
85	宁夏回族自治区	《自治区卫生健康委员会数据安全传输及灾备管理规范（试行）》	地方规范性文件	2021 年 8 月 31 日
86	内蒙古自治区	《内蒙古自治区政务数据资源管理办法》	地方规范性文件	2021 年 9 月 11 日
87	海南省	《海南省公共数据产品开发利用暂行管理办法》	地方规范性文件	2021 年 9 月 15 日
88	山西省	《山西省政务数据资源共享管理办法》	地方规范性文件	2021 年 9 月 29 日
89	山东省	《山东省大数据发展促进条例》	地方性法规	2021 年 9 月 30 日
90	广东省	《广东省公共数据管理办法》	地方政府规章	2021 年 10 月 18 日
91	上海市	《上海市数据条例》	地方性法规	2021 年 11 月 25 日
92	吉林省	《吉林省文化和旅游厅关于建立健全政务数据共享协调机制加快推进数据有序共享的实施意见》	地方规范性文件	2021 年 12 月 2 日
93	福建省	《福建省大数据发展条例》	地方性法规	2021 年 12 月 15 日
94	江苏省	《江苏省公共数据管理办法》	地方政府规章	2021 年 12 月 18 日
95	河南省	《河南省数字经济促进条例》	地方性法规	2021 年 12 月 28 日
96	江西省	《江西省公共数据管理办法》	地方政府规章	2022 年 1 月 12 日
97	浙江省	《浙江省公共数据条例》	地方性法规	2022 年 1 月 21 日
98	天津市	《天津市数据交易管理暂行办法》	地方规范性文件	2022 年 1 月 25 日
99	山东省	《山东省公共数据开放办法》	地方政府规章	2022 年 1 月 31 日
100	重庆市	《重庆市电子政务云平台安全管理办法（试行）》	地方规范性文件	2022 年 2 月 10 日
101	安徽省	《安徽省大数据企业培育认定实施细则（试行）》	地方规范性文件	2022 年 3 月 2 日
102	海南省	《海南省科技资源库（馆）和科学数据中心管理暂行办法》	地方规范性文件	2022 年 3 月 7 日
103	河南省	《河南省数据条例（草案）》（征求意见稿）	/	2022 年 3 月 7 日

序号	省级	文件名称	效力层级	公布时间
104	重庆市	《重庆体育大数据中心管理暂行办法》	地方规范性文件	2022 年 3 月 22 日
105	重庆市	《重庆市数据条例》	地方性法规	2022 年 3 月 30 日
106	河南省	《河南省政务数据安全管理暂行办法》	地方规范性文件	2022 年 4 月 21 日
107	江西省	《江西省数据条例（征求意见稿）》	/	2022 年 4 月 28 日
108	黑龙江省	《黑龙江省促进大数据发展应用条例》	地方性法规	2022 年 5 月 13 日
109	河北省	《河北省数字经济促进条例》	地方性法规	2022 年 5 月 27 日
110	辽宁省	《辽宁省大数据发展条例》	地方性法规	2022 年 5 月 31 日
111	江苏省	《江苏省数字经济促进条例》	地方性法规	2022 年 5 月 31 日
112	广西壮族自治区	《广西壮族自治区农村土地承包数据管理实施办法（试行）》	地方规范性文件	2022 年 6 月 24 日
113	广东省	《深圳经济特区数字经济产业促进条例》	地方性法规	2022 年 9 月 5 日
114	陕西省	《陕西省大数据条例》	地方性法规	2022 年 9 月 29 日
115	辽宁省	《辽宁省遥感影像数据统筹共享管理办法》	地方规范性文件	2022 年 11 月 3 日
116	河北省	《河北省政务数据共享应用管理办法》	地方政府规章	2022 年 11 月 3 日
117	上海市	《上海市水务局公共数据管理办法》	地方规范性文件	2022 年 11 月 18 日
118	浙江省	《浙江省域空间治理数字化平台管理办法（试行）》	地方规范性文件	2022 年 11 月 24 日
119	北京市	《北京市数字经济促进条例》	地方性法规	2022 年 11 月 25 日
120	广西壮族自治区	《广西壮族自治区大数据发展条例》	地方性法规	2022 年 11 月 25 日
121	广东省	《广东省公共数据开放暂行办法》	地方规范性文件	2022 年 11 月 30 日
122	四川省	《四川省数据条例》	地方性法规	2022 年 12 月 2 日
123	山东省	《山东省地理空间数据管理办法》	地方规范性文件	2022 年 12 月 6 日
124	山西省	《山西省数字经济促进条例》	地方性法规	2022 年 12 月 9 日
125	贵州省	《贵州省数据流通交易管理办法（试行）》	地方规范性文件	2022 年 12 月 23 日
126	福建省	《厦门经济特区数据条例》	地方性法规	2022 年 12 月 27 日
127	上海市	《上海市公共数据开放实施细则》	地方规范性文件	2022 年 12 月 31 日
128	广东省	《广东省公共资源交易监督管理暂行办法》	地方规范性文件	2023 年 1 月 6 日
129	辽宁省	《辽宁省遥感影像数据共享使用管理规定（试行）》	地方规范性文件	2023 年 1 月 11 日
130	新疆吾尔自治区	《新疆维吾尔自治区公共数据管理办法（试行）》	地方规范性文件	2023 年 2 月 17 日
131	广东省	《深圳市数据交易管理暂行办法》	地方规范性文件	2023 年 2 月 21 日

序号	省级	文件名称	效力层级	公布时间
132	广东省	《深圳市数据商和数据流通交易第三方服务机构管理暂行办法》	地方规范性文件	2023 年 2 月 24 日
133	上海市	《上海市数据交易场所管理实施暂行办法》	地方规范性文件	2023 年 3 月 15 日
134	广东省	《广东省数据流通交易管理办法（试行）》（征求意见稿）	/	2023 年 4 月 4 日
135	广东省	《广东省数据资产合规登记规则（试行）》（征求意见稿）	/	2023 年 4 月 4 日
136	广东省	《广东省数据流通交易监管规则（试行）》（征求意见稿）	/	2023 年 4 月 4 日
137	广东省	《广东省数据经纪人管理规则（试行）》（征求意见稿）	/	2023 年 4 月 4 日
138	广东省	《广东省数据流通交易技术安全规范（试行）》（征求意见稿）	/	2023 年 4 月 4 日
139	湖北省	《湖北省数字经济促进办法》	地方政府规章	2023 年 5 月 10 日
140	山西省	《山西省政务数据安全管理办法》	地方规范性文件	2023 年 5 月 22 日
141	浙江省	《浙江省数据知识产权登记办法（试行）》	地方规范性文件	2023 年 5 月 26 日
142	北京市	《北京市数据知识产权登记管理办法（试行）》	地方规范性文件	2023 年 5 月 30 日
143	贵州省	《贵州省政务数据资源管理办法》	地方规范性文件	2023 年 6 月 8 日
144	广东省	《深圳市数据产权登记管理暂行办法》	地方规范性文件	2023 年 6 月 15 日
145	江西省	《江西省大数据示范企业管理办法》	地方规范性文件	2023 年 7 月 6 日
146	上海市	《上海市森林资源数据管理办法（试行）》	地方规范性文件	2023 年 7 月 11 日
147	北京市	《北京地区电信领域数据安全管理实施细则》	地方规范性文件	2023 年 7 月 24 日
148	上海市	《上海市促进浦东新区数据流通交易若干规定（草案）》	/	2023 年 7 月 25 日
149	浙江省	《浙江省公共数据授权运营管理办法（试行）》	地方规范性文件	2023 年 8 月 1 日
150	山东省	《山东省数据开放创新应用实验室管理办法（试行）》	地方规范性文件	2023 年 9 月 11 日
151	广东省	《深圳市公共数据开放管理办法（征求意见稿）》	/	2023 年 9 月 26 日
152	山东省	《山东省大数据创新应用省级财政支持政策及资金管理实施细则》	地方规范性文件	2023 年 10 月 16 日
153	山东省	《山东省数据知识产权登记管理规则（试行）》	地方规范性文件	2023 年 10 月 16 日
154	广西壮族自治区	《广西数据要素市场化发展管理暂行办法》	地方规范性文件	2023 年 11 月 7 日
155	贵州省	《贵州省数据要素登记服务管理办法（试行）》	地方规范性文件	2023 年 11 月 15 日

序号	省级	文件名称	效力层级	公布时间
156	广东省	《深圳市卫生健康数据管理办法》	地方规范性文件	2023 年 11 月 16 日
157	贵州省	《贵州省数据流通交易促进条例（草案）》[1]	/	2023 年 11 月 29 日
158	宁夏回族自治区	《宁夏回族自治区数字经济示范园区（基地）、数字经济"飞地园区"管理办法（试行）》	地方规范性文件	2023 年 11 月 29 日
159	江西省	《江西省数据应用条例》	地方性法规	2023 年 11 月 30 日
160	吉林省	《吉林省大数据条例（2023 修订）》	地方性法规	2023 年 12 月 1 日
161	海南省	《海南省数据产品超市数据产品确权登记实施细则（暂行）》	地方规范性文件	2023 年 12 月 4 日
162	北京市	《北京市公共数据专区授权运营管理办法（试行）》	地方规范性文件	2023 年 12 月 5 日
163	云南省	《云南省公共数据管理办法（试行）》	地方规范性文件	2023 年 12 月 10 日
164	贵州省	《贵州省大数据发展专项资金管理办法（2024 修订版）》	地方规范性文件	2023 年 12 月 10 日
165	江西省	《江西省林业信用数据管理办法》	地方规范性文件	2023 年 12 月 21 日
166	福建省	《厦门市公共数据开发利用管理暂行办法》	地方规范性文件	2023 年 12 月 28 日
167	福建省	《厦门市公共数据共享开放管理暂行办法》	地方规范性文件	2023 年 12 月 28 日
168	天津市	《天津市数据知识产权登记办法（试行）》	地方规范性文件	2024 年 1 月 8 日
169	江苏省	《江苏省数据知识产权登记管理办法（试行）》	地方规范性文件	2024 年 1 月 10 日

二、省级数据立法文件分析

（一）省级数据立法变迁分析

对 169 份省级数据立法文件的公布时间进行统计，如图 1－1 所示。按照文件数量，我国省级数据立法文件数量呈波动上升的趋势，尤其在 2017～2019 年、2020～2024 年 1 月两个时间段数量显著上升，可划分为三个阶段：2006～2016 年、2017～2019 年、2020～2024 年 1 月。通过分析，我们可以发现：我国省级数据立法进度以国家层面的政策法律为导向，具有很强的"央地互动"的特征。

1. 第一阶段：2006～2016 年

在本阶段，针对特殊领域数据（国土资源数据、地理数据、教育数据）的立法是省级立法的重点。[2]山西省、浙江省发布了关于地理数据的相关立法，其中，山西省

---

〔1〕 参见 https://mp. weixin. qq. com/s/K－koY1aXSEfC5YHZKBGeRQ。

〔2〕 这些特殊领域的数据立法，其目的是规范相关数据的处理行为，彼时，数据的含义尚止于信息载体，并非直接服务数字中国建设的数据生产要素。但是，这些立法对相关数据处理行为的规范，无疑可以对现在乃至未来数字中国的建设产生良好的效果。

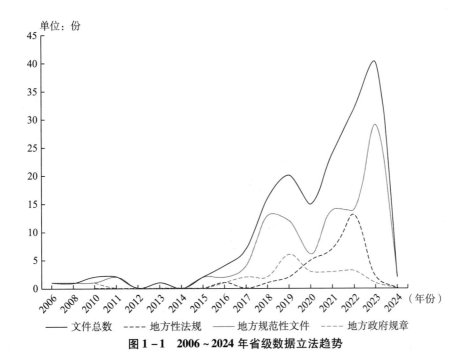

图 1 - 1　2006～2024 年省级数据立法趋势

于 2006 年发布的《山西省基础地理信息数据提供使用管理办法》是我国第一部现行有效的关于地理数据的省级立法文件。2010 年我国发布了《国土资源数据管理暂行办法》后，广西壮族自治区、湖南省、江西省、广东省相继发布了关于国土资源数据的相关立法，其中，广西壮族自治区发布的《广西国土资源数据管理暂行办法》是我国第一部现行有效的关于国土资源数据的省级立法文件。

值得注意的是，前述省份针对特殊领域数据的专门立法，其本意并不是为了发挥数据的要素价值。但是，这些特殊领域的数据多数均为公共数据，甚至为政务数据，同样可以通过借助公共数据开放等法治机制，赋能数字经济建设。颇有无心插柳柳成荫的实际效果，甚至有些省份，明确将某些特殊领域的数据规定为公共数据。例如，《四川省数据条例》第 10 条第 2 款规定："本条例所称公共数据，是指国家机关和法律、法规授权的具有管理公共事务职能的组织（以下统称政务部门）为履行法定职责收集、产生的政务数据，以及医疗、教育、供水、供电、供气、通信、文化旅游、体育、交通运输、环境保护等公共企业事业单位（以下统称公共服务组织）在提供公共服务过程中收集、产生的涉及公共利益的公共服务数据"[1]，此条款明确了特殊领域的数据属于公共数据。《重庆市数据条例》第 3 条第 1 款第 5 项规定："公共服务数据，是指医疗、教育、供水、供电、供气、通信、文旅、体育、环境保护、交通运输等公共企业事业单位（以下称公共服务组织）在提供公共服务过程中收集、制作的涉及公共利益的数据。"同时，《重庆市数据条例》第 3 条第 2 款规定："政务数据和公共服务

─────────────────

〔1〕《四川省数据条例》，载 https://flk. npc. gov. cn/detail2. html？ZmY4MDgxODE4NTdiY2E1ZTAxODU5YjEwN GU3MjVhOGU%3D，最后访问日期：2024 年 1 月 22 日。

数据统称公共数据",这同样明确了特殊领域的数据属于公共数据。[1]

在本阶段,引领数据观念发生革命性变革的则是针对大数据的地方立法和政务数据及政府数据资源的地方立法。

2016年1月,贵州省第十二届人民代表大会常务委员会第二十次会议通过了《贵州省大数据发展应用促进条例》,这是我国首部大数据地方性法规,开启了数字经济地方立法的先河,[2]在立法内容和结构诸多方面进行了积极尝试和有效探索,这与其大数据产业的发展态势密不可分。2013年,贵州省结合自身优势,选择了发展大数据产业——冬暖夏凉的气候让数据中心运行节电10%~30%;清洁的空气有效提升服务器寿命和稳定性;水火互济的电力结构和低廉电价为大数据运行节约大量成本;地质结构稳定、多山洞的喀斯特地貌,是理想的数据灾备中心。[3]自2014年正式宣告发展大数据产业以来,贵州省率先建设了首个统筹省级政府数据汇聚共享开放的"云上贵州"系统平台;2015年举办贵阳国际大数据产业博览会,建立起贵阳大数据交易所和众筹金融交易所,探索数据货币化交易和众筹金融等;2016年,创建贵州省国家大数据综合试验区。然而,尽管大数据产业发展势头迅猛,但面临着法律法规不健全之困境。为推动大数据发展应用,运用大数据促进经济发展、完善社会治理、提升政府服务管理能力、服务改善民生,培育壮大战略性新兴产业,根据有关法律、法规的规定,贵州省结合本省实际,《贵州省大数据发展应用促进条例》应运而生,并为其他省市的大数据立法所借鉴。

此外,福建省于2016年10月公布了《福建省政务数据管理办法》,是我国现行有效的第一部关于"政务数据"的省级立法文件,也是我国第一部关于"政务数据"的省级地方政府规章。

2. 第二阶段:2017~2019年

2016年9月,国务院首次印发了《政务信息资源共享管理暂行办法》,[4]其中对政务信息资源共享实现了制度化和规范化,强调加快推动政务信息系统互联和公共数据共享。随后,全国各省(自治区、直辖市)有关"政务信息资源"和"政务数据"的制度供给速度明显加快、立法层次明显提高。2017年至2019年这3年内共有11个省(自治区、直辖市)相继出台了政务信息资源或政务数据相关的地方政府规章(5份)或地方规范性文件(5份),[5]主要聚焦于政务数据(信息)资源的汇聚、共享、开

---

〔1〕《重庆市数据条例》,载https://flk.npc.gov.cn/detail2.html?ZmY4MDgxODE3ZmQ5ODM0MTAxN2ZmY2M3MjIzOTE3MjU%3D,最后访问日期:2024年1月22日。

〔2〕 在2017年的政府工作报告提出"促进数字经济加快成长",自此,"数字经济"开始出现在中央政策文件之中。

〔3〕《瞭望·治国理政纪事 | 数字中国的贵州算力》,载http://www.xinhuanet.com/politics/leaders/2021-10/23/c_1127987967.htm,最后访问日期:2023年4月12日。

〔4〕 参见《国务院关于印发政务信息资源共享管理暂行办法的通知》,载http://www.gov.cn/gongbao/content/2016/content_5115838.htm,最后访问日期:2023年4月9日。

〔5〕《贵州省政务信息数据采集应用暂行办法》《北京市政务信息资源管理办法(试行)》《河南省政务信息资源共享管理暂行办法》《宁夏回族自治区政务数据资源共享管理办法》《湖北省政务信息资源共享管理办法》《重庆市政务数据资源管理暂行办法》《广西政务数据"聚通用"实施细则(试行)》《辽宁省政务数据资源共享管理办法》《山西省政务数据资产管理试行办法》《山东省电子政务和政务数据管理办法》。实际上在2016年9月以前,全国范围内不存在现行有效的有关"政务信息资源"和"政务数据"的省级地方政府规章,河南省2015年11月12日发布的《河北省政务信息资源共享管理规定》应是我国第一部有关"政务信息资源"的省级政府规章,但已在2013年1月20日被废止(根据河北省人民政府令〔2023〕第1号文件)。

放、应用及其相关管理活动等。

2018 年 3 月，国务院办公厅印发了《科学数据管理办法》，[1]在此办法的指引下全国各地陆续开展了科学数据领域的相关立法活动。黑龙江省公布了《黑龙江省贯彻落实〈科学数据管理办法〉实施细则》，这是我国第一部现行有效的关于科学数据的省级立法文件。此后，甘肃省、云南省、湖北省、安徽省、内蒙古自治区、吉林省、广西壮族自治区、江苏省、山东省、四川省等 10 个省（自治区）相继发布了《科学数据管理办法》或《科学数据管理实施细则》。海南省科学技术厅发布了一份有关建设科技资源共享服务平台的规范性文件《海南省科技资源库（馆）和科学数据中心管理暂行办法》。

3. 第三阶段：2020～2024 年 1 月

2020 年 3 月 30 日公布的《中共中央　国务院关于构建更加完善的要素市场化配置体制机制的意见》（以下简称《关于构建更加完善的要素市场化配置体制机制的意见》），其中首次将数据作为生产要素，强调要"加快培育数据要素市场"，[2]随后中共中央、国务院层面涉及"数据要素""数据要素市场"的政策性文件相继出台（如表 1－2 所示）。

表 1－2　中央层面关于数据要素的政策性文件

序号	文件名称	文件内容	公布时间
1	《中共中央 国务院关于构建更加完善的要素市场化配置体制机制的意见》	六、加快培育数据要素市场 ……提升社会数据资源价值。培育数字经济新产业、新业态和新模式，支持构建农业、工业、交通、教育、安防、城市管理、公共资源交易等领域规范化数据开发利用的场景。	2020 年 3 月 30 日
2	《中共中央 国务院关于新时代加快完善社会主义市场经济体制的意见》	四、构建更加完善的要素市场化配置体制机制，进一步激发全社会创造力和市场活力 ……加快培育发展数据要素市场，建立数据资源清单管理机制，完善数据权属界定、开放共享、交易流通等标准和措施，发挥社会数据资源价值。推进数字政府建设，加强数据有序共享，依法保护个人信息。	2020 年 5 月 11 日
3	中共中央办公厅、国务院办公厅印发《建设高标准市场体系行动方案》	（七）发展知识、技术和数据要素市场 ……加快培育发展数据要素市场。制定出台新一批数据共享责任清单，加强地区间、部门间数据共享交换。研究制定加快培育数据要素市场的意见，建立数据资源产权、交易流通、跨境传输和安全等基础制度和标准规范，推动数据资源开发利用。	2021 年 1 月 31 日

---

〔1〕　参见《国务院办公厅〈科学数据管理办法〉》，载 http://www.gov.cn/xinwen/2018－04/02/content_5279295.htm，最后访问日期：2023 年 4 月 12 日。

〔2〕　参见《〈关于构建更加完善的要素市场化配置体制机制的意见〉印发——引导要素向先进生产力集聚》，载 http://www.gov.cn/zhengce/2020－04/10/content_5500740.htm，最后访问日期：2023 年 4 月 9 日。

序号	文件名称	文件内容	公布时间
4	《中共中央 国务院关于加快建设全国统一大市场的意见》	（十三）加快培育统一的技术和数据市场 ……**加快培育数据要素市场**，建立健全数据安全、权利保护、跨境传输管理、交易流通、开放共享、安全认证等基础制度和标准规范，深入开展数据资源调查，**推动数据资源开发利用**。	2022年3月25日
5	《中共中央 国务院关于构建数据基础制度更好发挥数据要素作用的意见》	…… 四、建立体现效率、促进公平的数据要素收益分配制度 顺应数字产业化、产业数字化发展趋势，充分发挥市场在资源配置中的决定性作用，更好发挥政府作用。**完善数据要素市场化配置机制，扩大数据要素市场化配置范围和按价值贡献参与分配渠道**……	2022年12月2日

从省级数据立法的趋势上看，全国各省积极地响应了中共中央、国务院的政策精神，开展地方数据立法工作，以期在数据战略竞争中获得先发优势。首先，从立法文件数量上看：2020年起，省级数据立法文件数量快速上升，2020~2024年1月的立法文件数量总计113份，2022年全年省级数据立法文件数量更是达到了32份。其次，从立法效力层级上看：2015年以前未检索到数据相关的地方性法规，2016~2019年间现行有效的地方性法规仅有4份。但自2020年起，数据相关的地方性法规数量明显上升，2020~2024年1月的共计27份，约占检索到的地方性法规文件总量的80.65%，2022年全年出台了13份省级地方性法规。最后，从立法内容上看：各省的数据立法主要表现为制定"数据条例""大数据条例""大数据发展/应用条例""数字经济促进条例"等。

此外，值得注意的是，2020年伊始我国部分地区开始着力探索关于公共数据的立法新模式。由于公共数据既涉及政府数据及相关的数字政府、智慧城市等应用领域，也涉及大数据开发领域的数据流通交易，关于公共数据的地方立法已经从单向数据立法慢慢向综合数据立法过渡。例如，2021年后陆续出台的《北京市公共数据管理办法》《广东省公共数据管理办法》《江苏省公共数据管理办法》《江西省公共数据管理办法》《浙江省公共数据条例》《新疆维吾尔自治区公共数据管理办法（试行）》等立法文件，打破了地方立法专注于特定数据领域与具体应用环节的现状，转而致力于构建规范公共数据共享、推动公共数据开放、保障公共数据安全的综合性立法框架。以及2023年后陆续出台的《深圳市数据交易管理暂行办法》《深圳市数据商和数据流通交易第三方服务机构管理暂行办法》《上海市数据交易场所管理实施暂行办法》《广东省数据流通交易管理办法（试行）》（征求意见稿）、《广东省数据流通交易监管规则（试行）》（征求意见稿）、《上海市促进浦东新区数据流通交易若干规定（草案）》《贵州省数据流通交易促进条例（草案）》等立法文件有效回应了"数据二十条"关于"出台数据交易场所管理办法，建立健全数据交易规则"的要求，旨在为规范数据交易活动和数据交易市场主体行为、促进数据依法有序流动提供政策制度的保障。

（二）省级数据立法分布及效力分析

1. 省级数据立法地域分布

《中国数字经济发展白皮书（2022年）》（以下简称白皮书）[1]中显示，2021年，我国数字经济规模达到了45.5万亿，占GDP比重达到39.8%。全国各省数字经济发展在取得进步的同时，也存在一定差异。通过分析各省数据立法情况，基于省级数据立法地域分布，可以窥见各省数据立法程度与数字经济发展水平呈正相关，数据立法活动与数字经济活动可能存在互相影响、彼此促进的重要关系。

中国的34个省级行政区中，除港、澳、台与大陆地区不属于同一法域外，仅有西藏自治区尚未颁布省级数据相关文件，共计30个省级行政区从地方性法规、地方政府规章、地方规范性文件等不同层级进行了数据相关立法。比较来看，广东省数据立法文件数量居全国首位，共计出台了19份省级文件。同时白皮书中显示，广东省数字经济规模也居全国首位。浙江省、上海市的数字经济规模紧随其后。反观浙江省、上海市的数据立法进程，也较为超前并且在全国范围内进行了一定程度的开创性探索，例如，《上海市数据条例》是国内首部由省级人大制定的数据条例。

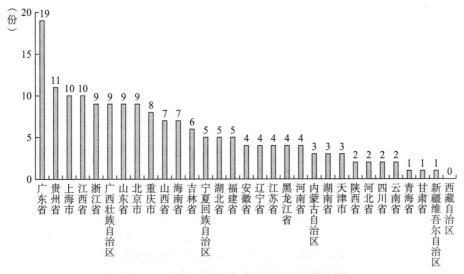

图1-2 2006~2024年省级数据立法分布图

2. 省级数据立法效力层级现状

在检索到的省级数据立法文件中，全国范围内共计发布了31份地方性法规，22份地方政府规章和104份地方规范性文件。[2]

就地方数据立法的效力层级而言，广东省、上海市、江西省、浙江省、重庆市、山西省、山东省、海南省、江苏省、安徽省、辽宁省11个省（直辖市）的地方数据立法呈现立体分布，从地方性法规到地方政府规章再到地方规范性文件，逐层细化。相

---

〔1〕《中国数字经济发展白皮书（2022年）》，中国信息通信研究院2022年7月发布。

〔2〕有12份文件以公开征求意见稿或草案的形式公布，处于尚未生效的状态。

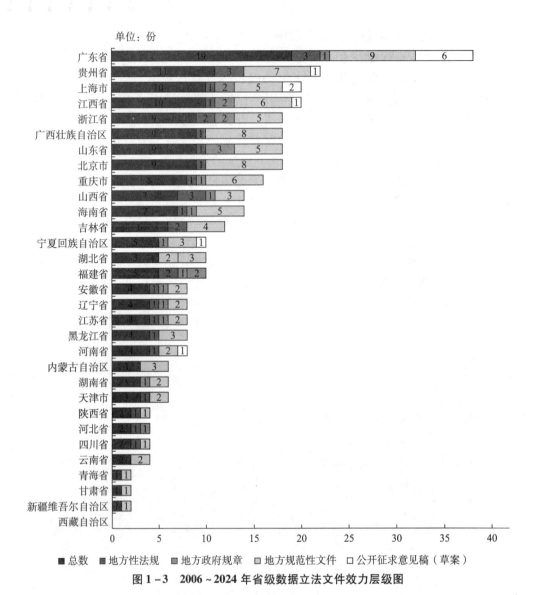

单位：份

图 1-3　2006～2024 年省级数据立法文件效力层级图

比之下，内蒙古自治区、云南省、青海省、甘肃省、新疆维吾尔自治区等 5 个省（自治区）的地方数据立法只以地方规范性文件的形式公布，效力层级较低。其余省（自治区、直辖市）的地方数据立法采取"地方性法规 + 地方政府规章"和"地方性法规或地方政府规章 + 地方规范性文件"的形式公布。[1]

（三）省级数据立法模式分析

我国省级数据领域立法模式主要分为综合立法模式和专门立法模式。从地方层面看，各省级行政区结合各自地区的实际发展情况进行了相应的数据立法，包括数据立

---

〔1〕　河北、福建的地方数据立法采取地方性法规 + 地方政府规章的形式公布；北京市、天津市、黑龙江省、吉林省、河南省、广西壮族自治区、四川省、贵州省、陕西省的地方数据立法采取地方性法规 + 地方规范性文件的形式公布；湖南省、青海省、宁夏回族自治区、江西省的地方数据立法采取地方政府规章 + 地方规范性文件的形式公布。

法、大数据立法、数字经济立法、公共数据立法、政务数据立法、政府数据立法以及科学数据、教育数据等特殊领域立法。

数据立法、大数据立法、数字经济立法属于综合立法，综合立法主要以数据、大数据或数字经济为规范对象，不局限于某一特定领域的数据或数据相关行为。目前，省级数据综合立法主要是地方性法规，共计28份。[1]公共数据立法、政务数据立法、政府数据立法以及科学数据、教育数据等特殊领域立法均属于专门立法，专门立法是指针对特定数据类型或数据相关行为的立法模式，主要是地方规范性文件。

1. 综合立法模式分析

第一，数据立法文件共8份（含征求意见稿与草案），[2]以数据本身为规范对象，内容主要包括规范数据处理、保障数据安全、加快数据要素市场化三个方面。

表1-3 综合立法模式（数据条例）

序号	文件名称	效力层级	公布时间
1	《深圳经济特区数据条例》	地方性法规	2021年7月6日
2	《上海市数据条例》	地方性法规	2021年11月25日
3	《河南省数据条例（草案）》（征求意见稿）	/	2022年3月7日
4	《重庆市数据条例》	地方性法规	2022年3月30日
5	《江西省数据条例（征求意见稿）》	/	2022年4月28日
6	《四川省数据条例》	地方性法规	2022年12月2日
7	《厦门经济特区数据条例》	地方性法规	2022年12月27日
8	《江西省数据应用条例》	地方性法规	2023年11月30日

第二，大数据立法文件共14份（含草案），主要呈现为"大数据条例""大数据开发应用条例""大数据发展（促进）条例"和"大数据发展应用（促进）条例"四类。"大数据发展（促进）条例"和"大数据发展应用（促进）条例"的共同内容包括数据资源的开发应用、促进措施与安全保障措施。"大数据发展（促进）条例"还单独就大数据基础设施建设作了专门规定。虽然《陕西省大数据条例》《海南省大数据开发应用条例》的命名与其他类别不同，但是在内容上更接近"大数据发展（促进）条例"。

表1-4 综合立法模式（大数据发展应用条例）

序号	文件名称	效力层级	公布时间
1	《贵州省大数据发展应用促进条例》	地方性法规	2016年1月15日
2	《宁夏回族自治区大数据产业发展促进条例（草案）》	/	2017年3月7日

---

〔1〕《河南省数据条例（草案）》（征求意见稿）、《江西省数据条例（征求意见稿）》《宁夏回族自治区大数据产业发展促进条例（草案）》3份地方立法文件属综合立法，但尚未生效，因此不纳入效力层级的数量统计。

〔2〕进行数据立法的地方有：广东省、上海市、河南省（草案）、重庆市、江西省（征求意见稿）、四川省、福建省。

续表

序号	文件名称	效力层级	公布时间
3	《天津市促进大数据发展应用条例》	地方性法规	2018 年 12 月 14 日
4	《海南省大数据开发应用条例》	地方性法规	2019 年 9 月 27 日
5	《山西省大数据发展应用促进条例》	地方性法规	2020 年 5 月 15 日
6	《吉林省促进大数据发展应用条例》	地方性法规	2020 年 11 月 27 日
7	《安徽省大数据发展条例》	地方性法规	2021 年 3 月 29 日
8	《山东省大数据发展促进条例》	地方性法规	2021 年 9 月 30 日
9	《福建省大数据发展条例》	地方性法规	2021 年 12 月 15 日
10	《黑龙江省促进大数据发展应用条例》	地方性法规	2022 年 5 月 13 日
11	《辽宁省大数据发展条例》	地方性法规	2022 年 5 月 31 日
12	《陕西省大数据条例》	地方性法规	2022 年 9 月 29 日
13	《广西壮族自治区大数据发展条例》	地方性法规	2022 年 11 月 25 日
14	《吉林省大数据条例》（2023 修订）	地方性法规	2023 年 12 月 1 日

第三，数字经济立法文件共 9 份，但各省立法文件的侧重点有所不同。部分文件重视培育数据要素市场（北京市、江苏省）；部分文件重视数字技术的赋能作用，例如，①推动数字经济与实体经济深度融合（山西省、江苏省、广东省）；②加快数字产业化和产业数字化（北京市、广东省、湖北省）。此外，《深圳经济特区数字经济产业促进条例》则重点关注优化数字经济产业的营商环境。

表 1-5　综合立法模式（数字经济条例/促进办法）

序号	文件名称	效力层级	公布时间
1	《浙江省数字经济促进条例》	地方性法规	2020 年 12 月 24 日
2	《广东省数字经济促进条例》	地方性法规	2021 年 7 月 30 日
3	《河南省数字经济促进条例》	地方性法规	2021 年 12 月 28 日
4	《河北省数字经济促进条例》	地方性法规	2022 年 5 月 27 日
5	《江苏省数字经济促进条例》	地方性法规	2022 年 5 月 31 日
6	《深圳经济特区数字经济产业促进条例》	地方性法规	2022 年 9 月 5 日
7	《北京市数字经济促进条例》	地方性法规	2022 年 11 月 25 日
8	《山西省数字经济促进条例》	地方性法规	2022 年 12 月 9 日
9	《湖北省数字经济促进办法》	地方政府规章	2023 年 5 月 10 日

2. 专门立法模式分析

第一，为贯彻落实中央层面的政策文件，多数省（自治区、直辖市）以公共数据或政务数据或政府数据为规范对象进行了立法，这些立法文件聚焦于规范数据的应用管理，着重促进数据的共享与开放。值得注意的是，多数省（自治区、直辖市）以地方政府规章或地方规范性文件的形式进行专门立法，而山西省、贵州省、浙江省采用地方性法规的形式进行立法。究其原因，地方性法规的内容侧重先行性，而地方政府规章的内容立足执行性。在法律和行政法规没有明确规定的情况下，《山西省政务数据管理与应用办法》《浙江省公共数据条例》《贵州省政府数据共享开放条例》均围绕政务数据、公共数据进行了权利与义务的分配。同时，个别地方还进行了更加具体化、针对性的立法。例如，《海南省公共数据产品开发利用暂行管理办法》聚焦公共数据产品的开发、利用和交易；《北京市公共数据专区授权运营管理办法（试行）》《浙江省公共数据授权运营管理办法（试行）》聚焦规范公共数据授权运营行为。

表1-6　专门立法模式（公共数据/政务数据/政府数据领域立法）

序号	类型	文件名称	效力层级	公布时间
1	公共数据立法	《海南省公共信息资源管理办法》	地方规范性文件	2018年5月25日
2		《上海市公共数据和一网通办管理办法》	地方政府规章	2018年9月30日
3		《吉林省公共数据和一网通办管理办法（试行）》	地方规范性文件	2019年1月17日
4		《海南省公共信息资源安全使用管理办法》	地方规范性文件	2019年7月22日
5		《上海市公共数据开放暂行办法》	地方政府规章	2019年8月29日
6		《浙江省公共数据开放与安全管理暂行办法》	地方政府规章	2020年6月12日
7		《广西公共数据开放管理办法》	地方规范性文件	2020年8月19日
8		《重庆市公共数据开放管理暂行办法》	地方规范性文件	2020年9月11日
9		《北京市公共数据管理办法》	地方规范性文件	2021年1月28日
10		《海南省公共数据产品开发利用暂行管理办法》	地方规范性文件	2021年9月15日
11		《广东省公共数据管理办法》	地方政府规章	2021年10月18日
12		《江苏省公共数据管理办法》	地方政府规章	2021年12月18日
13		《江西省公共数据管理办法》	地方政府规章	2022年1月12日
14		《浙江省公共数据条例》	地方性法规	2022年1月21日
15		《山东省公共数据开放办法》	地方政府规章	2022年1月31日
16		《上海市水务局公共数据管理办法》	地方规范性文件	2022年11月18日
17		《广东省公共数据开放暂行办法》	地方规范性文件	2022年11月30日
18		《上海市公共数据开放实施细则》	地方规范性文件	2022年12月31日
19		《广东省公共资源交易监督管理暂行办法》	地方规范性文件	2023年1月6日
20		《新疆维吾尔自治区公共数据管理办法（试行）》	地方规范性文件	2023年2月17日
21		《浙江省公共数据授权运营管理办法（试行）》	地方规范性文件	2023年8月1日
22		《深圳市公共数据开放管理办法（征求意见稿）》	/	2023年9月26日
23		《北京市公共数据专区授权运营管理办法（试行）》	地方规范性文件	2023年12月5日
24		《云南省公共数据管理办法（试行）》	地方规范性文件	2023年12月10日

序号	类型	文件名称	效力层级	公布时间
25		《厦门市公共数据开发利用管理暂行办法》	地方规范性文件	2023 年 12 月 28 日
26		《厦门市公共数据共享开放管理暂行办法》	地方规范性文件	2023 年 12 月 28 日
27		《北京市政务信息资源共享交换平台管理办法（试行）》	地方规范性文件	2008 年 6 月 23 日
28		《福建省政务数据管理办法》	地方政府规章	2016 年 10 月 15 日
29		《贵州省政务信息数据采集应用暂行办法》	地方规范性文件	2017 年 3 月 31 日
30		《北京市政务信息资源管理办法（试行）》	地方规范性文件	2017 年 12 月 27 日
31		《河南省政务信息资源共享管理暂行办法》	地方规范性文件	2018 年 1 月 8 日
32		《宁夏回族自治区政务数据资源共享管理办法》	地方政府规章	2018 年 9 月 4 日
33		《湖北省政务信息资源共享管理办法》	地方规范性文件	2018 年 9 月 26 日
34		《吉林省数据共享交换平台（政务外网）服务接口申请、授权和使用管理暂行办法》	地方规范性文件	2019 年 7 月 30 日
35		《重庆市政务数据资源管理暂行办法》	地方政府规章	2019 年 7 月 31 日
36	政务数据立法	《广西政务数据"聚通用"实施细则（试行）》	地方规范性文件	2019 年 9 月 11 日
37		《辽宁省政务数据资源共享管理办法》	地方政府规章	2019 年 11 月 26 日
38		《山西省政务数据资产管理试行办法》	地方政府规章	2019 年 11 月 28 日
39		《山东省电子政务和政务数据管理办法》	地方政府规章	2019 年 12 月 25 日
40		《广西政务数据资源调度管理办法》	地方规范性文件	2020 年 4 月 7 日
41		《山西省政务数据管理与应用办法》	地方性法规	2020 年 11 月 27 日
42		《安徽省政务数据资源管理办法》	地方政府规章	2020 年 12 月 30 日
43		《湖北省政务数据资源应用与管理办法》	地方政府规章	2021 年 1 月 25 日
44		《黑龙江省省级政务云管理暂行办法》	地方规范性文件	2021 年 4 月 25 日
45		《内蒙古自治区政务数据资源管理办法》	地方规范性文件	2021 年 9 月 11 日
46		《山西省政务数据资源共享管理办法》	地方规范性文件	2021 年 9 月 29 日
47		《吉林省文化和旅游厅关于建立健全政务数据共享协调机制加快推进数据有序共享的实施意见》	地方规范性文件	2021 年 12 月 2 日
48		《重庆市电子政务云平台安全管理办法（试行）》	地方规范性文件	2022 年 2 月 10 日
49		《河南省政务数据安全管理暂行办法》	地方规范性文件	2022 年 4 月 21 日
50		《河北省政务数据共享应用管理办法》	地方政府规章	2022 年 11 月 3 日
51		《山西省政务数据安全管理办法》	地方规范性文件	2023 年 5 月 22 日
52		《贵州省政务数据资源管理办法》	地方规范性文件	2023 年 6 月 8 日

序号	类型	文件名称	效力层级	公布时间
53	政府数据立法	《贵州省政府数据共享开放条例》	地方性法规	2020 年 9 月 25 日

第二，不同地方对特殊领域相关数据的立法各有侧重。黑龙江省、甘肃省、云南省、湖北省、安徽省、内蒙古自治区、吉林省、江苏省、广西壮族自治区、山东省、四川省、上海市、宁夏回族自治区、海南省共 14 个省（自治区、直辖市）就"科学数据"进行了专门立法；浙江省、湖南省、山西省、山东省、江西省、重庆市、广东省 7 个省（直辖市）就"地理数据"进行了专门立法；北京市、上海市、浙江省、内蒙古自治区 4 个省（自治区、直辖市）就"教育数据"进行了专门立法；重庆市、山东省、宁夏回族自治区、青海省、广东省（深圳市）5 个省（自治区、直辖市）就"健康（医疗）数据"进行了专门立法；广东省、广西壮族自治区、湖南省、江西省 4 个省（自治区）就"国土资源数据"进行了专门立法。重庆市、湖北省、湖南省、广西壮族自治区、辽宁省 5 个省（自治区、直辖市）就"遥感数据"进行了专门立法。

表 1-7　专门立法模式（特殊领域立法）

序号	特殊领域数据	省（自治区、直辖市）
1	科学数据	黑龙江省、甘肃省、云南省、湖北省、安徽省、内蒙古自治区、吉林省、江苏省、广西壮族自治区、山东省、四川省、上海市、宁夏回族自治区、海南省
2	地理数据	浙江省、湖南省、山西省、山东省、江西省、重庆市、广东省
3	教育数据	北京市、上海市、浙江省、内蒙古自治区
4	健康（医疗）数据	重庆市、山东省、宁夏回族自治区、青海省、广东省（深圳市）
5	国土资源数据	广东省、广西壮族自治区、湖南省、江西省
6	遥感数据	重庆市、湖北省、湖南省、广西壮族自治区、辽宁省

以特殊领域相关数据为规范对象的省级数据立法在内容上也各有侧重。健康数据相关立法既有针对健康数据本身的规定，也有针对数据相关平台或系统的规定；科学数据相关立法在内容上基本以国务院办公厅发布的《科学数据管理办法》为参照进行细化落实。

基于上述分析，省级数据立法文件名称中以"公共数据（信息资源）"出现频次最高，为 26 次。"大数据"和"政务数据（信息资源）"出现频次紧随其后，分别为 25 次、23 次；"数据（流通）交易"出现频次为 10 次。在特殊领域数据立法方面，由于国务院办公厅于 2016 年印发了《科学数据管理办法》，省级行政区积极开展关于科学数据的相关立法，"科学数据"出现频次为 14 次。

（四）省级数据立法类别分析

依据文件的规范内容与规范对象对省级数据立法文件进行归类与整理（见图 1-7），

2006-2023年

2006-2016年

2017-2019年

2020-2024年

图1-4　2006～2024年及三个时间段省级数据立法文件名称关键词云图

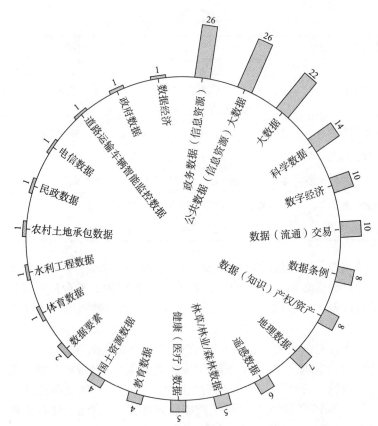

图1-5　2006～2024年省级数据立法文件名称关键词词频图

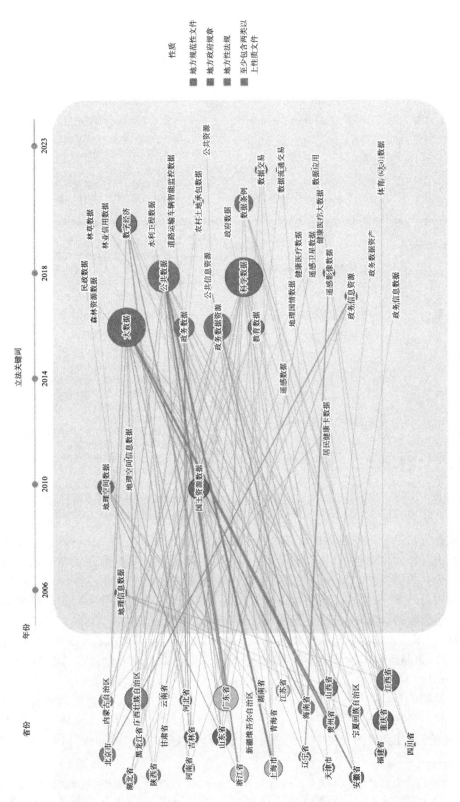

图 1 - 6 2006~2024年省级数据立法文件名称关键词共现图

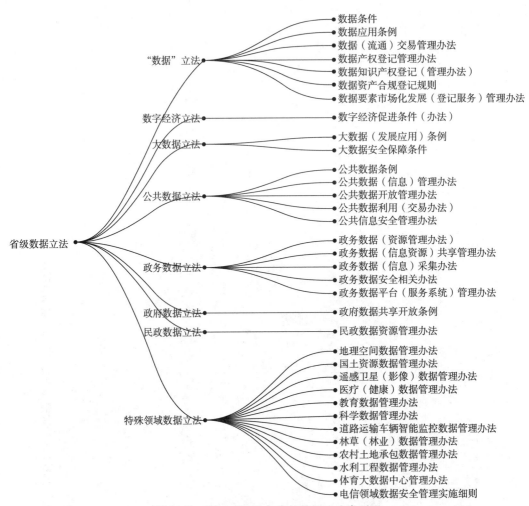

图1-7 2006～2024年省级数据立法类别图

可以将数据立法区分为一般数据立法和特殊领域数据立法两大类。在一般数据立法中总计115份文件，主要包括以"数据"本身为规范对象的立法、数字经济立法、大数据立法、公共数据立法、政务数据立法、政府数据立法和民政数据立法；在特殊领域数据立法中总计50份文件，主要包括科学数据（14份）、教育数据（4份）、地理数据（7份）、遥感数据（6份）、国土资源数据（4份）、健康（医疗）数据（5份）、水利工程数据（1份）、农村土地承包数据（1份）、林草/林业/森林数据（5份）、体育数据（1份）、道路运输车辆智能监控数据（1份）、电信数据（1份）12个特殊领域的数据立法。[1]

值得说明的是，在以"数据"本身为规范对象的立法中可以根据规范的具体内容进一步细化，分为数据条例（7份）、数据应用条例（1份）、数据（流通）交易管理办法（10份）；在大数据立法中，主要可以区分为大数据发展应用条例（14份）、大数

---

〔1〕 存在4份省级数据立法文件无法划入以上的类别，分别是：《江西省企业信用监管警示系统数据管理和运用试行办法》《贵州省应急平台体系数据管理暂行办法》《浙江省域空间治理数字化平台管理办法（试行）》《山东省数据开放创新应当实验室管理办法（试行）》。

据安全保障条例（1 份）；在公共数据立法和政务数据立法中，依据数据开放、数据共享、数据开发利用、数据安全保障等方面的综合规定和单独规定进行区分，主要分为管理办法（综合规定）、开放管理办法、共享管理办法、利用管理办法、安全保障管理办法等。另外，还存在政府数据立法和民政数据立法各一份文件。

三、结合"数据二十条"，对地方数据立法实践研究的若干结论

（一）数字经济高质量发展亟需全国性立法

地方数据立法经历了认识不断深化和升华的过程，呈现出以下特点：其一，在规范对象方面，经历了关注信息载体到关注生产要素的过程；其二，在立法内容方面，经历了从管理数据到释放数据资源的进步；其三，在立法模式上，经历了从单项立法向综合立法的跨越。地方数据实践和数据立法的过程，是深化认识数据特征的过程，是深化认识数字经济规律的过程，是深化认识数据法律制度科学性的过程。地方数据立法由点到面，彰显了地方的法治自觉。认识到数据的要素价值之后，地方数据立法以释放数据价值为着力点，聚焦政府数据、政务数据和公共数据等重点问题，在一定程度上破解了数据制度的难点。地方数据立法相互借鉴，一方面，各地数据立法的内容和结构呈现大同小异的特点；另一方面，也反映了数字中国建设对于数据法治普遍的共同的制度需求，为中央的数据立法提供了实践准备。但受制于地方立法权限，绝大多数地方数据立法回避了诸如数据权属等立法难点。

为了发挥数据和数字技术的牵引作用和赋能作用，提高数据开发利用的规范化程度，各地积极加大了地方立法，呈现出地方包围中央的态势，值得我们高度重视。其一，地方对数据立法的普遍需求，说明了全国性立法的必要性。但是，地方立法的效力地域性与数据经济的开放性有着不可克服的固有冲突。其二，不同地方的差异化制度安排，影响了本应全国性统一的数字经济建设与发展，甚至影响了新发展格局的构建；其三，数字经济是以网络作为载体的，无疑应该是统一开放、竞争有序的，但是，在全国性制度安排缺失的背景下，数字经济有可能变得封闭、分割和竞争失序；其四，地方立法回避的数据权利应该属于民事基本制度，根据《中华人民共和国立法法》（以下简称《立法法》）第 11 条相关规定，应由法律予以规定。综上，应该及时总结具有探索意义和价值的地方立法的得与失，科学地进行归纳、概括和提炼，转化为全国性法律规范。[1]

（二）数据开发利用的法律制度亟待健全和完善

数据基础制度建设事关国家发展和安全大局。[2]安全是发展的前提，发展是安全的保障。习近平总书记指出，要完善国家安全制度体系，重点加强数字经济安全风险预警、防控机制和能力建设，实现核心技术、重要产业、关键设施、战略资源、重大科技、头部企业等安全可控。我国高度重视网络及数据安全的制度建设，与数据利用有机衔接的数据安全法治体系——以《国家安全法》为龙头，以《网络安全法》《数据安全法》和《个人信息保护法》为骨干和主体的数据安全制度体系已经建成。这几

---

〔1〕　时建中：《数字经济高质量发展亟需国家立法》，载《经济日报》2021 年 9 月 30 日，第 4 版。

〔2〕　参见《〈关于构建更加完善的要素市场化配置体制机制的意见〉印发——引导要素向先进生产力集聚》，载 http://www.gov.cn/zhengce/2020 – 04/10/content_5500740.htm，最后访问日期：2023 年 4 月 9 日。

部法律有一个共同的特点，这就是均在第 1 条即立法目标中贯彻着发展与安全并重的指导思想。例如，《数据安全法》第 1 条规定了"保障数据安全，促进数据开发利用"，《个人信息保护法》第 1 条规定了"保护个人信息权益，规范个人信息处理活动，促进个人信息合理利用"，科学地解决数据安全与数据开发利用的关系、保护个人信息权益与促进个人信息合理利用的关系，充分体现了发展与安全并重的指导思想。因此，与数据利用衔接的数据安全法治体系已经成型，数据开发利用的全国性法律制度亟待健全和完善。

无论是指导思想还是主要内容，"数据二十条"均适应了数据的特征，符合数据经济发展规律，集我国数据各相关政策之大成，为数据法律制度的建立奠定了重要的政策基础，可以视之为我国数据基本政策。"数据二十条"有关数据基础制度的设计理念和框架，有利于更好发挥数据要素作用，为充分发挥我国海量数据规模和丰富应用场景优势、激活数据要素潜能、做强做优做大数字经济、增强经济发展新动能、构筑国家竞争新优势提供科学的政策指引。在将"数据二十条"转化为数据法律制度的过程中，对于"数据二十条"提出的若干政策措施，涉及数据法治和数据法学的若干基本理论问题，有必要进行深入研究，以充分实现"数据二十条"的价值和目标。

（三）三权分置的数据产权运行机制需要进一步解析

"数据二十条"提出，"建立数据资源持有权、数据加工使用权、数据产品经营权等分置的产权运行机制"，然而，这"三权"之间的关系为何？各自有哪些具体的权能？例如，除非受制于法律和合同的限制性规定或者约定，数据资源持有权的权利主体，当然享有数据加工使用权和经营权。否则，数据资源既不能实现其使用价值又不能实现其交换价值，一方面导致数据资源持有权如同一纸空文，另一方面导致数据资源被迫与世隔绝。数据确权本身不是目的，而是为了促进数据的开发利用。因此，我们既要建立数据确权机制，又要健全数据权利之间的互动机制。同时，我们注意到"数据二十条"设计的持有权、加工使用权、经营权分别对应着数据资源、数据、数据产品，意味着"数据二十条"关注着数据资源、数据、数据产品有着质的差异。但是，未来的制度建设不能无视三者之间的高度关联，更不能将持有权、加工使用权、经营权仅仅限于分别对应数据资源、数据、数据产品。否则，数据资源、数据和数据产品就孤立地困在了持有权、加工使用权、经营权的制度笼子里，老死不相往来，卡住了数字中国建设的脖子。为此，建议将分置的"数据资源持有权、数据加工使用权和数据产品经营权"修改为互动的"数据、数据资源和数据产品的持有权、加工使用权和经营权"，拆除"数据、数据资源和数据产品"之间转化的篱笆，打破"持有权、加工使用权和经营权"之间互动的桎梏，破除数据资源与持有权、数据与加工使用权和数据产品与经营权之间僵化孤立的对应关系。只有适应数据特征、符合数字经济发展规律，数据基础制度才能促进数据的开发利用，更好发挥数据要素作用。

（四）公共数据授权运营应当坚守公共数据的公共属性

公共数据立法是地方数据立法的重点，对于公共数据内涵和外延的界定、授权运营机制的构建，一定程度上破解了公共数据制度的难点。但是，无论是针对公共数据的综合立法或者专门立法中有关公共数据的制度安排，地方立法自身的局限性以及对本地公共数据授权运营利益的过多关注，成为地方公共数据面向全国开放、普遍赋能全国数字经济建设的桎梏。"数据二十条"提出，推进实施公共数据确权授权机制。对各级党政机关、企事业单位依法履职或提供公共服务过程中产生的公共数据，加强汇聚共享和开放开发，强化统筹授权使用和管理，推进互联互通，打破"数据孤岛"……推动用于公共治理、公益事业的公共数据有条件无偿使用，探索用于产业发展、行业发展的公共数据有条件有偿使用。"数据二十条"为公共数据授权运营提出了原则性举措，转化为具体的制度安排，尚有许多值得关注的理论问题。例如，公共数据授权运营机构可以被授予哪些权利？如何防止公共数据授权运营机构滥用权利？为了有效遏制公共数据授权运营过程中不合理的做法，必须坚持公共数据是数字化时代公共产品的属性，坚持公共数据"取之于民、用之于民"的基本原则，构建科学合理的公共数据控制者、处理者和运营者的义务规则体系。公共数据控制者、处理者和运营者有义务持续地、高质量地向公众和小微企业提供基于公共数据的免费基本数据服务；不提供免费基本数据服务者，不得提供基于公共数据的收费增值数据服务。公共数据的授权运营机制，应当坚持技术上便利小微企业、价格上让利小微企业。基于数据具有非竞争性、可复制性和非排他性的特征，公共数据的处理和运营，应当引入竞争机制，杜绝公共数据独家授权运营，谨防公共数据授权运营机制被运营机构"绑架"或者"钓鱼"的风险。对于公共数据授权运营中可能发生的行政性垄断和腐败问题，要依法予以预防和制止；对于地方有关公共数据授权运营机制的制度安排，要强化公平竞争审查和反垄断执法，防止公共数据授权运营演变为数据资源地方保护、垄断经营、索取不公平高价。

（五）促进企业数据流动应以保障企业数据权利为前提

考察地方数据立法，鲜有关于企业数据的相关规定，这也可以视为地方数据立法的一个特点。一个可能的原因是，企业的数据权利多数情况涉及民事基本权利，非地方立法事项。"数据二十条"提出"推动建立企业数据确权授权机制""市场主体享有依法依规持有、使用、获取收益的权益，保障其投入的劳动和其他要素贡献获得合理回报，加强数据要素供给激励。"这意味着，规范和引导企业数据的开发和利用，不仅需要禁止性规范，而且需要授权性规范，即承认并保护企业的正当数据利益，允许企业通过市场配置数据资源、交换数据利益。[1]在数据为关键生产要素的数字经济活动中，数据法律制度应有助于促进各类数据的流动，以最大程度、最大范围、最高质量赋能数字经济发展。这就需要以保护企业数据利益相关者的正当利益为前提，化解而不是制造企业正当数据利益与数据流动之间可能引发的冲突。目前，有一种观点认为，可以将基础电信业务领域的互联互通义务照搬到增值电信业务。本书认为，这种观点不符合数据的特征、不符合数字经济的规律、不符合法治精神。任何强制企业数据流动的制度安排，例如，强制企业数据互联互通、互操作，均需格外谨慎。这是因为承载正当利益的数据被强制低成本甚至免费互操作，必将直接损害数据行为利益主体的正当利益，最终损害创新驱动的数字经济的健康发展。

（六）数据交易所的设立应当尊重数据的特征和数字经济规律

"数据二十条"提出"完善和规范数据流通规则，构建促进使用和流通、场内场外

---

〔1〕　参见时建中：《数据概念的解构与数据法律制度的构建　兼论数据法学的学科内涵与体系》，载《中外法学》2023年第1期。

相结合的交易制度体系，规范引导场外交易，培育壮大场内交易"。分析地方数据立法，各地设立数据交易所的愿望普遍迫切。

例如，《上海市数据条例》《重庆市数据条例》《广西壮族自治区大数据发展条例》《四川省数据条例》《贵州省数据流通交易管理办法（试行）》《深圳市数据交易管理暂行办法》《深圳市数据商和数据流通交易第三方服务机构管理暂行办法》《上海市数据交易场所管理实施暂行办法》等省级数据立法文件明确规定了交易（场）所的内容。[1]《广东省数字经济促进条例》《河南省数字经济促进条例》《江苏省数字经济促进条例》则规定了"有条件的地区可以依法设立数据交易场所（数据交易中心）"。部分省级数据立法文件虽未使用"交易所"或"交易场所"的概念，但均规定了推动建立"数据（要素）交易平台"或"数据交易机构"。[2]此外，有的省级数据立法文件使用了"（大）数据交易服务机构"的概念，[3]例如，《贵州省大数据发展应用促进条例》《安徽省大数据发展条例》《天津市促进大数据发展应用条例》《天津市数据交易管理暂行办法》规定，推动交易主体在依法设立的（大）数据交易服务机构进行数据交易。

毫无疑问，数据交易所的设立，同样需要适应数据特征、符合数字经济发展规律。数据的非竞争性、可复制性、非排他性及其与数据技术不可分离的特征，[4]注定了数据交易所若地方化且遍地开花，必将违背数字经济规律、浪费建设资源、增加数据交易成本甚至扰乱数据交易秩序。我们注意到，"数据二十条"中明确指出，"统筹构建规范高效的数据交易场所。加强数据交易场所体系设计，统筹优化数据交易场所的规划布局，严控交易场所数量。"但是，遏制地方设立数据交易所的冲动，规范交易所的行为，属数据法律制度的重要组成部分，亟待建立。

（七）数据行为的概念体系需要梳理并再造

数据行为即数据处理或者数据处理行为，在法律层面，《数据安全法》《个人信息保护法》和《网络安全法》均有列举式规定。2021年6月10日公布的《数据安全法》第3条第2款规定："数据处理，包括数据的收集、存储、使用、加工、传输、提供、公开等"。2021年8月20日公布的《个人信息保护法》第4条第2款规定："个人信息的处理包括个人信息的收集、存储、使用、加工、传输、提供、公开、删除等。"在承袭《数据安全法》列举的7种数据处理行为的基础上，《个人信息保护法》增加规定了"删除"行为。早在2016年11月7日公布的《网络安全法》第76条第4项规定："网络数据，是指通过网络收集、存储、传输、处理和产生的各种电子数据。"在《数据安全法》和《个人信息保护法》，"处理"是一个上位概念；在《网络安全法》中，"处理"则是一个与其他行为并行的概念。

---

〔1〕 根据上述立法文件的规定，数据交易（场）是指开展数据交易活动的场所。

〔2〕 参见《深圳经济特区数据条例》《深圳经济特区数字经济产业促进条例》《北京市数字经济促进条例》《山西省数字经济促进条例》《海南省大数据开发应用条例》《山西省大数据发展应用促进条例》《山东省大数据发展促进条例》《福建省大数据发展条例》《黑龙江省促进大数据发展应用条例》《陕西省大数据条例》《江西省公共数据管理办法》《广东省公共数据管理办法》《重庆市公共数据开放管理暂行办法》等文件。

〔3〕 结合相省级数据立法的规定，"数据交易服务机构"在部分立法中规定为"数据交易中介服务机构"，主要是指为数据供需双方提供数据交易服务的组织机构。

〔4〕 参见时建中：《数据概念的解构与数据法律制度的构建 兼论数据法学的学科内涵与体系》，载《中外法学》2023年第1期。

在地方数据立法层面，关于数据处理行为的外延的规定有较大差异，可以归纳为以下几种情形：①将《数据安全法》和《个人信息保护法》的数据处理行为和个人信息处理行为整合为一体。例如，《厦门经济特区数据条例》第2条第2项规定："数据处理，包括数据的收集、存储、使用、加工、传输、提供、公开、删除等"；[1]②在全面整合引用《数据安全法》和《个人信息保护法》相关行为的基础上，增设其他行为。例如，《苏州市数据条例》第3条第2项规定："数据处理，包括数据的收集、存储、使用、加工、传输、提供、公开、删除、销毁等"；[2]在全面整合引用《数据安全法》和《个人信息保护法》相关规定的基础上，创设了"销毁"行为。然而，"销毁"与"删除"有何差异？③其只引用《数据安全法》第3条第2款规定，没有整合《个人信息保护法》中的"删除"。例如，《上海市数据条例》第2条第2项规定："数据处理，包括数据的收集、存储、使用、加工、传输、提供、公开等"。[3]④没有完全引用《数据安全法》的相应规定，并且创设了新的数据行为概念。例如，《深圳经济特区数据条例》第2条第6项规定："数据处理，是指数据的收集、存储、使用、加工、传输、提供、开放等活动。"[4]没有引用《数据安全法》和《个人信息保护法》中的"公开"，创设了"开放"行为；⑤在对数据处理作概况规定的基础上，创设了其他数据处理行为。例如，《上海市数据条例》第27条第1款规定："市大数据资源平台和区大数据资源分平台（以下统称大数据资源平台）是本市依托电子政务云实施全市公共数据归集、整合、共享、开放、运营的统一基础设施，由市大数据中心负责统一规划。"[5]其创设了"归集、整合、共享、开放、运营"等概念。再如，《四川省数据条例》第26条第2款规定："公共数据开放，是指政务部门和公共服务组织向社会依法提供公共数据的行为。"[6]《重庆市数据条例》第3条第1款第6、7项分别规定："公共数据共享，是指政务部门、公共服务组织因履行法定职责或者提供公共服务需要，依法获取其他政务部门、公共服务组织公共数据的行为。公共数据开放，是指向自然人、法人或者非法人组织依法提供公共数据的公共服务行为。"[7]针对公共数据创设并界定了对"开放""共享"等概念。

为了更好发挥数据要素的作用，"数据二十条"从不同维度对不同环节的数据处理行为作了非常深入的解构，使用了许多概念，亦即创设了许多数据处理行为。例如，数据来源、生成、生产、采集、持有、托管、加工、流通、交易、使用、应用、治理、

〔1〕《厦门经济特区数据条例》，载 https://flk. npc. gov. cn/detail2. html？ZmY4MDgxODE4NWM5NjdlMjAxODVj-jOTdlZDI5YjAwYzI%3D，最后访问日期：2024年1月22日。

〔2〕《苏州市数据条例》，载 https://flk. npc. gov. cn/detail2. html？ZmY4MDgxODE4NTdiYmI3NjAxODU4NGY2M2Q3NjExNGI%3D，最后访问日期：2024年1月22日。

〔3〕《上海市数据条例》，载 https://flk. npc. gov. cn/detail2. html？ZmY4MDgxODE3ZjQyMGFjODAxN2Y0OZjc5OTY0ZDA2N2Q%3D，最后访问日期：2024年1月22日。

〔4〕《深圳经济特区数据条例》，载 https://flk. npc. gov. cn/detail2. html？ZmY4MDgxODE3YTlhMzU1NzAxN2FhM2UxMzQ4NTJlYTE%3D，最后访问日期：2024年1月22日。

〔5〕《上海市数据条例》，载 https://flk. npc. gov. cn/detail2. html？ZmY4MDgxODE3ZjQyMGFjODAxN2Y0OZjc5OTY0ZDA2N2Q%3D，最后访问日期：2024年1月22日。

〔6〕《四川省数据条例》，载 https://flk. npc. gov. cn/detail2. html？ZmY4MDgxODE4NTdiY2E1ZTAxODU5YjEwNGU3MjVhOGU%3D，最后访问日期：2024年1月22日。

〔7〕《重庆市数据条例》，载 https://flk. npc. gov. cn/detail2. html？ZmY4MDgxODE3ZmQ5ODM0MTAxN2ZmY2M3MjIzOTE3MjU%3D，最后访问日期：2024年1月22日。

供给、跨境流动。这些处理行为与《数据安全法》和《个人信息保护法》规定的"收集、存储、使用、加工、传输、提供、公开、删除"等处理行为是什么关系？例如，"数据二十条"中的"采集"与前述两部法律的"收集"在规则和后果等方面有什么不同？再如，"数据采集"与"数据收集"、"数据应用"与"数据使用"、"数据供给"和"数据提供"、"数据交易"与"数据流通"有哪些差异？政策文件的用词，如果能与法律的相关概念相衔接，政策文件可以传递出更加清晰的声音，政策措施会得到更明确的法治保障。

综上，关于数据行为或者数据处理行为，三部法律规定不完全一致、各地规定不完全一致、各地规定与法律规定不完全一致，呈现出概念繁杂、内涵不清、外延不一，概念所揭示的数据行为边界及相互之间的关系难以界定。概念是制度生成的基础，概念不清、逻辑关系混乱，必然带来制度设计和实践中的问题。为此，有必要在尊重技术规律、经济规律、法治规律的基础上对数据行为的概念进行系统化的再造，构建数据行为体系。

与数据行为相关的概念体系是数据主体。每一种数据行为都有相应的行为主体，可以称之为数据处理行为主体或者数据行为主体。梳理并再造数据行为的概念体系，有助于梳理并再造数据行为主体的概念体系。

我们注意到，在借鉴欧盟相关制度过程中，我们引入了"Data subject（数据主体）"这一表述。"Data subject"这一概念最早见于欧盟《数据保护指令》（Data Protection Directive）（又称95/46/EC指令）。该指令的第2条第（a）项提到了数据主体，即个人数据是指与已识别或可识别的自然人（"数据主体"）有关的任何信息；可识别的人是指可以直接或间接识别的人，特别是通过参考识别号码或与其身体、生理、精神、经济、文化或社会身份有关的一个或多个具体因素来识别的人。该指令还界定了数据主体的权利，包括对收集和使用其数据的知情权（第10条）、访问权（第12条）和反对处理其数据的权利（第14条）等。《数据保护指令》于2018年被《通用数据保护条例》（GDPR）取代，但"Data subject"这一概念被沿用。这一概念只用于与个人数据相关的情形，指代的就是可被数据识别的自然人。在欧盟法律语境，"Data subject"的构造前提是严格区别个人数据与非个人数据，并且是为了给个人数据和个人隐私权以特别保护。虽然有必要借鉴"个人数据与非个人数据"的区别，[1]但是，没有引入"Data subject"的必要。原因之一就是，在我国法理学或者部门法学中，"主体"多指法律关系的主体，可以解构为权利主体、义务主体、责任主体等。彼"主体"非此"主体"，引入之后滋生了若干混乱。

（八）政务数据所有权属于国家吗？

数据确权无疑是数据法律制度构建的重点和难点。作为信息载体的数据，一旦要素化和市场化，就由信息利益载体衍生为资源利益载体。数据种类、状态、行为的多

---

〔1〕《中共中央 国务院关于构建数据基础制度更好发挥数据要素作用的意见》使用了"非公共数据"一词。本书认为，鉴于"公共数据"构成以及与"企业数据""个人数据"关系的复杂性，"公共数据"与"非公共数据"并不是非此即彼的二元关系，这种分类仅具有形式逻辑上的意义，远不如"个人数据"与"非个人数据"的分类更具有理论意义和实践价值。参见《中共中央 国务院关于构建数据基础制度更好发挥数据要素作用的意见》，载 http://www.gov.cn/zhengce/2022 - 12/19/content_5732695.htm，最后访问日期：2022年12月19日。

样性和复杂性，决定了数据赋权的复杂性。[1]我们注意到，若干省级数据立法将政务数据规定为国家所有。例如，2016 年公布的《福建省政务数据管理办法》第 3 条规定："政务数据资源属于国家所有，纳入国有资产管理，……"这是我国最早将政务数据资源规定为国家所有的地方政府规章；2017 年公布的《贵州省政务信息数据采集应用暂行办法》第 7 条规定："政务信息数据资源归国家所有，……"2019 年公布的《重庆市政务数据资源管理暂行办法》第 4 条第 1 款规定："政务数据资源属于国家所有。"《山西省政务数据资产管理试行办法》第 7 条规定："政务数据资产是重要的生产要素，属于国有资产，其所有权归国家所有……"尤为值得注意的是广西的相关规定，广西壮族自治区曾在 2019 年公布的《广西政务数据"聚通用"实施细则（试行）》第 4 条规定："自治区人民政府依法拥有广西政务数据的所有权……"随后又在 2020 年发布的《广西政务数据资源调度管理办法》第 4 条规定："自治区党委、自治区人民政府依法拥有广西政务数据的所有权……"《广西政务数据资源调度管理办法》系地方政府规范性文件，赋予了自治区党委亦依法拥有广西政务数据的所有权。

　　这些省级数据立法，有的系地方政府规章，例如，《福建省政务数据管理办法》《重庆市政务数据资源管理暂行办法》《山西省政务数据资产管理试行办法》均属之；有的系地方规范性文件，例如，《重庆市政务数据资源管理暂行办法》《广西政务数据"聚通用"实施细则（试行）》以及《广西政务数据资源调度管理办法》均属之。很明显，这些将政务数据规定为国家所有的地方立法文件效力层级较低。更重要的是，即使将政务数据应规定为国家所有，也不应属于地方立法权限的事项。本书认为，即使是政务数据，同样存在着数据与所有权逻辑具有内在冲突。[2]与此同时，确认政务数据的权属，还需科学处理其与政府数据、公共数据、公共服务数据、个人数据以及企业数据甚至于社会数据的关系。[3]数据确权的目的和效果是为了界定和保护不同数据利益主体的正当数据利益、规范数据行为。无论是数据的地方立法抑或中央立法，均不能背离立法的科学性和合法性。

（九）数据基础制度建设需要采取综合立法的模式

　　促进数据资源的开发和运用，一方面，需要健全数据要素权益保护制度，发挥数据要素对生产、分配、流通、消费和社会服务管理等各个环节的赋能作用；另一方面，需要完善数据要素市场化配置机制，发挥市场在数据资源配置中的决定性作用和更好发挥政府在数据要素收益分配中的引导调节作用，健全数据全流程监管规则体系，规范数据处理过程的各种行为，建立安全、公平、高效的数据要素流通、交易和收益分配制度，促进数字经济高质量发展。因此，数据基础制度建设需要采取综合立法的模式，制定"数据法"不仅必要、紧迫而且可行。

---

　　〔1〕　参见时建中：《数据概念的解构与数据法律制度的构建——兼论数据法学的学科内涵与体系》，载《中外法学》2023 年第 1 期。

　　〔2〕　参见时建中：《数据概念的解构与数据法律制度的构建——兼论数据法学的学科内涵与体系》，载《中外法学》2023 年第 1 期。

　　〔3〕　参见时建中：《数据概念的解构与数据法律制度的构建——兼论数据法学的学科内涵与体系》，载《中外法学》2023 年第 1 期。

专题二

省级数据立法关于立法目的的规定及评价

整体而言,以综合立法模式公布的省级数据立法文件均为地方性法规。根据《立法法》的相关规定,在不同宪法、法律、行政法规相抵触的前提下,地方性法规既可以为执行法律、行政法规作出具有执行性的规定,又可以根据实际需要作出具有先行性规定。因此,数据立法、大数据立法和数字经济立法等综合立法的立法目的兼具执行性与先行性。在执行性方面,其基本对应上位法的要求。在先行性方面,由于国家层面暂未公布相关立法,大部分地方结合本地区发展实际,规定了促进相关产业发展的目标。以专门立法模式公布的地方数据立法文件既有地方性法规、又有地方政府规章,还有地方规范性文件。针对同一领域的数据或数据处理行为公布的相同效力位阶的文件之间,其立法目的基本相同,只是不同地区根据本地区实际各有侧重。针对同一领域的数据或数据处理行为公布的不同效力位阶的文件之间,存在两种情况。若是地方性法规与地方政府规章或地方规范性文件相比,因为立法权限不同,上位文件要求不同,其立法目的有所差别。若是地方政府规章与地方规范性文件相比,其立法目的也基本相同,仅有表述上宏观或者具体的差别。

具体而言,地方数据立法又可以细分为"数据条例"立法、大数据立法和数字经济立法等综合领域立法;公共数据、政务数据、政府数据等重点领域立法;健康(医疗)数据、科学数据、教育数据等特殊领域立法。"数据条例"立法的立法目的主要聚焦于规范数据处理活动、保障数据安全和加快数据要素市场化;大数据立法主要聚焦于发挥数据要素作用,通过促进大数据有序健康发展加快本省数字化发展;数字经济立法更是旨在推动数字经济发展,从而实现本省经济高质量发展。公共数据、政务数据、政府数据领域的立法目的核心在于规范数据管理,侧重数据的聚合、开放、共享、应用。特殊领域的数据立法则围绕某一特定领域或某一特定类型的数据,旨在规范其管理,促进其开发利用。

一、"数据条例"关于立法目的的规定

目前,以"数据条例"为名的地方数据立法文件共7份(含征求意见稿)。[1]

整体而言,"数据条例"的立法目的主要包括规范数据处理、保障数据安全、加快数据要素市场化三个方面。从表述顺序上看,规范数据处理和保障数据安全的目标位于加快数据要素市场化目标之前,这充分体现了安全是发展的前提这一价值导向。"数据条例"不局限于某一具体领域,而是以数据为核心,既要与我国《网络安全法》《数据安全法》和《个人信息保护法》相衔接,又要贯彻落实中央关于数据要素市场

---

[1] 目前公布"数据条例"的地方有:上海市、福建省(厦门市)、江西省(征求意见稿)、河南省(征求意见稿)、广东省(深圳市)、重庆市、四川省共7个。

化的指导精神与意见，综合平衡了个人、组织的合法权益保护、数据安全保障以及数据开发利用之间的法益。

具体而言，除前述三个主要的立法目的之外，不同地区的"数据条例"还存在不同的侧重点。例如，7 份"数据条例"的立法目的均提及推动数字经济发展，但是《深圳经济特区数据条例》《厦门经济特区数据条例》还旨在加快建设数字政府与数字社会。[1] 再如，《四川省数据条例》单独增加"加强数据资源管理"的立法目的，并将其放在条文表述的首要位置。[2]

表 2 - 1　"数据条例"立法目的比较

类型	各地共同的立法目的	各地侧重的立法目的	
数据条例	1. 规范数据处理 2. 保障数据安全 3. 加快数据要素市场化	《深圳经济特区数据条例》	加快建设数字社会和数字政府
		《厦门经济特区数据条例》	推动数字政府、数字社会建设与发展
		《四川省数据条例》	加强数据资源管理

二、大数据立法关于立法目的的规定

目前，大数据立法的命名主要集中在"大数据发展（促进）条例"与"大数据发展应用（促进）条例"两种形式。这两类大数据立法共同的立法目的可以从市场、政府与社会三个维度分析。从市场维度，这两类大数据立法旨在发挥数据要素作用、促进大数据发展、推动数字经济发展。"大数据发展应用（促进）条例"还特别侧重大数据应用，将培育壮大新型产业或者大数据产业作为独立的立法目的。从政府维度，这两类大数据立法旨在提升政府服务和管理能力，加快本省的数字化发展。从社会维度，这两类大数据立法旨在创新或者完善社会治理。此外，《安徽省大数据发展条例》《广西壮族自治区大数据发展条例》《黑龙江省促进大数据发展应用条例》在立法目的中单独提及保障数据安全，《吉林省促进大数据发展应用条例》也在立法目的中单独提及规范数据处理行为。

与上述两类的命名方式不同，陕西省的大数据立法直接命名为"大数据条例"，海南省的大数据立法直接命名为"大数据开发应用条例"。在《吉林省促进大数据发展应用条例》之外，吉林省还发布了并新修订了《吉林省大数据条例（2023 修订）》。从立法目的上看，《陕西省大数据条例》《吉林省大数据条例（2023 修订）》侧重强调加强数据资源管理、规范数据处理活动和保障数据安全；[3]《海南省大数据开发应用条例》则偏向于"大数据发展应用（促进）条例"，更强调促进产业发展。[4] 但是，这两份文

---

[1] 《深圳经济特区数据条例》第 1 条规定：为了规范数据处理活动，……加快建设数字经济、数字社会、数字政府；《厦门经济特区数据条例》第 1 条规定：为了规范数据处理活动，……推动数字政府、数字社会、数字经济建设与发展。

[2] 《四川省数据条例》第 1 条规定：为了加强数据资源管理……推动以数据为关键要素的数字经济发展。

[3] 《陕西省大数据条例》第 1 条规定：为了加强数据资源管理，规范数据处理活动，保障数据安全，促进大数据在经济发展、民生改善、社会治理中的应用，加快数字陕西建设。

[4] 《海南省大数据开发应用条例》第 1 条规定：为了推动大数据的开发应用，发挥大数据提升经济发展、社会治理和改善民生的作用，促进大数据产业的发展，培育壮大数字经济，服务中国（海南）自由贸易试验区和中国特色自由贸易港建设。

件均在立法目的中提及促进（推动）大数据在经济发展、民生改善、社会治理中的应用，《吉林省大数据条例（2023 修订）》在立法目的还提及发挥数据要素作用。[1]

在《贵州省大数据发展应用促进条例》之外，贵州省聚焦大数据安全，公布了《贵州省大数据安全保障条例》，该条例以保障大数据安全和个人信息安全，明确大数据安全责任为立法目的，用安全保障大数据产业发展。[2]

除了关注大数据本身的发展、开发、应用、安全外，部分地方还针对大数据管理局、大数据企业与大数据财政资金作出专门规定。《海南省大数据管理局管理暂行办法》旨在规范海南省大数据管理局的设立与运作，创新大数据管理体制机制。北京市、贵州省、安徽省、江西省均公布了有关大数据企业管理的规范性文件，希望以此培育有影响力的大数据企业、支持大数据人才培养、发展大数据创新创业公共服务平台。《山东省大数据创新应用省级财政支持政策及资金管理实施细则》《贵州省大数据发展专项资金管理办法（2024 修订版）》均旨在规范大数据专项资金的使用，充分发挥财政资金的作用。

表 2 - 2　大数据立法文件目的梳理

文件名称	立法目的
大数据发展（促进）条例	1. 发挥数据要素作用 2. 促进大数据发展 3. 推动数字经济发展 4. 提升政府服务和管理能力 5. 加快本省的数字化发展 6. 创新或者完善社会治理 7. 保障数据安全[3]
大数据发展应用（促进）条例	1. 发挥数据要素作用 2. 促进大数据发展 3. 推动数字经济发展 4. 培育壮大新型产业或者大数据产业 5. 提升政府服务和管理能力 6. 加快本省的数字化发展 7. 创新或者完善社会治理 8. 规范数据处理行为[4]

---

〔1〕《吉林省大数据条例（2023 修订）》第 1 条规定：为了规范数据处理活动，加强数据资源管理，保障数据安全，保护自然人、法人和其他组织的合法权益，发挥数据要素作用，促进大数据发展应用，加快推进数字吉林建设，形成新质生产力，增强发展新动能，根据有关法律法规规定，结合本省实际，制定本条例。

〔2〕《贵州省大数据安全保障条例》第 1 条规定：为了保障大数据安全和个人信息安全，明确大数据安全责任，促进大数据发展应用。

〔3〕《安徽省大数据发展条例》《广西壮族自治区大数据发展条例》《黑龙江省促进大数据发展应用条例》还单独提及此立法目的。

〔4〕《吉林省促进大数据发展应用条例》还单独提及此立法目的。

文件名称	立法目的
大数据条例	1. 促进大数据发展 2. 推动数字经济发展[1] 3. 加快本省的数字化发展 4. 创新或者完善社会治理[2] 5. 保障数据安全 6. 规范数据处理行为 7. 加强数据资源管理 8. 保护自然人、法人和其他组织的合法权益[3]
大数据开发应用条例	1. 推动数字经济发展 2. 培育壮大新型产业或者大数据产业 3. 创新或者完善社会治理
大数据安全保障条例	1. 促进大数据发展 2. 保障数据安全
《海南省大数据管理局管理暂行办法》	规范海南省大数据管理局的设立与运作，创新大数据管理体制机制
大数据企业管理	培育有影响力的大数据企业、支持大数据人才培养、发展大数据创新创业公共服务平台
大数据发展的财政支持	规范大数据专项资金的使用，充分发挥财政资金的作用

三、数字经济立法关于立法目的的规定

目前，数字经济立法集中以"数字经济促进条例"为名。除此之外，还有 1 份"数字经济产业促进条例"，1 份"数字经济促进办法"以及 1 份"数字经济示范区"立法。

整体而言，"数字经济促进条例"的核心立法目的在于促进本省的数字经济发展，并以此推动经济高质量发展。具体而言，除了《河南省数字经济促进条例》简短、宏观地表述了上述核心立法目的，其余省（自治区、直辖市）还细致地强调了促进数字经济过程中的发展着力点和期望实现的具体目标，各有侧重。

在发展着力点上，《北京市数字经济促进条例》《江苏省数字经济促进条例》明确规定要培育数据要素市场；部分数字经济立法则重视数字技术的赋能作用，例如，①推动数字技术与实体经济深度融合（广东省、江苏省、山西省）；②加快数字产业化和产业数字化（北京市、广东省）。此外，北京市还单独强调在促进数字经济发展的过程中完善数字经济治理；[4]江苏省还单独强调以促进数字经济发展保障数据安全，体

---

〔1〕《陕西省大数据条例》还单独提及此立法目的。

〔2〕《陕西省大数据条例》还单独提及此立法目的。

〔3〕《吉林省大数据条例（2023 修订）》还单独提及此立法目的。

〔4〕《北京市数字经济促进条例》第 1 条规定：为了加强数字基础设施建设，培育数据要素市场，推进数字产业化和产业数字化，完善数字经济治理。

现了发展是安全的保障这一价值导向。[1]在期望实现的具体目标上，浙江省和河北省希望通过促进数字经济发展来建立现代化经济体系;[2]广东省还明确提出将会打造具有国际竞争力的数字产业集群。[3]

《湖北省数字经济促进办法》与上述"数字经济促进条例"相比，虽然在层级上属于地方政府规章，但是在立法目的上基本一致，同样以加快本省的数字经济发展为核心目标，重视数字技术的赋能作用，推进数字产业化、产业数字化，促进数字经济和实体经济深度融合。[4]

《深圳经济特区数字经济产业促进条例》聚焦数字经济产业的发展，以优化数字经济产业的发展环境为核心立法目的。

《宁夏回族自治区数字经济示范园区（基地）、数字经济"飞地园区"管理办法（试行）》通过建立数字经济示范区，强化区域合作，培育壮大数字经济生态。

表2-3　数字经济相关立法目的

类型	宏观立法目的	具体立法目的		
数字经济促进条例	促进本省的数字经济发展，并以此推动经济高质量发展	发展着力点	培育数据要素市场	北京市、江苏省
			数字技术的赋能	北京市、山西省、江苏省、广东省
			完善数字经济治理	北京市
			保障数据安全	江苏省
		期望目标	建立现代化经济体系	河北省、浙江省
			打造具有国际竞争力的数字产业集群	广东省
数字经济产业促进条例	优化数字经济产业的发展环境	/	/	/
数字经济促进办法	加快发展数字经济	发展着力点	数字技术的赋能	湖北省
数字经济示范区	培育壮大数字经济生态，强化区域合作	/	/	宁夏回族自治区

---

　〔1〕《江苏省数字经济促进条例》第1条规定：为了推动数字经济与实体经济深度融合，推进数据要素依法有序流动，保障数据安全。

　〔2〕《浙江省数字经济促进条例》第1条规定：为了促进数字经济发展，加快建设现代化经济体系;《河北省数字经济促进条例》第1条规定：为了促进数字经济健康发展，培育经济增长新动能，加快建立现代化经济体系。

　〔3〕《广东省数字经济促进条例》第1条规定：为了促进数字经济发展，推进数字产业化和产业数字化，推动数字技术与实体经济深度融合，打造具有国际竞争力的数字产业集群。

　〔4〕《湖北省数字经济促进办法》第1条规定：为了加快发展数字经济，推进数字产业化、产业数字化，推动数据要素资源高效流通使用，促进数字经济和实体经济深度融合，打造全国数字经济发展高地，根据有关法律、法规，结合本省实际，制定本办法。

四、公共数据（信息资源）立法关于立法目的的规定

目前，名称中包含"公共数据"字样的地方立法文件共 23 份。其中，除了浙江省以地方性法规的形式公布了《浙江省公共数据条例》，其余文件有 7 份地方政府规章和 15 份地方规范性文件。这 22 份文件又可以分为"公共数据管理办法""公共数据开放办法""公共数据开发利用管理办法""公共数据产品管理办法""公共数据授权运营管理办法"五类。此外，包含"公共信息"字样的地方立法文件共 2 份，[1] 其在效力上属于规范性文件。《广东省公共资源交易监督管理暂行办法》将"公共信息"视为公共资源的一种，因此以"公共资源"为名。

（一）公共数据管理办法

总体而言，"公共数据管理办法"的立法目的在于规范公共数据管理、促进公共数据资源整合与应用、提高政府治理能力和水平。《江西省公共数据管理办法》《新疆维吾尔自治区公共数据管理办法（试行）》还单独强调以公共数据管理推动或者促进数字经济发展。不同地区对公共数据管理的侧重点基本一致，除上海市和江苏省只是宏观地提出规范公共数据管理这一目标外，其余地区均强调公共数据管理要重点推动公共数据的共享和开放。此外，广东省、江苏省、江西省和云南省的立法文件还强调公共数据的安全管理。值得注意的是，上海市除了有管辖全市范围的《上海市公共数据和一网通办管理办法》，还有针对特定行政管理领域的立法。例如，《上海市水务局公共数据管理办法》聚焦水务海洋行政活动过程中的公共数据管理，旨在提高水务海洋行政治理与服务水平。

《浙江省公共数据条例》的立法目的与上述作为地方政府规章或规范性文件的"公共数据管理办法"基本相同，但是没有提及公共数据的共享与开放。同时，其又单独强调保护自然人、法人、非法人组织的合法权益。通过对比条文内容可知，之所以用地方性法规的形式公布，因为《浙江省公共数据条例》可能涉及设定减损公民、法人和其他组织权利或者增加其义务的规范，而上述地方政府规章和地方规范性文件均突出强调政府职能与义务，弱化了相对人的义务。[2]

（二）公共数据开放办法

与"公共数据管理办法"相比，绝大多数"公共数据开放办法"的立法目的更聚焦于规范和促进公共数据的开放，而未提及公共数据的共享。只有《厦门市公共数据共享开放管理暂行办法》的立法目的同时强调了公共数据的共享和开放，还揭示了二者之间的互动关系。只有公共数据尽可能多地共享、汇集起来，才有可能进一步扩大

---

〔1〕《海南省公共信息资源管理办法》，2018 年 5 月 25 日公布；《海南省公共信息资源安全使用管理办法》2019 年 7 月 22 日公布。

〔2〕《浙江省公共数据条例》在《立法法》修改之前，根据 2015 年《立法法》第 82 条第 6 款（2023 年《立法法》第 93 条第 6 款）之规定："没有法律、行政法规、地方性法规的依据，地方政府规章不得设定减损公民、法人和其他组织权利或者增加其义务的规范"。《浙江省公共数据条例》可能涉及设定减损公民、法人和其他组织权利或者增加其义务的规范，例如，第 21 条前半句规定："为了应对突发事件，公共管理和服务机构按照应对突发事件有关法律、法规规定，可以要求自然人、法人或者非法人组织提供应对突发事件所必需的数据……"因此，必须以地方性法规，而不能以地方政府规章的形式进行立法。

公共数据的开放。[1]上海市和广东省既有"公共数据管理办法",又有"公共数据开放办法"。区别在于,其一,上海市的两份文件《上海市公共数据和一网通办管理办法》《上海市公共数据开放暂行办法》在效力位阶上均为地方政府规章,而《广东省公共数据开放暂行办法》只是地方规范性文件,是《广东省公共数据管理办法》的下位法。其二,上海市仅在"公共数据开放办法"的立法目的中提及公共数据的开放,而广东省在两份文件的立法目的中均有提及。但是经过分析,这种区别不具有实质意义。从条文内容上看,两个地区对公共数据管理的理解均包含公共数据的开放以及两个地区的"公共数据管理办法"对公共数据的开放均设定了委任性条款,且交由省特定主管部门详细制定。从结果上看,上海市为落实"公共数据开放办法",也特意制定规范性文件《上海市公共数据开放实施细则》。可见,不同效力位阶的立法只是立法技术的安排不同,突出上海市的相关立法更为详细。

(三)公共数据产品管理办法

《海南省公共数据产品开发利用暂行管理办法》的立法目的聚焦在公共数据产品的开发、利用和交易。在开发利用方面,该文件希望通过平台化运营匹配技术供给端与服务需求端,实现公共数据的增值。在交易方面,该文件希望通过创建数据产品超市进行场内合法、合规、互信、安全的交易。

(四)公共数据开发利用管理办法

《厦门市公共数据开发利用管理暂行办法》旨在加快公共数据的社会化开发利用,实现公共数据的增值,并以此培育要素市场,推动数字政府、数字社会与数字经济发展。从立法目的条款的表述上看,《厦门市公共数据开发利用管理暂行办法》与"公共数据授权运营管理办法"的立法目的类似。

(五)公共数据授权运营管理办法

目前,只有浙江省与北京市公布了省级层面的公共数据授权运营管理办法。《浙江省公共数据授权运营管理办法(试行)》与《北京市公共数据专区授权运营管理办法(试行)》的立法目的基本一致,旨在规范公共数据授权运营行为,将授权运营作为培育数据要素市场的一种路径,以此促进公共数据有序开发利用。

此外,海南省出台了《海南省公共信息资源管理办法》《海南省公共信息资源安全使用管理办法》,2份立法的名称中均包含"公共信息"而非"公共数据"。从立法依据这一条文的表述上看,这2份文件依据的国家政策文件为国务院2016年公布的《政务信息资源共享管理暂行办法》,但是国家政策文件中只有"政务信息"和"公共数据"两种表述,并不包含"公共信息"这一概念。将这2份文件对"公共信息"的定义与前述"公共数据管理办法"对"公共数据"的定义进行对比,二者没有实质区别。[2]海南省可能只是强调数据是信息的载体,价值来源于信息本身。从立法目的上看,与上述"公共数据管理办法"相比,《海南省公共信息资源管理办法》旨在规范

---

〔1〕《厦门市公共数据共享开放管理暂行办法》第1条规定:为规范公共数据共享、开放管理,推进公共数据应汇尽汇,提高公共数据共享效率,扩大公共数据有序开放。

〔2〕抛开各个地方立法文件对于"公共"的范围的理解偏差,其对"数据"的定义基本一致,指以电子或者非电子形式对信息的记录;而《海南省公共信息资源管理办法》对公共信息中"信息"的定义也是指以一定形式记录、保存的信息。

和促进公共信息在政府部门内部之间共享，提高行政协同效率，不涉及对外开放公共信息的相关规定。但是，《海南省公共信息资源安全使用管理办法》的立法目的突出保障公共信息的安全使用，旨在规范和促进公共信息的开放。

《广东省公共资源交易监督管理暂行办法》将公共信息视为公共资源的一种，旨在规范公共信息等公共资源的交易，优化交易市场环境，提高公共资源配置效率和公平性。

表 2-4　公共数据（信息资源）立法目的梳理

文件名称	立法目的	省（自治区、直辖市）
公共数据条例	保护自然人、组织的合法权益 规范公共数据管理 促进公共数据资源整合与应用 提高政府治理能力和水平	浙江省
公共数据管理办法	规范公共数据管理	上海市、广东省、江苏省、江西省、吉林省、北京市、新疆维吾尔自治区、云南省
	促进公共数据资源整合与应用	上海市、广东省、江苏省、江西省、吉林省、北京市、新疆维吾尔自治区
	提高政府治理能力和水平	上海市、广东省、江苏省、江西省、吉林省、北京市、新疆维吾尔自治区、云南省
	公共数据的共享与开放	广东省、江西省、吉林省、北京市、新疆维吾尔自治区、云南省
	公共数据的安全管理	广东省、江苏省、江西省、云南省
公共数据开放（管理）办法	规范和促进公共数据的开放	浙江省、上海市、广东省、山东省、广西壮族自治区、重庆市、福建省（厦门市）、广东省（深圳市）
公共数据产品管理办法	数据产品的开发、利用和交易	海南省
公共数据开发利用管理办法	加快公共数据资源社会化增值开发利用	福建省（厦门市）
公共数据授权运营管理办法	规范公共数据授权运营行为	浙江省、北京市
公共信息资源管理办法	保障公共信息安全使用	海南省
	规范和促进公共信息的开放与共享	
公共资源交易管理办法	规范公共资源交易	广东省

五、政务数据（信息资源）立法关于立法目的的规定

目前，名称中包含"政务数据"字样的地方立法文件共 19 份，可以分为"政务数据管理办法""政务数据安全管理办法""政务数据调度管理办法""政务数据共享管理办法"以及"政务数据'聚通用'实施细则"这 5 类。只有山西省以地方性法规的形式公布了《山西省政务数据管理与应用办法》，其余文件均属于地方政府规章和地方规范性文件。名称中包含"政务信息"字样的地方立法文件共 5 份，可以分为"政务信息（共享）管理办法"与"政务信息数据采集办法"这 2 类。这些文件在效力上均属于规范性文件。此外，政务数据（信息资源）立法还包括 2 份"政府云管理办法"，在效力上也均属于规范性文件。

（一）政务数据管理办法

总体而言，"政务数据管理办法"的立法目的在于规范政务数据管理、提高政府治理能力与水平。福建省、山东省和内蒙古自治区三地出台的"政务数据管理办法"特别将推进政务数据的共享与开放作为立法目的之一。安徽省、湖北省、贵州省三地出台的"政务数据管理办法"特意将促进政务数据的聚合和应用作为立法目的之一。《重庆市政务数据资源管理暂行办法》也将推进大数据智能化发展作为立法目的之一。《山西省政务数据资产管理试行办法》也将保障政务数据安全作为立法目的之一。《山西省政务数据管理与应用办法》的立法目的与上述"政务数据管理办法"的立法目的基本相同，只是又单独提及保护自然人、法人和非法人组织的合法权益。

（二）政务数据安全管理办法

"政务数据安全管理办法"突出在政务数据管理的过程中构建安全保护体系，保障政务数据安全。《山西省政务数据安全管理办法》还特别强调了规范数据处理活动，维护国家安全、社会秩序和公共利益。

（三）政务数据调度管理办法

以"政务数据调度管理办法"命名的文件只有《广西政务数据资源调度管理办法》这 1 份。其中的"调度"主要强调政务数据的共享。[1]因此，"政务数据调度管理办法"虽然仍以规范政务数据管理为立法目的，但是侧重管理共享行为。

（四）政府数据共享管理办法

与"政务数据管理办法"相比，"政务数据共享管理办法"都侧重规范政务数据的共享行为。从立法目的上看，"政务数据共享管理办法"整体的表述都比较宏观，没有具体突出的立法目标。

《广西政务数据"聚通用"实施细则（试行）》的核心立法目的在于通过云端和网络实现政务数据的数据汇聚、共享互通、创新应用，并以此优化营商环境，提高行政效率。

---

〔1〕《广西政务数据资源调度管理办法》第 1 条规定：为进一步规范广西政务数据资源管理与应用，实现政务数据一池共享。

（五）政务信息相关立法

包含"政务信息"字样的 5 份地方立法文件基本集中在 2017～2018 年公布。[1]从立法根据上看，以"政务信息"为名是为了贯彻落实 2016 年《国务院关于印发政务信息资源共享管理暂行办法的通知》。从立法目的上看，这 5 份文件的立法目的不受"政务信息"或者是"政务数据"概念影响而产生实质差别，依然旨在规范政务信息管理、促进政务信息的聚合、开放、共享和应用、提高政府治理能力与水平。值得注意的是，北京市、河南省、湖北省包含"政务信息共享"字样的立法文件还将推进政务信息共享平台或者互联系统的建设作为立法目的之一。此外，《贵州省政务信息数据采集应用暂行办法》专门规范政务信息的收集行为。

（六）政务云管理办法

《黑龙江省省级政务云管理暂行办法》与《重庆市电子政务云平台安全管理办法（试行）》的立法目的各有侧重，前者重在促进政务云的互联互通、服务高效，后者重在规范政务云的安全管理、稳定运行。

表 2－5　政务数据立法目的梳理

文件名称	立法目的
政务数据（资源）管理办法	规范政务数据管理
	提高政府治理能力与水平
	促进政务数据的开放和共享[2]
	促进政务数据的聚合和应用[3]
	推进大数据智能化发展[4]
	保障政务数据安全[5]
	优化营商环境[6]
政务数据共享管理办法	规范政务数据管理
	促进政务数据的聚合和应用
	提高政府治理能力与水平
	规范政务数据的共享

---

　[1]　《北京市政务信息资源管理办法（试行）》，2017 年 12 月 27 日公布；《北京市政务信息资源共享交换平台管理办法（试行）》，2008 年 6 月 23 日公布；《河南省政务信息资源共享管理暂行办法》，2018 年 1 月 8 日公布；《湖北省政务信息资源共享管理办法》，2018 年 9 月 26 日公布；《贵州省政务信息数据采集应用暂行办法》，2017 年 3 月 31 日公布。

　[2]　《福建省政务数据管理办法》《山东省电子政务和政务数据管理办法》《内蒙古自治区政务数据资源管理办法》单独提出此项立法目的。

　[3]　《安徽省政务数据资源管理办法》《湖北省政务数据资源应用与管理办法》《贵州省政务数据资源管理办法》单独提出此项立法目的。

　[4]　《重庆市政务数据资源管理暂行办法》单独提出此项立法目的。

　[5]　《山西省政务数据资产管理试行办法》单独提出此项立法目的。

　[6]　除共有的立法目的外，《山东省电子政务和政务数据管理办法》单独提出此项立法目的。

续表

文件名称	立法目的
政务信息管理办法	规范政务信息管理
	促进政务信息的聚合、开放、共享和应用
	提高政府治理能力与水平
	规范政务信息平台或者系统建设[1]
政务数据安全管理办法	加强政务数据安全管理
	规范数据处理活动[2]
	维护国家安全、社会秩序和公共利益[3]
《广西政务数据"聚通用"实施细则（试行）》	促进政务数据的聚合和应用
	规范政务数据的共享
《广西政务数据资源调度管理办法》	规范政务数据管理
	规范政务数据的共享
《贵州省政务信息数据采集应用暂行办法》	规范信息采集、提高采集效率
政务云管理办法	促进政务云的互联互通、服务高效
	规范政务云的安全管理，稳定运行

六、政府数据（信息资源）立法关于立法目的的规定

目前，包含"政府数据"的地方立法文件只有1份，即《贵州省政府数据共享开放条例》。该条例虽然使用了"政府数据"的概念，但是在立法目的上和前述包含"公共数据"或"政务数据"的地方立法文件基本一致，即推动政府数据的共享和开放，培育数据要素市场，提升政府治理能力与水平。[4]

表2-6 政府数据（信息资源）立法目的

类型	名称	公布时间	立法目的
政府数据共享开放	《贵州省政府数据共享开放条例》	2020-09-25	**第一条** 为了推动政府数据共享开放，加快政府数据汇聚、融通、应用，培育发展数据要素市场，提升政府社会治理能力和公共服务水平，促进经济社会发展……

---

〔1〕 除共有的立法目的外，《北京市政务信息资源共享交换平台管理办法（试行）》单独提出此项立法目的。
〔2〕 除共有的立法目的外，《山西省政务数据安全管理办法》单独提出此项立法目的。
〔3〕 除共有的立法目的外，《山西省政务数据安全管理办法》单独提出此项立法目的。
〔4〕 抛开"公共数据""政务数据""政府数据"之间的概念辨析，这三种类型的地方立法文件的立法目的基本一致。

七、特殊领域数据立法关于立法目的的规定

（一）健康（医疗）数据立法

目前，与"健康（医疗）数据"相关的地方立法文件共有 5 份，涉及"健康（医疗）数据"和"信息系统或平台的管理"。[1] 各地立法文件公布时间的跨度较大，即 2015 年至 2023 年。

"健康（医疗）数据"相关立法的立法目的较为明确简洁，即在规范管理对应数据的同时促进对应数据的应用。《青海省健康保障一体化省级综合平台跨行业数据交换与信息共享管理办法》旨在通过省级综合平台确保健康数据在多部门间共享和交换，推进医改工作。宁夏回族自治区《自治区卫生健康委员会数据安全传输及灾备管理规范（试行)》旨在确保数据传输系统在日常及灾害环境下安全稳定运行。

表 2－7　健康数据立法目的

类型	立法目的	
健康（医疗）数据立法	1. 规范管理对应数据	2. 促进对应数据的应用
《青海省健康保障一体化省级综合平台跨行业数据交换与信息共享管理办法》	健康数据在多部门间共享和交换	
宁夏回族自治区《自治区卫生健康委员会数据安全传输及灾备管理规范（试行)》	确保数据传输系统稳定运行	

（二）科学数据立法

目前，与"科学数据"相关的地方立法文件共有 14 份。这些文件绝大部分以贯彻落实国务院办公厅关于印发《科学数据管理办法》的通知为目的，旨在规范科学数据管理，保障科学数据安全，提高科学数据开放和共享水平，并以此支撑本省的科技创新。《湖北省科学数据管理实施细则》的立法目的过于简略，直接以贯彻落实国务院的指示要求作为指引，并没有详细展开。

值得注意的是，海南省并未出台"科学数据管理"相关立法，只有《海南省科技资源库（馆）和科学数据中心管理暂行办法》。该办法聚焦于科学数据中心共享服务平台的建设和运营。

表 2－8　科学数据立法目的

类型	立法目的
科学数据立法	1. 规范科学数据管理
	2. 保障科学数据安全
	3. 提高科学数据开放和共享水平

---

〔1〕《青海省健康保障一体化省级综合平台跨行业数据交换与信息共享管理办法》，2015 年 12 月 11 日公布；《重庆市卫生健康行业健康医疗数据资源管理办法》，2019 年 12 月 18 日公布；《山东省健康医疗大数据管理办法》，2020 年 8 月 20 日公布；宁夏回族自治区《自治区卫生健康委员会数据安全传输及灾备管理规范（试行)》，2021 年 8 月 31 日公布；《深圳市卫生健康数据管理办法》，2023 年 11 月 16 日公布。

续表

类型	立法目的
《海南省科技资源库（馆）和科学数据中心管理暂行办法》	科学数据中心共享服务平台的建设和运营

（三）教育数据立法

目前，与"教育数据"相关的地方立法文件共有4份。这些文件的立法目的各有侧重，《浙江省教育数据暂行管理办法》《上海教育数据管理办法（试行）》聚焦于规范教育数据的收集行为，《内蒙古自治区教育厅机关及直属事业单位教育数据管理办法（试行）》《上海教育数据管理办法（试行）》侧重于促进教育数据的共享和开放，当然有的也只是笼统地规定要规范教育数据管理与服务工作（北京市）。

表2-9　教育数据立法目的

类型	立法目的	立法地区
教育数据立法	规范教育数据的收集行为	浙江省、上海市
	促进教育数据的共享和开放	上海市、内蒙古自治区
	加强教育数据管理	北京市

（四）地理数据立法

目前，与"地理数据"相关的地方立法文件从文件名称上可以分为"地理空间数据的管理""地理空间数据的交换和共享""地理空间数据的提供"与"地理空间数据的动态更新"4类。

"地理空间数据的管理"相关立法文件的立法目的除了宏观上提及规范地理空间数据的收集和处理外，还会着重强调推动地理空间数据的共享。"地理空间数据的交换和共享"相关立法文件则只聚焦于数据的交换和共享这两种行为。"地理空间数据的提供"相关立法文件只是宏观地提及规范数据的提供行为，同时从立法目的条款上也无法明确看出提供行为与交换、共享以及开放行为的关系。

《重庆市地理国情数据动态更新管理办法》则只聚焦于保障地理数据的动态更新。

表2-10　地理空间数据立法目的

类型	立法目的
地理空间数据的管理	1. 规范地理空间数据的收集和处理 2. 推动地理空间数据的共享
地理空间数据的交换和共享	推动地理空间数据的交换和共享
地理空间数据的提供	规范数据的提供行为
《重庆市地理国情数据动态更新管理办法》	保障地理数据的动态更新

（五）国土资源数据立法

目前，绝大部分"国土资源数据"相关地方立法文件的立法目的基本一致，即规范国土资源数据的生产、汇交、保管和利用，提高国土资源数据的应用水平，满足社会经济发展需要。但是，江西省相关的立法文件中还单独强调规范国土资源数据的更新。[1]

表2-11　国土资源数据立法目的

类型	立法目的	立法地区
国土资源数据立法	规范国土资源数据的生产、汇交、保管和利用	广东省、广西壮族自治区、湖南省、江西省、
	规范国土资源数据的更新	江西省

（六）遥感数据立法

从立法目的上看，湖北省的相关立法文件只是笼统地提及要规范遥感数据的管理，促进其应用与推广。相比之下，湖南省、广西壮族自治区、重庆市和辽宁省在宏观提及规范遥感数据的管理这一目标外，还聚焦推动遥感数据的共享这一目的。

表2-12　遥感数据立法目的

类型	立法目的	立法地区
遥感数据立法	规范遥感数据的管理	湖北省、湖南省、广西壮族自治区、重庆市、辽宁省
	推动遥感数据的共享	湖南省、广西壮族自治区、重庆市、辽宁省

（七）其他特殊领域的数据立法

除了上述单列的特殊领域外，水利工程、农村土地承包、林草/林业/森林、体育、道路运输车辆智能监控、民政以及电信领域也分别有少量数据相关的立法。[2]从立法目的上看，这些特殊领域的数据立法都旨在规范或者加强特殊领域的数据收集、保管、更新、加工、归集、使用等环节的管理，在保障安全的前提下促进有效合理利用

八、关于省级数据立法文件立法目的的评价

（一）国家与地方之间，立法目的呈现"央地互动"特征

通过上述梳理可以看出，地方数据立法紧跟中央决策部署，呈现突出的"央地互动"特征。从时间上来看，近年来，每当国家出台数据领域的关键政策后，地方都会加速配套相关立法。从内容上来看，无论是"数据条例"立法、大数据立法、数字经济立法等综合领域的立法或者公共数据、政务数据、政府数据等重点领域的立法，还是健康（医疗）数据、科学数据、教育数据等特殊领域的立法，都在立法目的层面积极响应并贯彻落实中央文件的指示精神。

第一，地方立法明确以国家立法或者中央文件作为立法依据，采用"根据……等法律法规或者文件精神"的语句，概括地将上级目标要求纳入立法目的之中。例如，

---

[1]　《江西省国土资源数据管理暂行办法》第1条规定：为了加强我省国土资源数据的管理，规范全省国土资源数据的生产、汇交、更新、保管和利用等工作。

[2]　水利工程数据立法1部，农村土地承包数据立法1部，林草/林业/森林数据立法5部，体育数据立法1部，道路运输车辆智能监控数据立法1部，民政数据立法1部，电信数据立法1部。

地方的"数据条例"立法均将"根据《中华人民共和国数据安全法》《中华人民共和国个人信息保护法》等法律、行政法规"的表述纳入立法目的条款。再如,《江苏省科学数据管理实施细则》将"为贯彻落实《国务院办公厅关于印发科学数据管理办法的通知》(国办发〔2018〕17号)"的表述纳入立法目的条款;《北京市政务信息资源共享交换平台管理办法(试行)》将"根据《关于印发〈国家电子政务总体框架〉的通知》及相关政策的有关精神"的表述纳入立法目的条款。

第二,地方立法直接将国家立法或者中央文件的具体要求作为本法的立法目的。例如,《关于构建更加完善的要素市场化配置体制机制的意见》明确指出要"加快培育数据要素市场",省级"数据条例"立法纷纷将其写入立法目的条款。再如,国务院关于印发《"十四五"数字经济发展规划》的通知明确要求"以数字技术与实体经济深度融合为主线",广东省、江苏省、山西省的数字经济立法则将其直接写入立法目的。

（二）地方与地方之间,立法目的"和而不同"

通过对地方数据立法相关文件立法目的的梳理,地方数据立法正在积极寻求广泛共识。"数据条例"立法的共识在于规范数据处理活动、保障数据安全和加快数据要素市场化;大数据立法、数字经济立法基本聚焦于大数据开发,数字技术与实体经济深度融合、产业数字化和数字产业化;公共数据、政务数据、政府数据立法基本聚焦于规范公共数据、政务数据、政府数据的管理,包括数据的开放、共享、开发、应用以及数据的安全;特殊领域的数据立法基本聚焦于特殊数据的管理和利用。

同时,地方与地方之间在数据立法上又各有侧重,主要体现在两个方面:其一,根据本地经济发展条件的差异,地方之间的立法设置不同高度的目标。例如,广东省的数字经济立法将打造具有国际竞争力的数字产业集群作为目标。其二,部分地方在重点领域、特殊领域的立法上更加积极主动,突出创新举措。例如,北京针对政务数据(信息)的平台建设单独出台规定,旨在规范好、利用好政务数据(信息)平台。

（三）地方数据立法的立法目的应当避免贪多求全

一方面地方政府有着构建本辖区内数据法律秩序、协调数据相关利益、促进本辖区内数字经济的发展的迫切需要,另一方面又承担着国家层面数据立法先行先试的责任使命。这使得地方政府倾向于在一部法中尽可能多的规定政策目标,但是这可能会游移、淡化一部立法的重点。例如,地方政务数据立法基本聚焦于"规范政务数据管理,提高政府治理水平"这一目标,只是有的地方侧重政务数据的开放与共享,有的地方侧重政务数据的聚合与应用。但唯独《山东省电子政务和政务数据管理办法》的立法目的提及了"优化营商环境"。一种可能的解释是政府规范了政务数据的管理,有助于提高信息(政策、规则)透明度,从而"优化营商环境"。实际上,立法目的应当紧紧围绕"政务数据"应有的权利义务关系并统领全文条款,不必要提及实现立法目的之后产生的附属效果。

立法目的条款对一部法而言意义重大。立法目的条款一方面凝聚着整个法律文本的法律价值,统领协调法的各部分正确发挥功能;另一方面其给法的执行者、遵守者清晰的指引,帮助其正确地行使权利、履行义务。因此,立法目的应当避免贪多求全,必须准确定位。

对"数据条例"立法、大数据立法和数字经济立法这几类综合立法而言,立法本身覆盖的领域广，涉及的权利义务关系多，不同的立法目的之间更要注重逻辑性，区分层次。例如，"数据条例"立法中，鉴于均以《数据安全法》《个人信息保护法》为立法依据，其立法目的应当参照上位法，按照"规范数据处理活动、保障数据安全、保护个人、组织的合法权益、加快数据要素市场化"的逻辑层次表述。例如，《上海市数据条例》将"促进数据依法有序自由流动"放在"保障数据安全"之前，这一逻辑顺序有待进一步讨论。

对重点立法和专门立法而言，因为立法本身就聚焦于某一具体领域或者某一类数据，所以立法目的要抓住核心，功能清晰。例如，《国务院关于加强数字政府建设的指导意见》、国务院办公厅关于印发《全国一体化政务大数据体系建设指南》的通知等多份中央文件多次强调加强公共数据/政务数据的开放与共享。因此，公共数据、政务数据立法均应当将其作为立法重点目标之一，在立法目的条款中予以明确。

（四）平衡地方数据立法目的的价值取向

如前文所述，全国各地围绕数据出台了不同效力位阶、不同领域的立法文件，尽管立法侧重点有所不同，但地方数据立法的共同目标可提炼为以下三点：①规范数据处理活动，维护数据安全；②推动数字经济的技术支持，促进技术融入实体经济；③保护自然人、法人和非法人组织与数据有关的权益。上述共同目标也表明，数据立法目的蕴含数据和法治的双重逻辑，是一个复杂的法律价值平衡问题。一方面，数据立法要尊重和回应数据特性、数据价值、数字经济的基本规律；另一方面，数据立法应在平衡个人与国家、用户与企业、政府与市场、发展与安全、国内与国际等多重价值目标的同时，推进法治的革新。具体而言，数据立法要在保护个人隐私与维护公共利益之间寻求价值平衡；要平衡政府与市场的关系，坚持促进发展与规范监管相统一；要动态平衡发展和安全的关系。

专题二附录　相关地方数据立法附录表

一、数据立法

类型	名称	公布时间		立法目的
	《深圳经济特区数据条例》	2021-07-06	**第一条**	为了规范数据处理活动，保护自然人、法人和非法人组织的合法权益，促进数据作为生产要素开放流动和开发利用，加快建设数字经济、数字社会、数字政府……
	《上海市数据条例》	2021-11-25	**第一条**	为了保护自然人、法人和非法人组织与数据有关的权益，规范数据处理活动，促进数据依法有序自由流动，保障数据安全，加快数据要素市场培育，推动数字经济更好服务和融入新发展格局……
	《河南省数据条例（草案）》（征求意见稿）	2022-03-07	**第一条**	为了保护自然人、法人和非法人组织与数据有关的权益，规范数据处理活动，保障数据安全，培育数据要素市场，促进数据开发利用，服务经济社会发展和数字强省建设……
数据条例	《重庆市数据条例》	2022-03-30	**第一条**	为了规范数据处理，保障数据安全，保护个人、组织的合法权益，培育数据要素市场，促进数据应用，推动数字经济发展……
	《江西省数据条例》（征求意见稿）	2022-04-28	**第一条**	为了保护自然人、法人和非法人组织的合法权益，规范数据处理活动，保障数据安全，促进数据要素的开发利用，推动数字经济、数字社会发展……
	《四川省数据条例》	2022-12-02	**第一条**	为了加强数据资源管理，规范数据处理活动，保障数据安全，促进数据依法有序流通和应用，推动以数据为关键要素的数字经济发展……
	《厦门经济特区数据条例》	2022-12-27	**第一条**	为了规范数据处理活动，保护自然人、法人和非法人组织的合法权益，培育数据要素市场，促进数据有序流动和开发利用，推动数字政府、数字社会、数字经济建设与发展……

二、大数据立法

类型	名称	公布时间	立法目的
大数据条例	《陕西省大数据条例》	2022-09-29	**第一条** 为了加强数据资源管理，规范数据处理活动，保障数据安全，促进大数据在经济社会发展、民生改善、社会治理中的应用，加快数字陕西建设……
	《吉林省大数据条例（2023修订）》	2023-12-01	**第一条** 为了规范数据处理活动，加强数据资源管理，发挥数据要素作用，保护自然人、法人和其他组织的合法权益，促进大数据发展应用，加快推进数字吉林建设，形成新质生产力，增强发展新动能……
大数据发展（促进）条例	《安徽省大数据发展条例》	2021-03-29	**第一条** 为了发挥数据要素的作用，发展数字经济，创新社会治理，保障数据安全，建设数字强省，加快数字化发展……
	《山东省大数据发展促进条例》	2021-09-30	**第一条** 为了全面实施国家大数据战略，运用大数据推动经济发展，完善社会治理，提升政府服务和管理能力，加快数字强省建设……
	《福建省大数据发展条例》	2021-12-15	**第一条** 为了促进大数据有序健康发展，发挥数据效用，推进数字福建建设……
	《辽宁省大数据发展条例》	2022-05-31	**第一条** 为了充分挖掘数据资源，发挥数据效用，加快大数据发展，保障数据安全，建设数字辽宁、智造强省……
	《广西壮族自治区大数据发展条例》	2022-11-25	**第一条** 为了全面实施国家大数据战略，规范数据市场，保障数据安全，发挥数据要素作用，推动大数据发展应用，促进数字经济和实体经济深度融合，提升治理能力和水平，加快数字广西建设……

续表

类型	名称	公布时间	立法目的
大数据发展应用促进条例/促进大数据发展应用条例	《贵州省大数据发展应用促进条例》	2016-01-15	第一条 为推动大数据发展应用，运用大数据促进经济发展，完善社会治理，提升政府服务管理能力，服务改善民生，培育壮大战略性新兴产业……
	《宁夏回族自治区大数据产业发展促进条例（草案）》	2017-03-07	第一条 为加快推动我区大数据产业发展，全面提升全区信息化发展水平，促进经济转型发展，提升政府治理能力，服务改善民生……
	《天津市促进大数据发展应用条例》	2018-12-14	第一条 为了发挥大数据促进经济发展，服务改善民生，完善社会治理，培育壮大战略性新兴产业，加快构建数字经济和智慧城市……
	《山西省大数据发展应用条例》	2020-05-15	第一条 为了发挥数据生产要素的作用，推动经济社会各领域的数字化、网络化、智能化发展，促进高质量转型发展……
	《吉林省促进大数据发展应用条例》	2020-11-27	第一条 为促进大数据发展应用，规范数据处理活动，保护公民、法人和其他组织的合法权益，推进数字吉林建设……
	《黑龙江省促进大数据发展应用条例》	2022-05-13	第一条 为了发挥数据要素作用，加快大数据发展应用，推动数字经济发展，创新社会治理模式，保障数据安全……
大数据开发应用条例	《海南省大数据开发应用条例》	2019-09-27	第一条 为了推动大数据的开发应用，发挥大数据提升经济发展，社会治理和改善民生的作用，促进大数据产业的发展，培育壮大数字经济，服务中国（海南）自由贸易试验区和中国特色自由贸易港建设……
大数据安全保障条例	《贵州省大数据安全保障条例》	2019-08-01	第一条 为了保障大数据安全和个人信息安全，明确大数据安全责任，促进大数据发展应用……

续表

类型	名称	公布时间		立法目的
大数据管理局管理	《海南省大数据管理局管理暂行办法》	2019−05−21	**第一条**	为规范海南省大数据管理局（以下简称省大数据管理局）设立和运作，创新大数据管理体制机制，推进我省大数据统一建设、统一管理、高效服务……
大数据企业管理	《北京市大数据培训基地管理办法（试行）》	2019−08−27	**第一条**	为发挥社会力量参与我市大数据培训工作，规范大数据培训工作，促进大数据人才培养秩序，健康有序发展……
	《贵州省大数据创新中心创新创业基地服务管理暂行办法》	2021−07−01	**第一条**	为深入推进大数据战略行动，支持大数据创新创业公共服务平台发展，营造良好的创新创业环境……
	《安徽省大数据企业培育认定实施细则（试行）》	2022−03−02	**第一条**	……培育我省大数据领域有影响力的上市公司、单项冠军、专精特新企业，壮大我省大数据产业，打造我省数字经济竞争优势，规范我省大数据企业培育认定工作……
	《江西省大数据示范企业管理办法》	2023−07−06	**第一条**	……加强大数据示范企业管理……
大数据发展的财政支持	《山东省大数据创新应用省级财政支持政策及资金管理实施细则》	2023−10−16	**第一条**	……充分发挥财政资金的激励引导作用，加快推动我省大数据创新应用，夯实数字政府建设基础底座……
	《贵州省大数据发展专项资金管理办法（2024修订版）》	2023−12−10	**第一条**	为规范贵州省大数据发展专项资金的管理和使用，提高资金使用效益……

三、数字经济立法

类型	名称	公布时间	立法目的
数据经济促进条例	《浙江省数字经济促进条例》	2020－12－24	**第一条** 为了促进数字经济发展，加快建设现代化经济体系，提升核心竞争力，推动高质量发展，推进省域治理现代化……
	《广东省数字经济促进条例》	2021－07－30	**第一条** 为了促进数字经济发展，推进数字产业化和产业数字化，推动数字技术与实体经济深度融合，打造具有国际竞争力的数字经济强省……
	《河南省数字经济促进条例》	2021－12－28	**第一条** 为了促进数字经济健康发展，全面建设数字经济强省，推动经济社会高质量发展……
	《河北省数字经济促进条例》	2022－05－27	**第一条** 为了促进数字经济健康发展，培育经济增长新动能，加快建立现代化经济体系，推动经济社会高质量发展……
	《江苏省数字经济促进条例》	2022－05－31	**第一条** 为了推动数字经济与实体经济深度融合，推进数据要素依法有序流动，保障数据安全，建设数字经济强省，促进经济高质量发展……
	《北京市数字经济促进条例》	2022－11－25	**第一条** 为了加强数字经济基础设施建设，培育数据要素市场，推进数字产业化和产业数字化，完善数字经济治理，建设全球数字经济标杆城市……
	《山西省数字经济促进条例》	2022－12－09	**第一条** 为了促进数字经济发展，加快数字经济与实体经济深度融合，建设数字经济强省，全方位推动高质量发展……
数字经济产业促进条例	《深圳经济特区数字经济产业促进条例》	2022－09－05	**第一条** 为了优化数字经济产业发展环境，促进数字经济产业高质量发展……

续表

类型	名称	公布时间	立法目的
数字经济促进法	《湖北省数字经济促进办法》	2023-05-10	**第一条** 为了加快发展数字经济，推进数字产业化、产业数字化，推动数据要素资源高效流通使用，促进数字经济和实体经济深度融合，打造全国数字经济发展高地……
数据经济示范区	《宁夏回族自治区数字经济示范园区（基地）、数字经济"飞地园区"管理办法（试行）》	2023-11-29	**第一条** 为培育壮大我区数字经济生态，加快"东数西算"宁夏枢纽建设，促进数字技术赋能千行百业，强化区域合作，自治区发展改革委组织开展数字经济示范园区（基地）和数字经济"飞地园区"认定工作……

四、公共数据（信息资源）立法

类型	名称	公布时间	立法目的
公共数据条例（地方性法规）	《浙江省公共数据条例》	2022-01-21	**第一条** 为了加强公共数据管理，促进公共数据应用创新，保护自然人、法人和非法人组织合法权益，保障公共数据安全，深化数字化改革，推进省域治理体系和治理能力现代化……
公共数据管理办法（地方政府规章）	《上海市公共数据和一网通办管理办法》	2018-09-30	**第一条** 为促进本市公共数据整合应用，推进"一网通办"建设，提升政府治理能力和公共服务水平……
	《广东省公共数据管理办法》	2021-10-18	**第一条** 为了规范公共数据采集、使用、管理，保障公共数据安全，促进公共数据共享、开放和利用，释放公共数据价值，提升政府治理能力和公共服务水平……
	《江苏省公共数据管理办法》	2021-12-18	**第一条** 为了规范公共数据管理，保障公共数据安全，推进数字化发展，加快建设数字政府，提升政府治理能力和公共服务水平……

续表

类型	名称	公布时间	立法目的
公共数据管理办法（地方政府规章）	《江西省公共数据管理办法》	2022-01-12	**第一条** 为了规范和促进本省公共数据开放、共享、利用与安全管理，提升政府治理能力和公共服务水平，推动数字经济高质量发展……
	《吉林省公共数据和一网通办管理办法（试行）》	2019-01-04	**第一条** 为促进公共数据资源整合和共享应用，以加快推进"数字政府"建设为先导，提升政府治理能力和公共服务水平，推进"数字吉林"建设……
	《北京市公共数据管理办法》	2021-01-28	**第一条** 为了规范公共数据的共享，推动公共数据的开放，提升政府治理能力和公共服务水平……
公共数据管理办法（地方规范性文件）	《上海市水务局公共数据管理办法》	2022-11-18	**第一条** 为规范局公共数据管理，推动公共数据资源治理能力提升和增值利用，进一步提高水务海洋行政管理和公共服务水平……
	《新疆维吾尔自治区公共数据管理办法（试行）》	2023-02-17	**第一条** 为规范和促进自治区公共数据资源共享开放，加快公共数据汇聚、融通、应用，提升政府治理能力和公共服务水平，发挥数据促进经济发展……
	《云南省公共数据管理办法（试行）》	2023-12-10	**第一条** 为了加强公共数据管理，保障公共数据安全，促进公共数据共享、开放和应用，保护自然人、法人和非法人组织合法权益，深入推进数字云南建设，促进省域治理体系和治理能力现代化，服务民生改善，完善社会治理……
公共数据开放办法（地方政府规章）	《上海市公共数据开放暂行办法》	2019-08-29	**第一条** 为了促进和规范本市公共数据开放和利用，提升政府治理能力和公共服务水平，推动数字经济发展……
	《浙江省公共数据开放与安全管理暂行办法》	2020-06-12	**第一条** 为了规范和促进本省公共数据开放、利用和安全管理，加快政府数字化转型，推动数字经济、数字社会发展……

续表

类型	名称	公布时间	立法目的
公共数据开放办法（地方政府规章）	《山东省公共数据开放办法》	2022-01-31	**第一条** 为了促进和规范公共数据开放，提高社会治理能力和公共服务水平，推动数字经济发展……
	《广西公共数据开放管理办法》	2020-08-19	**第一条** 为进一步规范自治区公共数据开放和应用，提升政府治理能力和公共服务水平，推动数字经济发展……
	《重庆市公共数据开放管理暂行办法》	2020-09-11	**第一条** 为了促进和规范本市公共数据开放和利用，提升政府治理能力和公共服务水平，推动数字经济高质量发展……
公共数据开放办法（地方规范性文件）	《广东省公共数据开放暂行办法》	2022-11-30	**第一条** 为了规范、促进公共数据开放和开发利用，释放公共数据价值，深化数字政府改革建设，提升政府治理能力和公共服务水平，推动数字社会发展……
	《上海市公共数据开放实施细则》	2022-12-31	**第一条** 为了促进和规范本市公共数据开放、获取、利用和安全管理，推动公共数据更广范围、更深层次，更高质量开放，深入赋能经济、生活、社会各领域城市数字化转型……
	《厦门市公共数据共享开放管理暂行办法》	2023-12-28	**第一条** 为规范公共数据共享、开放管理，推进公共数据应汇尽汇，提高公共数据共享效率，扩大公共数据有序开放……
公共数据产品管理办法	《海南省公共数据产品开发利用管理办法》	2021-09-15	**第一条** 为了推进公共数据资源开发利用，根据《公共数据资源开发利用试点方案》，创新数据产品的开发与数据服务方式，按照"需求导向、创新发展、安全可控"的原则，搭建公共数据产品开发利用平台，建立本省统一的数据产品超市，通过有存开放公共数据资源和电子政务平台服务能力开发与服务，进行公共数据产品开发资源，引进具有技术服务能力和研究分析能力的大数据机构，满足我省各级党政务部门以及企事业单位对数据产品日益增长的需求，服务海南自由贸易港建设。

续表

类型	名称	公布时间		立法目的
公共数据产品管理办法	《海南省公共数据产品开发利用暂行管理办法》	2021-09-15	第二条	为了规范公共数据产品开发利用与数据产品交易行为，维护买方的合法权益，建立合法、合规、互信、安全的数据要素市场，培育数据资源与数据产品开发交易秩序……
公共数据开发利用管理办法	《厦门市公共数据开发利用管理暂行办法》	2023-12-28	第一条	为加快公共数据资源社会化增值开发利用，培育数据要素市场，推动数字社会、数字经济建设与发展……
公共数据授权运营管理办法	《浙江省公共数据授权运营管理办法（试行）》	2023-08-01	序言	为规范公共数据授权管理，加快公共数据有序开发利用，培育数据要素市场……
	《北京市公共数据专区授权运营管理办法（试行）》	2023-12-05	第一条	……加快推进公共数据有序开发利用，完善公共数据权运营管理机制，培育数据要素市场……
公共信息资源管理办法	《海南省公共信息资源管理办法》	2018-05-25	第一条	为规范和促进公共信息资源共享，推动公共信息资源优化配置和有效利用，推进业务协同，提高行政效率，提升服务水平，充分发挥公共信息资源在深化改革、转变职能、创新管理中的重要作用……
	《海南省公共信息资源安全使用管理办法》	2019-07-22	第一条	为规范和促进海南省公共信息资源共享和开放，保障共享和开放安全有序，更好地发挥数据价值，提升政府治理能力和公共服务水平……
公共资源交易管理办法	《广东省公共资源交易监督管理暂行办法》	2023-01-06	第一条	为加强公共资源交易监督管理，规范公共资源交易服务，优化公共资源交易市场环境，提高公共资源配置效率和公平性……

五、政务数据（信息资源）立法

类型	名称	公布时间		立法目的
政务数据管理办法（地方性法规）	《山西省政务数据管理与应用办法》	2020－11－27	第一条	为了促进政务数据共享开放、开发应用，提高数据要素配置效率，推进数字政府建设，提升政府宏观决策、社会治理和公共服务水平……
	《福建省政务数据管理办法》	2016－10－15	第一条	为了加强政务数据管理，推进政务数据汇聚共享和开放开发，加快"数字福建"建设，增强政府公信力和透明度，提高行政效率，提升服务水平……
	《重庆市政务数据资源管理暂行办法》	2019－07－31	第一条	为规范政务数据资源管理，推进大数据智能化发展，提高政府社会治理能力和公共服务水平……
政务数据管理办法（地方政府规章）	《山西省政务数据资产管理试行办法》	2019－11－28	第一条	为了加强政务数据资产管理，规范政务数据资产使用，保障政务数据安全，推进数字政府建设……
	《山东省电子政务和政务数据管理办法》	2019－12－25	第一条	为了规范电子政务建设与发展，推进政务数据共享开放，提高政府服务与管理能力，优化营商环境……
	《安徽省政务数据资源管理办法》	2020－12－30	第一条	为了规范政务数据资源管理，推进政务数据信息系统互联互通和政务数据归集、共享、应用，建设数字政府，提升政府治理能力和公共服务水平……
	《湖北省政务数据资源应用与管理办法》	2021－01－25	第一条	为了规范和促进政务数据资源应用与管理，加快培育发展数据要素市场，提高政府治理能力和公共服务水平……

55

续表

类型	名称	公布时间	立法目的
政务数据管理办法（地方规范性文件）	《内蒙古自治区政务数据资源管理办法》	2021-09-11	第一条 为规范全区政务数据资源管理，加快推进政务数据采集归集、共享开放和开发利用，充分发挥政务数据资源在推动数字经济发展、提升政府治理现代化水平、促进保障和改善民生等方面的重要作用……
	《贵州省政务数据资源管理办法》	2023-06-08	第一条 为进一步规范全省政务数据资源管理工作，推进政务数据"聚、通、用"……
政务数据安全管理办法	《河南省政务数据安全管理暂行办法》	2022-04-21	第一条 为建立健全全省政务数据安全防护体系，保障政务数据安全……
	《山西省政务数据安全管理办法》	2023-05-22	第一条 为加强全省政务数据安全管理，规范政务数据处理活动，维护国家安全、社会秩序和公共利益……
政务数据调度管理办法	《广西政务数据资源调度管理办法》	2020-04-07	第一条 为进一步规范广西政务数据资源管理与应用，实现政务数据一池共享……
政务数据共享管理办法（地方政府规章）	《宁夏回族自治区政务数据资源共享管理办法》	2018-09-04	第一条 为了加强政务数据资源管理，推进政务数据资源共享，提高行政效率，提升公共服务水平……
	《辽宁省政务数据资源共享管理办法》	2019-11-26	第一条 为了规范和促进政务数据资源共享，提高政府社会治理能力和公共服务水平……
政务数据共享管理办法（地方规范性文件）	《河北省政务数据共享应用管理办法》	2022-11-03	第一条 为了推动政务数据安全有序共享，促进政务数据高效应用，提高政府社会治理体系和治理能力现代化水平……
	《吉林省数据共享交换平台（政务外网）服务接口申请、授权和使用管理暂行办法》	2019-07-30	……规范吉林祥云大数据平台（数据共享交换部分，以下简称"祥云平台"）服务接口管理，提升服务质量……

续表

类型	名称	公布时间	立法目的
政务数据共享管理办法（地方规范性文件）	《山西省政务数据资源共享管理办法》	2021-09-29	**第一条** 为规范和促进我省政务数据资源共享，提高行政效率和服务效能，推进数字政府建设……
	《吉林省文化和旅游厅关于建立健全政务数据共享协调机制加快推进数据有序共享的实施意见》	2021-12-02	**第一条** 为进一步加强和规范吉林省文化和旅游厅政务数据资源管理，保障政务数据资源安全，提高政务数据资源共享应用水平……
政务数据"聚通用"实施细则	《广西政务数据"聚通用"实施细则（试行）》	2019-09-11	**第一条** 为全面贯彻国家大数据战略加快建设数字中国……深入推进政务数据"聚通用"，到2021年底，基本实现"一云承载，一池共享，一网通达，一事通办，一体安全"，不断优化营商环境，推动政府治理体系和治理能力现代化……
政务信息（共享）管理办法	《北京市政务信息资源共享交换平台管理办法（试行）》	2008-06-23	**第一条** 为促进本市政务信息资源共享，规范北京市政务信息资源共享交换平台（以下简称共享交换平台）的建设和管理工作……
	《北京市政务信息资源管理办法（试行）》	2017-12-27	**第一条** 为规范政务信息资源管理，促进政务信息资源优化配置和政务部门间业务协同，提高行政效率，提升服务水平，增强政府公信力……
	《河南省政务信息资源共享管理暂行办法》	2018-01-08	**第一条** 为贯彻落实《国务院关于印发政务信息资源共享管理暂行办法的通知》（国发〔2016〕51号）精神，加快推进全省政务信息系统互联和政务数据互通共享，打破信息壁垒，消除数据孤岛，促进政府管理体制改革和创新，进一步转变政府职能，全面提升我省政府治理能力和公共服务水平……

续表

类型	名称	公布时间	立法目的
政务信息（共享）管理办法	《湖北省政务信息资源共享管理办法》	2018－09－26	为贯彻落实《国务院关于印发政务信息资源共享管理暂行办法的通知》（国发〔2016〕51号）、《国务院关于加快推进全国一体化在线政务服务平台建设的指导意见》（国发〔2018〕27号）、《国务院办公厅关于印发政务信息系统整合共享实施方案的通知》（国办发〔2017〕39号）和《省人民政府关于印发湖北省大数据发展行动计划（2016—2020年）的通知》（鄂政发〔2016〕49号）、《省人民政府关于深化"互联网＋政务服务"推进"一网、一门、一次"改革工作方案的通知》（鄂政发〔2018〕29号）等文件精神，促进政务信息资源整合和利用，加快政府数字化转型，提高政府治理能力和服务水平……
政务信息数据采集办法	《贵州省政务信息数据采集应用暂行办法》	2017－03－31	第一条 为规范政务信息数据采集管理工作，提高政务信息数据采集质量和利用效率，充分发挥政务信息数据资源在建设国家（贵州）大数据综合试验区过程中的基础性、战略性作用……
政务云管理办法	《黑龙江省省级政务云管理暂行办法》	2021－04－25	第一条 为加强黑龙江省省级政务云（以下简称省政务云）管理，促进电子政务基础设施集约建设、互联互通、服务高效……
	《重庆市电子政务云平台安全管理办法（试行）》	2022－02－10	第一条 为规范重庆市电子政务云平台（以下简称政务云平台）安全管理，切实保障政务云平台安全稳定运行……

六、政府数据（信息资源）立法

类型	名称	公布时间	立法目的
政府数据共享开放	《贵州省政府数据共享开放条例》	2020－09－25	第一条 为了推动政府数据共享开放，加快政府数据汇聚、融通、应用，培育发展数据要素市场，提升政府社会治理能力和公共服务水平，促进经济社会发展……

七、健康（医疗）数据立法

类型	名称	公布时间	立法目的
健康（医疗）数据	《青海省健康保障一体化省级综合平台合跨行业数据交换与信息共享管理办法》	2015－12－11	序言 根据省委、省政府关于加快推进医改信息化建设的有关要求，实现"六网合一、一卡就医"的目标，运用信息化手段推进医改工作，确保跨行业数据交换与信息共享业务长期稳定开展……
	《重庆市卫生健康行业健康医疗数据资源管理办法》	2019－12－18	第一条 为规范卫生健康行业健康医疗数据资源管理，全面推进健康医疗数据发展和应用……
	《山东省健康医疗大数据管理办法》	2020－08－20	第一条 为了促进和规范健康医疗大数据应用发展，提升健康医疗服务水平，满足公众健康医疗需求，培育经济发展新动能……
	《自治区卫生健康委员会数据安全传输及灾备管理规范（试行）》	2021－08－31	第一条 为保障医疗卫生行业各类信息系统安全、稳定运行，切实防范和化解系统运行的风险，加强各应用系统数据传输和灾备管理……
	《深圳市卫生健康数据管理办法》	2023－11－16	第一条 为了规范卫生健康数据活动，保障数据安全，维护个人和组织的合法权益，促进卫生健康数据有序流动和开放共享……

八、科学数据立法

类型	名称	公布时间	立法目的
科学数据	《黑龙江省贯彻落实〈科学数据管理办法〉实施细则》	2018－08－17	第一条 为进一步加强和规范全省科学数据管理，保障科学数据安全，提高开放共享水平，更好支撑全省科技创新、经济社会发展和国家安全……

续表

类型	名称	公布时间		立法目的
	《甘肃省科学数据管理实施细则》	2018-08-29	**第一条** 为进一步加强和规范科学数据管理，保障科学数据安全，提高开放共享水平，支撑科技创新和经济社会发展……	
	《云南省科学数据管理实施细则》	2018-09-28	**第一条** 为贯彻落实《国务院办公厅关于印发科学数据管理办法的通知》（国办发〔2018〕17号）精神，进一步加强和规范我省科学数据管理，保障科学数据安全，提高开放共享水平，更好支撑全省科技创新、经济社会发展和国家安全……	
	《湖北省科学数据管理实施细则》	2018-11-01	**第一条** 根据《国务院办公厅关于印发科学数据管理办法的通知》（国办发〔2018〕17号）精神……	
科学数据	《吉林省科学数据管理办法》	2018-11-16	**第一条** 为贯彻落实《国务院办公厅关于印发科学数据管理办法的通知》（国办发〔2018〕17号）精神，进一步加强和规范科学数据管理，保障科学数据安全，为推动"数字吉林"建设和数字经济发展提供科学数据支撑……	
	《安徽省科学数据管理实施办法》	2018-11-18	**第一条** 为进一步加强和规范科学数据管理，积极推进科学数据资源开发利用和开放共享，为全省科技创新、经济社会发展以及现代化五大发展美好安徽建设提供有力数据支撑……	
	《内蒙古自治区科学数据管理办法》	2018-11-20	**第一条** 为进一步加强和规范自治区科学数据管理，保障科学数据安全，提高开放共享水平，更好地发挥科学数据的战略资源作用，支撑自治区科技创新和经济社会发展……	
	《广西科学数据管理实施办法》	2018-12-24	**第一条** 为进一步加强和规范科学数据管理，保障科学数据安全，提高开放共享水平，更好支撑广西创新驱动发展战略实施和产业高质量发展……	

续表

类型	名称	公布时间	立法目的
科学数据	《江苏省科学数据管理实施细则》	2019-02-19	**第一条** 为贯彻落实《国务院办公厅关于印发科学数据管理办法的通知》（国办发〔2018〕17号），进一步加强和规范科学数据管理，保障科学数据安全，提高开放共享水平，更好支撑创新型省份建设……
	《山东省科学数据管理实施细则》	2019-10-23	**第一条** 为进一步加强科学数据管理，切实保障科学数据安全，实现科学数据开放共享，服务经济社会发展……
	《四川省科学数据管理实施细则》	2019-12-26	**第一条** 为贯彻落实《国务院办公厅关于印发科学数据管理办法的通知》（国办发〔2018〕17号）精神，进一步加强和规范四川省科学数据管理，保障科学数据安全，更好支撑四川省科技创新和经济社会发展……
	《上海市科学数据管理实施细则（试行）（草案）》	2020-12-31	**第一条** 为进一步加强和规范上海市科学数据管理，保障科学数据安全，提高开放共享水平，更好支撑上海科创中心建设，经济社会发展和科技安全……
	《宁夏回族自治区科学数据管理实施细则》	2021-04-12	**第一条** 为加强和规范自治区科学数据管理，保障科学数据安全，提高科学数据开放共享水平……
	《海南省科技资源库（馆）和科学数据中心管理暂行办法》	2022-03-07	**第一条** 为深入实施创新驱动发展战略，贯彻落实科技部与海南省人民政府印发的《加快海南科技创新开放发展实施方案》要求，加强海南省科技资源库（馆）和科学数据中心共享服务平台（以下简称"资源平台"）建设和运行管理……

九、教育数据立法

类型	名称	公布时间	立法目的
教育数据	《浙江省教育数据暂行管理办法》	2016-05-27	**第一条** 为规范浙江省教育数据采集、共享、使用和维护管理工作，明确相关单位、部门的职责和权利，有效提升教育数据的利用率，切实保障教育数据安全……
	《上海教育数据管理办法（试行）》	2019-10-11	**第一条** 教育信息化是教育现代化的重要目标和必要手段。教育数据的有效利用是实现大规模因材施教、推动教育信息化转段升级的关键环节和根本方法。为进一步规范本市教育数据采集管理，推动归集整合，保障数据安全，促进数据共享开放，发挥数据价值，并明确相关相关单位的职责和权力……
	《内蒙古自治区教育厅机关及直属事业单位教育数据管理办法（试行）》	2021-04-27	**第一条** 为进一步规范厅机关及直属事业单位数据管理工作，促进各类教育数据价值……在保障数据安全的前提下，有序开放共享，推进"一网通办"实现"数据多跑路，群众少跑腿"……
	《北京市教育数据资源管理办法（试行）》	2021-07-30	**第一条** 为规范本市教育数据资源管理与服务工作……

十、地理数据立法

类型	名称	公布时间	立法目的
地理数据（地方政府规章）	《浙江省地理空间数据交换和共享管理办法》	2010-05-04	**第一条** 为了加强地理空间信息资源管理，规范地理空间数据交换和共享行为，促进地理空间信息资源开发利用，提高经济社会信息化水平……
	《湖南省地理空间数据管理办法》	2017-03-03	**第一条** 为了加强地理空间数据的管理，规范地理空间数据的采集、生产、汇集整理，促进地理空间数据的共享使用，发挥地理空间数据在经济建设和社会发展中的作用……

续表

类型	名称	公布时间	立法目的
地理数据（地方政府规章）	《江西省地理信息数据管理办法》	2017-12-26	**第一条** 为了加强地理信息数据管理，规范地理信息数据获取、处理、更新和汇集行为，促进地理信息数据共享利用，保障地理信息数据为经济社会发展和生态保护服务……
	《山西省基础地理信息数据提供使用管理办法》	2006-10-19	**第一条** 为了切实加强对1∶50000和1∶10000基础地理信息数据提供使用的管理，更好地发挥基础地理信息数据在经济社会发展和国防建设中的基础平台作用，为山西经济社会发展和信息化建设提供服务保障……
地理数据（地方规范性文件）	《重庆市地理国情数据动态更新管理办法》	2017-07-21	**第一条** 为保证地理国情数据的现势性，规范地理国情监测工作，满足统筹城乡经济社会发展需要，按照重庆市第一次地理国情普查的工作要求……
	《广东省地理空间数据管理办法（试行）》	2021-04-23	**第一条** 为加强地理空间数据管理，规范地理空间数据获取、生产、更新、处理和归集，促进地理空间数据的共享开放和创新应用，切实解决"重复建设"和"信息孤岛"问题……
	《山东省地理空间数据管理办法》	2022-12-06	**第一条** 为了加强地理空间数据管理，规范地理空间数据生产汇集，共享开放和创新应用……

十一、国土资源数据立法

类型	名称	公布时间	立法目的
国土资源数据	《广西国土资源数据管理暂行办法》	2010-10-25	**第一条** 为了加强广西国土资源数据的管理，规范广西国土资源数据的生产、汇交、保管和利用等工作，满足国土资源管理和社会经济发展的需要……
	《湖南省国土资源数据管理办法》	2011-04-11	**第一条** 为了加强国土资源数据管理，规范国土资源数据的生产、汇交、管理和利用等工作，实现国土资源数据及时汇集、更新及数据资源的有效开发和利用，保证全省国土资源数据"统起来、用起来、活起来"……

续表

类型	名称	公布时间		立法目的
国土资源数据	《江西省国土资源数据管理暂行办法》	2011-06-23	第一条	为了加强我省国土资源数据的管理，规范全省国土资源数据的生产、汇交、更新、保管和利用等工作，提高国土资源数据的应用水平，满足全省国土资源管理和社会经济发展的需要……
	《广东省国土资源数据管理暂行办法》	2013-09-30	第一条	为了加强广东省国土资源数据的管理，规范全省国土资源数据的生产、汇交、保管和利用等工作，提高国土资源数据的现势性、动态性、真实性和权威性，满足国土资源管理和社会经济发展的需要……

十二、遥感数据立法

类型	名称	公布时间		立法目的
遥感数据	《湖南省遥感影像数据统筹共享管理办法》	2018-10-15	第一条	为规范全省遥感影像数据的管理，促进遥感影像数据的共享和应用……
	《广西民用遥感卫星数据开放共享管理暂行办法》	2019-06-13	第一条	为深入实施军民融合发展战略和创新驱动发展战略，规范我区民用遥感卫星数据（以下称遥感数据）管理，推动遥感数据开放共享，应用推广及相关产业发展，进一步发挥遥感数据在经济建设和国防建设中的重要作用……
	《湖北省高分辨率对地观测系统重大专项卫星遥感数据管理办法》	2019-12-05	第一条	为贯彻落实国家军民融合发展战略，规范高分辨率对地观测系统重大专项卫星遥感数据（以下简称高分数据）管理，促进高分数据应用和相关产业发展……
	《重庆市航空航天遥感影像数据统筹管理办法》	2021-02-02	第一条	为规范全市航空航天遥感影像数据的统筹管理，集约高效使用财政资金，保障影像数据安全，促进影像数据资源共享……

续表

类型	名称	公布时间	立法目的
遥感数据	《辽宁省遥感影像数据统筹共享管理办法》	2022－11－03	**第一条** 为规范全省遥感影像数据的管理，促进遥感影像数据的共享和应用，避免重复采购和生产……
	《辽宁省遥感影像数据共享使用管理规定（试行）》	2023－01－11	**第一条** 为规范全省遥感影像数据共享使用的管理……

十三、水利工程数据立法

类型	名称	公布时间	立法目的
水利工程数据	《浙江省水利工程数据管理办法（试行）》	2020－05－19	**第一条** 为加强水利工程数据管理，规范水利工程数据的采集、加工、归集、维护等工作……

十四、农村土地承包数据立法

类型	名称	公布时间	立法目的
农村土地承包数据	《广西壮族自治区农村土地承包数据管理实施办法（试行）》	2022－06－24	**第一条** 为规范我区农村土地承包数据的保管、更新、使用和安全保密等工作，促进相关数据的有效合理利用……

十五、林草/林业/森林数据立法

类型	名称	公布时间	立法目的
林草/林业/森林数据	《江西省森林资源数据更新管理办法》	2017－12－27	**第一条** 为了规范森林资源数据更新管理工作……

续表

类型	名称	公布时间	立法目的
林草/林业/森林数据	《黑龙江省林业和草原局大数据中心林草数据使用管理办法》	2020－03－13	**第一条** 为加强林草数据管理，规范林草数据的使用，充分发挥林草数据的作用……
	《江西省林业信用数据管理办法（暂行）》	2020－12－30	**第一条** 为加强江西省林业信用数据管理，保障数据安全，规范应用……
	《上海市森林资源数据管理办法（试行）》	2023－07－11	**第一条** 为规范上海市森林资源数据管理工作，强化数据应用监督……
	《江西省林业信用数据管理办法》	2023－12－21	**第一条** 为规范和促进林业信用数据的采集、归集、共享和安全管理……

十六、体育数据立法

类型	名称	公布时间	立法目的
体育数据	《重庆体育大数据中心管理暂行办法》	2022－03－22	**第一条** 为加快推进重庆体育大数据中心建设，持续汇聚体育数据资源，规范重庆体育大数据中心运行管理，提高全市体育大数据智能化发展……

十七、道路运输车辆智能监控数据立法

类型	名称	公布时间	立法目的
道路运输车辆智能监控数据	《广东省道路运输车辆智能监控数据综合应用管理办法（试行）》	2021－05－07	**第一条** 为有效发挥道路运输车辆智能监控数据在监测预警、态势分析、防范重大安全风险等方面的积极作用，加强道路运输车辆运行动态安全监督管理……

十八、民政数据立法

类型	名称	公布时间	立法目的
民政数据	《陕西省民政数据资源管理暂行办法》	2018－12－04	**第一条** 为规范全省民政数据采集、共享、开放、使用和维护等管理工作，切实保障民政数据安全，充分发挥民政政务信息资源共享在深化改革、创新管理、转变职能、提升服务中的重要作用，促进民政事业改革发展……

十九、电信数据立法

类型	名称	公布时间	立法目的
电信数据	《北京地区电信领域数据安全管理实施细则》	2023－07－24	**第一条** 为了加强北京地区电信领域数据安全管理工作，进一步提高数据安全保护水平……

专题三

省级数据立法关于数据类型的规定及评价

在现行立法中，暂不存在针对"数据类型"这一抽象概念的内涵界定。而在计算机科学领域中，数据类型（data type）一般是指数据对象的取值集合以及对之可实施的运算集合。[1]根据《现代汉语词典（第7版）》，"类型"是指具有共同特征的事物所形成的种类。因此，数据类型这一概念与将具有相同特征的数据划分成若干不同种类的过程息息相关。具体来说，就哲学层面而言，寻求抽象和具体联接点的思维即为类型思维；而在数据法学的研究范式之下，数据类型问题也构成了数据法学重要治理原则"数据分级分类"的关键基础。

在现行省级数据立法中，主要存在两种数据类型的划分维度，即基于公共数据及其对应概念的数据类型体系，以及基于特定领域的数据类型体系。于前者而言，其制度构建重点在于对公共数据及其相关概念中的主体要素、行为要素等进行类型化的精细设计；于后者而言，其制度构建的特殊之处在于比照公共数据概念分析特定领域内的数据类型，并进一步探索不同领域立法在数据类型界定方式上的异同及其理论价值。

一、省级数据立法关于数据类型的划分维度

纵观省级数据立法中对数据概念的界定，一般来说，数据指任何以电子或其他方式对信息的记录。[2]总体而言，数据类型的梳理可以从两个维度展开：一是以公共数据及其对应概念为切入点对数据进行类型界定，二是以特殊领域为基础梳理不同领域的数据类型及其概念。

（一）划分维度一：基于公共数据及其对应概念初步界定数据类型

省级数据立法文件对于数据的初步类型化基本遵循了公共数据及其对应数据的划分思路，主要涉及四种分类模式（详见表3-1）：

表3-1　以公共数据及其对应概念初步界定数据类型

地区	文件名称	数据类型
山东省、福建省（厦门市）、河南省、江西省、黑龙江省	《山东省大数据发展促进条例》《福建省大数据发展条例》《河南省数字经济促进条例》《河南省数据条例（草案）》（征求意见稿）、《江西省数据条例（征求意见稿）》《黑龙江省促进大数据发展应用条例》《厦门经济特区数据条例》	公共数据与非公共数据

---

〔1〕　参见张效祥主编：《计算机科学技术百科全书》，清华大学出版社2005年版，第696页。

〔2〕　参见《深圳经济特区数据条例》第2条；《上海市数据条例》第2条；《重庆市数据条例》第3条；《江西省数据条例（征求意见稿）》第2条；《厦门经济特区数据条例》第2条。

地区	文件名称	数据类型
海南省、广东省（深圳市）、广西壮族自治区	《海南省公共数据产品开发利用暂行管理办法》《深圳经济特区数字经济产业促进条例》《广西数据要素市场化发展管理暂行办法》	公共数据（资源）与社会数据（资源）
广东省（深圳市）	《深圳经济特区数据条例》	公共数据与个人数据（敏感个人数据、生物识别数据）
江苏省	《江苏省数字经济促进条例》	公共数据、互联网数据与企业数据

第一，公共数据与非公共数据。将数据划分为公共数据与非公共数据两种类型是目前省级数据立法文件对数据所采取的较为常见的类型划分模式，山东省、福建省、河南省、江西省、黑龙江省以及福建省（厦门市）数据立法文件皆遵循了此种划分思路，规定数据包括"公共数据"与"非公共数据"。[1]另外，在概念表述中，这些地区将公共数据普遍定义为"公共管理和服务机构在依法履行公共管理和服务职责过程中收集和产生的各类数据"，而将非公共数据的定义概括为"公共数据以外的数据"，一般而言是指"公共管理和服务机构以外的自然人、法人和非法人组织开展活动所产生、获取或加工处理的各类数据"。其中《江西省数据条例（征求意见稿）》特别提到"非公共数据，是指公共数据以外的数据，包括行业协会、学会、商会等社会组织开展活动中收集的数据，以及互联网平台运营企业等市场主体开展经营活动过程中合法产生或获取的各类数据及其衍生数据"，《厦门经济特区数据条例》还提出"公共服务组织收集、产生的不涉及社会公共利益的数据"应纳入非公共数据的范畴。

第二，公共数据（资源）与社会数据（资源）。《海南省公共数据产品开发利行管理办法》将数据划分为公共数据资源与社会数据资源，并进一步指出社会数据资源包括行业数据资源与互联网数据资源，但对于社会数据资源的概念及其内容并没有明确规定。[2]另外，《深圳经济特区数字经济产业促进条例》提到要"促进各类数据深度融合，推进公共数据和社会数据融合应用"。[3]

第三，公共数据与个人数据。目前，仅有《深圳经济特区数据条例》遵循了公共数据与个人数据的这一划分方式，将个人数据定义为载有可识别特定自然人信息的数据，不包括匿名化处理后的数据，包括敏感个人数据和生物识别数据。

---

〔1〕 参见《山东省大数据发展促进条例》《福建省大数据发展条例》《河南省数字经济促进条例》《江西省数据条例（征求意见稿）》《黑龙江省促进大数据发展应用条例》《厦门经济特区数据条例》。

〔2〕《海南省公共数据产品开发利用暂行管理办法》第3条第2款规定：公共数据资源是指由政务部门和公共企事业单位在依法履职或生产活动中生成和管理，以一定形式记录、存储和传输的文字、图像、音频、视频等各类可机器读取的数据，法律另有规定或涉及国家利益、公共安全、商业秘密、个人隐私等的数据除外。第6条规定：用于数据产品开发利用的资源包括公共数据资源和社会数据资源。第8条第1款规定：社会数据资源包括行业数据资源和互联网数据资源。根据该办法对公共数据资源的概念界定，可知此处数据资源的概念与数据基本无异。

〔3〕《深圳经济特区数字经济产业促进条例》第21条第1款规定：市政务服务数据管理部门应当会同有关行业主管部门促进各类数据深度融合，在卫生健康、社会保障、交通、科技、通信、企业投融资、普惠金融等领域推进公共数据和社会数据融合应用。

第四，公共数据、互联网数据、企业数据。《江苏省数字经济促进条例》较为创新性地提出互联网数据与企业数据，但遗憾的是并没有对这些数据的概念进行界定。[1]

（二）划分维度二：基于特殊领域界定数据类型

为了实现数据在各个领域的开放与利用，各省（自治区、直辖市）对部分特殊领域的数据出台了专门的管理办法，由此出现包括地理数据、国土资源数据、遥感数据、健康（医疗）数据、教育数据、科学数据、道路运输车辆智能监控数据、林草/林业/森林数据、农村土地承包数据、水利工程数据、体育数据、电信数据等在内的新的数据类型。

表 3 - 2　基于特殊领域的数据类型划分

地区	特殊领域	文件名称	数据类型
青海省、重庆市、山东省、宁夏回族自治区、广东省（深圳市）	健康（医疗）	《青海省健康保障一体化省级综合平台跨行业数据交换与信息共享管理办法》《重庆市卫生健康行业健康医疗数据资源管理办法》《山东省健康医疗大数据管理办法》、宁夏回族自治区《自治区卫生健康委员会数据安全传输及灾备管理规范（试行)》《深圳市卫生健康数据管理办法》	健康（医疗）数据
黑龙江省、甘肃省、云南省、湖北省、安徽省、内蒙古自治区、吉林省、江苏省、广西壮族自治区、山东省、四川省、上海市、宁夏回族自治区、海南省	科学	《黑龙江省贯彻落实〈科学数据管理办法〉实施细则》《甘肃省科学数据管理实施细则》《云南省科学数据管理实施细则》《湖北省科学数据管理实施细则》《安徽省科学数据管理实施办法》《内蒙古自治区科学数据管理办法》《吉林省科学数据管理办法》《广西科学数据管理办法》《江苏省科学数据管理实施细则》《山东省科学数据管理实施细则》《四川省科学数据管理实施细则》《上海市科学数据管理实施细则（试行）》（草案)、《宁夏回族自治区科学数据管理实施细则》《海南省科技资源库（馆）和科学数据中心管理暂行办法》	科学数据
浙江省、上海市、内蒙古自治区、北京市	教育	《浙江省教育数据暂行管理办法》《上海教育数据管理办法（试行)》《内蒙古自治区教育厅机关及直属事业单位教育数据管理办法（试行)》《北京市教育数据资源管理办法（试行)》	教育数据（学校、教职工、学生基础数据和常态数据）
山西省、浙江省、湖南省、重庆市、江西省、广东省、山东省	地理	《山西省基础地理信息数据提供使用管理办法》《浙江省地理空间数据交换和共享管理办法》《湖南省地理空间数据管理办法》《重庆市地理国情数据动态更新管理办法》《江西省地理信息数据管理办法》《广东省地理空间数据管理办法（试行)》《山东省地理空间数据管理办法》	地理数据（基础地理信息数据、专题地理空间数据）、地理国情更新数据、遥感影像数据

---

[1]《江苏省数字经济促进条例》第68条规定：支持社会化数据服务机构发展，依法依规开展公共数据、互联网数据、企业数据的采集、整理、聚合、分析等加工业务，提升数据资源处理能力，培育壮大数据服务产业。

续表

地区	特殊领域	文件名称	数据类型
广东省	道路运输车辆智能监控	《广东省道路运输车辆智能监控数据综合应用管理办法（试行）》	道路运输车辆智能监控数据
广西壮族自治区、湖南省、江西省、广东省	国土资源	《广西国土资源数据管理暂行办法》《湖南省国土资源数据管理办法》《江西省国土资源数据管理暂行办法》《广东省国土资源数据管理暂行办法》	国土资源数据（各类国土资源基础和专题数据化成果数据、国土资源政务管理数字化成果数据、国土资源数字化成果数据、成果更新数据）
湖北省、湖南省、广西壮族自治区、重庆市、辽宁省	遥感	《湖南省遥感影像数据统筹共享管理办法》《广西民用遥感卫星数据开放共享管理暂行办法》《湖北省高分辨率对地观测系统卫星遥感数据管理办法》《重庆市航空航天遥感影像数据统筹管理办法》《辽宁省遥感影像数据统筹共享管理办法》《辽宁省遥感影像数据共享使用管理规定（试行)》	遥感数据（航空遥感影像数据、航天遥感影像数据、利用测绘地理信息技术方法加工处理形成的其他遥感影像成果）
浙江省	水利工程	《浙江省水利工程数据管理办法（试行)》	水利工程数据（工程特性数据、工程管理数据）
江西省、黑龙江省、上海市	林草/林业/森林	《江西省森林资源数据更新管理办法》《黑龙江省林业和草原局大数据中心林草数据使用管理办法》《江西省林业信用数据管理办法（暂行）》《上海市森林资源数据管理办法（试行)》《江西省林业信用数据管理办法》	林草/林业/森林数据
广西壮族自治区	农村土地承包	《广西壮族自治区农村土地承包数据管理实施办法（试行)》	农村土地承包数据（承包地权属数据、地理信息数据、实际工作中的其他相关数据）
重庆市	体育	《重庆体育大数据中心管理暂行办法》	体育数据
北京市	电信	《北京地区电信领域数据安全管理实施细则》	电信数据（各类基础电信业务、增值电信业务数据）

二、公共数据、政务数据与政府数据的概念界定及相关表述

纵览目前现有的 169 份省级数据立法文件，其中围绕公共数据、政务数据、政府数据的数据立法文件共有 51 份，涵盖 27 个省（自治区、直辖市）。梳理相关立法文

件，可以发现省级数据立法就针对公共数据和政务数据的规定，主要呈现为以下 5 种情况（详见表 3-3）：

表 3-3　公共数据与政务数据的各地区立法模式

立法模式	所涉地区	文件名称
公共数据 + 政务数据 将政务数据视为公共数据的一个子类	安徽省	《安徽省大数据发展条例》[1]
	广西壮族自治区	《广西壮族自治区大数据发展条例》
	江西省	《江西省数据应用条例》
	重庆市	《重庆市数据条例》
	新疆维吾尔自治区	《新疆维吾尔自治区公共数据管理办法（试行）》
	四川省	《四川省数据条例》
	福建省（厦门市）	《厦门经济特区数据条例》
	福建省	《福建省大数据发展条例》
	黑龙江省	《黑龙江省促进大数据发展应用条例》
公共数据 + 政务数据 （政务数据资源、政务信息资源） **未明确说明二者关系**	山东省	《山东省电子政务和政务数据管理办法》《山东省大数据发展促进条例》《山东省公共数据开放办法》[2]
	河南省	《河南省政务信息资源共享管理暂行办法》《河南省数字经济促进条例》《河南省政务数据安全管理暂行办法》《河南省数据条例（草案）》（征求意见稿）
	河北省	《河北省数字经济促进条例》《河北省政务数据共享应用管理办法》
	贵州省	《贵州省大数据发展应用促进条例》《贵州省政务数据资源管理办法》
	北京市	《北京市政务信息资源管理办法（试行）》《北京市公共数据管理办法》《北京市数字经济促进条例》《北京市公共数据专区授权运营管理办法（试行）》

---

〔1〕《安徽省大数据发展条例》第 48 条第 1 款规定：本条例所称**公共数据**，是指各级人民政府和有关部门，法律、法规授权履行公共事务管理职能的组织，财政性资金保障的其他机关和单位为履行职责制作或者获取的**政务数据**，以及与人民群众利益密切联系的教育、卫生健康、供水、供电、供气、供热、环境保护、公共交通等领域公用企事业单位制作或者收集的**公用数据**。

〔2〕《山东省电子政务和政务数据管理办法》第 3 条第 2 款规定：本办法所称**政务数据**，是指各级行政机关在依法履行职责过程中制作或者获取的，以一定形式记录、保存的文件、资料、图表等各类数据，包括行政机关直接或者通过第三方依法采集的、依法经授权管理的和因履行职责需要依托政务信息系统形成的数据等。《山东省大数据发展促进条例》第 15 条第 2 款规定：国家机关、法律法规授权的具有管理公共事务职能的组织、人民团体以及其他具有公共服务职能的企业事业单位等（以下统称公共数据提供单位），在依法履行公共管理和服务职责过程中收集和产生的各类数据（以下统称公共数据），由县级以上人民政府大数据工作主管部门按照国家和省有关规定组织进行汇聚、治理、共享、开放和应用。《山东省公共数据开放办法》第 2 条第 2 款规定：本办法所称**公共数据**，是指国家机关，法律法规授权的具有管理公共事务职能的组织，具有公共服务职能的企业事业单位，人民团体等（以下统称公共数据提供单位）在依法履行公共管理职责、提供公共服务过程中，收集和产生的各类数据。

立法模式	所涉地区	文件名称
公共数据＋政务数据（政务数据资源、政务信息资源）**未明确说明二者关系**	宁夏回族自治区	《宁夏回族自治区大数据产业发展促进条例（草案）》《宁夏回族自治区政务数据资源共享管理办法》
	上海市	《上海市公共数据和一网通办管理办法》《上海市数据条例》《上海市公共数据开放实施细则》
	辽宁省	《辽宁省政务数据资源共享管理办法》《辽宁省大数据发展条例》
只规定公共数据（公共数据资源），**没有规定政务数据**	吉林省	《吉林省促进大数据发展应用条例》[1]《吉林省大数据条例（2023 修订）》
	江苏省	《江苏省公共数据管理办法》
	浙江省	《浙江省数字经济促进条例》《浙江省公共数据条例》《浙江省公共数据开放与安全管理暂行办法》
	广东省	《广东省公共数据管理办法》《广东省公共数据开放暂行办法》
	海南省	《海南省公共信息资源管理办法》《海南省公共数据产品开发利用暂行管理办法》
	广东省（深圳市）	《深圳经济特区数据条例》《深圳市公共数据开放管理办法（征求意见稿）》
	云南省	《云南省公共数据管理办法（试行）》
只规定政务数据（政务数据资源、政务信息资源），**没有规定公共数据**	天津市	《天津市促进大数据发展应用条例》[2]
	山西省	《山西省政务数据管理与应用办法》《山西省政务数据资源共享管理办法》
	内蒙古自治区	《内蒙古自治区政务数据资源管理办法》
	湖北省	《湖北省政务信息资源共享管理办法》《湖北省政务数据资源应用与管理办法》
既没有规定公共数据，也没有规定政务数据	陕西省	《陕西省民政数据资源管理暂行办法》[3]

第一，同时规定政务数据和公共数据，并将政务数据视为公共数据的一个子类。这种立法模式下对公共数据的分类可以分为两种情形：一是将公共数据分为政务数据和公共服务数据/公用数据，安徽省、广西壮族自治区、江西省、重庆市、新疆维吾尔自治区、四川省和福建省（厦门市）均采取此种分类方式；二是将公共数据分为政务

〔1〕《吉林省促进大数据发展应用条例》第6条规定：行政机关以及具有公共事务管理职能的组织在依法履行职责过程中，采集或者产生的各类数据资源属于**公共数据**。

〔2〕《天津市促进大数据发展应用条例》第55条第2项规定：本条例下列用语的含义：……（二）**政务数据**，指政务部门在履行职责过程中制作或者获取的，以一定形式记录、保存的文件、资料、图表和数据等各类信息资源。

〔3〕《陕西省民政数据资源管理暂行办法》第2条规定：本办法所指数据，是指民政部门在履行职责过程中直接或者通过第三方采集、产生或者获取的，由民政务信息系统存储的民政服务对象、民政服务机构等有关工作数据。

数据、公益事业单位数据和公用企业数据，这种分类方式主要体现在福建省和黑龙江省的数据立法文件中。

第二，同时规定公共数据和政务数据（政务数据资源、政务信息资源），但未明确说明二者关系。例如，山东省、河南省、河北省、贵州省、上海市、北京市、宁夏回族自治区、辽宁省等地区。在这种立法模式下，不同地区对公共数据和政务数据的概念规定也略有不同。

第三，只规定公共数据，没有规定政务数据。这种立法模式主要体现在吉林省、江苏省、浙江省、广东省、海南省、广东省（深圳市）等地区，其对公共数据的概念定义也主要采用"主体要素＋行为要素"的直接界定模式，海南省虽然使用"公共数据资源"这一表述，但具体内容与"公共数据"并无二致。

第四，只规定政务数据，没有规定公共数据。天津市、山西省、内蒙古自治区、湖北省等地区均采用此种立法模式。其中，湖北省和内蒙古自治区将"政务数据"表述为"政务数据/信息资源"，虽然语言表述有所不同，但原则上均指政务部门在依法履行职责过程中制作或获取的数据。

第五，在立法表述中既没有规定公共数据，也没有规定政务数据。目前仅有陕西省属于这种情况，其只对民政数据出台了管理暂行办法。

基于此，本书接下来将重点研究公共数据、政务数据、政府数据、民政数据的概念内涵及其相互关系，并体系化分析各地数据立法中明文规定的数据类型。

（一）公共数据

在信息时代，作为国家治理体系与治理能力基础的公共数据暂未在中央层面的立法中获得统一明确的法律概念。但纵观现阶段的地方数据立法，以省（自治区、直辖市）为划分依据，可以发现存在两种较为常见的公共数据概念界定方式，即遵循"主体要素＋行为要素"的直接界定模式以及采取类型化的间接界定模式。在此基础上，还有部分省（自治区、直辖市）通过地区内部的不同立法在实际上综合采用了直接界定模式与间接界定模式。此外，部分地区还在具体立法表述中发展出了依据数据公共利益属性进行界定等全新界定方式，同"公共数据的相关表达"一起构成了公共数据概念界定问题复杂性的形成原因。

1. 概念界定的主要方式：遵循"主体要素＋行为要素"的直接界定模式

以北京市、福建省、广东省等地区为例，部分省（自治区、直辖市）在地方数据立法中遵循"主体要素＋行为要素"的直接界定模式。此种公共数据概念界定模式可以被概括为"公共数据是指特定数据来源'主体'在依法履行职责或者提供公共服务的过程中从事特定'行为'所得到的数据"。

表3-4　公共数据概念界定方式之"主体要素＋行为要素"的直接界定模式

省（自治区、直辖市）	规范名称	概念构成		
		主体要素	行为要素	其他
北京市	《北京市数字经济促进条例》	公共机构（本市各级国家机关、经依法授权具有管理公共事务职能的组织）	处理	/

省（自治区、直辖市）	规范名称	概念构成		
		主体要素	行为要素	其他
北京市	《北京市公共数据专区授权运营管理办法（试行)》	本市各级国家机关、经依法授权具有管理公共事务职能的组织	处理	/
福建省	《福建省大数据发展条例》	公共管理和服务机构（政务部门以及公益事业单位、公用企业）	收集、产生	以一定形式记录、保存的各类数据及其衍生数据
广东省	《广东省公共数据管理办法》	公共管理和服务机构（本省行政区域内行政机关、具有公共事务管理和公共服务职能的组织）	制作或者获取	以电子或者非电子形式对信息的记录
	《广东省公共数据开放暂行办法》	公共管理和服务机构（本省行政区域内行政机关、具有公共事务管理和公共服务职能的组织）	制作或者获取	以电子或者非电子形式对信息的记录
贵州省	《贵州省大数据发展应用促进条例》	公共机构、公共服务企业（公共机构，是指全部或者部分使用财政性资金的国家机关、事业单位和团体组织；公共服务企业，是指提供公共服务的供水、供电、燃气、通信、民航、铁路、道路客运等企业）	收集、制作、使用	/
河南省	《河南省数据条例（草案)》(征求意见稿)	公共管理和服务机构（本省国家机关、事业单位，其他经依法授权具有管理公共事务职能的组织，以及供水、供电、供气、公共交通等提供公共服务的组织）	收集和产生	/
黑龙江省	《黑龙江省促进大数据发展应用条例》	公共管理和服务机构（国家机关和法律、法规授权的具有管理公共事务职能的组织以及供水、供电、供气、供热、通讯、公共交通等公共服务运营单位）	收集、产生	以一定形式记录、保存的各类数据及其衍生数据
河北省	《河北省数字经济促进条例》	国家机关、法律法规授权的具有管理公共事务职能的组织以及供水、供电、供暖、供气、民航、铁路、通信、邮政、公共交通等提供公共服务的组织（公共管理服务机构）	收集和产生	/

省（自治区、直辖市）	规范名称	概念构成		
		主体要素	行为要素	其他
吉林省	《吉林省促进大数据发展应用条例》	行政机关以及具有公共事务管理职能的组织	采集或者产生	/
	《吉林省大数据条例（2023修订)》	行政机关、公共企事业单位	采集或者产生	/
江苏省	《江苏省公共数据管理办法》	本省各级行政机关、法律法规授权的具有管理公共事务职能的组织、公共企事业单位（以下统称公共管理和服务机构）	收集、产生	以电子或者其他方式对具有公共使用价值的信息的记录
辽宁省	《辽宁省大数据发展条例》	公共管理和服务机构	获取	法律、法规规定纳入公共数据管理的其他数据资源
宁夏回族自治区	《宁夏回族自治区大数据产业发展促进条例（草案)》	行政部门、公共服务机构（行政部门，是指国家机关及法律法规授权具有行政职能的事业单位和团体组织；公共服务机构，是指提供公共服务的教育、医疗卫生、供水、供电、供气、通信、公共交通等机构）	收集、制作、使用	/
山东省	《山东省大数据发展促进条例》	国家机关、法律法规授权的具有管理公共事务职能的组织、人民团体以及其他具有公共服务职能的企业事业单位等	收集和产生	/
	《山东省公共数据开放办法》	国家机关，法律法规授权的具有管理公共事务职能的组织，具有公共服务职能的企业事业单位，人民团体等	收集和产生	/
上海市	《上海市数据条例》	本市国家机关、事业单位，经依法授权具有管理公共事务职能的组织，以及供水、供电、供气、公共交通等提供公共服务的组织（以下统称公共管理和服务机构）	收集和产生	/
	《上海市公共数据和一网通办管理办法》	本市各级行政机关以及履行公共管理和服务职能的事业单位（以下统称公共管理和服务机构）	采集和产生	/

续表

省（自治区、直辖市）	规范名称	概念构成		
		主体要素	行为要素	其他
上海市	《上海市公共数据开放实施细则》	本市国家机关、事业单位，经依法授权具有管理公共事务职能的组织，以及供水、供电、供气、公共交通等提供公共服务的组织（以下统称公共管理和服务机构）	收集和产生	/
广东省（深圳市）	《深圳经济特区数据条例》	公共管理和服务机构（本市国家机关、事业单位和其他依法管理公共事务的组织，以及提供教育、卫生健康、社会福利、供水、供电、供气、环境保护、公共交通和其他公共服务的组织）	产生、处理	/
	《深圳市公共数据开放管理办法（征求意见稿）》	公共管理和服务机构（本市国家机关、事业单位和其他依法管理公共事务的组织，以及提供教育、卫生健康、社会福利、供水、供电、供气、环境保护、公共交通和其他公共服务的组织）	产生、处理	/
云南省	《云南省公共数据管理办法（试行）》	本省各级行政机关和经法律、法规授权的具有管理公共事务职能的组织，以及供水、供电、供气等公共服务运营单位（以下统称公共机构）	收集、产生	根据我省应用需求，税务、海关等国家有关部门派驻云南的管理机构授权提供的数据属于本办法所称公共数据
浙江省	《浙江省数字经济促进条例》	国家机关、法律法规规章授权的具有管理公共事务职能的组织	获取	法律、法规规定纳入公共数据管理的其他数据资源
	《浙江省公共数据条例》	本省国家机关、法律法规规章授权的具有管理公共事务职能的组织以及供水、供电、供气、公共交通等公共服务运营单位（以下统称公共管理和服务机构）	收集、产生	根据本省应用需求，税务、海关、金融监督管理等国家有关部门派驻浙江管理机构提供的数据，属于本条例所称公共数据
	《浙江省公共数据开放与安全管理暂行办法》	各级行政机关以及具有公共管理和服务职能的事业单位（以下统称公共管理和服务机构）	获得	/

（1）主体要素。主体要素是在界定公共数据的过程中被最多关注与讨论的部分。[1]在遵循"主体要素＋行为要素"直接界定模式的地区中，公共数据概念中的主体要素主要涉及三种表达形式：其一，直接将概念构成中的主体要素表述为"公共管理和服务机构/公共管理服务机构"，如福建省、广东省、黑龙江省、河北省、江苏省、辽宁省、上海市、广东省（深圳市）、浙江省、河南省等地；其二，虽未明确提出"公共管理和服务机构"之表述，但在具体条文中仍表明公共数据概念中的主体要素同时包括依据法律法规授权而具有公共管理和服务职能的机构，如贵州省、宁夏回族自治区、山东省等地；其三，在具体条文中表示公共数据概念的主体要素仅指依据法律法规授权具有管理公共事务职能的机构，如北京市、吉林省等地。

在此基础上，应当明确的是在公共管理机构与公共服务机构这一对上位概念之下，不同地区采用的具体表述不尽相同——尤其在公共服务机构的范畴内，各地数据立法采用的表述包括但不限于组织、企事业单位、公用企业、团体组织、企业、机构、人民团体等。此外，应特别关注的是，虽然《浙江省数字经济促进条例》将公共数据概念中的主体要素界定为公共管理机构，但由于其同时规定了公共数据包括"法律、法规规定纳入公共数据管理的其他数据资源"，故而其主体要素的实质范畴仍然同《浙江省公共数据条例》《浙江省公共数据开放与安全管理暂行办法》的有关规定保持了一致。

（2）行为要素。行为要素的核心在于有效限缩公共数据的产生环境，即在界定主体要素的基础上，进一步强调公共数据源于各主体依法履行公共管理职责或者提供公共服务的活动中，而非所有与特定主体相关的数据都可以被纳入公共数据的范畴。目前，各地界定公共数据概念的条文在行为要素方面最为常用的表述是"收集、产生"[2]。此外，部分地区在行为要素方面还存在一些特殊表述。例如，辽宁省在《辽宁省大数据发展条例》仅使用了"获取"一词；贵州省在《贵州省大数据发展应用促进条例》则新增了"使用"一词，将为履行职责而使用的数据包含进来；[3]广东省（深圳市）则在《深圳经济特区数据条例》使用了"产生、处理"，并明晰数据处理的含义为"数据的收集、存储、使用、加工、传输、提供、开放等活动"。由此可见，相较于其他规范条文，深圳市似乎试图将数据处理的相关行为均纳入行为要素当中，丰富公共数据的内涵。

2. 概念界定的次要方式：采取类型化的间接界定模式

除了遵循"主体要素＋行为要素"直接界定模式以外，针对公共数据的概念界定问题，新疆维吾尔自治区、四川省、福建省（厦门市）、安徽省等地区采取了类型化的间接界定模式，即通过在立法中确定"政务数据"与"公共服务数据/公用数据"等具体涵盖类型来间接划定公共数据的概念范畴。

---

〔1〕 参见郑春燕、唐俊麒：《论公共数据的规范含义》，载《法治研究》2021 年第 6 期。

〔2〕 例如，《上海市数据条例》《福建省大数据发展条例》《江苏省公共数据管理办法》《山东省大数据发展促进条例》《云南省公共数据管理办法（试行）》《浙江省公共数据条例》《河北省数字经济促进条例》等。

〔3〕 《贵州省大数据发展应用促进条例》第 38 条第 1 项规定：公共数据，是指公共机构、公共服务企业为履行职责收集、制作、使用的数据。

表 3 - 5　公共数据概念界定方式之类型化的间接界定模式

省（自治区、经济特区）	规范名称	法条规定
新疆维吾尔自治区	《新疆维吾尔自治区公共数据管理办法（试行)》	**第二条** 本办法中下列用语的含义：…… **（二）公共数据，包括政务数据和公共服务数据。**政务数据，是指国家机关和法律、法规授权的具有管理公共事务职能的组织（以下称政务部门）为履行法定职责收集、产生的数据。公共服务数据，是指医疗、教育、供水、供电、供气、通信、交通、文旅、体育等公共企业事业单位（以下称公共服务部门）在提供公共服务过程中收集、产生的涉及公共利益的数据。 根据应用需求，税务、海关、金融监管管理等国家有关部门派驻自治区管理机构提供的数据属于公共数据……
四川省	《四川省数据条例》	**第十条** 第二款　本条例所称公共数据，是指国家机关和法律、法规授权的具有管理公共事务职能的组织（以下统称政务部门）为履行法定职责收集、产生的**政务数据**，以及医疗、教育、供水、供电、供气、通信、文化旅游、体育、交通运输、环境保护等公共企业事业单位（以下统称公共服务组织）在提供公共服务过程中收集、产生的涉及公共利益的**公共服务数据**。
福建省（厦门市）	《厦门经济特区数据条例》	**第二条** 本条例中下列用语的含义：…… **（三）公共数据，包括政务数据和公共服务数据。**政务数据是指国家机关和法律、法规授权的具有管理公共事务职能的组织（以下简称政务部门）为履行法定职责收集、产生的各类数据。公共服务数据是指医疗、教育、供水、供电、供气、交通运输等公益事业单位、公用企业（以下简称公共服务组织）在提供公共服务过程中收集、产生的涉及社会公共利益的各类数据……
安徽省	《安徽省大数据发展条例》	**第四十八条** 第一款　本条例所称公共数据，是指各级人民政府和有关部门，法律、法规授权履行公共事务管理职能的组织，财政性资金保障的其他机关和单位为履行职责制作或者获取的**政务数据**，以及与人民群众利益密切联系的教育、卫生健康、供水、供电、供气、供热、环境保护、公共交通等领域公用企事业单位制作或者收集的**公用数据**。

3. 概念界定的其他方式

在上述概念界定模式的基础上，部分省（自治区、直辖市）还在地方数据立法实践中发展了一些特殊做法。首先，部分地区采取了混合界定方法，即在地区内部的不同立法中分别采取直接界定模式与间接界定模式，如广西壮族自治区、重庆市、江西省（见表3 - 6）；其次，部分地区提出应在概念界定过程中特别强调公共数据所具有的公共属性。如《北京市公共数据管理办法》第 2 条[1]就重点强调公共数据应具有的"公共使用价值"属性特征，《江苏省公共数据管理办法》第 2 条[2]也特别阐明公共数据是对具有"公共使用价值"的信息的记录；最后，为了实现公共数据概念的周延性，部分地区还分别在公共数据概念内涵的延伸方面进行了不同规定（见表 3-7）。

表 3-6　公共数据概念界定方式之混合界定法

省（自治区、直辖市）	规范名称	具体法条
广西壮族自治区	《广西公共数据开放管理办法》	**第二条** 第一款　本办法所称**公共数据**，是指各地各部门各单位以及法律、法规授权具有公共管理和服务职能的企事业单位、社会组织（以下统称数据开放主体）在依法履职或生产经营活动中制作或获取的，以一定形式记录、保存的文件、资料、图表、图像、音频、视频、电子证照、电子档案和数据等各类数据资源。
	《广西壮族自治区大数据发展条例》	**第三条** 本条例中下列用语的含义：…… （三）**公共数据，包括政务数据和公共服务数据。**政务数据，是指国家机关和法律、法规授权的具有管理公共事务职能的组织（以下简称政务部门），在履行法定职责过程中收集、产生的数据。公共服务数据，是指教育、卫生健康、供水、供电、供气、供热、生态环境、公共交通、通信、文化旅游、体育等公共企业事业单位（以下简称公共服务组织）在提供公共服务过程中收集、产生的涉及公共利益的数据。
重庆市	《重庆市公共数据开放管理暂行办法》	**第三条** 第一款　本办法所称**公共数据**，是指本市各级行政机关以及履行公共管理和服务职能的事业单位（以下简称公共管理和服务机构），在依法履职过程中产生、采集和制作的，以一定形式记录、保存的各类数据资源。
	《重庆市数据条例》	**第三条** 第一款　本条例中下列用语的含义：…… （四）政务数据，是指国家机关和法律、法规授权的具有管理公共事务职能的组织（以下称政务部门）为履行法定职责收集、制作的数据。 （五）公共服务数据，是指医疗、教育、供水、供电、供气、通信、文旅、体育、环境保护、交通运输等公共企业事业单位（以下称公共服务组织）在提供公共服务过程中收集、制作的涉及公共利益的数据…… 第二款　**政务数据和公共服务数据统称公共数据。**

[1]《北京市公共数据管理办法》第 2 条规定：本办法所称公共数据，是指**具有公共使用价值的**，不涉及国家秘密、商业秘密和个人隐私的，依托计算机信息系统记录和保存的各类数据。

[2]《江苏省公共数据管理办法》第 2 条第 2 款规定：本办法所称公共数据，是指本省各级行政机关、法律法规授权的具有管理公共事务职能的组织、公共企事业单位（以下统称公共管理和服务机构）为履行法定职责、提供公共服务收集、产生的，以电子或者其他方式对**具有公共使用价值**的信息的记录。

省（自治区、直辖市）	规范名称	具体法条
江西省	《江西省公共数据管理办法》	**第三条** 第一款　本办法所称的**公共数据**，是指各级行政机关以及具有公共管理和服务职能的事业单位（以下统称公共管理和服务机构）在依法履行职责和提供公共服务过程中产生或者获取的任何以电子或者其他方式对信息的记录。
	《江西省数据条例（征求意见稿）》	**第二条【概念定义】** 本条例中下列用语的含义：…… （二）**公共数据**，是指本省国家机关、事业单位，经依法授权的具有管理公共事务职能的组织以及供水、供电、供气、公共交通等公共服务运营机构（以下统称公共管理和服务机构），在依法履行公共管理职责或者提供公共服务过程中产生或者获取的数据。根据本省应用需求，税务、海关、通信管理、金融监督管理等国家有关部门派驻江西管理机构提供的数据，属于本条例所称公共数据……
	《江西省数据应用条例》	**第三条** 第二款　本条例所称**公共数据，包括政务数据和公共服务数据**。政务数据是指国家机关和法律、法规授权的具有管理公共事务职能的组织（以下统称政务部门）履行法定职责收集、产生的各类数据。公共服务数据是指供水、供电、供气、公共交通等提供公共服务的组织（以下统称公共服务机构）提供公共服务过程中收集、产生的各类数据。

表3－7　各地区在提升公共数据概念周延性方面的特殊规定

省（自治区、直辖市）	规范名称	法条规定	提升公共数据概念周延性方面的特殊规定
浙江省	《浙江省数字经济促进条例》	**第十八条** 第三款　本条例所称**公共数据**，是指国家机关、法律法规规章授权的具有管理公共事务职能的组织（以下统称公共管理和服务机构）在依法履行职责和提供公共服务过程中获取的数据资源，**以及法律、法规规定纳入公共数据管理的其他数据资源**。	通过设置兜底性条款，实现不同立法之间的兼容。
辽宁省	《辽宁省大数据发展条例》	**第五十三条** ……（三）本条例所称**公共数据**，是指公共管理和服务机构在依法履行职责和提供公共服务过程中获取的数据资源，**以及法律、法规规定纳入公共数据管理的其他数据资源**。	通过设置兜底性条款，实现不同立法之间的兼容。
江西省	《江西省数据条例（征求意见稿）》	**第二条【概念定义】** 本条例中下列用语的含义：…… （二）**公共数据**，是指本省国家机关、事业单位，经依法授权的具有管理公共事务职能的组织以及	通过设置准用条款，实现公共数据概念边界的有效扩张。

续表

省（自治区、直辖市）	规范名称	法条规定	提升公共数据概念周延性方面的特殊规定
		供水、供电、供气、公共交通等公共服务运营机构（以下统称公共管理和服务机构），在依法履行公共管理职责或者提供公共服务过程中产生或者获取的数据。**根据本省应用需求，税务、海关、通信管理、金融监督管理等国家有关部门派驻江西管理机构提供的数据，属于本条例所称公共数据……**	
浙江省	《浙江省公共数据条例》	第三条 本条例所称公共数据，是指本省国家机关、法律法规规章授权的具有管理公共事务职能的组织以及供水、供电、供气、公共交通等公共服务运营单位（以下统称公共管理和服务机构），在依法履行职责或者提供公共服务过程中收集、产生的数据。 **根据本省应用需求，税务、海关、金融监督管理等国家有关部门派驻浙江管理机构提供的数据，属于本条例所称公共数据。**	通过设置准用条款，实现公共数据概念边界的有效扩张。
新疆维吾尔自治区	《新疆维吾尔自治区公共数据管理办法（试行）》	第二条 本办法中下列用语的含义：…… （二）公共数据，包括政务数据和公共服务数据。政务数据，是指国家机关和法律、法规授权的具有管理公共事务职能的组织（以下称政务部门）为履行法定职责收集、产生的数据。公共服务数据，是指医疗、教育、供水、供电、供气、通信、交通、文旅、体育等公共企业事业单位（以下称公共服务部门）在提供公共服务过程中收集、产生的涉及公共利益的数据。 **根据应用需求，税务、海关、金融监督管理等国家有关部门派驻自治区管理机构提供的数据属于公共数据……**	通过设置准用条款，实现公共数据概念边界的有效扩张。
云南省	《云南省公共数据管理办法（试行）》	第三条 本办法下列用语的含义：…… （二）公共数据，是指本省各级行政机关和经法律、法规授权的具有管理公共事务职能的组织，以及供水、供电、供气等公共服务运营单位（以下统称公共机构），在依法履行职责或者提供公共服务过程中收集、产生的数据。公共服务运营单位实施公共服务以外的数据处理活动，不适用本办法。 **根据我省应用需求，税务、海关等国家有关部门派驻云南的管理机构授权提供的数据，属于本办法所称公共数据……**	通过设置准用条款，实现公共数据概念边界的有效扩张。

4. 公共数据的相关表述

除了"公共数据"这一概念表述形式，部分省（自治区、直辖市）还在地方数据立法中创设了两种相关表述形式。一方面，河南省[1]和海南省[2]在地方数据立法中均曾使用"公共数据资源"这一表述，其所采取的概念界定方式与公共数据概念所涉及的"主体要素＋行为要素"的直接界定模式基本相同；另一方面，海南省 2018 年公布的《海南省公共信息资源管理办法》采取了"公共信息资源"[3]的独特表述形式。与公共数据的界定方式相比，海南省提出的"公共数据资源"特别提出了"次生信息资源"的特殊表述形式。

（二）政务数据

1. 政务数据的概念

目前共有重庆市、江西省、四川省、广西壮族自治区、新疆维吾尔自治区、天津市、安徽省、福建省（厦门市）、山西省、河北省等 10 个省（自治区、直辖市）对政务数据的概念进行界定。遵循前述的公共数据概念要件，通过分析各地立法关于"政务数据"的概念内涵，可以高度抽象出数据来源主体、职责履行行为、数据表现形式三个构成要素（各地政务数据的概念规定详见表 3 - 8）。其中重庆市、江西省、四川省、福建省（厦门市）、广西壮族自治区、新疆维吾尔自治区这 6 个地区的政务数据概念完全一致，均指"国家机关和法律、法规授权的具有管理公共事务职能的组织（以下统称政务部门）为履行法定职责收集、产生的政务数据。"

表 3 - 8　不同地区的政务数据概念解析

省份/地区	构成要素		
	数据来源主体	职责履行行为	数据表现形式
重庆市、江西省、四川省、福建省（厦门市）、广西壮族自治区、新疆维吾尔自治区	国家机关和法律、法规授权的具有管理公共事务职能的组织	为履行法定职责收集、产生	/
天津市	各级政府部门和行政执法机构	在履行职责过程中制作或者获取	文件、资料、图表和数据
安徽省	各级人民政府和有关部门，法律、法规授权履行公共事务管理职能的组织，财政性资金保障的其他机关和单位	为履行职责制作或者获取	文字、数字、图表、图像、音频、视频

---

〔1〕《河南省数字经济促进条例》第 19 条第 1 款规定：公共数据资源，是指国家机关、法律法规授权的具有管理公共事务职能的组织，在依法履行公共管理和服务职责过程中形成的数据资源。

〔2〕《海南省公共数据产品开发利用暂行管理办法》第 3 条第 2 款规定：公共数据资源是指由政务部门和公共企事业单位在依法履职或生产活动中生成和管理，以一定形式记录、存储和传输的文字、图像、音频、视频等各类可机器读取的数据，法律另有规定或涉及国家利益、公共安全、商业秘密、个人隐私等的数据除外。

〔3〕《海南省公共信息资源管理办法》第 2 条规定：本办法所称公共信息资源，是指政务部门和公共企事业单位（以下简称公共机构）在依法履职或生产经营活动中制作或获取的，以一定形式记录、保存的非涉密文件、数据、图像、音频、视频等各类信息资源及其次生信息资源。

续表

省份/地区	构成要素		
	数据来源主体	职责履行行为	数据表现形式
福建省	政务部门/国家机关、事业单位、社会团体或者其他依法经授权、受委托的具有公共管理职能的组织和公共服务企业	在履行职责过程中采集、获取或者通过特许经营、购买服务等方式开展信息化建设和应用所产生	/
山西省	政务服务实施机构（各级人民政府、县级以上人民政府所属部门、列入党群工作机构序列但依法承担行政职能的部门以及法律、法规授权的具有公共管理和服务职能的组织）	在履行职责过程中采集和获取的或者通过特许经营、购买服务等方式开展信息化建设和应用所产生	文字、数字、符号、图片和音视频
河北省	政府部门及法律法规授权具有管理公共事务职能的组织	在履行法定职责过程中采集和产生	/

2. 政务数据的相关表述

（1）政务数据资源。上海市、贵州省、宁夏回族自治区、重庆市、辽宁省、湖北省、内蒙古自治区、山西省等地的数据立法文件均涉及"政务数据资源"这一概念表述，一般是指政务部门在履行职责过程中采集、制作或获取的，以一定形式（文字、数字、图表、音视频等）记录、保存的各类数据。另外，贵州省、宁夏回族自治区、辽宁省、内蒙古自治区、湖北省等地明确规定"政务数据资源"还包括"政府部门直接或者通过第三方依法采集的、依法授权管理的和因履行职责需要依托政务信息系统形成的数据资源"。但无论如何表述，"政务数据资源"与"政务数据"在概念内涵上存在一定共性。另外值得注意的是，《内蒙古自治区政务数据资源管理办法》在对"政务数据资源"进行界定时，提到结构化、半结构化和非结构化的数据类型。[1]而数据由非结构化到半结构化乃至结构化，是数据加工的过程和结果。[2]也即无论是政务部门直接获取的非结构化数据，还是经过加工制作后的结构化数据，都属于政务数据资源的范畴。

（2）政务信息资源。"政务信息资源"这一概念表述见于北京市、河南省、湖北省三地的数据立法文件中，均指政务部门（政府部门及法律法规授权具有行政职能的事业单位和社会组织）在履行职责过程中制作或获取的，以一定形式记录、保存的文件、资料、图表和数据等各类信息资源，包括政务部门直接或通过第三方依法采集的、依法授权管理的和因履行职责需要依托政务信息系统形成的信息资源等。[3]仔细分析其

---

〔1〕《内蒙古自治区政务数据资源管理办法》第3条规定：本办法所称政务数据资源，是指各级行政机关以及履行公共管理和服务职能的事业单位（以下统称政务部门）在履行职责过程中制作或者获取的，以一定形式记录、保存的文字、数字、图表、图像、音频、视频、电子证照、电子档案等各类结构化、半结构化和非结构化数据资源，包括政务部门直接或通过第三方依法采集的、依法授权管理的和因履行职责需要依托政务信息系统形成的数据资源等。

〔2〕参见时建中：《数据概念的解构与数据法律制度的构建 兼论数据法学的学科内涵与体系》，载《中外法学》2023年第1期。

〔3〕《北京市政务信息资源管理办法（试行）》第2条第1款；《河南省政务信息资源共享管理暂行办法》第2条第1款；《湖北省政务信息资源共享管理办法》第2条第1款。

概念构成要件可知，无论是数据来源主体还是职责履行行为基本上与政务数据的概念保持一致。

（3）政务数据资产。2019年11月28日公布的《山西省政务数据资产管理试行办法》是国内目前唯一对"政务数据资产"进行概念界定和管理规定的地方数据立法文件，此处的"政务数据资产"是指由政务服务实施机构建设、管理和使用的各类业务应用系统，以及利用业务应用系统，依据法律法规和有关规定直接或者间接采集、使用、产生、管理的文字、数字、符号、图片和视音频等具有经济、社会价值，权属明晰、可量化、可控制、可交换的政务数据。[1]通过与其他地区"政务数据"的概念对比可知，"政务数据资产"更强调其作为生产要素的经济价值，以促进政务数据的开发利用和交易流通。

（三）政府数据

"政府数据"这一数据类型仅规定于2020年9月25日公布的《贵州省政府数据共享开放条例》。比之"政务数据"，此条例将"政府数据"的概念在主体要件层面进一步限缩，仅将行政机关视为政府数据的特定主体。[2]与此同时，条例附则中提及对于法律、法规授权具有公共事务管理职能的组织实施的数据开放活动，适用本条例。[3]而教育、卫生健康、供水、供电、供气、供热、环境保护、公共交通等与人民群众利益密切相关的公共企事业单位开展数据共享开放活动，则依照相关法律、法规和国务院、省有关主管部门或者机构的规定执行。[4]

（四）民政数据

2018年12月4日公布的《陕西省民政数据资源管理暂行办法》是唯一对民政数据进行规定的地方数据立法文件。顾名思义，民政数据在政务数据、政府数据的基础上进一步限缩主体要素，仅将民政部门视作特定的数据来源主体。[5]

三、特殊领域所涉及的数据类型

在省级数据立法的丰富实践中，部分省（自治区、直辖市）还对健康（医疗）数据、科学数据、教育数据等十二个部门进行了领域立法的尝试。在现行立法实践中，不同领域数据发展需求的不同是彼此在界定方式与本质特征之间存在较大差异的根本原因，数据安全与数据流通之间的动态平衡关系也构成了不同领域数据在概念界定与共享制度设计问题上的重要动因。因此，研究特殊领域的数据类型时，除应关注一般领域数据类型界定方式所普遍重视的主体要素之外，还应尤其关注数据类型概念与特征之中所隐含的独有属性。

---

〔1〕《山西省政务数据资产管理试行办法》第3条第1款。

〔2〕《贵州省政府数据共享开放条例》第3条第1款规定：本条例所称的政府数据，是指行政机关在依法履行职责过程中制作或者获取的，以一定形式记录、保存的各类数据，包括行政机关直接或者通过第三方依法采集、管理和因履行职责需要依托政府信息系统形成的数据。

〔3〕《贵州省政府数据共享开放条例》第43条。

〔4〕《贵州省政府数据共享开放条例》第44条。

〔5〕《陕西省民政数据资源管理暂行办法》第2条规定：本办法所指数据，是指民政部门在履行职责过程中直接或者通过第三方采集、产生或者获取的，由民政政务信息系统存储的民政服务对象、民政服务机构等有关工作数据。

（一）健康（医疗）数据

在现行数据地方立法实践中，青海省、重庆市、山东省、宁夏回族自治区以及广东省（深圳市）对健康（医疗）数据进行了特别规定。[1]目前，《重庆市卫生健康行业健康医疗数据资源管理办法》对健康（医疗）数据的概念进行了界定，即认为卫生健康行业健康医疗数据一般指的是特定地区卫生健康行业单位在服务与管理过程中所产生的人口信息、医疗卫生服务和生命健康活动相关的数据集合；《深圳市卫生健康数据管理办法》则对卫生健康数据、卫生健康公共数据、卫生健康个人数据、卫生健康敏感个人数据等进行了界定。[2]

（二）科学数据

目前，已有黑龙江省、甘肃省、云南省、湖北省、安徽省、内蒙古自治区、吉林省、江苏省、广西壮族自治区、山东省、四川省、上海市、宁夏回族自治区以及海南省等14个省（自治区、直辖市）针对科学数据制定了管理实施细则。[3]由于国务院办公厅于2018年率先颁布了《科学数据管理办法》，上述所提及的地方数据立法都沿用了该规定对于科学数据的界定，即科学数据主要包括在自然科学、工程技术科学等领域，通过基础研究、应用研究、试验开发等产生的数据，以及通过观测监测、考察调查、检验检测等方式取得并用于科学研究活动的原始数据及其衍生数据。

在特殊领域数据立法中，省级科学数据的相关立法相对较为完善。事实上，这与第四范式的不断发展关系密切——数据越来越成为科学研究不可或缺的重要组成部分，甚至被视为是信息时代最基本、最活跃且影响面最宽的基础性和战略性科技资源，对国家科技发展具有重要意义。[4]在此背景下，各地纷纷针对科学数据领域进行立法尝试，并旨在妥善处理好数据安全与共享开发之间的关系。在数据安全方面，各地普遍将其作为科学数据管理办法的重要内容，要求相关主管部门与法人单位加强对科学数据全生命周期的安全管理，强调涉及国家秘密、国家安全、社会公共利益、商业秘密和个人隐私的科学数据原则上不得对外开放共享，部分省（自治区、直辖市）还要求建立应急管理和容灾备份机制，对重要的科学数据进行异地备份。在共享开发方面，鼓励科学数据的共享开发是各地立法文件的基本原则，四川省等地已明确规定法人单位应向公益性科学研究无偿开放科学数据，上海市还强调了科学数据人才队伍的建设，支持相关人员对科学数据进行分析挖掘，形成有价值的科学数据产品，开展增值服务。

（三）教育数据

目前，浙江省、上海市、内蒙古自治区以及北京市4个地区对教育数据作了专门

---

〔1〕 参见《青海省健康保障一体化省级综合平台跨行业数据交换与信息共享管理办法》《重庆市卫生健康行业健康医疗数据资源管理办法》《山东省健康医疗大数据管理办法》、宁夏回族自治区《自治区卫生健康委员会数据安全传输及灾备管理规范（试行）》《深圳市卫生健康数据管理办法》。

〔2〕 参见《深圳市卫生健康数据管理办法》第3条。

〔3〕 参见《黑龙江省贯彻落实〈科学数据管理办法〉实施细则》《甘肃省科学数据管理实施细则》《云南省科学数据管理实施细则》《湖北省科学数据管理实施细则》《安徽省科学数据管理实施办法》《内蒙古自治区科学数据管理办法》《吉林省科学数据管理办法》《江苏省科学数据管理实施细则》《广西科学数据管理实施办法》《山东省科学数据管理实施细则》《四川省科学数据管理实施细则》《上海市科学数据管理实施细则（试行）》（草案）、《宁夏回族自治区科学数据管理实施细则》《海南省科技资源库（馆）和科学数据中心管理暂行办法》。

〔4〕 参见温亮明、李洋：《我国科学数据开放共享模式、标准与影响因素研究》，载《图书情报研究》2021年第1期。

规定。[1]其中，各省市对于教育数据的定义基本统一，即教育数据是指特定地区教育系统内各单位在履行职责过程中制作或获取的，以一定形式记录、保存的文件、资料、图表和数据等各类资源。

（四）地理数据

目前，山西省、浙江省、湖南省、重庆市、江西省、广东省以及山东省7个省对"地理数据"进行了特别规定，[2]地理数据是指带有地理空间位置及其时态有关的自然、经济、社会等信息。[3]《湖南省地理空间数据管理办法》《广东省地理空间数据管理办法（试行）》《山东省地理空间数据管理办法》进一步将地理空间数据细分为基础地理信息数据与专题地理空间数据，其中基础地理信息数据是指为国民经济和社会发展提供基础底图服务和空间基准服务的数据，而专题地理空间数据是指为满足农业、林业、交通、水利、规划等特定行业需求，形成和产生的与地理空间位置和范围密切相关的数据。与此同时，《湖南省地理空间数据管理办法》还将用以描述地理空间数据概要信息的摘要型数据称为地理空间数据的元数据。

（五）道路运输车辆智能监控数据

目前，仅有《广东省道路运输车辆智能监控数据综合应用管理办法（试行）》对此进行了尝试性界定，并将其界定为道路运输车辆卫星定位动态监控、智能视频监控、危险货物电子运单、交通违法行为及处置等数据。

（六）国土资源数据

目前，广西壮族自治区、湖南省、江西省、广东省对国土资源数据进行了专门规定。[4]各地立法文件关于国土资源数据的概念界定与类型划分较为统一，总体而言，国土资源数据即是指各级国土资源管理部门在履行国土资源规划、管理、保护与合理开发利用工作职能等过程中需要使用或生产的数字化成果。依据数据开发利用程度的高低，数据立法将之进一步分为了国土资源基础和专题数字化成果数据、国土资源政务管理数字化成果数据、国土资源数字化成果数据以及其他数字化成果数据。

（七）遥感数据

目前，主要有湖北省、湖南省、广西壮族自治区、重庆市以及辽宁省5个省（自治区、直辖市）对遥感数据进行了专门规定[5]，并通过技术方法要素对其进行了界定，认为遥感数据是指利用光学、微波等地理信息测绘方法获取及加工处理形成的

---

〔1〕《浙江省教育数据暂行管理办法》《上海教育数据管理办法（试行）》《内蒙古自治区教育厅机关及直属事业单位教育数据管理办法（试行）》《北京市教育数据资源管理办法（试行）》。

〔2〕参见《山西省基础地理信息数据提供使用管理办法》《浙江省地理空间数据交换和共享管理办法》《湖南省地理空间数据管理办法》《重庆市地理国情数据动态更新管理办法》《江西省地理信息数据管理办法》《广东省地理空间数据管理办法（试行）》《山东省地理空间数据管理办法》。

〔3〕参见《浙江省地理空间数据交换和共享管理办法》第3条、《湖南省地理空间数据管理办法》第2条、《广东省地理空间数据管理办法（试行）》第2条、《山东省地理空间数据管理办法》第2条。

〔4〕参见《广西国土资源数据管理暂行办法》《湖南省国土资源数据管理办法》《江西省国土资源数据管理暂行办法》《广东省国土资源数据管理暂行办法》。

〔5〕参见《湖北省高分辨率对地观测系统卫星遥感数据管理办法》《湖南省遥感影像数据统筹共享管理办法》《广西民用遥感卫星数据开放共享管理暂行办法》《重庆市航空航天遥感影像数据统筹管理办法》《辽宁省遥感影像数据统筹共享管理办法》《辽宁省遥感影像数据共享使用管理规定（试行）》。

数据。

（八）水利工程数据

目前仅有浙江省对水利工程数据进行了专门规定。《浙江省水利工程数据管理办法（试行）》将水利工程数据界定为"工程竣工或完工后所形成的和运行管理过程中所产生的各类非涉密数字化数据，包括工程特性数据和工程管理数据"，具有一定的特殊性。

（九）林草/林业/森林数据

目前，有江西省、黑龙江省、上海市三地对林草/林业/森林数据进行了专门规定。首先，《江西省森林资源数据更新管理办法》和《上海市森林资源数据管理办法（试行）》规定森林资源数据是指森林、林木、林地的空间信息及其自然、管理属性信息，包含自然与社会两个层面。其次，《黑龙江省林业和草原局大数据中心林草数据使用管理办法》使用了枚举法界定林草数据，即认为林草数据是指森林、草原和湿地资源的林相图、现状图、规划图等图形的矢量数据、地形数据、遥感影像图片、森林（草原、湿地）资源调查数据、林草行政案件调查数据、各类统计数据等。最后，值得进一步关注的是，《江西省林业信用数据管理办法（暂行）》曾较为例外地提出了林业信用数据的分类标准；[1] 而在 2024 年 2 月 1 日起施行的《江西省林业信用数据管理办法》中，林业信用数据还按照数据属性划分为了公共信用数据和市场信用数据。

（十）农村土地承包数据

目前，仅有《广西壮族自治区农村土地承包数据管理实施办法（试行）》对农村土地承包数据进行了专门规定，即认为农村土地承包数据，是指各级农业农村部门在农村土地承包管理和日常工作中产生、使用和保管的数据，可以分为承包地权属数据、地理信息数据以及在实际工作中的其他相关数据。

（十一）体育数据

目前，该领域仅涉及《重庆体育大数据中心管理暂行办法》一部地方立法，主要是在政务数据的基础上将体育数据资源界定为体育行政事业单位在履行职责过程中制作或者获取的，以一定形式记录、保存的各类数据资源。

（十二）电信数据

目前，该领域仅涉及《北京地区电信领域数据安全管理实施细则》一部地方立法，并将"电信领域数据"界定为电信业务经营过程中产生和收集的数据，包括各类基础电信业务和增值电信业务数据。

值得注意的是，在上述 12 个特殊领域之外，《江西省企业信用监管警示系统数据管理和运用试行办法》《贵州省应急平台体系数据管理暂行办法》还分别创新性地提及"企业信用监管数据""应急平台体系数据"等特殊概念，但由于其或并未直接对相关数据类型进行内涵界定，或缺少分析对比的客观基础，故而本书未将上述概念单独视

---

〔1〕《江西省林业信用数据管理办法（暂行）》第 8 条规定："林业信用数据可按以下几种方式进行分类：（一）按数据主体划分，可分为自然人数据和法人数据；（二）按数据来源划分，可分为林业内部数据和外部部门数据；（三）按数据属性划分，可分为主体数据、政务数据、司法数据、市场数据；（四）按数据涉密或隐私情况划分，可分成公开数据和非公开数据。"

为特殊领域数据，仅在此进行补充说明。

四、评价

现有地方数据立法实践显示，省级立法文件中所涉及的数据类型基本按照"横纵两条线"的体系框架存在。纵向来看，公共数据及其对应数据类型形成了数据类型化研究的基础；横向来看，现有十二个特殊数据立法领域为数据类型在未来的精细化发展提供了先行先试的宝贵经验。因此，公共数据、公共数据的对应数据概念集以及特殊领域数据类型规范化程度问题构成了针对省级地方立法数据类型进行整体评述的重点。

（一）通过精细化界定方式厘清公共数据概念的基市构成要素

对数据这一核心概念进行多维度辨析有助于促进数据法律制度的构建与实施。[1]为厘清数据概念内涵、积极完善数据类型体系、提高数据开发利用的规范化程度，地方数据立法实践大多将界定公共数据概念作为一种重要尝试，并在显著完善"数据二十条"有关规定的基础上，对公共数据的外延进行了有益讨论。然而，也应注意到各地所采取的公共数据概念界定模式还存在一定的弊端，妥当确定公共数据的概念边界、通过精细化界定方式厘清公共数据概念中的来源与构成、在最大程度上协调公共数据治理工程的效益价值与确定性价值，仍应是相关制度完善的重点。

"主体要素＋行为要素"的直接界定模式在现阶段运行中出现了一些问题。客观来说，此种直接界定模式在契合公共数据治理实践的同时，也天然存在着定义不周延——即在某种意义上只是将对数据属性的判断转化为对主体属性的判断而没有正面解决公共数据的范围边界等问题，还存在漠视使用者利益和强化所有人专断的潜在风险。

对此，从可行性方面考虑，建议各地区在未来或许可以考虑对地方数据立法实践所惯常采用的"主体要素＋行为要素"直接界定模式的内部精细度进行一定程度上的优化，从而使之更加符合公共数据治理的潜在需求。一方面，主体要素方面的优化应当强调其所具有的实质性要求，即公共数据概念界定中的主体要素应指代数据来源主体——制作或获取数据的主体，[2]从而避免对此进行过于泛化的界定。其原因在于，相较于控制、处理主体因数据的复制性和非独占性而可能存在复数性，数据来源主体作为制作或获取数据的主体，不仅为数据生产付出了"额头汗水"，与数据权益关系更为紧密，而且具有唯一性，能够避免因复数主体性质各异造成数据性质难以确定的争端，从而更适宜作为公共数据性质认定的主体要素基准。另一方面，公共数据主体要素的公共性还可以根据数据来源主体履行职能所需的资金来源进行判断，即可以考虑将采用公共财政资金和社会捐赠资金的数据来源主体视为具有公共性的数据来源主体。[3]

在此基础上，还可以通过细化行为要素来对公共数据的概念范畴进行重要限制与澄清，进而剥离不符合公共数据之事物本质的部分数据资源。目前，旨在强调"公共数据产生于履行公共管理职责或提供公共服务的活动"的表述并未获得地方立法的普

---

〔1〕　参见时建中：《数据概念的解构与数据法律制度的构建　兼论数据法学的学科内涵与体系》，载《中外法学》2023 年第 1 期。

〔2〕　参见沈斌、黎江虹：《论公共数据的类型化规制及其立法落实》，载《武汉大学学报（哲学社会科学版）》2023 年第 1 期。

〔3〕　参见沈斌：《论公共数据的认定标准与类型体系》，载《行政法学研究》2023 年第 4 期。

遍认同，各省（自治区、直辖市）立法文件大多采用形式化的表述对此加以论述。但事实上，行为要素虽不能单独构成判断公共数据概念边界的主要依据，但其所涉及的"公共性"却可以实现对日益扩张的公共数据主体要素进行适当限制的治理目标。概言之，公共数据应与公共管理与公共服务活动密切关联，应当是公共产品供给活动的记录数据与重要副产品；[1] 只有当特定数据资源在两方面都具备一定程度的公共性时，其才应当被纳入公共数据范畴；只有两方面要素相辅相成、相互印证、彼此限制，才能共同将公共数据的范畴框定在一个合理的范围内。

（二）明确公共数据及其对应数据概念之间的深层次逻辑关系

在地方数据立法中，除"公共数据"概念本身的内涵和外延有所不同外，其对应概念的表达也极具多样化——这在事实上促使公共数据得以在更加丰富多元的数据类型体系之间充分提升本身在逻辑论理与实践应用方面的双重价值，但此种源于统计学结果的公共数据及其对应概念（政府数据、政府数据等）体系构建标准可能会在逻辑层面存在交叉混乱，继而可能带来制度设计和实践中的问题。

因此，一方面，就对应数据（政务数据、政府数据、社会数据等）的概念而言，应尝试促进各地立法落实对同一表述所指示的范围的统一认识。以社会数据为例，《深圳经济特区数字经济产业促进条例》中提出要推进公共数据与社会数据融合应用，[2] 但并未解释社会数据的具体概念；《海南省公共数据产品开发利用暂行管理办法》中明确社会数据资源包括行业数据资源和互联网数据资源，[3] 试图进一步通过对社会数据进行分类来厘清社会数据的界限范围；《天津市促进大数据发展应用条例》则将社会数据界定为政务部门以外的其他组织、单位或者个人开展活动产生、获取或者积累的各类信息资源，[4] 将其与政务数据相对应。但纵览各地就社会数据的规定，到底何为社会数据，则只能意会而无法言传。未来各地应考虑至少在定义维度、外延范围、数据控制或者处理主体等方面落实有关概念背后的共识。[5] 另一方面，对公共数据与政务数据、政府数据、非公共数据、个人数据、社会数据等，应进一步澄清或明确各个概念之间的关系及其划分维度，明确不同类型数据之间的关系到底如何，是包含、交叉亦或是对立，并进一步解决法律适用的混乱和数据类型的无意义等问题，积极推动作为生产要素的数据的开发利用和流通共享。

（三）化解各地立法在特殊领域数据类型上的差异化制度安排

除了公共数据、政务数据以及政府数据的数据类型划定方式，部分省（自治区、直辖市）还对健康（医疗）、科学、教育等多个领域进行了十分有益的数据类型立法尝

---

〔1〕 参见胡凌：《论地方立法中公共数据开放的法律性质》，载《地方立法研究》2019 年第 3 期。

〔2〕《深圳经济特区数字经济产业促进条例》第 21 条第 1 款规定：市政务服务数据管理部门应当会同有关行业主管部门促进各类数据深度融合，在卫生健康、社会保障、交通、科技、通信、企业投融资、普惠金融等领域推进公共数据和社会数据融合应用。

〔3〕《海南省公共数据产品开发利用暂行管理办法》第 8 条第 1 款规定：社会数据资源包括行业数据资源和互联网数据资源。

〔4〕《天津市促进大数据发展应用条例》第 55 条第 3 项规定：本条例下列用语的含义：……（三）社会数据，指政务部门以外的其他组织、单位或者个人开展活动产生、获取或者积累的各类信息资源。

〔5〕 参见时建中：《数据概念的解构与数据法律制度的构建 兼论数据法学的学科内涵与体系》，载《中外法学》2023 年第 1 期。

试。在此基础上，特殊领域立法在以下三方面存在完善的可能性与必要性。

其一，考虑化解各地立法在特殊领域数据类型概念界定方式上的差异化制度安排。例如，目前相关省（自治区、直辖市）在界定国土资源数据、健康（医疗）数据、农村土地承包数据等概念时往往采取"主体要素＋行为要素"的界定模式，并以主体要素作为概念界定的关注重点；在界定遥感数据时则主要采取技术标准，即将获得数据的技术方式作为概念界定的关注重点；在界定教育数据则主要采取对象标准，即将数据所规定的对象内容作为概念界定的关注重点。其二，考虑化解各地立法在界分特殊领域数据类型广度与深度方面的差异化制度安排。具体来说，应关注到目前地方数据立法实践所涉足的领域仍有限，在现有的十二个特殊数据领域之中，仅有一省（自治区、直辖市）对体育数据、水利工程数据、道路运输车辆智能监控数据、农村土地承包数据、电信数据等有所规定。其三，考虑化解各地立法在特殊领域数据类型具体概念方面的差异化制度安排。具体来说，可以参考已经在央地之间实施概念统一的"科学数据"，汲取积极类型化的经验，尝试先在各特殊领域内部实现数据类型概念内涵的初步统一。

概言之，就中央层面而言，《网络数据安全管理条例（征求意见稿）》在《数据安全法》的基础上从安全保护的角度提出了一般数据、重要数据与核心数据的数据类型体系；"数据二十条"则从数据权益保障的角度提出了个人数据、企业数据与公共数据的数据类型体系。就地方层面而言，各地数据立法实践则发展出了基于公共数据的数据类型体系与基于特殊领域的数据类型体系。可以说，数据类型在不同问题域的内部皆实现了一定程度上的体系化，但不同问题域之间仍存在概念与体系相互混杂的突出矛盾。在未来，从宏观架构层面推行一种界分数据类型的通用参考标准可能将是数据安全与共享开放机制得以有效建设的前提；在统一数据类型划分标准、构建精细化数据类型体系的基础上进一步叠加数据权益保护、数据安全保障、数据产业发展等问题域所具有的特性可能是调和数据类型体系化难题的一种解决方案。

专题三附录　省级数据立法关于数据类型的规定

规定内容		规范名称	公布时间	数据类型
数据条例		《深圳经济特区数据条例》	2021－07－06	**第二条** 本条例中下列用语的含义： （一）数据，是指任何以电子或者其他方式对信息的记录。 （二）个人数据，是指载有可识别特定自然人信息的数据，不包括匿名化处理后的数据。 （三）敏感个人数据，是指一旦泄露、非法提供或者滥用，可能导致自然人受到歧视或者人身、财产安全受到严重危害的个人数据，具体范围依照法律、行政法规的规定确定。 （四）生物识别数据，是指对自然人的身体、生理、行为等生物特征进行处理而得出的能够识别自然人独特标识的个人数据，包括自然人的基因、指纹、声纹、耳廓、掌纹、虹膜、面部识别特征等数据。 （五）公共数据，是指公共管理和服务机构在依法履行公共管理职责或者提供公共服务过程中产生、处理的数据……
		《上海市数据条例》	2021－11－25	**第二条** 本条例中下列用语的含义： （一）…… （四）公共数据，是指本市国家机关、事业单位，经依法授权具有管理公共事务职能的组织，以及供水、供电、供气、公共交通等提供公共服务的组织（以下统称公共管理和服务机构），在履行公共管理和服务职责过程中收集和产生的数据。
		《河南省数据条例》（草案）（征求意见稿）	2022－03－07	**第三条** 本条例中下列用语的含义： ……（四）公共数据，是指本省国家机关、事业单位，其他经法授权具有管理公共事务职能的组织，以及供水、供电、供气、公共交通等提供公共服务的组织（以下统称公共管理和服务机构），在履行公共管理和服务职责过程中收集和产生的数据。 （五）非公共数据，是指公共数据以外的数据……

续表

规定内容	规范名称	公布时间	数据类型
数据条例	《重庆市数据条例》	2022－03－30	**第三条** 本条例中下列用语的含义： （一）数据，是指以电子或者其他方式对信息的记录。 …… （四）**政务数据**，是指国家机关和法律、法规授权的具有管理公共事务职能的组织（以下称政务部门）为履行法定职责收集、制作的数据。 （五）**公共服务数据**，是指医疗、教育、供水、供电、供气、通信、文旅、体育、环境保护、交通运输等公共企业事业单位（以下称公共服务组织）在提供公共服务过程中收集、制作的涉及公共利益的数据。 第二款 政务数据和公共服务数据统称**公共数据**。
	《江西省数据条例（征求意见稿）》	2022－04－28	**第二条　【概念定义】** 本条例中下列用语的含义： （一）数据，是指任何以电子或其他方式对信息的记录。 （二）**公共数据**，是指本省国家机关、事业单位、供电、供水、供气、公共交通等运营公共事务职能的组织以及供水、供气、公共交通等公共服务运营机构（以下统称公共管理和服务机构），在依法履行公共管理职责或者提供公共服务过程中产生或者获取的数据。根据本省应用需求，服务江西省管理机构提供的数据，属于本条例所称公共数据。 （三）**非公共数据**，是指公共数据以外的数据，包括行业协会、学会、商会等社会组织开展活动中合法产生或获取的数据，税务、海关、通信管理、金融监督管理等国家有关部门派驻江西管理机构的数据等……
	《江西省数据应用条例》	2023－11－30	**第三条** 第一款 本条例所称数据，是指任何以电子或者其他方式对信息的记录，包括公共数据和非公共数据。 第二款 本条例所称**公共数据**，包括政务数据和公共数据。政务数据是指国家机关、法规授权的具有管理公共事务职能的组织（以下统称政务部门）履行法定职责收集、产生的各类数据。公共服务数据是指供水、供电、供气、公共交通等提供公共服务的组织（以下称提供公共服务机构）提供公共服务过程中收集、产生的各类数据。 第三款 本条例所称**非公共数据**，是指自然人、法人和非法人组织依法开展活动所收集、产生的，除前款公共数据以外的各类数据。

续表

规定内容	规范名称	公布时间	数据类型
数据案例	《四川省数据条例》	2022-12-02	第十条 省数据管理机构应当同相关部门按照国家规定，建立全省统一的公共数据资源体系，推进公共数据资源依法采集汇聚、加工处理、共享开放、创新应用。 本条例所称公共数据，是指国家机关和法律、法规授权的具有管理公共事务职能的组织（以下统称政务服务部门）为履行法定职责收集、产生的政务数据，以及医疗、教育、通信、供电、供水、供气、交通运输、环境保护等公共企业事业单位（以下简称公共服务组织）在提供公共服务过程中收集、产生的涉及公共利益的公共服务数据。
	《厦门经济特区数据条例》	2022-12-27	第二条 本条例中下列用语的含义： （一）数据，是指任何以电子或者其他方式对信息的记录。 （二）数据处理，包括数据的收集、存储、使用、加工、传输、提供、公开、删除等。 （三）公共数据，包括政务数据和公共服务数据。政务数据是指国家机关、法规授权的具有管理公共事务职能的组织（以下简称政务部门）为履行法定职责收集、产生的各类数据；公共服务数据是指医疗、教育、供电、供水、供气、交通运输等公共事业单位、公用企业（以下简称公共服务组织）在提供公共服务过程中收集、产生的涉及社会公共利益的数据。 （四）非公共数据，是指公共服务组织收集、产生的不涉及社会公共利益的数据，以及政务部门、公共服务组织以外的自然人、法人和非法人组织收集、产生的各类数据。
数据流通交易	《山东省数据开放创新应用实验室管理办法（试行）》	2023-09-11	第四条 ……（一）数据开放应用创新。围绕社会热点难点问题，基于公共数据、社会数据和个人数据等，开展融合创新应用研究，以数据赋能社会经济高质量发展，突出应用示范作用，推动成果转化，充分释放数据价值。……
	《广西数据要素市场化发展管理暂行办法》	2023-11-07	第十一条 县级以上大数据主管部门可以通过应用创新大赛、补助奖励、合作开发等方式，支持利用公共数据开展科学研究、产品开发、数据加工等活动。 市、县人民政府和自治区有关部门应当围绕就业、产业、投资、消费、贸易等重点领域，促进公共数据和社会数据深度融合应用。

续表

规定内容	规范名称	公布时间	数据类型
数据流通交易	《贵州省数据要素登记服务管理办法（试行）》	2023-11-15	**第四十条** 本办法中下列术语的含义是：（一）**数据资源** 指在保护个人隐私和确保数据安全的前提下，登记主体经过加工处理后的数据集、数据接口、数据报告及其他数据资源……
	《浙江省数字经济促进条例》	2020-12-24	**第十八条** 第二款 本条例所称**数据资源**，是指以电子化形式记录和保存的具备原始性、可机器读取、可供社会化再利用的数据集合，包括公共数据和非公共数据。第三款 本条例所称**公共数据**，是指国家机关、法律法规章授权的具有管理公共事务职能的组织（以下统称公共管理和服务机构）在依法履行职责和提供公共服务过程中获取的数据资源，以及法律、法规规定纳入公共数据管理的其他数据资源。
数字经济	《广东省数字经济促进条例》	2021-07-30	**第三十八条** 第一款 国家机关以及法律、法规授权的具有管理公共事务职能的组织在依法履行职责、提供服务过程中产生或者获取的**公共数据**，应当按照国家和省的有关规定进行分类分级，实行目录制管理。
	《河南省数字经济促进条例》	2021-12-28	**第十八条** 本条例所称**数据资源**，是指以电子化形式记录、保存的，包括公共数据资源和非公共数据资源，并可供社会化再利用的各类信息资源的集合，可以通过云计算、大数据、人工智能等技术分析处理，在依法履行公共管理和服务职能的组织，在依法履行公共管理和服务职责过程中形成的数据资源。**第十九条** 公共数据资源，是指国家机关、法律法规授权的具有管理公共事务职能的组织，在依法履行公共管理和服务职责过程中形成的数据资源，是公共数据资源。非公共数据资源，是指公共数据资源以外的数据资源。

续表

规定内容	规范名称	公布时间	数据类型
数字经济	《河北省数字经济促进条例》	2022-05-27	**第十七条** 第一款 国家机关、法律法规授权的具有管理公共事务职能的组织以及供水、供电、供气、供暖、民航、铁路、通信、邮政、公共交通等提供公共服务的组织（以下统称公共服务机构），在依法履行公共管理和服务职责过程中收集和产生的各类数据（以下统称**公共数据**），由省、设区的市、县（市、区）确定的公共数据主管部门实行统筹管理。
	《江苏省数字经济促进条例》	2022-05-31	**第五十八条** 第一款 县级以上地方人民政府以及有关部门应当统筹推进国家机关、法律法规授权的具有管理公共事务职能的组织、公共企业事业单位为履行法定职责，提供公共服务职责，产生的公共数据资源汇集整合，共享开放和开发利用。 **第六十八条** 支持社会化数据服务机构发展，依法依规开展**公共数据、互联网数据、企业数据**的采集、整理、聚合、分析等加工处理，提升数据资源处理能力，培育壮大数据服务产业。
	《深圳经济特区数字经济产业促进条例》	2022-09-05	**第二十一条** 第一款 市政务服务数据管理部门应当会同有关行业主管部门促进各类数据深度融合，在卫生健康、社会保障、交通、科技、通信、企业投融资、普惠金融等领域推进**公共数据和社会数据融合应用**。
	《北京市数字经济促进条例》	2022-11-25	**第十六条** 第二款 本条例所称公共机构，包括本市各级国家机关，经依法授权具有管理公共事务职能的组织。本条例所称**公共数据**，是指公共机构在履行职责和提供公共服务过程中处理的各类数据。
	《山西省数字经济促进条例》	2022-12-09	**第四十八条** 国家机关应当遵循公正、公平、便民的原则，按照规定及时、准确地公开**政务数据**。依法不予公开的除外。鼓励个人和组织依法开放自有数据。

续表

规定内容	规范名称	公布时间	数据类型
数字经济	《湖北省数字经济促进办法》	2023-05-10	**第三十条** 县级以上人民政府及其有关部门应当促进数据流通使用，依法规范管理，保障数据安全，提升数据资源要素价值，对公共数据、企业数据和个人数据等实行全生命周期管理，促进数据资源开发保护，激活数据要素价值，提升数据资源规模和质量，促进数据要素市场化配置改革。
	《贵州省大数据发展应用促进条例》	2016-01-15	**第二条** 第二款　本条例所称大数据，是指以容量大、类型多、存取速度快、应用价值高为主要特征的数据集合，是对数量巨大、来源分散、格式多样的数据进行采集、存储和关联分析，发现新知识、创造新价值、提升新能力的新一代信息技术和服务业态。 **第三十八条** 本条例下列用语的含义为： （一）**公共数据**，是指公共机构、公共服务企业为履行职责收集、制作、使用的数据。 （二）公共机构，是指全部或者部分使用财政性资金的国家机关、事业单位和团体组织。 （三）公共服务企业，是指提供公共服务的供水、供电、燃气、通信、民航、铁路、道路客运等企业。
大数据	《宁夏回族自治区大数据产业发展促进条例（草案）》	2017-03-07	**第二条** 本条例所称大数据，是指对数量巨大、来源分散、格式多样的数据进行采集生产，存储加工和关联分析，从中发现新知识、创造新价值、提升新能力的新一代信息技术和服务业态。 **第五十七条** 本条例下列用语的含义为： （一）**公共数据**，是指行政部门、公共服务机构为履行职责收集、制作、使用的数据。 （二）行政部门，是指国家机关及法律法规授权具有行政职能的事业单位和团体组织。 （三）公共服务机构，是指提供公共服务的教育、医疗卫生、供水、供电、供气、通信、公共交通等机构。

续表

规定内容	规范名称	公布时间	数据类型
大数据	《天津市促进大数据发展应用条例》	2018－12－14	**第二条** 第二款 本条例所称**大数据**，是指以容量大、类型多、存取速度快、应用价值高为主要特征的数据集合，以及对其开发利用形成的新技术和新业态。 **第五十条** 本条例下列用语的含义： （一）**政务部门**，指各级政府部门和行政执法机构。 （二）**政务数据**，指政务部门在履行职责过程中制作或者获取的，以一定形式记录、保存的文件、资料、图表和数据等各类信息资源。 （三）**社会数据**，指政务部门以外的其他组织、单位或者个人开展活动产生、获取或者积累的各类信息资源。
	《贵州省大数据安全保障条例》	2019－08－01	**第三条** 第二款 本条例所称**大数据**是指以容量大、类型多、存取速度快、应用价值高为主要特征的数据集合，是对数量巨大、来源分散、格式多样的数据进行采集、存储和关联分析，发现新知识、创造新价值、提升新能力的新一代信息技术和服务新业态。
	《海南省大数据开发应用条例》	2019－09－27	**第二条** 第二款 本条例所称**大数据**，是指以容量大、类型多、存取速度快、应用价值高为主要特征的数据集合，以及对数据集合开发利用形成的新技术和新业态。
	《吉林省促进大数据发展应用条例》	2020－11－27	**第二条** 第二款 本条例所称**大数据**，是指以容量大、类型多、存取速度快、应用价值高为主要特征的数据集合，以及对其开发利用形成的新技术、新业态。 **第六条** 行政机关以及具有公共事务管理职能的组织在依法履行职责过程中，采集或者产生的各类数据资源属于公共**数据**。

续表

规定内容	规范名称	公布时间	数据类型
大数据	《安徽省大数据发展条例》	2021-03-29	**第二条** 第二款　本条例所称**大数据**，是指以容量大、类型多、存取速度快、应用价值高为主要特征的数据集合，是对数量巨大、来源分散、格式多样的数据进行采集、存储和关联分析，发现新知识、创造新价值、提升新能力的新一代信息技术和服务业态。 **第四十八条** 第一款　本条例所称**公共数据**，是指各级人民政府和有关部门，法律、法规授权履行公共事务管理职能的组织，财政性资金保障的其他机关和单位为履行职责获取或者制作的**政务数据**，以及与人民群众利益密切联系的教育、卫生健康、供水、供电、供气、供热、环境保护、公共交通等领域公用事业单位制作或者收集的**公用数据**。
	《山东省大数据发展促进条例》	2021-09-30	**第二条** 第二款　本条例所称**大数据**，是指以容量大、类型多、存取速度快、应用价值高为主要特征的数据集合，以及对数据进行收集、存储和关联分析，发现新知识、创造新价值、提升新能力的新一代信息技术和服务业态。 **第十五条** 第二款　国家机关、法律法规授权的具有管理公共事务职能的组织，人民团体以及其他具有公共服务职能的企业（以下统称公共数据提供单位），在依法履行公共管理和服务职责过程中收集和产生的各类数据（以下简称**公共数据**），由县级以上人民政府大数据主管部门按照国家和省有关规定组织进行汇聚、治理、共享、开放和应用。 第三款　利用财政资金购买公共数据之外的数据（以下统称**非公共数据**）的，除法律、行政法规另有规定外，应当报本级人民政府大数据工作主管部门审核。
公共数据和非公共数据	《福建省大数据发展条例》	2021-12-15	**第二条** 第二款　本条例所称**大数据**，是指以容量大、类型多、存取速度快、应用价值高为主要特征的数据集合，以及对数据集合开发利用形成的新技术和新业态。 **第四十九条** 本条例下列用语的含义： （一）公共管理和服务机构，是指政务服务部门以及公益事业单位、公用企业。

续表

规定内容	规范名称	公布时间	数据类型
大数据	《福建省大数据发展条例》	2021-12-15	（二）**公共数据**，是指公共管理和服务机构在依法履职或者提供公共管理和服务过程中收集、产生的，以一定形式记录、保存的各类公共数据。 （三）**非公共数据**，是指公共管理和服务机构及其衍生数据，法人或者其他组织以外的公民、获取或者加工处理的各类数据。 （四）**政务数据**，是指政务部门在履行职责过程中采集、获取或通过特许经营、购买服务等方式开展信息化建设和应用所产生的数据。
	《黑龙江省促进大数据发展应用条例》	2022-05-13	**第二条** 第二款　本条例所称**大数据**，是指以容量大、类型多、速度快、精度准，价值密度高为主要特征的数据集合，包含公共数据和非公共数据，以及对数据集合开发利用形成的新技术和新业态。 第三款　本条例所称**公共数据**，是指国家机关和法律、法规授权的具有管理公共事务职能的组织以及供水、供电、供气、供热、通讯、公共交通等公共服务运营单位（以下统称公共管理和服务机构）在依法履职或者提供公共服务过程中收集、产生的，以一定形式记录、保存的各类数据。 第四款　本条例所称**非公共数据**，是指公共管理和服务机构以外的自然人、法人和非法人组织依法开展活动所产生、获取或者加工处理的各类数据。
	《辽宁省大数据发展条例》	2022-05-31	**第五十三条** 本条例中下列用语的含义： （一）本条例所称**数据**，是指任何以电子或者其他方式对信息的记录，包括公共数据和非公共数据； （二）本条例所称**大数据**，是指以容量大、类型多、存取速度快，应用价值高为主要特征的数据集合，以及对数据进行收集、存储和关联分析，发现新知识、创造新价值、提升新能力的新一代信息技术和服务业态； （三）本条例所称**公共数据**，是指公共管理和服务机构在依法履行职责和提供公共服务过程中获取的数据资源，以及法律、法规规定纳入公共数据管理的其他数据资源。
	《陕西省大数据条例》	2022-09-29	**第二条** 第三款　本条例所称**大数据**，是指以容量大、类型多、存取速度快，应用价值高为主要特征的数据集合，以及对数据集合开发利用形成的新技术和新业态。

续表

规定内容	规范名称	公布时间	数据类型
大数据	《广西壮族自治区大数据发展条例》	2022-11-25	第三条　本条例中下列用语的含义： （一）数据，是指任何以电子或者其他方式对信息的记录，包括公共数据和非公共数据。 （二）大数据，是指以容量大、类型多、存取速度快、应用价值高为主要特征的数据集合，以及对数据集合开发利用过程中形成的新技术和新业态。 （三）公共数据，包括政务数据和公共服务数据。政务数据，是指国家机关和法律、法规授权的具有管理公共事务职能的组织（以下简称政务部门），在履行法定职责过程中收集、产生的数据。公共服务数据，是指供水、供电、供气、供热、通信、公共交通、生态环境、文化旅游、体育等公共企事业单位（以下简称公共服务组织）在提供公共服务过程中收集、产生的涉及公共利益的数据。
	《吉林省大数据条例（2023修订）》	2023-12-01	第二十一条　数据资源包括公共数据、企业数据和个人数据。公共数据是指行政机关，公共企事业单位在依法履行公共服务过程中，采集或者产生的各类数据。企业数据是指各类市场主体在生产经营活动中采集、加工或者产生的不涉及个人信息和公共利益处理后的各类数据。个人数据是指载有与已识别或者可识别的自然人有关的各种信息的数据，不包括匿名化处理后的数据。
公共数据	《海南省公共信息资源管理办法》	2018-05-25	第二条（定义） 本办法所称公共信息资源，是指政务部门和公共企事业单位（以下简称公共机构）在依法履职或者生产经营活动中制作或获取的，以一定形式记录、保存的非涉密文件、数据、图像、音频、视频等各类信息资源。
	《上海市公共数据和一网通办管理办法》	2018-09-30	第三条（定义） 第一款　本办法所称公共数据，是指本市各级行政机关以及履行公共管理和服务职能的事业单位（以下统称公共管理和服务机构）在依法履职过程中，采集和产生的各类数据资源。
	《吉林省公共数据和一网通办管理办法（试行）》	2019-01-17	第三条 第一款　本办法所称公共数据，是指全省各级行政机关以及履行和承担公共管理和服务职能的企事业单位（以下统称公共管理和服务机构）在依法履职过程中，采集和产生的各类数据资源。

续表

规定内容	规范名称	公布时间	数据类型
公共数据	《上海市公共数据开放暂行办法》	2019-08-29	**第三条**（定义） **第一款** 本办法所称公共数据，是指本市各级各行政机关以及履行公共管理和服务职能的事业单位（以下统称公共管理和服务机构）在依法履职过程中，采集和产生的各类数据资源。
	《浙江省公共数据开放与安全管理暂行办法》	2020-06-12	**第二条** **第二款** 本办法所称的公共数据，是指各级行政机关以及具有公共管理和服务职能的事业单位（以下统称公共管理和服务机构），在依法履行职责过程中获得的各类数据资源。
	《广西公共数据开放管理办法》	2020-08-19	**第二条** **第一款** 本办法所称公共数据，是指各地各部门各单位以及法律、法规授权具有公共管理和服务职能的企事业单位，社会组织（以下统称数据开放主体）在依法履职或生产经营活动中制作或获取的，以一定形式记录、保存的文件、资料、图表、图像、音频、视频、电子证照、电子档案和数据等各类数据资源。
	《重庆市公共数据开放管理暂行办法》	2020-09-11	**第三条** **第一款** 本办法所称公共数据，是指本市各级各行政机关以及履行公共管理和服务职能的事业单位（以下简称公共管理和服务机构），在依法履行职责过程中产生、采集和制作的，以一定形式记录、保存的各类数据资源。
	《北京市公共数据管理办法》	2021-01-28	**第三条** **第二款** 本办法所称公共数据，是指具有公共使用价值的，不涉及国家秘密、商业秘密和个人隐私的，依托计算机信息系统记录和保存的各类数据。
	《海南省公共数据产品开发利用暂行管理办法》	2021-09-15	**第三条** **第一款** 本办法所称的公共数据产品是指对公共数据资源或公共数据资源融合社会数据资源进行加工处理、分析研究所形成的，能发挥数据价值的产品，包括数据模型、数据分析报告、数据可视化、数据指数、数据引擎、数据服务等。 **第二款** 公共数据资源是指由政务部门和公共企事业单位在依法履职或生产活动中生成和管理，以一定形式记录、存储、传输的文字、图表、图像、音频、视频等各类可机器读取的数据，公共安全、商业秘密、个人隐私的，法律另有规定或涉及国家利益、公共安全、个人隐私等的数据除外。

续表

规定内容	规范名称	公布时间	数据类型
	《海南省公共数据产品开发利用暂行管理办法》	2021-09-15	**第六条** 用于数据产品开发利用的资源包括公共数据资源和社会数据资源……
	《广东省公共数据管理办法》	2021-10-18	**第八条** 第一款 社会数据资源包括行业数据资源和互联网数据资源。
	《江苏省公共数据管理办法》	2021-12-18	**第三条** 本办法下列用语的含义： （一）**公共数据**，是指公共管理和服务机构依法履行职责，提供公共服务过程中制作或者获取的，以电子或者非电子形式记录的信息……
公共数据	《江西省公共数据管理办法》	2022-01-12	**第二条** 第二款 本办法所称**公共数据**，是指本省各级行政机关，法律法规授权的具有管理公共事务职能的组织、公共企事业单位（以下统称公共管理和服务机构）为履行公共管理和服务职责，提供公共服务过程中产生或者其他方式获取的具有公共使用价值的信息的记录。
	《浙江省公共数据条例》	2022-01-21	**第三条** 第一款 本办法所称**公共数据**，是指各级行政机关以及具有公共管理和服务职能的事业单位（以下统称公共管理和服务机构）在依法履行职责或者提供公共服务过程中产生的数据。 **第三条** 本条例所称**公共数据**，是指本省国家机关，法律法规规章授权的具有管理公共事务职能的组织以及供水、供电、供气、公共交通等公共服务运营单位（以下统称公共管理和服务机构），在依法履行公共管理和服务职责或者提供公共服务过程中收集、产生的数据。根据本省应用需求，税务、海关、金融监督管理等国家有关部门派驻浙江管理机构提供的数据，属于本条例所称公共数据。
	《山东省公共数据开放办法》	2022-01-31	**第二条** 第二款 本办法所称**公共数据**，是指国家机关，法律法规授权的具有管理公共事务职能的组织，具有公共服务职能的企业事业单位、人民团体等（以下统称公共数据提供单位）在依法履行公共管理职责、提供公共服务过程中，收集和产生的各类数据。

续表

规定内容	规范名称	公布时间	数据类型
	《上海市水务局公共数据管理办法》	2022-11-18	**第二条**（概念定义）第一款 本办法所称的公共数据，是指市水务局机关和局属单位（以下统称"各部门"）在依法履行职能的过程中采集和产生的各类数据资源。
	《广东省公共数据开放暂行办法》	2022-11-30	**第三条** 本办法下列术语的含义：（一）**公共数据**，是指公共管理和服务机构依法履行职责、提供公共服务过程中制作或者获取的，以电子或者非电子形式对信息记录……
	《上海市公共数据开放实施细则》	2022-12-31	**第二条**〔定义〕第一款 本细则所称**公共数据**，是指本市国家机关、事业单位，经依法授权具有管理公共事务职能的组织，以及供水、供电、供气、供热、交通等提供公共服务的组织（以下统称公共管理和服务机构），在履行公共管理和服务职责过程中收集和产生的数据。
公共数据	《新疆维吾尔自治区公共数据管理办法（试行）》	2023-02-17	**第二条** 本办法中下列用语的含义：（一）**数据**，是指以电子或者非电子形式对文字、数字、图表、图像、音频、视频等各类信息的记录。（二）**公共数据**，包括**政务数据**和**公共服务数据**。政务数据，是指国家机关、法规授权的具有管理公共事务职能的组织（以下称政务部门）为履行法定职责收集、产生的数据。公共服务数据，是指医疗、教育、供水、供电、供气、通信、交通、文旅、体育等公共企业事业单位（以下称公共服务部门）在提供公共服务过程中收集、产生的涉及公共利益的数据，根据应用需求、税务、海关、金融监督管理等国家有关部门派驻在自治区管理机构提供的数据属于公共数据……
	《深圳市公共数据管理办法（征求意见稿）》	2023-09-26	**第三条**〔用语定义〕本办法下列用语的定义：……（二）**公共数据**，是指公共管理和服务机构在依法履行公共管理和服务职责或者提供公共服务过程中产生、处理的数据……

续表

规定内容	规范名称	公布时间	数据类型
公共数据	《北京市公共数据专区授权运营管理办法（试行）》	2023-12-05	**第二条** 本办法所称公共数据是指本市各级国家机关、经依法授权具有管理公共事务职能的组织在履行职责和提供公共服务过程中处理的各类数据。
	《云南省公共数据管理办法（试行）》	2023-12-10	**第三条** 本办法下列用语的含义： （一）**数据**，是指任何以电子或者其他方式对信息的记录。 （二）**公共数据**，是指本省各级行政机关和经授权、法规授权的具有管理公共事务职能的组织，以及供电、供水、供气等公共服务运营单位（以下统称公共服务机构），在依法履行职责或者提供公共服务过程中收集、产生的数据。 公共服务运营单位实施公共服务处理活动，不适用本办法。 根据我省公共数据应用需求，税务、海关等国家有关部门派驻云南的管理机构授权提供的数据，属于本办法所称公共数据……。
政务数据	《福建省政务数据管理办法》	2016-10-15	**第二条** 第二款　本办法所称政务数据是指国家机关、事业单位、社会团体或者其他依法经授权、受委托具有公共管理职能的组织和公共服务企业（以下统称数据生产应用单位）在履行职责过程中采集和获取的或者通过特许经营、购买服务等方式开展信息化建设和应用所产生的数据。
	《贵州省政务信息数据采集应用暂行办法》	2017-03-31	**第二条** 第一款　本办法适用于全省各级政府部门，依法经授权行使行政职能的事业单位及社会组织（以下统称政务部门）在依法履职过程中采集、传输、归集、审核、登记、处理、应用等行为及其相关管理活动。 **第三十八条** 供水、供电、燃气、通信、民航、铁路、道路客运等公共服务企业的信息数据资源采集、传输、归集、审核、登记、处理、应用等行为及其相关管理活动，可参照本办法执行。

续表

规定内容	规范名称	公布时间	数据类型
政务数据	《北京市政务信息资源管理办法（试行）》	2017-12-27	**第二条** 第一款 本办法所称政务信息资源，是指本市政务部门在履行职责过程中制作或获取的，以一定形式记录、保存的文件、资料、图表和数据等各类信息资源，包括政务部门通过第三方依法采集的和因履行职责管理的和因履行职责需要依托政务部门及法律法规授权具有行政职能的事业单位和社会组织。 第二款 本办法所称政务部门，……
	《河南省政务信息资源共享管理暂行办法》	2018-01-08	**第二条** 本办法所称政务信息资源，是指各级政务部门在依法履行职责过程中制作或获取的，以一定形式记录、保存的文件、资料、图表和数据等各类信息资源，包括政务部门直接或通过第三方依法采集的、依法授权管理和因履行职责需要依托政务部门及法律、法规授权具有行政职能的事业单位和社会组织。 本办法所称政务部门，是指政府部门……
	《宁夏回族自治区政务数据资源共享管理办法》	2018-09-04	**第二条** 本办法所称政务数据资源，是指政务部门在履行职责过程中制作或者获取的，以电子形式记录、保存的各类数据资源，包括政务部门直接或者通过第三方依法采集的、依法授权管理的和因履行职责需要依托政务信息系统形成的数据资源。 本办法所称政务部门，是指政府部门及法律法规授权具有行政职能的事业单位和社会组织。
	《湖北省政务信息资源共享管理办法》	2018-09-26	**第二条** 本办法所称政务信息资源，是指政务部门在履行职责过程中制作或获取的，以一定形式记录、保存的文件、资料、图表和数据等各类信息资源，包括政务部门直接或通过第三方依法采集的、依法授权管理的和因履行职责需要依托政务信息系统形成的信息资源。 本办法所称政务部门，是指政府部门及法律法规授权具有行政职能的事业单位和社会组织。
	《重庆市政务数据资源管理暂行办法》	2019-07-31	**第三条** 本办法所称政务数据资源，是指政务部门在履行职责过程中制作或者获取的，以一定形式记录、保存的各类数据资源。 本办法所称政务部门，是指政府部门以及法律法规授权的具有管理公共事务职能的组织。

续表

规定内容	规范名称	公布时间	数据类型
政务数据	《广西政务数据"聚通用"实施细则（试行）》	2019-09-11	**第二条** 本细则下列用语的含义： ……（六）政务数据，是指由各级各部门或者为各级各部门采集、加工、交换、使用、处理的信息资源，主要包括各级各类信息资源；各级各部门在履行职责过程中制作或者获取的，以一定形式记录、保存的文件、资料、图表、音频、视频、数据等各类信息资源，依法授权管理的和因履行职责需要依托信息系统形成的信息资源等……
	《辽宁省政务数据资源共享管理办法》	2019-11-26	**第三条** 第一款　本办法所称**政务数据资源**，是指政府部门在履行职责过程中制作或者获取的，以一定形式记录、保存的文字、数字、图表、音频、视频、电子证照、电子档案等各类数据资源，包括政府部门直接或者通过第三方依法采集的，依法授权管理的和因履行职责需要依托政务信息系统形成的数据资源等。 **第十一条** 第一款　**人口基础数据、法人单位基础数据、电子证照基础数据、社会信用基础数据、自然资源和空间地理基础数据**，分别由公安、市场监督管理、发展改革、营商环境建设等牵头部门会同政务数据资源管理部门目录编制并维护。
	《山西省政务数据资产管理试行办法》	2019-11-28	**第三条** 第一款　本办法所称**政务数据资产**，是指由政务服务实施机构建设、管理和使用的各类业务应用系统，以及利用业务应用系统，依据法律法规和有关规定直接或者间接采集、使用、产生、管理的文字、数字、符号、图片和视音频等具有经济、社会价值，权属明晰、可量化、可控制、可交换的政务数据。 第二款　本办法所称政务服务职能，是指各级人民政府、县级以上人民政府所属部门，列入党群工作机构序列的但承担行政职能的具有公共管理、服务职能的组织。
	《山东省电子政务和政务数据管理办法》	2019-12-25	**第三条** 本办法所称电子政务，是指各级行政机关运用信息技术，向社会提供公共管理和服务的活动。 本办法所称**政务数据**，是指各级行政机关在依法履行职责过程中制作或者获取的，以一定形式记录、保存的文件、资料、图表等各类数据，包括行政机关依法直接采集的，依法经授权管理或者通过第三方依法采集的，以及因履行职责需要依托政务信息系统形成的数据等。

续表

规定内容	规范名称	公布时间	数据类型
政务数据	《山东省电子政务数据和政务数据管理办法》	2019-12-25	**第三十九条** 法律、法规授权的具有管理公共事务职能的事业单位和社会组织的电子政务和政务数据相关工作，执行本办法。 邮政、通信、水务、电力、燃气、热力、铁路等公用事业运营单位在依法履行公共管理和服务职责过程中采集和产生的各类数据资源的管理，参照本办法。法律、法规另有规定的，依照其规定。
	《广西政务数据资源调度管理办法》	2020-04-07	**第三条** 本办法所称政务数据，是指各地各部门各单位在依法履职或生产经营活动中制作或获取的，以一定形式记录、保存的文件、资料、图表、资料、电子证照、电子档案和数据资源及其次生数据资源及其次生数据资源等，包括直接或通过第三方依法采集的，依法授权管理的和履行职责需要依托信息系统形成的非涉密数据资源等。
	《山西省政务数据管理与应用办法》	2020-11-27	**第二十四条** 本办法中下列用语的含义： （一）政务数据，是指政务服务实施机构在履行职责过程中采集和获取的或者通过特许经营、购买服务等方式开展信息化建设和应用所产生的文字、数字、符号、图片和音视频等数据。 （二）政务服务实施机构，是指各级人民政府、县级以上人民政府所属部门，列入党群工作机构序列依法承担行政职能的部门以及法律、法规授权的具有公共服务职能的组织……
	《安徽省政务数据资源管理办法》	2020-12-30	**第二条** 第二款 本办法所称政务数据，是指政府部门及法律、法规授权具有行政职能的组织（以下称政务部门）在履行职责过程中制作或者获取的，以电子或者非电子形式记录、保存的数字、图表、图像、音频、视频等，依法授权管理的和因履行职责需要依托政务信息系统形成的数据等。 **第三条** 第二款 本办法所称的政务数据，包括行政机关在依法履行职责过程中制作或者获取的，以电子或者非电子形式记录、保存的具有公共属性的数据。
	《湖北省政务数据资源应用与管理办法》	2021-01-25	**第四十一条** 第一款 本办法所称政务数据，包括政务数据资源，是指政务部门在依法履行职责过程中制作或者获取的，以一定形式记录、保存的数据。本办法所称政务数据资源，是指行政机关以及法律法规授权具有公共管理和服务职能的组织及公共属性的数据资源的应用与管理。 第二款 水务、电力、燃气、通信、公共交通、民航、铁路等公用事业运营单位涉及公共管理和服务职能有公共属性的数据资源的应用与管理，参照适用本办法。

续表

规定内容	规范名称	公布时间	数据类型
政务数据	《内蒙古自治区政务数据资源管理办法》	2021－09－11	**第三条** 本办法所称政务数据资源，是指各级行政机关以及履行公共管理和服务职能的事业单位（以下统称政务部门）在履行职责过程中制作或者获取的，以一定形式记录、保存的文字、数字、图表、图像、音频、视频、电子证照、依法授权管理的和因履行职责需要依托政务信息系统形成的数据资源等。包括政务部门直接或通过第三方依法采集的、半结构化和非结构化数据资源，各类结构化、 **第四十一条** 供水、供电、供气、供热、通信、公共交通、民航、铁路等公用事业运营企业在依法履行公共管理和服务职责过程中采集和产生的各类数据资源的管理，适用本办法。相关法律、法规和国家有关规定另有规定的，应当遵照执行。 **第四十二条** 自治区各级财政保障的其他机关、团体等单位，以及中央国家机关派驻自治区的相关管理单位在依法履行公共管理和服务职责过程中采集和产生的各类数据资源的管理和服务，参照本办法执行。
	《山西省政务数据资源共享管理办法》	2021－09－29	**第三条** 本办法所称政务数据资源，是指政务部门在履行职责过程中采集和获取的，或者通过特许经营、购买服务等方式开展信息化建设和应用所产生的文字、数字、符号、图片和音视频等数据。 本办法所称政务部门，是指各级人民政府、县级以上人民政府所属部门，列入党群工作机构序列但依法承担行政职能的部门以及法律、法规授权的具有公共管理和服务职能的组织。
	《吉林省文化和旅游厅关于建立健全全省政务数据共享协调机制加快推进数据有序共享的实施意见》	2021－12－02	**第四条** 本办法所称省文化和旅游厅政务数据资源（以下简称"数据资源"），是指省文化和旅游厅在履行职责过程中产生或获取的，以一定形式记录、保存的文字、数字、图表、图像、音频、视频、电子证照、电子档案等各类结构化和非结构化数据资源，包括直接或通过第三方依法采集的、依法授权管理的、政府购买服务的和因履行职责需要依托政务信息系统形成的数据资源等。

续表

规定内容	规范名称	公布时间	数据类型
政务数据	《河南省政务数据安全管理暂行办法》	2022-04-21	第二条 本办法所称政务部门是指各级行政机关及法律、法规授权具有公共事务管理职能的组织；政务数据是指任何以电子或者其他方式对政务相关信息的记录……
	《河北省政务数据共享应用管理办法》	2022-11-03	第二条 第一款 本办法所称政务数据，是指政务部门及法律法规授权具有管理公共事务职能的组织（以下简称政务部门）在履行法定职责过程中采集和产生的各类数据。
	《山西省政务数据安全管理办法》	2023-05-22	第二条 本办法所称政务数据，是指各级人民政府，县级以上人民政府所属部门，列入党群工作机构序列但依法承担行政职能的部门，法律、法规授权的具有公共事务管理和服务职能的组织（以下简称政务部门）在依法履职过程中收集和产生的各类数据……
	《贵州省政务数据资源管理办法》	2023-06-08	第二条 本办法所称政务数据资源，是指各级政府部门在履职过程中收集、生成、存储、管理的各类数据资源，包括政务部门通过依法采集、依法授权或因履职需要依托政务信息系统形成的数据资源等。本办法所称政务部门，是指政府部门和法律法规授权具有管理公共事务职能的组织。 第五十二条 提供公共服务的供水、供电、燃气、通信、民航、铁路、道路客运等公共企业的数据资源采集、存储、共享、开放行为及其相关管理活动，可参照本办法执行。
政府数据	《贵州省政府数据共享开放条例》	2020-09-25	第三条 第一款 本条例所称的政府数据，是指行政机关在依法履行职责过程中制作或者获取的，以一定形式记录、保存的各类数据，包括行政机关因履行职责需要依托政府信息系统形成的数据。 第四十四条 教育、卫生健康、供水、供电、供气、供热、环境保护、公共交通等与人民群众利益密切相关的公共企事业单位，开展数据共享开放活动，依照相关法律、法规和国务院、省有关主管部门或者机构的规定执行。

续表

规定内容	规范名称	公布时间	数据类型
民政数据	《陕西省民政数据资源管理暂行办法》	2018-12-04	**第二条** 本条款所指数据，是指民政部门在履行职责过程中直接或者通过第三采集、产生或者获取的，由民政政务信息系统存储的民政政务服务对象、民政服务机构等有关工作数据。
地理数据	《山西省基础地理信息数据提供使用管理办法》	2006-10-19	**第二条** 本办法所称基础地理信息数据是指山西省行政区域内的 1：50000，1：10000 基本比例尺数字化基础测绘成果。
	《浙江省地理空间数据交换和共享管理办法》	2010-05-04	**第三条** 本办法所称的地理空间数据，是指以数字形式表示的与地理空间位置及其时态有关的自然、经济、社会等信息。
			第二条 本办法所称的地理空间数据，是指与地理空间位置及其时态有关的自然、经济、社会等信息，包括基础地理信息数据和专题地理空间数据。
	《湖南省地理空间数据管理办法》	2017-03	**第三十七条** 本办法下列用语的含义： **基础地理信息数据**，是指为国民经济和社会发展提供基础底图服务和空间基准服务的数据，包括：栅格地图、数字线划图、数字高程模型、正射影像图等各类基本比例尺地图以及空间基准数据等，涵盖地形、地貌、水系、植被、居民地、交通、境界、特殊地物、控制点、地名等各类自然、经济和社会要素。 **专题地理空间数据**，是指为满足特定行业需求，形成和产生的与地理空间位置、经济或者数种自然、经济和社会要素的数据。通常以基础地理信息数据为基础，是指通过光学、雷达、红外、多光谱等传感器为载体获取的数据，着重表示各种类型传感器获取的对地观测数据，称为航空航天遥感影像数据；以卫星、飞船、航天飞行器为载体平台获取的数据，称为航天遥感影像数据。其中，航空飞机、飞艇、气球等航空飞行器为传感器搭载平台获取的数据，称为航空遥感影像数据；以航天飞机等航天飞行器为传感器搭载平台获取的数据，称为航天遥感影像数据。 ……

续表

规定内容	规范名称	公布时间	数据类型
地理数据	《湖南省地理空间数据管理办法》	2017-03-03	元数据，是指描述其他数据概要信息的数据。地理空间数据的元数据，是指数据标识、覆盖范围、数据类型、数据质量、空间和时间模式、空间参考系等描述地理空间数据概要信息的摘要型数据。
	《重庆市地理国情数据动态更新管理办法》	2017-07-21	第二条 本办法所称地理国情更新数据主要包括地表覆盖、地理国情要素、地理单元等三大类数据。
	《江西省地理信息数据管理办法》	2017-12-26	第二十二条 本办法下列用语的含义： 基础地理信息数据，是指为国民经济和社会发展提供基础底图服务和空间基准服务的数据，包括：栅格地图、数字线划图、数字高程模型、正射影像模型、地名等各类基本比例尺地图以及正射影像地图，涵盖地形、地貌、水系、植被、居民地、交通、境界、特殊地物、控制点、地名等类自然、经济和社会要素。 专题地理信息数据，是指为满足农业、林业、水利、交通、规划等特定行业需求，形成和产生的与地理空间位置相关、经济和社会要素。通常以基础地理信息数据为基础或者对数种自然、经济和社会要素相关密切相关的数据。 航空航天遥感影像资料，是指通过光学、雷达、红外、多光谱等各种类型传感器获取的影像资料，着重表示一种或者多种类型传感器搭载平台获取的影像资料，称为航空影像资料；以卫星、飞中、以飞艇、气球等航空飞行器搭载传感器为传感器搭载平台获取的影像资料，称为航天遥感影像资料；船、航天飞机等航天飞行器搭载传感器为传感器搭载平台获取的对地观测遥感影像资料，称为航天遥感影像资料……
	《广东省地理空间数据管理办法（试行）》	2021-04-23	第二条 本办法所称的地理空间数据，是指带有地理空间位置及其时态有关的自然，经济和社会等信息，包括基础地理信息数据和专题地理数据。 第二十四条 本办法下列用语的含义： 基础地理信息数据：是指为国民经济和社会发展提供基础底图服务和空间基准服务的数据，包括：数字正射影像、数字高程模型、数字栅格地图、数字线划图、实景三维模型、地貌、植被与土质等要素，涵盖控制点、水系、居民地及设施、交通、管线、境界与政区、地貌、植被、地名等要素。

续表

规定内容	规范名称	公布时间	数据类型
地理数据	《广东省地理空间数据管理办法（试行）》	2021-04-23	**专题地理空间数据**：是指为满足自然资源、农业、交通、水利、林业、生态环境等行业需求，形成和产生的与地理空间位置和范围密切相关的数据，通常以基础地理信息数据为基础产生的自然、经济和社会等要素。 **遥感影像数据**：通过非接触性的探测技术，在天、空、地、海等不同平台上，搭载光学、微波等类型传感器，获取的包括可见光、多光谱、（超）高光谱、雷达等数据以及利用测绘地理信息技术处理形成的其他遥感影像成果…… 第二条 本办法所称的地理空间数据，是指含有地理空间位置及时态的自然、经济和社会等信息，包括**基础地理空间数据**和专题地理空间数据。
	《山东省地理空间数据管理办法》	2022-12-06	第二十七条 本办法下列用语的含义： **基础地理空间数据**：是指为国民经济和社会发展提供基础底图服务和空间基准服务的数据，包括：数字线划图、数字高程模型、数字正射影像图、实景三维模型等各类国家基本比例尺地图及新型基础测绘成果，涵盖基准控制点、水系、居民地及设施、交通、管线、境界与政区、地形与地貌、植被与土质等要素。 **专题地理空间数据**：是指为满足自然资源、交通、水利、农业、林业等行业需求，形成和产生，以基础地理空间数据为基础，着重表示一种或者数种自然、经济、社会和文化要素。 **遥感影像数据**：通过非接触性的探测技术，在天、空、地、海等不同平台上，搭载光学、微波等类型传感器，获取的包括可见光、多光谱、高光谱、雷达等数据以及利用测绘地理信息技术处理形成的其他遥感影像成果……
国土资源数据	《广西国土资源数据管理暂行办法》	2010-10-25	第三条 本办法所称数据，是指广西各级国土资源管理部门在履行国土资源规划、管理、保护与合理利用职能过程中需要使用的数字化成果。主要包括： （一）各级国土资源管理部门组织实施的国土资源规划、调查、监测、评价等重大专项形成的各类国土资源基础和专题数字化成果数据；

续表

规定内容	规范名称	公布时间	数据类型
国土资源数据	《广西国土资源数据管理暂行办法》	2010-10-25	（二）各级国土资源管理部门在国土资源规划、管理、保护与合理利用工作中形成的国土资源政务管理数字化成果数据; （三）各级国土资源管理部门在履行管理职责中依照法律法规的相关规定和有关合同约定,由管理相对人向管理部门报送的国土资源数字化成果数据; （四）各级国土资源管理部门组织实施的成果更新数据。
	《湖南省国土资源数据管理办法》	2011-04-11	第三条 本办法所称国土资源数据是指各级国土资源管理部门在履行国土资源规划、管理、保护与合理开发利用工作形成的数字化成果等过程中需要使用利用的数字化成果,主要包括: （一）各级国土资源管理部门组织实施的国土资源规划、调查、监测、评价等重大专项形成的各类国土资源基础和专题数字化成果数据; （二）各级国土资源管理部门在国土资源规划、管理、保护与合理开发利用工作过程中形成的国土资源政务管理数字化成果数据,包括本级产生的数据及逐级上报汇总的数据; （三）各级国土资源管理部门在履行管理职责中依照法律法规的相关规定和有关合同约定,由管理相对人向管理部门报送的国土资源数字化成果数据; （四）国土资源管理工作中所需要的其他数字化成果数据。
	《江西省国土资源数据管理暂行办法》	2011-06-23	第三条 本办法所称国土资源数据,是指全省各级国土资源管理部门组织实施的国土资源规划、调查、监测、评价等重大专项形成的各类国土资源数据过程中所产生和使用利用的数字化成果。主要包括: （一）各级国土资源管理部门组织实施的国土资源规划、调查、监测、评价等重大专项形成的各类国土资源基础和专题数字化成果数据; （二）各级国土资源管理部门在国土资源规划、管理、保护与合理开发利用工作过程中形成的国土资源政务管理数字化成果数据,包括本级产生的数据及逐级上报汇总的数据; （三）各级国土资源管理部门在履行管理职责中依照法律法规的相关规定和有关合同约定,由管理相对人向管理部门报送的国土资源数字化成果数据; （四）各级国土资源管理部门组织实施的成果更新数据。

续表

规定内容	规范名称	公布时间	数据类型
国土资源数据	《广东省国土资源数据管理暂行办法》	2013-09-30	**第三条** 本办法所称数据，是指广东省各级国土资源行政主管部门在履行国土资源规划、管理、保护与合理利用等职能过程中生产或形成的数字化成果。主要包括： （一）国土资源规划、调查、监测、评价等重大专项形成的**各类国土资源基础数据和专题数字化成果数据**； （二）国土资源规划、管理、保护与合理利用工作中形成的**国土资源政务管理数字化成果数据**，包括本省级产生以及逐级上报汇总的数据； （三）依照法律法规相关规定和有关合同约定，由管理相对人向国土资源行政主管部门报送的**国土资源数字化成果数据**； （四）上述数据的**更新成果**。
	《湖南省遥感影像数据统筹共享管理办法》	2018-10-15	**第二条** 第二款 本办法所称**遥感影像数据**包括航空遥感影像数据、航天遥感影像数据以及利用测绘地理信息技术方法加工处理形成的其他遥感影像成果。
遥感数据	《广西民用遥感卫星数据开放共享管理暂行办法》	2019-06-13	**第二条** 本办法所称**遥感数据**，是指中央及自治区财政资金支持的遥感数据。 **第五条** 遥感数据按照观测手段、处理程度、观测对象、可公开性进行分类。 按照观测手段可分为**光学数据**、**微波数据**和**重磁数据**三大类。 按照处理程度可分为**原始数据**、**初级产品**、**高级产品**，其中0级产品为原始数据，1-2级产品为初级产品，3级及以上产品为高级产品。 按照观测对象可分为**陆地观测数据**、**海洋探测数据**，**大气**、**地球物理场测量数据**。 按照可公开性可分为**公开数据**、**涉密数据**。公开的光学遥感数据初级产品空间分辨率不优于0.5米；公开的合成孔径雷达遥感数据初级产品空间分辨率不优于1米。含有秘密信息和涉及敏感地区、敏感时段的遥感数据初级产品，按涉密数据进行严格保密管理。遥感数据高级产品应依据国家有关规定，确定公开或涉密级别，并提供可公开发布的产品清单、服务清单和相应的标准规范清单。

续表

规定内容	规范名称	公布时间	数据类型
遥感数据	《湖北省高分辨率对地观测系统卫星遥感数据管理办法》	2019-12-05	**第四条** 高分数据包括从卫星接收的原始数据和经过加工处理形成的各级各类产品，其所有权归国家所有。数据持有者、信息产品使用者依法享有数据使用权，并按本办法要求使用高分数据。
	《重庆市航空航天遥感影像数据统筹管理办法》	2021-02-02	**第二条** 第二款 本办法所称**航空航天遥感影像数据**，包括通过航天、航空平台（含无人机）采用光学或微波等观测方法获取及加工处理形成的遥感影像数据。
	《辽宁省遥感影像数据统筹共享管理办法》	2022-11-03	**第二条** 第二款 本办法所称**遥感影像数据**包括航空航天遥感影像数据、航天遥感影像数据以及利用测绘地理信息技术方法加工处理形成的其他遥感影像成果（不含无人机影像）。
健康（医疗）数据	《重庆市卫生健康行业健康医疗数据资源管理办法》	2019-12-18	**第三条 【数据资源定义】** 本办法所称**卫生健康行业健康医疗数据资源**，是指全市卫生健康行业单位在服务和管理过程中产生的人口信息、医疗卫生服务和生命健康活动相关的数据集合。
	《山东省健康医疗大数据管理办法》	2020-08-20	**第二条** 第二款 本办法所称**健康医疗大数据**，是指在疾病防治、健康管理等过程中产生的，以容量大、类型多、存取速度快，应用价值高为主要特征的健康医疗数据集合，以及对其开发应用形成的新技术、新业态。
	《深圳市卫生健康数据管理办法》	2023-11-16	**第三条** 本办法中下列用语的含义：（一）**卫生健康数据**，是指在疾病防治、健康管理、医疗管理、行业管理等过程中产生的与卫生健康相关的数据。

续表

规定内容	规范名称	公布时间	数据类型
健康 (医疗) 数据	《深圳市卫生 健康数据管理 办法》	2023 – 11 – 16	（二）**卫生健康公共数据**，是指在依法履行公共管理职责或者提供公共服务过程中收集或者产生的，以一定形式记录、保存的卫生健康数据。 （三）**卫生健康个人数据**，是指依法收集或者产生的，载有可识别特定自然人信息的卫生健康数据，不包括匿名化处理后的数据。 （四）**卫生健康敏感个人数据**，是指一旦泄露或者非法使用，容易导致自然人的人格尊严受到侵害或者人身、财产安全受到危害的卫生健康个人数据，以及不满十四周岁未成年人的卫生健康个人数据……
	《浙江省教育 数据暂行管理 办法》	2016 – 05 – 27	**第三条** 本办法所指数据包括浙江省教育基础数据库存储的各教育阶段的学生、教职工、机构等基础数据。
	《上海教育 数据管理办法 (试行)》	2019 – 10 – 11	**第二条** 本办法适用于上海教育数据管理工作。本办法所指**上海教育数据**包括上海市教育委员会（以下简称"市教委"）、各区教育局及其辖区内的公办中小学和幼儿园，各市属公办高等学校（以下简称"各高等学校"）和各市属职业学校（以下简称"各中职校"）等教育单位（部门）（以下简称"各级各类教育单位"）在履行职责过程中产生、采集和使用的各类非涉密数据。涉密数据管理按照国家和本市有关法律、法规进行。
教育 数据	《内蒙古自治 区教育厅机关 及直属事业 单位教育数据 管理办法 (试行)》	2021 – 04 – 27	**第二条** 本办法所称的各类**教育数据**是教育厅直属及直属事业单位（不含自治区教育招生考试中心）在履行职责过程中制作或获取的，以一定形式记录、保存和使用的各类非涉密数据。涉密数据管理按照国家和本市有关法律、法规进行。
	《北京市教育 数据资源管理 办法（试行）》	2021 – 07 – 30	**第二条** 本办法所称**教育数据资源**，是指本市教育系统内各单位在履行职责过程中获取的，以一定形式记录、保存的文件、资料、图表和数据等各类资源。 本办法所称各单位，是指市、区教育行政部门、直属事业单位、各级各类学校等全市教育系统相关单位。根据教育数据资源供需求关系，划分为提供单位和使用单位。

续表

规定内容	规范名称	公布时间	数据类型
科学数据	《黑龙江省贯彻落实〈科学数据管理办法〉实施细则》	2018-08-17	**第二条** 本实施细则所称科学数据主要包括在自然科学、工程技术科学等领域，通过基础研究、应用研究、试验开发等产生的数据，以及通过观测监测、考察调查、检验检测等方式取得并用于科学研究活动的原始数据及其衍生数据。我省科学数据资源目录依据国家公布的目录指南编制。
	《甘肃省科学数据管理实施细则》	2018-08-29	**第二条** 本实施细则所称科学数据主要包括在自然科学、工程技术科学等领域，通过基础研究、应用研究、试验开发等产生的数据，以及通过观测监测、考察调查、检验检测等方式取得并用于科学研究活动的原始数据及其衍生数据。
	《云南省科学数据管理实施细则》	2018-09-28	**第二条** 本细则所称科学数据主要包括在自然科学、工程技术科学等领域，通过基础研究、应用研究、试验开发等产生的数据，以及通过观测监测、考察调查、检验检测等方式取得并用于科学研究活动的原始数据及其衍生数据。
	《湖北省科学数据管理实施细则》	2018-11-01	**第二条** 本细则所称科学数据，以及通过观测监测、考察调查、检验检测的数据，主要包括在自然科学、工程技术科学等领域，通过基础研究、应用研究、试验开发等产生的数据，以及通过观测监测、考察调查、检验检测等方式取得并用于科学研究活动的原始数据及其衍生数据。
	《吉林省科学数据管理办法》	2018-11-16	**第二条** 本办法所称科学数据主要包括在自然科学、工程技术科学等领域，通过基础研究、应用研究、试验开发等产生的数据，以及通过观测监测、考察调查、检验检测等方式取得并用于科学研究活动的原始数据及其衍生数据。
	《安徽省科学数据管理实施办法》	2018-11-18	**第二条** 本实施办法所称科学数据，科技成果、学术论文，其类型包括不限于音频、视频、图片、表格、文字等。主要包括在自然科学、工程技术科学等领域，通过基础研究、应用研究，以及通过观测监测、考察调查、检验检测等方式取得并用于科学研究活动的原始数据及其衍生数据。
	《内蒙古自治区科学数据管理办法》	2018-11-20	**第二条** 本办法所称科学数据主要包括在自然科学、工程技术科学等领域，通过基础研究、应用研究、试验开发等产生的数据，以及通过观测监测、考察调查、检验检测等方式取得并用于科学研究活动的原始数据及其衍生数据。

续表

规定内容	规范名称	公布时间	数据类型
科学数据	《广西科学数据管理实施办法》	2018-12-24	**第二条** 本办法所称科学数据主要包括在自然科学、工程技术科学等领域，通过基础研究、应用研究、试验开发等产生的数据，以及通过观测监测、检验检测等方式取得并用于科学研究活动的原始数据及其衍生数据。
	《江苏省科学数据管理实施细则》	2019-02-19	**第二条** 本实施细则所称科学数据主要包括在自然科学、工程技术科学等领域，通过基础研究、应用研究、试验开发等产生的数据，以及通过观测监测、检验检测等方式取得并用于科学研究活动的原始数据及其衍生数据。
	《山东省科学数据管理实施细则》	2019-10-23	**第二条** 本实施细则所称科学数据主要是指在自然科学、工程技术科学等领域，通过基础研究、应用研究、试验开发等产生的数据，以及通过观测监测、考察调查、检验检测等方式取得并用于科学研究活动的原始数据及其衍生数据，其类型包括不但不限于音频、视频、图片、表格、文字等。
	《四川省科学数据管理实施细则》	2019-12-26	**第二条** 本实施细则所称科学数据主要包括在自然科学、工程技术科学等领域，通过基础研究、应用研究、试验开发等产生的数据，以及通过观测监测、检验检测等方式取得并用于科学研究活动的原始数据及其衍生数据。
	《上海市科学数据管理实施细则（试行）》（草案）	2020-12-31	**第二条** 本实施细则所称科学数据主要是指在自然科学、工程技术科学等领域，通过基础研究、应用研究、试验开发等产生的数据，以及通过观测监测、考察调查、检验检测等方式取得并用于科学研究活动的原始数据及其衍生数据，其类型包括不但不限于音频、视频、图片、表格、文字等。
	《宁夏回族自治区科学数据管理实施细则》	2021-04-12	**第二条** 本实施细则所称科学数据主要是指在自然科学、工程技术科学等领域，通过基础研究、应用研究、试验开发等产生的数据，以及通过观测监测、考察调查、检验检测等方式取得并用于科学研究活动的原始数据及其衍生数据。

续表

规定内容	规范名称	公布时间	数据类型
道路运输车辆智能监控数据	《广东省道路运输车辆智能监控数据综合应用管理办法（试行）》	2021-05-07	第四条 本办法所称智能监控数据包括道路运输车辆卫星定位动态监控、智能视频监控、危险货物电子运单、交通违法行为处置数据等数据。在道路运输车辆上安装的卫星定位装置应符合《道路运输车辆动态监督管理办法》要求，智能视频监控装置应符合省交通运输厅制定的智能视频监控装置技术标准。
林草/林业/森林数据	《江西省森林资源数据更新管理办法》	2017-12-27	第二条 本办法中的森林资源数据，是指森林、林木、林地的空间信息及其自然、管理属性数据。森林资源数据年度更新（以下简称"年度更新"），是指因森林或林木的自然生长、以及各类森林经营活动引起森林资源变化，而开展的森林资源调查与数据更新。
	《黑龙江省林业和草原局大数据中心林草数据使用管理办法》	2020-03-13	第二条 本办法所称林草数据，是指森林、草原（草原、湿地）资源调查数据、林草行政案件调查数据等，森林、草原、湿地资源的林相图、现状图、规划图等图形的矢量数据、地形数据、遥感影像图片、各类统计数据等，包括电子和纸质版本。属于保密数据的，应当按照《中华人民共和国保密法》《中华人民共和国测绘法》的规定进行管理。
	《江西省林业信用数据管理办法（暂行）》	2020-12-30	第二条 第一款 本办法所称数据是指从江西省电子政务共享数据统一交换平台依法采集的全省林业经营主体（含林农）的行政许可、行政处罚、行政强制、行政征收、行政给付、行政确认、行政奖励、其他行政权力（备案、行政监督检查、审核转报及其他）以及司法机关所做出的司法裁决等政务、司法数据；由林业部门实时录入的财政资金到户数据；江西省林权管理服务体系、林权流转服务平台、林业金融服务平台、林业要素交易平台"一个体系、三大平台"等运行过程中所产生的市场数据和信用评价数据。 第八条 林业信用数据可按以下几种方式进行分类： （一）按数据主体划分，可分为自然人数据和法人数据； （二）按数据来源划分，可分为林业内部数据和外部部门数据；

续表

规定内容	规范名称	公布时间	数据类型
林草/林业/森林数据	《江西省林业信用数据管理办法（暂行）》	2020-12-30	（三）按数据属性划分，可分为**主体数据、政务数据、司法数据、市场数据**； （四）按数据涉密或涉隐私情况划分，可分成公开数据和非公开数据。 **第九条** 主体数据主要指自然人和法人的身份信息及其附着的其它信息数据。 本办法所称自然人主要是指持有效林权证、林地经营权流转证、林权类不动产权证书、林权类不动产登记证明等林权证书的自然人。自然人数据主要是指自然人的身份信息，姓名、住址、身份证号、联系方式、职业、收入、单位、资产及家庭成员等数据。 本办法所称法人是指持有效林权证、林地经营权流转证、林权类不动产权证书、林权类不动产登记证明等林权证书或从事林业生产经营，依法登记的法人（含个体工商户）。法人数据主要是指法人名称、统一社会信用代码、营业执照住址、注册资本、经营期限、股东结构、资产、董监高成员姓名等数据。 **第十条** 市场数据主要是指"一个体系，三大平台"等运营过程中产生的经营主体林权流转交易、融资贷款、商品交易及来源于信用中国（江西）的电费、水费、通信费等数据。 **第十一条** 政务数据主要是指政府部门依法开展行政许可、行政处罚、行政强制、行政征收、行政给付、行政奖励、其他行政权力（备案、行政确认、行政给付、审核转报及其他）、财政补贴等产生的数据。 **第十二条** 司法数据主要是指司法机关依法受理、审理、判决的民事、刑事案件失及信被执行人、限制高消费等数据。 **第十三条** 公开数据按公开方式分为主动公开和依申请公开，非公开数据分为涉密数据、隐私数据。主动公开数据通过江西省林业局门户网站及相关业务部门门户网站主动发布；依申请公开数据由社会公众根据自身需要提出申请，按照江西省林业局内部数据有关规定执行；内部数据的管理、服务，涉密或隐私数据按照国家和省有关规定执行有关审批程序。

续表

规定内容	规范名称	公布时间	数据类型
	《江西省林业信用数据管理办法（暂行）》	2020-12-30	**第十七条** 对接外部业务系统共享生成是指通过对接林业内部和外部的业务系统内部和外部的政务数据和诉讼数据。 林业内部外部政务数据通过与业务系统对接共享生成。 林业外部政务数据和司法诉讼数据通过与江西省电子政务共享数据—交换平台交互共享生成。
	《上海市森林资源数据管理办法（试行）》	2023-07-11	**第三条** 本办法中的森林资源数据，是指森林、林木、林地的空间信息及其自然属性和管理属性等数据。森林资源数据更新（以下简称"数据更新"），是指以县区级区域行政区级区域内森林、林地、林木的自然属性和管理属性等数据，按年度对管辖区域内森林、林地、林木的变化情况开展调查监测与数据更新的工作。
林草/林业/森林数据			**第三条** 本办法所称林业信用数据，是指与林业生产经营相关，可用于识别、分析、判断信用主体信用的客观数据和资料。林业信用数据存储在数据中心。
	《江西省林业信用数据管理办法》	2023-12-21	**第十条** 林业信用数据按数据属性划分，可分为公共信用数据和市场信用数据。 公共信用数据是指各级林业主管部门在依法履行法定职责、提供公共服务过程中产生或者获取的可用于识别、分析、判断信用主体的客观数据和资料。公共信用数据按记录内容分为基础信息、优良信息和失信信息，主要包括公共管理和服务中反映信用主体基本情况的登记类信息；行政行为中反映信用主体信用状况的信息；受到表彰奖励以及参加社会公益、志愿服务等信息；拒不履行生效法律文书规定义务的信息；人民法院生效判决认定犯罪的信息；法律、法规和国家规定应当记录的其他信息。 市场信用数据是指各级林业主管部门在生产生产经营活动中产生或者获取的信用主体以声明、自主申报、自主注册、社会承诺等形式提供的信用主体相关林业业务数据，对接或订阅外部系统平台运营活动中产生或者获取的信用数据及各级林业主管部门依据有权机关的批准或授权等产生或者获取的信用主体相关林业业务数据。

续表

规定内容	规范名称	公布时间	数据类型
林草/林业/森林数据	《江西省林业信用数据管理办法》	2023-12-21	**第十一条** **林业信用数据按开放属性划分，可分为不予开放数据、有条件开放数据和无条件开放数据。** 不予开放数据主要是指对涉及个人隐私及个人信息，或者法律、法规、规章规定不得开放的数据；有条件开放数据是指对数据安全和处理能力要求较高、时效性较强或者需要持续获取的数据；其他数据列入无条件开放类。 不予开放数据依法经过脱敏处理或者相关权利人同意开放的，可以列入无条件开放类或者有条件开放类。 **第十二条** **林业信用数据共享按共享属性划分，可分为不予共享数据、有条件共享数据和无条件共享数据。** 不予共享数据主要是指不宜提供给其他公共管理和服务机构或者仅提供部分提供给其他公共管理和服务机构共享使用的数据；有条件共享数据主要是可提供给特定公共管理和服务机构仅提供和服务其他公共管理和服务机构共享使用的数据；无条件共享数据主要是指可以提供给所有公共管理和服务机构共享使用的数据。 列入有条件共享或者不予共享的数据，应当有明确的法律、法规、部门规章或者国家有关规定作为依据。列入有条件共享和不予共享的数据，经脱敏等处理后可以共享。有条件共享和不予共享的数据，应当明确共享条件。
农村土地承包数据	《广西壮族自治区农村土地承包数据管理实施办法（试行）》	2022-06-24	**第三条** 本实施办法所称农村土地承包数据，是指各级农业农村部门在农村土地承包管理和日常工作中产生、使用和保管的数据。主要包括： （一）**承包地权属数据。**包括发包方、承包方、承包地块信息、权属来源、承包经营权登记簿、承包合同、承包经营权登记经营权证，申请审核材料、调查工作底图、二轮公示图等图纸质和电子化资料，以及对承包土地承包经营权证的登记成果等。 （二）**地理信息数据。**数字正射影像（DOM）数据，由正射影像图解译的地块矢量数据权属数据，正射影像图叠加矢量数据。基础地理信息要素，包括定位基础，境界与管辖区域，以及管意义的有重要意义的其他地物信息，农村土地承包信息，包括地块、界址点、界址线以及基本农田数据，栅格数据，承包经营权调查的数字正射影像图，数字栅格地图等。 （三）**实际工作中的其他相关数据。**

续表

规定内容	规范名称	公布时间	数据类型
水利工程数据	《浙江省水利工程数据管理办法（试行）》	2020-05-19	**第二条** 本办法所称水利工程数据是指工程竣工或完工后所形成的和运行管理过程中所产生的各类非涉密数字化数据，包括工程特性数据和工程管理数据。 水利工程包括：水库（含山塘）、堤防（含海塘）、水闸（含涵闸）、泵站、水电站、渡槽、倒虹吸、输（供）水隧洞（管道）工程、以及灌区、圩区、蓄滞洪区、农村供水、引调水等由多类工程组成的水利工程。
体育数据	《重庆体育大数据中心管理暂行办法》	2022-03-22	**第三条** 本办法所称体育数据资源，是指体育行政事业单位在履行职责过程中制作或者获取的，以一定形式记录、保存的各类数据资源。
电信数据	《北京地区电信领域数据安全管理实施细则》	2023-07-24	**第三条** 本细则所称电信领域数据是指在电信业务经营过程中产生和收集的数据，包括各类基础电信业务和增值电信业务数据。 电信领域数据处理者是指数据处理目的、处理方式的取得电信业务经营许可证的电信业务经营者。 数据处理活动包括但不限于数据收集、存储、使用、加工、传输、提供、公开等活动。
其他	《江西省企业信用监管警示系统数据管理和运用试行办法》	2015-11-16	**第二条** 本办法所称江西省企业信用监管警示系统（以下简称"监管警示系统"），是指政府建立的涵盖全省各级工商行政管理和市场监管部门依法注册登记企业，归集并依据各级各部门产生的监管数据以及企业自主公示数据、第三方平台数据，对企业进行信息公示、分类警示、联动监管、联合激励与惩戒的数据平台。监管警示系统由面向公众的公示服务子系统、面向各级各部门的监管协同子系统和信息报送子系统等构成。…… **第八条** 企业下列数据应当列入监管警示系统： （一）行政审批数据； （二）行政处罚数据； （三）抽查检查数据；

续表

规定内容	规范名称	公布时间	数据类型
	《江西省企业信用监管警示系统数据管理和运用试行办法》	2015-11-16	（四）消费提示数据； （五）县级以上党委、政府以及省直部门以上授予或者认可荣誉数据； （六）对企业实施扶持政策数据； （七）知识产权、股权出质数据； （八）抵押登记数据； （九）司法公示数据； （十）仲裁文书数据； （十一）欠贷数据； （十二）企业自主公示数据； （十三）其他数据。
其他	《贵州省应急平台体系数据管理暂行办法》	2016-11-10	第二条 贵州省应急平台体系数据，是指全省各级政府行政机关和依法经授权行使行政职能的组织、企事业单位所固有的，或在履行行政职能和企事业法人责任过程中生成的，以及业务管理、生产运行实时中产生的，与社会治理、公共安全和应急管理相关的数据。 第六条 贵州省应急平台体系数据，包括静态数据和动态数据，静态数据主要指组织机构属性以及根据部门职能所产生的基础信息类数据、法规规章政策政务数据、专题信息类数据等；动态数据主要指资源保障类数据、风险隐患类数据、监测预警类数据等，共计六个大类数据。 第七条 基础信息类数据主要是指组织机构数据，防护目标数据，避难场所数据，具体包括机构和人员信息，学校，商场，超市，宾馆饭店，监测台站，车站机场，水库，灌区，桥梁隧道，以及应急避难场所基本信息。 第八条 法规规章政策类数据主要是指法律法规，行政规章，规范性文件，应急预案，事件案例，应急知识等数据，内容包括文本基本信息，版本信息，颁布时间，执行时间，管理标准，技术规范等基本信息。

续表

规定内容	规范名称	公布时间	数据类型
其他	《贵州省应急平台体系数据管理暂行办法》	2016-11-10	**第九条** 专题信息类数据主要是指基础地理信息数据、专题属性数据、统计信息数据，具体包括数字线划图、数字正射影像、数字高程模型等数据，行政区划、矿产资源、公路铁路、河流湖泊等信息，以及人口、经济、自然灾害、事故灾难、公共卫生事件、社会安全事件等统计信息。 **第十条** 资源保障类数据主要是指人力保障数据、物资保障数据、运输保障数据、医疗保障数据，具体包括应急专家、专家组、救援队伍、通信保障机构、医疗保障机构基本信息，生产企业、转产能力、生产能力信息，运输企业、运输工具信息，应急物资、物资储备库信息。 **第十一条** 风险隐患类数据主要是指危险源数据、风险隐患源，具体包括自然疫源地、地质灾害隐患点、地震带、矿山、危险品生产场所、污染源、危险废物集中处置单位等信息，重大隐患登记治理、安全隐患排查治理信息，库区、贮罐区、贮藏区等信息。 **第十二条** 监测预警类数据主要是指视频监控数据、实时监测数据、预测预警数据，具体包括社会面监控视频、重要场所监控视频、移动图传和现场单兵监控视频，各类监测台站（点、断面）等监测数据，各类预测预警信息。

专题四

省级数据立法关于数据主体的规定及评价

一、数据主体的概念

任何法律制度的构建都离不开其基础概念的清晰界定。要保护数据相关主体的正当权益，必须首先理解何为数据主体。在数据法学的研究中，关于数据主体（data subject）概念的讨论，核心规范文本是欧盟《通用数据保护条例》（General Data Protection Regulation，GDPR）的第 4 条第 1 款，也是 GDPR 的"定义"条款。GDPR 第 4 条第 1 款规定，"个人数据"是指与被识别（identified）或可被识别（identifiable）的自然人（"数据主体"）相关的任何信息。[1]《个人信息保护法》第 4 条第 1 款对 GDPR 有所借鉴，但并没有使用"数据主体"或"信息主体"的表述。[2]尽管如此，目前学界有关数据主体的讨论大多仍是以 GDPR 所述数据主体概念的基础上展开的。[3]在此意义上，数据主体即指对应的自然人。

本专题所言数据主体，并不局限于上述狭义概念，而是指从数据利益出发，覆盖各种数据内容，贯穿各种数据行为的主体。[4]分析目前立法文件可以发现，由于各地方采取的主体分类标准不同，所以对数据主体的规定存在概念紊乱的问题。本专题并非试图对当前不同分类标准下的紊乱与差异进行弥合，而是对各地数据立法中采用的表述进行客观描述，展示目前立法文件中有关数据主体表述的现状。整体来看，从具体场景的角度出发，归纳整理地方立法关于数据主体之规定具有一定的可行性和区别研究价值。因此，本专题将从公共数据、政务数据、政府数据开放场景，数据交易场景和特殊领域数据场景为主要维度，对地方立法文件中的相关规定进行归类整理。

二、公共数据、政务数据、政府数据开放场景下的数据主体规定

在涉及公共数据、政务数据、政府数据开放的立法文件中，前两者的立法文件数

---

[1] See GDPR Article. 4 Definitions：For the purposes of this Regulation：（1）'personal data' means any information relating to an identified or identifiable natural person（'data subject'）；参见京东法律研究院：《欧盟数据宪章：〈一般数据保护条例〉GDPR 评述及实务指引》，法律出版社 2018 年版，第 36 页。

[2] 《个人信息保护法》第 4 条第 1 款规定："个人信息是以电子或者其他方式记录的与已识别或者可识别的自然人有关的各种信息，不包括匿名化处理后的信息。"

[3] 相关讨论如赵建国、周慧颖、王杰：《数据主体在大数据创构中的智能差异》，载《自然辩证法研究》2022 年第 10 期；钟晓雯、孙占利：《数据主体控制个人健康信息的困境与解决对策》，载《医学与社会》2022 年第 10 期；田广兰：《大数据时代的数据主体权利及其未决问题——以欧盟〈一般数据保护条例〉为分析对象》，载《中国人民大学学报》2020 年第 6 期；蔡星月：《数据主体的"弱同意"及其规范结构》，载《比较法研究》2019 年第 4 期。

[4] 参见时建中：《数据概念的解构与数据法律制度的构建 兼论数据法学的学科内涵与体系》，载《中外法学》2023 年第 1 期。

量相对较多。例如，以"公共数据"或"政务数据"命名的立法文件共有51份，而以"政府数据"命名的立法文件仅有《贵州省政府数据共享开放条例》1份。在数据主体的表述上，涉及公共数据、政务数据的规定存在较强的共性。

值得注意的是，《广东省公共数据开放暂行办法》《广东省公共数据管理办法》《云南省公共数据管理办法（试行）》对于"数据主体"的概念作出了直接规定，指出其所使用的术语"数据主体"即相关数据所指向的自然人、法人和非法人组织。

表4-1　关于数据主体的规定

具体表述	典型文件	具体规范
数据主体	《广东省公共数据开放暂行办法》	**第三条** 本办法下列术语的含义： ……（二）**数据主体**，是指相关数据所指向的**自然人、法人和非法人组织**……
	《广东省公共数据管理办法》	**第三条** 本办法下列用语的含义： ……（三）**数据主体**，是指相关数据所指向的**自然人、法人和非法人组织**……
	《云南省公共数据管理办法（试行）》	**第三条** 本办法下列用语的含义： ……（三）**数据主体**，是指相关数据所指向的**自然人、法人和非法人组织**……

此外，值得注意的是《上海市水务局公共数据管理办法》使用了"数据处理部门"的表述。参照《数据安全法》和《个人信息保护法》的规定，"数据处理部门"对应的是"数据处理者"的表述，也即，相对于后文所述的数据收集、使用、提供行为相关的主体而言，"数据处理部门"属于上位概念。

表4-2　关于数据处理部门的规定

具体表述	典型文件	具体规范
数据处理部门	《上海市水务局公共数据管理办法》	**第十九条　安全责任** 公共数据管理实行数据安全责任制，**数据处理部门**是数据安全责任主体。数据同时存在多个处理部门的，各数据处理部门承担相应的安全责任。数据处理部门发生变更的，由新的数据处理部门承担数据安全责任。

（一）数据收集相关主体

对于数据收集相关主体，《广东省公共数据管理办法》使用了"数源部门"的表述；《浙江省数字经济促进条例》使用了"公共数据采集单位"的表述，《湖北省数字经济促进办法》则直接使用了"数据收集主体"的表述。

表 4 – 3　关于数据收集相关主体的规定

具体表述	典型文件	具体规范
数源部门	《广东省公共数据管理办法》	**第三条** 本办法下列用语的含义： ……（二）**数源部门**，是指根据法律、法规、规章确定的某一类公共数据的法定采集部门……
公共数据采集单位	《浙江省数字经济促进条例》	**第二十条** 第三款　**公共数据采集单位**对所采集数据的真实性、准确性、完整性负责。公共数据主管部门发现公共数据不准确、不完整或者不同采集单位提供的数据不一致的，可以要求采集单位限期核实、更正。采集单位应当在要求的期限内核实、更正。
数据收集主体	《湖北省数字经济促进办法》	**第三十一条** **数据收集主体**应当按照法律、法规和国家、本省有关规定，采集、管理和维护公共数据、企业数据和个人数据，确保数据真实、准确。 县级以上人民政府及其有关部门应当建立公共数据开放范围动态管理机制，对在依法履行职责、提供服务过程中产生或者获取的公共数据，按照国家和本省的有关规定进行分类分级目录制管理。 县级以上人民政府数据、政务主管部门负责推进公共数据资源统筹管理、整合归集、共享利用，创新公共数据资源开发利用模式和运营机制，规范公共数据产品服务。

对于数据收集的对象，《海南省公共信息资源管理办法》和《北京市公共数据管理办法》分别使用了"被采集对象""被采集者"的表述。

表 4 – 4　关于数据收集对象的规定

具体表述	典型文件	具体规范
被采集对象	《海南省公共信息资源管理办法》	**第十四条** 第一款　公共机构采集信息应当遵循"一数一源"的原则，不得多头采集；应当遵循"合法、必要、适度"原则，按照法定范围和程序，采集行政相对人的数据信息，**被采集对象**应当配合。
被采集者	《北京市公共数据管理办法》	**第八条** 公共管理和服务机构采集个人信息，应当遵循合法、正当、必要的原则，公告采集、使用规则，明示采集、使用信息的目的、方式和范围，并经**被采集者**或者其监护人同意，法律法规另有规定的除外。
被采集人	《贵州省政务数据资源管理办法》	**第十三条** 政务数据采集遵循"一数一源、一源多用"原则。可以通过共享方式获取或确认的，不得重复采集、多头采集。 对涉及跨部门协同归集的政务数据，应当由相关各方共同协商界定相应的职责分工，通过全省统一的政务数据平台实现采集登记和统一归集，保证数据的一致性和完整性。 需要面向自然人、法人和其他组织采集的基础数据，应当依法确定其采集边界和范围，不得侵害**被采集人**的合法权益。

另外，部分地方立法使用了"生产单位"的概念。例如，广西壮族自治区在《广西政务数据"聚通用"实施细则（试行）》和《广西政务数据资源调度管理办法》这两份政务数据类立法中使用了"政务数据的生产单位"这一表述。

从数据处理行为的整体流程来看，"数据生产"更接近数据处理行为的起始点，这种行为可能与数据收集行为相近。但《广西政务数据"聚通用"实施细则（试行）》和《广西政务数据资源调度管理办法》均未对"生产"行为及其对应的主体"生产单位"的内涵作解释。

表4-5 关于数据生产单位的规定

具体表述	典型文件	具体规范
政务数据的生产单位	《广西政务数据"聚通用"实施细则（试行）》	**第四条** 自治区人民政府依法拥有广西政务数据的所有权。自治区人民政府授予自治区大数据发展局行使广西政务数据所有权的职责，统筹政务数据资源建设、管理、应用，统一调度政务数据。各级各部门是**政务数据的生产单位**，拥有本地区、本部门政务数据的管理权，有义务和责任做好数据治理工作，向自治区党委、自治区人民政府提供高质量的政务数据。各级各部门有权申请使用政务数据。
	《广西政务数据资源调度管理办法》	**第四条** 自治区党委、自治区人民政府依法拥有广西政务数据的所有权，并授予自治区大数据发展局行使广西政务数据所有权的职责。自治区大数据发展局统筹政务数据资源建设、管理和应用，统一调度政务数据。各地各部门各单位是**政务数据的生产单位**，拥有本地本部门本单位政务数据的管理权，有义务和责任做好政务数据治理工作，向自治区党委、自治区人民政府提供高质量的政务数据。各地各部门各单位有权申请使用政务数据。

（二）数据使用相关主体

《数据安全法》和《个人信息保护法》对数据处理行为中的"使用"作了直接规定，而这一点在立法文件中也有直接体现。例如，《海南省公共信息资源安全使用管理办法》《海南省公共信息资源管理办法》对公共数据领域中数据使用相关主体的表述是"信息资源使用方""公共信息资源使用机构"；《吉林省数据共享交换平台（政务外网）服务接口申请、授权和使用管理暂行办法》《贵州省政务数据资源管理办法》则分别省略了定语"公共数据""政务"，直接使用了"使用部门""数据使用部门"的表述。

表4-6 关于数据使用相关主体的规定

具体表述	典型文件	具体规范
信息资源使用方	《海南省公共信息资源安全使用管理办法》	**第五条** 公共信息资源安全使用管理涉及信息资源提供方（以下简称提供方）、**信息资源使用方（以下简称使用方）**、共享与开放平台管理方（以下简称平台管理方）和监管方四类主体。 ……**使用方**是指获取、处理并利用共享、开放数据的公共机构，也包括获取、处理并利用开放数据的社会组织及个人……

续表

具体表述	典型文件	具体规范
公共信息资源使用机构	《海南省公共信息资源管理办法》	**第十九条** 按照"谁经手，谁使用，谁管理，谁负责"的原则，**公共信息资源使用机构**应根据履行职责需要依法依规使用共享信息，并加强共享信息使用全过程管理，明确共享信息的用途、知悉范围等，建立信息追溯体系。
（公共/政务数据）使用部门	《吉林省数据共享交换平台（政务外网）服务接口申请、授权和使用管理暂行办法》	**第六条** 在数字吉林建设领导小组统一指挥调度下，公共信息资源整合共享主管部门（以下简称"主管部门"）、提供部门、**使用部门**共同参与祥云平台服务接口申请、授权和使用的管理工作。
	《贵州省政务数据资源管理办法》	**第二十三条** 需要使用有条件共享政务数据资源的，**数据使用部门**通过贵州省数据共享交换平台提交申请。 （一）数据提供部门同级大数据主管部门自收到申请之日起 5 个工作日内完成规范性审核。审核通过的，转至数据提供部门；审核未通过的，驳回申请并说明理由。 （二）数据提供部门收到数据共享申请时，应自收到申请之日起 5 个工作日内予以答复。同意共享的，数据提供部门及时将政务数据资源授权并提供给数据使用部门；不同意共享的，应提供不予共享的依据或理由。 数据使用部门对数据提供部门的答复有异议的，由数据提供部门同级大数据主管部门组织协商。协商未果的，报请同级人民政府决定。 （三）数据使用部门经授权并使用政务数据资源后，应妥善存储数据使用全过程记录，并在 10 个工作日内通过贵州省数据共享交换平台反馈政务数据资源共享质量、使用情况和应用成效。

下述省级立法文件并没有与《数据安全法》规定中的数据"使用"保持一致，而是使用了诸如"利用""开发利用"的表述。例如，《广东省公共数据开放暂行办法》《江西省公共数据管理办法》等使用了"公共数据利用主体"的表述，《广东省公共数据管理办法》则使用了"公共数据开发利用主体"的表述。对于"利用"和"开发利用"的内涵，二者之间是否存在区别，上述立法文件没有作出解释。

表 4-7　关于公共数据利用主体的规定

具体表述	典型文件	具体规范
公共数据利用主体	《广东省公共数据开放暂行办法》	**第三条** 本办法下列术语的含义： ……（五）**公共数据利用主体**，是指对开放的公共数据进行开发利用的自然人、法人和非法人组织。

具体表述	典型文件	具体规范
公共数据利用主体	《江西省公共数据管理办法》	**第二十五条** 自然人、法人和非法人组织等**公共数据利用主体**开发利用公共数据应当遵循合法、正当的原则，不得损害国家利益、社会公共利益和他人合法权益。 自然人、法人和非法人组织等公共数据利用主体因依法开发利用公共数据所获得的数据权益受法律保护。
	《江苏省公共数据管理办法》	**第五十六条** **公共数据利用主体**认为公共数据存在错误、遗漏等情形的，可以通过公共数据平台向提供公共数据的公共管理和服务机构反映；提供公共数据的公共管理和服务机构应当标注、核实，会同公共数据运行管理机构在各自职责范围内及时处理、反馈，通报相关机构。具体办法由省公共数据主管部门制定。
	《上海市公共数据开放暂行办法》	**第十八条**（平台功能） 第一款　开放平台为数据开放主体提供数据预处理、安全加密、日志记录等数据管理功能。 第二款　开放平台为获取、使用和传播公共数据的自然人、法人和非法人组织（以下统称**数据利用主体**）提供数据查询、预览和获取等功能。
	《浙江省公共数据开放与安全管理暂行办法》	**第十七条** 公共数据开放主体开放受限类公共数据的，应当与公共数据利用主体签订公共数据开放利用协议，并约定下列内容： （一）**公共数据利用主体**应当向公共数据开放主体反馈数据利用情况，并对数据开放情况进行评价； （二）未经同意，**公共数据利用主体**不得将获取的公共数据用于约定利用范围之外的其他用途； （三）未经同意，**公共数据利用主体**不得传播所获取的公共数据； （四）**公共数据利用主体**在发表论文、申请专利、出版作品、申请软件著作权和开发应用产品时，应当注明参考引用的公共数据； （五）**公共数据利用主体**应当履行的安全职责及其数据利用安全能力要求、保障措施； （六）**公共数据利用主体**应当接受公共数据利用安全监督检查。 公共数据开放主体应当将签订的公共数据开放利用协议报同级公共数据主管部门备案。公共数据开放利用协议示范文本由省公共数据主管部门会同同级有关部门制定。
	《深圳市公共数据开放管理办法（征求意见稿）》	**第三条**【用语定义】 本办法下列用语的定义…… （四）**公共数据利用主体**，是指对开放的公共数据进行开发利用的自然人、法人和非法人组织……
公共数据开发利用主体	《广东省公共数据管理办法》	**第五十三条** **公共数据开发利用主体**在利用公共数据过程中有下列行为之一的，依法承担相应的法律责任：……

（三）数据提供相关主体

对于数据提供相关主体，各省（自治区、直辖市）立法的表述相似程度较高。多数省（自治区、直辖市）在涉及公共数据的立法文件中使用了"（公共）数据提供单位"或"提供公共数据的单位""（公共/政务数据）提供部门"这类表述，前者如《山东省公共数据开放办法》第 7 条、《四川省大数据条例》第 24 条和《河南省数字经济促进条例》第 23 条第 1 款，[1]后两者如《贵州省大数据发展应用促进条例》第 29 条、《贵州省政务数据资源管理办法》第 23 条和《吉林省数据共享交换平台（政务外网）服务接口申请、授权和使用管理暂行办法》。除此之外，也有部分省（自治区、直辖市）的立法文件使用了诸如"提供机构""提供方"的表述。[2]

表 4 - 8　关于数据提供相关主体的规定

具体表述	典型文件	具体规范
（公共）数据提供单位	《山东省公共数据开放办法》	**第七条** **第一款**　**公共数据提供单位**应当通过统一的公共数据开放平台开放公共数据，不得新建独立的开放渠道。已经建设完成的，应当进行整合、归并，并纳入统一的公共数据开放平台。
	《四川省数据条例》	**第二十四条** **第三款**　**数据提供单位**应当在三个工作日内答复数据管理机构，同意共享的，数据管理机构应当在两个工作日内予以共享；不同意共享的，应当说明理由，数据管理机构应当在两个工作日内完成审核，并告知数据申请单位。
	《河南省数字经济促进条例》	**第二十三条** **第一款**　公共数据应当依法共享，法律、行政法规规定不予共享的情形除外。**公共数据提供单位**应当按照需求导向、分类分级、统一标准、安全可控、便捷高效的原则共享开放公共数据，注明数据共享的条件和方式，并按照规定逐步扩大公共数据开放范围。
提供公共数据的单位	《贵州省大数据发展应用促进条例》	**第二十九条** **第一款**　实行公共数据共享开放风险评估制度。**提供公共数据的单位**应当按照法律法规和保密、安全管理等规定，对公共数据进行风险评估，保证共享开放数据安全。
（公共/政务数据）提供部门	《吉林省数据共享交换平台（政务外网）服务接口申请、授权和使用管理暂行办法》	**第六条** 在数字吉林建设领导小组统一指挥调度下，公共信息资源整合共享主管部门（以下简称"主管部门"）、**提供部门**、使用部门共同参与祥云平台服务接口申请、授权和使用的管理工作。

---

〔1〕　与之相似的，还有《广西壮族自治区大数据发展条例》第 35 条、《新疆维吾尔自治区公共数据管理办法（试行）》第 28 条第 2 款、《福建省大数据发展条例》第 15 条。

〔2〕　参见《海南省公共数据产品开发利用暂行管理办法》第 4 条第 4 款和《海南省公共信息资源安全使用管理办法》第 5 条。

续表

具体表述	典型文件	具体规范
（公共/政务数据）提供部门	《贵州省政务数据资源管理办法》	**第二十三条** 需要使用有条件共享政务数据资源的，数据使用部门通过贵州省数据共享交换平台提交申请。 （一）**数据提供部门**同级大数据主管部门自收到申请之日起 5 个工作日内完成规范性审核。审核通过的，转至数据提供部门；审核未通过的，驳回申请并说明理由。 （二）**数据提供部门**收到数据共享申请时，应自收到申请之日起 5 个工作日内予以答复。同意共享的，数据提供部门及时将政务数据资源授权并提供给数据使用部门；不同意共享的，应提供不予共享的依据或理由。 数据使用部门对数据提供部门的答复有异议的，由数据提供部门同级大数据主管部门组织协商。协商未果的，报请同级人民政府决定。 （三）数据使用部门经授权并使用政务数据资源后，应妥善存储数据使用全过程记录，并在 10 个工作日内通过贵州省数据共享交换平台反馈政务数据资源共享质量、使用情况和应用成效。

值得注意的是，海南省在《海南省公共数据产品开发利用暂行管理办法》《海南省公共信息资源安全使用管理办法》和《海南省公共信息资源管理办法》3 份立法文件中对于相似的数据主体分别使用了"数据资源提供方""信息资源提供方"和"公共信息资源提供机构"的表述。

表 4-9　关于数据资源提供方的规定

具体表述	典型文件	具体规范
数据资源提供方	《海南省公共数据产品开发利用暂行管理办法》	**第四条** 第四款　**数据资源提供方**是指提供公共数据资源的公共机构，负责公共数据资源使用申请的审核授权及供给。
信息资源提供方	《海南省公共信息资源安全使用管理办法》	**第五条** 公共信息资源安全使用管理涉及**信息资源提供方**（以下简称提供方）、信息资源使用方（以下简称使用方）、共享与开放平台管理方（以下简称平台管理方）和监管方四类主体。 **提供方**是指提供公共信息资源共享、开放服务的公共机构；……
公共信息资源提供机构	《海南省公共信息资源管理办法》	**第十八条** 按照"谁主管，谁提供，谁负责"和"同步归集，实时更新"的原则，**公共信息资源提供机构**承担数据准确性、完整性、时效性、可用性责任，包括由此引起的衍生责任。

在涉及数据（信息资源）共享、开放的法律关系中，由于部分公共数据、政务数据或政府数据的"提供"需要以"申请"为前提，因此，与数据"提供主体"相对应的主体概念应当是"申请主体"。例如，《四川省数据条例》的第 24 条使用了"数据申请单位"的表述。

表 4 - 10　关于数据申请单位的规定

具体表述	典型文件	具体规范
数据申请单位	《四川省数据条例》	**第二十四条** 第三款　数据提供单位应当在三个工作日内答复数据管理机构，同意共享的，数据管理机构应当在两个工作日内予以共享；不同意共享的，应当说明理由，数据管理机构应当在两个工作日内完成审核，并告知**数据申请单位**。

　　另外，对于公共数据、政务数据和政府数据，多地立法文件对于授权运营机制作出了原则性的规定，其中，关于主体的表述有"授权运营主体""授权运营单位""授权运营申请单位""被授权运营主体"。但由于"授权运营"本身的制度架构尚未健全，以"授权运营主体"为代表的上述数据主体的内涵、各自的职权范围、权利义务内容尚不清晰，各地立法文件所涉及的条款也并未对相关主体的表述进行定义。

表 4 - 11　关于授权运营主体的规定

具体表述	典型文件	具体规范
授权运营主体	《广西壮族自治区大数据发展条例》	**第四十九条** 第一款　**授权运营主体**应当在授权范围内，依托自治区统一的公共数据运营平台对授权运营的公共数据实施开发利用，对开发利用产生的数据产品和服务，可以依法向用户有偿提供并获取合理收益。但授权运营主体不得向用户提供授权运营的原始公共数据。
授权运营单位	《浙江省公共数据授权运营管理办法（试行）》	**一、总则** ……（三）用语含义。 所称的公共数据授权运营，是指县级以上政府按程序依法授权**法人或者非法人组织**（以下统称授权运营单位），对授权的公共数据进行加工处理，开发形成数据产品和服务，并向社会提供的行为……
授权运营申请单位	《浙江省公共数据授权运营管理办法（试行）》	**四、授权方式** （一）公共数据主管部门发布重点领域开展授权运营的通告，明确相应的条件。**授权运营申请单位**在规定时间内向公共数据主管部门提出需求，并提交授权运营申请表、最近 1 年的第三方审计报告和财务会计报告、数据安全承诺书、安全风险自评报告等材料……
被授权运营主体	《厦门经济特区数据条例》	**第三十一条** 建立公共数据授权运营机制，确定相应的主体，管理被授权的允许社会化增值开发利用的公共数据，具体办法由市人民政府制定。 市大数据主管部门应当会同相关部门，对**被授权运营主体**实施全流程监督管理。 授权运营的数据涉及个人隐私、个人信息、商业秘密、国家秘密等，处理该数据应当符合相关法律、行政法规的规定。

（四）数据公开相关主体

　　《数据安全法》和《个人信息保护法》在数据处理行为中规定了"公开"这一类型，但各地立法文件却没有使用相应的表述，而是创设了新的数据行为概念。基于此，公共数据、政务数据和政府数据相关的立法文件并未使用"公开"这一表述来定义相关的数据主体。

例如,《重庆市公共数据开放管理暂行办法》《广东省公共数据开放暂行办法》《上海市公共数据开放暂行办法》等立法文件并没有使用"公开"这一行为的概念,而是使用了"开放"的概念,并在此基础上对数据主体采用了"(公共)数据开放主体"的表述。

表4-12 关于(公共)数据开放主体的规定

具体表述	典型文件	具体规范
(公共)数据开放主体	《重庆市公共数据开放管理暂行办法》	**第七条** **第一款** 提供公共数据开放服务的公共管理和服务机构(以下简称**数据开放主体**)是本单位公共数据开放的**责任主体**,负责本单位公共数据汇聚、开放、利用及其相关管理工作。
	《广东省公共数据开放暂行办法》	**第三条** 本办法下列术语的含义: ……(四)**公共数据开放主体**,是指提供公共数据开放服务的公共管理和服务机构……
	《广西公共数据开放管理办法》	**第二条** 本办法所称公共数据,是指各地各部门各单位以及法律、法规授权具有公共管理和服务职能的企事业单位、社会组织(以下统称**数据开放主体**)在依法履职或生产经营活动中制作或获取的,以一定形式记录、保存的文件、资料、图表、图像、音频、视频、电子证照、电子档案和数据等各类数据资源。 本办法所称公共数据开放,是指数据开放主体通过互联网平台面向自然人、法人和其他组织提供具有原始性、可机器读取、可供社会化再利用的公共数据的行为。
	《上海市公共数据开放暂行办法》	**第九条(数据开放主体)** **第一款** 市人民政府各部门、区人民政府以及其他公共管理和服务机构(以下统称**数据开放主体**)分别负责本系统、本行政区域和本单位的公共数据开放。
	《浙江省公共数据开放与安全管理暂行办法》	**第四条** **第三款** 提供公共数据开放服务的公共管理和服务机构(以下统称**公共数据开放主体**)负责做好本单位公共数据开放、利用和安全管理等相关工作。
	《深圳市公共数据开放管理办法(征求意见稿)》	**第三条【用语定义】** 本办法下列用语的定义:…… (五)**公共数据开放主体**,是指提供公共数据开放服务的公共管理和服务机构……

续表

具体表述	典型文件	具体规范
一级开发主体、二级开发主体	《厦门市公共数据开发利用管理暂行办法》	**第三条** 第二款 本办法所称**一级开发主体**，是指承担公共数据开发利用过程涉及安全可信环境建设运营、数据资源管理、开发利用管理与服务能力支撑等运营工作的主体；**二级开发主体**，是指满足有关条件的，在安全可信环境下开发利用公共数据的自然人、法人和非法人组织。

值得一提的是，部分立法文件如《上海市公共数据开放暂行办法》《山东省公共数据开放办法》使用了"公共数据开放平台""平台"类表述。然而，其规定中出现的"平台"究竟是指向法律关系中的数据行为主体，还是指向实现数据开放、共享功能的计算机系统、基础网络设施？立法文件并没有给出明确的说明。

表4-13 关于公共数据开放平台的规定

具体表述	典型文件	具体规范
（公共数据）开放（共享）平台	《上海市公共数据开放暂行办法》	**第十八条（平台功能）** 第一款 **开放平台**为数据开放主体提供数据预处理、安全加密、日志记录等数据管理功能。 第二款 **开放平台**为获取、使用和传播公共数据的自然人、法人和非法人组织（以下统称数据利用主体）提供数据查询、预览和获取等功能。
	《新疆维吾尔自治区公共数据管理办法（试行）》	**第二十八条** 第二款 公共数据提供单位应当通过统一的**公共数据开放平台**开放公共数据，不得另建公共数据开放通道，已有通道整合、归并到统一的公共数据开放平台；根据有关规定不能通过公共数据开放平台开放的，应向公共数据主管部门报备。
	《山东省公共数据开放办法》	**第七条** 第一款 公共数据提供单位应当通过统一的公共数据开放平台开放公共数据，不得新建独立的开放渠道。已经建设完成的，应当进行整合、归并，并纳入统一的**公共数据开放平台**。
	《江西省公共数据管理办法》	**第五条** 省网信部门负责统筹协调、指导推动公共数据资源开放、共享、利用以及公共数据安全和相关监管工作。 省人民政府负责政务数据的主管部门为省公共数据管理部门，负责全省公共数据开放共享工作的实施以及相关技术标准的制定，推动**公共数据开放共享平台**（以下简称公共数据平台）的建设、运行和维护，具体工作由省大数据中心负责。 设区的市网信部门、设区的市人民政府确定的公共数据管理部门，按照各自职责权限负责本行政区域内公共数据管理相关工作。 公安机关、国家安全、保密、密码等部门按照各自职责，做好公共数据安全管理相关工作。

具体表述	典型文件	具体规范
共享与开放平台管理方（简称平台管理方）	《海南省公共信息资源安全使用管理办法》	**第五条** 公共信息资源安全使用管理涉及**信息资源提供方（以下简称提供方）、信息资源使用方（以下简称使用方）、共享与开放平台管理方（以下简称平台管理方）**和**监管方**四类主体。 **提供方**是指提供公共信息资源共享、开放服务的公共机构；**使用方**是指获取、处理并利用共享、开放数据的公共机构，也包括获取、处理并利用开放数据的社会组织及个人；**平台管理方**是指为提供方和使用方提供公共信息资源共享、开放业务支撑的信息资源管理机构；**监管方**是指依照法律法规和政策文件的要求对公共信息资源共享、开放安全管理实施监督审查和指导的管理部门。
专区运营单位、数据开发与运营管理平台	《北京市公共数据专区授权运营管理办法（试行）》	**第十八条** **专区运营单位**应以网络安全等级保护三级标准建设**数据开发与运营管理平台**，做好授权数据加工处理环节的管理。数据开发与运营管理平台的功能包括但不限于数据加工处理人员的实名认证与备案管理，操作行为的记录和审计管理，原始数据的加密和脱敏管理，元数据管理，数据模型的训练和验证功能，数据产品的提供、交易和计价功能。
公共数据资源平台、公共数据融合开发平台	《厦门市公共数据开发利用管理暂行办法》	**第三条** 第三款 本办法所称**公共数据资源平台**，是指由市公共数据资源管理机构建设的，作为本市公共数据汇聚、共享、开放的统一基础设施，是公共数据资源管理与服务的平台。 第四款 本办法所称**公共数据融合开发平台**，是指由一级开发主体建设的，为本市允许社会化增值开发利用的公共数据资源处理、加工使用、与非公共数据融合开发、输出数据应用等提供安全可信环境的平台。

三、数据交易场景下的数据主体规定

2022年，中共中央、国务院发布的"数据二十条"提出"出台数据交易场所管理办法，建立健全数据交易规则"。实践中，全国多地探索建立数据交易场所，发展数字经济中介服务商，并制定相关法律规范数据交易行为，促进数据有序高效流动。

纵观这169份数据地方立法文件，涉及数据交易相关主体的有三种立法模式：一是有数据交易专门立法的，包括广东省、天津市、贵州省、广东省（深圳市）、上海市这五地。[1]其中，广东省具备最完备的数据流通交易立法体系，涵盖数据流通交易管理办法、数据流通交易监管规则、数据资产合规登记规则、数据经纪人管理规则、数

---

〔1〕 文件名称为《天津市数据交易管理暂行办法》《贵州省数据流通交易管理办法（试行）》《深圳市数据交易管理暂行办法》《深圳市数据商和数据流通交易第三方服务机构管理暂行办法》《上海市数据交易场所管理实施暂行办法》《贵州省数据流通交易促进条例（草案）》。

据流通交易技术安全规范。[1]二是在综合性数据立法中提及了数据交易相关主体的。[2]三是在公共数据管理办法中规定了数据交易平台、数据交易机构的。[3]下面将详细阐述各种具体表述间的相关性。

《广东省数据流通交易管理办法（试行）》（征求意见稿）和《广东省数据流通交易监管规则（试行）》（征求意见稿）概括性地使用了"数据流通交易主体"的表述。前者将其规定在第4条术语定义的最后一项，界定为数据流通交易活动中涉及的自然人、法人和非法人组织；后者认为数据流通交易主体及其行为就是数据流通交易监管的对象，其中重点监管对象是承担公共数据资产登记服务的专门机构的省公共数据运营管理机构、数据交易所、数据经纪人。总之，可以窥见，数据流通交易主体这一表述应当基本涵盖数据流通交易中数据买卖双方、为数据交易买卖双方提供交易服务的主体等。

表4-14　关于数据流通交易主体的规定

具体表述	典型文件	具体规范
数据流通交易主体	《广东省数据流通交易管理办法（试行）》（征求意见稿）	**第四条　【术语定义】** 本办法下列用语的含义：…… （七）**数据流通交易主体**，是指数据流通交易活动中涉及的**自然人、法人和非法人组织**。
	《广东省数据流通交易监管规则（试行）》（征求意见稿）	**第二条　【适用范围】** 本规则适用于本省行政区域内具有数据流通交易监管职责的部门（以下简称监管部门）对**数据流通交易主体**及其行为实施监督管理的活动。

（一）数据交易的买卖双方

关于数据交易的卖方，《深圳市数据交易管理暂行办法》直接将在数据交易场所内出售交易标的的法人或非法人组织称为"数据卖方"；《贵州省数据流通交易管理办法（试行）》《天津市数据交易管理暂行办法》则使用"数据提供方""供方"的表述，并规定数据提供方是数据交易中提供数据（商品或服务）的公民、法人和其他组织。关于数据交易的买方，《深圳市数据交易管理暂行办法》将在数据交易场所内购买交易标的的法人或非法人组织称为"数据买方"；《贵州省数据流通交易管理办法（试行）》

---

〔1〕　文件名称为《广东省数据流通交易管理办法（试行）》（征求意见稿）、《广东省数据流通交易监管规则（试行）》（征求意见稿）、《广东省数据资产合规登记规则（试行）》（征求意见稿）、《广东省数据经纪人管理规则（试行）》（征求意见稿）、《广东省数据流通交易技术安全规范（试行）》（征求意见稿）。

〔2〕　文件名称为《厦门经济特区数据条例》《安徽省大数据发展条例》《四川省数据条例》《重庆市数据条例》《贵州省大数据发展应用促进条例》《深圳经济特区数据条例》《深圳经济特区数字经济产业促进条例》《黑龙江省促进大数据发展应用条例》《上海市数据条例》《河南省数字经济促进条例》《广东省数字经济促进条例》《海南省大数据开发应用条例》《北京市数字经济促进条例》《江西省数据应用条例》《江西省数据条例（征求意见稿）》《山东省大数据发展条例》《山西省大数据发展应用条例》《陕西省大数据条例》《山西省数字经济促进条例》《广西壮族自治区大数据发展条例》《江苏省数字经济促进条例》《宁夏回族自治区大数据产业发展促进条例（草案）》《天津市促进大数据发展应用条例》《吉林省大数据条例（2023修订）》。

〔3〕　文件名称为《广东省公共数据管理办法》《上海市公共数据开放暂行办法》《江西省公共数据管理办法》。

《天津市数据交易管理暂行办法》则将在数据交易中有购买和使用数据（商品或服务）需求的公民、法人和其他组织称为"数据需求方""数据需方"。

《深圳经济特区数字经济产业促进条例》还提出了"数据产品和服务供需双方"的概念，但并未对其进行具体界定。在"数据二十条"出台后，《上海市促进浦东新区数据流通交易若干规定（草案）》则提出"数据产权人"的概念，可以作为数据交易中的买方或卖方参与到数据交易流通中。数据产权人包括数据生产者、采集者，数据加工者、使用者，数据产品经营者，以及法律、法规规定的其他数据产权人。[1]

表 4-15　关于数据交易的买卖双方的规定

具体表述	典型文件	具体规范
数据卖方	《深圳市数据交易管理暂行办法》	**第五条** 第二款　**数据卖方**是指在数据交易场所内出售交易标的的法人或非法人组织。
数据提供方	《贵州省数据流通交易管理办法（试行）》	**第十七条** 第一款　交易主体包括**数据提供方**、数据需求方、数据商、数据中介等。 第二款　**数据提供方**是指提供数据的公民、法人和其他组织，遵循数据来源合规、服务安全等原则，确保数据合法合规。
数据供方	《天津市数据交易管理暂行办法》	**第七条** **数据供方**是指在数据交易中提供数据商品和数据服务的公民、法人和其他组织，数据需方是指在数据交易中购买和使用数据商品和数据服务的公民、法人和其他组织。数据交易服务机构是指依托数据交易服务平台为数据供需双方提供数据交易服务的组织机构。
	《广东省数据流通交易管理办法（试行）》（征求意见稿）	**第四条　【术语定义】** 本办法下列用语的含义： （一）数据流通交易，是指数据按照一定的规则从**供方**传递到需方的过程……
数据买方	《深圳市数据交易管理暂行办法》	**第五条** 第三款　**数据买方**是指在数据交易场所内购买交易标的的法人或非法人组织。
数据需求方	《贵州省数据流通交易管理办法（试行）》	**第十七条** 第三款　**数据需求方**是指有数据需求，通过数据交易场所获得交易的相关产品和服务，并进行付费的公民、法人和其他组织，遵守合法性、诚实信用等原则。需在数据交易场所完成注册。

---

〔1〕《上海市促进浦东新区数据流通交易若干规定（草案）》第6条："本市根据数据来源和数据生成特征，探索建立数据资源持有权、数据加工使用权、数据产品经营权分置机制。数据产权人在生产经营活动中自主生产、采集并持有数据资源的，依法享有数据资源持有权，可以通过管理、传输等方式控制数据资源，排除他人干涉。数据产权人基于数据资源持有权或者基于交易、流通等合同约定，依法享有数据加工使用权，可以对数据进行实质性加工或者创新性劳动，形成数据产品并实现价值。数据产权人自行或委托他人加工、分析形成数据产品的，依法享有数据产品经营权，可以自主经营，也可以委托他人经营，对数据产品进行市场化流通并取得收益。法律、行政法规和国家另有规定的，从其规定。"

续表

具体表述	典型文件	具体规范
数据需方	《天津市数据交易管理暂行办法》	**第七条** 数据供方是指在数据交易中提供数据商品和数据服务的公民、法人和其他组织，**数据需方**是指在数据交易中购买和使用数据商品和数据服务的公民、法人和其他组织。数据交易服务机构是指依托数据交易服务平台为数据供需双方提供数据交易服务的组织机构。
数据产品和服务供需双方	《深圳经济特区数字经济产业促进条例》	**第二十六条** **数据产品和服务供需双方**可以通过数据交易平台进行交易撮合、签订合同、业务结算等活动；通过其他途径签订合同的，可以在数据交易平台备案。 鼓励数据交易平台与各类金融、中介等服务机构合作，形成包括权益确认、信息披露、资产评估、交易清结算、担保、争议解决等业务的综合数据交易服务体系。
数据产权人	《广东省数据流通交易管理办法（试行）》（征求意见稿）	**第四条　【术语定义】** 本办法下列用语的含义： （一）数据流通交易，是指数据按照一定的规则从供方传递到**需方**的过程……

（二）数据交易场所（中心）

基本上每一省（自治区、直辖市）与数据交易相关的立法，都规定了数据交易场所（中心）这一主体。虽然各地立法都将数据交易场所规定为"由有关监管部门批准设立，组织开展数据交易活动的交易场所"，但就其真实含义而言存在差异。具体来说，《贵州省数据流通交易管理办法（试行）》《上海市数据交易场所管理实施暂行办法》将它视为数据主体的一种。而《深圳市数据交易管理暂行办法》在提及数据交易场所外，还规定了数据交易场所运营机构，并在后续条文中使用"数据交易场所运营机构"的表述，同步规定了其职责、权限、义务等。由此可推测《深圳市数据交易管理暂行办法》是将数据交易场所视为数据交易发生的地方。梳理上述立法文件中对数据商和数据交易场所职能的规定，其符合"数据二十条"中提出的"突出国家级数据交易场所合规监管和基础服务功能，强化其公共属性和公益定位，推进数据交易场所与数据商功能分离"的要求。

表4-16　关于数据交易场所（中心）的规定

具体表述	典型文件	具体规范
（大）数据交易（场）所	《贵州省数据流通交易管理办法（试行）》	**第五条** 省大数据局负责指导、协调、调度全省数据流通交易管理工作，培育数据要素市场。指导全省统一的数据流通交易平台建设，推进数据流通交易产业生态发展，鼓励和引导市场主体在**数据交易场所**开展数据交易。

具体表述	典型文件	具体规范
（大）数据交易（场）所	《贵州省数据流通交易管理办法（试行）》	**第八条** 第一款　贵阳**大数据交易所**是省有关监管部门批准设立的从事数据交易的场所，遵循自愿、公平、诚实信用的原则，依法依规面向全国提供数据流通交易服务。
	《贵州省数据流通交易促进条例（草案）》	**第九条** **数据交易场所**应当按照相关法律、法规和有关主管部门的规定，制定交易规则和业务流程、登记结算、风险控制、重大事项监测与报告、信息披露、安全管理等制度，提供规范透明、安全可控、行为可溯的数据交易服务，接受属地市州人民政府的日常监督管理。 贵阳大数据交易所应当突出其公共属性和自律合规监管功能，面向和服务全国统一大市场。贵阳大数据交易所负责数据流通交易平台日常运营，实现与省公共资源交易平台互联互通，推动与其他数据交易场所互联互通。
	《上海市促进浦东新区数据流通交易若干规定（草案）》	**第八条**（建设国家级数据交易所） 本市按照国家要求，提升上海**数据交易所**能级，打造全国数据要素市场核心枢纽。 上海数据交易所应当突出国家级数据交易所的基础性公共服务和自律合规监管功能，面向和服务全国统一大市场，提供高效可信的交易场所和环境，制定高水平的交易规则和标准，提供高质量的数据交易和相关公共服务。 本市支持上海数据交易所根据国家和本市数字化发展战略，结合全球数据要素市场发展趋势，创新数据交易品种和交易方式，建立健全多领域、多层次数据交易板块。
	《上海市数据交易场所管理实施暂行办法》	**第二条** 第三款　**数据交易场所**是指在本市行政区域内由市政府批准设立，组织开展数据交易活动的交易场所。
	《上海市数据条例》	**第六十七条** 本市按照国家要求，在浦东新区设立**数据交易所**并运营。 数据交易所应当按照相关法律、行政法规和有关主管部门的规定，为数据交易提供场所与设施，组织和监管数据交易。 数据交易所应当制订数据交易规则和其他有关业务规则，探索建立分类分层的新型数据综合交易机制，组织对数据交易进行合规性审查、登记清算、信息披露，确保数据交易公平有序、安全可控、全程可追溯。 浦东新区鼓励和引导市场主体依法通过数据交易所进行交易。
	《深圳市数据交易管理暂行办法》	**第五条** 第一款　本办法所称**数据交易场所**是经市政府批准成立的，组织开展数据交易活动的交易场所。

具体表述	典型文件	具体规范
（大）数据交易（场）所	《广东省数字经济促进条例》	**第四十条** 自然人、法人和非法人组织对依法获取的数据资源开发利用的成果，所产生的财产权益受法律保护，并可以依法交易。法律另有规定或者当事人另有约定的除外。 探索数据交易模式，培育数据要素市场，规范数据交易行为，促进数据高效流通。有条件的地区可以依法设立**数据交易场所**，鼓励和引导数据供需方在数据交易场所进行交易。
	《广东省数据流通交易管理办法（试行）》（征求意见稿）	**第四条　【术语定义】** 本办法下列用语的含义：…… （三）**数据交易所**，是指在本省行政区域内，依法从事数据交易，在名称中使用"交易所"字样的交易场所……
	《河南省数字经济促进条例》	**第二十五条** 省人民政府及其有关部门应当支持数据资源开发市场化发展，创新数据交易模式，拓宽数据交易渠道，促进数据高效流通；鼓励省内高等院校、科研机构及数据运营单位研究建立数据价值评估和定价模式；支持有条件的地区依法设立**数据交易中心**；鼓励和引导数据供需双方依法进行数据产品交易。 县级以上人民政府及其有关部门应当规范数据交易行为，做好流转动态管理，按照包容审慎的原则建立完善数据资源交易监管体制。
	《江苏省数字经济促进条例》	**第六十一条** 县级以上地方人民政府应当推动数据要素市场化建设，发展数据运营机构、数据经纪人，推进数据交易，规范数据交易行为，促进数据高效流通。有条件的地区可以依法设立**数据交易场所**，鼓励和引导数据供需双方在数据交易场所进行交易。
	《广西壮族自治区大数据发展条例》	**第五十条** 自治区按照国家规定设立**数据交易场所**。 数据交易场所应当建立健全数据交易、风险管理等制度，依法提供数据交易服务。 鼓励数据交易场所与各类金融机构、中介机构合作，建立涵盖价格评估、流转交易、担保、保险等业务的综合服务体系。 **第五十三条** 第二款　从事数据交易活动的市场主体可以依法自主定价。但执行政府定价、政府指导价的除外。 第三款　自治区相关主管部门制定数据交易价格评估导则，构建交易价格评估指标体系。
	《四川省数据条例》	**第三十四条** 政务部门和财政资金保障运行的公共服务组织应当通过依法设立的**数据交易场所**开展数据交易；鼓励符合条件的市场主体在依法设立的数据交易场所开展数据交易。

续表

具体表述	典型文件	具体规范
（大）数据交易（场）所	《重庆市数据条例》	**第三十八条** 本市按照国家规定，设立**数据交易场所**。 政务部门和财政资金保障运行的公共服务组织应当通过依法设立的数据交易场所开展数据交易；鼓励市场主体在依法设立的数据交易场所开展数据交易。
数据交易场所运营机构	《深圳市数据交易管理暂行办法》	**第十条** **数据交易场所运营机构**原则上应当采取公司制组织形式，依法建立健全法人治理结构，完善议事规则、决策程序和内部审计制度，加强内控管理，保持内部治理的有效性。

（三）为数据交易买卖双方提供服务的主体

在数据交易场景下，"为数据交易买卖双方提供服务的主体"也是一种重要的数据主体，地方数据立法对这类主体的规定各不相同。例如，《天津市数据交易管理暂行办法》提出了"数据交易服务机构"的表述；《厦门经济特区数据条例》同时使用了"数据商"和"数据交易服务机构"两类表述；《贵州省数据流通交易管理办法（试行）》在第五章"交易主体"规定了"数据商""数据中介"等；而《上海市促进浦东新区数据流通交易若干规定（草案）》提及了"数商"的概念，其内涵与《贵州省数据流通交易管理办法（试行）》"数据商"基本一致；广东省的立法对这类主体分别采用了数据商、数据经纪人、第三方专业服务机构这三种表述；[1]《深圳市数据交易管理暂行办法》将数据商作为与数据卖方、数据买方并列的数据交易主体，但《深圳市数据商和数据流通交易第三方服务机构管理暂行办法》又对数据商和第三方服务机构做了单独规定。

根据条文表述，数据中介、第三方服务机构、数据服务机构、数据交易中介服务机构仅为数据交易中的"第三方"。而数据商承载着双重身份，一方面其可以收集、开发数据形成数据产品，从而作为数据交易中的卖方进场交易；[2]另一方面其可以作为第三方为数据交易双方提供数据产品开发、发布、承销和数据资产的合规化、标准化、增值化服务，以及交易撮合、交易代理、专业咨询、数据经纪、数据交付等专业服务。[3]关于数据商的身份，在《深圳市数据商和数据流通交易第三方服务机构管理暂行办法》和《深圳市数据交易管理暂行办法》中数据商仅限企业法人，《贵州省数据流通交易管理办法（试行）》中数据商可以是公民、法人和其他组织。

---

〔1〕　参见《广东省数据流通交易管理办法（试行）》（征求意见稿）和《广东省数据经纪人管理规则（试行）》（征求意见稿）。

〔2〕　《深圳市数据交易管理暂行办法》第6条规定："数据交易主体包括数据卖方、数据买方和数据商。数据卖方应当作为数据商或通过数据商保荐，方可开展数据交易。"

〔3〕　关于数据商的身份，在《深圳市数据商和数据流通交易第三方服务机构管理暂行办法》和《深圳市数据交易管理暂行办法》中数据商仅限企业法人，《贵州省数据流通交易管理办法（试行）》中数据商可以是公民、法人和其他组织。

表 4 - 17　为数据交易买卖双方提供服务的主体

具体表述	典型文件	具体规范
（大）数据交易服务机构	《天津市数据交易管理暂行办法》	**第七条 【交易主体】** 数据供方是指在数据交易中提供数据商品和数据服务的公民、法人和其他组织，数据需方是指在数据交易中购买和使用数据商品和数据服务的公民、法人和其他组织。**数据交易服务机构**是指依托数据交易服务平台为数据供需双方提供数据交易服务的组织机构。
	《四川省数据条例》	**第三十六条** **数据交易服务机构**应当建立规范透明、安全可控、可追溯的数据交易服务环境，制定交易服务流程、内部管理制度以及机构自律规则，采取有效措施保护个人隐私、个人信息、商业秘密、保密商务信息等数据，并在提供服务过程中，遵守下列规定： （一）要求数据提供方说明数据来源； （二）审核数据交易双方的身份； （三）留存相关审核、交易记录； （四）监督数据交易、结算和交付； （五）采取必要技术手段确保数据交易安全； （六）其他法律、法规的规定。
	《上海市数据交易场所管理实施暂行办法》	**第二条** 第四款　**数据交易服务机构**是指在数据交易活动中提供数据资产、数据合规性、数据质量等第三方评估以及交易撮合、交易代理、专业咨询、数据经纪、数据交付等专业服务的机构。
	《厦门经济特区数据条例》	**第四十一条** 市人民政府应当推动数据交易市场建设，培育数据商和**数据交易服务机构**，为数据交易双方提供数据产品开发、发布、承销和数据资产的合规化、标准化、增值化服务，以及交易撮合、交易代理、专业咨询、数据经纪、数据交付等专业服务。 **数据交易服务机构**应当建立规范透明、安全可控、可追溯的数据交易服务环境，制定交易服务流程、内部管理制度以及机构自律规则，并采取有效措施保护个人隐私、个人信息、商业秘密和国家秘密等。
	《贵州省大数据发展应用促进条例》	**第十九条** 鼓励和引导数据交易当事人在依法设立的**数据交易服务机构**进行数据交易。 数据交易服务机构应当具备与开展数据交易服务相适应的条件，配备相关人员，制定数据交易规则、数据交易备案登记等管理制度，依法提供交易服务。
	《宁夏回族自治区大数据产业发展促进条例（草案）》	**第四十条** 自治区人民政府应当支持**数据交易服务机构**建设，建立健全数据资产知识产权保护和交易服务规则，培育和规范数据交易市场。鼓励和引导数据交易当事人在依法设立的数据交易服务机构进行数据交易。 数据交易服务机构应当制定数据交易规则、数据交易备案登记等管理制度，依法提供交易服务。

续表

具体表述	典型文件	具体规范
（大）数据交易服务机构	《天津市促进大数据发展应用条例》	**第四十五条** 市和区人民政府及其有关部门应当采取措施培育数据交易市场，规范交易行为，鼓励、支持通过数据交易等方式依法开发利用政务数据和社会数据，鼓励产业链各环节市场主体进行数据交换和交易，促进数据资源流通。 鼓励和引导数据交易当事人在依法设立的**数据交易服务机构**进行数据交易，促进大数据的开发应用。
	《安徽省大数据发展条例》	**第三十九条** 第一款　**大数据交易服务机构**应当建立安全可信、管理可控、全程可追溯的数据交易环境，制定数据交易、信息披露、自律管理等规则，依法保护个人信息、隐私和商业秘密。
数据中介	《贵州省数据流通交易管理办法（试行）》	**第十七条** 第五款　**数据中介**是指依法设立，接受委托，有偿提供鉴证性、代理性、信息性等数据服务的法人或者其他组织，具体开展数据交易价格评估、合规认证、安全评估、交易担保、资产价值评估、信用评价及人才培训等第三方专业数据服务。需在数据交易场所注册，获得数据中介凭证。
数据商	《广东省数据流通交易管理办法（试行）》（征求意见稿）	**第四条【术语定义】** 本办法下列用语的含义： ……（五）**数据商**，是指为数据交易双方提供数据产品开发、发布、承销和数据资产的合规化、标准化、增值化等服务机构……
	《贵州省数据流通交易管理办法（试行）》	**第十七条** 第四款　**数据商**是指为数据交易双方提供数据产品开发、发布、承销和数据资产合规化、标准化、增值化服务的公民、法人和其他组织。需在数据交易场所注册，获得数据商凭证。
	《深圳市数据商和数据流通交易第三方服务机构管理暂行办法》	**第三条** 第一款　本办法所称**数据商**，是指从各种合法来源收集或维护数据，经汇总、加工、分析等处理转化为交易标的，向**买方**出售或许可；或为促成并顺利履行交易，向委托人提供交易标的发布、承销等服务，合规开展业务的企业法人。
	《深圳市数据交易管理暂行办法》	**第五条** 第四款　**数据商**是指从各种合法来源收集或维护数据，经汇总、加工、分析等处理转化为交易标的，向买方出售或许可；或为促成并顺利履行交易，向委托人提供交易标的发布、承销等服务，合规开展业务的企业法人。
	《厦门经济特区数据条例》	**第四十一条** 第一款　市人民政府应当推动数据交易市场建设，培育**数据商**和数据交易服务机构，为数据交易双方提供数据产品开发、发布、承销和数据资产的合规化、标准化、增值化服务，以及交易撮合、交易代理、专业咨询、数据经纪、数据交付等专业服务。

具体表述	典型文件	具体规范
数商	《上海市促进浦东新区数据流通交易若干规定（草案）》	**第十五条**（促进数商发展） 本市支持发展**为数据交易提供数据产品开发、发布、承销和数据资产的合规化、标准化、增值化服务的各类市场主体**（以下统称**数商**），鼓励各种所有制数商公平竞争、共同发展。 浦东新区人民政府应当制定支持数商发展的政策举措，建设数据要素产业空间和数商培育载体，加强对数商业务创新、人才引进、挂牌上市等服务，培育贴近业务需求的行业性、产业化数商。 数商可以按照约定委托上海数据交易所开展相关业务。依法应当由符合条件的数商开展的营利性活动，上海数据交易所不得开展。
数据经纪人	《广东省数据流通交易管理办法（试行）》（征求意见稿）	**第四条 【术语定义】** 本办法下列用语的含义： ……（四）**数据经纪人**，是指经省数据流通交易主管部门认定，利用行业整合能力，通过开放、共享、增值服务、撮合等多种方式整合利用有关数据，促进行业数据与公共数据融合流通的中介服务机构……
数据经纪人	《广东省数据经纪人管理规则（试行）》（征求意见稿）	**第二条 【术语定义】** **数据经纪人**是指经省政务服务数据管理局认定，利用行业整合能力，通过开放、共享、增值服务、撮合等多种方式整合利用有关数据，促进行业数据与公共数据融合流通的中介服务机构，旨在建立供需信任关系、挖掘数据要素价值、维护各方合法权益、活跃数据要素市场，促进数据可信有序流通和市场化利用。 数据经纪人根据自身基础及业务范围包括但不限于技术赋能型、数据赋能型、受托行权型： （一）**技术赋能型**是指自身不拥有数据，通过提供技术支撑促进数据供需对接的数据经纪人； （二）**数据赋能型**是指将自身数据资源与供方数据融合，以满足需求方特定需求的数据经纪人； （三）**受托行权型**是指自身不拥有数据，主要代表数据权益人行使数据权利、争取数据权益的数据经纪人。
第三方服务机构	《深圳市数据商和数据流通交易第三方服务机构管理暂行办法》	**第三条** 第二款　**第三方服务机构**是指辅助数据交易活动有序开展，提供法律服务、数据资产化服务、安全质量评估服务、培训咨询服务及其它第三方服务的法人或非法人组织。
第三方服务机构	《深圳经济特区数字经济产业促进条例》	**第二十七条** 鼓励建设和发展数据登记、数据价值评估、数据合规认证、交易主体信用评价等**第三方服务机构**，构建和完善数据要素市场服务体系。具体办法由市发展改革部门会同有关部门制定。
第三方服务机构	《深圳市数据交易管理暂行办法》	**第五条** 第五款　**第三方服务机构**是指辅助数据交易活动有序开展，提供法律服务、数据资产化服务、安全质量评估服务、培训咨询服务及其他第三方服务的法人或非法人组织。

具体表述	典型文件	具体规范
第三方服务机构	《江西省数据应用条例》	**第三十一条** 县级以上人民政府应当有序培育数据集成、数据经纪、合规认证、安全审计、数据公证、数据保险、数据托管、资产评估、争议仲裁等**第三方专业服务机构**，提升数据流通和交易全流程服务能力。
第三方专业服务机构	《广东省数据流通交易管理办法（试行）》（征求意见稿）	**第四条 【术语定义】** 本办法下列用语的含义： ……（六）**第三方专业服务机构**，是指提供数据集成、数据经纪、合规认证、安全审计、数据公证、数据保险、数据托管、资产评估、争议仲裁、风险评估、人才培训等专业服务的机构……
数据交易中介服务机构	《重庆市数据条例》	**第三十七条** 第一款 本市支持**数据交易中介**服务机构有序发展，为数据交易提供专业咨询、资产评估、登记结算、交易撮合、争议仲裁等专业服务。 第二款 市数据主管部门应当建立健全数据交易管理制度，规范数据交易行为，加强对数据交易中介服务机构的监督管理。
数据交易中介服务机构	《广西壮族自治区大数据发展条例》	**第五十四条** 县级以上人民政府大数据主管部门应当加强对**数据交易中介服务机构**的监督管理，支持数据交易中介服务机构有序发展。 数据交易中介服务机构应当建立健全内部管理制度，明确数据交易服务流程，优化数据交易服务环境，采取有效措施保护国家秘密、商业秘密、个人隐私，并在提供服务过程中遵守下列规定： （一）要求数据提供方说明数据来源、数据合法承诺书； （二）审核数据交易双方的身份； （三）留存相关审核、交易记录； （四）监督数据交易、结算和交付； （五）采取必要技术手段确保数据交易安全； （六）法律、法规的其他规定。
数据服务机构	《江西省数据条例（征求意见稿)》	**第三十三条 【第三方评估机构】** 鼓励支持数据价值评估、数据质量评估、数据合规评估等第三方评估机构发展，支持**数据服务机构**提供数据交易、数据经纪等专业服务，提高数据要素产业服务水平。

（四）数据交易（服务）平台（机构）

就数据交易（服务）平台（机构）而言，《天津市数据交易管理暂行办法》在附则部分明确规定了数据交易服务平台是数据交易服务机构管理的、为数据交易提供各项服务的信息系统。《深圳经济特区数字经济产业促进条例》《深圳经济特区数据条例》《广东省公共数据管理办法》《江西省公共数据管理办法》《江西省数据条例（征求意见稿)》《山西省数字经济促进条例》《陕西省大数据条例》《海南省大数据开发应用条例》《山西省大数据发展应用促进条例》《安徽省大数据发展条例》等提出"当地的人民政府应当推动建立数据交易平台，引导市场主体通过数据交易平台进行数据交易"。《广东省数据流通交易技术安全规范（试行）》（征求意见稿）不仅提到了"数据交易平台"，还提到了"数据流通交易监管平台"。《山东省大数据发展促进条例》《海南省大数据开发应用条例》《广东省公共数据管理办法》在规定数据交易平台的同时还规定了"数据交易平台运营者""大数据交易平台建设单位""数据交易平台的开办者"等表述。实际上，上述"数据交易（服务）平台（机构）"并非是"数据主体"，而仅是作为数据交易的系统。

表 4 - 18　关于数据交易（服务）平台（机构）的规定

具体表述	典型文件	具体规范
（大）数据交易平台	《深圳经济特区数字经济产业促进条例》	**第二十五条** 市人民政府应当推动依法设立**数据交易平台**，制定交易制度规则，培育高频标准化交易产品和场景，推动探索数据跨境流通、数据资产证券化等交易模式创新。
	《深圳经济特区数据条例》	**第六十五条** 市人民政府应当推动建立**数据交易平台**，引导市场主体通过数据交易平台进行数据交易。 市场主体可以通过依法设立的**数据交易平台**进行数据交易，也可以由交易双方依法自行交易。
	《黑龙江省促进大数据发展应用条例》	**第三十一条** 省人民政府应当统筹规划，加快培育数据要素市场。省政务数据主管部门应当会同有关部门建立**数据交易平台**，引导依法交易数据，规范数据交易行为，加强数据交易监管，促进数据资源依法有序、高效流动与应用。 省人民政府应当制定政策，培育数据要素市场主体，鼓励研发数据技术、推进数据应用，深度挖掘数据价值，通过实质性加工和创新性劳动形成数据产品和服务。
	《广东省公共数据管理办法》	**第三十八条** 省人民政府推动建立数据交易平台，引导市场主体通过**数据交易平台**进行数据交易。 数据交易平台的开办者应当建立安全可信、管理可控、可追溯的数据交易环境，制定数据交易、信息披露、自律监管等规则，自觉接受公共数据主管部门的监督检查。 数据交易平台应当采取有效措施，依法保护商业秘密、个人信息和隐私以及其他重要数据。 政府向社会力量购买数据服务有关项目，应当纳入数字政府建设项目管理范围统筹考虑。
	《江西省公共数据管理办法》	**第二十七条** 县级以上人民政府应当将公共数据作为促进经济社会发展的重要生产要素，统一纳入数据要素市场化发展体系，推动建立**数据交易平台**，在确保安全的前提下，引导市场主体通过**数据交易平台**进行数据交易，提高数据资源配置效率。

具体表述	典型文件	具体规范
（大）数据交易平台	《江西省数据条例（征求意见稿）》	**第三十条【交易平台】** 省人民政府应当推动建立全省统一的**数据交易平台**，推动区域性、行业性数据流通使用。 公共管理和服务机构应当通过依法设立的统一的数据交易平台开展数据交易；鼓励引导市场主体通过数据交易平台进行数据交易。
	《山西省数字经济促进条例》	**第五十一条** 省人民政府应当培育发展**数据交易平台**，构建数据资产市场化流通体系，推动建设山西省大数据交易中心，推进数据交易主体在依法设立的**大数据交易平台**进行交易。
	《陕西省大数据条例》	**第三十五条** 省人民政府应当培育数据要素市场，规范数据交易行为，鼓励和引导市场主体在依法设立的**数据交易平台**进行数据交易。数据交易应当遵守法律、行政法规规定，不得损害国家利益、社会公共利益和他人合法权益。
	《海南省大数据开发应用条例》	**第四十一条** 省大数据管理机构应当培育数据交易市场，规范交易行为，鼓励和引导数据交易主体在依法设立的**大数据交易平台**进行数据交易，加强对大数据交易平台的监管。
	《山西省大数据发展应用促进条例》	**第十一条** 支持培育大数据交易市场，鼓励数据交易主体在依法设立的**大数据交易平台**进行数据交易。数据交易应当遵循自愿、公平和诚信原则，遵守法律法规，尊重社会公德，不得损害国家利益、公共利益和他人合法权益。 依法获取的各类数据经过处理无法识别特定个人且不能复原的，或者经过特定数据提供者明确授权的，可以交易、交换或者以其他方式开发利用。
数据交易平台、数据流通交易监管平台	《广东省数据流通交易技术安全规范（试行）》（征求意见稿）	**第三条** ……（二）完善数据流通交易全业务流程支撑体系。依托数字政府公共支撑能力，建设**数据资产登记平台**（以下简称登记平台）、**数据交易平台**和**数据流通交易监管平台**（以下简称监管平台），鼓励探索行业数据空间，提供数据汇聚治理、加工开发、登记评估、交易结算、交付使用、全流程监管等数据流通交易业务支撑能力……
数据要素交易平台	《安徽省大数据发展条例》	**第三十八条** 省人民政府数据资源主管部门应当会同有关部门统筹大数据交易服务机构的设立，搭建**数据要素交易平台**，建立数据产权交易机制，推动建立行业自律机制。 县级以上人民政府应当建立健全培育数据要素市场的政策措施，加快数据要素市场的培育发展，提高配置效率，促进数据资源有效流通。

续表

具体表述	典型文件	具体规范
		鼓励数据要素交易平台与各类金融机构、中介机构合作，形成包括权属界定、价格评估、流转交易、担保、保险等业务的综合服务体系。
数据交易机构	《北京市数字经济促进条例》	**第二十二条** 支持在依法设立的**数据交易机构**开展数据交易活动。数据交易机构应当制定数据交易规则，对数据提供方的数据来源、交易双方的身份进行合规性审查，并留存审查和交易记录，建立交易异常行为风险预警机制，确保数据交易公平有序、安全可控、全程可追溯。 本市公共机构依托数据交易机构开展数据服务和数据产品交易活动。 鼓励市场主体通过数据交易机构入场交易。
	《上海市公共数据开放暂行办法》	**第三十一条（非公共数据交易）** 市经济信息化部门应当会同相关行业主管部门制定非公共数据交易流通标准，依托**数据交易机构**开展非公共数据交易流通的试点示范，推动建立合法合规、安全有序的数据交易体系。
数据交易平台运营者	《山东省大数据发展促进条例》	**第四十五条** 第一款　县级以上人民政府应当依法推进数据资源市场化交易，并加强监督管理；鼓励和引导数据资源在依法设立的数据交易平台进行交易。 第二款　**数据交易平台运营者**应当制定数据交易、信息披露、自律监管等规则，建立安全可信、管理可控、全程可追溯的数据交易环境。
大数据交易平台建设单位	《海南省大数据开发应用条例》	**第四十二条** **大数据交易平台建设单位**应当制定和完善数据交易规则、信息披露规则、数据交易备案登记等管理制度。 **大数据交易平台建设单位**应当建立安全可信、管理可控、全程可追溯的数据生产、共享、开放、交易和流转环境，保证数据交易安全可信。
数据交易平台的开办者	《广东省公共数据管理办法》	**第三十八条** 省人民政府推动建立数据交易平台，引导市场主体通过数据交易平台进行数据交易。 **数据交易平台的开办者**应当建立安全可信、管理可控、可追溯的数据交易环境，制定数据交易、信息披露、自律监管等规则，自觉接受公共数据主管部门的监督检查。 数据交易平台应当采取有效措施，依法保护商业秘密、个人信息和隐私以及其他重要数据。 政府向社会力量购买数据服务有关项目，应当纳入数字政府建设项目管理范围统筹考虑。

四、特殊领域数据场景下的数据主体规定

（一）科学数据场景下的数据主体规定

由于国务院办公厅于 2018 年 3 月 17 日公布了《科学数据管理办法》以加强和规范科学数据管理，各地涉及科学数据的立法文件均以此为参照，具有相似的篇章结构和内容表述。[1]

1. 数据收集相关主体

关于数据收集者，科学数据立法文件使用的表述包括"科研院所、高等院校和企业等法人单位""（科学）数据生产者"和"科学数据采集（征集）项目承担单位"。

2. 数据使用相关主体

涉及数据使用的主体，科学数据的专门立法中采用的表述即为"（科学数据）使用者"。同时，相关立法进一步规定科学数据使用者在使用科学数据时需注意科学数据的特殊性，须遵守知识产权相关规定，在论文发表、专利申请、专著出版等工作中注明所使用和参考引用的科学数据。[2]

表 4-19　科学数据关于收集主体的规定

具体表述	典型文件	具体规范
科学数据生产者	《黑龙江省贯彻落实〈科学数据管理办法〉实施细则》	**第十二条** **第一款　法人单位及科学数据生产者**要按照相关标准规范组织开展科学数据采集生产和加工整理，形成便于使用的数据库或数据集。
	《甘肃省科学数据管理实施细则》	**第十二条** **法人单位及科学数据生产者**要按照相关标准规范组织开展科学数据采集生产和加工整理，形成便于使用的数据库或数据集。法人单位应建立科学数据质量控制体系，保证数据的准确性和可用性。
	《云南省科学数据管理实施细则》	**第十二条** **法人单位及科学数据生产者**要按照我省科学数据资源目录格式以及科学数据标准规范组织开展科学数据采集生产和加工整理，形成便于使用的数据库或数据集。
	《吉林省科学数据管理办法》	**第十一条** **法人单位及科学数据生产者**要按照吉林省科学数据标准规范组织开展科学数据采集生产和加工整理，形成便于使用的数据集。

---

〔1〕《国务院关于印发科学数据管理办法的通知》，载 http://www. gov. cn/zhengce/content/2018-04/02/content_5279272. htm，最后访问日期：2023 年 4 月 8 日。

〔2〕《科学数据管理办法》第 2 条规定："本办法所称科学数据主要包括在自然科学、工程技术科学等领域，通过基础研究、应用研究、试验开发等产生的数据，以及通过观测监测、考察调查、检验检测等方式取得并用于科学研究活动的原始数据及其衍生数据。"

续表

具体表述	典型文件	具体规范
科学数据生产者	《江苏省科学数据管理实施细则》	**第十一条** **法人单位**及**科学数据生产者**要按照相关标准规范组织开展科学数据采集生产和加工整理，形成便于使用的数据库或数据集。法人单位应建立科学数据质量控制体系，保证数据的准确性和可用性。对企业研究开发产生的科学数据的管理通过合同方式予以约定。
	《广西科学数据管理实施办法》	**第十五条** **法人单位**及**科学数据生产者**要按照相关标准规范组织开展科学数据采集生产和加工整理，形成便于使用的数据库或数据集。法人单位应建立科学数据质量控制体系，保证数据的准确性和可用性。
	《山东省科学数据管理实施细则》	**第二十条** **法人单位**及**科学数据生产者**要按照相关标准规范组织开展科学数据采集生产和加工整理，形成便于使用的数据库或数据集，保证数据的准确性和可用性。
	《四川省科学数据管理实施细则》	**第十三条** **法人单位**及**科学数据生产者**要按照相关标准规范组织开展科学数据采集生产和加工整理，形成便于使用的数据库或数据集。数据类型包括但不限于音频、视频、图片、表格、文字、数字等。
	《上海市科学数据管理实施细则（试行）》（草案）	**第十五条** **法人单位**和**科学数据生产者**要按照相关标准规范组织开展科学数据采集生产和加工整理，形成便于使用的数据库或数据集。法人单位应建立科学数据质量控制体系，保证数据的准确性和可用性。
	《宁夏回族自治区科学数据管理实施细则》	**第十一条** **法人单位**及**科学数据生产者**要确保科学数据来源可靠，按照相关标准规范组织开展科学数据采集生产和加工整理，形成便于使用的数据库或数据集。
数据生产者	《广西科学数据管理实施办法》	**第十三条** 科研院所、高等院校和企业等**法人单位**（以下统称法人单位）是科学数据管理的责任主体，主要职责是…… （八）负责本单位**数据生产者**的业务培训工作，以及履行其他与本单位科学数据管理有关的职责。
科学数据采集（征集）项目承担单位	《湖北省科学数据管理实施细则》	**第十三条** **科学数据采集（征集）项目承担单位**应按照相关数据标准开展科学数据采集（征集）、加工工作，并建立科学数据质量控制体系、数据保存制度和汇交制度，明确汇交程序，履行汇交职责，保证数据的准确、完整、合法和可用。

表 4 – 20 科学数据关于使用主体的规定

具体表述	典型文件	具体规范
（科学数据）使用者	《甘肃省科学数据管理实施细则》	**第二十三条** 科学数据使用者应遵守知识产权相关规定，在论文发表、专利申请、专著出版等工作中注明所使用和参考引用的科学数据。
	《安徽省科学数据管理实施办法》	**第二十一条** 使用者共享利用科学数据需向省科研领域科学数据中心或相应的省行业领域科学数据中心提出申请，说明使用的目的、范围、方式、自身资质能力等内容。
	《内蒙古自治区科学数据管理办法》	**第二十二条** 主管部门和法人单位应完善科学数据知识产权保护制度和机制，积极推动科学数据出版和传播工作，支持科研人员整理发表产权清晰、准确完整、共享价值高的科学数据。 科学数据使用者应遵守知识产权相关规定，在论文发表、专利申请、专著出版等工作中注明所使用和参考引用的科学数据。
	《山东省科学数据管理实施细则》	**第三十条** 科学数据使用者应遵守知识产权相关规定，在论文发表、专利申请、专著出版等工作中注明所使用和参考引用的科学数据。
	《四川省科学数据管理实施细则》	**第二十七条** 科学数据使用者应遵守知识产权相关规定，在论文发表、专利申请、专著出版等工作中注明所使用和参考引用的科学数据。
	《宁夏回族自治区科学数据管理实施细则》	**第二十条** 科学数据使用者应遵守知识产权相关规定，在论文发表、专利申请、专著出版等工作中注明所使用和参考引用的科学数据。
	《上海市科学数据管理实施细则（试行)》（草案）	**第二十五条** 科学数据使用者应遵守知识产权相关规定，在论文发表、专利申请、专著出版等工作中注明所使用和参考引用的科学数据。
	《黑龙江省贯彻落实〈科学数据管理办法〉实施细则》	**第二十五条** 科学数据使用者应遵守知识产权相关规定，在论文发表、专利申请、专著出版等工作中注明所使用和参考引用的科学数据。
	《湖北省科学数据管理实施细则》	**第二十一条** 科学数据使用者通过省科学数据共享交换服务系统使用科学数据的，应向科学数据提供方提供书面使用承诺。在使用时必须严格遵守知识产权相关规定，在论文发表、专利申请、专著出版等工作中注明所使用和参考引用的科学数据。
	《吉林省科学数据管理办法》	**第二十一条** 科学数据使用者应遵守知识产权相关规定，在论文发表、专利申请、专著出版等工作中注明所使用和参考引用的科学数据。
	《广西科学数据管理实施办法》	**第二十八条** 科学数据使用者应遵守知识产权相关规定，在论文发表、专利申请、专著出版等工作中注明所使用和参考引用的科学数据。

（二）教育数据场景下的数据主体规定

教育数据专门立法共4份，其中《内蒙古自治区教育厅机关及直属事业单位教育数据管理办法（试行）》和《上海教育数据管理办法（试行）》关于数据主体的规定在结构和内容上相似度较高，[1] 而《北京市教育数据资源管理办法（试行）》《浙江省教育数据暂行管理办法》则各具特色。

1. 数据收集相关主体

在4份教育数据管理办法中，《上海教育数据管理办法（试行）》和《内蒙古自治区教育厅机关及直属事业单位教育数据管理办法（试行）》将"根据职能采集或产生某类数据的部门"分别规定为"数据归属部门"和"数据权属部门"，其中《上海教育数据管理办法（试行）》在论述数据归属时又提出"数据采集部门"的表述。

表4-21　教育数据关于收集主体的规定

具体表述	典型文件	具体规范
数据采集部门、数据归属部门	《上海教育数据管理办法（试行）》	**第六条** **数据归属部门**是指根据职能采集或产生某类数据的部门，是该类数据的唯一权威来源，对该类数据有管理和审核权。数据归属部门负责该类数据的采集、归集和质量管理，并审核其他部门对该类数据提出的共享申请。 原则上，当数据尚未被上级部门归集时，数据归属权归**数据采集部门**所有；当数据被上级部门归集后，数据归属权应转移至上级部门。
数据权属部门	《内蒙古自治区教育厅机关及直属事业单位教育数据管理办法（试行）》	**第六条** 数据权属部门是指根据职能采集或产生某类数据的部门，是该类数据的唯一权威来源，对该类数据拥有管理和审核权，包括厅机关各处室及直属事业单位。数据权属部门按照"谁主管，谁提供，谁负责"的原则，负责该类数据的采集和质量管理，并审核其他部门对该类数据提出的共享申请。

2. 数据使用相关主体

《北京市教育数据资源管理办法（试行）》和《浙江省教育数据暂行管理办法》均规定了"（数据）使用单位"。《内蒙古自治区教育厅机关及直属事业单位教育数据管理办法（试行）》和《上海教育数据管理办法（试行）》使用"数据使用部门"的表述，并明确界定因履行职责需要申请使用数据的部门是数据使用部门。

表4-22　教育数据关于使用主体的规定

具体表述	典型文件	具体规范
（数据）使用单位	《浙江省教育数据暂行管理办法》	**第十九条** **数据使用单位**应在遵循国家法律法规的前提下合理使用数据，不得将数据应用于以营利为目的的活动。

---

〔1〕　详见《内蒙古自治区教育厅机关及直属事业单位教育数据管理办法（试行）》和《上海教育数据管理办法（试行）》的第5条至第9条，二者的结构和内容均高度相似。

续表

具体表述	典型文件	具体规范
（数据）使用单位	《北京市教育数据资源管理办法（试行)》	**第二条** 第二款　本办法所称各单位，是指市、区教育行政部门、直属事业单位、各级各类学校等全市教育系统相关单位。根据教育数据资源供需关系，划分为提供单位和**使用单位**。
数据使用部门	《上海教育数据管理办法（试行）》	**第七条** **数据使用部门**指因履行职责需要申请使用数据的部门。数据使用部门根据业务需要和数据使用的相关规定，提出数据使用申请，并按规定在授权范围内合理安全地使用数据。
数据使用部门	《内蒙古自治区教育厅机关及直属事业单位教育数据管理办法（试行）》	**第七条** **数据使用部门**指因履行职责需要申请使用数据的部门，包括各级各类教育单位及其他政务部门。数据使用部门根据工作需要和数据使用的相关规定，提出数据使用申请，并按规定在授权范围内合理安全地使用数据。 上述的"各级各类教育单位"指各级各类教育行政部门、高等学校、中等职业学校、中小学、幼儿园等教育单位（部门）。

3. 数据提供相关主体

4份立法文件中，只有《北京市教育数据资源管理办法（试行)》根据教育数据资源供需关系特别规定了"提供单位"。提供单位按照"谁提供、谁维护，谁使用、谁负责"的原则，应及时更新数据资源。[1] 在教育数据共享场景中，当使用单位为北京市教育系统外的其他单位时，对有条件共享类数据资源，根据"谁提供、谁授权"的原则，提供单位同意后方可共享。[2]

表4-23　教育数据关于数据提供主体的规定

具体表述	典型文件	具体规范
提供单位	《北京市教育数据资源管理办法（试行)》	**第二条** 第二款　本办法所称各单位，是指市、区教育行政部门、直属事业单位、各级各类学校等全市教育系统相关单位。根据教育数据资源供需关系，划分为**提供单位**和使用单位。

---

〔1〕《北京市教育数据资源管理办法（试行)》第16条规定：按照"谁提供、谁维护，谁使用、谁负责"的原则，提供单位应及时更新数据资源，确保数据资源的质量和时效。使用单位对共享获取的数据资源只能用于履行职责需要，不得以任何方式提供给第三方，也不得用于或变相用于其他目的。各单位应优先通过"用而不存"的在线接口方式使用共享数据。

〔2〕《北京市教育数据资源管理办法（试行)》第15条第5款规定：无条件共享类数据资源由市教育大数据平台实现共享；对有条件共享类数据资源，使用单位为市教育系统各单位的，由市教育大数据平台实现共享，其他外部使用单位的，按照"谁提供、谁授权"的原则，由提供单位同意后进行共享，提供单位应于受理后3个工作日内完成共享响应，不予授权的应说明原因。

（三）健康（医疗）数据场景下的数据主体规定

健康（医疗）数据立法文件共 5 份，[1] 但只有《山东省健康医疗大数据管理办法》和《重庆市卫生健康行业健康医疗数据资源管理办法》两份文件出现了数据主体的相关表述。

1. 数据收集相关主体

《山东省健康医疗大数据管理办法》和《重庆市卫生健康行业健康医疗数据资源管理办法》分别使用了"数据生产单位"与"生产应用单位"的表述，都规定数据生产单位、生产应用单位需要将其产生的健康（医疗）数据归集到相应的平台中。

表 4 - 24　健康（医疗）数据关于收集主体的规定

具体表述	典型文件	具体规范
数据生产单位	《山东省健康医疗大数据管理办法》	**第七条** 政府举办的医疗卫生机构和国有健康服务企业，应当依法将其提供服务产生的健康医疗相关数据汇聚到健康医疗大数据平台。 鼓励前款规定之外的**数据生产单位**，将其产生的健康医疗数据汇聚到健康医疗大数据平台。 法律、法规对个人隐私和个人信息保护另有规定的，依照其规定执行。
生产应用单位	《重庆市卫生健康行业健康医疗数据资源管理办法》	**第四条【名称定义】** 第二款　各级各类医疗卫生健康服务单位是健康医疗数据资源的**生产应用单位**（以下简称"生产应用单位"）。
		第十二条【数据采集】 第一款　**生产应用单位**应当按照卫生健康行业健康医疗数据资源的资源目录和相关标准规范，依法依规开展数据采集工作，所采集的原始数据应当符合业务应用和管理要求，应当保证原始数据的真实性；应当完善本单位内健康医疗数据资源整合，形成身份标识唯一、基本数据项一致、内部信息互联互通；开展健康医疗应用系统建设，应当同步规划健康医疗数据的归集、整合，并按照规定上报健康医疗数据资源目录；负责将本单位健康医疗数据资源目录中的数据资源归集到本级全民健康信息平台；所采集的信息应当严格实行信息复核程序，避免重复采集、多头采集。

2. 数据使用相关主体

《重庆市卫生健康行业健康医疗数据资源管理办法》和《山东省健康医疗大数据管理办法》分别使用了"数据使用方"和"数据使用单位"的表述。对有条件开放数据，数据使用方、数据使用单位均需要获准使用健康医疗数据并签订数据使用协议。[2]

---

〔1〕　文件名称为《山东省健康医疗大数据管理办法》、宁夏回族自治区《自治区卫生健康委员会数据安全传输及灾备管理规范（试行）》《重庆市卫生健康行业健康医疗数据资源管理办法》《青海省健康保障一体化省级综合平台跨行业数据交换与信息共享管理办法》《深圳市卫生健康数据管理办法》。

〔2〕　《重庆市卫生健康行业健康医疗数据资源管理办法》第 16 条第 3 款规定："属于有条件共享类的，由数据使用方提出使用申请，经各级主管单位审核同意后，通过各级全民健康信息平台获取"；第 6 款规定："数据使用方获准使用数据，应按照要求与本级主管单位签订《重庆市卫生健康行业健康医疗数据资源资源共享协议书》。数据使用方通过共享获得的健康医疗数据资源，只能用于本单位履行职责需要，不得直接或以改变数据形式等方式提供给第三方，也不得用于或变相用于其他目的，亦不得超出其申请和被授权的数据使用范围和目的使用和发布卫生健康行业健康医疗数据资源。"

表 4 - 25　健康（医疗）数据关于使用主体的规定

具体表述	典型文件	具体规范
数据使用方	《重庆市卫生健康行业健康医疗数据资源管理办法》	**第四条【名称定义】** 第四款　依法依规获得各级卫生健康行政部门授权共享使用卫生健康行业健康医疗数据资源的政府机关、事业单位、企业及其他组织是健康医疗数据资源的**数据使用方**（以下简称"数据使用方"）。
数据使用单位	《山东省健康医疗大数据管理办法》	**第十一条** 第二款　对有条件开放数据，由健康医疗大数据管理机构与**数据使用单位**签订数据使用协议后进行定向开放。协议应当明确数据的使用范围、条件、数据产品、保密责任和安全措施等内容。

（四）地理数据场景下的数据主体规定

根据统计，有7个省对地理数据进行了专门立法。[1]

1. 数据使用相关主体

地理数据立法文件使用的表述包括"（数据）使用单位""使用基础地理信息数据的部门和单位"。

表 4 - 26　地理数据关于数据使用主体的规定

具体表述	典型文件	具体规范
（数据）使用单位	《山东省地理空间数据管理办法》	**第十七条** 无条件共享数据可在线使用或者申请离线使用；有条件共享数据由**数据使用单位**提出申请，数据提供单位应及时完成审核，并提供数据使用授权；不予共享数据，按照相关法律法规和政策提供使用。
使用基础地理信息数据的部门和单位	《山西省基础地理信息数据提供使用管理办法》	**第八条** 凡需**使用基础地理信息数据的部门和单位**必须按照《国家基础地理信息数据使用许可管理规定》签订使用许可协议，使用许可协议应注明使用范围、保密义务、知识产权等事项。

2. 数据提供相关主体

在这7份专门立法中，只有《山东省地理空间数据管理办法》提出了"数据提供单位"的表述，并规定了数据提供单位的职责。

3. （原）权属单位、原数据的版权所有者

湖南省、山东省、广东省、江西省4省提出"原权属单位"的表述，宁夏回族自治区使用了"原数据的版权所有者"的表述，但均未详细阐述具体含义。仅在地理空间数据共享使用的场景中，明确使用共享获取的地理数据，应当注明数据来源，不得损害原权属单位、原数据的版权所有者的合法权益。

---

〔1〕　分别是《山西省基础地理信息数据提供使用管理办法》《浙江省地理空间数据交换和共享管理办法》《湖南省地理空间数据管理办法》《重庆市地理国情数据动态更新管理办法》《江西省地理信息数据管理办法》《广东省地理空间数据管理办法（试行）》《山东省地理空间数据管理办法》。

表4-27 地理数据关于数据提供主体的规定

具体表述	典型文件	具体规范
数据提供单位	《山东省地理空间数据管理办法》	**第十三条** **地理空间数据提供单位**应对汇聚的数据质量负责,确保汇聚数据内容完整、逻辑一致、空间基准正确。县级以上人民政府大数据工作主管部门、自然资源主管部门以及数据使用单位发现数据问题后,应在2个工作日内反馈**数据提供单位**,数据提供单位应在3工作日内完成数据校核,并提供准确数据。县级以上自然资源主管部门应对同级各有关单位汇聚专题地理空间数据工作提供技术指导。

表4-28 地理数据关于(原)权属单位、原数据的版权所有者的规定

具体表述	典型文件	具体规范
(原)权属单位	《湖南省地理空间数据管理办法》	**第二十六条** 第一款 地理空间数据知识产权依法受到保护。使用共享获取的地理空间数据,应当尊重原权属单位的知识产权,注明数据来源,不得损害数据**原权属单位**的合法权益。
	《山东省地理空间数据管理办法》	**第二十五条** 使用共享获取的地理空间数据,应当注明数据来源,不得损害原权属单位的合法权益。未经**原权属单位**同意,不得擅自发布和公开所获取的共享数据,不得利用共享数据从事经营性活动。
	《广东省地理空间数据管理办法(试行)》	**第十七条** 使用共享获取的地理空间数据,应当注明数据来源,不得损害**原权属单位**的合法权益。 未经原权属单位同意,不得擅自发布和公开所获取的共享数据,不得利用共享数据从事经营性活动。
	《江西省地理信息数据管理办法》	**第十八条** 地理信息知识产权依法受到保护。通过共享获取地理信息数据的单位,应当尊重权属单位的知识产权,注明地理信息数据来源,不得损害地理信息数据**权属单位**的合法权益。 未经**权属单位**同意,不得利用获取的地理信息数据从事经营性、盈利性活动。

五、评价

横向对比可以发现,各地方立法文件关于"数据主体"的规定基本上是以"数据处理行为"作为出发点,明确不同场景下所涉及的数据收集、使用、提供、公开等相关主体。此种规定方式更加侧重于明晰数据行为利益相关者,即重点关注"数据怎么处理,由谁处理"这一问题。采取此种规定方式的地方立法存在三个值得肯定的地方,一是各地已经认识到了数据的资源价值,并且意识到数据资源的增值与数据处理者息息相关;二是从更加契合数字经济发展规律和市场规律的角度,对不同场景下涉及的数据行为相关主体进行了深入探索;三是数据主体的进一步明确,有助于进一步厘清

数据处理过程中不同主体的权利、义务和责任配置，保障数据行为利益相关者的权益。

但是，各地关于"数据主体"的立法也存在三个值得思考的问题。

第一，在《数据安全法》《个人信息保护法》等上位法已经对"数据处理行为"作出具体规定的同时，各地方立法又进一步引入了诸多新的数据行为概念。如"利用""开发利用"与《数据安全法》规定的"使用""加工"之间是什么关系；如"开放"与《数据安全法》规定的"提供""公开"之间是什么关系都未进一步予以说明。由此可见，大量引入新的数据行为概念，无疑会造成数据行为概念的混乱，甚至造成主体的混乱，最终导致数据行为相关者的具体权益保护无法落到实处。

第二，地方立法对于"数据行为"的深入探索同时也揭示了另一个问题，《数据安全法》《个人信息保护法》《网络安全法》中所规定的数据处理行为是否应当进行系统化的再造。目前，就上位法本身而言，对于数据处理行为的规定也存在不同。如《数据安全法》第3条第2款规定："数据处理，包括数据的收集、存储、使用、加工、传输、提供、公开等"。《个人信息保护法》第4条第2款规定："个人信息的处理包括个人信息的收集、存储、使用、加工、传输、提供、公开、删除等。"在承袭《数据安全法》列举的7种数据处理行为的基础上，《个人信息保护法》规定增加了"删除"行为。除此之外，在《数据安全法》《个人信息保护法》中，"处理"是一个上位概念；在《网络安全法》中，"处理"则是一个与其他行为并行的概念。

第三，从数据利益保护的角度来看，绝大多数地方立法对"数据主体"的规定忽视了数据内容利益相关主体。从数据本身的规律来看，数据之上的利益可以解构为数据内容相关利益和数据行为相关利益。相应地，数据利益相关者包括数据内容利益相关者和数据行为利益相关者两大类数据主体，前者可被称为数据内容主体，后者可被称为数据行为主体。数据内容利益相关者（即数据内容主体）主要解决"关于谁的数据"这一问题，也就是与数据内容相关的数据利益相关者，包括自然人、法人和其他非法人组织。数据行为利益相关者（即数据行为主体）即与数据行为相关的数据利益相关者，根据《数据安全法》和《个人信息保护法》有关数据处理和个人信息处理的相关规定，包括数据收集行为及收集者、数据存储行为及存储者、数据加工行为及加工者、数据使用行为及使用者、数据传输行为及传输者、数据提供行为及提供者、数据公开行为及公开者、数据删除行为及删除者等。目前，只有少数地方立法文件涉及数据内容利益相关者，如《云南省公共数据管理办法（试行）》规定："数据主体有权依法向公共机构申请查阅、复制本单位或者本人的数据；发现相关数据有错误或者认为个人隐私、个人信息、商业秘密、保密商务信息等合法权益受到侵害的，有权依法提出异议并请求及时采取更正、删除等必要措施。"

值得注意的是，"数据主体"概念最早见于欧盟《数据保护指令》。《数据保护指令》的第2条提到了数据主体，即个人数据是指与已识别或可识别的自然人（"数据主体"）有关的任何信息；可识别的自然人是指可以直接或间接识别的人，特别是通过参考识别号码或与其身体、生理、精神、经济、文化、社会身份有关的一个或多个具体因素来识别的人。《数据保护指令》还界定了数据主体的权利，包括对收集和使用其数据的知情权、访问权和反对处理其数据的权利等。《数据保护指令》于2018年被《通用数据保护条例》取代，但"数据主体"概念被沿用。此概念只用于与个人数据相关的情形，指代的就是可被数据识别的自然人。在欧盟法律语境，"数据主体"的构造前提是严格区别个人数据与非个人数据，并且是为了给予个人数据和个人隐私权特别保护。在我国法理学或部门法学中，"主体"多指法律关系的主体，可以解构为权利主体、义务主体、责任主体等。彼"主体"非此"主体"，如果不加分辨地将欧盟语境下的"法律主体"引入我国，可能会产生更多混乱。

　　未来全国性立法在构建"数据主体"制度时，应当注意解决如下几个关键问题：首先，应当顺应数据本身的规律，把握数据的信息载体和资源的双重属性，明确数据之上的双重利益，即信息相关的利益和资源相关的利益。其次，在地方先行先试的基础上，进一步完善数据主体，研究确立包括数据内容利益相关者和数据行为利益相关者两大类数据法律主体。关于数据行为利益相关者，只有在顺应数字技术规律、市场规律的前提下，科学解构数据的具体处理环节，才能明确具体的处理行为，进而精准定位各个处理场景下的数据利益相关者。最后，只有通过法治的方式对数据之上多元主体的利益进行平衡，才能保障数据要素价值的充分释放。

专题五

省级数据立法关于数据权益的规定及评价

2019 年 10 月，党的十九届四中全会提出："健全劳动、资本、土地、知识、技术、管理、数据等生产要素由市场评价贡献、按贡献决定报酬的机制"，首次明确将数据列为生产要素。作为生产要素，数据所扮演的角色更为重要，数据确权也因此成为当下的重要议题。中央层面已就此作出了建构数据产权的前瞻性部署。2020 年 4 月，中共中央、国务院发布了《关于构建更加完善的要素市场化配置体制机制的意见》这一纲领性文件，提出了"根据数据性质完善产权性质"的政策目标。此后，中央先后在多部重要文件中重申并完善了这一目标。2022 年 12 月 2 日，中共中央、国务院正式对外公布了"数据二十条"，其中提出"建立数据资源持有权、数据加工使用权、数据产品经营权等分置的产权运行机制"。可见，构建结构性分置的数据产权制度、完善数据权属分配规则已经在中央层面形成高度共识，对于规范数据的保护和利用具有非常重要的指导作用。

但从学术界现有研究来看，对于数据是否应当确权、应当确立何种产权以及产权应当如何配置等问题，至今众说纷纭，司法判决亦尚无定论。数据作为法律调整的对象，基于数据权益的角度，需要回答的问题在于"谁享有何种数据权益"。"权益"概念是我国立法中的经典概念。1986 年制定的《中华人民共和国民法通则》在第 1 条开宗明义地规定，"为了保障公民、法人的合法的民事权益……制定本法。"2020 年发布的《中华人民共和国民法典》（以下简称《民法典》）在第 1 条也指出，"为了保护民事主体的合法权益……制定本法。"权益是权利和利益的综合体，权益概念的提出代表我国立法既承认成熟的利益形态"权利"，也保护尚不能归纳形成具体权利形态的"利益"，反映了我国立法的务实导向和法律保护的包容性。《上海市数据条例》第 1 条规定，"为了保护自然人、法人和非法人组织与数据有关的权益……"《江苏省数字经济促进条例》第 64 条第 1 款规定，组织、个人与数据有关的权益依法受到保护。《北京市数字经济促进条例》第 45 条第 1 款规定，本市依法保护与数据有关的权益。在此依托省级数据立法文件，就数据权益问题进行探讨。

一、数据权益立法模式的概览

（一）数据权益的规范模式：集中立法或分散立法

目前省级数据立法关于数据权益主要有两种规范模式。第一种设置数据权益专章予以规范，例如，《上海市数据条例》规定了"数据权益保障"专章、《贵州省数据流通交易促进条例（草案）》规定"数据权益保护"专章、《吉林省公共数据和一网通办管理办法（试行）》规定"安全管理和权益保护"专章、《广东省公共数据开放暂行办法》规定"权益保障"专章、《广东省公共数据管理办法》规定"数据主体权益保障"专章、《广西数据要素市场化发展管理暂行办法》规定"数据权益"专章。上述立法文件在各专章下试图对数据权益的相关问题作深入探索。第二种模式即并未设置数据权益专章，关于数据权益的相关规则散落于立法文件的相关条文中。以《四川省数据条例》为例，其关于数据权益的规范体现于"总则""个人数据""数据要素市场"等章节中的相关条文。

（二）数据权益的表述模式：数据权益或数据权利

在省级数据立法文件中，关于数据权益的表述可以分为三种模式：

第一，"数据权益"被作为专有名词表述。贵州省较早地使用了"数据权益"的概念，2016 年《贵州省大数据发展应用促进条例》规定："数据共享开放，应当……保护数据权益人的合法权益。"此后，《江西省数据条例（征求意见稿）》《江西省公共数据管理办法》《浙江省公共数据开放与安全管理暂行办法》等文件均规定了"……数据权益受法律保护。"

第二，"数据权益"被作为针对数据这一特定调整对象的"权益集合"予以表述，并非特指某项单一权益。《数据安全法》在国家立法中率先使用了"与数据有关的权益"的表述。[1]《上海市数据条例》《河南省数据条例（草案）》（征求意见稿）、《江苏省数字经济促进条例》《北京市数字经济促进条例》都采用了"（自然人、法人和非法人组织，或者组织、个人）与数据有关的权益"的表述，《深圳经济特区数据条例》则采用了"尊重和保障自然人与个人数据相关的各项合法权益"的表述。

第三，采用具体数据权利的表述模式，部分数据立法明确规定数据信息主体对其个人数据享有的知情同意权、查阅权、复制权、更正权、撤回权和可携带权等；[2]如部分数据立法明确指出将逐步探索建立数据资源持有权、数据加工使用权、数据产品经营权分置机制。[3]此外，《湖南省地理空间数据管理办法》《广东省地理空间数据管理办法（试行）》规定，行政机关、事业单位、国有企业享有无偿使用（其他单位共享的）地理空间数据的权利。《广西民用遥感卫星数据开放共享管理暂行办法》第 19条规定："自治区财政资金全额支持的遥感数据所有权归自治区人民政府所有，部分使用自治区财政资金支持的遥感数据按约定享有相关权利。"

二、数据人格权益和财产权益的规定及探索

以权益内容为标准，部分省级数据立法将数据权益分为人格权益和财产权益，在此对具体立法内容进行探讨。

（一）数据人格权益

《深圳经济特区数据条例》《上海市数据条例》《厦门经济特区数据条例》明确规定自然人对个人数据（信息）享有"人格权益"。[4]《江西省数据条例（征求意见

---

〔1〕《数据安全法》第 7 条规定："国家保护个人、组织与数据有关的权益，鼓励数据依法合理有效利用，保障数据依法有序自由流动，促进以数据为关键要素的数字经济发展。"

〔2〕参见《河南省数字经济促进条例》第 24 条第 3 款。

〔3〕参见《上海市促进浦东新区数据流通交易若干规定（草案）》《贵州省数据流通交易促进条例（草案）》《湖北省数字经济促进办法》《厦门经济特区数据条例》《深圳市数据交易管理暂行办法》等。

〔4〕《上海市数据条例》第 12 条第 1 款：本市依法保护自然人对其个人信息享有的人格权益。《深圳经济特区数据条例》第 3 条第 1 款：自然人对个人数据享有法律、行政法规及本条例规定的人格权益。《厦门经济特区数据条例》第 32 条：自然人对个人数据享有法律、行政法规规定的人格权益。

稿)》《河南省数据条例(草案)》(征求意见稿)、《辽宁省大数据发展条例》《四川省数据条例》则采用了"个人信息权益"的表述方式。[1]除上述原则性规范外,部分省级数据立法进一步明确提出数据主体对其个人数据享有的知情同意权,撤回同意权,补充权,删除权,查阅权,复制权,更正(修改)权和可携带权等权利。

1. 知情同意权

知情同意权是由知情权和同意权两个密切相连的权利组成的,知情权是同意权得以存在的前提和基础,同意权又是知情权的价值体现。同意以知情为前提,以告知为必须。知情同意权本质在于解决双方主体的信息不对称情况,使相对弱势一方尽可能多地获取与本人相关的信息从而作出更符合自身需求的决定。[2]

对于知情同意权,省级数据立法主要采用下述表述模式进行规定:①处理个人数据(信息)的,应当取得个人同意;②数据信息主体对其个人数据依法享有知情权、同意权;③未经被采集人同意,不得向他人非法提供涉及个人信息的数据;④非开放类公共数据依法进行脱密、脱敏处理,或者相关权利人同意开放的,可以列入无条件开放或者有条件开放类。这些立法规范的基本即是知情同意规则,使个人数据的使用限定于数据主体知悉和同意目的范围之内。2023年公布的《北京市公共数据专区授权运营管理办法(试行)》《浙江省公共数据授权运营管理办法(试行)》进一步明确表明个人数据不得以"一揽子授权"、强制同意等方式收集获取。

在此基础上,部分数据立法将数据主体的同意分为默许同意和明示同意,不同数据所承载的人格权益受保护的程度与方式存在差异。但部分数据立法并未采用"明示同意",而是采用"单独同意"的表述。可以发现,需获得明示同意或单独同意的主要指向敏感个人信息。其承载着个人的人格尊严与人身财产安全等核心利益,在个人数据处理活动中应当得到强化保护。

表5-1 关于明示同意和单独同意的相关规定

同意的表述	文件名称	具体规定
明示同意	《深圳经济特区数据条例》	**第十八条** 处理敏感个人数据的,应当在处理前征得该自然人的明示同意。
		第十九条 第一款 处理生物识别数据的,应当在征得该自然人明示同意时,提供处理其他非生物识别数据的替代方案……

---

[1] 《江西省数据条例(征求意见稿)》第14条第1款规定:涉及个人信息的数据受法律保护,任何组织、个人不得侵害个人信息权益。《四川省数据条例》第9条第1款规定:自然人的个人信息受法律保护,任何组织、个人不得侵害自然人的个人信息权益。《辽宁省大数据发展条例》第5条规定:自然人、法人和非法人组织采集、汇聚、存储、共享、开发利用数据的,应当遵守法律、法规和有关规定,保守国家秘密,尊重社会公德,保护个人信息权益和商业秘密,履行数据安全保护义务,不得危害国家安全、公共利益,不得损害个人、组织的合法权益。《河南省数据条例(草案)》(征求意见稿)第39条第2款规定:数据开发利用应当遵守反垄断、反不正当竞争、消费者权益保护等法律、行政法规的规定。不得危害国家安全、公共利益、个人信息权益及其他主体的合法权益。

[2] 参见武长海主编:《数据法学》,法律出版社2022年版,第134页。

同意的表述	文件名称	具体规定
明示同意	《深圳经济特区数据条例》	**第二十条** 处理未满十四周岁的未成年人个人数据的，按照处理敏感个人数据的有关规定执行，并应当在处理前征得其监护人的明示同意。处理无民事行为能力或者限制民事行为能力的成年人个人数据的，应当处理前征得其监护人的明示同意。
单独同意	《上海市数据条例》	**第二十二条** 处理生物识别信息应当取得个人的单独同意……
		第二十三条 第二款　所收集的个人图像、身份识别信息，只能用于维护公共安全的目的，不得用于其他目的；取得个人单独同意的除外。
	《河南省数据条例（草案）》（征求意见稿）	**第二十七条** 第一款　收集敏感个人信息应当取得个人的单独同意……
		第二十八条 第一款　……收集的个人图像、身份识别信息，只能用于维护公共安全目的，非经个人单独同意不得用于其他目的。
	《江西省数据条例（征求意见稿）》	**第二十一条** 第一款　数据处理者处理生物识别、宗教信仰、特定身份、金融账户、行踪轨迹等涉及敏感个人信息的非公共数据应当取得个人的单独同意……
	《厦门经济特区数据条例》	**第三十四条** 第三款　数据处理者向他人提供其处理的个人数据，应当获得个人单独同意……
	《深圳市卫生健康数据管理办法》	**第十条** 第二款　医疗卫生机构处理卫生健康个人数据的，应当在处理前依法向个人进行告知，并取得个人或者其监护人的明确同意，涉及卫生健康个人敏感数据的，应当取得单独同意。
		第二十二条 第一款　医疗卫生机构基于个人同意查阅居民电子健康档案和个人电子病历的，应当由个人或其监护人在充分知情的前提下自愿、单独同意……
		第二十九条 第一款　责任单位共享数据涉及卫生健康个人数据的，应当取得个人或者其监护人的单独同意……

2. 撤回同意权

与知情同意权紧密关联的是撤回同意权，即数据主体有权利撤回其同意。

表 5 - 2　关于撤回同意权的相关规定

序号	文件名称	具体规定
1	《深圳经济特区数据条例》	**第二十二条** 自然人有**权撤回部分或者全部其处理个人数据的同意**。 自然人撤回同意的，数据处理者不得继续处理该自然人撤回同意范围内的个人数据……
2	《河南省数据条例（草案）》（征求意见稿）	**第二十六条** **第二款**　个人有权撤回同意。个人撤回同意的，不影响撤回前基于个人同意已进行的个人信息处理活动的效力。 **第三款**　任何主体不得以个人不同意收集个人信息或者撤回同意为由，拒绝提供产品或者服务；收集个人信息属于提供产品或者服务所必需的除外。
3	《河南省数字经济促进条例》	**第二十四条** **第三款**　数据信息主体对其个人数据依法享有……**撤回权**……
4	《深圳市卫生健康数据管理办法》	**第二十二条** **第二款**　医疗卫生机构取得前款规定的个人同意的，个人或者其监护人**有权撤回其同意**，医疗卫生机构应当提供便捷的撤回同意的方式。个人撤回同意的，不影响撤回前基于个人同意已进行的个人信息处理活动的效力。

3. 查阅、复制权

查阅、复制权是指除法律、行政法规另有规定外，自然人依法享有向个人数据处理者查阅、复制其个人数据的权利。查阅、复制权是个人对其个人数据处理活动所享有的知情权的具体体现，是对公开透明原则的贯彻落实。[1] 同时，查阅、复制权对于更正权、删除权具有重要的意义，是这些权利得以实现的前提条件。《深圳经济特区数据条例》《河南省数字经济促进条例》《广东省公共数据管理办法》明确规定了自然人/数据（信息）主体享有对其个人数据的查阅、复制权。此外，在特殊领域的数据立法中，特定主体享有查阅、复制权，如《广西壮族自治区农村土地承包数据管理实施办法（试行）》第 11 条规定，承包农户、利害关系人可以依法查询、复制农村土地承包数据的相关资料。

4. 异议权

数据在征得个体知情同意后会被其他主体收集、存储、使用、加工，并发挥应有的财产性价值，但个体本身处于相对的信息弱势地位，数据权益在收集、存储以及使用、加工的过程中仍有较大风险被侵犯。赋予个体以异议权，在其他主体对涉及个人信息的数据作出不当处理、非法侵犯等情形时，个人可及时提出异议以防止人格利益受侵害。[2] 目前省级数据立法文件关于数据主体对其个人数据的异议权，主要有两种表述模式：①自然人、法人和非法人组织（被收集人）认为公共数据（政务数据）存在错误、遗漏，或者侵犯国家秘密、商业秘密和个人隐私等情形的，可以向相关单位（数据提供单位、使用单位或者有关主管部门）提出异议申请（校核申请），相关单位

---

〔1〕　参见程啸、王苑：《论我国个人信息保护法中的查阅复制权》，载《法律适用》2021 年第 12 期。

〔2〕　参见武长海主编：《数据法学》，法律出版社 2022 年版，第 134～135 页。

应当及时进行处理；②自然人、法人和非法人组织认为公共数据开放与利用侵犯其个人隐私、商业秘密等合法权益的，可以通过开放平台告知数据开放主体（可以通过公共数据开放平台向公共数据提供部门反馈意见）。

5. 更正（修改）权

更正（修改）权是指自然人发现其个人数据错误、不完整或过时的，享有的请求数据处理者进行更正的权利。更正（修改）权旨在保证个人数据的真实性与完整性，相应的，数据控制者、数据处理者有保证其收集、处理的个人数据完整性的妥善保管义务，不仅其自身没有改动数据主体个人数据的权利，而且要防止除个人数据主体及个人数据主体授权的人之外的其他人对个人数据真实性和完整性的侵犯。[1]省级数据立法对于更正（修改）权主要有下述表述模式：①数据信息主体对其个人数据依法享有更正（修改）权；②公民、法人和其他组织有权要求采集、使用其相关信息数据的单位和个人更正与其相关的不实信息，并请求及时采取更正、删除等必要措施；③个人数据不准确或者不完整的，数据处理者应当根据自然人的要求及时补充、更正；④信用主体认为已公示的信用数据存在错误、遗漏、到期等情形或者侵犯国家秘密、商业秘密、个人隐私以及其他个人信息等合法权益的。

6. 删除权

所谓删除权是指在特定情况下，数据主体可以请求数据处理者及时删除相关个人数据的权利，该权利旨在保障信息主体对其个人数据的自主决定。在数据控制者删除信息后，应当使被删除的数据处于不被检索、不被访问和浏览的状态。[2]《宁夏回族自治区大数据产业发展促进条例（草案）》《深圳经济特区数据条例》《海南省大数据开发应用条例》《广东省公共数据管理办法》《江西省公共数据管理办法》等立法规定了数据主体的删除权，如《深圳经济特区数据条例》第25条第1款规定，自然人撤回同意且要求删除个人数据时，数据处理者应当及时删除个人数据；数据处理者违反法律、法规规定或者双方约定处理数据，自然人要求删除。再如《广东省公共数据管理办法》规定数据主体发现相关数据有错误或者认为商业秘密、个人信息和隐私等合法权益受到侵害的，有权依法提出异议并请求及时采取删除等必要措施。《上海市数据条例》第21条进一步规定了处理者应当主动删除个人信息的情形：①处理目的已实现、无法实现或者为实现处理目的不再必要；②处理者停止提供产品或者服务，或者保存期限已届满；③个人撤回同意；④处理者违反法律、行政法规或者违反约定处理个人信息；⑤法律、行政法规规定的其他情形。

7. 可携带权

2018年5月25日，欧盟颁布的《通用数据保护条例》正式生效。这一法律史无前例地引入数据可携带权，赋予数据主体以获取和传输个人数据的权利。根据《通用数据保护条例》第20条的规定，数据主体有权获得其提供给控制者的相关个人数据，且其获得个人数据应当是经过整理的、普遍使用的和机器可读的，数据主体有权无障碍地将此类数据从其提供给的控制者那里传输给另一个控制者。[3]我国《个人信息保护

---

〔1〕　参见温昱：《个人数据权利体系论纲——兼论〈芝麻服务协议〉的权利空白》，载《甘肃政法学院学报》2019年第2期。

〔2〕　参见王利明：《论数据权益：以"权利束"为视角》，载《政治与法律》2022年第7期。

〔3〕　General Data Protection Regulation, Article 20.

法》虽然未使用"可携带权"的概念，但规定了可携带权的内容，其第45条第3款规定："个人请求将个人信息转移至其指定的个人信息处理者，符合国家网信部门规定条件的，个人信息处理者应当提供转移的途径。"在实践中，数据携带主要是指用户将在某个平台的数据移转至另一个平台。从竞争政策的角度，数据可携带权不仅有助于维护数据主体对其个人数据的自主决定权，而且可以提升竞争并且鼓励创新。目前，我国省级数据立法文件规定数据可携带权的文件数量较少。《河南省数字经济促进条例》第24条第3款规定，数据信息主体对其个人数据依法享有可携带权。《贵州省数据流通交易促进条例（草案）》第20条规定，保障数据来源者享有获取或者复制转移由其促成产生数据的权益。《吉林省大数据条例（2023修订）》第41条第2款规定了自然人可以依法申请查阅、复制、转移其个人数据。

在上述人格权益之外，部分省级数据立法还进一步规定了其他数据人格权益。例如，《上海市数据条例》第24条第3款规定："通过自动化决策方式作出对个人权益有重大影响的决定，个人有权要求处理者予以说明，并有权拒绝处理者仅通过自动化决策的方式作出决定。"

表5-3　关于数据人格权益的相关规定

序号	文件名称	数据人格权益
1	《贵州省政务信息数据采集应用暂行办法》《重庆市政务数据资源管理暂行办法》《辽宁省政务数据资源共享管理办法》《重庆市公共数据开放管理暂行办法》《贵州省政府数据共享开放条例》《湖北省政务数据资源应用与管理办法》《浙江省公共数据条例》《重庆市数据条例》《黑龙江省促进大数据发展应用条例》《陕西省大数据条例》《广西壮族自治区大数据发展条例》《上海市公共数据开放实施细则》《新疆维吾尔自治区公共数据管理办法（试行）》《吉林省促进大数据发展应用条例》《山东省大数据发展促进条例》《吉林省公共数据和一网通办管理办法（试行）》《上海市公共数据开放暂行办法》《山东省公共数据开放办法》	异议权
2	《贵州省大数据安全保障条例》《安徽省大数据发展条例》《福建省大数据发展条例》《天津市数据交易管理暂行办法》《江西省数据条例（征求意见稿）》《辽宁省大数据发展条例》	知情同意权
3	《上海市公共数据和一网通办管理办法》《吉林省公共数据和一网通办管理办法（试行）》《北京市公共数据管理办法》《四川省数据条例》《厦门经济特区数据条例》	知情同意权、异议权
4	《海南省大数据开发应用条例》	知情同意权、删除权
5	《广西壮族自治区农村土地承包数据管理实施办法（试行）》	查询、复制权（承包农户、利害关系人可以依法查询、复制相关资料）

序号	文件名称	数据人格权益
6	《河南省数据条例（草案)》（征求意见稿）	知情同意权、撤回权
7	《广东省公共数据开放暂行办法》	查询权、异议权
8	《宁夏回族自治区大数据产业发展促进条例（草案)》	知情同意权、更正权、删除权
9	《江西省公共数据管理办法》	异议权、更正权、删除权
10	《江苏省公共数据管理办法》	异议权、撤回权、撤回权
11	《广东省数据流通交易技术安全规范（试行)》（征求意见稿）	查阅权、修改权、异议权
12	《吉林省大数据条例（2023 修订)》	知情同意权、查阅权、复制权、转移权、更正权、补充权、删除权
13	《深圳经济特区数据条例》	撤回权、补充权、更正权、删除权
14	《贵州省数据流通交易促进条例（草案)》	获取权、复制权、转移权
15	《广东省公共数据管理办法》	知情同意权、查阅权、复制权、异议权、更正权、删除权
16	《河南省数字经济促进条例》	知情同意权、撤回权、更正权、删除权、查阅复制权、复制权、撤回权和可携带权
17	《云南省公共数据管理办法（试行)》	查阅权、复制权、异议权、更正权、删除权、撤回权

（二）数据财产权益

在政策层面，随着国家数字经济发展战略的确立，建立完善的数据财产权制度已成为我国数字经济基础性制度建设的重要组成部分。中共中央、国务院发布《关于构建更加完善的要素市场化配置体制机制的意见》《"十四五"数字经济发展规划》"数据二十条"等规范文件，指明了数据确权的基本方向。在地方层面，《广东省数据要素市场化配置改革行动方案》《湖北省大数据产业"十四五"发展规划》《河南省人民政府办公厅关于加快平台经济健康发展的实施意见》等政策文件均提出探索建立数据产权制度、推进数据产权立法工作、制定数据确权规则等发展目标。在立法层面，《民法典》第 127 条规定："法律对数据、网络虚拟财产的保护有规定的，依照其规定。"这一规定确认了数据的民法保护，同时通过指引《民法典》其他条文的规定以及其他法律的规定，为未来相关法律的制定和完善提供了立法基础。我国众多省级数据立法对数据财产的保护作出了明确规定，是对于构建完善、体系化程度较高的数据财产保护制度的有益探索。

梳理省级数据立法，宏观层面上各地关于数据财产权益的主要表述有：①自然人、法人和非法人组织对其合法处理数据形成的数据产品和服务享有（法律、行政法规规定的）财产权益；[1] ②自然人、法人和非法人组织对依法获取的数据资源开发利用的成果，所产生的财产权益受法律保护，并可以依法交易。在"数据二十条"的指引下，《厦门经济特区数据条例》《广西数据要素市场化发展管理暂行办法》《深圳市数据交易管理暂行办法》《上海市促进浦东新区数据流通交易若干规定（草案）》《贵州省数据流通交易促进条例（草案）》《湖北省数字经济促进办法》《吉林省大数据条例（2023 修订）》《云南省公共数据管理办法（试行）》均明确规定了数据资源持有权、数据加工使用权、数据产品经营权。在此就数据财产权益的具体内容进行分析，主要包含持有权益，使用、加工权益，收益权益，处分权益等权益。

第一，持有权益。《厦门经济特区数据条例》《广西数据要素市场化发展管理暂行办法》《深圳市数据交易管理暂行办法》《上海市促进浦东新区数据流通交易若干规定（草案）》《贵州省数据流通交易促进条例（草案）》《湖北省数字经济促进办法》《吉林省大数据条例（2023 修订）》《云南省公共数据管理办法（试行）》等明确规定了数据资源持有权。《上海市促进浦东新区数据流通交易若干规定（草案）》《深圳市数据产权登记管理暂行办法》从不同的角度就数据资源持有权进行了具体分析，前者认为数据资源持有权的内涵在于数据产权人在生产经营活动中自主生产、采集并持有数据资源的，依法享有数据资源持有权，可以通过管理、传输等方式控制数据资源，排除他人干涉；后者认为数据资源持有权是指在相关法律法规或合同约定下，相关主体可对数据资源进行管理、使用、收益或处分等行为。上述规定均是对"数据二十条"的有效回应，实际上，在"数据二十条"出台之前，部分数据立法已经明确表明数据处理者对于数据的持有权益，如《北京市数字经济促进条例》第 20 条第 2 款规定，除法律、行政法规另有规定或者当事人另有约定外，单位和个人对其合法正当收集的数据，可以依法存储、**持有**、使用、加工、传输、提供、公开、删除等。因此，对于合法收集数据资源的数据处理者而言，其实际占有、控制数据的事实可派生出对数据资源的持有权益。[2]

第二，**使用、加工权益**。使用、加工权益，是指相关权益人享有的在不损及他人权益的前提下，根据自身需要在各个生产经营环节自主使用、加工数据，包括对数据进行开发利用的权益。研究发现，省级数据立法对于使用、加工权能主要存在下述表述模式：①《上海市数据条例》《重庆市数据条例》《江西省数据条例（征求意见稿）》《四川省数据条例》《广西壮族自治区大数据发展条例》等立法文件规定，自然人、法人和非法人组织对其合法取得的数据，可以依法**使用、加工**；②《河南省数据条例（草案）》（征求意见稿）、《江西省数据条例（征求意见稿）》等立法文件规定，自然人、法人和非法人组织可以**利用**其合法持有（取得）的数据；③《厦门经济特区数据条例》《广西数据要素市场化发展管理暂行办法》《深圳市数据交易管理暂行办法》《上海市促进浦东新区数据流通交易若干规定（草案）》《贵州省数据流通交易促进条例（草案）》《湖北省数字经济促进办法》《吉林省大数据条例（2023 修订）》《云南省

---

〔1〕 例如，《深圳经济特区数据条例》第 4 条规定：自然人、法人和非法人组织对其合法处理数据形成的数据产品和服务享有法律、行政法规及本条例规定的财产权益；《上海市数据条例》第 12 条第 2 款规定："本市依法保护自然人、法人和非法人组织在使用、加工等数据处理活动中形成的法定或者约定的财产权益，以及在数字经济发展中有关数据创新活动取得的合法财产权益。"

〔2〕 参见申卫星：《论数据产权制度的层级性："三三制"数据确权法》，载《中国法学》2023 年第 4 期。

公共数据管理办法（试行）》明确规定了数据加工使用权。

第三，收益权益。收益权益是指数据财产权益的权益人有权在数据处理活动中获取一定的经济利益。权益人基于数据取得收益的形式具有多样性，自然人、法人和非法人组织依法在数据处理活动中形成的法定或者约定的数据权益均受法律保护。目前，向他人提供数据服务或者数据产品是立法中数据处理者利用数据取得收益的主要形式，广东省（深圳市）、福建省（厦门市）、四川省、广东省、北京市、河北省、山东省、黑龙江省、辽宁省、广西壮族自治区、江苏省、浙江省、山东省、重庆市、上海市、贵州省等多地立法均明确表明市场主体（自然人、法人和非法人组织/公共数据利用主体/数据流通主体……）对其合法处理数据形成的数据产品和服务享有法律、行政法规及本条例规定的财产权益（可以自主处分/使用，取得收益）。[1]此外，部分数据立法明确了公共数据授权运营机制下被授权运营主体的收益权（益），如《江西省数据条例（征求意见稿）》第 36 条第 2 款规定，被授权运营主体对授权运营的公共数据进行加工形成的数据产品和服务，可以向用户提供并获取合理收益。实际上，"数据二十条"规定："在保护公共利益、数据安全、数据来源者合法权益的前提下，承认和保护依照法律规定或合同约定获取的数据加工使用权，尊重数据采集、加工等数据处理者的劳动和其他要素贡献，充分保障数据处理者使用数据和获得收益的权利。"但从该条表述可以看出，"数据二十条"认为"数据加工使用权"同时涵盖了对于数据的处理权能和收益权能。部分省级数据立法以"数据二十条"为指引，作出了相同的规定，如《贵州省数据流通交易促进条例（草案）》第 22 条规定："依法保护数据处理者依照法律规定或者合同约定获取的数据加工使用权，保障数据处理者根据劳动和其他要素贡献获得收益的权利。"而《深圳市数据产权登记管理暂行办法》认为数据资源持有权和数据产品经营权涵盖了收益权益，而数据加工使用权并未涵盖收益权益。[2]

第四，处分权益。处分权益是指对数据客体最终处置的权能。权利人在不违反法律规定并尊重相关个人的个人信息权益的前提下，对其所持有的数据享有最终的决定权，即有权处分数据的最终命运。[3]广义上，处分权益的内涵在于数据财产权人既可以在事实上对数据作物理性处置，如作匿名化处理或者销毁处理，或者根据自己的商业经营需要予以长期保存；也可以在法律上对他人进行许可使用，或者转让相关数据，包括但不限于经营性处置。[4]如《江西省数据条例（征求意见稿）》第 28 条第 1 款规

〔1〕《深圳经济特区数据条例》第 4 条、第 58 条；《厦门经济特区数据条例》第 33 条、第 37 条；《四川省数据条例》第 38 条；《广东省数字经济促进条例》第 40 条；《北京市数字经济促进条例》第 20 条；《河北省数字经济促进条例》第 25 条；《山东省大数据发展促进条例》第 45 条；《黑龙江省促进大数据发展应用条例》第 8 条；《辽宁省大数据发展条例》第 33 条；《江苏省公共数据管理办法》40 条；《浙江省公共数据条例》第 34 条；《山东省公共数据开放办法》第 16 条；《广东省数据流通交易管理办法（试行）》（征求意见稿）第 23 条；《重庆市数据条例》第 33 条；《贵州省数据流通交易促进条例（草案）》第 22 条。

〔2〕《深圳市数据产权登记管理暂行办法》第 7 条规定："登记主体，是指在登记机构完成登记，取得相关登记证明的自然人、法人或非法人组织。登记主体具有以下权利：（一）对合法取得的数据资源或数据产品享有相应的数据资源持有、数据加工使用和数据产品经营等相关权利。数据资源持有是指在相关法律法规或合同约定下，相关主体可对数据资源进行管理、使用、收益或处分等行为。数据加工使用是指在相关法律法规或合同约定下，相关主体以各种方式、技术手段对数据进行采集、使用、分析或加工等行为。数据产品经营是指在相关法律法规或合同约定下，相关主体可对数据产品进行占有、使用、收益或处分等行为……"。

〔3〕参见张新宝：《论作为新型财产权的数据财产权》，载《中国社会科学》2023 年第 4 期。

〔4〕参见王利明：《数据何以确权》，载《法学研究》2023 年第 4 期。

定，自然人、法人和非法人组织可以依法交易其合法取得的数据。"数据二十条"规定："保护经加工、分析等形成数据或数据衍生产品的经营权，依法依规规范数据处理者许可他人使用数据或数据衍生产品的权利，促进数据要素流通复用。"可以将数据产品经营权视为处分权益的典型表现，数据产品经营者可以将经过加工的数据产品进行销售和许可使用，实现自身的经济价值。《厦门经济特区数据条例》《广西数据要素市场化发展管理暂行办法》《深圳市数据交易管理暂行办法》《上海市促进浦东新区数据流通交易若干规定（草案）》《贵州省数据流通交易促进条例（草案）》《湖北省数字经济促进办法》《吉林省大数据条例（2023 修订）》《云南省公共数据管理办法（试行）》均明确规定了数据产品经营权。例如《贵州省数据流通交易促进条例（草案）》第 23 条规定："依法保护数据处理者经加工、分析等形成数据、数据衍生产品和服务的经营权，依法规范数据处理者许可他人使用数据、数据衍生产品和服务的权利，促进数据要素流通复用。"

三、公共数据、政务数据和政府数据相关权益的规定

（一）公共数据

1. 关于公共数据权属的相关规定

目前省级数据立法文件尚未明确规定公共数据的权属问题，但部分立法文件以"不得将公共数据视为……私有财产/本部门的财产"等表述就公共数据的权属问题作出了一定指引。例如，《广东省公共资源交易监督管理暂行办法》第 25 条第 2 款规定："任何单位和个人不得将公共资源交易数据视为私有财产，或者擅自增设条件，影响其共享、开放、利用。"《新疆维吾尔自治区公共数据管理办法（试行）》第 5 条第 2 款规定："各政务部门和公共服务部门不得将本部门管理的公共数据视为本部门财产，或者擅自增设条件，阻碍、影响其共享开放和开发利用。"

需要特别注意的是，部分省级数据立法文件在立法过程中曾一度明确了公共数据的权属问题。深圳市司法局于 2020 年 7 月 15 日公布的《深圳经济特区数据条例（征求意见稿）》第 21 条规定："公共数据属于新型国有资产，其数据权归国家所有。深圳市政府代为行使区域内公共数据的数据权，授权市数据统筹部门制定公共数据资产管理办法并组织实施。"但在正式版本中，该款规定已被删除。

2. 公共数据共享场景中公共数据需求方的数据权益

部分数据立法明确了"公共管理和服务机构间的数据共享，以共享为原则，不共享为例外，且"没有法律、法规、规章依据，公共管理和服务机构不得拒绝其他机构提出的共享要求"。总体来看现行数据立法普遍将公共数据按共享类型分为"无条件共享""有条件共享""不予共享"三类，**对"无条件共享""有条件共享"两类公共数据而言，公共管理和服务机构享有提出共享请求、获取使用共享数据的权益**。对"无条件共享"的公共数据而言，公共管理和服务机构需要使用公共数据共享目录中无条件共享数据的，主要通过公共数据平台直接获取。对"有条件共享"的公共数据而言，公共管理和服务机构因履行职责需要使用有条件共享数据的，应当通过公共数据平台向相关单位提出申请，说明数据使用的依据、目的、范围、方式及相关需求。

3. 公共数据开放场景中公共数据需求方的数据权益

公共数据开放场景中最核心的内容便是对公共数据的使用。在数字经济背景下，

公共数据开放的功能应定位于保障多元的市场和社会主体在公平合理条件下获取和利用公共数据，推动数据利用效益和社会福利的整体增长。当前，大部分公共数据相关立法明确表明"鼓励对开放公共数据进行价值挖掘和开发利用"，[1]并将公共数据按照开放属性分为无条件开放类公共数据、有条件开放类公共数据、不予开放类公共数据三类，在此分类基础上对公共数据利用主体获取和使用公共数据所附条件和如何获取和使用公共数据予以详细规定。**其一，对于无条件开放的公共数据，**立法文件普遍规定自然人、法人和其他组织可以通过公共数据开放系统/平台以数据下载或接口调用等方式直接获取或查阅开放的公共数据。**其二，对于有条件开放的公共数据，**《上海市数据条例》《江西省公共数据管理办法》《海南省公共数据产品开发利用暂行管理办法》《吉林省促进大数据发展应用条例》等立法文件规定了自然人、法人和非法人组织组织有权通过公共数据平台（公共数据开放系统）申请获取使用。

4. 公共数据开发利用场景下相关主体享有的数据权益

部分省级数据立法对于**公共数据开发利用场景下相关主体享有的数据权益**作出了肯定性、原则性的规定。主要的规定方式有：①数据使用主体依法获得的对公共数据的开发权益受法律保护；②公共数据利用主体利用依法获取的公共数据所获得的数据权益受法律保护；③公共数据利用主体利用合法获取的公共数据加工形成的数据产品和数据服务受法律保护，可以按照规定进行交易，有关财产权益依法受保护。2023 年出台的《广东省数据流通交易管理办法（试行）》（征求意见稿）、《广东省数据经纪人管理规则（试行）》（征求意见稿）还特别明确数据经纪人依法优先获得公共数据开发使用权益及相应产品经营权益。此外，《海南省公共数据产品开发利用暂行管理办法》第 21 条第 2 款规定："在公共数据产品开发利用平台上利用公共数据资源开发的数据产品或运行使用过程中产生的新数据，数据资源权归平台管理方所有。"该款明确了在公共数据开发利用平台上开发利用公共数据过程中产生的新数据的数据资源权的归属问题。根据《海南省公共信息资源安全使用管理办法》，平台管理方是指为提供方和使用方提供公共信息资源共享、开放业务支撑的信息资源管理机构，但上述条款并未就"数据资源权"的具体内容进行进一步阐释。

需特别提及的是公共数据授权运营场景下被授权主体享有的数据权益。公共数据授权运营是在强调数据风险安全可控的大前提下对数据开发利用模式的先进探索，其本质仍是公共数据的开放，但在此基础上更加倚重对公共数据的开发利用，更注重公共数据产品和服务的价值。例如，《海南省公共信息资源管理办法》规定公共信息资源管理机构可以通过数字资产形式与社会机构合作，或通过公开招标等竞争性方式确定开发机构，并授予开发机构"开发利用公共信息资源，开展数据增值服务"的权益。《海南省公共数据产品开发利用暂行管理办法》规定："按照开放、有序原则引进技术

---

〔1〕《上海市公共数据开放实施细则》第 27 条第 1 款规定：本市鼓励对开放公共数据进行价值挖掘和开发利用，支持数据利用主体对开放数据进行实质性加工和创造性劳动后形成的数据产品依法进入流通交易市场，依法保护数据利用主体在数据开发中形成的相关财产权益。《海南省公共数据产品开发利用暂行管理办法》第 11 条同样作出类似规定：鼓励公共机构按照"数据可用不可见""数据可算不可识"等不同类型的交互方式经安全技术手段处理加密后，向授权的服务商提供使用有条件开放的公共数据资源，进行市场化开发应用。鼓励企事业单位、社会组织通过共享获得、联机验证等方式使用公共数据资源。各公共机构应创新公共数据资源开放应用模式，大力支持和推动公共数据资源的应用场景创新，促进公共数据资源在各领域与社会数据资源的融合开发利用。

服务能力和研究分析能力较强的服务商进入公共数据产品开发利用平台和数据产品超市平台",授予引入的服务商"对数据产品进行开发和服务"的权益。此外,《浙江省公共数据条例》《重庆市数据条例》《江西省数据条例（征求意见稿）》等立法也明确规定被授权运营主体享有授权运营（非禁止开放的）数据、依托公共数据平台对授权运营的公共数据进行加工、对加工形成的公共数据产品和服务向用户提供并获取合理收益等权益。

表 5-4 公共数据开发利用场景下相关主体享有的数据权益

序号	规范名称	公布时间	具体内容
1	《海南省公共信息资源管理办法》	2018-05-25	第二十九条 社会机构进行公共信息资源开发利用,应当按照法律、法规和协议,保障数据安全,定期向省公共信息资源管理机构报告开发利用情况,其依法获得的开发收益权益受法律保护。
2	《广西公共数据开放管理办法》	2020-08-19	第二十六条 第一款 数据使用主体应根据法律、法规和开放协议（包括平台协议和专门协议）,对公共数据进行开发应用,其依法获得的开发权益受法律保护。
3	《海南省公共数据产品开发利用暂行管理办法》	2021-09-15	第二十一条 第二款 在公共数据产品开发利用平台上利用公共数据资源开发的数据产品或运行使用过程中产生的新数据,数据资源权归平台管理方所有。
4	《广东省公共数据管理办法》	2021-10-18	第三十五条 单位和个人依法开发利用公共数据所获得的财产权益受法律保护。 公共数据的开发利用不得损害国家利益、社会公共利益和第三方合法权益。
			第三十七条 鼓励市场主体和个人利用依法开放的公共数据开展科学研究、产品研发、咨询服务、数据加工、数据分析等创新创业活动。相关活动产生的数据产品或者数据服务可以依法进行交易,法律法规另有规定或者当事人之间另有约定的除外。
5	《江苏省公共数据管理办法》	2021-12-18	第四十条 第一款 公共数据利用主体利用依法获取的公共数据形成数据产品和数据服务等权益受法律保护,但是,不得滥用相关权益,不得损害国家利益、社会公共利益或者他人合法权益。

序号	规范名称	公布时间	具体内容
6	《江西省公共数据管理办法》	2022－01－12	**第二十五条** 第二款　自然人、法人和非法人组织等公共数据利用主体**因依法开发利用公共数据所获得的数据权益受法律保护**。
7	《浙江省公共数据条例》	2022－01－21	**第三十四条** 第二款　**自然人、法人或者非法人组织利用依法获取的公共数据加工形成的数据产品和服务受法律保护**，但不得危害国家安全和公共利益，不得损害他人的合法权益。 **第三十五条** 第二款　授权运营单位应当依托公共数据平台对授权运营的公共数据进行加工；对加工形成的数据产品和服务，**可以向用户提供并获取合理收益**……
8	《山东省公共数据开放办法》	2022－01－31	**第十六条** 公民、法人和其他组织利用合法获取的公共数据开发的数据产品和数据服务，可以按照规定进行交易，有关财产权益依法受保护。
9	《重庆市数据条例》	2022－03－30	**第三十一条** 第二款　授权运营单位不得向第三方提供授权运营的公共数据，但是可以对授权运营的公共数据进行加工形成数据产品和服务，**并依法获取收益**。
10	《江西省数据条例（征求意见稿）》	2022－04－28	**第三十六条** 第二款　被授权运营单位对授权运营的公共数据进行加工形成的数据产品和服务，可以向用户提供并获取**合理收益**……
11	《浙江省公共数据开放与安全管理暂行办法》	2022－06－12	**第二十四条** 第二款　公共数据利用主体**因公共数据依法开发利用所获得的数据权益受法律保护**。 第三款　**公共数据利用主体可以依法交易基于公共数据开发利用所获得的各类数据权益**，法律、法规另有规定或者公共数据开放利用协议另有约定的除外。
12	《广西壮族自治区大数据发展条例》	2022－11－25	**第四十九条** 第一款　授权运营主体应当在授权范围内，依托自治区统一的公共数据运营平台对授权运营的公共数据实施开发利用，对开发利用产生的数据产品和服务，**可以依法向用户有偿提供并获取合理收益**。但授权运营主体不得向用户提供授权运营的原始公共数据。

序号	规范名称	公布时间	具体内容
13	《广东省公共数据开放暂行办法》	2022 - 11 - 30	第二十七条 第二款 公共数据利用主体对依法获取的数据资源开发利用的成果，**所产生的财产权益受法律保护，并可以依法交易**。法律另有规定或者当事人另有约定的除外。
14	《上海市公共数据开放实施细则》	2022 - 12 - 31	第二十七条【创新利用方式】 第一款 本市鼓励**对开放公共数据进行价值挖掘和开发利用**，支持数据利用主体对开放数据进行实质性加工和创造性劳动后形成的数据产品依法进入流通交易市场，**依法保护数据利用主体在数据开发中形成的相关财产权益**。
15	《广东省数据流通交易管理办法（试行）》（征求意见稿）	2023 - 04 - 04	第十八条 第一款 数据经纪人依法优先获得公共数据开发使用权益及相应产品经营权益…… 第二十四条【公共数据产品和服务的权益】 第一款 对向社会普遍开放的公共数据，数据流通交易主体可以进行加工、开发和利用，所获得的财产权益受法律保护。
16	《广东省数据经纪人管理规则（试行）》（征求意见稿）	2023 - 04 - 04	第四条【权利义务】 第一款 数据经纪人依法优先获得公共数据开发使用权益及相应产品经营权益。
17	《云南省公共数据管理办法（试行）》	2023 - 12 - 10	第四十条 第二款 自然人、法人或者非法人组织利用**依法获取的公共数据加工形成的数据产品、服务以及获得的合法权益受法律保护**。

（二）政务数据

1. 关于政务数据权属的相关规定

与公共数据立法对于公共数据权属的规定显著不同的是，部分政务数据立法明确提出"政务数据政府所有"或"政务数据国家所有"。例如，《福建省政务数据管理办法》《贵州省政务信息数据采集应用暂行办法》《重庆市政务数据资源管理暂行办法》《山西省政务数据资产管理试行办法》均规定，政务数据（资源）属于国家所有。

但 2019 年公布的《广西政务数据"聚通用"实施细则（试行）》第 4 条规定"自治区人民政府依法拥有广西政务数据的所有权……"，2020 年公布的《广西政务数据资源调度管理办法》第 4 条则明确"自治区党委、自治区人民政府依法拥有广西政务数据的所有权，并授予自治区大数据发展局行使广西政务数据所有权的职责"。与前者相比，《广西政务数据资源调度管理办法》将广西政务数据所有权主体从自治区人民政府这一单一主体扩大到了自治区党委和自治区人民政府两者，并通过立法授权了自治区大数据发展局行使广西政务数据所有权的职责。实际上，部分市级立法文件也同样明确了政务数据的权属问题。例如，西安市人民政府于 2018 年印发的《西安市政务数据资源共享管理办法》第 7 条规定："政务数据资源所有权归国家，属于国有资产管理范畴。市政府授权市大数据产业发展管理机构行使数据资源统筹管理权，负责西安市政务数据的统筹管理、授权开发、利用增值和监督指导等工作。"[1]长沙市人民政府于 2019 年印发的《长沙市政务数据资源管理暂行办法》第 4 条规定："长沙市各级政务部门根据法定职责依法履职产生和采集的数据所有权归长沙市人民政府所有。"

表 5 - 5　关于政务数据权属的相关规定

序号	规范名称	具体内容	公布时间
1	《福建省政务数据管理办法》	**第三条** **政务数据资源属于国家所有，纳入国有资产管理，并**遵循统筹管理、充分利用、鼓励开发、安全可控的原则。	2016 - 10 - 15
2	《贵州省政务信息数据采集应用暂行办法》	**第七条** **政务信息数据资源归国家所有，政务部门对本部门采集的信息数据依法进行管理和使用。**政务部门政务数据采集、处理、应用和维护经费应当纳入本部门信息化工作经费。	2017 - 03 - 31
3	《重庆市政务数据资源管理暂行办法》	**第四条** **政务数据资源属于国家所有。** 政务数据资源管理遵循统筹管理、集约建设、充分应用、安全可控的原则。	2019 - 07 - 31
4	《广西政务数据"聚通用"实施细则（试行)》	**第四条** **自治区人民政府依法拥有广西政务数据的所有权。**自治区人民政府授予自治区大数据发展局行使广西政务数据所有权的职责，统筹政务数据资源建设、管理、应用，统一调度政务数据。各级各部门是政务数据的生产单位，拥有本地区、本部门政务数据的管理权，有义务和责任做好数据治理工作，向自治区党委、自治区人民政府提供高质量的政务数据。各级各部门有权申请使用政务数据。	2019 - 09 - 11
5	《山西省政务数据资产管理试行办法》	**第七条** **政务数据资产是重要的生产要素，属于国有资产，其所有权归国家所有。**县级以上人民政府授权政务信息管理部门代表政府行使政务数据资产所有权人职责。县级以上人民政府政务信息管理部门应当建立健全政务数据资产登记管理制度和政务数据资产动态管理制度，编制政务数据资产登记目录清单，建设本级政务数据资产登记信息管理系统，汇总登记本级政务数据资产。	2019 - 11 - 28

---

〔1〕　西安市人民政府于 2018 年 11 月 8 日公布《西安市政务数据资源共享管理办法》，根据该《办法》规定的有效期，其已于 2023 年 11 月 8 日失效。

序号	规范名称	具体内容	公布时间
6	《广西政务数据资源调度管理办法》	**第四条** **自治区党委、自治区人民政府依法拥有广西政务数据的所有权，并授予自治区大数据发展局行使广西政务数据所有权的职责。**自治区大数据发展局统筹政务数据资源建设、管理和应用，统一调度政务数据。各地各部门各单位是政务数据的生产单位，拥有本地本部门本单位政务数据的管理权，有义务和责任做好政务数据治理工作，向自治区党委、自治区人民政府提供高质量的政务数据。各地各部门各单位有权申请使用政务数据。	2020 - 04 - 07
7	《黑龙江省省级政务云管理暂行办法》	**第二十五条** **使用部门部署在省政务云上的信息系统运行过程中收集、产生、存储的数据和文档资源归属使用部门管理。**使用部门应依法通过合同等手段要求云服务商未经使用部门授权，不得访问、修改、披露、利用、转让、销毁使用部门的数据资源；在合同终止时，云服务商按要求做好数据、文档资源的移交和清除工作。	2021 - 04 - 25

2. 政务数据共享场景下政务数据需求方的数据权益

部分地方立法确立了政务数据以共享为原则，不共享为例外的原则，例如《河北省政务数据共享应用管理办法》第 14 条第 1 款规定："政务部门因履行法定职责需要，可以申请使用其他政务部门的政务数据，除法律法规另有规定外，政务数据提供部门不得拒绝共享需求。"

其他政务数据相关立法则从无条件共享、有条件共享和不予共享三类对政务数据资源予以区分，并分别规定了对应的共享使用权的行使方式和条件。[1]**对于无条件共享的政务数据资源**，使用部门在共享平台上直接获取；**对于有条件共享的政务数据资源**，部分数据立法规定了使用部门有权通过共享平台向提供部门提出申请或直接向数据管理机构提出申请。

3. 政务数据开放场景下政务数据需求方的数据权益

现行大部分政务数据省级立法皆规定了公民、法人和其他组织在一般情况下，拥有依法获取无条件开放或有条件开放的政务数据的权益。以此为基础，部分省级数据立法明确了政务数据开发利用场景下相关主体享有的数据权益。例如，部分地方立法赋予了符合条件的申请对象对被授权开放的数据进行商业开发的权益，或是在立法中写明"鼓励"企业、社会组织和个人对政府开放的信息数据进行分析、挖掘、研究。此外，部分立法中还强调了相关主体依法获得的开发收益权益受法律保护。

---

[1] 参见《宁夏回族自治区政务数据资源共享管理办法》《山西省政务数据管理与应用办法》《山西省政务数据管理与应用办法》《安徽省政务数据资源管理办法》《湖北省政务数据资源应用与管理办法》《内蒙古自治区政务数据资源管理办法》《吉林省文化和旅游厅关于建立健全政务数据共享协调机制加快推进数据有序共享的实施意见》等数据立法文件。

4. 政务数据开发利用场景下相关主体的数据权益

《福建省政务数据管理办法》第35条第1款规定，授权开发对象或者合作开发对象应当按照法律、法规和协议，进行数据开发利用，保障数据安全，定期向授权数据管理机构报告开发利用情况，其依法获得的开发收益权益受法律保护。

（三）政府数据

目前，以"政府数据"命名的省级数据立法文件仅有《贵州省政府数据共享开放条例》，其聚焦于政府数据的管理、共享与开放。[1]就政府数据的共享而言，政府数据使用部门有权从政府数据共享平台上获取所需的数据。属于有条件共享类的政府数据，使用部门通过政府数据共享平台向数据提供部门提出申请。就政府数据的开放而言，属于无条件开放类的政府数据，应当以可以机器读取的格式在政府数据开放平台发布，公民、法人或者其他组织有权获取；对有条件开放类的政府数据而言，公民、法人或者其他组织需要使用有条件开放的政府数据的，应当通过政府数据开放平台向数据提供部门提出申请。

四、特殊领域数据相关权益的规定

就地理数据而言，《山西省基础地理信息数据提供使用管理办法》《江西省地理信息数据管理办法》均规定了特定主体可无偿获取的地理空间数据类型。《湖南省地理空间数据管理办法》明确规定了特定主体拥有无偿使用地理空间数据的权利，其第5条第3款规定："行政机关、事业单位、国有企业（以下简称有关部门和单位）负责组织生产、更新和管理本部门专题地理空间数据，无偿提交在履行公共管理和公共服务职责中形成的专题地理空间数据进行汇集，享有无偿使用地理空间数据的权利。"《广东省地理空间数据管理办法（试行）》第7条第3款也规定："各行政机关事业单位负责生产、更新、管理本单位专题地理空间数据，无偿提交在履行公共管理和公共服务职责中形成的专题地理空间数据进行归集，并享有无偿使用其他单位共享的地理空间数据的权利。"

此外，《湖南省地理空间数据管理办法》《江西省地理信息数据管理办法》均规定了地理空间数据知识产权（地理信息知识产权）依法受到保护，使用共享获取的地理空间数据，应当尊重权属单位的知识产权，注明数据来源，不得损害数据权属单位的合法权益。

就遥感数据而言，《广西民用遥感卫星数据开放共享管理暂行办法》第19条规定，自治区财政资金全额支持的遥感数据所有权归自治区人民政府所有，部分使用自治区财政资金支持的遥感数据按约定享有相关权利。《湖北省高分辨率对地观测系统卫星遥感数据管理办法》第4条规定，高分数据包括从卫星接收的原始数据和经过加工处理形成的各级各类产品，其所有权归国家所有。数据持有者、信息产品使用者依法享有数据使用权，并按本办法要求使用高分数据。[2]

---

〔1〕 根据《贵州省政府数据共享开放条例》第3条第1款规定，本条例所称的政府数据，是指行政机关在依法履行职责过程中制作或者获取的，以一定形式记录、保存的各类数据，包括行政机关直接或者通过第三方依法采集、管理和因履行职责需要依托政府信息系统形成的数据。

〔2〕 所谓高分数据，是指高分辨率对地观测系统重大专项卫星遥感数据。参见《湖北省高分辨率对地观测系统卫星遥感数据管理办法》第1条。

五、评价

数据权益的相关问题无疑是数据法律制度构建的重点和难点，我国省级数据立法对此作出了有益探索。一方面，强调数据权益兼具人格和财产的双重属性；另一方面，聚焦于公共数据开放利用、数据交易等不同场景下相关主体享有的数据权益。此外，在"数据二十条"的指引下，多地数据立法表明要探索建立数据分类分级确权授权制度，并将数据资源持有权、数据加工使用权、数据产品经营权直接纳入地方立法的具体规定。

整体而言，我国关于数据权益的地方立法实践仍然处于初期探索阶段，对于"数据权益""数据权利""人格权益""财产权益""个人信息权益"等关键概念的使用以及数据权益的配置认识不一致，有必要就部分重点问题进行研究，为全国性的立法提供指引。

第一，对于政务数据的权属问题有待进一步明确。绝大多数省级数据立法都回避了作为公共数据核心构成的政务数据的所有权问题。但是，贵州省、重庆市、山西省、福建省和广西壮族自治区等5个省（自治区、直辖市）在立法文件中作出了明确规定。除了广西壮族自治区之外，其他4个省的规定较为原则，基本表述均为本省的政务数据属于国家所有。而广西壮族自治区在两份立法文件中先后表明："自治区人民政府依法拥有广西政务数据的所有权"和"自治区党委、自治区人民政府依法拥有广西政务数据的所有权"。实际上，数据的所有权安排应该由基本法律予以规定，数据的国家所有是一个宪法问题。通过地方立法对政务数据的所有权予以规定，无论如何都是存疑的。与此同时，确认政务数据的权属，还需科学处理其与政府数据、公共数据、公共服务数据、个人数据以及企业数据甚至于社会数据的关系。此外，更为重要的问题在于数据与所有权逻辑存在内在冲突。基于数据非竞争性、可复制性和非排他性的特征，所有权的安排不利于数据的开发利用，即便在数据上设定所有权，相关权利主体也不可能排他地行使占有权。

第二，需要进一步完善三权分置的数据产权运行机制。"数据二十条"在数据确权这一问题表明了清晰的立场，即以解决市场主体遇到的实际问题为导向，创新数据产权观念，淡化所有权、强调使用权，聚焦数据使用权流通，并创造性地提出建立数据资源持有权、数据加工使用权和数据产品经营权"三权分置"的数据产权制度框架。上述规定为全国性的制度安排提供了指引，但如果直接将其转化为法律制度安排，仍有许多问题值得深入思考。如数据资源、数据、数据产品之间，以及持有权、加工使用权、经营权之间是何关系？数据资源、数据、数据产品与持有权、加工使用权、经营权之间是否仅限于一一对应关系？以及各自涵盖何种具体权能？例如，除非受制于法律和合同的限制性规定或者约定，数据资源持有权的权利主体，当然享有数据加工使用权和数据产品经营权。否则，数据资源既不能实现其使用价值又不能实现其交换价值，导致数据资源持有权只能成为纸上空谈。"数据二十条"设计的持有权、加工使用权、经营权分别对应着数据资源、数据、数据产品，意味着其关注数据资源、数据、数据产品的差异。但是，未来的制度建设不能无视三者之间的高度关联，更不能将持有权、加工使用权、经营权仅限于分别对应数据资源、数据、数据产品。数据确权的目的在于促进数据的开发利用，因此，既要建立数据确权机制，又要健全数据权益之间的互动机制。为此，建议将分置的"数据资源持有权、数据加工使用权和数据产品经营权"修改为互动的"数据、数据资源和数据产品的持有权、加工使用权和数据产品经营权"，拆除"数据、数据资源和数据产品"之间转化的篱笆，打破"持有权、加工使用权和经营权"之间互动的桎梏，破除数据资源与持有权、数据与加工使用权和数据产品与经营权之间僵化孤立的对应关系。只有适应数据特征、符合数字经济发展规律，数据基础制度才能促进数据的开发利用，更好发挥数据要素作用。

第三，数据权益的配置问题需要结合数据种类予以考量。不同的数据种类所具有的特性以及相关的利益关系有所差别，这也导致如何协调各类数据权益的关系变得更为复杂。因此，有必要从实体性法律规范的角度出发，思考如何进行类型化的数据确权。例如，基于公共数据、企业数据和个人数据的视角，对公共数据而言，其具有公共性、公益性，无论是在权益的确认还是共享与开放，都必须严格依据法律法规的规定进行。要强化行政法领域公共数据开放、信息公开等制度的设计与衔接，明确私主体申请获得公共数据和参与公开监督的权益。对企业数据而言，保障其投入的劳动和其他要素贡献获得合理回报，加强数据要素供给激励。对个人数据而言，有必要根据个人数据的敏感程度进行层次化的权益保护，同时适当改进相关侵权行为的认定与评价规则，从而构建起个人数据权益的民事法规范。[1]再如，基于原始数据和加工数据的视角，二者的权益配置一定有所区别。主要原因在于对原始数据进行加工，需要有所投入；数据经过加工处理，数据价值一定会有所提升；数据的价值不仅取决于是否经过处理，而且要取决于被处理的环节、质量和状态。

数据确权是数据资源市场化的前提，也是数据法律制度的内核。我国《民法典》确认了数据的民事权益客体属性，为数据确权提供了民事基本法层面的依据。虽然有关数据政策和地方性立法确认了数据权益，但国家层面的立法并没有对此作出回应。数据权益配置的复杂性和难度源于数据种类及其被持有、被处理的事实状态的复杂性。数据权益不仅决定着行为的起点，而且决定着行为的边界。确定数据权益的目的在于建立数据行为边界、明确数据行为所引起的法律关系的内容。在数据权益的配置过程中，必须注意到数据的本质特征，数据的非竞争性、可复制性和非排他性决定了数据可以同时被多个主体控制、处理和利用。从最大程度发挥数据要素价值的角度出发，应当通过数据权益的制度安排，让数据可以被更多主体合法、合理地开发利用。总之，最大限度发挥数据的社会价值、经济价值和管理价值，需要兼顾围绕不同利益主体的正当利益，同时也需要对数据进行深度解构，考虑不同种类数据的特性和相关的利益关系。[2]

---

〔1〕　参见蒋佳妮：《数据要素确权"分而治之"》，载《科技日报》2022年7月25日，第6版。

〔2〕　参见时建中：《数据概念的解构与数据法律制度的构建　兼论数据法学的学科内涵与体系》，载《中外法学》2023年第1期。

专题五附录 省级数据立法关于数据权益的规定

类型	规范名称	公布时间	关于数据权益的规定
数据	《深圳经济特区数据条例》	2021－07－06	**第三条** 自然人对个人数据享有法律、行政法规及本条例规定的人格权益。 处理个人数据应当具有明确、合理的目的，并遵循最小必要和合理期限原则。 **第四条** 自然人、法人和非法人组织对其合法处理数据形成的数据产品和服务享有法律、行政法规及本条例规定的财产权益。但是，不得危害国家安全和公共利益，不得损害他人的合法权益。 **第九条** 处理个人数据应当充分尊重和保障自然人与个人数据相关的各项合法权益。 **第十条** 处理个人数据应当符合下列要求： …… （三）依法告知个人数据处理的种类、范围、目的、方式等，**并依法征得同意**…… **第十六条** 第一款 数据处理者应当在处理个人数据前，**征得自然人的同意**，并在其同意范围内处理个人数据，但是法律、行政法规以及本条例另有规定的除外。 **第十八条** 处理敏感个人数据的，应当在处理前征得该自然人的明示同意。 **第十九条** 处理生物识别数据的，应当征得该自然人明示同意时，**提供处理其他非生物识别数据的替代方案**。但是，处理生物识别数据为处理个人数据目的所必需，且不能为其他个人数据所替代的除外。 基于特定目的处理生物识别数据的，未经自然人明示同意，不得将该生物识别数据用于其他目的。 生物识别数据具体管理办法由市人民政府另行制定。

续表

类型	规范名称	公布时间	关于数据权益的规定
数据	《深圳经济特区数据条例》	2021-07-06	第二十条 处理未满十四周岁的未成年人个人数据的，按照处理敏感个人数据的有关规定执行，并应当在处理前征得其监护人的明示同意。 处理无民事行为能力或者限制民事行为能力的成年人个人数据的，应当在处理前征得其监护人的明示同意。 第二十二条 自然人有权撤回部分或者全部其处理个人数据的同意。 自然人撤回同意的，数据处理者不得继续处理该自然人撤回同意范围内的个人数据。但是，不影响数据处理者在自然人撤回同意前基于同意进行的合法数据处理。法律、法规另有规定的，从其规定。 第二十四条 个人数据不准确或者不完整的，数据处理者应当根据自然人的要求及时补充、更正。 第二十五条 有下列情形之一的，数据处理者应当及时删除个人数据： …… (三) 自然人撤回同意且要求删除个人数据； (四) 数据处理者违反法律、法规规定或者双方约定处理数据，自然人要求删除； …… 第二十八条 自然人可以向数据处理者要求查阅、复制其个人数据，数据处理者应当按照有关规定及时提供，并不得收取费用。 第五十八条 市场主体对合法处理数据形成的数据产品和服务，可以依法自主使用，取得收益，进行处分。
	《上海市数据条例》	2021-11-25	第一条 为了保护自然人、法人和非法人组织与数据有关的权益，规范数据处理活动，促进数据依法有序自由流动，保障数据安全，加快数据要素市场培育，推动数字经济更好服务和融入数字发展新格局，……。

续表

类型	规范名称	公布时间	关于数据权益的规定
数据	《上海市数据条例》	2021 - 11 - 25	**第二章 数据权益保障** **第十二条** 本市依法保护自然人对其个人信息享有的**人格权益**。 本市依法保护自然人、法人和非法人组织在使用、加工等数据处理活动中形成的法定或者约定的**财产权益**，以及在数字经济发展中有关数据创新活动取得的合法权益。 **第十三条** 自然人、法人和非法人组织可以通过合法、正当的方式收集数据。**收集已公开的数据，不得违反法律、行政法规规定或者侵犯他人的合法权益。**法律、行政法规另有规定或者当事人另有约定的除外。法律、行政法规对数据收集的目的和范围有规定的，应当在法律、行政法规规定的目的和范围内收集。 **第十四条** 自然人、法人和非法人组织对其合法取得的数据，可以依法使用、加工。法律、行政法规另有规定或者当事人另有约定的除外。 **第十七条** 自然人、法人和非法人组织开展数据处理活动，行使相关数据权益，应当遵守法律、法规，尊重社会公德和伦理，遵守商业道德，诚实守信，不得危害国家安全和公共利益，**不得损害他人的合法权益。** **第十八条** 除法律、行政法规另有规定外，处理个人信息的，应当取得个人同意。个人信息的处理目的、处理方式和处理的个人信息种类发生变更的，应当重新取得个人同意。 处理个人自行公开或者其他已经合法公开的个人信息，应当在合理的范围内进行；个人明确拒绝的除外。 处理个人自行公开的个人信息，对个人权益有重大影响的，应当依法取得个人同意。 **第二十一条** 个人发现其个人信息不准确或者不完整的，**有权请求处理者更正、补充。** 处理个人信息有下列情形之一的，处理者应当主动删除个人信息；处理者未删除的，个人有权请求删除： （一）处理目的已实现、无法实现或者为实现处理目的不再必要；

续表

类型	规范名称	公布时间	关于数据权益的规定
数据	《上海市数据条例》	2021-11-25	（二）处理者停止提供产品或者服务，或者保存期限已届满； （三）个人撤回同意； （四）处理者违反法律、行政法规或者违反约定处理个人信息； （五）法律、行政法规规定的其他情形。 对属于本条第一款、第二款情形的，处理者应当分别予以更正、补充、删除。法律、行政法规另有规定的，从其规定。 第二十二条 处理自然人生物识别信息的，应当具有特定的目的和充分的必要性，并采取严格的保护措施。**处理生物识别信息应当取得个人的单独同意**；法律、行政法规另有规定的，从其规定。 第二十三条 第二款 所收集的个人图像、身份识别信息，只能用于维护公共安全目的，**不得用于其他目的；取得个人单独同意的除外。** 第二十四条 第三款 通过自动化决策方式作出对个人权益有重大影响的决定，个人有权要求处理者予以说明，并有权拒绝处理者仅通过自动化决策的方式作出决定。
	《河南省数据条例》（草案）（征求意见稿）	2022-03-07	第二十五条 自然人、法人和非法人组织可以通过合法、正当的方式收集非公共数据。**收集已公开的非公共数据，不得违反法律、行政法规的规定，不得侵犯他人的合法权益。**法律、行政法规对非公共数据收集的目的和范围有规定的，从其规定。 第二十六条 第一款 收集个人信息应当取得个人同意，法律、行政法规规定不需要征得个人同意的除外。法律、行政法规规定收集个人信息应当取得个人单独同意或者书面同意的，从其规定。 第二款 个人有权撤回同意。个人撤回同意的，不影响撤回前基于个人同意已进行的个人信息处理活动的效力。

续表

类型	规范名称	公布时间	关于数据权益的规定
数据	《河南省数据条例（草案）》（征求意见稿）	2022-03-07	**第二十七条** 收集敏感个人信息应当取得个人的单独同意；法律、行政法规规定收集敏感个人信息应当取得面同意的，从其规定。 收集敏感个人信息，除依法向个人告知相关事项外，还应当向个人告知收集个人信息的必要性以及对个人权益的影响；依法可以不向个人告知的除外。 收集不满十四周岁未成年人个人信息，应当取得未成年人的父母或者其他监护人的同意。 法律、行政法规规定收集敏感个人信息应当取得行政许可或者有其他限制的，从其规定。 **第二十八条** ……收集的个人图像、身份识别信息，只能用于维护公共安全目的，非经个人单独同意不得用于其他目的。 自然人、法人和非法人组织在收集商业数据时，不得实施下列侵害其他市场主体合法权益的行为： （一）使用非法手段获取其他市场主体的数据； （二）利用非法收集的其他市场主体数据提供替代性产品或者服务； （三）法律、行政法规禁止的其他行为。 **第三十二条** 自然人、法人和非法人组织依法对其合法收集的非公共数据享有权益，可依法开展数据利用、加工和交易。 **第三十三条** 自然人、法人和非法人组织处理非公共数据，应当遵守法律、法规，尊重社会公德和职业道德，诚实守信，履行数据安全保护义务，承担社会责任。不得危害国家安全、公共利益，不得损害自然人、法人和非法人组织的合法权益。 **第三十六条** 自然人、法人和非法人组织可以利用其合法持有的数据。 依法获取的数据经过处理无法识别特定个人且不能复原的，或者取得特定个人明确授权的，可以交易、交换或者以其他方式开发利用。 **第三十九条** 自然人、法人和非法人组织通过实质性加工和创新性劳动形成的数据产品和服务受本条例保护。 数据开发利用应当遵守反垄断、反不正当竞争、消费者权益保护等法律、行政法规的规定。不得危害国家安全、公共利益、个人信息权益及其他主体的合法权益。

续表

类型	规范名称	公布时间	关于数据权益的规定
数据	《重庆市数据条例》	2022-03-30	**第十二条** 政务部门、公共服务组织应当建立健全数据质量管控体系，加强数据质量事前、事中和事后监督检查，实现问题数据可追溯、可定责，保证数据及时、准确、完整。 自然人、法人、非法人组织发现与其相关的公共数据不准确、不完整的，可以向相关政务部门、公共服务组织提出校核申请，相关政务部门、公共服务组织应当及时依法处理并反馈。 **第二十七条** 第二款 自然人、法人和非法人组织需要获取无条件开放公共数据的，可以通过统一的公共数据开放系统获取。 第三款 自然人、法人和非法人组织需要获取有条件开放公共数据的，可以通过统一的公共数据开放系统向市数据主管部门提出开放申请。 **第三十一条** 第一款 本市建立公共数据授权运营机制。 第二款 授权运营单位不得向第三方提供授权运营的公共数据，但是可以对授权运营的公共数据进行加工形成数据产品和服务，并依法获取收益。 **第三十三条** 自然人、法人和非法人组织可以通过合法、正当的方式依法收集数据；对合法取得的数据，可以依法使用、加工，对依法加工形成的数据产品和服务，可以依法获取收益。
	《江西省数据条例（征求意见稿）》	2022-04-28	**第十四条 【数据权益保护】** 涉及个人信息的数据受法律保护，任何组织、个人不得损害个人信息权益。 自然人、法人和非法人组织依法在数据使用、加工等数据处理活动中形成的法定或者约定的数据权益受法律保护。 **第二十条 【个人信息保护】** 第二款 除法律、行政法规另有规定外，数据处理者处理个人图像、身份识别等涉及个人信息的非公共数据应当取得个人同意。法律、行政法规规定处理个人信息应当取得个人单独同意或者书面同意的，从其规定。

续表

类型	规范名称	公布时间	关于数据权益的规定
数据	《江西省数据条例（征求意见稿）》	2022 – 04 – 28	**第二十一条【敏感个人信息保护】** 第一款 数据处理者处理生物识别、宗教信仰、特定身份、行踪轨迹、金融账户、行踪轨迹等涉及敏感个人信息的非公共数据应当取得个人的单独同意；法律、行政法规规定处理敏感个人信息应当取得个人书面同意的，从其规定。 **第二十二条 【处理禁止性行为】** 数据处理者开展非公共数据处理活动应当遵守法律、法规，尊重社会公德和伦理，遵守商业道德，诚实守信，不得非法收集、使用、加工、传输他人个人信息，不得非法买卖、提供或者公开他人个人信息，不得危害国家安全和公共利益，不得损害他人的合法权益。 **第二十八条 【可交易性】** 第一款 自然人、法人和非法人组织可以依法使用、加工、交易其合法取得的数据。法律、行政法规或者当事人另有约定的除外。 **第二十五条 【数据开发利用】** 自然人、法人和非法人组织可以利用其合法取得的数据。 依法获取的数据经过处理无法识别特定个人且不能复原的，或者取得特定数据提供者明确授权的，可以交易、交换或者以其他方式开发利用。 市场主体的数据开发利用行为应当遵守反垄断、反不正当竞争、消费者权益保护等法律、法规的规定，不得损害国家利益、社会公共利益和他人合法权益。 **第二十六条 【运营机制】** 本省建立健全公共数据授权运营机制，提高公共数据开发利用水平，促进数字产业化。授权单位负责对被授权运营单位实施日常监督管理。 被授权运营单位对授权运营的公共数据进行加工形成的数据产品和服务，可以向用户提供并获取合理收益。被授权运营单位不得向第三方提供授权运营的原始公共数据。
	《四川省数据条例》	2022 – 12 – 02	**第九条** 第一款 自然人的个人信息受法律保护，任何组织、个人不得侵害自然人的个人信息权益。

续表

类型	规范名称	公布时间	关于数据权益的规定
数据	《四川省数据条例》	2022-12-02	第二十条 省数据管理机构会同有关部门建立健全以下公共数据治理工作机制： （一）建立公共数据资源普查制度，编制公共数据资源清单，实现公共数据资源统一管理； （二）建立公共数据质量管控制度，实现问题数据可追溯，保证数据及时、准确、完整； （三）建立公共数据校核制度，自然人、法人和非法人组织发现公共数据不准确、不完整的，可以向政务部门或者公共服务组织提出校核申请，相关政务部门、公共服务组织应当及时依法处理并反馈； （四）建立公共数据使用情况统计反馈制度，由省数据管理机构统计并定期向数据来源部门反馈公共数据的归集、使用、交易等情况。 第二十一条 自然人、法人和非法人组织可以通过合法、正当的方式收集非公共数据。收集已公开的非公共数据，不得违反法律、行政法规的规定，不得侵犯他人的合法权益。法律、行政法规对非公共数据收集的目的范围有规定的，从其规定。 自然人、法人和非法人组织在收集非公共数据时，不得实施下列侵害其他市场主体合法权益的行为： （一）使用非法手段获取其他市场主体的数据； （二）利用非法收集的其他市场主体数据提供替代性产品或者服务； （三）法律、行政法规规定禁止的其他行为。 第二十八条 第一款 自然人、法人和非法人组织需要获取无条件开放公共数据的，可以通过开放平台直接获取；需要获取有条件开放公共数据的，应当依据开放平台数据目录通过开放平台申请，并列明理由、依据、用途等。 第三十条 第一款 签订数据利用承诺书的申请人应当采取安全保障措施，在规定的范围内使用数据，并向数据管理机构反馈数据使用情况；不得将获取的公共数据用于规定使用范围之外的其他用途，不得篡改、破坏、泄露所获取的公共数据危害国家安全，侵犯商业秘密或者个人隐私。

续表

类型	规范名称	公布时间	关于数据权益的规定
数据	《四川省数据条例》	2022-12-02	第三十五条 数据交易应当遵循自愿、平等、公平和诚实信用原则，遵守法律法规和商业道德，履行数据安全保护、个人信息保护、知识产权保护等方面的义务。 有下列情形之一的，不得交易： （一）危害国家安全、公共利益，侵害个人隐私的； （二）未经合法权利人授权同意的； （三）法律、法规规定禁止交易的其他情形。 第三十八条 自然人、法人和非法人组织可以依法取得、加工合法取得的数据；对依法加工形成的数据产品和服务，可以依法获取收益。 自然人、法人和非法人组织在使用、加工等数据处理活动中形成的法定或者约定的财产权益，以及在数字经济发展中有关数据创新活动取得的合法权益受法律保护。 自然人、法人和非法人组织使用、加工数据，应当遵守法律、法规，尊重社会公德和伦理，遵守商业道德，诚实守信，不得危害国家安全和公共利益，不得损害他人的合法权益。
	《厦门经济特区数据条例》	2022-12-27	第三十二条 自然人对个人数据享有法律、行政法规规定的人格权益。 第三十三条 自然人、法人和非法人组织对其合法处理数据形成的数据产品和服务享有法律、行政法规规定的财产权益。但是，不得危害国家安全和社会公共利益，不得损害他人的合法权益。 第三十四条 第三款 数据处理者向他人提供其处理的个人数据，应当获得个人单独同意。法律、行政法规规定或者自然人与数据处理者约定应当匿名化的，数据处理者应当依照法律、行政法规规定或者双方约定进行匿名化处理。

类型	规范名称	公布时间	关于数据权益的规定
数据	《厦门经济特区数据条例》	2022-12-27	**第三十七条** 探索数据分类分级确权授权使用，推动建立数据资源持有权、数据加工使用权、数据产品经营权等分置的产权运行机制。 探索构建公平、高效、激励与规范相结合的数据价值分配机制，健全数据要素权益保护制度，鼓励和支持市场主体研发数据技术，挖掘数据价值，推进数据应用，通过实质性劳动形成新性劳动形成数据产品和服务，并推动依法使用、自主处分、获取收益。 **第四十三条** 鼓励数据、数据产品和服务交易活动，但是有下列情形之一的，不得交易： （一）危害国家安全、社会公共利益的； （二）侵害他人合法权益、个人隐私的； （三）未经合法权利人授权同意的； （四）法律、法规禁止交易的其他情形。
	《广西数据要素市场化发展管理暂行办法》	2023-11-07	**第十二条** 探索建立数据资源持有权、数据加工使用权、数据产品经营权等分置的产权运行机制，推进公共数据、企业数据、个人信息数据分类分级确权授权使用和市场化流通交易。
	《江西省数据应用条例》	2023-11-30	**第十八条** 第三款　自然人、法人和非法人组织申请获取有条件开放类公共数据时，应当按照国家和省有关规定采取安全保障措施；获取的公共数据应当在允许的范围内使用，不得以任何形式提供给第三方或者用于其他目的。 **第十九条** 第三款　自然人、法人和非法人组织发现公共数据存在错误、遗漏的，可以向提供公共数据的政务部门、公共服务机构提出异议，并请求及时校核、更正。 **第二十八条** 市场主体依法在使用、加工等数据处理活动中形成的财产权益受法律保护，并可以依法交易。

续表

类型	规范名称	公布时间	关于数据权益的规定
	《天津市数据交易管理暂行办法》	2022-01-25	**第十六条** 鼓励、支持通过数据交易的方式依法开发利用政务数据和社会数据。**未经自然人或者其监护人同意，不得非法交易其个人信息，但是经过加工无法识别特定个人且不能复原的除外。**
	《深圳市数据管理暂行办法》	2023-02-21	**第七条** 第一款 在保证数据安全、公共利益及数据来源合法的前提下，市场主体按照不同情形，**依法享有数据资源持有权、数据加工使用权和数据产品经营权等权利。**
数据交易流通	《深圳市数据商和数据流通交易第三方服务机构管理暂行办法》	2023-02-24	**第四条** 数据商和第三方服务机构从事数据交易活动应当遵循依法合规、规范统一、公平自愿、诚实守信、安全可控的原则，遵守商业道德，不得危害国家安全、公共利益以及企业和个人的合法权益。
	《上海市数据交易场所管理实施暂行办法》	2023-03-15	**第三条** 在数据交易场所所从事数据交易，应当遵循自愿、平等、公平和诚信的原则，**不得侵犯他人的合法权益和损害社会公共利益。**
	《广东省数据流通交易管理办法（试行）》（征求意见稿）	2023-04-04	**第十八条【业务要求】** 第一款 数据经纪人依法优先获得公共数据开发使用权益及相应产品经营权益；利用公共数据资源开发形成数据产品和服务的，应当得到政务数据服务管理部门确认的授权，并坚持公益原则，公平对待各类数据应用需求。 **第二十二条【数据权益保护】** 依法全面、公正、充分保护数据流通交易主体依法享有数据应用权益。数据流通交易主体在收集、处理和利用数据中的合法权益，法规和规章设定的或者通过民事商事合同和行政协议约定的数据财产权益。

续表

类型	规范名称	公布时间	关于数据权益的规定
数据交易流通	《广东省数据流通交易管理办法（试行）》（征求意见稿）	2023-04-04	**第二十三条【数据产品和服务的权益】** 数据流通交易主体对在经营和其他工作过程中合法产生并形成具有经济和社会应用价值的数据产品和服务，应当享有相应财产权益。使用数据产品和接受数据服务，应当受数据产品和服务者的同意并依照双方协议支付有相应财产权益者的同意并依照双方协议支付费用。 **第二十四条【公共数据产品和服务的权益】** 对向社会普遍开放的公共数据，数据流通交易通过授权运营方式、核验等形式开发利用公共数据，并根据其成效，探索数据产品和服务所得财产权益受法律保护。以模型、核验等形式开发利用公共数据，并根据其成效，探索数据产品的开发利用不得损害国家利益、社会公共利益和第三方合法权益，审慎对待原始数据的流转交易行为。 **第二十五条【政府对收入分配的引导和规制】** 数据产品和服务各种生产要素在数据产品和服务价值形成过程中的实际作用加以确定。对创造和提升数据价值的数据处理者劳动付出，应当获得与其作用相称的收入分配。
	《广东省数据经纪人管理规则（试行）》（征求意见稿）	2023-04-04	**第四条【权利义务】** 第一款　数据经纪人依法优先获得公共数据开发使用权益及相应产品经营权益。
	《广东省数据流通交易技术安全规范（试行）》（征求意见稿）	2023-04-04	**第十条** 登记平台应提供异议处理功能，支持自然人、法人和非法人组织在规定时间内对公示信息发起异议，并支持异议各方进行线上沟通。 **第五十一条** 行业数据空间可提供电子化、可执行的合约功能，依据数据授权对数据的流通和使用进行严格控制，保障参与与主体的合法权益。

类型	规范名称	公布时间	关于数据权益的规定
数据交易流通	《上海市促进浦东新区数据流通交易若干规定（草案）》	2023-07-25	**第五条（数据产权人）** 第一款　本市依法保护数据产权人的数据权益，建立以数据价值实现为导向的数据要素收益分配机制，保障数据产权人依据各自在数据生产、采集、加工、流通、应用等环节中的贡献参与数据要素收益分配。 **第六条（数据权益）** 本市根据数据来源和数据生成特征，探索建立数据资源持有权、数据加工使用权、数据产品经营权分置机制。 数据产权人在生产经营活动中自主生产、采集并持有数据资源的，依法享有数据资源持有权，可以通过管理、传输等方式控制数据资源，排除他人干涉。 数据产权人基于数据资源持有权或者基于合同约定，流通等合同约定，依法享有数据加工使用权，可以对数据进行实质性加工或者创新性劳动，形成数据产品并实现价值。 数据产权人自行或委托他人加工、分析形成数据产品的，依法享有数据产品经营权，可以自主经营，也可以委托他人经营，对数据进行市场化流通并取得收益。 法律、行政法规和国家另有规定的，从其规定。
			第十八条（数据安全） 第一款　市经济和信息化、公安、网信、市场监管等部门和浦东新区人民政府应当根据各自职责加强对数据要素市场的监管，依法打击危害国家安全和公共利益，侵害个人隐私或未经合法权利授权同意的数据交易活动和非法产业。
	《贵州省数据流通交易促进条例（草案）》	2023-11-29	**第十七条** 探索建立个人信息数据授权使用制度，探索由受托者代表个人利益，监督个人信息处理者对个人信息数据进行采集、加工、使用。 除法律、法规规定不需要征得个人同意的情形外，处理个人信息数据应当取得个人同意，不得违法、违规处理个人信息数据。
			第十九条 第一款　依法保护数据流通交易主体在数据流通交易活动中享有的数据资源持有、数据加工使用、数据产品经营等合法权益，以及基于法律规定或者合同约定的流转数据相关财产性权益。

续表

类型	规范名称	公布时间	关于数据权益的规定
数据交易流通	《贵州省数据交易流通促进条例（草案）》	2023-11-29	第二十条 依法保护数据来源者合法权益，推动基于知情同意或者存在法定事由的数据流通使用模式，保障数据来源者享有获取或者复制转移由其促成产生数据的权益。 第二十一条 依法保护数据处理者对依规持有的数据进行自主管控的权益。 第二十二条 依法保护数据处理者依照法律规定或者合同约定获取的数据加工使用权，保障数据处理者根据劳动和其他要素贡献获得收益的权利。 数据处理者加工使用数据，不得侵害国家安全、公共利益、数据来源者合法权益。 第二十三条 依法保护数据处理者经加工、分析等形成数据、数据衍生产品和服务的经营权，依法规范数据处理者许可他人使用数据、数据衍生产品和服务的权利，促进数据要素流通复用。
数据知识产权	《浙江省数据知识产权登记办法（试行）》	2023-05-26	一、适用范围 …… （二）申请主体。 ……数据知识产权登记申请人（以下简称"申请人"）的数据处理活动应当符合相关法律法规规定，不得危害国家安全、损害公共利益、侵犯他人合法权益…… 三、登记审查 （七）异议处理。 公示期间，任何单位或个人可以实名对数据知识产权登记公示内容提出异议并提供必要的证据材料。异议期间暂缓登记。 四、登记证书的使用 （十三）登记信息的公开查验。 任何单位或个人均可通过登记平台查阅已登记公告的数据知识产权信息。登记平台应当为数据知识产权信息查阅提供检索等服务，提供数据存证服务的平台或者机构应当根据约定提供数据核验等服务。

续表

类型	规范名称	公布时间	关于数据权益的规定
数据知识产权	《北京市数据知识产权登记管理办法（试行）》	2023－05－30	第十条 登记机构对经形式审查符合数据知识产权登记要求的，在登记平台进行登记前公示，公示期为十个工作日。公示内容包括申请人、数据知识产权名称、应用场景、数据来源、算法规则等信息。公示期间，任何单位和个人可对数据知识产权登记公示内容提出异议并导出提供必要的证据材料。 第二十条 任何单位或者个人均可通过登记机构查阅已登记公告的数据知识产权信息。登记机构应当为数据知识产权信息查阅和检索等服务。 第二十二条 数据知识产权相关主管部门鼓励推进登记证书促进数据创新开发，传播利用和价值实现，应当积极推进登记证书在行政执法、司法审判、法律监督中的运用，充分发挥登记证书证明效力，强化数据知识产权保护，切实保护数据处理者的合法权益。 数据知识产权相关主管部门鼓励知识产权服务机构探索数据知识产权相关服务。
	《深圳市数据产权登记管理暂行办法》	2023－06－15	第七条 登记主体，是指在登记机构完成登记，取得相关登记证明的自然人、法人或非法人组织。 登记主体具有以下权利： （一）对合法取得的数据资源或数据产品享有相应的数据资源持有、数据加工使用和数据产品经营等相关权利。 数据资源持有权是指在相关法律法规或合同约定下，相关主体可对数据资源进行管理、使用、收益或处分等行为。 数据加工使用权是指在相关法律法规或合同约定下，相关主体以各种方式、技术手段对数据产品进行采集、使用、收益或处分等行为。分析或加工等行为。 数据产品经营权是指在相关法律法规或合同约定下，相关主体可对数据产品进行占有、使用、收益处分等行为，可作为数据交易、融资抵押、数据资源许可凭证、数据资源交易、争议仲裁、会计核算的依据。 （二）经登记机构审核后获取的数据资源或数据产品登记证书，登记主体持有、使用或授权他人使用数据资源或数据产品的，应当在保护公共利益、 第八条 数据资源或数据产品登记后，登记主体持有、使用或授权他人使用数据资源或数据产品的，应当在保护公共利益、数据安全和数据来源者合法权益的前提下依照有关法律法规进行。

续表

类型	规范名称	公布时间	关于数据权益的规定
数据知识产权	《深圳市数据产权登记管理暂行办法》	2023-06-15	第二十条　第一款　利害关系人认为登记内容错误，且登记主体拒绝办理变更登记或注销登记的，利害关系人可向登记机构申请异议登记，并提交相应证明材料……
数据知识产权	《天津市数据知识产权登记办法（试行）》	2024-01-08	第五条　第三款　数据知识产权登记申请人的数据处理活动应当符合相关法律法规规定，不得危害国家安全、损害公共利益、侵犯他人合法权益。 第十一条　第一款　异议处理。公示期间，任何单位或个人可以实名对数据知识产权登记公示内容提出异议并提供必要的证据材料。异议期间暂缓登记。
数据安全	《贵州省大数据安全保障条例》	2019-08-01	第十条　第一款　任何单位和个人都有维护大数据安全的义务，不得从事危害大数据安全的活动，不得利用大数据从事危害国家安全以及损害国家利益、社会公共利益和他人合法权益的活动。 第十六条　第一款　采集数据应当具有合法目的和用途，遵循最小且必要和正当原则，禁止过度采集；科学确定采集对象、范围、内容、方式，依法进行采集，并保证数据的真实性、完整性、保密性。 第二款　国家机关采集数据应当经被采集人同意，法律、法规另有规定的除外。 第三款　采集数据不得侵犯国家秘密、商业秘密和个人信息，不得损害被采集人和他人合法权益。 第二十二条　第二款　使用数据开展广告宣传、营销推广等活动，不得干扰被采集人正常生产生活，不得损害采集被采集人及他人合法权益。 第三十条　采集、存储、使用、处理人脸、指纹、基因、疾病等生物特征数据，应当遵守法律、法规的规定，不得危害国家安全、公共安全，不得损害采集被采集人及他人合法权益。

续表

类型	规范名称	公布时间	关于数据权益的规定
数字经济	《浙江省数字经济促进条例》	2020-12-24	第十九条 任何单位和个人收集、存储、使用、加工、传输、提供、公开数据资源，应当遵循合法、正当、必要的原则，遵守网络安全、数据安全、电子商务、个人信息保护等有关法律、法规以及国家标准的强制性要求，不得损害国家利益、社会公共利益、社会或者他人合法权益。
	《广东省数字经济促进条例》	2021-07-30	第四十条 自然人、法人和非法人组织对依法获取的数据资源开发利用的成果，所产生的财产权益受法律保护，并可以依法交易。法律另有规定或者当事人另有约定的除外。 第四十一条 第二款 开展数据处理活动，不得危害国家安全、公共利益，不得损害个人、组织的合法权益。 第三款 个人信息受法律保护。个人信息的收集、存储、使用、加工、传输、提供、公开等处理活动，应当遵循合法、正当、必要原则，不得过度处理，并符合合法、法律规定的条件。 第二十二条 数据资源开发者对其开发的数字技术和数据产品依法享有知识产权，任何单位和个人不得非法侵占、使用。 第二十四条 第二款 数据资源拥有者对其汇集的非公共数据资源依法享有使用权，但是不得侵害信息主体的合法权益。 第三款 数据信息主体对其个人数据依法享有知情权、同意权、复制权、查阅权、更正权、撤回权和可携带权。
数字经济	《河南省数字经济促进条例》	2021-12-28	第六十七条 自然人、法人和非法人组织的数据信息受法律保护。任何单位和个人收集、使用、存储、加工、传输、提供、公开数据资源，应当坚持合法、正当、必要、精准和诚信原则，遵守网络安全、数据安全、密码安全、电子商务、个人信息保护有关法律、法规以及国家标准的强制性要求，不得损害国家利益、社会公共利益或者他人合法权益。 第六十九条 在数字经济活动中收集和产生的数据涉及出境的，应当遵守数据安全管理的相关法律、法规，依法进行安全评估，不得影响国家安全，不得损害社会公共利益，不得侵害个人信息安全，不得侵害其他市场主体的合法权益。

续表

类型	规范名称	公布时间	关于数据权益的规定
数字经济	《河北省数字经济促进条例》	2022-05-27	第二十五条 第一款　组织、个人依法获取并合法处理数据形成的数据产品和服务，所产生的财产权益受法律保护，可以依法交易。法律另有规定的除外。 第二十八条 第一款　任何组织和个人收集、存储、使用、加工、传输、提供、公开数据资源，应当遵守有关法律、法规的规定，尊重社会公德和伦理，遵守商业道德和职业道德，诚实守信，履行数据安全保护义务，承担社会责任，不得危害国家安全、公共利益，不得损害个人、组织的合法权益。
	《江苏省数字经济促进条例》	2022-05-31	第六十四条 第一款　组织、个人与数据有关的权益依法受到保护。 第三款　开展数据处理活动，不得危害国家安全、公共利益，不得损害组织、个人的合法权益。
	《深圳经济特区数字经济产业促进条例》	2022-09-05	第二十二条 市人民政府应当坚持保障安全与发展数字经济并重的原则，依法建立健全网络安全、数据安全保障和个人信息保护体系。 数据处理者应当依法建立和完善数据安全管理制度，履行数据安全保护义务，不得危害国家安全、不得损害个人、组织的合法权益。 第二十三条 第二款　市场主体以合法方式获取的数据受法律保护。市场主体合法处理数据形成的数据产品和服务，可以依法交易。但是，法律、法规另有规定或者当事人另有约定的除外。
	《北京市数字经济促进条例》	2022-11-25	第十八条 第一款　市经济和信息化部门、区人民政府等有关公共机构应当按照需求导向，分类分级、安全可控、高效便捷的原则，制定并公布公共数据年度开放情单或计划，采取无条件开放、有条件开放等方式向社会开放公共数据。单位和个人可以通过公共数据开放平台获取公共数据。 第二十条 除法律、行政法规另有规定或者当事人另有约定外，单位和个人对其合法正当收集的数据，可以依法存储、持有、使用、加工、传输、提供、公开、删除等，所形成的数据产品和数据服务的相关权益受法律保护。

续表

类型	规范名称	公布时间	关于数据权益的规定
数字经济	《北京市数字经济促进条例》	2022-11-25	除法律、行政法规另有规定外，在确保安全的前提下，单位和个人可以对城市基础设施、建筑物、构筑物、物品等进行数字化仿真，并对所形成的数字化产品持有相关权益，但需经相关权利人和有关部门同意的，应当经其同意。 **第四十五条** 第一款　本市依法保护与数据有关的权益。任何单位和个人从事数据处理活动，应当遵守法律法规、公序良俗和科技伦理，不得危害国家安全、公共利益以及他人的合法权益。 **第五十三条** 知识产权等部门应当执行数据知识产权保护规则，开展数据知识产权保护工作，建立知识产权专利导航制度，支持在数字经济领域构建产业知识产权联盟；加强企业海外知识产权布局指导，建立健全海外预警和纠纷应对机制，建立快速审查、快速维权体系，依法打击侵权行为。
	《山西省数字经济促进条例》	2022-12-09	**第四十七条** 数据资源开发利用应当遵守法律、法规，尊重社会公德和职业道德，遵守商业道德和职业道德，诚实守信，履行数据安全保护义务，承担社会责任，不得危害国家安全、公共利益，组织的合法权益。
	《湖北省数字经济促进办法》	2023-05-10	**第三十四条** 省人民政府及其有关部门应当根据全国统一大市场建设要求，在保护个人隐私和确保数据安全的前提下，探索建立数据资源持有权、数据加工使用权、数据产品经营权等产权分置的数据要素市场，依法培育数据要素市场，推进数据交易平台建设，逐步建立数据资产评估、登记结算、交易撮合、争议仲裁等市场机制，推动数据运营体系，提高数据要素应用场景，发掘数据要素配置流通能力。 **第三十五条** 数据的收集、存储、使用、加工、传输、提供、公开等处理活动，应当遵守法律、法规，履行数据安全保护义务，尊重社会公德和职业道德，诚实守信，不得损害个人、组织的合法权益。 个人信息受法律保护。个人信息的收集、存储、使用、加工、传输、提供、公开等处理活动，应当遵循合法、正当、必要和诚信原则，不得过度处理，并符合法律、法规规定的条件。

续表

类型	规范名称	公布时间	关于数据权益的规定
大数据	《贵州省大数据发展应用促进条例》	2016-01-15	第十七条 第一款 任何单位或者个人不得非法采集涉及国家利益、公共安全、商业秘密、个人隐私、军工科研生产等数据，采集数据不得损害被采集人的合法权益。 第十八条 第一款 培育数据交易市场，规范交易行为。数据资源交易应当遵循自愿、公平和诚实信用原则，遵守法律法规，尊重社会公德，不得损害国家利益、社会公共利益和他人合法权益。 第二十五条 数据共享开放，应当维护国家安全和社会公共安全，保守国家秘密、商业秘密，保护个人隐私，保护数据权益。任何单位和个人不得利用数据共享开放从事违法犯罪活动。
	《宁夏回族自治区大数据产业发展促进条例（草案）》	2017-03-07	第十八条 第二款 行政部门以外的单位和个人采集数据的，应当公开收集和使用规则，明示收集、使用数据的目的、方式和范围，并征得被采集者同意，依照法律法规和双方约定使用所采集的数据，不得收集与其提供服务无关的数据。 第十九条 公民、法人和其他组织有权要求采集、使用其相关信息数据的单位和个人更正、删除与其相关的不实信息。数据采集和使用单位应当采取措施予以删除或者更正。
	《天津市促进大数据发展应用条例》	2018-12-14	第七条 任何单位或者个人采集、开发和利用数据应当遵守法律法规规定，遵循合法、正当、必要的原则，不得损害国家利益、社会公共利益和他人合法权益。 第二十九条 依法获取的各类数据经处理无法识别特定数据提供者且不能复原的，可以交易、交换或者以其他方式开发利用。数据资源交易、交换应当遵守法律法规规定和社会公德，不得损害国家利益、社会公共利益和他人合法权益。
	《海南省大数据开发应用条例》	2019-09-27	第八条 任何单位或者个人采集、开发和利用数据应当遵守法律法规规定，遵循合法、正当、必要的原则，不得损害国家利益、社会公共利益和他人合法权益。

续表

类型	规范名称	公布时间	关于数据权益的规定
	《海南省大数据开发应用条例》	2019 – 09 – 27	**第二十条** 第二款 因商业用途需采集个人信息的，大数据生产经营单位应当事明采集的目的、用途和具体信息等，并取得被采集人的同意。被采集人要求采集人删除个人信息的，采集人应当删除。 **第二十一条** 第一款 大数据生产经营单位不得以改善服务质量、提升用户体验、研发新产品等为由，以默认授权、功能捆绑等形式强迫、误导被采集人同意其采集其个人信息。 **第二十五条** 公民、法人和其他组织可以通过全省统一的政务数据开放平台免费获取无条件开放的政务信息资源。 **第三十九条** 依法获取的各类数据经处理无法识别特定数据提供者且不能复原的，或经过特定数据提供者明确授权的，可以交易、交换或者以其他方式开发应用。 **第四十九条** 任何单位和个人有责任保护其采集的公民、法人和其他组织数据的安全。 在商业经营活动中采集的数据，未经被采集人同意，不得向他人提供，但是经过处理后无法识别特定单位和个人且不能复原的除外。
大数据	《山西省大数据发展应用促进条例》	2020 – 05 – 15	**第八条** 第一款 政务服务实施机构形成的政务数据应当通过共享交换平台予以共享，法律、法规另有规定的除外。 第二款 因履行职责需要，共享数据的使用部门应当提出明确的共享需求和数据使用用途，共享数据的提供部门应当通过政务数据共享交换平台及时响应并无偿提供共享服务。
	《吉林省促进大数据发展应用条例》	2020 – 11 – 27	**第十二条** 公共数据存在错误、遗漏等情形的，或者存在侵犯个人信息、商业秘密等情形的，被采集人可以向数据采集、产生单位或者省大数据通过省大数据平台提出异议。数据采集、产生单位或者省大数据平台应当在五个工作日内处理完毕。

续表

类型	规范名称	公布时间	关于数据权益的规定
	《吉林省促进大数据发展应用条例》	2020－11－27	**第十三条** 公共数据共享开放，应当维护国家安全和公共安全，保守国家秘密、商业秘密，**保护个人隐私、保护数据权益**。 任何单位和个人不得利用数据共享开放从事违法犯罪活动。 **第十九条** 公共数据分为无条件开放数据、有条件开放数据和非开放数据。 属于有条件开放的公共数据，行政机关以及具有公共事务管理职能的组织应当明确公共数据的开放条件。开放范围和使用用途等信息。对公民、法人和其他组织通过省大数据平台提出的申请，经审查符合开放条件的，应当及时通过省大数据平台向申请人开放；不予开放的，应当说明理由。 **第五十二条** 任何单位或者个人不得非法采集、利用、交易涉及国家安全、公共安全、个人隐私、商业秘密、军工科研生产等数据。采集数据不得损害被采集人和他人的合法权益。
大数据	《安徽省大数据发展条例》	2021－03－29	**第十三条** 收集、使用个人信息，应当遵守法律、行政法规和国家有关个人信息保护的规定，**并采取必要措施加强对个人信息的安全防护，确保个人信息安全**。 网络服务提供者提供业务活动中收集、使用个人信息，应当遵循合法、正当、必要的原则，公开收集、使用规则，明示收集、使用信息的目的、方式和范围，并经被收集者同意；不得收集与其提供的服务无关的个人信息，不得违反法律、法规的规定和双方约定收集、使用个人信息，并应当依照法律、行政法规规定和双方约定，处理其保存的个人信息。 **第七条** 任何组织和个人开展数据收集、存储、加工、使用、提供、共享、开放、交易等活动（以下简称数据活动），应当遵守法律、法规，尊重社会公德，保守国家秘密，保护个人信息、隐私和商业秘密，履行数据安全保护义务，承担社会责任，不得危害国家安全、公共利益，**不得损害他人合法权益**。 **第四十五条** 第一款　开展涉及个人信息的数据活动，应当遵守法律、法规，不得泄露或者篡改其收集的个人信息，不得非法买卖、提供或者公开他人个人信息，但是，经过处理无法识别特定个人且不能复原的除外。 其他方式非法获取个人信息，不得窃取或者以其他非法方式获取个人信息，不得收集、正当、必要原则，不得过度处理；未经被收集者同意，不得向他人非法提供其个人信息。

续表

类型	规范名称	公布时间	关于数据权益的规定
大数据	《山东省大数据发展促进条例》	2021-09-30	第五条 自然人、法人和其他组织从事与大数据发展相关的活动，应当遵守法律、法规，不得泄露国家秘密、商业秘密和个人隐私，不得损害国家利益、公共利益和他人合法权益。 第十八条 公共数据提供者应当根据履行公共管理职责或者提供公共服务的需要收集数据，并以明示方式告知被收集人；依照有关法律、行政法规收集数据的，被收集人应当配合。 被收集人认为公共数据存在错误、遗漏，或者侵犯国家秘密、商业秘密和个人隐私等情形的，可以向公共数据提供单位、使用单位或者有关主管部门提出异议，相关单位应当及时反映进行处理。 第三十七条 自然人、法人和其他组织开展涉及个人信息的数据活动，应当依法妥善处理个人隐私保护与数据应用的关系，不得泄露或者篡改涉及个人信息的数据，不得过度处理，未经被收集者同意，不得向他人非法提供涉及个人信息的数据，但是经过处理无法识别特定自然人且不能复原的除外。 第四十五条 第三款 利用合法获取的数据资源开发的数据产品和服务可以交易，有关财产权益依法受保护。
	《福建省大数据发展条例》	2021-12-15	第十一条 第一款 采集数据应当遵循合法、正当、必要的原则，明示采集目的、方式和范围，向被采集者公开采集规则，并经被采集者同意。 第十五条 第三款 公共数据开放分为普遍开放和申请开放两种类型。属于普遍开放类的公共数据，公民、法人或者其他组织可以直接从公共数据资源开放平台免费获取；属于申请开放类的公共数据，应当向公共数据资源开放平台申请，经大数据主管部门征求数据提供单位同意后获取。 第十七条 依法获取的各类数据经处理无法识别被采集者且不能复原的，可以交易、交换或者以其他方式开发利用。 公民、法人或者其他组织按照有关规定开发利用公共数据资源获得的合法收益，受法律保护。 数据交易、交换应当遵守法律法规和社会公德，不得损害国家利益、社会公共利益和他人合法权益。

续表

类型	规范名称	公布时间	关于数据权益的规定
大数据	《黑龙江省促进大数据发展应用条例》	2022-05-13	**第八条** 自然人、法人和非法人组织对其合法处理数据形成的数据产品和服务享有法律、行政法规及本条例规定的财产权益，依法自主使用，进行处分。 **第九条** 鼓励探索建立数据权属登记制度，依法保护自然人、法人和非法人组织合法处理数据享有的财产权益，推动数据交易活动的开展。 **第十条** 自然人、法人和非法人组织行使相关数据权益，应当遵守法律、法规，尊重社会公德和伦理，诚实守信，不得危害国家安全和公共利益，不得损害他人的合法权益。 **第十七条** 公共管理和服务机构应当按照公共数据目录确定的更新频率，更新本单位公共数据。自然人、法人和非法人组织认为公共数据存在错误、遗漏的，可以向政务服务事项办理部门或者公共数据采集部门提出异议申请，数据采集部门应当予以核查。经核查，相关数据确有错误、遗漏的，应当及时更正；不存在错误、遗漏的，应当将核查情况告知异议申请人。
	《辽宁省大数据发展条例》	2022-05-31	**第六十三条** 自然人、法人和非法人组织从事与大数据发展相关的活动应当遵守法律、法规和社会公德，伦理，遵循合法、正当、必要原则，诚实守信，保护个人信息权益、组织的合法权益，履行数据安全保护义务，承担社会责任，不危害国家安全和公共利益，不得损害自然人、法人和非法人组织的合法权益。 **第五条** 自然人、法人和非法人组织采集、汇聚、存储、共享、开发利用数据的，应当遵守法律、法规和有关规定，保守国家秘密，尊重社会公德，保护个人信息权益和商业秘密，履行数据安全保护义务，不得危害国家安全，不得损害公共利益、组织和个人、法人和非法人组织的合法权益。 **第三十一条** 依法保护数据处理市场主体在使用、加工等数据处理活动中形成的法定或者约定的财产权益，以及在数字经济发展中有关数据处理活动取得的合法财产权益。

续表

类型	规范名称	公布时间	关于数据权益的规定
大数据	《辽宁省大数据发展条例》	2022-05-31	**第三十二条** 数据处理市场主体可以通过合法、正当的方式收集数据。收集已公开的数据，不得违反法律、行政法规的规定或者侵犯他人的合法权益。法律、行政法规对数据收集的目的和范围有规定的，应当在规定的目的和范围内收集。 **第三十三条** 数据处理市场主体对合法处理数据形成的数据产品和服务，可以依法自主使用、取得收益，进行处分。依法获取的数据经处理无法识别特定数据提供者且不能复原的，可以交易，交换或者以其他方式开发利用。法律、行政法规另有规定的除外。 **第三十四条** 鼓励数据交易活动，但有下列情形之一的除外： (一) 危害国家安全、公共利益、侵害个人隐私的； (二) 未经合法权利人授权同意的； (三) 法律、法规规定禁止交易的其他情形。 **第三十五条** 数据处理市场主体应当遵守公平竞争原则，不得实施下列侵害其他市场主体合法权益的行为： (一) 使用非法手段获取其他市场主体的数据； (二) 利用非法收集的其他市场主体数据提供替代性产品或者服务； (三) 法律、法规禁止的其他行为。
	《陕西省大数据条例》	2022-09-29	**第十一条** 自然人、法人和非法人组织从事与大数据相关活动，应当遵守法律、法规规定和社会公德，履行数据安全保护义务，不得泄露国家秘密、商业秘密和个人隐私，不得损害国家利益、社会公共利益和他人合法权益。 **第二十七条** 自然人、法人和非法人组织认为政务数据存在错误、遗漏等情形，或者存在侵犯国家秘密、商业秘密和个人隐私等情形的，可以向政务数据处理者提出异议，政务数据处理者应当及时调查处理。 **第三十五条** 省人民政府应当培育数据要素市场，规范数据交易行为，鼓励和引导市场主体在依法设立的数据交易平台进行数据交易。数据交易应当遵守法律、行政法规规定，不得损害国家利益、社会公共利益和他人合法权益。

续表

类型	规范名称	公布时间	关于数据权益的规定
大数据	《广西壮族自治区大数据发展条例》	2022－11－25	**第九条** 自然人、法人和非法人组织从事与大数据发展相关的活动，应当遵守法律、法规，遵循公序良俗，遵守商业道德和职业道德，诚实守信，保守国家秘密、商业秘密，保护个人信息，履行数据安全保护义务，承担社会责任，**不得危害国家安全、公共利益，不得损害他人的合法权益。** **第二十八条** 第一款　自然人、法人和非法人组织对涉及自身的公共数据有异议或者发现公共数据不准确、不完整的，可以向数据提供单位或者大数据主管部门提出核实申请。 **第四十一条** 第三款　自然人、法人和非法人组织需要获取有条件开放的公共数据，应当通过公共数据资源平台向同级人民政府大数据主管部门提出申请。大数据主管部门应当会同数据提供单位审核后，确定是否同意开放。 **第四十四条** 自然人、法人和非法人组织对其合法取得的数据，可以依法使用、加工。法律、法规另有规定或者权利人另有约定的除外。 自然人、法人和非法人组织可以依法开展数据交易活动。法律、法规另有规定的除外。 **第四十五条** 自然人、法人和非法人组织对其合法处理数据形成的数据产品和服务享有法律、法规规定的财产权益，依法保护自然人、法人和非法人组织合法处理数据享有的财产权益，依法保护自然人、法人和非法人组织合法处理数据形成的数据产品和服务享有法律、法规规定的财产权益，依法自主使用、处分。 **第四十六条** 县级以上人民政府可以探索建立数据权属登记制度，依托自治区统一的公共数据运营平台对授权范围内、依法授权范围内产生的数据产品和服务，可以依法向用户有偿提供并获取合理收益。 **第四十九条** 第一款　授权运营主体应当在授权范围内，对开发利用授权运营的公共数据实施开发利用，对开发利用产生的数据产品和服务，可以依法向用户有偿提供并获取合理收益。但授权运营主体不得向用户提供授权运营的原始公共数据。

续表

类型	规范名称	公布时间	关于数据权益的规定
大数据	《吉林省大数据条例》（2023修订）	2023-12-01	**第二十二条** 省人民政府按照国家要求建立公共数据、企业数据、个人数据分类分置确权授权制度，建立**数据资源持有权、数据加工使用权、数据产品经营权**等分置的产权运行机制。 在保障安全的前提下，推动数据处理者依法规对原始数据进行开发利用，支持数据处理者依法规行使数据资源应用相关权利，促进数据使用价值复用与充分利用，促进数据交换和市场化流通。 依法保护数据交易市场主体通过使用数据资源、经营数据产品获得收益的权益，转让数据产品获得收益的权利。 **第三十条** 公共数据存在错误、遗漏等情形的，或者存在侵犯个人信息、商业秘密等情形的，被采集人可以向数据采集、产生单位或者省公共数据平台提出异议，数据采集、产生单位或者省公共数据平台应当按照规定进行更正、补充或者删除。 **第四十一条** 市场主体依法合法采集、加工或者产生的企业数据受法律保护，任何自然人、法人和其他组织不得侵害其合法权益。 自然人的个人数据受法律保护，其他任何自然人、法人和其他组织不得侵害其合法权益。 **第四十二条** 自然人可以依法申请查阅、复制、转移其个人数据；发现个人数据不准确或者不完整的，可以依法申请更正、补充，发现个人数据应当删除而未删除的，可以依法申请删除。 **第四十三条** 处理个人数据，应当征得本人同意，法律法规另有规定的除外。已经处理过的个人数据重新处理时，应当重新取得本人同意。
公共数据	《海南省公共信息资源管理办法》	2018-05-25	**第二十四条** 建立错误疑义、错误信息快速校核机制，使用机构对获取的共享信息有疑义或发现有明显错误的，应及时反馈提供机构予以校核，校核期间，办理业务涉及自然人、法人或其他组织的，如已提供合法有效证明材料，受理单位应照常办理，不得拒绝、推诿或要求办事人办理信息更正手续。

续表

类型	规范名称	公布时间	关于数据权益的规定
	《海南省公共信息资源管理办法》	2018-05-25	**第二十八条** 第一款　公共信息资源管理机构可以以数据资产形式与社会机构合作，或通过公开招标等竞争性方式确定开发机构，开发利用公共信息资源，开展数据增值服务。**开发合同中应明确公共信息资源开放利用过程中采集、加工生产产生的数据免费提供公共机构共享使用。** **第二十九条** 社会机构进行公共信息资源开发利用，应当按照法律、法规和协议，保障数据安全，定期向省公共信息资源管理机构报告开发利用情况，**其依法获得的开发收益权益受法律保护。**
公共数据	《上海市公共数据和一网通办管理办法》	2018-09-30	**第二十条（被采集人的权利义务）** 公共管理和服务机构在法定职责范围内采集数据的，被采集人应当配合。 公共管理和服务机构因履职需要，采集法律、采集法律、法规未作规定的数据的，应当取得被采集人同意。 **第四十七条（权益保护）** 第一款　公共管理和服务机构采集、共享和开放公共数据，**不得损害被采集人的商业秘密、个人隐私等合法权益。** **第四十八条（异议处理机制）** 被采集人认为公共管理和服务机构采集、开放的数据存在错误、遗漏等情形，或者侵犯其个人隐私、商业秘密等合法权益的，可以向市大数据管理中心提出异议……
	《吉林省公共数据和一网通办管理办法（试行）》	2019-01-04	**第十八条** 公共管理和服务机构在法定职责范围内采集数据的，被采集人应当配合。 公共管理和服务机构因履职需要，采集法律、法规未作规定的数据的，应当取得被采集人同意。 **第二十六条** 第二款　公共管理和服务机构的应用需求符合具体应用场景的，可以直接获得授权，使用共享数据。 **第四十五条** 第一款　公共管理和服务机构采集、共享和开放公共数据，**不得损害被采集人的商业秘密、个人隐私等合法权益。**

续表

类型	规范名称	公布时间	关于数据权益的规定
	《吉林省公共数据和一网通办管理办法（试行）》	2019-01-04	**四十六条** 被采集人认为公共管理和服务机构采集、开放的数据存在错误、遗漏等情形，或者侵犯其个人隐私、商业秘密等合法权益的，可以向省政务服务和数字化局提出异议……
	《海南省公共信息资源安全使用管理办法》	2019-07-22	**第十六条** 对于有条件共享、开放的公共信息资源，使用方须向提供方提出使用申请，经提供方审核通过后使用方方可使用数据。申请内容包括使用申请信项、申请机构名称、机构代码、资源名称、资源类别、提供方名称、申请方名称、数据校核、需求字段、需求时效、采用的安全保障措施等。依据说明（行政依据、工作参考、业务协调等） **第十七条** 对于无条件共享、开放的公共信息资源，使用方向平台管理方提出使用申请后，即可获取和使用。
公共数据	《上海市公共数据开放暂行办法》	2019-08-29	**第二十一条 （数据纠错）** 自然人、法人和非法人组织认为开放数据存在错误、遗漏等情形，可以通过开放平台向数据开放主体提出异议。数据开放主体经基本确认后，应当立即进行异议标注，并由数据开放中心在各自职责范围内，及时处理并反馈。 **第二十二条 （权益保护）** 第一款 自然人、法人和非法人组织认为开放数据侵犯其商业秘密、个人隐私等合法权益的，可以通过开放平台向数据开放主体提出意见建议。 **第二十三条 （鼓励数据利用）** 第一款 本市鼓励利用主体利用公共数据开展科技研究、咨询服务、产品开发、数据加工等活动。数据利用主体利用公共数据，正当的原则遵循合法、正当的原则利用公共数据，不得损害国家利益、社会公共利益和第三方合法权益。
	《浙江省公共数据开放与安全管理暂行办法》	2020-06-12	**第二十一条** 具有下列情形之一的，公民、法人和其他组织可以通过公共数据平台向公共数据开放主体提出意见建议，公共数据开放主体应当在10个工作日内处理完毕： （一）公共数据开放目录确定的开放属性不符合法律、法规、规章以及本办法规定；

续表

类型	规范名称	公布时间	关于数据权益的规定
公共数据	《浙江省公共数据开放与安全管理暂行办法》	2020－06－12	（二）开放的公共数据质量不符合国家和省有关规定； （三）开放的公共数据存在错误、遗漏； （四）违反法律、法规、规章的规定或者约定开放公共数据。 **第二十四条** 公共数据利用主体开发利用公共数据应当合法、正当，不得损害国家利益、社会公共利益和第三方合法权益。 公共数据利用主体依据本办法开发利用所获得的数据权益受法律保护。 **公共数据利用主体可以依法交易基于公共数据开发利用所获得的各类数据权益，法律、法规另有规定或者公共数据开发利用协议另有约定的除外。**
	《广西公共数据开放管理办法》	2020－08－19	**第二十六条** **第一款** 数据使用主体应根据法律、法规和开放协议（包括平台协议和专门协议），对公共数据进行开发应用，其依法获得的开发权益受法律保护。
	《重庆市公共数据开放管理暂行办法》	2020－09－11	**第九条** 公共数据开放应当依法维护国家安全、公共安全、经济安全、社会稳定，保守国家秘密，保护商业秘密和个人隐私。 **第十二条** **第二款** 公共数据不予开放或者有条件开放的，应当有法律法规或者国家有关文件作为依据。非涉密但是涉及敏感信息的公共数据，依法经过脱敏、清洗、加工或者相关权利人明示同意开放的，可以根据使用条件和适用范围有条件开放或者无条件开放。 **第二十二条** **第二款** 对公共数据有疑义或者发现有错误的，数据开放主体应当通过开放系统向数据利用主体申请校核…… **第二十四条** **第二款** 数据利用主体通过开放系统向数据开放主体提交数据利用申请，说明申请使用的数据利用主体、应用场景、安全保障措施、使用期限等。

续表

类型	规范名称	公布时间	关于数据权益的规定
公共数据	《重庆市公共数据开放管理暂行办法》	2020-09-11	**第二十九条** 第二款 数据利用主体应当遵循合法、正当原则利用公共数据，不得损害国家利益、社会公共利益和第三方合法权益。 **第四十一条** 第一款 自然人、法人和其他组织认为开放数据侵犯其商业秘密、个人隐私等合法权益的，可以通过开放系统提出异议，并提交相关证据材料。
	《北京市公共数据管理办法》	2021-01-28	**第八条** 公共管理和服务机构采集个人信息，应当遵循合法、正当、必要的原则，公告采集、使用规则，明示采集、使用目的、方式和范围，并经被采集者或者其监护人同意，法律法规另有规定的除外。 **第十八条** 公共管理和服务机构对通过共享获取的公共数据存在异议的，应当及时告知提供公共数据的公共管理和服务机构，提供公共数据的公共管理和服务机构应当及时核查并采取实正结果等必要措施。 **第二十四条** 第一款 单位和自然人认为开放的公共数据与事实不符或者依法不应当开放的，可通过开放平台提出异议申请。 **第三十一条** 任何单位和自然人使用公共数据，不得损害国家利益和社会公共利益，不得侵害其他单位和自然人的合法权益。
	《海南省公共数据产品开发利用暂行管理办法》	2021-09-15	**第二条** 为了规范公共数据产品开发利用与数据产品交易行为，维护数据产品服务提供方和数据产品服务购买方的合法权益，建立合法、合规、互信、安全的数据资源与数据产品开发交易秩序，……。 **第十一条** 依法获取的各类数据经处理无法识别特定数据提供者且不能复原的，或经特定数据提供者明确授权的，可以交易、交换或者以其他方式开发应用。 鼓励公共机构按照"数据可用不可见""数据可算不可识"等不同类型的交互方式经安全技术手段处理加密后，向授权的服务商提供使用有条件开放的公共数据资源，进行市场化开发应用。

续表

类型	规范名称	公布时间	关于数据权益的规定
公共数据	《海南省公共数据产品开发利用暂行管理办法》	2021-09-15	鼓励事业单位、社会组织通过共享获得、联机验证等方式使用公共数据资源。 各公共机构应创新公共数据资源开放应用模式，大力支持利推动公共数据资源的应用场景创新，促进公共数据资源在各领域与社会数据资源的融合开发利用。 **第二十一条** 进入公共数据产品开发利用平台和数据产品超市开发利用平台的服务商，一旦出现违法违规行为的，不得进行数据产品开发与服务，由省大数据管理机构将其退出平台、下架数据产品。服务商可自行申请退出平台或合上数据产品。 在公共数据产品开发利用平台或运行使用过程中产生的新数据，数据资源权归平台管理方所有。 **第三十五条** 单位和个人依法对开发利用公共数据所获得的财产权益受法律保护。 公共数据的开发利用不得损害国家利益、社会公共利益和第三方合法权益。
	《广东省公共数据管理办法》	2021-10-08	**第三十七条** 鼓励市场主体和个人利用依法开放的公共数据产品或者数据服务可以依法进行交易，产品研发、咨询服务、数据加工、数据分析等创新创业活动。相关活动产生的数据产品或者数据服务可以依法进行交易，法律法规另有规定或者当事人之间另有约定的除外。 **第三十九条** 公共管理和服务机构依法向数据主体采集、告知、出具的数据或者相应证照，数据主体享有与其相关的数据或者相应证照，任何组织或者个人不得侵犯。 **第四十条** 第一款 公共管理和服务机构根据法律、法规、规章的规定，可以要求相关单位提供或者向数据主体紧急采集与突发事件应对相关的数据。 **第四十一条** 省和地级以上市公共数据主管部门应当依法建立数据主体授权第三方使用数据的机制。涉及商业秘密、个人信息和隐私的敏感数据经数据主体授权或者相应证照经被授权的第三方同意后，可以提供给被授权的第三方使用。

续表

类型	规范名称	公布时间	关于数据权益的规定
公共数据	《广东省公共数据管理办法》	2021-10-08	**第四十二条** 数据主体有权依法向公共管理和服务机构申请查阅、复制本单位或者本人的数据；发现相关数据有错误或者认为商业秘密、个人信息和隐私等合法权益受到侵害的，有权依法提出异议并请求及时采取更正、删除等必要措施。 **第四十三条** 数据主体认为公共管理和服务机构违反法律、法规、规章规定，损害其合法权益的，可以向同级公共数据主管部门投诉。
	《江苏省公共数据管理办法》	2021-12-18	**第十一条** 公共数据是重要生产要素，具有公共属性，由公共数据主管部门代表本级人民政府统一行使使用公共数据管理职责。公共管理和服务机构负责提供符合质量标准的公共数据。 **第三十二条** 第一款 公民、法人和其他组织可以通过公共数据平台查阅开放的公共数据、提出异议申请，认为开放的公共数据侵害其隐私、个人信息、商业秘密或者其他合法信息等合法权益的，有权要求提供公共数据的公共管理和服务机构撤回数据、中止开放…… **第四十条** 第一款 公共数据利用主体利用依法获取的公共数据形成数据产品和数据服务等权益受法律保护，但是，不得滥用相关权益，不得损害国家利益、社会公共利益或者他人合法权益。
	《江西省公共数据管理办法》	2022-01-12	**第十九条** 自然人、法人和非法人组织认为开放的公共数据存在错误、遗漏或者侵犯其商业秘密、保密商务信息、个人隐私、个人信息，可以通过公共数据平台向公共管理和服务机构提出异议，并请求及时采取更正、删除等必要措施。公共管理和服务机构应当在十个工作日内处理并反馈。

续表

类型	规范名称	公布时间	关于数据权益的规定
公共数据	《江西省公共数据管理办法》	2022-01-12	第二十五条　自然人、法人和非法人组织等公共数据利用主体开发利用公共数据应当遵循合法、正当的原则，**不得损害国家利益、社会公共利益和他人合法权益。自然人、法人和非法人组织等公共数据利用主体因依法开发利用公共数据所获得的数据权益受法律保护。**
	《浙江省公共数据条例》	2022-01-21	第十九条 第一款　自然人、法人或者非法人组织对涉及自身的公共数据有异议或者发现公共数据不准确、不完整的，可以向公共管理和服务机构提出校核申请…… 第二款　自然人、法人或者非法人组织对涉及自身的公共数据有异议或者发现公共数据不准确、不完整的，也可以向公共数据主管部门提出校核申请…… 第三十四条 第二款　自然人、法人或者非法人组织利用依法获取的公共数据加工形成的**数据产品和服务受法律保护，但不得危害国家安全和公共利益，不得损害他人的合法权益。** 第三十五条 第二款　授权运营单位应当依托公共数据平台对授权运营的公共数据进行加工；对加工形成的**数据产品和服务，可以向用户提供并获取合理收益。**授权运营单位不得向第三方提供授权运营的原始公共数据。 第四十四条 第一款　自然人、法人或者非法人组织认为开放的公共数据侵犯其合法权益的，**有权向公共管理和服务机构提出撤回数据的要求。**
	《山东省公共数据开放办法》	2022-01-31	第十三条 第二款　公民、法人和其他组织认为开放的公共数据存在错误、遗漏等情形的，可以通过统一的公共数据开放平台向公共数据提供单位提出异议或者建议。公共数据提供单位应当及时处理并反馈。 第十五条 第一款　公民、法人和其他组织开发利用公共数据应当遵循合法、正当、必要的原则，**不得损害国家利益、公共利益和第三方合法权益。**

续表

类型	规范名称	公布时间	关于数据权益的规定
公共数据	《山东省公共数据开放办法》	2022－01－31	第十六条 公民、法人和其他组织利用合法获取的公共数据开发的数据产品和数据服务，可以按照规定进行交易，有关财产权益依法受保护。 第十九条 违反本办法，公民、法人和其他组织在利用有条件开放的公共数据过程中，未遵守公共数据开放利用协议，或者损害国家利益、公共利益和第三方合法权益的，公共数据提供单位应当终止提供公共数据开放服务；违反有关法律、法规规定的，由有关机关依法处理。
	《广东省公共数据开放暂行办法》	2022－11－30	第二十三条 第二款 公共数据利用主体应当依法利用公共数据，不得损害国家利益、社会公共利益和第三方合法权益。 第二十四条 数据主体可以授权公共数据利用主体协助查询、获取、利用与其相关的公共数据。授权利用应当限定具体事项，并约定访问次数和使用期限。 数据主体认为所开放的公共数据侵犯其商业秘密、个人信息和隐私等合法权益的，可以通过数据开放平台告知公共数据开放主体，并提交相关证据材料。公共数据开放主体应当进行审查，并予以答复和处理。 第二十五条 公共数据利用主体应当诚信、善意利用公共数据，不得损害国家利益、社会公共利益和第三方合法权益。 公共数据利用主体在利用开放的公共数据形成论文、算法、发明、软件等成果或产品时，应当标注参考引用的公共数据。 第二十七条 第二款 公共数据利用主体对依法获取的数据资源开发利用的成果，所产生的财产权益受法律保护，并可以依法交易。法律另有规定或者当事人另有约定的除外。
	《上海市公共数据开放实施细则》	2022－12－31	第二十七条 【创新利用方式】 第一款 本市鼓励对开放公共数据进行价值挖掘和开发利用，支持数据利用主体对开放数据进行实质性加工和创造性劳动后形成的数据产品依法进入流通交易市场，依法保护数据利用主体在数据开发中形成的相关财产权益。

续表

类型	规范名称	公布时间	关于数据权益的规定
	《上海市公共数据开放实施细则》	2022-12-31	**第三十一条　【权益保护】** 自然人、法人和非法人组织认为公共数据开放与利用侵犯其个人隐私、商业秘密等合法权益的，可以通过开放平台告知数据开放主体，并提交相关证据材料。数据开放主体收到相关证据材料后，认为必要的，应当立即中止开放并进行核实。根据核实结果，分别采取撤回数据、恢复开放或者处理后再开放等措施，并及时反馈。
	《广东省公共资源交易监督管理暂行办法》	2023-01-06	**第二十五条** 第二款　任何单位和个人不得将公共资源交易数据视为私有财产，或者擅自增设条件、影响共享、开放、利用。
公共数据	《新疆维吾尔自治区公共数据管理办法（试行）》	2023-02-17	**第五条** 县级以上人民政府负责组织领导本行政区域内公共数据管理工作。政务部门和公共服务部门依据法定职责行使公共数据采集权、使用权和管理权。 各政务部门和公共服务部门不得将本部门管理的公共数据视为本部门财产，或者擅自增设条件、阻碍、影响其共享开放和开发利用。 **第二十三条** 第一款　公共数据使用部门对获取的共享数据资源有异议或者发现资源有错误的，应当及时反馈公共数据提供部门，跨区域、跨层级公共数据共享发生争议的，由自治区公共数据主管部门协调处理。经公共数据主管部门协调仍未达成一致意见的，报本级人民政府决定。 **第三十条** 自然人、法人和非法人组织发现公共数据存在错误、异议、侵害合法权益的，可以通过公共数据开放平台向公共数据提供部门反馈意见。公共数据提供部门应立即核实，根据不同核实情况采取数据撤回、中止开放、依法开放、继续开放等措施，并反馈处理结果；发现数据泄露的，应立即采取补救措施。 **第三十二条** 第二款　自然人、法人和非法人组织开发利用公共数据应当遵循合法、正当、必要的原则，不得损害国家利益、公共利益和第三方合法权益，开发的数据产品和数据服务应当注明原始数据的来源和获取日期。

续表

类型	规范名称	公布时间	关于数据权益的规定
公共数据	《新疆维吾尔自治区公共数据管理办法（试行）》	2023-02-17	**第三十三条** 公共数据主管部门探索建立公共数据确权授权机制，明确授权使用的条件、程序等内容，对被授权使用主体全流程监管，推动用于公共治理、公益事业的公共数据有偿条件无偿使用，探索用于产业发展、行业发展的公共数据有偿条件使用，为培育数据要素市场打好基础。
	《浙江省公共数据授权运营管理办法（试行）》	2023-08-01	五、授权运营单位权利与行为规范 （一）授权运营单位在数据加工处理或提供服务过程中发现公共数据质量问题的，可向公共数据主管部门提出数据治理需求。 （三）……涉及个人信息、商业秘密、保密商务信息等公共数据，应经过脱敏、脱密处理，或经相关数据所指向的特定自然人、法人、非法人组织依法授权同意等方式获取。
			第三十二条 第二款 自然人、法人或者非法人组织对涉及自身的公共数据有异议或者发现公共数据不准确、不完整或者不一致的，也可以向公共数据主管部门提出核查申请……
			第三十四条 数据主体有权依法向公共机构申请查阅、复制本单位或者本人的数据；发现相关数据有错误或者认为为个人隐私、个人信息、商业秘密、保密商务信息等合法权益受到侵害的，有权依法提出异议并请求及时采取更正、删除等必要措施。
	《云南省公共数据管理办法（试行）》	2023-12-10	**第三十六条** 第一款 自然人、法人或者非法人组织认为开放的公共数据侵犯其合法权益的，有权向公共机构提出撤回数据的要求。
			第三十七条 省公共数据主管部门积极推进公共数据资源持有权、数据加工使用权、数据产品经营权等分置的产权运行机制，先行先试，保障各方的合法权益，推动用于公共治理、公益事业的公共数据有条件无偿使用，探索用于产业发展、行业发展的公共数据有条件有偿使用。
			第四十条 第一款 自然人、法人或者非法人组织开发利用公共数据应当遵循合法、正当的原则，不得损害国家利益、社会公共利益和他人合法权益。

续表

类型	规范名称	公布时间	关于数据权益的规定
政务数据	《福建省政务数据管理办法》	2016－10－15	第三条 政务数据资源属于国家所有，纳入国有资产管理，并遵循统筹管理、充分利用、鼓励开发、安全可控的原则。 第三十五条 第一款 授权开发对象或者合作开发对象应当按照法律、法规和协议，进行数据开发利用，保障数据安全，定期向授权数据管理机构报告开发利用情况，其依法获得的开发收益权益受法律保护。
	《贵州省政务信息数据采集应用暂行办法》	2017－03－31	第九条 政府信息数据资源采集应用应当依法有据，维护社会公共利益，尊重并保护个人隐私、商业秘密和国家秘密。 第二十八条 自然人、法人或者其他组织有证据证明政务部门采集的信息数据与自身不相符的，政务部门应当及时校核并主动更正。……
	《重庆市政务数据资源管理暂行办法》	2019－07－31	第十九条 第一款 政务数据资源主管部门应当建立政务数据义、错误快速校核机制，指导、监督数据提供部门及时开展数据校核。 第二款 对政务数据有疑义或者发现有错误的，公民、法人和其他组织应当通过共享系统或者开放系统向政务数据提供部门有权申请校核……
	《广西政务数据"聚通用"实施细则（试行）》	2019－09－11	第四条 自治区人民政府依法拥有广西政务数据的所有权。自治区人民政府授予自治区大数据发展局行使广西政务数据所有权的职责，统筹政务数据资源建设、管理、应用，统一调度广西政务数据。各级各部门是政务数据的生产单位，拥有本地区、本部门政务数据的管理权，有义务和责任做好数据治理工作，向自治区党委、自治区人民政府提供高质量的政务数据。各级各部门有权申请使用政务数据。
	《辽宁省政务数据资源共享管理办法》	2019－11－26	第二款 自然人、法人或者其他组织对政务数据资源内容提出异议的，应当由使用部门向提供部门提出校核请求，不得要求其自行提供或提供政务数据资源内容更正手续。 第三款 自然人、法人或者其他组织能够提供合法有效证明材料的，使用部门应当依法办理，不得以与共享政务数据不一致为由拒绝办理。

续表

类型	规范名称	公布时间	关于数据权益的规定
政务数据	《山西省政务资产数据管理试行办法》	2019-11-28	**第七条** 第一款 政务数据资产是重要的生产要素，属于国有资产，其所有权归国家所有。政务数据资产管理部门代表政府行使政务数据资产所有权人职责。县级以上人民政府授权政务 **第十二条** 涉及政务数据使用或者开发的合同，应当在合同中明确政务数据使用或者开发的范围、程度、期限和合同期满后政务数据的处置，以及经过开发后新产生的数据权属等。
	《广西政务数据资源调度管理办法》	2020-04-07	**第四条** 自治区党委、自治区人民政府依法拥有广西政务数据的所有权，并授予自治区大数据发展局行使广西政务数据资源所有权的职责。自治区大数据发展局统筹政务数据资源建设、管理和应用，统一调度政务数据。各地各部门各单位是政务数据的生产单位，拥有本地本部门本单位的政务数据治理权，有义务和责任做好政务数据治理工作，向自治区党委、自治区人民政府提供高质量的政务数据。各地各部门各单位有权申请使用政务数据。
	《湖北省政务数据资源应用与管理办法》	2021-01-25	**第八条** 政务数据共享开放和开发利用应当落实数据安全管理要求，遵守保护国家秘密、商业秘密和个人隐私的相关规定，不得损害国家利益、社会公共利益和第三方合法权益。 **第二十八条** 自然人、法人或非法人组织对政务数据开放平台上的数据有异议，或者认为开放数据侵犯其商业秘密、个人隐私等合法权益的，可以通过政务数据开放平台告知政务数据提供部门，并提交相关证明材料。政务数据提供部门收到相关证明材料后，认为必要的，应当立即中止开放，同时进行核实。根据核实结果，分别采取撤回数据、恢复开放或者处理后再开放等措施，并及时反馈给异议提交者。
	《贵州省政务数据资源管理办法》	2023-06-08	**第十三条** 第三款 需要面向自然人、法人和其他组织采集的基础数据，应当依法确定其采集边界和范围，不得侵害被采集人的合法权益。

续表

类型	规范名称	公布时间	关于数据权益的规定
政府数据	《贵州省政府数据共享开放条例》	2020-09-25	第三十七条 第一款 建立政府数据使用反馈机制。 第二款 使用政府数据的单位或者个人对获取的政府数据发现不完整或者有错误的，可以向数据提供部门反馈，数据提供部门应当及时补充、校核和更正。
地理数据	《山西省基础地理信息数据提供使用管理办法》	2006-10-19	第四条 基础地理信息数据实行无偿使用或者有偿使用。基础地理信息数据，用于省政府机关发展观决策和公益事业的；地方各级人民政府及有关部门在救灾、抢险期间需要使用的以及晋西北、太行山革命老区和贫困县需要使用的；社会主义新农村建设和城镇规划、社会公益建设需要使用的可以无偿使用。其他用于经营性、盈利性等用途，需要使用基础地理信息数据的，一律实行有偿使用。 第九条 获得基础地理信息数据使用许可的部门和单位拥有许可规定范围内的使用权，根据工作需要，可以对基础地理信息数据做数据或修改，但不得以任何方式将基础地理数据、转换后的数据对外发布并向第三方提供和转让。
	《湖南省地理空间数据管理办法》	2017-03-03	第五条 第三款 行政机关、事业单位、国有企业（以下简称有关部门和单位）负责组织生产、更新和管理本部门专题地理空间数据进行汇集，享有无偿使用地理空间数据的权利。 第二十六条 地理空间数据知识产权依法受到保护。使用共享获取的地理空间数据，应当尊重原权属单位的知识产权，注明数据来源，不偿损害原权属单位的合法权益。未经原权属单位同意，不得擅自发布和公开所获取的共享数据，不得利用免费获取的地理空间数据从事经营性、盈利性活动。
	《江西省地理信息数据管理办法》	2017-12-26	第十四条 第一款 县级以上人民政府测绘地理信息主管部门应当通过地理信息公共服务平台，在互联网上向公众无偿提供公益性地理信息服务。

续表

类型	规范名称	公布时间	关于数据权益的规定
地理数据	《江西省地理信息数据管理办法》	2017-12-26	第十八条 地理信息知识产权依法受到保护。通过共享获取地理信息数据的单位，应当尊重权属单位的知识产权，注明地理信息数据来源，不得损害地理信息数据权属单位的合法权益。未经权属单位同意，不得利用所获取的地理信息数据从事经营性、盈利性活动。
	《广东省地理空间数据管理办法（试行）》	2021-04-23	第七条 第三款 各行政机关事业单位负责生产、更新、管理本单位专题地理空间数据，无偿提交在履行公共管理和公共服务职责中形成的专题地理空间数据进行归集，并享有无偿使用其他单位的地理空间共享单位的权利。 第十七条 使用共享获取的地理空间数据，应当注明来源，不得损害原权属单位的合法权益。不得擅自发布和公开所获取的共享数据，不得利用共享数据从事经营性活动。
	《山东省地理空间数据管理办法》	2022-12-06	第二十五条 使用共享获取的地理空间数据，应当注明数据来源，不得损害原权属单位的合法权益。未经原权属单位同意，不得擅自发布和公开所获取的共享数据，不得利用共享数据从事经营性活动。
	《山东省健康医疗大数据管理办法》	2020-08-20	第十二条 依法获得数据使用权的数据使用单位应当依照法律、法规规定和协议约定进行数据应用与服务技术研发，保证数据安全，其依法获得的数据依法受法律保护。
医疗数据	《深圳市卫生健康数据管理办法》	2023-11-16	第十条 第二款 医疗卫生机构处理卫生健康个人数据的，应当在处理前依法向个人进行告知，并取得个人或者其监护人的明确同意，涉及卫生健康个人敏感数据的，应当取得单独同意。 第十五条 第一款 责任单位在收集、存储卫生健康个人数据时，应当依法告知当事人数据收集和存储的必要性，目的、范围、期限、处理规则以及对个人权益的影响，并按规定取得当事人同意，且不得违反法律法规规定和双方约定。 第二十一条 第一款 医疗卫生机构为居民提供预防保健、健康管理、临床诊疗、互联网诊疗等医疗卫生服务时，经个人或者其监护人同意，可以依法查阅其居民电子健康档案。

续表

类型	规范名称	公布时间	关于数据权益的规定
医疗数据	《深圳市卫生健康数据管理办法》	2023-11-16	**第二十二条** 第一款 医疗卫生机构基于个人同意查阅居民电子健康档案和个人电子病历的，应当由个人或其监护人在充分知情的前提下自愿、**单独同意**。 第二款 医疗卫生机构取得前款规定的个人同意的，个人或者其监护人有权撤回同意，医疗卫生机构应当提供便捷的撤回同意的方式。个人撤回同意的，不影响撤回前基于个人同意已进行的个人信息处理活动的效力。 **第二十九条** 第一款 责任单位共享数据涉及卫生健康个人数据的，**应当取得个人或者其监护人的单独同意**，因履行法定职责或者法定义务所必需，应对突发公共卫生事件或者紧急情况下为保护自然人的生命健康和财产安全所必需等法律、行政法规另有规定的除外。 **第三十八条** 卫生健康公共数据开放坚持公平有序、安全可控、分类管理的原则，不得侵害国家利益、公共利益和个人、组织的合法权益。
教育	《上海教育数据管理办法（试行）》	2019-10-11	**第六条** 数据归属部门是指根据部门职能采集或产生某类数据的部门，**是该类数据的唯一权威来源，对该类数据有管理和审核权**。数据归属部门负责该类数据的采集、归集和质量管理，并审核其他部门对该类数据提出的共享申请。 原则上，当数据尚未被上级部门归集时，数据权归属归数据采集部门所有；当数据被上级部门归集后，数据归属权转移至上级部门。 **第七条** 数据使用部门指因履行职责需要申请使用数据的部门。数据使用部门根据业务需要和数据使用的相关规定，提出数据使用申请，并按规定在授权范围内合理安全地使用数据。
教育	《内蒙古自治区教育厅机关及直属事业单位教育数据管理办法（试行）》	2021-04-27	**第六条** 数据权属归属部门是指根据部门职能采集或产生某类数据的部门，**是该类数据的唯一权威来源，对该类数据拥有管理和审核权**。数据权属归属部门，包括厅机关各处室及直属事业单位，按照"谁主管，谁提供，谁负责"的原则，负责该类数据的采集和质量管理，并审核其他部门对该类数据提出的共享申请。

续表

类型	规范名称	公布时间	关于数据权益的规定
科学数据	《黑龙江省贯彻落实〈科学数据管理办法〉实施细则》	2018-08-17	第五条 在我省行政区域内任何单位和个人从事科学数据采集生产、使用、管理活动应当遵守有关法律法规、规章，不得利用科学数据从事危害国家安全、社会公共利益和他人合法权益的活动。
	《甘肃省科学数据管理实施细则》	2018-08-29	第五条 省内单位和个人从事科学数据采集生产、使用、管理活动应当遵守有关法律法规及规章，不得利用科学数据从事危害国家安全、社会公共利益和他人合法权益的活动。
	《吉林省科学数据管理办法》	2018-11-16	第五条 任何单位和个人从事科学数据采集生产、使用、管理活动应当遵守有关法律法规及部门规章，不得利用科学数据从事危害国家安全、社会公共利益和他人合法权益的活动。
	《安徽省科学数据管理实施办法》	2018-11-18	第三条 第二款 任何单位和个人在我省从事科学数据相关活动，符合本办法规定情形的，按照本办法执行，并且应当遵守有关法律法规及部门规章，不得利用科学数据从事危害国家安全、社会公共利益和他人合法权益的活动。
	《内蒙古自治区科学数据管理办法》	2018-11-20	第五条 任何单位和个人从事科学数据采集生产、使用、管理活动，应当遵守《内蒙古自治区科学技术进步条例》《内蒙古自治区促进科技成果转化条例》等有关法律法规及部门规章，不得利用科学数据从事危害国家安全、社会公共利益和他人合法权益的活动。
	《广西科学数据管理实施办法》	2018-12-24	第五条 全区范围内任何单位和个人从事科学数据采集生产、使用、管理活动应当遵守有关法律法规及规章，不得利用科学数据从事危害国家安全、社会公共利益和他人合法权益的活动。
	《江苏省科学数据管理实施细则》	2019-02-19	第五条 任何单位和个人从事科学数据采集生产、使用、管理活动，应当遵守国家和省有关法律法规及规章，不得利用科学数据从事危害国家安全、社会公共利益和他人合法权益的活动。

续表

类型	规范名称	公布时间	关于数据权益的规定
科学数据	《山东省科学数据管理实施细则》	2019-10-23	**第五条** 任何单位和个人在山东省行政区域内从事科学数据采集生产、使用、管理活动应当遵守有关法律法规，不得利用科学数据从事危害国家安全、社会公共利益和他人合法权益的活动。
	《四川省科学数据管理实施细则》	2019-12-26	**第五条** 任何单位和个人从事科学数据采集生产、使用、管理活动应当遵守有关法律、法规及部门规章，不得利用科学数据从事危害国家安全、社会公共利益和他人合法权益的活动。
	《上海市科学数据管理实施细则（试行）》（草案）	2020-12-31	**第三十二条** 利用科学数据加工形成自主知识产权的数据库、数据集、数据论文、数据产品等，**转化收益按**照本市和本市有关规定进行分配。
	《宁夏回族自治区科学数据管理实施细则》	2021-04-12	**第五条** 任何单位和个人从事科学数据采集生产、使用、管理活动应当遵守国家有关法律法规及部门规章，**不得利用科**学数据从事危害国家安全、社会公共利益和他人合法权益的活动。
	《海南省科技资源数据库（馆）和科学数据中心管理暂行办法》	2022-03-07	**第十六条** 依托单位可依据科技资源项目录通过在线或者离线等方式向社会提供信息资源服务和实物资源服务。积极开展综合性、系统性、知识化的共享服务。鼓励组织开展科技资源加工整理，形成有价值的科技资源产品，向社会提供服务。资源平台应建立符合知识产权保护和安全保密等有关规定的制度，保护科技资源提供者的知识产权权益和利益。用户使用资源平台利用科技资源形成的著作、论文等发表时，应明确标注科技资源标识和利用科技资源的情况，并应事先约定知识产权归属或比例。
林草/林业	《江西省森林资源数据更新管理办法》	2017-12-27	**第二十三条** 需要使用年度更新成果数据（含过程数据）的单位，需向森林资源管理部门提出书面申请，说明用途、类型、范围、因子及数据管理措施等。森林资源管理部门以书面方式通知森林资源监测部门，按相关程序提供相关数据。资源监测部门依据有关法律法规签署数据保密协议书，向申请数据使用单位按有关法律法规规定提供相关数据。

续表

类型	规范名称	公布时间	关于数据权益的规定
遥感数据	《广西民用遥感卫星数据开放共享管理暂行办法》	2019－06－13	**第十四条** 任何组织和个人在使用遥感数据时，应遵守国家相关法律法规和自治区有关规定，落实安全管控措施，维护国家安全和利益，不得从事危害国家安全、损害社会公共利益和他人合法权益的活动。 **第十八条** 用户在遥感数据研究和应用过程中可对遥感数据质量提出评价和改进意见。 **第十九条** 自治区财政资金全额支持的遥感数据所有权归自治区人民政府所有，部分使用自治区财政资金支持的遥感数据按约定享有相关权利。
	《湖北省高分辨率对地观测系统卫星遥感数据管理办法》	2019－12－05	**第四条** 高分数据包括从卫星接收的原始数据和经过加工处理形成的各级各类产品，其所有权归国家所有。数据持有、信息产品使用者依法享有数据持有权，并按本办法要求使用高分数据。
农村土地承包	《广西壮族自治区农村土地承包数据管理实施办法（试行）》	2022－06－24	**第十一条** 县级以上农业农村部门和农村土地承包数据保管单位应当加强数据使用监管，对农村土地承包数据的使用情况进行登记。按照有关规定，通过数据交换接口、数据抄送等方式与相关部门和机构实现数据互通共享。承包农户、利害关系人可以依法查询、复制相关资料。 **第十三条** 申请使用农村土地承包数据应具备下列基本条件： （一）承包农户或利害关系人。其中利害关系人可以是独立的法人、其他组织或自然人； （二）有明确、合法的使用目的； （三）申请的数据内容、范围与使用目的要和实际需求相匹配； （四）申请使用方的数据保管条件符合国家保密、安全管理法规政策要求。

续表

类型	规范名称	公布时间	关于数据权益的规定
水利	《浙江省水利工程数据管理办法（试行）》	2020－05－19	**第十四条** 任何部门、机构与个人不得利用水利工程数据资源及其水管理平台从事危害国家安全、社会公共利益和他人合法权益的活动，违反本办法有关条款并造成损失的，依照有关规定追究责任单位和责任人的责任。
其他	《江西省企业信用监管警示系统数据管理和运用试行办法》	2015－11－16	**第四条** 本省各级行政机关（含法律法规授权的具有管理公共事务职能的组织）、司法机关、金融机构等单位（以下统称"各级机关"），依据监管警示系统对企业相关的数据进行归集、分类和运用等活动，适用本办法。国家另有规定的从其规定。 **第十二条** 各级机关向监管警示系统归集数据时，应当删除涉及商业秘密的内容以及自然人住所（与经营场所一致的除外）、通讯方式、身份证件号码和银行账号等个人信息。

专题六
省级数据立法关于数据知识产权的规定及评价

　　随着数字经济的不断发展，数据知识产权运用和保护作为国家战略引起高度关注。党中央、国务院统一指挥、严密谋划，统筹数据领域总体布局，大力推动数据知识产权制度完善落地。2021 年 9 月，中共中央、国务院印发《知识产权强国建设纲要（2021－2035 年）》强调"加快大数据、人工智能、基因技术等新领域新业态知识产权立法。适应科技进步和经济社会发展形势需要，依法及时推动知识产权法律法规立改废释，适时扩大保护客体范围，提高保护标准"。为在传统知识产权系统的基础上发展数据知识产权制度建立工作确立了方向。《"十四五"国家知识产权保护和运用规划》进一步强调要"构建数据知识产权保护规则"。2022 年 9 月国家知识产权局召开的"数据知识产权工作指导专家组第一次全体会议"指出，"构建数据知识产权制度是一项重大的制度创新和实践创新，面临难得机遇和诸多挑战。要重点把握好'四个充分'。一是充分考虑数据的安全、公众的利益和个人的隐私，二是充分把握数据的特有属性和产权制度的客观规律，三是充分尊重数据处理者的创造性劳动和相关投入，四是充分发挥数据对产业数字化转型和经济高质量发展的支撑作用"，[1] 明确了建设发展数据知识产权制度的基本原则。

　　2022 年 12 月 19 日公布的"数据二十条"再次强调，要"构建适应数据特征、符合数字经济发展规律、保障国家数据安全、彰显创新引领的数据基础制度""探索建立数据产权制度，推动数据产权结构性分置和有序流通，结合数据要素特性强化高质量数据要素供给"。"促进数字经济发展"也作为 2022 年工作任务之一被写入政府工作报告。在党和国家的高度关注、统筹规划下，自 2021 年起，国家知识产权局已在浙江、上海、深圳等地先期部署了数据知识产权保护试点，2022 年 11 月 29 日，在国家知识产权局、深圳市市场监督管理局（深圳市知识产权局）的指导下，深圳市上线了国内首个专注数据知识产权登记的信息化系统"数据知识产权登记系统"（网址：https://sjdj. sist. org. cn/），提供"数据哈希值存证——登记申请——材料审核——信息公示——证书发放"的登记、确权全流程服务。

表 6-1　数据知识产权相关政策梳理

文化名称	公布时间	重点内容
《全面加强知识产权保护工作 激发创新活力推动构建新发展格局》	2021 年 2 月 1 日	创新是引领发展的第一动力，保护知识产权就是保护创新。全面建设社会主义现代化国家，必须更好推进知识产权保护工作。知识产权保护工作关系国家治理体系和治理能力现代化，关系高质量发展，关系人民生活幸福，关系国家对外

---

　　〔1〕　参见《数据知识产权工作指导专家组第一次全体会议在京召开》，载https://www.cnipa.gov.cn/art/2022/9/20/art_53_178847.html，最后访问日期：2024 年 1 月 23 日。

文化名称	公布时间	重点内容
《全面加强知识产权保护工作 激发创新活力推动构建新发展格局》	2021 年 2 月 1 日	开放大局，关系国家安全。 我国知识产权事业不断发展，走出了一条中国特色知识产权发展之路，知识产权保护工作取得了历史性成就，知识产权法规制度体系和保护体系不断健全、保护力度不断加强，全社会尊重和保护知识产权意识明显提升，对激励创新、打造品牌、规范市场秩序、扩大对外开放发挥了重要作用。
《知识产权强国建设纲要（2021 - 2035 年)》	2021 年 9 月 22 日	加快大数据、人工智能、基因技术等新领域新业态知识产权立法。适应科技进步和经济社会发展形势需要，依法及时推动知识产权法律法规立改废释，适时扩大保护客体范围，提高保护标准。
《国家知识产权局办公室关于确定数据知识产权工作试点地方的通知》	2022 年 11 月 17 日	加强对试点地方的指导协调和督促检查，适时组织开展中期评估和试点验收，总结推广典型经验做法。
深圳市《数据知识产权登记试点工作方案》	2022 年 11 月	明确为"经过一定规则处理的、具有商业价值的非公开数据"提供数据知识产权登记服务。建立了配套制度规范，为数据处理者提供"数据哈希值存证——登记申请——材料审核——信息公示——证书发放"全流程服务。
《中共中央　国务院关于构建数据基础制度更好发挥数据要素作用的意见》	2022 年 12 月 2 日	研究数据产权登记新方式。在保障安全前提下，推动数据处理者依法依规对原始数据进行开发利用，支持数据处理者依法依规行使数据应用相关权利，促进数据使用价值复用与充分利用，促进数据使用权交换和市场化流通。

一、省级数据知识产权立法概述

在国家整体的统筹规划下，众多省市开始逐步探索构建数据知识产权制度。在 169 份省级数据立法文件中，有 39 份文件基本都从宏观层面涉及了对数据知识产权的相关规定。例如，《广东省国土资源数据管理暂行办法》规定："数据涉及著作权和知识产权保护和管理的，依照有关法律、行政法规的规定执行。"

（一）关于数据知识产权的原则性规定

在 39 份涉及数据知识产权相关规定的省级数据立法文件中，有 14 份文件涉及数据知识产权的原则性规定，主要表述为"应当加强知识产权保护""涉及数据知识产权保护的，按照有关法律法规规定执行"，上述规定为数据知识产权制度的构建奠定了基础，也为数据知识产权专门立法提供了指引。

表6-2 关于数据知识产权的原则性规定

序号	文件名称	公布时间	关于数据知识产权的相关规定
1	《广西国土资源数据管理暂行办法》	2010年10月25日	**第五条** 涉及国家秘密或者知识产权的数据的汇交、保护、公开和利用，按照国家有关法律、法规的规定执行。
2	《广东省国土资源数据管理暂行办法》	2013年9月30日	**第四十四条** 数据涉及著作权和知识产权保护和管理的，依照有关法律、行政法规的规定执行。
3	《湖南省地理空间数据管理办法》	2017年3月3日	**第二十六条** 第一款 地理空间数据知识产权依法受到保护。使用共享获取的地理空间数据，应当尊重原权属单位的知识产权，注明数据来源，不得损害数据原权属单位的合法权益。
4	《江西省地理信息数据管理办法》	2017年12月26日	**第十八条** 第一款 地理信息知识产权依法受到保护。通过共享获取地理信息数据的单位，应当尊重权属单位的知识产权，注明地理信息数据来源，不得损害地理信息数据权属单位的合法权益。
5	《浙江省数字经济促进条例》	2020年12月24日	**第二十六条** 第五款 市场监督管理部门、司法机关等应当完善知识产权领域的区域和部门协作机制，建立健全知识产权快速维权体系，提供境内外知识产权维权援助。 **第四十四条** 第一款 互联网平台经营者应当依法依约履行产品和服务质量保障、消费者权益保护、生态环境保护、知识产权保护、网络安全与个人信息保护、劳动者权益保护等方面的义务，建立健全平台规则和用户账号信用管理、投诉举报等制度。鼓励互联网平台经营者建立争议在线解决机制，制定并公示争议解决规则。
6	《广东省数字经济促进条例》	2021年7月30日	**第六十三条** 县级以上人民政府及市场监督管理、版权等有关部门应当加强数字经济领域知识产权保护，培育知识产权交易市场，探索建立知识产权保护规则和快速维权体系，依法打击知识产权侵权行为。
7	《河南省数字经济促进条例》	2021年12月28日	**第六十条** 县级以上人民政府市场监管等部门应当加强数字经济领域知识产权保护，培育和发展相关知识产权交易市场，探索建立快速维权体系，依法打击知识产权侵权行为。

序号	名称	公布时间	关于数据知识产权的相关规定
8	《河北省数字经济促进条例》	2022 年 5 月 27 日	**第七十六条** 县级以上人民政府及其有关部门应当**加强数字经济知识产权保护和服务**，建立健全知识产权快速维权体系，依法查处侵犯知识产权行为。
9	《江苏省数字经济促进条例》	2022 年 5 月 31 日	**第十二条** 县级以上地方人民政府以及市场监督管理、知识产权、版权等部门应当**加强数字经济领域知识产权保护**，推动知识产权转化运用，建立快速维权体系，依法打击知识产权侵权行为。
10	《深圳经济特区数字经济产业促进条例》	2022 年 9 月 5 日	**第六十八条** 本市推进知识产权快速维权体系建设，完善知识产权领域的区域和部门协作机制，加强数字经济领域知识产权保护，依法打击知识产权侵权行为。
11	《北京市数字经济促进条例》	2022 年 11 月 25 日	**第五十三条** 知识产权等部门应当执行数据知识产权保护规则，开展数据知识产权保护工作，建立知识产权专利导航制度，支持在数字经济行业领域组建产业知识产权联盟；加强企业海外知识产权布局指导，建立健全海外预警和纠纷应对机制，建立快速审查、快速维权体系，依法打击侵权行为。
12	《四川省数据条例》	2022 年 12 月 2 日	**第三十五条** 第一款　数据交易应当遵循自愿、平等、公平和诚实守信原则，遵守法律法规和商业道德，履行数据安全保护、个人信息保护、**知识产权保护**等方面的义务。
13	《湖北省数字经济促进办法》	2023 年 5 月 10 日	**第四十五条** 县级以上人民政府及其市场监督管理、知识产权、公安等主管部门应当**加强数字经济领域知识产权保护**，培育知识产权交易市场，探索建立知识产权保护规则和快速维权体系，依法打击知识产权侵权行为。
14	《浙江省公共数据授权运营管理办法（试行）》	2023 年 8 月 1 日	六、数据安全与监督管理 ……（六）知识产权主管部门会同发展改革、经信、司法行政等单位**建立数据知识产权保护制度，推进数据知识产权保护和运用**……

（二）数据知识产权专门立法概述

目前在我国的 17 个试点城市中，共有 6 个省（直辖市）对数据知识产权登记制度进行了专门的立法。就立法体例而言，《北京市数据知识产权登记管理办法（试行）》《江苏省数据知识产权登记管理办法（试行）》《浙江省数据知识产权登记办法（试行）》《山东省数据知识产权登记管理规则（试行）》《天津市数据知识产权登记办法

（试行）》以及《深圳市数据知识产权登记管理办法（试行）（征求意见稿）》[1]篇幅大致相当，但在具体的章节设计上有所不同。其中，《北京市数据知识产权登记管理办法（试行）》《山东省数据知识产权登记管理规则（试行）》《深圳市数据知识产权登记管理办法（试行）（征求意见稿）》和《江苏省数据知识产权登记管理办法（试行）》虽然在章节名称的具体表述上有所差异，但总体上都是按照"总则－分则－附则"的结构，并对"分则"部分按照"实体－程序"的二元划分设计，最终呈现出总则、登记内容、登记程序、监督管理和附则的分章体例。《天津市数据知识产权登记办法（试行）》在结构上与上述文件基本一致，但在章节划分时更加详细，将变更登记与证书效力、监督管理单独成章规定。《浙江省数据知识产权登记办法（试行）》的立法思路则与上几部文件具有较大差距，采用了适用范围、登记申请、登记审查、登记证书的使用、监督管理的分章设计，即以抽象"总则"内具体的"适用范围"开篇，在"分则"的部分则是围绕数据知识产权登记的主客体（主体即申请主体与登记机关；客体即数据权利，表现为相应的权利凭证即数据知识产权登记证书）进行的制度设计。当然，尽管设计思路有所不同，六部文件均对数据知识产权的登记制度作了较为全面和详细的规定，内容覆盖了包括登记主体、登记客体、登记程序、监督管理在内的重点制度。

表6-3　现有数据知识产权产权登记立法章节概况

章节	《山东省数据知识产权登记管理规则（试行）》	《天津市数据知识产权登记办法（试行）》	《深圳市数据知识产权登记管理办法（试行）（征求意见稿）》	《北京市数据知识产权登记管理办法（试行）》	《浙江省数据知识产权登记办法（试行）》	《江苏省数据知识产权登记管理办法（试行）》
第一章	总则	总则	总则	总则	适用范围	总则
第二章	登记事项	登记申请	登记程序	登记内容	登记申请	登记程序
第三章	登记程序	登记内容	证书应用	登记程序	登记审查	监督管理
第四章	管理服务	登记程序	监督管理	管理监督	登记证书的使用	附则
第五章	附则	变更登记	附则	附则	监督管理	/
第六章	/	证书效力	/	/	/	/
第七章	/	监督管理	/	/	/	/

（三）特殊领域的数据知识产权规定

部分省级数据立法文件聚焦于特定领域的数据知识产权制度，例如，在科学数据领域的相关立法中，关于数据知识产权的表述主要体现为："科学数据使用者应遵守知识产权相关规定"。

---

〔1〕需要说明的是，虽然《深圳市数据知识产权登记管理办法（试行）（征求意见稿）》不在本书统计的169份文件中，但由于该部分聚焦于数据知识产权的研究，故将其在该部分加入对比。

表 6-4 关于特殊领域的数据知识产权具体规定

名称	关于数据知识产权的具体规定
《重庆市公共数据开放管理暂行办法》	**第二十五条** 数据利用协议应当约定下列内容： ……（二）数据利用主体应当向数据开放主体反馈数据使用情况，使用公共数据形成研究报告、学术论文、**知识产权**、数据服务、应用产品等成果的，应当在成果中注明数据来源……
《江苏省科学数据管理实施细则》	**第二十二条** 主管部门和法人单位应积极推动科学数据出版和传播工作，支持科研人员整理发表**产权**清晰、准确完整、共享价值高的科学数据。
	第二十三条 科学数据使用者应遵守**知识产权**相关规定，在论文发表、专利申请、专著出版等工作中注明所使用和参考引用的科学数据。
《黑龙江省贯彻落实〈科学数据管理办法〉实施细则》 《云南省科学数据管理实施细则》 《湖北省科学数据管理实施细则》 《安徽省科学数据管理实施办法》 《山东省科学数据管理实施细则》 《宁夏回族自治区科学数据管理实施细则》	科学数据使用者应遵守**知识产权**相关规定，在论文发表、专利申请、专著出版等工作中注明所使用和参考引用的科学数据。
《上海市科学数据管理实施细则（试行）》（草案）	**第二十五条** 科学数据使用者应遵守**知识产权**相关规定，在论文发表、专利申请、专著出版等工作中注明所使用和参考引用的科学数据。
	第三十二条 利用科学数据加工形成自主**知识产权**的数据库、数据集、数据论文、数据管理工具、数据产品等，转化收益按照国家和本市有关规定进行分配。
	第三十三条 对于伪造篡改数据、侵犯**知识产权**、科学数据安全管理存在明显漏洞等行为，市科委会同有关部门可视情节轻重对相关法人单位和责任人采取责令整改、通报批评等措施，并纳入科研诚信记录。对违反国家有关法律法规的单位和个人，依法追究其责任。
《四川省科学数据管理实施细则》	**第八条** 省直相关部门、市（州）人民政府相关部门（以下统称主管部门）在科学数据管理方面的主要职责是：…… （五）建立完善有效的激励机制，组织对本部门（本地区）所属法人单位科学数据采集、保存、汇交、开放共享、安全保密、**知识产权**保护等工作开展评价考核； （六）组织开展本部门（本地区）科学数据管理培训工作。

名称	关于数据知识产权的具体规定
《四川省科学数据管理实施细则》	**第二十七条** 科学数据使用者应遵守**知识产权**相关规定，在论文发表、专利申请、专著出版等工作中注明所使用和参考引用的科学数据。
《湖北省高分辨率对地观测系统卫星遥感数据管理办法》	**第九条** 高分数据用户的主要职责： ……（三）自觉保护高分数据**知识产权**，未经批准不得向境外任何组织或个人提供境内高分数据，用户免费获取的高分数据，未经同意不得向任何第三方转让……
	第十九条 高分数据产品以及相关应用成果，按照国家**知识产权**和国防**知识产权**相关法律法规进行管理。用户有义务报告数据使用情况和应用成果。

二、关于数据知识产权具体登记制度的具体规定

2021 年，上海市、广东省（深圳市）、浙江省在全国率先开启探索建立数据知识产权制度试点。2024 年初，试点范围已扩大到包括北京市、江苏省、福建省、山东省、广东省、天津市在内的 17 个地方，从推动制度构建、开展登记实践等方面开展数据知识产权地方试点工作。为贯彻落实中央有关文件精神，疏通数据知识产权保护实践中的堵点难点，截至 2024 年 1 月初，已有江苏省、浙江省、北京市、山东省、广东省（深圳市）、天津市、福建省七地公布了数据知识产权登记相关的法律文件，对数据知识产权工作进行了积极探索，创新提出数据确权方式，助力数据维权，促进数据资源合理流通。以下就各省（自治区、直辖市）关于数据知识产权的登记主体、登记对象、登记内容、登记程序、登记证书及其效力等内容进行归纳和总结。[1]

（一）登记主体

就登记主体的相关规定而言，六份文件均对数据知识产权的登记主体，即数据的持有者或处理者进行了详细的规定。其中，《浙江省数据知识产权登记办法（试行）》规定，申请主体应当是"依法依规处理数据的单位或个人"。《北京市数据知识产权登记管理办法（试行）》和《天津市数据知识产权登记办法（试行）》则将其定义为"依据法律法规规定或者合同约定持有或者处理数据的主体，包括进行数据收集、存储、使用、加工、传输、提供、公开等行为的自然人、法人或者非法人组织"。而《山东省数据知识产权登记管理规则（试行）》和《江苏省数据知识产权登记管理办法（试行）》则将其规定为"数据持有人或处理者"。《深圳市数据知识产权登记管理办法（试行）（征求意见稿）》和《浙江省数据知识产权登记办法（试行）》相较其他文件缺少了对"数据持有者"的描述。此外，除上述概念界定外，六份文件均对合作处理数

---

[1] 需要说明的是，截至 2024 年 1 月 24 日，福建省已公布的《福建省数据知识产权登记服务规程（修订版）》暂未对外公开。

据的情形作了具体说明，即当不同主体合作处理数据时，应当作为共同登记主体提出申请。另外，除了《山东省数据知识产权登记管理规则（试行）》外，其他文件均对委托处理数据的情形进行了规定，即接受他人委托处理数据的，可以根据协议由委托方或双方共同提出登记申请。

表6-5 数据知识产权登记立法关于登记主体的相关规定

相关规定	《山东省数据知识产权登记管理规则（试行）》	《天津市数据知识产权登记办法（试行)》	《深圳市数据知识产权登记管理办法（试行）（征求意见稿）》	《北京市数据知识产权登记管理办法（试行)》	《浙江省数据知识产权登记办法（试行)》	《江苏省数据知识产权登记管理办法（试行)》
处理者	√	√	√	√	√	√
持有者	√	√	×	√	×	√
合作处理者	√	√	√	√	√	√
委托处理者	×	√	√	√	√	√

（二）登记对象

就登记对象的相关规定而言，目前有六部文件均对数据知识产权的登记对象进行了规定，但对于登记对象描述的详略有所不同别。最为详尽的是《北京市数据知识产权登记管理办法（试行）》和《天津市数据知识产权登记办法（试行)》的规定，二者都将登记对象定义为"依据法律法规规定或者合同约定收集，经过一定规则或算法处理的、具有商业价值及智力成果属性的处于未公开状态的数据集合"，《山东省数据知识产权登记管理规则（试行）》的表述与北京市和天津市的文件基本一致；《浙江省数据知识产权登记办法（试行）》和《江苏省数据知识产权登记管理办法（试行）》的定义为"依法收集、经过一定算法加工、具有实用价值和智力成果属性的数据"。《深圳市数据知识产权登记管理办法（试行）（征求意见稿）》的表述最为简略，将登记对象描述为"依法依规获取的、经过一定规则处理形成的，具有实用价值的数据"。

通过对以上具体表述进行分析，可以抽象出数据知识产权登记客体的普遍特征，即"依法""经过一定处理""具有实用价值和智力成果属性"。这些特征并非数据知识产权登记对象所特有的，而是在现有知识产权框架下，运用"商业价值""实用价值"以及"智力成果属性"等描述，实现对现有知识产权制度中知产权利保护的内生逻辑的移植。

除上述特征外，各地对于数据知识产权登记对象的规定侧重有所不同。具体而言，《山东省数据知识产权登记管理规则（试行）》《深圳市数据知识产权登记管理办法（试行）（征求意见稿）》《江苏省数据知识产权登记管理办法（试行）》和《浙江省数据知识产权登记办法（试行）》侧重于登记对象的实用价值，强调登记的数据应当在描述事实、探索规律、预测行为等方面直接发挥作用；《北京市数据知识产权登记管理办法（试行）》和《天津市数据知识产权登记办法（试行）》强调登记对象的商业价值，同时，还强调了数据需处于"未公开状态"。《山东省数据知识产权登记管理规则（试行）》也对"非公开性"作出了规定。

表6-6 数据知识产权登记立法关于登记对象的规定

相关规定	《山东省数据知识产权登记管理规则（试行)》	《天津市数据知识产权登记办法（试行)》	《深圳市数据知识产权登记管理办法（试行）（征求意见稿)》	《北京市数据知识产权登记管理办法（试行)》	《浙江省数据知识产权登记办法（试行)》	《江苏省数据知识产权登记管理办法（试行)》
数据集合	√	√	×	√	×	×
实用价值/商业价值	√	√	√	√	√	√
未公开状态	√	√	×	√	×	×

（三）登记内容

从内容上看，六份文件均对数据知识产权的登记内容进行了明确的规定。六份文件都明确规定登记申请人应填写登记申请表并提供必要的证明文件，并列举了登记申请表的主要内容，基本上涵盖了登记对象的名称、所属行业、数据来源、应用场景、算法规则、数据结构与规模、存证情况和更新频次。此外，六份文件中有四份还对样例数据的登记作出了要求。值得注意的是，《江苏省数据知识产权登记管理办法（试行)》和《深圳市数据知识产权登记管理办法（试行）（征求意见稿)》对申请人的信息的登记作了规定，强调了登记主体的资格认定标准；《江苏省数据知识产权登记管理办法（试行)》还单独对数据的储存载体的登记作出了要求。

表6-7 数据知识产权登记立法关于登记内容的规定

《北京市数据知识产权登记管理办法（试行)》	《浙江省数据知识产权登记办法（试行)》	《江苏省数据知识产权登记管理办法（试行)》
第五条 ……登记申请表主要包含以下内容： （一）登记对象名称。名称格式为"数据集合名称"； （二）所属行业。按照国民经济行业分类，说明数据所属行业； （三）应用场景。说明数据适用的条件、范围、对象，清楚反映数据应用所能解决的主要问题； （四）数据来源及数据集合形成时间。说明数据来源并提供依法依规获取的相关证明； （五）结构规模。说明数据	（四）登记申请的提出。 ……登记申请表主要包含以下内容： 1. 数据知识产权名称。名称格式为"应用场景＋数据"。 2. 所属行业。按照国民经济行业分类，选择数据所属行业。 3. 应用场景。说明数据适用的条件、范围、对象，清楚反映数据应用所能解决的主要问题。 4. 数据来源。说明数据来源属于个人数据、企业数据或公共数据。其中涉及个人数据的，应当提交依法依规采集、持有、托管和使用的证明；涉及企业数据的，需说明内部数据采集和外部数据采集；涉及公共数	第五条 数据知识产权登记事项包括： （一）数据名称。名称应包含数据主题、用途等。 （二）申请人名称或姓名。申请人是依法对数据进行加工处理的单位或个人。两个以上单位或者个人合作处理产生的数据、接受他人委托处理产生的数据，除另有协议约定的以外，申请登记的权利属于完成处理或者共同完成处理的单位或者个人。 （三）数据来源。说明数据来源属于个人数据、单位数据或公共数据。其中涉及个人数据的，应当提交依法获取的证明；涉及单位数据的，需说明内部数据采集和外部数据采集情况；涉及公共数据的，应当提供依法获取的证明。

《北京市数据知识产权登记管理办法（试行）》	《浙江省数据知识产权登记办法（试行)》	《江苏省数据知识产权登记管理办法（试行）》
结构（数据字段名称、格式）以及数据规模、记录条数等； （六）**更新频次**。说明数据或者部分数据、部分数据单元的更新频率、更新期限； （七）**算法规则**。简要说明数据处理过程中算法模型构建等情况。涉及个人数据、公共数据的，还应对数据进行必要的匿名化、去标识化等情况进行说明，确保不可通过可逆模型或者算法还原出原始数据； （八）**存证公证情况**； （九）**样例数据**； （十）**登记对象状态**等其他需要说明的情况。	据的，应当提供依法依规获取的证明，包括公共数据开放利用协议或授权运营协议等。 5. **结构规模**。说明数据结构（数据字段名称、格式）以及数据记录条数。 6. **更新频次**。说明数据或部分数据、部分数据单元的更新频率、更新期限。 7. **算法规则简要说明**。简要说明数据处理过程中算法模型构建等情况。涉及个人数据、公共数据的还应对数据进行必要的匿名化、去标识化等情况进行说明，保障不可通过可逆模型或算法还原出原始数据。 8. **存证公证情况**。对已存证的数据说明存证途径、存证编号、哈希算法、哈希值等，对公证存证的数据说明公证机构、公证书文号等。 9. 其他需要说明的情况……	（四）**所属行业**。按照国民经济行业分类说明数据所属行业。 （五）**应用场景**。说明数据适用的条件、范围、对象及其应用解决的主要问题。 （六）**数据结构**。主要包括数据类型、数据项字段名称、数据格式名称、数据记录条数等。申请人在申请登记时应当按要求提供一定数量的登记样例数据。 （七）**更新频次**。说明登记数据或部分数据、部分数据单元的更新频率、更新期限。 （八）**算法规则**。说明数据处理算法模型构建及处理规则情况。 （九）**存证情况**。说明数据存证途径、存证编码、哈希值等。 （十）**存储载体**。说明数据保存的介质。 （十一）**其他应予登记的事项**……

表 6 - 8　数据知识产权登记立法关于登记内容的规定（续）

《山东省数据知识产权登记管理规则（试行）》	《天津市数据知识产权登记办法（试行)》	《深圳市数据知识产权登记管理办法（试行）（征求意见稿）》
第十一条 ……申请登记事项包括但不限于以下内容： 1. **数据知识产权名称**。命名格式为"主要应用场景 + 数据集合"。 2. **应用场景**。说明数据知识产权适用的条件、范围、对象及所能解决的主要问题。 3. **数据结构、规模**。说明数据知识产权的字段名称、文件格式及记录条数。 4. **数据来源**。涉及个人数据的，应当提交依法依规收集、	**第八条** ……提交的登记申请表主要包含以下内容： （一）**登记对象名称**。名称格式为"应用场景 + 数据"； （二）**所属行业**。按照国民经济行业分类，说明数据所属行业； （三）**应用场景**。说明数据适用的条件、范围、对象，清楚反映数据应用所能解决的主要问题； （四）**数据来源及数据集合形成时间**。说明数据来源并提	**第七条【登记申请】** ……数据知识产权登记申请表主要包含以下内容： 1. **申请人情况信息** 包括申请人名称、申请人类型、统一社会信用代码、业务信息、联系人、通讯地址等信息。 2. **数据情况信息** （1）**数据名称**。 （2）**所属行业**。按照国民经济行业分类，说明数据所属行业。 （3）**应用场景**。说明数据适用的条件、范围、对象，清楚反映数据应用所能解决的主要问题。

《山东省数据知识产权登记管理规则（试行）》	《天津市数据知识产权登记办法（试行）》	《深圳市数据知识产权登记管理办法（试行）（征求意见稿）》
持有、托管和使用的证明；涉及企业数据的，应当说明自行收集或通过交易取得，并提供相关证明；涉及公共数据的，应当提供公共数据开放利用协议或授权运营协议等。 5. **数据处理规则**。包括但不限于数据清洗规则、算法简介等内容。涉及个人信息的还应当对个人信息进行匿名化处理或取得个人的单独同意并满足向他人提供个人信息的有关要求。 6. **存证公证情况**。对已存证的数据知识产权说明存证途径、存证编号等，对已公证的数据知识产权说明公证机构、公证书文号等。 7. **样例数据**。从已存证或公证的数据中选取的样本数据，应符合申请登记事项信息中数据结构的描述。 8. **其他应当予以登记的事项……**	供依法依规获取的相关证明； （五）**结构规模**。说明数据结构（数据字段名称、格式）以及数据规模、记录条数等； （六）**更新频次**。说明数据或者部分数据、部分数据单元的更新频率、更新期限； （七）**算法规则**。简要说明数据处理过程中算法模型构建等情况。涉及个人数据、公共数据的，还应对数据进行必要的匿名化、去标识化等情况进行说明，确保不可通过可逆模型或者算法还原出原始数据； （八）**存证公证情况**；对已存证的数据说明存证途径、存证编号、哈希算法、哈希值等，对进行相关公证的数据说明公证机构、公证书编号等； （九）**样例数据**； （十）**登记对象状态等其他需要说明的情况**。	（4）**原始数据来源**。说明原始数据具体来源情况。除自有数据外，授权数据、购买数据或其他数据应提供依法依规获取的证明，如购买合同、授权书等。 （5）**采集情况**。说明数据采集工具、采集内容、采集频率等情况。 （6）**处理规则**。简要说明数据处理过程中算法模型构建等情况。涉及个人信息的，应对其匿名化、去标识化等情况进行说明，确保不可通过可逆模型或者算法还原出原始数据。 （7）**结构规模**。说明数据结构（数据字段名称、格式）以及数据集合条数等。 （8）**更新频次**。说明数据的更新频率、更新期限。 （9）**存证公证情况**。对已存证的数据说明存证途径、相关存证编号、哈希值等，对保全证据公证的数据说明公证机构（平台）、公证书文号等。 （10）**样例数据**。应当符合选自存证或保全证据公证的数据集，符合登记申请表中对数据结构的描述。 （11）**其他需要说明的情况……**

（四）登记程序

尽管表述和结构设计有所不同，六部法律文件都对数据知识产权的登记程序作了详细的规定。主要内容包括登记前的数据存证公证、登记申报、登记机构审查、登记前公示、登记异议处理与登记发证。

1. 登记前的数据存证公证

六部文件除《北京市数据知识产权登记管理办法（试行）》外，均对数据知识产权登记前的存证公证或者运用区块链等可信技术进行存证作出了明确且详细的规定，《北京市数据知识产权登记管理办法（试行）》虽然没有单独条文明确对存证公证作出规定，但也在登记内容部分对数据的存证公证提出了要求。值得一提的是，以区块链为代表的新兴可信技术具有难篡改、难删除、可回溯等关键特性，既发挥了电子数据易保存、易传输的优势，又有效地弥补了电子数据易被删除、篡改的缺点，是法律实践顺应数字时代发展，与时俱进应用新兴技术的典型表现。

表6-9　数据知识产权登记立法关于登记前的数据存证公证的规定

《山东省数据知识产权登记管理规则（试行）》	《天津市数据知识产权登记办法（试行)》	《深圳市数据知识产权登记管理办法（试行）（征求意见稿)》	《北京市数据知识产权登记管理办法（试行）》	《浙江省数据知识产权登记办法（试行)》	《江苏省数据知识产权登记管理办法（试行)》
第十条 申请登记的数据，应当在符合法律法规及相关规定的机构进行**电子数据存证或证据保全公证**。	第七条 **登记前的数据存证或公证**。申请登记的数据应当提前运用具有专业性和可信性的区块链等相关技术进行存证或进行保全公证，提升数据的可信赖、可追溯水平和价值可衡量性水平。 提供数据可信技术存证的平台或者机构，应当符合国家法律法规规定，完善数据安全制度，建立必要的技术防护和运行管理体系。 数据登记后，数据处理者可以根据实际需求，开展过程数据的存证和公证，提升全过程动态管理水平。 申请人对数据的合规性及申请信息的真实性、合法性和完整性作出承诺，并从已存证公证的数据中选取样本数据，作为登记审核的样例数据。样例数据应当符合登记申请表中对数据结构的描述。	第六条【数据存证】 在申请登记前，登记主体应当通过提供数据存证或保全证据公证服务的平台或者机构对登记对象进行存证或公证，以保障登记对象的真实、可信、可追溯。相关平台或机构应当符合国家法律法规规定，具备完善的数据安全制度和健全高效的技术防护和运行管理体系，并配合做好与登记系统的对接工作。	第五条 申请人应通过主管部门指定的登记机构如实填写登记申请表并提供必要的证明文件。提交的登记申请表主要包含以下内容： ……（八）存证公证情况……	二、登记申请 （三）登记前的**数据存证公证**。申请登记的数据应当提前进行公证存证或者运用区块链等可信技术进行存证，提升数据的可信赖、可追溯水平。 提供数据公证存证和可信技术存证的平台或者机构，应当符合国家法律法规规定，完善数据安全制度，建立必要的技术防护和运行管理体系。 数据处理者可以根据实际需求，开展过程数据的存证、公证，提升全过程动态管理水平……	第七条 申请数据知识产权登记，可以提前对拟登记数据进行**区块链等可信技术存证或公证**保全证据。向登记部门存证的，应提交下列材料： （一）申请书； （二）申请人身份证明； （三）数据内容真实、来源合法的承诺书； （四）应当提交的其他材料。 第八条 申请人在江苏省数据知识产权登记系统（以下简称登记系统）之外的其他平台**存证**的，应当提供存证基本情况、存证采用的可信技术说明等材料。经过**公证保全证据**的，申请人应当提供公证机构的名称、公证编号。

2. 登记申报

六部文件均明确了数据知识产权申报的办理途径，即经由该省（自治区、直辖市）统一建设的数据知识产权登记平台进行办理。数据知识产权登记应当通过网上办理，申请人需通过登记机构设立的数据知识产权登记平台提出申请、进行申请程序并提供必要的证明文件。

表6-10 数据知识产权登记立法关于登记申报的规定

《山东省数据知识产权登记管理规则（试行)》	《天津市数据知识产权登记办法（试行)》	《深圳市数据知识产权登记管理办法（试行）（征求意见稿)》	《北京市数据知识产权登记管理办法（试行)》	《浙江省数据知识产权登记办法（试行)》	《江苏省数据知识产权登记管理办法（试行)》
第五条 山东省市场监督管理局（省知识产权局）是本省数据知识产权登记工作的主管部门，负责本省行政区域内**数据知识产权的登记管理及数据知识产权登记平台（以下简称"登记平台"）的建设维护**。 山东省国家知识产权保护中心（以下简称"登记机构"）承担数据知识产权登记工作。	第四条 天津市知识产权局是天津市数据知识产权登记工作的主管部门，统筹本市行政区域内的数据知识产权登记管理工作，**指导建设全市数据知识产权登记平台**，指导开展本市行政区域内数据知识产权登记工作。本辖区内的知识产权保护中心作为登记机构具体承办数据知识产权登记工作，并依据本《办法》颁发数据知识产权登记证书。	第三条【登记机构】 深圳市市场监督管理局作为数据知识产权登记管理部门，指定深圳市标准技术研究院作为登记机构，开展数据知识产权登记业务、运营及维护**数据知识产权登记系统**。	第七条 **第一款 数据知识产权登记通过网上办理**。申请数据知识产权登记，申请人以符合规定的电子文件形式**通过登记机构设立的数据知识产权登记平台提出申请**。登记机构通过登记平台送达数据知识产权登记相关文件。	一、适用范围 （一）适用范围…… 省市场监管局（知识产权局）负责全省数据知识产权登记服务活动的监督管理工作。数据知识产权登记服务通过**浙江省数据知识产权登记平台（以下简称"登记平台"）开展**，由浙江省知识产权研究与服务中心具体承担……	第四条 江苏省知识产权局负责全省数据知识产权登记管理工作，负责建设**全省统一的数据知识产权登记系统**，制定相关政策，指导、协调和监督全省范围内数据知识产权登记、管理和运用等工作。江苏省知识产权保护中心承担数据知识产权登记工作。

3. 登记机构审查

目前针对数据知识产权的登记机构审查标准包括形式审查和实质审查，六部文件中除《山东省数据知识产权登记管理规则（试行)》和《江苏省数据知识产权登记管理办法（试行)》外，均明确规定了登记机构应当对数据知识产权登记申请事项进行形式审查，即对申请材料完整性、合法性负有审查义务。申请材料不齐全或者不符合规则要求的，登记机构将通知申请人补正。无正当理由逾期不答复的，视为撤回登记申请。《江苏省数据知识产权登记管理办法（试行)》仅规定了"登记部门收到登记申请后，应当在10个工作日内完成申请材料审查"，并未对审查的实质要求加以说明；《山东省数据知识产权登记管理规则（试行)》则将审查分成了初审和复审两个环节，明确规定了初审环节应当审查申请登记事项信息的完整性，但并未对复审的审查标准予以说明。

形式审查一般只要求登记机关对申请材料是否齐全、是否符合登记程序要求进行审查，而对于记载事项本身是否属实不作进一步调查和核实；而实质审查则是除了满足申请材料的形式要求，还需对记载事项本身是否真实且合法作进一步调查和核实。

因此，数据知识产权登记中的审查标准值得重点考量——如果采取实质审查，那么审查标准将会更严格，登记结果的公信力较高，后续交易也会越安全，但是对企业而言可能门槛较高，使得企业主动进行数据知识产权登记的积极性较低，对于登记机构而言也需耗费大量成本；如果采取形式审查，登记工作的效率会大大提高，但登记的公信力和后续交易安全性也会受到影响。

表6-11　数据知识产权登记立法关于登记机构审查的规定

《山东省数据知识产权登记管理规则（试行)》	《天津市数据知识产权登记办法（试行)》	《深圳市数据知识产权登记管理办法（试行）（征求意见稿)》	《北京市数据知识产权登记管理办法（试行)》	《浙江省数据知识产权登记办法（试行)》	《江苏省数据知识产权登记管理办法（试行)》
第十三条 登记平台运行管理机构自申请之日起十个工作日内，依据本规则对数据知识产权**申请登记事项信息的完整性进行初审**，将初审意见和申请登记事项信息报送至登记机构。 登记机构自接收到初审意见之日起十个工作日内，依据本规则**对数据知识产权申请登记事项信息进行复审**。 经审查不符合本规则要求的，应当一次性告知申请主体，申请主体应于收到审查意见之日起十个工作日内予以补正。无正当理由逾期未补正的，视为撤回登记申请……	第九条 登记机构依据本办法规定对数据知识产权登记申请事项进行形式审查。 登记机构应当自收齐申请材料之日起十五个工作日内完成登记核查工作。形式审查中发现登记申请表填写及证明文件不符合要求或需要作出补充说明的，登记机构应当通知申请人在收到通知之日起的十个工作日内进行补正修改或说明。无正当理由逾期不答复的，视为撤回登记申请……	第八条 【登记审查】 第一款 登记机构对登记主体提交的登记申请进行形式审查。形式审查中发现登记申请表填写或证明材料不符合要求或需要作出补充说明的，登记机构应在接到材料三个工作日内一次性告知需要补正的材料，登记主体应在十个工作日内予以补正。无正当理由逾期不答复的，视为撤回登记申请。登记过程中，登记主体可以撤回申请，并说明具体理由。	第八条 登记机构依据本办法规定对数据知识产权登记申请事项进行形式审查。申请材料不齐全或者不符合本规则要求的，登记机构应当在接到材料三个工作日内，一次性告知申请人需要补正的材料，申请人应于十个工作日内予以补正。无正当理由逾期不答复的，视为撤回登记申请。	三、登记审查 登记平台依据本办法规定对数据知识产权登记申请事项进行形式审查。 （五）审查补正。形式审查中发现登记申请表填写及证明文件不符合要求或需要作出补充说明的，登记平台应当通知申请人在十个工作日内进行补正修改或说明。无正当理由逾期不答复的，视为撤回登记申请……	第十四条 第一款 登记部门收到登记申请后，应当在10个工作日内完成申请材料审查。申请材料齐全、符合规定要求的，应当在登记系统进行公示；申请材料不齐全或者不符合规定要求的，应当于3个工作日内一次性通知申请人补正。申请人应当在收到补正通知之日起10个工作日内补正，无正当理由逾期不补正的，视为撤回登记申请。

4. 登记前公示

除《深圳市数据知识产权登记管理办法（试行）（征求意见稿)》规定的公示期为5日以外，其他五部文件对数据知识产权登记前的公示提出了相同的要求，登记机构对经形式审查符合数据知识产权登记要求的，应当在登记平台进行登记前公示，公示期为10个工作日。此外，六部文件均对公示的内容进行了详细的说明。

表6-12 数据知识产权登记立法关于登记前公示的规定

《山东省数据知识产权登记管理规则（试行）》	《天津市数据知识产权登记办法（试行）》	《深圳市数据知识产权登记管理办法（试行）（征求意见稿）》	《北京市数据知识产权登记管理办法（试行）》	《浙江省数据知识产权登记办法（试行）》	《江苏省数据知识产权登记管理办法（试行）》
第十四条 复审合格的，登记平台进行**登记前公示，公示期为十个工作日**。公示内容包括申请主体、数据集合名称等信息。	第十条 审查公示。登记机构对经形式审查符合数据知识产权登记要求的，**在登记机构进行登记前公示，公示期为十个工作日**。公示内容包括申请人、数据知识产权名称、应用场景、数据来源、算法规则简要说明等信息。	第九条【登记公示】 经登记机构审核，确认登记主体提交的材料符合要求的，在数据知识产权登记系统对登记信息进行公示。公示内容包括申请人信息、数据知识产权名称、应用场景、数据来源、处理规则等信息。**公示时长为五个工作日**。公示期间，任何单位或个人可实名通过登记系统对数据知识产权登记公示内容提出异议并提供必要的证据材料。	第十条 登记机构对经形式审查符合数据知识产权登记要求的，在登记平台进行登记前公示，**公示期为十个工作日**。公示内容包括申请人、数据知识产权名称、应用场景、数据来源、算法规则简要说明等信息。公示期间，任何单位和个人可对数据知识产权登记公示内容提出异议并提供必要的证据材料。	三、登记审查 ……（六）审查公示。登记平台对经形式审查符合数据知识产权登记要求的，**在登记平台进行登记前公示，公示期为十个工作日**。公示内容包括申请人、数据知识产权名称、应用场景、数据来源、算法规则简要说明等信息……	第十四条 登记部门收到登记申请后，应当在10个工作日内完成申请材料审查。申请材料齐全、符合规定要求的，**应当在登记系统进行公示**；申请材料不齐全或者不符合规定要求的，应当于3个工作日内一次性通知申请人补正。申请人应当在收到补正通知之日起10个工作日内补正，无正当理由逾期不补正的，视为撤回登记申请。 公示内容应当包括申请人、数据知识产权名称、所属行业、应用场景、公证编号等信息。**公示期为10个工作日**，自登记系统发布公示内容之日起计算……

5. 登记异议处理

六部文件均对登记公示的异议处理作出了明确规定，在异议处理的程序方面的规定基本一致，但在具体的细节上有所不同。除《北京市数据知识产权登记管理办法（试行）》和《深圳市数据知识产权登记管理办法（试行）（征求意见稿）》之外，其他文件均明确要求"异议期间暂缓登记"。此外，六部文件虽然均对接到异议后各方的程序事项进行了类似的规定，但《浙江省数据知识产权登记办法（试行）》《山东省数据知识产权登记管理规则（试行）》和《天津市数据知识产权登记办法（试行）》在规定申请人提交证明异议不成立的材料的后续程序事项时，还额外规定了"涉及权属争议"的限定条件。

表 6 – 13　数据知识产权登记立法关于登记异议处理的规定

《北京市数据知识产权登记管理办法（试行)》	《浙江省数据知识产权登记办法（试行)》	《江苏省数据知识产权登记管理办法（试行)》
第十条 ……公示期间，任何单位和个人可对数据知识产权登记公示内容提出异议并提供必要的证据材料。 **第十一条** 登记机构接到异议后，应当在三个工作日内将异议内容转送申请人；申请人应于十个工作日内通过登记机构提交相关证明材料。 登记机构接到申请人提交的异议不成立的证据材料后，应当在三个工作日内转送异议人，异议人可以在五个工作日内向登记机构提交异议成立的补充证据材料。登记机构根据双方提交的证据材料形成异议处理结果，并反馈申请人和异议人。	三、登记审查 ……（七）**异议处理**。公示期间，任何单位或个人可以实名对数据知识产权登记公示内容提出异议并提供必要的证据材料。异议期间暂缓登记。 登记平台接到异议后，应当在三个工作日内将异议内容转送申请人；申请人可以向登记平台提交异议不成立的声明并提交必要的证据材料。登记平台根据双方提交的证据材料形成异议处理结果，并反馈申请人和异议人。 **涉及权属争议的**，登记平台接到申请人提交的异议不成立的声明后，应当将该声明转送异议人，并告知其可以向有关主管部门投诉或者向人民法院起诉。登记平台在转送声明到达异议人后十五日内，未收到异议人已经投诉或者起诉通知的，恢复登记程序……	**第十四条** ……公示期间，任何单位和个人对公示内容有异议的，应当向登记部门提交书面异议申请并提供必要的证明材料。异议请求不符合要求的，应当在登记部门指定期限内补正，无正当理由逾期不补正或补正不符合要求的，视为撤回异议申请。 登记部门收到异议申请后，应当在 3 个工作日内将异议申请及相关材料转送登记申请人；登记申请人应当在收到异议申请 10 个工作日内向登记部门提交异议答辩材料和必要的证据。登记部门根据双方提交的证据材料形成异议处理结果，并将处理结果反馈申请人和异议人。异议期间暂缓登记。

表 6 – 14　数据知识产权登记立法关于登记异议处理的规定（续）

《山东省数据知识产权登记管理规则（试行)》	《天津市数据知识产权登记办法（试行)》	《深圳市数据知识产权登记管理办法（试行)（征求意见稿)》
第十六条 数据知识产权登记公示期间，任何自然人、法人或非法人组织可以对数据知识产权登记公示内容提出异议，并提供必要的证据材料。异议期间登记程序暂缓。 登记机构应当在三个工作日内将异议内容转送申请主体；申请主体应当提交必要的证据材料。登记机构根据提交的证据材料形成异议处理结果，并反馈申请主体和异议人。 **涉及权属争议等内容的**，申请主体应当提交异议不成立的声明材料，登记机构应当在收到声明材料起三个工作日内转送异议人，	**第十一条** 异议处理。公示期间，任何单位或个人可以实名对数据知识产权登记公示内容提出异议并提供必要的证据材料。异议期间暂缓登记。 登记机构接到异议后，应当在三个工作日内将异议内容转送申请人；申请人可以在收到异议内容之日起十个工作日内向登记机构提交异议不成立的声明并提交必要的证据材料，否则视为放弃答辩。登记机构根据双方提交的证据材料形成异议处理结果，并反馈申请人和异议人。 **涉及权属争议的**，登记机构接到申请人提交的异议不成立的声明后，应当将该声明转送异议人，	**第九条【登记公示】** ……公示期间，任何单位或个人可实名通过登记系统对数据知识产权登记公示内容提出异议并提供必要的证据材料。 **第十条【异议处理】** 登记机构接到异议后，应当在三个工作日内将异议内容转送登记主体；登记主体应于十个工作日内通过登记系统提交相关证明材料。登记机构接到登记主体提交的异议不成立的证据材料后，应当在三个工作日内转送异议人，异议人可以在五个工作日内向登记机构提交异议成立的补充证据材料。登

《山东省数据知识产权登记管理规则（试行）》	《天津市数据知识产权登记办法（试行)》	《深圳市数据知识产权登记管理办法（试行）（征求意见稿)》
并告知其可以向有关主管部门投诉或向人民法院起诉。登记机构在转送声明到达异议人后十五日内，未收到异议人已经投诉或起诉通知的，恢复登记程序。	并告知其可以向有关主管部门投诉或者向人民法院起诉。登记机构在转送声明到达异议人后十五日内，未收到异议人已经投诉或者起诉通知的，恢复登记程序。	记机构根据双方提交的证据材料形成异议处理结果，并反馈登记主体和异议人。

6. 登记发证

六部文件对登记发证程序作了相同的规定，即公示结束无异议或者异议不成立的，登记机构对登记申请依法予以核准，签发数据知识产权登记证书。除《山东省数据知识产权登记管理规则（试行）》外，其他五部文件均明确规定数据知识产权登记证书采用电子方式发放，并在登记平台上公告。仅《山东省数据知识产权登记管理规则（试行）》规定为"登记证书样式、标准由登记机构制定"。

表 6-15 数据知识产权登记立法关于登记发证的规定

《山东省数据知识产权登记管理规则（试行)》	《天津市数据知识产权登记办法（试行)》	《深圳市数据知识产权登记管理办法（试行）（征求意见稿)》	《北京市数据知识产权登记管理办法（试行)》	《浙江省数据知识产权登记办法（试行)》	《江苏省数据知识产权登记管理办法（试行)》
第十七条 公示结束无异议或异议不成立的，登记机构对登记申请予以核准，签发数据知识产权登记证书（以下简称"登记证书"），并予以公告。 第十八条 第三款 登记证书样式、标准由登记机构制定。	第十二条 第一款 发证及公告。公示无异议或异议不成立的，登记机构在公示期满后颁发数据知识产权登记电子证书（以下简称"登记证书"），并在登记平台上予以公告。	第十一条【登记公告】 公示无异议或经审核异议解除或不成立的，公示期满后，登记机构签发数据知识产权登记证书，并在登记系统予以公告。登记公告信息包括数据知识产权登记编号、数据知识产权登记主体、数据知识产权名称等信息。数据知识产权登记证书采用电子方式发放。	第十二条 公示结束无异议或者异议不成立的，登记机构对登记申请依法予以核准，签发数据知识产权登记证书。数据知识产权登记证书采用电子方式发放，并在登记平台上公告。	三、登记审查……（八）发证及公告。公示无异议或异议不成立的，登记平台在公示期满后颁发数据知识产权登记电子证书（以下简称"登记证书"），并在登记平台上予以公告……	第十五条 公示期限届满无异议或异议不成立的，登记部门对登记申请予以核准，颁发数据知识产权登记证书并在登记系统中予以公告。 第十六条 第一款 数据知识产权登记证书采用电子方式颁发。

（五）登记证书及其效力

六部文件均确认了数据知识产权登记证书作为登记主体相应数据权利的合法凭证的定位，并在此基础上对数据知识产权登记证书的使用进行了规定，内容包括登记证书的效力、有效期、变更登记以及登记信息公开等。

六部文件均将登记证书作为权利人持有数据的合法凭证，鼓励将登记证书用于数据流通交易、收益分配和权益保护，但在阐述的详略安排上有所差异。具体而言，《江苏省数据知识产权登记管理办法（试行）》最为简略，仅概括式的肯定了证书对申请人持有数据并拥有数据行使权利的初步证明效力；《北京市数据知识产权登记管理办法（试行）》进一步列举了"加工使用、获取收益"的权益行使方式；《深圳市数据知识产权登记管理办法（试行）（征求意见稿）》和《浙江省数据知识产权登记办法（试行）》既列举了"数据流通交易、收益分配和权益保护"的宏观场景，又提出了"质押、交易、许可"的具体使用方式倡议；值得一提的是，《山东省数据知识产权登记管理规则（试行）》和《深圳市数据知识产权登记管理办法（试行）（征求意见稿）》还对促进证书在行政执法、司法审判、争议仲裁等场景的发挥效力进行了鼓励性的规定。

表6-16　数据知识产权登记立法关于登记证书及其效力的规定

《山东省数据知识产权登记管理规则（试行）》	《天津市数据知识产权登记办法（试行)》	《深圳市数据知识产权登记管理办法（试行）（征求意见稿)》	《北京市数据知识产权登记管理办法（试行)》	《浙江省数据知识产权登记办法（试行)》	《江苏省数据知识产权登记管理办法（试行)》
第十八条第二款登记证书是登记主体持有数据知识产权并对数据知识产权行使权利的凭证，用以明确数据产权归属、权益边界、权属状态，及服务数据权益司法保护和行政保护实践。	第二十条第一款　数据知识产权登记证书是登记主体依法持有数据并对数据行使权益的初步凭证，用于数据加工使用、流通交易、收益分配和权益保护。第二款　鼓励数据处理者及时登记数据知识产权，通过质押、交易、许可等多种方式加强登记证书的使用，保护自身合法权益，促进数据创新开发、传播利用和价值实现。第二十五条数据知识产权主管部门通过鼓励和推进数据知识产权登记工作促进数据创新开发、数据要素市场化配置，支持推动数据流转交易使用和价值实现，积极推进登记证书在行政执法、司法审判、法律监督中的运用，充分发挥登记证书初步证明效力，强化数据知识产权保护，切实保护数据持有者和处理者的合法权益。	第十八条【证书效力】登记证书可以作为登记主体持有相应数据的证明，用于数据流通交易、收益分配和权益保护。第十九条鼓励数据处理者及时登记数据知识产权，通过质押融资、交易、许可等多种方式加强登记证书的使用，保护自身合法权益，促进数据开发利用和价值实现。第二十条鼓励市市场监管局、市中级人民法院、市公安局、市检察院、市仲裁委员会等部门积极推进登记证书在行政执法、司法审判、争议仲裁中的运用，强化数据知识产权证书对数据的保护作用，切实保护数据处理者的合法权益。	第十三条第二款数据知识产权登记证书是登记主体依法持有数据并对数据行使权利的凭证，享有依法依规加工使用、获取收益等权益。	四、登记证书的使用（十）证书效力。登记证书可以作为持有相应数据的初步证明，用于数据流通交易、收益分配和权益保护。鼓励数据处理者及时登记数据知识产权，通过质押、交易、许可等多种方式加强登记证书的使用，保护自身合法权益，促进数据创新开发、传播利用和价值实现。	第十九条数据知识产权登记证书是申请人合法持有数据并对数据行使权利的初步证明，但有相反证据予以推翻的除外。

通过对以上表述的分析可以发现，现有立法文件均肯定了数据知识产权登记证书作为数据权利凭证的定位，但对于登记证书的实际法律效力和应用场景，六部文件都未作出足够详细的说明，即使是描述最为详尽的《深圳市数据知识产权登记管理办法（试行）（征求意见稿）》，也仅对宏观的数据流通交易、权益分配，中观的行政执法、司法审判、争议仲裁场景以及微观的质押融资、交易、许可等使用方式进行了提示，而且多是倡议性、鼓励性的规定。可以看出，省级数据立法中，目前对于数据知识产权登记证书的效力规定还有诸多缺失之处，对于如何让登记证书在数据权益保护与数据流通利用中发挥更大的积极作用，各地现在还处于初步的尝试和探索阶段，仍需要更多的实践去检验。

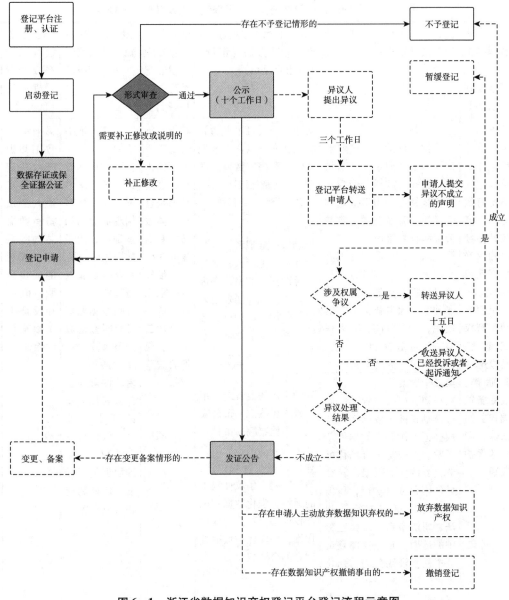

图 6 - 1　浙江省数据知识产权登记平台登记流程示意图

三、评价

"数据二十条"强调，要"探索建立数据产权制度，推动数据产权结构性分置和有序流通，结合数据要素特性强化高质量数据要素供给"。[1]《"十四五"国家知识产权保护和运用规划》强调要"构建数据知识产权保护规则"，[2]数据知识产权是数据基础制度的重要组成部分，理论界和实务界都在不断探索知识产权法如何调整和应对数据问题。将知识产权制度拓展适用于数据要素具有现实契合性，一是数据与知识产权客体属性具有一定程度的相似性；二是知识产权制度功能与数据要素利用目标具有现实匹配性；三是知识产权的权利保护理论与数据权益保护具有相通性。从实践层面而言，知识产权制度在 20 世纪下半叶就已经关注到数据并提供了相应保护。

因此，各地纷纷开始探索如何将知识产权制度拓展适用于数据。2024 年，按照《国家知识产权局办公室关于深化数据知识产权地方试点工作的通知》要求，在 8 个已有试点地方的基础上，新增天津市、河北省、山西省、安徽省、河南省、湖北省、湖南省、贵州省、陕西省 9 个地方共同作为数据知识产权试点地方。数据知识产权登记也取得了一定成效，从登记实践来看，目前已累计向经营主体颁发数据知识产权登记证书超过 2000 份，各试点地方的数据知识产权质押融资总额已超过 11 亿元。各地出台的登记办法也存在诸多亮点，在登记方面，搭建并上线数据知识产权登记平台，探索对登记行为进行全过程公证，提升登记证书法律效力。例如，浙江共受理数据知识产权登记申请 1227 件，登记发证 311 件，赋能电商、医疗、海洋大数据、地理信息等重点产业 18 个，已累计实现数据知识产权质押融资 5.7 亿元、证券化 1.02 亿元、保险金额 210 万元、交易许可金额 105 万元。在登记证书的法律效力认证方面，明确登记证书的初步证明效力，并且联合市场监管局、市中级人民法院、市公安局、市检察院、市仲裁委员会等部门积极推进登记证书在行政执法、司法审判、争议仲裁中与司法机关的合作运用。如北京市知识产权局与北京互联网法院、北京国际大数据交易所签订了三方协议，将在数据知识产权登记、保护、交易等领域开展合作。

但是，各地对于数据知识产权登记的探索也引发了一些值得思考的新问题。数据知识产权登记工作的初衷在于将数据打造成新的知识产权客体，并通过参照传统知识产权权利授予的模式，探索新的登记制度。但是，其一，将数据作为知识产权新客体并通过登记的方式授予知识产权缺乏上位法基础，这也是大部分试点对登记办法之权利内容模糊处理的主要原因；其二，各试点在登记客体的范围方面存在较大不同，有的试点对规模性作出了要求，有的试点对数据类型作出了限制，还有的试点要求登记对象具有智力成果属性，这显然不利于数据知识产权登记内容的跨省流转；其三，数据的处理是一个动态过程，内容也是不断变动的，如何以静态的权利登记机制来固定动态变化的数据权利内容是值得商榷的；其四，各试点在登记主体方面也存在一定分歧，数据的处理过程涉及多个主体，模糊的主体制度不仅不利于平衡数据之上多元主体利益，甚至还可能引发大量权利纠纷；其五，在缺乏上位法的情况下，各试点出台

---

〔1〕 参见《中共中央　国务院关于构建数据基础制度更好发挥数据要素作用的意见》，载 http://www.gov.cn/zhengce/2022 - 12/19/content_5732695.htm，最后访问日期：2023 年 6 月 7 日。

〔2〕 参见《国务院关于印发"十四五"国家知识产权保护和运用规划的通知》，载 https://www.cnipa.gov.cn/art/2021/10/11/art_2758_170644.html，最后访问日期：2023 年 6 月 7 日。

的文件效力层级低，这对登记证书的效力也产生了较大影响；其六，观察各试点登记公示名单可以发现，申请登记的主体多为中小企业，而且整体数量也不多。综上可以发现，试点工作的目的是通过知识产权登记的方式保护和促进数据要素流转，但是目前的效果还不理想，并未激发掌控大部分数据的大型互联网企业的积极性。

数据作为新型生产要素，已经成为了重要的战略资源。"数据二十条"指出，要通过构建数据基础制度，充分激活数据要素潜能。然而，数据基础制度的构建并非一朝一夕所能完成，现阶段对数据法律问题的解决，应当强调不同法律的共同调整。数据知识产权是数据基础制度的组成部分，只能解决部分企业数据的权益保护和流通问题。数据知识产权课题的研究不能仅着眼于权利保护模式，还应当兼顾行为保护模式。数据的权利化是一个难题，但是数据的新型应用场景却不断迸发，产生的新型法律问题也层出不穷，这就需要以相对灵活的行为保护模式来应对。

专题六附录 省级数据立法关于数据知识产权的规定

类型	名称	公布时间	关于数据知识产权的相关规定
数据条例	《四川省数据条例》	2022-12-02	**第三十五条** 第一款 数据交易应当遵循自愿、平等、公平和诚实守信原则，遵守法律法规和商业道德，履行数据安全保护、个人信息保护、知识产权保护等方面的义务。
大数据立法	《贵州省大数据发展应用促进条例》	2016-01-15	**第十八条** 培育数据交易市场，规范交易行为。数据资源交易应当遵循自愿、公平和诚实信用原则，遵守法律法规，尊重社会公德，不得损害国家利益、社会公共利益和他人合法权益。 数据交易应当依法订立合同，明确数据质量、交易价格、交易方式、数据用途等内容。推行数据交易合同示范文本。 **第二十五条** 数据共享开放，应当维护国家和社会公共安全，保守国家秘密、商业秘密，保护个人隐私，保护数据权益。任何单位和个人不得利用数据共享开放从事违法犯罪活动。
数字经济立法	《浙江省数字经济促进条例》	2020-12-24	**第二十六条** 省人民政府及其有关部门应当推动国家和省实验室、重点实验室、技术创新中心、制造业创新中心、企业技术中心等科技创新平台和大型科技创新基础设施建设，支持科研机构、高等院校、企业参与建设有关平台和设施。 利用财政性资金或者国有资本购置、建设大型科学仪器设施的，应当在保障安全规范的前提下，为科研机构、高等院校、企业开展创新活动提供共享服务。省科技主管部门应当建立大型科学仪器开放共享平台，为仪器设施共享提供信息发布、使用预约等服务。 鼓励、支持企业加强信息技术和产品研发、加大资金投入，加强人才引进和储备，培育研发机构、研发能力。 县级以上人民政府及其科技等部门应当培育和发展数字产业知识产权领域的区域和部门协作机制，提升知识产权服务化和产业化。 市场监督管理部门、司法机关等应当完善知识产权快速维权体系，提供境内外知识产权维权援助。

续表

类型	名称	公布时间	关于数据知识产权的相关规定
数字经济立法	《浙江省数字经济促进条例》	2020-12-24	**第四十四条** 互联网平台经营者应当依法依约履行产品和服务质量保障、消费者权益保护、生态环境保护、知识产权保护、网络安全与个人信息保护、劳动者权益保护等方面的义务，建立健全平台等信用管理、投诉举报等制度。鼓励互联网平台经营者建立在线争议解决机制，制定并公示争议解决规则。省人民政府及其有关部门应当组织建设网络交易监测平台，对互联网平台经营者以及网络交易行为实施在线监测，实现网络交易行为违法在线监测、协同监管、电子存证。
	《广东省数字经济促进条例》	2021-07-30	**第六十三条** 县级以上人民政府及市场监督管理、版权等有关部门应当加强数字经济领域知识产权保护，培育知识产权交易市场，探索建立知识产权保护规则和快速维权体系，依法打击知识产权侵权行为。
	《河南省数字经济促进条例》	2021-12-28	**第二十二条** 数据资源开发者对其开发的数字技术和数据产品依法享有知识产权，任何单位和个人不得非法侵占、使用。 **第六十条** 县级以上人民政府市场监督管等部门应当加强数字经济领域知识产权保护，培育和发展相关知识产权交易市场，探索建立快速维权体系，依法打击知识产权侵权行为。
	《河北省数字经济促进条例》	2022-05-27	**第七十六条** 县级以上人民政府及其有关部门应当加强数字经济知识产权保护和服务，建立健全知识产权快速维权体系，依法查处侵犯知识产权行为。
	《江苏省数字经济促进条例》	2022-05-31	**第十二条** 县级以上地方人民政府及市场监督管理、知识产权、版权等部门应当加强数字经济领域知识产权保护，建立快速维权体系，推动知识产权转化运用，依法打击知识产权侵权行为。
	《深圳经济特区数字经济产业促进条例》	2022-09-05	**第六十八条** 本市推进知识产权快速维权体系建设，完善知识产权领域的区域和部门协作机制，加强数字经济领域知识产权保护，推动知识产权转化运用，依法打击知识产权侵权行为。

续表

类型	名称	公布时间	关于数据知识产权的相关规定
数字经济立法	《北京市数字经济促进条例》	2022-11-25	**第五十三条** 知识产权等部门应当执行数据知识产权保护规则，开展数据知识产权保护工作，建立知识产权专利导航制度，支持在数字经济等领域组建产业知识产权联盟；加强企业海外知识产权布局指导，建立全海外预警和纠纷应对机制，建立快速审查、快速维权体系，依法打击侵权行为。
数字经济立法	《湖北省数字经济促进办法》	2023-05-10	**第四十五条** 县级以上人民政府及其市场监督管理、知识产权、公安等主管部门应当加强数字经济领域知识产权保护，培育知识产权交易市场，探索建立知识产权保护规则和快速维权体系，依法打击知识产权侵权行为。
公共数据立法	《浙江省公共数据开放与安全管理暂行办法》	2020-06-12	**第十四条** 禁止开放具有下列情形的公共数据： （一）依法确定为国家秘密的； （二）开放后可能危及国家安全、公共安全、经济安全和社会稳定的； （三）涉及商业秘密、个人隐私的； （四）因数据获取协议或者知识产权保护等禁止开放的； （五）法律、法规规定不得开放或者应当通过其他途径获取的。 前款所列的公共数据，依法已经脱敏、脱密等技术处理，符合开放条件的，可以列为无条件开放类或者受限开放类公共数据。省数据、网信、公安、经济和信息化、公共数据主管部门等负责制定公共数据脱敏脱密技术规范。 第一款第三项所列商业秘密、个人隐私的公共数据不开放将会对公共利益造成重大影响的，公共数据等主管部门将对公共数据开放将会对公共利益造成重大影响的，公共数据主管部门将无条件开放限开放类或者受限开放类或者不得开放的公共数据。 **第十七条** 公共数据开放主体开放受限类公共数据的，应当向与公共数据利用主体签订公共数据利用协议，并约定下列内容： （一）公共数据利用主体应当向公共数据开放主体反馈数据利用情况，并对数据开放利用情况进行评价； （二）未经同意，公共数据利用主体不得将获取的公共数据用于约定利用范围之外的其他用途； （三）未经同意，公共数据利用主体不得将其传播所获取的公共数据；

续表

类型	名称	公布时间	关于数据知识产权的相关规定
公共数据立法	《浙江省公共数据开放与安全管理暂行办法》	2020-06-12	（四）公共数据利用主体在发表论文、申请专利、出版作品、申请软件著作权和开发应用产品时，应当注明参考引用的公共数据； （五）公共数据利用主体应当履行的安全职责及其数据利用安全能力要求、保障措施； （六）公共数据利用主体应当接受公共数据利用安全监督检查。 公共数据开放主体签订的公共数据开放利用协议报同级公共数据主管部门备案。公共数据开放利用协议示范文本由省公共数据主管部门会同有关部门制定。 第二十四条 公共数据利用主体开发利用公共数据应当合法、正当，不得损害国家利益、社会公共利益和第三方合法权益。 公共数据利用主体因公共数据依法开发利用所获得的数据权益受法律保护。 公共数据利用主体可以依法交易基于公共数据开发利用所获得的各类数据权益，法律、法规另有规定或者公共数据开放利用协议另有约定的除外。
	《重庆市公共数据开放管理暂行办法》	2020-09-11	第二十五条 数据利用协议应当约定下列内容： （一）拟使用数据的清单、用途、应用场景、使用期限以及协议期满后数据的处置； （二）数据利用主体应当向数据开放主体反馈数据使用情况，使用公共数据形成研究报告、学术论文、知识产权、数据服务、应用产品等成果的，应当在成果中注明数据来源； （三）未经同意，数据利用主体不得将获取的公共数据用于约定使用范围之外的其他用途，不得传播所获取的公共数据。 数据利用协议示范文本由市大数据应用发展管理主管部门会同数据开放主体制定。
	《海南省公共数据产品开发利用暂行管理办法》	2021-09-15	第三十三条 第四款 数据产品交易活动中涉及国家秘密、国家安全和个人隐私信息等受法律保护的数据和涉及他人知识产权、商业秘密等权利的数据（取得权利人明确许可授权的除外）禁止交易。
	《广东省公共数据开放暂行办法》	2022-11-30	第二十七条 第二款　公共数据利用主体对依法获取的数据资源开发利用的成果，所产生的财产权益受法律保护，并可以依法交易。法律另有规定或者当事人另有约定的除外。

续表

类型	名称	公布时间	关于数据知识产权的相关规定
公共数据立法	《浙江省公共数据授权运营管理办法（试行）》	2023-08-01	六、数据安全与监督管理 ……（六）知识产权主管部门会同发展改革、经信、司法行政等单位建立数据知识产权保护制度，推进数据知识产权保护和运用……
	《山西省基础地理信息数据提供使用管理办法》	2006-10-19	**第八条** 凡需使用基础地理信息数据的部门和单位必须按照《国家基础地理信息数据使用许可管理规定》签订使用许可协议，使用许可注明使用范围、保密义务、知识产权等事项。 **第九条** 获得基础地理信息数据使用许可范围内的使用权，根据工作需要，可以对基础地理信息数据做局部修改或者对数据的格式进行转换，但不得以任何方式将基础数据修改、转换后的数据对外发布和向第三方提供和转让。
特殊领域数据立法	《广西国土资源数据管理暂行办法》	2010-10-25	**第五条** 涉及国家秘密或者知识产权的数据的汇交、保护、公开利用，按照国家有关法律、法规的规定执行。
	《广东省国土资源数据管理暂行办法》	2013-09-30	**第四十四条** 数据涉及著作权和知识产权保护和管理的，依照有关法律、行政法规的规定执行。
	《湖南省地理空间数据管理办法》	2017-02-28	**第二十六条** 地理空间数据知识产权依法受到保护。使用共享获取的地理空间数据，应当尊重原权属单位的知识产权，注明数据来源，不得损害数据原权属单位的合法权益。未经原权属单位同意，不得擅自发布和公开所获取的共享数据，不得利用免费获取的地理空间数据从事经营性、盈利性活动。
	《江西省地理信息数据管理办法》	2017-12-26	**第十八条** 地理信息数据知识产权依法受到保护。通过共享获取地理信息数据的单位，应当尊重权属单位的知识产权，注明地理信息数据来源，不得损害地理信息数据权属单位的合法权益。未经权属单位同意，不得利用获取的地理信息数据从事经营性、盈利性活动。

续表

类型	名称	公布时间	关于数据知识产权的相关规定
特殊领域数据立法	《黑龙江省贯彻落实〈科学数据管理办法〉实施细则》	2018-08-17	**第二十五条** 科学数据使用者应当遵守知识产权相关规定，在论文发表、专利申请、专著出版等工作中注明所使用和参考引用的科学数据。
	《云南省科学数据管理实施细则》	2018-09-28	**第二十一条** 科学数据使用者应当遵守知识产权相关规定，在论文发表、专利申请、专著出版等工作中注明所使用和参考引用的科学数据。 **第二十二条** 对于政府决策、公共安全、国防建设、环境保护、防灾减灾、公益性科学研究等需要使用科学数据的，法人单位应当无偿提供；确需收费提供，应按照规定程序和非营利原则制定合理收费标准，向社会公布并接受监督。 对因经营性活动需要使用科学数据的，当事人双方应以市场化方式，共同协商科学数据共享服务价格，共同协商科学数据共享服务价格。 签订有偿服务合同，明确双方的权利和义务。 国家法律法规有特殊规定的，遵从其规定。
	《湖北省科学数据管理实施细则》	2018-11-01	**第二十一条** 科学数据使用者通过省科学数据共享交换服务系统使用科学数据的，应向科学数据提供方提供书面使用承诺。在使用时必须严格遵守知识产权相关规定，在论文发表、专利申请、专著出版等工作中注明所使用和参考引用的科学数据。 **第二十二条** 对于政府决策、公共安全、国防建设、环境保护、防灾减灾、公益性科学研究等需要使用科学数据的，法人单位应当无偿提供的，确需收费的，应按照规定程序和非营利原则制定合理营利标准，向社会公布并接受监督。国家法律法规有特殊规定的，遵从其规定。
	《安徽省科学数据管理实施办法》	2018-11-18	**第二十三条** 科学数据使用者应当遵守知识产权相关规定，在论文发表、专利申请、专著出版等工作中注明所使用和参考引用的科学数据。

续表

类型	名称	公布时间	关于数据知识产权的相关规定
	《江苏省科学数据管理实施细则》	2019-02-19	**第二十二条** 主管部门和法人单位应积极推动科学数据出版和传播工作，支持科研人员整理发表产权清晰、准确完整、共享价值高的科学数据。
	《山东省科学数据管理实施细则》	2019-10-23	**第二十三条** 科学数据使用者应遵守知识产权相关规定，在论文发表、专利申请、专著出版等工作中注明所使用和参考引用的科学数据。 **第三十条** 科学数据使用者应遵守知识产权相关规定，在论文发表、专利申请、专著出版等工作中注明使用和参考引用的科学数据。
特殊领域数据立法	《湖北省高分辨率对地观测系统卫星遥感数据管理办法》	2019-12-05	**第九条** 高分数据用户的主要职责： ……（三）自觉保护高分数据知识产权，未经批准不得向境外任何组织或个人提供境内高分数据，用户免费获取的高分数据，未经同意不得向任何第三方转让；…… **第十条** 高分数据产品以及相关应用成果，按照国家知识产权和国防知识产权相关法律法规进行管理。用户有义务报告数据使用情况和应用成果。
	《四川省科学数据管理实施细则》	2019-12-26	**第八条** 省直相关部门、市（州）人民政府相关部门（以下统称主管部门）在科学数据管理方面的主要职责是： （一）宣传贯彻落实国家及四川省科学数据管理政策，建立健全本部门（本地区）科学数据管理政策和规章制度，组织编制本部门（本地区）科学数据资源目录； （二）统筹推进本部门（本地区）科学数据管理和开放共享，有条件的可建设本部门（本地区）的科学数据中心； （三）指导所属法人单位加强和规范科学数据管理，及时将有关目录和相关科学数据汇交到相关科学数据中心； （四）按照有关规定做好授权或者授权有关单位做好科学数据定密工作；

续表

类型	名称	公布时间	关于数据知识产权的相关规定
特殊领域数据立法	《四川省科学数据管理实施细则》	2019-12-26	（五）建立完善有效的激励机制，组织对本部门（本地区）所属法人单位科学数据采集、保存、汇交、开放共享、安全保密、知识产权保护等工作开展评价考核； （六）组织开展本部门（本地区）科学数据管理培训工作。 **第二十七条** 科学数据使用者应遵守知识产权相关规定，在论文发表、专利申请、专著出版等工作中注明所使用和参考引用的科学数据。 **第三十五条** 对于伪造数据、侵犯知识产权、不按规定汇交数据等行为，主管部门可视情节轻重对相关单位和责任人给予责令整改、通报批评、处分等处理或依法给予行政处罚。
	《上海市科学数据管理实施细则（试行）》（草案）	2021-01-04	**第二十五条** 科学数据使用者应遵守知识产权相关规定，在论文发表、专利申请、专著出版等工作中注明所使用和参考引用的科学数据。 **第三十二条** 利用科学数据加工形成自主知识产权的数据库、数据集、数据论文、数据管理工具、数据产品等，转化收益按照国家和本市有关规定进行分配。 **第三十三条** 对于伪造篡改数据、侵犯知识产权、科学数据安全管理存在明显漏洞等行为，市科委会同有关部门可视情节轻重对相关法人单位和责任人采取责令整改、通报批评等措施，并纳入科研诚信记录。对违反国家有关法律法规的单位和个人，依法追究其责任。
	《宁夏回族自治区科学数据管理实施细则》	2021-04-21	**第十九条** 主管部门、法人单位应积极推动科学数据出版和传播工作，鼓励科研人员整理发表产权清晰、准确完整、共享价值高的科学数据。

续表

类型	名称	公布时间		关于数据知识产权的相关规定
特殊领域 数据立法	《宁夏回族自治区 科学数据管理 实施细则》	2021－04－21	**第二十条** 科学数据使用者应遵守知识产权相关规定，在论文发表、专利申请、专著出版等工作中注明所使用和参考引用的科学数据。	
			第二十七条 第一款　对于伪造数据、侵犯知识产权、不按规定汇交数据等行为，主管部门可视情节轻重对相关单位和责任人给予责令整改、通报批评、处分等处理或依法给予行政处罚。	
	《海南省科技资源库 （馆）科学数据 中心管理暂行办法》	2022－03－07	**第十六条** 依托单位可依据科技资源目录通过在线或离线等方式向社会提供信息资源服务、实物资源服务。积极开展综合性、系统性、知识化的共享服务。鼓励组织开展科技资源加工整理、形成有价值的科技资源产品，向社会提供服务。 资源平台应建立符合知识产权保护和安全保密等有关规定的制度，应明确标注科技资源知识产权利益。用户使用资源平台科技资源形成的著作、论文等发表时，应约定知识产权归属或利用科技资源标识利用和的情况，并应事先约定知识产权归属或比例。	
数据交易 立法	《上海市促进浦东 新区数据流通交易 若干规定（草案）》	2023－07－25	**第三条**（总体要求） **第五条**（数据产权人） **第十一条**（数据资产化） **第十三条**（数据知识产权保护）	
数据知识 产权专门 立法	《浙江省数据知识 产权登记办法 （试行）》	2023－05－26	一、适用范围 二、登记申请 三、登记审查 四、登记证书的使用 五、监督管理	

续表

类型	名称	公布时间		关于数据知识产权的相关规定
数据知识产权专门立法	《北京市数据知识产权登记管理办法（试行）》	2023-05-30	第一章 总则 第二章 登记内容 第三章 登记程序 第四章 管理监督 第五章 附则	
	《深圳市数据知识产权登记管理办法（试行）（征求意见稿）》	2023-10-11	第一章 总则 第二章 登记程序 第三章 证书应用 第四章 监督管理 第五章 附则	
	《山东省数据知识产权登记管理规则（试行）》	2023-10-16	第一章 总则 第二章 登记事项 第三章 登记程序 第四章 管理服务 第五章 附则	
	《天津市数据知识产权登记办法（试行）》	2024-01-08	第一章 总则 第二章 登记申请 第三章 登记内容 第四章 登记程序 第五章 变更登记 第六章 证书效力 第七章 监督管理	
	《江苏省数据知识产权登记管理办法（试行）》	2024-01-10	第一章 总则 第二章 登记程序 第三章 监督管理 第四章 附则	

专题七

省级数据立法关于数据交易的规定及评价

2021 年 6 月 10 日，《数据安全法》公布，第 19 条规定"国家建立健全数据交易管理制度，规范数据交易行为，培育数据交易市场"，第一次肯定了数据交易在国家大数据战略中的法律地位。此前，2015 年国务院《关于印发促进大数据发展行动纲要的通知》早已提出"引导培育大数据交易市场"，2017 年中共中央政治局第二次集体学习强调"要制定数据资源确权、开放、流通、交易相关制度"。2022 年 6 月 22 日，中央深化改革委员会又审议通过了"数据二十条"，明确提出促进数据高效流通使用、统筹推进数据产权、流通交易、收益分配、加快构建数据基础制度体系等要求。在中央政策文件的指引下，各省在地方数据立法过程中逐步探索数据交易的相关规定。目前，169 份省级数据立法文件中，有 26 份地方性法规、7 份地方政府规章、16 份地方规范性文件、7 份草案/征求意见稿均涉及数据交易的内容。其中，有 6 份地方规范性文件是数据交易的专门性立法。[1]此外，我国已经设立 40 多个（大）数据交易中心/平台，系统性地比照传统的商品或证券交易所，将数据视作一种特殊类型的标准化"商品"或"通证化"财产。[2]

《天津市数据交易管理暂行办法》第 41 条第 2 项规定："数据交易，指数据供方和需方之间以数据商品或者数据服务为交易对象，以法定货币为媒介、以合法方式开展的价值交换过程。"数据交易行为一般包括交易申请、交易磋商、交易实施、交易结束、争议处理等环节。[3]同样地，贵州省也对数据交易流程作了规定，数据交易包括主体登记、标的登记、交易磋商、签订合同、交付结算、交易备案等行为。[4]为推动数据交易的发展，政府和企业都在探究和解决与数据交易相关的基础性问题，现有省级数据立法文件中的数据交易的规定，主要可以集中在八个方面：数据交易的主管部门、数据交易的原则、数据交易标的、数据交易的定价、禁止数据交易的情形、数据交易的模式、数据交易相关规定机构/中心、违反数据交易相关规定的法律责任。

---

〔1〕 专门规定数据交易的地方规范性文件有 6 份，分别是《天津市数据交易管理暂行办法》《深圳市数据商和数据流通交易第三方服务机构管理暂行办法》《上海市数据交易场所管理实施暂行办法》《深圳市数据交易管理暂行办法》《广东省公共资源交易监督管理暂行办法》《贵州省数据流通交易管理办法（试行）》。

〔2〕 2020 年 8 月 12 日，商务部公布了《商务部关于印发全面深化服务贸易创新发展试点总体方案的通知》（商服贸发〔2020〕165 号），提出全面探索创新发展模式，明确提出探索数据服务采集、脱敏、应用、交易、监管等规则和标准，以及推动数据资产的商品化、证券化。

〔3〕 《天津市数据交易管理暂行办法》第 19 条：数据交易行为一般包括交易申请、交易磋商、交易实施、交易结束、争议处理等环节。

〔4〕 《贵州省数据流通交易管理办法（试行）》第 22 条：数据流通交易按照主体登记、标的登记、交易磋商、签订合同、交易结算、交易备案等流程组织实施。

一、数据交易的主管部门

目前，有 38 份省级数据立法文件规定了数据交易主管部门的相关内容，数据主管部门应当培育数据交易市场、规范数据交易行为、制定数据交易标准、推动建立数据交易平台、鼓励和引导数据交易主体在依法设立的大数据交易平台进行交易、加强对大数据交易平台的监管、建立数据产权交易机制、推动建立行业自律机制、创新数据交易模式、拓宽数据交易渠道等。

现行省级数据立法文件对数据交易主管部门的规定，根据数据交易主管部门的级别，可以总结为三类（见表 7－1）：

第一类是省级人民政府及其相关部门为数据交易主管部门，表现为只有单级行政部门履行数据交易职责。目前海南省、上海市、陕西省、四川省、江西省、吉林省、广东省、湖北省、重庆市、宁夏回族自治区只规定省级人民政府及其相关部门为数据交易的主管部门。如《海南省大数据开发应用条例》第 41 条规定："省大数据管理机构应当培育数据交易市场，规范交易行为，鼓励和引导数据交易主体在依法设立的大数据交易平台进行数据交易，加强对大数据交易平台的监管。"

第二类是省级和市（区）级人民政府及其相关部门为数据交易主管部门，表现为有两级行政部门履行数据交易职责。具体又可以分为两种：一种是规定省级人民政府及其相关部门单独承担数据交易职责，同时规定省级和市级人民政府及其相关部门共同承担数据交易职责。如《黑龙江省促进大数据发展应用条例》第 31 条规定了省人民政府、省政务数据主管部门的职责；[1]同时在第 34 条规定了"省和设区的市级人民政府"的职责。[2]另一种是省、市共同承担数据交易职责。如《辽宁省大数据发展条例》第 36 条规定："省、市人民政府应当规范数据交易管理，培育数据交易市场和交易主体，促进数据要素市场化高效配置。"

第三类是县级以上人民政府及其相关部门为数据交易主管部门，表现为多级行政部门分别履行各自的数据交易职责。具体又可以分为两种：一种是单独规定了省级人民政府及其相关部门承担应该承担的数据交易职责。如《吉林省促进大数据发展应用条例》第 45 条规定省人民政府及其有关部门的数据交易职责；[3]同时在第 23 条规定了县级以上人民政府的数据交易职责。[4]另一种是不加区分地规定了县级以上人民政府及其相关部门承担的数据交易职责。如《山东省大数据发展促进条例》第 45 条第 1款规定："县级以上人民政府应当依法推进数据资源市场化交易，并加强监督管理；鼓

---

〔1〕《黑龙江省促进大数据发展应用条例》第 31 条：省人民政府应当统筹规划，加快培育数据要素市场。省政务数据主管部门应当会同有关部门建立数据交易平台，引导依法交易数据，规范数据交易行为，加强数据交易监管，促进数据资源依法有序、高效流动与应用。省人民政府应当制定政策，培育数据要素市场主体，鼓励研发数据技术、推进数据应用，深度挖掘数据价值，通过实质性加工和创新性劳动形成数据产品和服务。

〔2〕《黑龙江省促进大数据发展应用条例》第 34 条第 2 款：省和设区的市级人民政府应当引导市场主体通过数据交易平台交易数据。

〔3〕《吉林省促进大数据发展应用条例》第 45 条：省人民政府及其有关部门应当组织进行大数据发展应用标准研究，推动数据采集、开发、安全、保密等相关标准的制定和实施；加快大数据市场交易标准体系、标准符合性评估体系等建设。鼓励科研机构、大数据企业、行业协会参与研究制定大数据发展应用相关标准。

〔4〕《吉林省促进大数据发展应用条例》第 23 条：县级以上人民政府应当鼓励、引导数据依法交易流通，培育数据交易市场，规范数据交易行为，加强数据交易监管。

励和引导数据资源在依法设立的数据交易平台进行交易。"

表7-1　省级数据立法中关于数据交易主管部门的相关规定

主管部门设置	部门级别	文件名称	相关规定
单级	省级	《海南省大数据开发应用条例》	**第四十一条** **省大数据管理机构**应当培育数据交易市场，规范交易行为，鼓励和引导数据交易主体在依法设立的大数据交易平台进行数据交易，加强对大数据交易平台的监管。
		《上海市数据条例》	**第四十七条** **市人民政府**应当按照国家要求，深化数据要素市场化配置改革，制定促进政策，培育公平、开放、有序、诚信的数据要素市场，建立资产评估、登记结算、交易撮合、争议解决等市场运营体系，促进数据要素依法有序流动。
			第四十八条 **市政府办公厅**应当制定政策，鼓励和引导市场主体依法开展数据共享、开放、交易、合作，促进跨区域、跨行业的数据流通利用。
		《陕西省大数据条例》	**第三十五条** **省人民政府**应当培育数据要素市场，规范数据交易行为，鼓励和引导市场主体在依法设立的数据交易平台进行数据交易。数据交易应当遵守法律、行政法规规定，不得损害国家利益、社会公共利益和他人合法权益。
		《四川省数据条例》	**第二十二条** **省数据管理机构**应当会同相关部门按照国家要求，深化数据要素市场化配置改革，培育公平、开放、有序、诚信的数据要素市场，推进公共数据共享、开放、授权运营，规范数据交易，促进数据要素依法有序流通。
			第三十三条 **省数据管理机构**会同相关部门建立数据交易管理制度，规范数据交易行为，建立资产评估、登记结算、交易撮合、争议解决等数据要素市场运营体系。
			第四十二条 **省人民政府及其有关部门**应当制定措施培育壮大数据采集、存储管理、挖掘分析、交易流通、安全保护等数据核心产业，发展人工智能、大数据、区块链、云计算、数据存储、物联网、高端软件、网络安全等特色产业。
		《江西省数据应用条例》	**第二十四条** **省人民政府**应当按照国家有关规定深化数据要素市场化改革，培育公平、开放、有序、诚信、安全的数据要素市场，推动建立资产评估、交易撮合、争议仲裁等市场运营体系，促进数据要素流通和应用。

续表

主管部门设置	部门级别	文件名称	相关规定
单级	省级	《吉林省大数据条例（2023 修订)》	**第六十一条** **第一款** 省人民政府应当统筹规划，加快培育安全可信、包容创新、公平开放、监管有效的数据要素市场，推动建立市场运营体系，完善数据要素市场化配置机制。省人民政府有关部门应当推进数据要素市场社会信用体系建设，建立交易异常行为发现与风险预警机制。
		《上海市公共数据开放暂行办法》	**第三十一条（非公共数据交易）** 市经济信息化部门应当会同相关行业主管部门制定非公共数据交易流通标准，依托数据交易机构开展非公共数据交易流通的试点示范，推动建立合法合规、安全有序的数据交易体系。
		《广东省公共数据管理办法》	**第三十八条** **第一款** 省人民政府推动建立数据交易平台，引导市场主体通过数据交易平台进行数据交易。
		《湖北省数字经济促进办法》	**第三十四条** **省人民政府及其有关部门**应当根据全国统一大市场建设要求，在保护个人隐私和确保数据安全的前提下，探索建立数据资源持有权、数据加工使用权、数据产品经营权等分置的产权运行机制，依法培育数据要素市场，推进数据交易平台建设，逐步建立数据资产评估、登记结算、交易撮合、争议仲裁等市场运营体系，推动数据要素开发利用，发掘数据要素应用场景，提高数据要素配置流通能力。
		《海南省公共数据产品开发利用暂行管理办法》	**第二十五条** **第二款** 省大数据管理机构应当会同有关部门建立服务商信用档案，记录数据产品生产、交易、应用、管理、安全等方面的信息，并按照有关规定纳入社会信用体系。 **第三十三条** **第一款** 省大数据管理机构应加强对数据产品超市的管理，制订数据产品超市的管理和交易规则，建立和完善数据产品开发与交易服务管理体系，建立合规、互信、共赢的数据产品开发与交易秩序。
		《广东省公共资源交易监督管理暂行办法》	**第七条** **省公共资源交易工作委员会**是全省公共资源交易工作议事协调机构，负责指导全省公共资源交易工作，研究公共资源交易发展规划和有关政策，协调解决公共资源交易重大问题和重要事项。
		《上海市数据交易场所管理实施暂行办法》	**第四条** **上海市经济和信息化委员会**（以下简称"市经济信息化委"）作为本市数据交易场所的行业主管部门，履行监管责任，会同有关部门做好准入管理并加强事中事后监管等。

续表

主管部门设置	部门级别	文件名称	相关规定
单级	省级	《上海市数据交易场所管理实施暂行办法》	**上海市金融稳定协调联席会议**（以下简称"联席会议"），按照本市清理整顿各类交易场所工作机制，负责指导、协调交易场所规范管理工作。
		《重庆市公共数据开放管理暂行办法》	**第三十二条** **市大数据应用发展管理主管部门**应当会同相关行业主管部门制定数据交易流通标准，统筹建设数据交易平台，鼓励依托数据交易平台开展数据交易流通，推动建立合法合规、安全有序的数据交易体系，培育数据要素市场。
		《宁夏回族自治区大数据产业发展促进条例（草案）》	**第四十条** 第一款　**自治区人民政府**应当支持数据交易服务机构建设，建立健全数据资产知识产权保护和交易服务规则，培育和规范数据交易市场。鼓励和引导数据交易当事人在依法设立的数据交易服务机构进行数据交易。
两级	省市两级	《福建省大数据发展条例》	**第六条** 第一款　**省人民政府大数据主管部门**应当会同标准化管理部门制定公共数据采集、汇聚、共享、开放、开发、交易、安全等标准。
			第四十条 **省、设区的市人民政府大数据主管部门以及其他有关部门**应当采取措施培育数据交易市场，鼓励和支持数据交易活动，促进数据资源有效流动。 **省人民政府大数据主管部门**应当规范数据交易行为，鼓励和引导数据交易主体在依法设立的数据交易平台进行交易，加强对数据交易平台的监管。数据交易平台应当采取措施，防止数据交易过程中的个人信息泄露。
		《天津市促进大数据发展应用条例》	**第四十五条** 第一款　**市和区人民政府及其有关部门**应当采取措施培育数据交易市场，规范交易行为，鼓励、支持通过数据交易等方式依法开发利用政务数据和社会数据，鼓励产业链各环节市场主体进行数据交换和交易，促进数据资源流通。
		《黑龙江省促进大数据发展应用条例》	**第三十一条** **省人民政府**应当统筹规划，加快培育数据要素市场。省政务数据主管部门应当会同有关部门建立数据交易平台，引导依法交易数据，规范数据交易行为，加强数据交易监管，促进数据资源依法有序、高效流动与应用。 **省人民政府**应当制定政策，培育数据要素市场主体，鼓励研发数据技术、推进数据应用，深度挖掘数据价值，通过实质性加工和创新性劳动形成数据产品和服务。

主管部门设置	部门级别	文件名称	相关规定
两级	省市两级	《黑龙江省促进大数据发展应用条例》	**第三十四条** **第二款** **省和设区的市级人民政府**应当引导市场主体通过数据交易平台交易数据。
		《辽宁省大数据发展条例》	**第三十条** **省、市人民政府**应当按照建立全国统一的产权保护、市场准入和公平竞争等制度要求，加快培育数据要素市场，保护市场主体合法财产权益，推动构建数据收集、加工、共享、开放、交易、应用等数据要素市场体系，促进数据资源有序、高效流动与利用，加快融入和服务全国统一的数据要素市场。
			第三十六条 **省、市人民政府**应当规范数据交易管理，培育数据交易市场和交易主体，促进数据要素市场化高效配置。
		《浙江省公共数据授权运营管理办法（试行）》	二、职责分工 （一）建立省级公共数据授权运营管理工作协调机制（以下简称协调机制），由**公共数据、网信、发展改革、经信、公安、国家安全、司法行政、财政、市场监管等**省级单位组成…… 试点**市、县（市、区）政府**建立本级协调机制，负责本行政区域内授权运营工作的统筹管理、安全监管和监督评价，审议给予、终止或撤销本级授权运营等重大事项，统筹协调解决本级授权运营工作中的重大问题…… （三）公共管理和服务机构负责做好本领域公共数据的治理、申请审核及安全监管等授权运营相关工作。 **发展改革、经信、财政、市场监管等**单位按照各自职责，做好数据产品和服务流通交易的监督管理工作……
		《天津市数据交易管理暂行办法》	**第四条** **市人民政府**领导全市数据交易管理工作，**区人民政府**负责本行政区域内数据交易管理工作。 **市和区互联网信息主管部门**负责统筹协调本行政区域内的数据交易管理具体工作，鼓励和引导数据供需双方在依法设立的数据交易服务机构进行数据交易。 **发展改革、工业和信息化、住房城乡建设、国资、金融、财政、市场监管等**部门按照各自职责做好数据交易管理的相关工作。
		《广东省数据流通交易管理办法（试行）》（征求意见稿）	**第三条【省数据流通交易主管部门职责】** **省政务服务数据管理局**作为省数据流通交易主管部门，负责下列工作： （一）统筹数据要素市场化配置改革，牵头负责全省数据要素市场体系建设和管理工作；

主管部门设置	部门级别	文件名称	相关规定
两级	省市两级	《广东省数据流通交易管理办法（试行）》（征求意见稿）	（二）统筹全省公共数据资源管理，组织推进公共数据资源汇聚、共享、开放和开发利用； （三）统筹本省行政区域内数据流通交易监督管理工作； （四）组织制定数据流通交易相关规章、规则，会同标准化行政主管部门制定数据流通交易相关标准和技术规范； （五）组织开展数据资产合规性审核和登记工作； （六）建立进场交易清单、禁止交易清单管理机制； （七）组织开展本省数据经纪人遴选与认定工作。 **各地级以上市人民政府**明确本地区数据流通交易主管部门，由其根据省数据流通交易主管部门授权并结合自身职权开展有关工作。
		《上海市促进浦东新区数据流通交易若干规定（草案）》（征求意见稿）	**第四条（政府及部门职责）** **市人民政府**应当加强对数字经济发展工作的领导，完善促进数据流通交易的工作协调机制和政策措施，研究决定数据流通交易创新发展中的重大问题，不断优化本市数据要素市场环境。 **浦东新区人民政府**应当采取措施推进数据流通交易工作，培育数据要素市场生态，推动建设数据要素产业集聚区。 **市经济和信息化、发展改革、网信、金融等部门**应当与浦东新区建立工作会商机制，促进数据流通交易创新发展，推动建设国家级数据交易所，推进数据要素产业规划布局和产业发展。 **市和浦东新区科技、财政、国资、商务、知识产权、市场监管、司法行政、大数据管理等部门**，根据各自职责和本规定，负责促进浦东新区数据流通交易的相关工作。
多级	县级以上	《吉林省促进大数据发展应用条例》	**第二十三条** **县级以上人民政府**应当鼓励、引导数据依法交易流通，培育数据交易市场，规范数据交易行为，加强数据交易监管。 **第四十五条** **省人民政府及其有关部门**应当组织进行大数据发展应用标准研究，推动数据采集、开发、安全、保密等相关标准的制定和实施；加快大数据市场交易标准体系、标准符合性评估体系等建设。 鼓励科研机构、大数据企业、行业协会参与研究制定大数据发展应用相关标准。
		《贵州省大数据发展应用促进条例》	**第二十条** **县级以上人民政府**应当加强社会治理大数据应用，推动简政放权，提升宏观调控、市场监管与公共服务等决策、管理、服务能力。 实施"数据铁笼"，规范权力行使，对公共权力、公共资源交易、公共资金等实行全过程监督。

主管部门设置	部门级别	文件名称	相关规定
多级	县级以上	《安徽省大数据发展条例》	**第三十八条** 第一款 省人民政府**数据资源主管部门**应当会同有关部门统筹大数据交易服务机构的设立，搭建数据要素交易平台，建立数据产权交易机制，推动建立行业自律机制。 第二款 **县级以上人民政府**应当建立健全培育数据要素市场的政策措施，加快数据要素市场的培育发展，提高配置效率，促进数据资源有效流通。
		《山东省大数据发展促进条例》	**第四十五条** 第一款 **县级以上人民政府**应当依法推进数据资源市场化交易，并加强监督管理；鼓励和引导数据资源在依法设立的数据交易平台进行交易。
		《河南省数字经济促进条例》	**第二十五条** **省人民政府及其有关部门**应当支持数据资源开发市场化发展，创新数据交易模式，拓宽数据交易渠道，促进数据高效流通；鼓励省内高等院校、科研机构及数据运营单位研究建立数据价值评估和定价模式；支持有条件的地区依法设立数据交易中心；鼓励和引导数据供需双方依法进行数据产品交易。 **县级以上人民政府及其有关部门**应当规范数据交易行为，做好流转动态管理，按照包容审慎的原则建立完善数据资源交易监管体制。
		《河北省数字经济促进条例》	**第十七条** 国家机关、法律法规授权的具有管理公共事务职能的组织以及供水、供电、供暖、供气、民航、铁路、通信、邮政、公共交通等提供公共服务的组织（以下统称公共管理服务机构），在依法履行公共管理和服务职责过程中收集和产生的各类数据（以下统称公共数据），由**省、设区的市、县（市、区）确定的公共数据主管部门**实行统筹管理。 省公共数据主管部门应当会同公共管理服务机构制定统一的公共数据分类规则、分类标准和分类管理要求，对公共数据采集、汇聚、共享、开放、开发、交易、安全、销毁等全生命周期采取差异化管理措施。 设区的市、县级公共数据主管部门应当按照公共数据统筹管理要求，开展本行政区域内公共数据管理工作。
			第二十五条 第二款 **县级以上人民政府及其有关部门**应当按照国家数据管理有关规定，推动数据要素资源依法有序自由流动，支持开展数据资产管理、数据交易、结算交付等业务。

主管部门设置	部门级别	文件名称	相关规定
多级	县级以上	《江苏省数字经济促进条例》	**第六十一条** **县级以上地方人民政府**应当推动数据要素市场化建设，发展数据运营机构、数据经纪人，推进数据交易，规范数据交易行为，促进数据高效流通。有条件的地区可以依法设立数据交易场所，鼓励和引导数据供需双方在数据交易场所进行交易。
		《广西壮族自治区大数据发展条例》	**第四十六条** **县级以上人民政府**可以探索建立数据权属登记制度，依法保护自然人、法人和非法人组织合法处理数据享有的财产权益，推动数据交易活动开展。
			第五十二条 **自治区人民政府大数据主管部门**会同有关部门依法制定数据交易规则，建立数据来源可确认、使用范围可界定、全流程可追溯、安全风险可防控的数据流通体系。
			第五十三条 第一款　**县级以上人民政府及其有关部门**鼓励市场主体在依法设立的数据交易场所开展数据交易，市场主体也可以依照法律、法规规定自行交易。政务部门、财政资金保障运行的公共服务组织应当通过依法设立的数据交易场所开展数据交易。
			第五十四条 第一款　**县级以上人民政府大数据主管部门**应当加强对数据交易中介服务机构的监督管理，支持数据交易中介服务机构有序发展。
			第五十六条 **自治区人民政府**应当组织有关部门依法制定数据市场监管标准，完善数据市场监管程序。自治区人民政府大数据主管部门应当对数据交易、信息披露行为等数据市场相关活动实施监督管理。
		《山西省数字经济促进条例》	**第十八条** **县级以上人民政府**应当围绕数字基础设施、数字基础服务、数据融合应用、数据流通交易等大数据产业链条关键环节，培育、引进行业领军企业，壮大大数据产业市场主体，培育大数据产业基地。
			第五十一条 **省人民政府**应当培育发展数据交易平台，构建数据资产市场化流通体系，推动建设山西省大数据交易中心，推进数据交易主体在依法设立的大数据交易平台进行交易。
		《山西省政务数据资产管理试行办法》	**第十一条** **县级以上人民政府政务信息管理部门**应当培育数据交易市场，规范交易行为，鼓励、支持通过数据交易等方式依法利用政务数据，促进政务数据资产流通。

主管部门设置	部门级别	文件名称	相关规定
多级	县级以上	《山西省政务数据资产管理试行办法》	**县级以上人民政府政务信息管理部门**应当建立政务数据资产交易评估机制,促进政务数据资产交易。
		《江苏省公共数据管理办法》	**第三十五条** **县级以上地方人民政府**应当培育规范的公共数据资源交易平台和市场主体,推动构建公共数据市场运营体系。 **公共数据主管部门**应当按照国家和省有关规定探索建立公共数据资源流通、交易、应用开发规则和机制化运营流程。
		《浙江省公共数据开放与安全管理暂行办法》	**第二十五条** **县级以上人民政府**应当探索建立多元化的行业数据合作交流机制,加强数据资源整合,鼓励公民、法人和其他组织依法开放自有数据,引导和培育大数据交易市场,促进数据融合创新,形成多元化的数据开放格局,提升社会数据资源价值。 **公共数据主管部门**应当引导公民、法人和其他组织利用开放数据开展应用示范,带动各类社会力量开展公共数据应用创新。
		《贵州省数据流通交易管理办法(试行)》	**第五条** **省大数据局**负责指导、协调、调度全省数据流通交易管理工作,培育数据要素市场。指导全省统一的数据流通交易平台建设,推进数据流通交易产业生态发展,鼓励和引导市场主体在数据交易场所开展数据交易。
			第六条 **各市州人民政府**统一领导、协调本行政区域内的数据流通交易工作。 **县级以上大数据主管部门**贯彻落实数据流通交易规章制度,以场景应用为牵引,大力培育数据要素市场主体,壮大场内数据交易。
			第七条 网信、发展改革、公安、地方金融监管、市场监管、通信管理、密码管理和其他有关部门在各自职责范围内依照国家相关法律、行政法规的规定,负责数据流通交易市场秩序、安全保护和监督管理等工作,落实国家网络安全审查等制度,建立健全数据安全保护体系。
		《广西数据要素市场化发展管理暂行办法》	**第四条** 第一款 **自治区大数据主管部门**负责统筹规划、综合协调全区数据要素市场化发展和管理工作,组织推进数据确权登记、流通交易、收益分配、安全治理等重点工作,促进数据要素开发利用。 第二款 **市、县两级大数据主管部门**负责本行政区域内数据要素市场化发展和管理工作。

主管部门设置	部门级别	文件名称	相关规定
多级	县级以上	《贵州省数据流通交易促进条例（草案）》	**第四条** **省人民政府**统一领导全省数据流通交易促进工作，研究决定数据流通交易促进工作的重大事项，培育壮大数据要素市场。 **市州和县级人民政府**负责本行政区域内数据流通交易促进工作。
		《江西省数据条例（征求意见稿）》	**第三十条【交易平台】** 第一款 省人民政府应当推动建立全省统一的数据交易平台，推动区域性、行业性数据流通使用。
			第三十九条【数据产业发展】 第一款 **县级以上人民政府及其有关部门**应当培育壮大数据收集存储、加工处理、交易流通的数据核心产业，加快推动数据采集设备、存储设备、高能低耗服务器、高能计算机、智能终端、智能传感器等硬件产品研发和制造能力。

二、数据交易的原则

根据《民法典》第 5~7 条规定，民事主体从事民事活动，应当遵循自愿、公平、诚信原则。目前，有 17 个省级数据立法文件规定了数据交易原则的内容。其中，有 3 个立法文件规定"自愿、公平、诚实信用（诚信）"原则；有 5 个立法文件规定"自愿、平等、公平、诚实守信"原则。此外，有 2 个立法文件规定"依法合规、安全可控、公平自愿、诚实守信"原则；有 1 个立法文件规定"依法合规、规范统一、公平自愿、诚实守信、安全可控"原则；有 1 个立法文件规定"创新制度安排、释放价值红利、促进合规流通、保障安全发展、实现互利共赢"原则；有 1 个立法文件规定"统一规范、开放透明、公平竞争、利企便民"原则；有 1 个立法文件规定"政府引导、市场主导，场景牵引、释放价值，鼓励创新、包容审慎，严守底线、安全发展"原则；有 1 个立法文件规定"合规高效、公平自愿、诚实守信、开放包容、安全可控"原则；有 1 个立法文件规定"安全可信、包容创新、公平开放、合规自律、集约高效、数据权益与安全责任一致"原则；有 1 个立法文件规定"政府引导、市场主导，合法合规、优质供给，鼓励创新、释放价值，保障安全、包容审慎"原则。

从效力层级来看，海南省、山西省、安徽省三省以地方性法规明确规定"自愿、公平、诚信"为数据交易原则，且文件内容关涉"大数据发展应用开发"。重庆市、广西壮族自治区、四川省、吉林省以地方性法规，上海市以地方规范性文件明确规定"自愿、平等、公平、诚信"为数据交易原则。天津市、广东省（深圳市）、广西壮族自治区以地方规范性文件，江西省以草案/征求意见稿，广东省、贵州省以地方规范性文件和草案/征求意见稿规定了更多的数据交易原则，如依法合规、安全可控、公平竞争等。

从各原则出现的频次来看，"公平原则"出现 14 次，"自愿原则"出现 12 次，"诚信原则"出现 12 次，"安全相关原则"出现 9 次，"合规相关原则"出现 7 次，"平等原则"出现 5 次,"开放包容原则"出现 4 次,"创新原则"出现 4 次,"统一规范"出现 2 次,"高效原则"出现 2 次,"政府引导、市场主导"出现 2 次,其余数据交易原则出现次数均为 1 次。"依法合规"数据交易原则更多指向数据合规,"安全可控"数据交易原则更多是确保数据交易方的真实可信,交易对象合法、数据交付和资金交付过程可控。[1]"规范统一"数据交易原则更多指向规范交易,统一标准。

表 7-2　数据立法中关于数据交易原则的相关规定

数据交易原则	文件名称	相关规定
自愿、公平、诚实信用(诚信)	《海南省大数据开发应用条例》	**第四十条** 数据交易应当遵循**自愿、公平和诚实信用**原则,遵守法律法规,尊重社会公德,不得损害国家利益、公共利益和他人合法权益。
	《山西省大数据发展应用促进条例》	**第十一条** 第一款　……数据交易应当遵循**自愿、公平和诚信**原则,遵守法律法规,尊重社会公德,不得损害国家利益、公共利益和他人合法权益。
	《安徽省大数据发展条例》	**第二十六条** 第二款　数据交易应当遵循**自愿、公平、诚信**原则。
自愿、平等、公平、诚实守信	《重庆市数据条例》	**第三十六条** 自然人、法人和非法人组织应当依法开展数据交易活动,遵循**自愿、平等、公平和诚实守信**原则,遵守法律法规和商业道德,履行数据安全保护、个人信息保护等义务……
	《广西壮族自治区大数据发展条例》	**第五十一条** 第一款　自然人、法人和非法人组织应当依法开展数据交易活动,遵循**自愿、平等、公平和诚实信用**原则,遵守数据交易相关法律法规和商业道德,履行数据安全保护、个人信息保护等义务。
	《四川省数据条例》	**第三十五条** 第一款　数据交易应当遵循**自愿、平等、公平和诚实守信**原则,遵守法律法规和商业道德,履行数据安全保护、个人信息保护、知识产权保护等方面的义务。

---

〔1〕　国家标准《信息安全技术 数据交易服务安全要求》4.2 数据交易安全原则:a) 数据交易合法合规原则:数据交易应遵守我国关于数据安全管理相关法律法规、尊重社会公德,不得损害国家利益、社会公共利益和他人合法权益;b) 主体责任共担原则:数据供需双方及数据交易服务机构对数据交易后果负责,共同确保数据交易的安全;c) 数据安全防护原则:数据交易各参与方应采取数据安全保护、检测和响应等措施,防止数据丢失、损毁、泄露和篡改,确保数据安全;d) 个人信息保护原则:数据供需双方在进行数据交易时,应采取个人信息安全保护技术和管理措施,避免个人信息的非法收集、滥用、泄漏等安全风险,切实保护个人权益;e) 交易过程可控原则:应确保数据交易参与方的真实可信、交易对象合法、数据交付和资金交付过程可控,做到安全事件可追溯,安全风险可防范。

续表

数据交易原则	文件名称	相关规定
自愿、平等、公平、诚实守信	《吉林省大数据条例（2023 修订)》	**第六十三条** **第二款**　数据交易活动应当遵循**自愿、平等、公平和诚实信用**原则，遵守法律法规和商业道德，履行数据安全保护、个人信息保护、知识产权保护等义务……
	《上海市数据交易场所管理实施暂行办法》	**第三条** 在数据交易场所从事数据交易，应当遵循**自愿、平等、公平和诚信**的原则，不得侵犯他人的合法权益和损害社会公共利益。
依法合规、安全可控、公平自愿、诚实守信	《天津市数据交易管理暂行办法》	**第三条** 本市数据交易坚持**依法合规、安全可控、公平自愿、诚实守信**的原则，遵守商业道德和公序良俗。
	《江西省数据条例（征求意见稿）》	**第二十九条【交易原则】** 市场主体开展数据交易活动应坚持**依法合规、安全可控、公平自愿、诚实守信**的原则，遵守商业道德和公序良俗。
依法合规、规范统一、公平自愿、诚实守信、安全可控	《深圳市数据商和数据流通交易第三方服务机构管理暂行办法》	**第四条** 数据商和第三方服务机构从事数据交易活动应当遵循**依法合规、规范统一、公平自愿、诚实守信、安全可控**的原则，遵守商业道德，不得危害国家安全、公共利益以及企业和个人的合法权益。
创新制度安排、释放价值红利、促进合规流通、保障安全发展、实现互利共赢	《深圳市数据交易管理暂行办法》	**第三条** 本市数据交易坚持**创新制度安排、释放价值红利、促进合规流通、保障安全发展、实现互利共赢**的原则，着力建立合规高效、安全可控的数据可信流通体系。
统一规范、开放透明、公平竞争、利企便民	《广东省公共资源交易监督管理暂行办法》	**第三条** **第一款**　公共资源交易应当遵循**统一规范、开放透明、公平竞争、利企便民**原则。
政府引导、市场主导，场景牵引、释放价值，鼓励创新、包容审慎，严守底线、安全发展	《贵州省数据流通交易管理办法（试行)》	**第三条** 数据流通交易坚持**政府引导、市场主导，场景牵引、释放价值，鼓励创新、包容审慎，严守底线、安全发展**的原则，遵守行业准则。
合规高效、公平自愿、诚实守信、开放包容、安全可控	《广西数据要素市场化发展管理暂行办法》	**第十六条** **第一款**　数据流通交易应当遵循**合规高效、公平自愿、诚实守信、开放包容、安全可控**的原则。

数据交易原则	文件名称	相关规定
安全可信、包容创新、公平开放、合规自律、集约高效、数据权益与安全责任一致	《广东省数据流通交易管理办法（试行）》（征求意见稿）	**第五条【基本原则】** 数据流通交易应当遵循**安全可信、包容创新、公平开放、合规自律、集约高效、数据权益与安全责任一致**的原则。
政府引导、市场主导，合法合规、优质供给，鼓励创新、释放价值，保障安全、包容审慎	《贵州省数据流通交易促进条例（草案）》	**第三条** 数据流通交易应当坚持**政府引导、市场主导，合法合规、优质供给，鼓励创新、释放价值，保障安全、包容审慎**的原则。

三、数据交易标的

目前，有 37 个省级数据立法文件规定了数据交易标的内容。可交易的数据可以分为：数据、数据产品、数据服务、数据权益、数据资源开发利用成果、数据处理活动中形成的法定或者约定的财产权益、数据商品、数据工具、算力资源、算法工具、数据知识产权等。

数据交易标的可以分为六大类：第一类是数据（天津市、福建省、辽宁省、海南省、山西省、安徽省、广西壮族自治区、四川省、江西省、河南省）；**第二类是数据产（商）品和数据服务**（陕西省、广东省（深圳市）、山东省、上海市、河北省、广东省、天津市、贵州省、浙江省）；**第三类是权益**，包括数据权益和数据处理活动中形成的法定或约定的财产权益（江西省和浙江省）；**第四类是数据资源开发利用的成果**（广东省）；**第五类是包含数据或算法工具的不完全列举**，如广东省（深圳市）规定的"数据产品、数据服务、数据工具等"，贵州省规定的"数据产品和服务、算力资源、算法工具等"；**第六类是数据知识产权**（北京市、浙江省、山东省、天津市）。

数据作为数据交易标的时，需要满足不同的条件：一类是"依法获取＋无法识别＋不能复原"三个累计条件；另一类既规定了要满足"依法获取＋无法识别＋不能复原"三个累计条件，又规定了"或者经过特定数据提供者明确授权"的数据也可以进行交易。特别注意到，《江西省数据条例（征求意见稿）》第 28 条规定"可交易性"时，[1]"合法取得"是唯一的限定条件；而第 35 条规定"数据开发利用"时，[2]"依法获取＋无法识别＋不能复原"是累计条件，或者满足"明确授权"单个条件，在同一文件中出现前后不一致的情况。

---

〔1〕《江西省数据条例（征求意见稿）》第 28 条第 1 款规定：自然人、法人和非法人组织可以依法使用、加工、交易其合法取得的数据。法律、行政法规或者当事人另有约定的除外。

〔2〕《江西省数据条例（征求意见稿）》第 35 条第 1 款和第 2 款规定：自然人、法人和非法人组织可以利用其合法取得的数据。依法获取的数据经过处理无法识别特定个人且不能复原的，或者取得特定数据提供者明确授权的，可以交易、交换或者以其他方式开发利用。

关于数据产（商）品和数据服务作为数据标的，目前共有陕西省、广东省（深圳市）、山东省、上海市、河北省、广东省、天津市、贵州省、浙江省出台的 15 个省级数据立法文件如此定义数据交易标的，占全部规定了数据标的内容的省级数据立法文件的 41.67%。关于这类数据交易标的需要满足的条件，陕西省、广东省（深圳市）规定的条件为"合法处理"，山东省规定的条件为"合法获取"，河北省规定的条件为"依法获取并合法处理"，广东省、贵州省规定的条件为"相关活动产生/开发形成"，天津市、浙江省则没有规定其他条件。值得注意的是，上海市在《上海市数据条例》中规定的条件为"公共数据运营形成"，但在《上海市促进浦东新区数据流通交易若干规定（草案）》征求意见中却未对可交易数据产品规定其他条件。

关于数据权益和数据处理活动中形成的财产权益作为数据交易标的，浙江省规定公共数据利用主体可以依法交易基于公共数据开发利用所获得的各类数据权益，即对交易标的作出了"基于公共数据开发利用所获得"的限制规定，而江西省则是规定"数据处理活动中形成的"都可以交易，并没有进行"基于公共数据"的限制。

关于数据资源开发利用的成果作为数据交易标的，目前只有广东省采取了此类数据交易标的的定义。与此同时，广东省在《广东省公共数据管理办法》《广东省数据流通交易管理办法（试行）》（征求意见稿）中也采用了"数据产品、数据服务"的数据交易标的的定义。

关于包含数据或算法工具的不完全列举，广东省（深圳市）和贵州省都采取了"列举＋兜底"的规定模式。深圳市列举了"数据产品、数据服务、数据工具"三种情况，并规定了"经主管部门同意的其他交易标的"的兜底条款；贵州省列举了"数据产品和服务、算力资源、算法工具"三种情况，并规定了"其他与数据相关的产品类型"的兜底条款。可以看出，二者除规定模式外，不论是列举情况还是兜底条款的设置，规定内容均不相似。

关于数据知识产权，在立法文件规定方式上，北京市、浙江省、山东省和天津市并未有单独条文直接规定数据知识产权可以依法交易，而是通过对数据知识产权登记进行规定，间接规定了数据知识产权可作为数据交易标的。北京市、浙江省和天津市分别将数据知识产权交易作为权利人变更和备案数据知识产权登记、[1]加强登记证书使用[2]的情形之一予以规定，山东省将数据知识产权交易作为规定登记主体交易场所的交易客体予以规定。[3]

另外涉及公共数据时，交易的标的出现了不同的情况：一是《海南省公共数据产品开发利用暂行管理办法》第 11 条规定的"依法获取的各类数据经处理无法识别特定数据提供者且不能复原的，或经特定数据提供者明确授权的，可以交易……"；二是

---

〔1〕《北京市数据知识产权登记管理办法（试行）》第 15 条第 1 款规定：权利人对数据知识产权进行交易、质押、许可使用的，应当在十个工作日内通过登记机构申请变更或者备案。

〔2〕《浙江省数据知识产权登记办法（试行）》"四、登记证书的使用"规定，鼓励数据处理者及时登记数据知识产权，通过质押、交易、许可等多种方式加强登记证书的使用，保护自身合法权益，促进数据创新开发、传播利用和价值实现。《天津市数据知识产权登记办法（试行）》第 20 条第 2 款规定：鼓励数据处理者及时登记数据知识产权，通过质押、交易、许可等多种方式加强登记证书的使用，保护自身合法权益，促进数据创新开发、传播利用和价值实现。

〔3〕《山东省数据知识产权登记管理规则（试行）》第 27 条第 3 款规定：鼓励登记主体通过依法成立的数据交易机构对数据知识产权进行交易利用。

《广东省公共数据管理办法》第 37 条规定的 "……相关活动产生的数据产品或者数据服务可以依法进行交易……"；三是《浙江省公共数据开放与安全管理暂行办法》第 24 条第 3 款规定的 "公共数据利用主体可以依法交易基于公共数据开发利用所获得的各类数据权益……"；四是《广东省公共数据开放暂行办法》第 27 条第 2 款规定的 "公共数据利用主体对依法获取的数据资源开发利用的成果……并可以依法交易……"；五是《广西数据要素市场化发展管理暂行办法》第 12 条规定的 "……推进公共数据、企业数据、个人信息数据分类分级确权授权使用和市场化流通交易"。需要注意的是，《广东省公共数据管理办法》《广东省公共数据开放暂行办法》对公共数据作为可交易标的的规定不一致。

表 7-3　数据立法中关于数据交易标的的相关规定

标的类型	文件名称	相关规定
数据	《天津市促进大数据发展应用条例》	第二十九条 第一款　依法获取的各类数据经处理无法识别特定数据提供者且不能复原的，可以交易、交换或者以其他方式开发利用。
	《福建省大数据发展条例》	第十七条 第一款　依法获取的各类数据经处理无法识别被采集者且不能复原的，可以交易、交换或者以其他方式开发利用。
	《辽宁省大数据发展条例》	第三十三条 第二款　依法获取的数据经处理无法识别特定数据提供者且不能复原的，可以交易、交换或者以其他方式开发利用。法律、行政法规另有规定的除外。
	《海南省大数据开发应用条例》	第三十九条 依法获取的各类数据经处理无法识别特定数据提供者且不能复原的，或经过特定数据提供者明确授权的，可以交易、交换或者以其他方式开发应用。
	《山西省大数据发展应用促进条例》	第十一条 第二款　依法获取的各类数据经过处理无法识别特定个人且不能复原的，或者经过特定数据提供者明确授权的，可以交易、交换或者以其他方式开发利用。
	《安徽省大数据发展条例》	第二十六条 第一款　依法获取的各类数据经过处理无法识别特定个人且不能复原的，或者经过特定数据提供者明确授权的，可以交易、交换或者以其他方式开发利用。
	《广西壮族自治区大数据发展条例》	第五十一条 第二款　依法获取的各类数据经过处理无法识别特定自然人且不能复原的，或者经过特定数据提供者明确授权的，可以交易、交换或者以其他方式开发利用。
	《四川省数据条例》	第三十九条 第二款　自然人、法人和非法人组织依法获取的个人信息数据经过处理无法识别特定个人且不能复原的，或者取得特定数据提供者明确授权的，可以交易、交换或者以其他方式开发利用。

续表

标的类型	文件名称	相关规定
数据	《海南省公共数据产品开发利用暂行管理办法》	**第十一条** **第一款** 依法获取的各类数据经处理无法识别特定数据提供者且不能复原的，或经特定数据提供者明确授权的，可以交易、交换或者以其他方式开发应用。
	《广西数据要素市场化发展管理暂行办法》	**第十二条** ……推进**公共数据、企业数据、个人信息数据**分类分级确权授权使用和**市场化流通交易**。
	《江西省数据条例（征求意见稿）》	**第二十八条** **第一款** 自然人、法人和非法人组织可以依法使用、加工、交易其合法取得的数据。法律、行政法规或者当事人另有约定的除外。
		第三十五条 **第一款** 自然人、法人和非法人组织可以利用其合法取得的数据。 **第二款** 依法获取的数据经过处理无法识别特定个人且不能复原的，或者取得特定数据提供者明确授权的，可以交易、交换或者以其他方式开发利用
	《河南省数据条例（草案）》（征求意见稿）	**第三十六条** **第二款** 依法获取的数据经过处理无法识别特定个人且不能复原的，或者取得特定数据提供者明确授权的，可以交易、交换或者以其他方式开发利用。
数据产（商）品、数据服务	《陕西省大数据条例》	**第三十六条** 市场主体合法处理数据形成的**数据产品和服务**……
	《深圳经济特区数字经济产业促进条例》	**第二十三条** **第二款** 市场主体以合法方式获取的数据受法律保护。市场主体合法处理数据形成的**数据产品和服务**，可以依法交易。但是，法律、法规另有规定或者当事人另有约定的除外。
	《深圳经济特区数据条例》	**第六十七条** 市场主体合法处理数据形成的**数据产品和服务**，可以依法交易……
	《山东省大数据发展促进条例》	**第四十五条** **第三款** 利用合法获取的**数据资源开发的数据产品和服务**可以交易，有关财产权益依法受保护。
	《上海市数据条例》	**第四十六条** 通过**公共数据授权运营**形成的**数据产品和服务**，可以依托公共数据运营平台进行交易撮合、合同签订、业务结算等；通过其他途径签订合同的，应当在公共数据运营平台备案。
	《河北省数字经济促进条例》	**第二十五条** **第一款** 组织、个人**依法获取并合法处理**数据形成的**数据产品和服务**，所产生的财产权益受法律保护，可以依法交易。法律另有规定的除外。

标的类型	文件名称	相关规定
数据产（商）品、数据服务	《山东省公共数据开放办法》	**第十六条** 公民、法人和其他组织利用**合法获取的公共数据**开发的**数据产品和数据服务**，可以按照规定进行交易，有关财产权益依法受保护。
	《广东省公共数据管理办法》	**第三十七条** 鼓励市场主体和个人利用依法开放的公共数据开展科学研究、产品研发、咨询服务、数据加工、数据分析等创新创业活动。**相关活动产生的数据产品或者数据服务**可以依法进行交易，法律法规另有规定或者当事人之间另有约定的除外。
	《天津市数据交易管理暂行办法》	**第十二条** 数据交易对象包括**数据商品和数据服务**。数据商品主要包括用于交易的原始数据和加工处理后的数据衍生产品。数据服务是数据供方对数据进行一系列计算、分析、可视化等处理后，为数据需方提供处理结果及基于结果的个性化服务过程。
	《贵州省政务数据资源管理办法》	**第三十四条** 在依法利用和保障安全的原则下，各级大数据主管部门统一授权具备条件的市场主体运营本级政务数据，**开发形成不涉及国家秘密、商业秘密、个人隐私的数据服务和产品**，并通过贵阳大数据交易所进行交易。
	《浙江省公共数据授权运营管理办法（试行）》	**五、授权运营单位权利与行为规范** （五）……**数据产品和服务**应按照国家和省有关数据要素市场规则流通交易。
	《广东省数据流通交易管理办法（试行）》（征求意见稿）	**第二十三条【数据产品和服务的权益】** 数据流通交易主体对在经营和其他工作过程中合法产生并形成具有经济和社会应用价值的**数据产品和服务**，享有相应财产权益。使用数据产品和接受数据服务，应当获得享有相应财产权益者的同意并依照双方协议支付费用。
	《上海市促进浦东新区数据流通交易若干规定（草案）》	**第十条（可交易数据产品）** **数据产品**符合以下条件且经合规评估和质量评估的，可以通过上海数据交易所挂牌交易： （一）数据内容合规、真实可用； （二）具有明确的应用场景或者使用案例； （三）能够提供测试数据； （四）具有可持续供给的技术能力或者数据更新能力； （五）符合可定价的要求……
	《贵州省数据流通交易促进条例（草案）》	**第二条** 第二款 数据流通交易范围包括数据资源、算力资源、算法模型以及综合形成的**数据产品和服务**。
	《深圳市公共数据开放管理办法》（征求意见稿）	**第四十九条【发布与推广】** 第二款 市各行业主管部门应当积极宣传和推广本行业开放数据产品和服务，支持本行业开放**数据产品和服务**依法进入流通交易市场。

续表

标的类型	文件名称	相关规定
数据权益/数据处理活动中形成的财产权益	《江西省数据应用条例》	**第二十八条** 市场主体依法在使用、加工等**数据处理活动中形成的财产权益**受法律保护，并可以依法交易。
	《浙江省公共数据开放与安全管理暂行办法》	**第二十四条** 第三款 公共数据利用主体可以依法交易**基于公共数据开发利用所获得的各类数据权益**，法律、法规另有规定或者公共数据开放利用协议另有约定的除外。
数据资源开发利用的成果	《广东省数字经济促进条例》	**第四十条** 第一款 自然人、法人和非法人组织对**依法获取的数据资源开发利用的成果**，所产生的财产权益受法律保护，并可以依法交易。法律另有规定或者当事人另有约定的除外。
	《广东省公共数据开放暂行办法》	**第二十七条** 第二款 公共数据利用主体对**依法获取的数据资源开发利用的成果**，所产生的财产权益受法律保护，并可以依法交易。法律另有规定或者当事人另有约定的除外。
数据产品、数据服务、数据工具等/数据产品和服务、算力资源、算法工具等	《深圳市数据交易管理暂行办法》	**第十二条** 数据交易场所的交易标的包括**数据产品、数据服务、数据工具等**。 （一）数据产品 数据产品主要包括用于交易的原始数据和加工处理后的数据衍生产品。包括但不限于数据集、数据分析报告、数据可视化产品、数据指数、API 数据、加密数据等。 （二）数据服务 数据服务指卖方提供数据处理（收集、存储、使用、加工、传输等）服务能力，包括但不限于数据采集和预处理服务、数据建模、分析处理服务、数据可视化服务、数据安全服务等。 （三）数据工具 数据工具指可实现数据服务的软硬件工具，包括但不限于数据存储和管理工具、数据采集工具、数据清洗工具、数据分析工具、数据可视化工具、数据安全工具。 （四）经主管部门同意的其他交易标的……
	《贵州省数据流通交易管理办法（试行）》	**第十四条** 交易标的包括**数据产品和服务、算力资源、算法工具等**。 （一）数据产品和服务指在保护国家安全、商业秘密和个人隐私的前提下，经合法授权，使用数据开发形成的核验接口、数据集及其他应用，或开展加工、清洗、标注、建模等数据处理服务； （二）算力资源指算力形成过程中涉及的计算资源，包括云存储、云安全及衍生服务等； （三）算法工具指算法执行过程中所使用的工具或者辅助执行的工具，包括数据可视化、数据预测、机器学习工具等； （四）其他与数据相关的产品类型。

续表

标的类型	文件名称	相关规定
数据知识产权	《北京市数据知识产权登记管理办法（试行）》	**第十五条** 第一款　权利人对**数据知识产权进行交易**、质押、许可使用的，应当在十个工作日内通过登记机构申请变更或者备案。
	《浙江省数据知识产权登记办法（试行）》	四、登记证书的使用 （十）证书效力……鼓励数据处理者及时登记**数据知识产权**，通过质押、**交易**、许可等多种方式加强登记证书的使用，保护自身合法权益，促进数据创新开发、传播利用和价值实现。
	《山东省数据知识产权登记管理规则（试行）》	**第二十七条** 第三款　鼓励登记主体通过依法成立的数据交易机构对**数据知识产权进行交易利用**。
	《天津市数据知识产权登记办法（试行）》	**第二十条** 第二款　鼓励数据处理者及时登记**数据知识产权**，通过质押、**交易**、许可等多种方式加强登记证书的使用，保护自身合法权益，促进数据创新开发、传播利用和价值实现。

四、数据交易的定价

目前，有 11 个省级数据立法文件明确规定了数据交易的定价。在当前的数据市场中，由于买家和卖家之间几乎没有透明度、信息严重不对称，造成数据定价的混乱。主流定价方式是自主定价，但同时也规定了数据产品交易定价应以市场化为原则，探索符合数据要素特性的定价模式。有数据立法文件提出可以采用自动定价、协议定价、竞争定价、委托有相关资质的第三方评估机构对交易价格进行评估等。在《广西壮族自治区大数据发展条例》第 53 条、[1]《广西数据要素市场化发展管理暂行办法》第 19 条、[2]《吉林省大数据条例（2023 修订）》第 65 条、[3]《贵州省数据流通交易促进条例（草案）》第 18 条[4]表明数据交易的定价还存在政府定价、政府指导价的可能。围绕数据定价，有的地方出台了专门的定价方案。如湖北省鄂州市出台了《推动数据要素

---

〔1〕《广西壮族自治区大数据发展条例》第 53 条规定：……从事数据交易活动的市场主体可以依法自主定价。但执行政府定价、政府指导价的除外。自治区相关主管部门制定数据交易价格评估导则，构建交易价格评估指标体系。

〔2〕《广西数据要素市场化发展管理暂行办法》第 19 条第 2 款规定：从事数据交易活动的数据处理者可以依法自主定价，执行政府定价、政府指导价的除外。支持探索多样化、符合数据要素特性的定价模式和价格形成机制，推动用于数字化发展的公共数据按政府指导价有偿使用，企业数据与个人信息数据由市场自主定价。

〔3〕《吉林省大数据条例（2023 修订）》第 65 条：建立数据要素价格机制，有偿使用的公共数据由政府指导定价，企业数据与个人数据依法自主定价。

〔4〕《贵州省数据流通交易促进条例（草案）》第 18 条第 1 款规定：省人民政府发展改革部门指导国资等相关行业主管部门建立健全分行业数据要素价格机制和多样化、符合数据要素特性的定价模式，用于数字化发展的公共数据实行政府指导价，企业与个人信息数据实行市场调节价；第 2 款规定：对用于公共治理、公益事业的公共数据实行有条件无偿使用，对用于产业发展、行业发展的公共数据实行有条件有偿使用。

市场化建设实施方案》[1]和《数据定价策略》[2]文件。

现实中，关于数据定价的方法主要可以分为学术角度和实践角度：一方面，学者倾向于考虑各类影响因素建立定价模型，以模型作为定价的依据，典型的方法包括基于查询的定价模型、基于机器学习的数据定价模型等；另一方面，从操作实践经验出发，以市场交易的实际过程和实际定价作为依据，建立数据定价的经验公式来指导交易过程，典型的实例包括基于博弈论的协议定价模型、基于数据特征的第三方定价模型等。[3]

表7-4　省级数据立法中关于数据交易定价的相关规定

定价模式	文件名称	相关规定
自主定价	《上海市数据条例》	**第五十七条** 从事数据交易活动的市场主体可以依法**自主定价**。 市相关主管部门应当组织相关行业协会等制订数据交易价格评估导则，构建交易价格评估指标。
	《北京市数字经济促进条例》	**第二十一条** **支持市场主体探索数据资产定价机制**，推动形成数据资产目录，激发企业在数字经济领域投资动力……
	《江西省数据条例（征求意见稿）》	**第二十六条【数据资产评估】** 第二款　从事数据交易活动的市场主体可以依法**自主定价**。
自主定价、政府定价和政府指导价	《广西壮族自治区大数据发展条例》	**第五十三条** 县级以上人民政府及其有关部门鼓励市场主体在依法设立的数据交易场所开展数据交易，市场主体也可以依照法律、法规规定自行交易。政务部门、财政资金保障运行的公共服务组织应当通过依法设立的数据交易场所开展数据交易。 从事数据交易活动的市场主体可以依法**自主定价**。但执行**政府定价**、**政府指导价**的除外。 自治区相关主管部门制定数据交易价格评估导则，构建交易价格评估指标体系。
	《广西数据要素市场化发展管理暂行办法》	**第十九条** 第二款　从事数据交易活动的数据处理者可以依法**自主定价**，执行**政府定价、政府指导价**的除外。支持探索多样化、符合数据要素特性的定价模式和价格形成机制，推动用于数字化发展的公共数据按**政府指导价**有偿使用，企业数据与个人信息数据由市场**自主定价**。

---

〔1〕《推动数据要素市场化建设实施方案》制定差异化定价机制。数据定价是数据交易的前提，数据包括原始数据和集成数据，数据性质不同，定价规则也应不同。对于原始数据，因为数据的密度和质量差异性较大，应根据数据要素的实际情况和市场预期，采用动态的综合定价法。对于集成数据，因为存在基础设施和人力资本的投入，数据的价值较之原始数据实现倍增，采用成本定价法更为合理，以差异化定价机制实现对市场经营主体成本和合理利润的有效覆盖。

〔2〕《关于印发鄂州市数据定价策略的通知》规定：数据的价格一般受数据量、数据品种、数据的完整性、数据的实时性等影响，根据数据的种类来制定价格，可实现最小化交易成本。根据《推动数据要素市场化建设实施方案（试行）》文件要求，以及我市数据归集、共享情况，制定我市数据定价策略。参见《关于印发鄂州市数据定价策略的通知》，载 http://zwfwzx.ezhou.gov.cn/xwzx/tzgg/202112/t20211221_449066.html，最后访问日期：2024年4月29日。

〔3〕彭慧波、周亚建：《数据定价机制现状及发展趋势》，载《北京邮电大学学报》2019年第1期。

定价模式	文件名称	相关规定
自主定价、市场调节价	《厦门经济特区数据条例》	**第四十二条** 探索多样化、符合数据要素特性的定价模式，推动建立市场主体**自主决定、市场调节**的数据交易定价机制……
政府指导定价和自主定价	《吉林省大数据条例（2023 修订)》	**第六十五条** 建立数据要素价格机制，有偿使用的公共数据由**政府指导定价**，企业数据与个人数据依法**自主定价**。
政府指导价、市场调节价	《贵州省数据流通交易促进条例（草案）》	**第十八条** 第一款　省人民政府发展改革部门指导国资监管等有关行业主管部门建立健全分行业数据要素价格机制，实行多样化、符合数据要素特性的定价模式。用于数字化发展的公共数据实行**政府指导价**，企业与个人信息数据实行**市场调节价**。
协商定价	《天津市数据交易管理暂行办法》	**第二十一条** 第二款　数据交易服务机构可通过引入数据价值评估机构，为数据交易定价提供指导，数据供需双方按照平等、公平、自愿的原则，**协商确定交易金额**。
协议定价、竞争定价或评估定价	《海南省公共数据产品开发利用暂行管理办法》	**第二十九条** 数据产品交易定价应以市场化为原则。服务商和购买方在进行数据产品交易时可采用**协议定价、竞争定价**或**委托有相关资质的第三方价格评估机构对其交易价格进行评估**。
协商定价、自动定价、评估定价	《贵州省数据流通交易管理办法（试行）》	**第二十五条** 交易双方可选择**协商定价、自动定价、评估定价**等方式形成交易价格。 交易双方可结合成本、应用场景等，协商一致形成交易价格。 交易双方可使用数据交易场所提供的价格计算器，自动计算交易价格。 交易双方可委托第三方评估机构，出具价格建议书作为交易价格。

五、禁止数据交易的情形

目前，有 21 份省级数据立法文件规定了禁止数据交易的情形，禁止情形包括：①涉及国家安全、国家利益、国家秘密；②涉及公共安全、社会稳定；③涉及个人隐私、个人信息、个人权益；④涉及企业数据、商业秘密、企业权益；⑤涉及军工科研生产；⑥涉及未依法获得授权、未经合法权利人授权同意；⑦涉及未经依法开放的公共数据；⑧涉及侵犯他人合法权益；⑨涉及以欺诈、诱骗、误导等方式或者从非法、违规渠道获取的数据；⑩涉及明知数据买方将利用其从事非法活动的；⑪未明确具体用途和应用场景的；⑫法律、法规规定禁止交易的其他标的。对于禁止数据交易的情形，大部分以"列举＋兜底"方式进行立法，根据禁止内容又可以从不同的视角划分：

（一）影响的数据主体

可以将禁止情形分为涉及国家、社会公共、企业、个（他）人。针对国家主体的禁止情形包括：涉及或危害国家安全、涉及或损害国家利益、涉及或泄露国家秘密。针对社会公共主体的禁止情形包括：涉及公共安全、危害或损害（社会）公共利益、危害社会稳定、危害军工科研生产。针对企业主体的禁止情形包括：涉及、泄露或危害商业秘密、涉及未经授权的企业数据、商业秘密等特定企业权益的。针对个（他）人主体的禁止情形包括：涉及、侵害或侵犯个人隐私（信息）、侵犯他人人格权、损害或侵犯他人合法权益、泄露个人隐私、他人知识产权、危害国家安全、公共利益，侵犯个人、组织合法权益等特定个人权益。

（二）涉及的数据类型

可以将禁止交易的数据类型分为涉及个人数据、公共数据、个人信息数据、自然人数据、敏感数据、企业数据。

就个人数据而言，禁止数据交易的情形主要在于个人数据未依法获得授权；就公共数据而言，禁止数据交易的情形主要在于涉及未经依法开放的公共数据；就个人信息数据而言，禁止数据交易的情形主要在于未经自然人或者其监护人同意，内容包括自然人姓名、出生日期、身份证件号码、生物识别信息、住址、电话号码、电子邮箱、健康信息、行踪信息等；就自然人数据而言，禁止数据交易的情形主要在于不借助其他数据的情况下可以识别特定自然人的数据；就敏感数据而言，禁止数据交易的情形主要在于涉及损毁他人肖像、名誉、荣誉及未经授权的身份、财产和其他敏感数据；就企业数据而言，禁止数据交易的情形主要在于涉及未经授权的企业数据、商业秘密等特定企业权益的。

从合法与违法性的角度，禁止数据交易的情形还包括：①未依法公开的数据；②违法数据；③以欺诈、诱骗、误导等方式或者从非法、违规渠道获取的数据；④明知数据买方将利用其从事非法活动的。

表 7-5　数据立法中关于禁止数据交易的相关规定

文件名称	相关规定
《吉林省促进大数据发展应用条例》	**第五十二条** 第一款　任何单位或者个人**不得**非法采集、利用、交易涉及国家安全、公共安全、个人隐私、商业秘密、军工科研生产等数据。
《安徽省大数据发展条例》	**第七条** 任何组织和个人开展数据收集、存储、加工、使用、提供、共享、开放、交易等活动（以下简称数据活动），应当遵守法律、法规，尊重社会公德，保守国家秘密，保护个人信息、隐私和商业秘密，履行数据安全保护义务，承担社会责任，**不得**危害国家安全、公共利益，不得损害他人合法权益。
《深圳经济特区数据条例》	**第六十七条** ……但是，有下列情形之一的**除外**： （一）交易的数据产品和服务包含个人数据未依法获得授权的； （二）交易的数据产品和服务包含未经依法开放的公共数据的； （三）法律、法规规定禁止交易的其他情形。

文件名称	相关规定
《上海市数据条例》	**第五十五条** 本市鼓励数据交易活动，有下列情形之一的，**不得交易**： （一）危害国家安全、公共利益，侵害个人隐私的； （二）未经合法权利人授权同意的； （三）法律、法规规定禁止交易的其他情形。
《福建省大数据发展条例》	**第十七条** 第三款　数据交易、交换应当遵守法律法规和社会公德，**不得**损害国家利益、社会公共利益和他人合法权益。
	第三十一条 第二款　任何单位和个人**不得**非法采集、传播、泄露、篡改、交易涉及国家利益、公共安全、军工科研生产、商业秘密、个人信息等内容的数据。
《重庆市数据条例》	**第三十六条** ……**不得交易**： （一）危害国家安全、公共利益，侵犯他人合法权益、个人隐私的； （二）未经合法权利人授权同意的； （三）法律、行政法规禁止的其他情形。
《辽宁省大数据发展条例》	**第三十四条** 鼓励数据交易活动，但有下列情形之一的**除外**： （一）危害国家安全、公共利益，侵害个人隐私的； （二）未经合法权利人授权同意的； （三）法律、法规规定禁止交易的其他情形。
《陕西省大数据条例》	**第三十六条** ……有下列情形之一的**除外**： （一）交易的数据产品和服务包含未依法获得授权的数据； （二）交易的数据产品和服务包含未依法公开的数据； （三）法律、行政法规规定禁止交易的其他情形。
《广西壮族自治区大数据发展条例》	**第五十五条** 鼓励数据交易活动。但有下列情形之一的，**不得交易**： （一）危害国家安全、公共利益的； （二）损害他人合法权益的； （三）泄露国家秘密、商业秘密、个人隐私的； （四）未经合法权利人授权同意的； （五）法律、法规禁止的其他情形。
《四川省数据条例》	**第三十五条** 第二款　有下列情形之一的，不得交易： （一）危害国家安全、公共利益，侵害个人隐私的； （二）未经合法权利人授权同意的； （三）法律、法规规定禁止交易的其他情形。

文件名称	相关规定
《厦门经济特区数据条例》	**第四十三条** 鼓励数据、数据产品和服务交易活动，但是有下列情形之一的，**不得交易**： （一）危害国家安全、社会公共利益的； （二）侵害他人合法权益、个人隐私的； （三）未经合法权利人授权同意的； （四）法律、法规禁止交易的其他情形。
《江西省数据应用条例》	**第三十条** 数据交易活动有下列情形之一的，**不得交易**： （一）可能危害国家安全、公共利益，侵害个人和组织合法权益的； （二）未经合法权利人授权同意的； （三）法律、法规禁止交易的其他情形。
《吉林省大数据条例（2023修订）》	**第六十三条** 第二款 数据交易活动……有下列情形之一的，**不得交易**： （一）危害国家安全、公共利益，侵害个人隐私的； （二）未经合法权利人授权同意的； （三）法律法规规定禁止交易的其他情形。
《海南省公共数据产品开发利用暂行管理办法》	**第三十三条** 第四款 数据产品交易活动中涉及国家秘密、国家安全和个人隐私信息等受法律保护的数据和涉及他人知识产权、商业秘密等权利的数据（取得权利人明确许可授权的除外）**禁止交易**。
《天津市数据交易管理暂行办法》	**第十七条** 下列数据**不得进行交易**： （一）涉及国家秘密的信息； （二）未经合法权利人明确同意，涉及其商业秘密的数据； （三）未经自然人或者其监护人同意，涉及其个人信息的数据，包括自然人姓名、出生日期、身份证件号码、生物识别信息、住址、电话号码、电子邮箱、健康信息、行踪信息等； （四）以欺诈、诱骗、误导等方式或者从非法、违规渠道获取的数据； （五）其他法律、法规、规章或者合法约定明确禁止交易的数据。
《深圳市数据商和数据流通交易第三方服务机构管理暂行办法》	**第二十二条** 数据商应当在法律、法规、规章规定的目的和范围内处理数据，**不得交易**以下标的： （一）涉及国家秘密的； （二）涉及合法权利人商业秘密，未经其书面同意的； （三）包含未经依法开放公共数据的； （四）包含未依法获得授权个人数据的； （五）明知数据买方将利用其从事非法活动的； （六）用于从事危害国家安全活动的； （七）法律、法规规定禁止交易的其它标的。

文件名称	相关规定
《深圳市数据交易管理暂行办法》	**第十二条** ……危害国家安全、公共利益，侵犯个人、组织合法权益，包括不借助其他数据的情况下可以识别特定自然人的数据，**不得作为交易标的**。如发现重大敏感数据出境涉嫌危害国家安全需进行国家安全审查。
《贵州省数据流通交易管理办法（试行)》	**第十六条** 有下列情形之一的，**不得**在数据交易场所进行流通交易： （一）危害国家安全和社会稳定的； （二）涉及损毁他人名誉及未经授权的身份、财产和其他敏感数据等特定个人权益的； （三）涉及未经授权的企业数据、商业秘密等特定企业权益的； （四）从非法、违规渠道获取的； （五）其他法律、法规明确规定禁止交易的。
《江西省数据条例（征求意见稿)》	**第三十二条【禁止性规定】** 鼓励引导市场主体开展合法合规的数据交易活动，有下列情形之一的数据，**不得交易**： （一）危害国家安全、公共利益，侵害个人隐私的； （二）未经合法权利人授权同意的； （三）法律、法规规定禁止交易的其他数据。
《广东省数据流通交易管理办法（试行)》（征求意见稿）	**第七条【禁止交易清单】** 有下列情形之一的，**禁止交易**： （一）涉及国家秘密的； （二）危害国家安全和社会稳定的； （三）未明确具体用途和应用场景的； （四）未经自然人或者其监护人同意，可直接识别到特定个人的身份数据、敏感数据及财产数据的； （五）侵犯他人肖像、名誉、荣誉等人格权的； （六）未经合法权利人明确同意，涉及其商业秘密和知识产权的； （七）以欺诈、诱骗、误导等方式或者从非法、违规渠道获取的； （八）法律、法规禁止的其他情形。
《贵州省数据流通交易促进条例（草案)》	**第三十二条** 开展数据流通交易活动，应当尊重社会公德和伦理，遵守商业道德、职业道德，诚实守信，履行数据安全保护义务，承担社会责任。有下列情形之一的，**不得进行流通交易**： （一）危害国家安全、公共利益，侵犯他人合法权益的； （二）未经合法权利人授权同意的； （三）法律、行政法规禁止的其他情形。

六、数据交易的模式：场内交易和场外交易

目前，有19份省级数据立法文件对数据交易的模式进行了区分。根据数据流转的场

所不同，可以将数据交易区分为场内交易和场外交易。在我国，贵州省、天津市、山西省、安徽省、北京市、广东省、广东省（深圳市）、山东省、宁夏回族自治区、江西省鼓励和引导通过数据交易平台或数据交易服务机构进行交易；广东省（深圳市）、上海市、吉林省、广西壮族自治区、贵州省规定了可以在数据交易平台进行交易，也可以自行交易。在深圳市和贵州省，需要在数据交易场所内进行交易的数据交易标的是有限的：深圳场内数据交易标的包括不具备公共属性的数据产品，财政资金保障运行的机构采购的非公共数据产品、数据服务和数据工具，国有企业采购或出售的数据产品、数据服务和数据工具；贵州场内数据交易标的包括各级政务部门、公共企事业单位数据产品及服务、算力资源、算法工具，[1]以及各级政务数据开发形成的不涉及国家秘密、商业秘密、个人隐私的数据服务和产品，且后者必须通过贵阳大数据交易所进行交易。[2]此外，还可以发现在《上海市数据条例》《上海市促进浦东新区数据流通交易若干规定（草案）》中，市场主体可以场内交易也可以自行交易，但在浦东新区鼓励场内交易。

场内交易和场外交易的区别主要在于数据流转场所的不同。数据场内交易是指通过特定的数据交易场所完成的交易，它不同于证券的场内交易，目标不在于集中撮合竞价，而在于破解数据确权难、互信难和监管难等问题，为数据合意流转提供可信交易场所与制度范本。数据场外交易是指在特定交易场所之外的交易，主要是数据经纪人模式。美国的数据交易市场较为成熟，并诞生了安客诚等一批专业数据经纪商。[3]佛蒙特州和加州于2019年、2020年先后颁行了专门的数据经纪人注册登记办法。[4]我国的数据交易市场已经起步，广州市海珠区于2021年率先公布了我国首份数据经纪人试点工作方案。数据经纪人的法律定位因业务类型的不同而有差异，可能扮演交易卖方、中介人、行纪人或者受托人角色。具体而言，在交易自有数据场景下，数据经纪商是交易活动的卖方。在交易外采数据场景下，数据经纪商若将数据买入后再卖出的，则为交易卖方；若以自己名义替数据提供方从事数据交易活动的，则为行纪人；若不作为交易当事人，仅为数据供需双方提供信息媒介与撮合服务的，则为中介人。设立数据信托的，数据经纪商扮演受托人角色。

就数据交易规模的现状而言，场外交易仍占据主导地位。据《证券日报》报道，数据流量的不断增长，也加速了数据黑产的规模扩张，数据显示，2020年数据交易市场规模达353亿元，[5]但场内数据交易只占总体交易市场规模的4%；[6]2021年我国数据交易规模超500亿元，其中以数据交易所/中心为主导的场内交易占比2%，由企业等主导的场外交易占比98%，预计2025年整体市场规模将超2200亿元，场外交易仍

---

〔1〕《贵州省数据流通交易管理办法（试行）》第8条第3款规定：各级政务部门、公共企事业单位涉及数据产品及服务、算力资源、算法工具等的交易，通过数据交易场所开展交易。

〔2〕《贵州省政务数据资源管理办法》第34条：在依法利用和保障安全的原则下，各级大数据主管部门统一授权具备条件的市场主体运营本级政务数据，开发形成不涉及国家秘密、商业秘密、个人隐私的数据服务和产品，并通过贵阳大数据交易所进行交易。

〔3〕 *Data Broker Accountability and Transparency Act of 2017*，https://www.congress.gov/bill/115th‑congress/sen-ate‑bill/1815/all‑info.

〔4〕 *Registered data brokers in the United States：2021*，https://privacyrights.org/resources/registered‑data‑brokers‑united‑states‑2021.

〔5〕《数据产品交易标准化白皮书》（2022年版），之江实验室2022年11月公布。

〔6〕 童楠楠、窦悦、刘钊因：《中国特色数据要素产权制度体系构建研究》，载《电子政务》2022年第2期。

占主导。[1] 大量数据需求通过非正式渠道进行流通，基于此，"数据二十条"提出，要建立合规高效、场内外结合的数据要素流通和交易制度。作为公允第三方，数据交易场所通过提供新型交易技术、固定数据交易证据等方式增进买卖双方的信任、减少争议，从而最大限度地发现数据的公允价值，同时便于追溯和监管，具有场外交易不可比拟的优势。

表 7-6　数据立法中关于数据交易模式的相关规定

数据交易的类型	文件名称	具体规定
场内交易	《贵州省大数据发展应用促进条例》	**第十九条** 第一款　鼓励和引导数据交易当事人在依法设立的**数据交易服务机构**进行数据交易。
	《天津市促进大数据发展应用条例》	**第四十五条** 第二款　鼓励和引导数据交易当事人在**依法设立的数据交易服务机构**进行数据交易，促进大数据的开发应用。
	《山西省大数据发展应用促进条例》	**第十一条** 第一款　支持培育大数据交易市场，鼓励数据交易主体在依法设立的**大数据交易平台**进行数据交易……
	《安徽省大数据发展条例》	**第三十九条** 第二款　鼓励和引导数据交易当事人在依法设立的**大数据交易服务机构**进行数据交易。
	《北京市数字经济促进条例》	**第二十二条** 第三款　鼓励市场主体通过**数据交易机构入场**交易。
	《广东省公共数据管理办法》	**第三十八条** 第一款　……引导市场主体通过**数据交易平台**进行数据交易。
	《深圳市数据交易管理暂行办法》	**第十四条** 鼓励以下情形的数据交易标的在**数据交易场所内**进行交易： （一）公共数据经授权运营方式加工形成的、已不具备公共属性的数据产品； （二）本市财政资金保障运行的公共管理和服务机构采购非公共数据产品、数据服务和数据工具； （三）市属和区属国有企业采购或出售的数据产品、数据服务和数据工具。
	《贵州省数据流通交易管理办法（试行）》	**第八条** 第三款　各级政务部门、公共企事业单位涉及数据产品及服务、算力资源、算法工具等的交易，通过**数据交易场所**开展交易。

---

[1] 《数联网（DSSN）白皮书》，中国移动通信集团有限公司 2023 年 4 月公布。

续表

数据交易的类型	文件名称	具体规定
场内交易	《贵州省政务数据资源管理办法》	**第三十四条** 在依法利用和保障安全的原则下，各级大数据主管部门统一授权具备条件的市场主体运营本级政务数据，开发形成不涉及国家秘密、商业秘密、个人隐私的数据服务和产品，并通过**贵阳大数据交易所**进行交易。
	《山东省数据知识产权登记管理规则（试行）》	**第二十七条** 第三款　鼓励登记主体通过依法成立的**数据交易机构**对数据知识产权进行交易利用。
	《宁夏回族自治区大数据产业发展促进条例（草案）》	**第四十条** 第一款　……鼓励和引导数据交易当事人在依法设立的**数据交易服务机构**进行数据交易。
	《江西省数据条例（征求意见稿）》	**第三十条【交易平台】** 第二款　……鼓励引导市场主体通过**数据交易平台**进行数据交易。
	《广东省数据流通交易管理办法（试行）》（征求意见稿）	**第六条【进场交易清单】** 有下列情形之一的数据产品和服务，原则上应当**进场交易**： （一）涉及公共数据的； （二）由省数据流通交易主管部门统筹建设的个人、法人数字空间形成的； （三）省数据流通交易主管部门认为需要进场交易的。 有下列情形之一的数据产品和服务，引导和鼓励**进场交易**： （一）打通产业链、公共服务链的； （二）使用财政资金购买的； （三）由国有及国有控股企业、国有实际控制企业形成的； （四）数据经纪人形成的； （五）平台型企业将具有公共属性的数据要素加工处理形成的； （六）识别市场主体信用状况的； （七）数据流通交易主体在其在经营和其他工作过程中产生并形成的； （八）省数据流通交易主管部门认为需要引导和鼓励进场交易的。
场内交易或场外交易	《深圳经济特区数据条例》	**第六十五条** 第二款　市场主体可以通过依法设立的**数据交易平台**进行数据交易，也可以由交易双方依法**自行交易**。
	《上海市数据条例》	**第五十六条** 市场主体可以通过依法设立的**数据交易所**进行数据交易，也可以依法**自行交易**。
		第六十七条 第四款　浦东新区鼓励和引导市场主体依法通过数据交易所进行交易。

续表

数据交易 的类型	文件名称	具体规定
场内交易 或 场外交易	《吉林省大数据条例 （2023 修订)》	**第六十三条** 第一款 省人民政府……完善和规范数据流通规则，构建促进使用和流通、**场内和场外相结合的交易制度体系**；统筹引导符合条件的市场主体在依法设立的数据交易场所开展数据交易。
	《广西数据要素市场化 发展管理暂行办法》	**第十六条** 第二款 自治区按照国家规定设立数据交易场所，建立和完善数据流通交易规则，政务部门、财政资金保障运行的公共服务组织应当通过依法设立的数据交易场所开展数据交易。 第三款 鼓励数据处理者在依法设立的数据交易场所开展数据交易，**培育壮大场内交易**。支持数据处理者依法依规开展场外数据流通交易活动，建立健全场外交易规则，**规范场外交易管理**。
	《上海市促进浦东新区 数据流通交易若干规 定（草案)》	**第七条（培育数据要素市场)** 本市培育公平、开放、有序、诚信的数据要素市场，统筹推进**场内场外数据流通交易**，建立健全统一登记、规范交易、灵活交付、集中清算的数据流通交易运营机制。 本市支持浦东新区开展数据要素市场化配置改革试点，**规范引导场外交易，培育壮大场内交易**，促进数据要素依法有序流动。
	《贵州省数据流通交易 促进条例（草案)》	**第五条** 第一款 省人民政府数据主管部门负责指导、协调、监督全省数据流通交易促进工作，**培育壮大场内交易，规范引导场外交易**。……

七、数据交易的机构/中心

目前在我国省级立法文件中，数据交易参与方包括数据供给方、数据提供方和数据交易平台。部分立法文件还规定了推进数据交易的各类机构，例如，数据中介机构，通过技术、法律或其他手段，在数量不确定的数据主体或数据持有人与数据用户之间提供交易撮合、交易代理、专业咨询、数据经纪、数据交付等服务；第三方专业服务机构，为数据交易定价、数据合规、提供数据质量监测服务等；行业协会等，推进行业自律。

《数据安全法》第 33 条规定："从事数据交易中介服务的机构提供服务，应当要求数据提供方说明数据来源，审核交易双方的身份，并留存审核、交易记录。"2022 年12 月正式公布的"数据二十条"明确指出"统筹构建规范高效的数据交易场所"，这将成为新时代我国构建高质量数据要素流通交易市场的根本指南。

目前，有25 个省级数据立法文件明确提出了数据交易服务中心，大致可分为数据交易所、大数据交易所、数据交易平台、大数据交易平台、数据交易服务平台、大数据交易服务机构、数据交易服务机构、数据交易场所。

有超过20 个省级数据立法文件提出数据交易机构应保证数据交易安全可控，或是应当搭建安全可控可追溯的交易环境。同时，也有21个省级数据立法文件提出数据交易平台建设单位应当制定交易服务流程、内部管理制度以及机构自律规则，如《厦门经济特区数据条例》[1]《深圳经济特区数据条例》[2]和《黑龙江省促进大数据发展应用条例》[3]等地方性法规。

除此之外，还有部分立法文件提到信息报送留存披露义务、风险预警义务、合规审查义务、会员管理义务、接受监督义务以及争议协调解决义务等（见表7-7）。

八、违反数据交易相关规定的法律责任

目前，有9个省级数据立法文件规定了违反数据交易相关规定的法律责任。法律责任类型主要是行政责任、民事赔偿责任、刑事责任（见表7-8）。

关于刑事责任，可以分为三类：

第一类是违规主体是政务部门、公共服务组织的。如《山西省政务数据资产管理试行办法》规定涉及政务数据资产的部门或者机构违规进行政务数据资产交易的，要承担刑事责任；《广西壮族自治区大数据发展条例》规定政务部门、公共服务组织未按照规定在依法设立的数据交易场所开展数据交易的，要承担刑事责任。从《广西壮族自治区大数据发展条例》的规定来看，政务部门、公共服务组织进行的数据交易，必须是场内交易。《辽宁省大数据发展条例》规定政府有关部门、单位及其工作人员向他人出售履行职责过程中知悉的国家秘密、商业秘密、个人信息和隐私的，需承担相关责任。

第二类是所交易的数据为公共数据的。《海南省公共数据产品开发利用暂行管理办法》规定，平台管理方、数据监管方、提供方和服务商、购买方及其工作人员在公共数据产品开发利用和数据产品购买交易服务活动中，存在违反政府采购等法律法规和本办法的行为，构成犯罪的，依法移送司法机关追究刑事责任。

前两类需要承担的刑事责任的情形，在《中华人民共和国刑法》中，可能会找到相关的犯罪类型，如危害国家安全罪；危害公共安全罪；违反国家有关规定，向他人出售或者提供公民个人信息；违反国家有关规定，在履行职责或者提供服务过程中获得的公民个人信息等罪名。

第三类是数据交易场所违反有关规定涉嫌犯罪的。《上海市数据交易场所管理实施暂行办法》规定数据交易场所违反有关规定的，涉嫌犯罪的，依法移送司法机关处理。但实际上，《数据安全法》第47条规定关于从事数据交易中介服务的机构责任时，仅

---

〔1〕《厦门经济特区数据条例》第41条规定：市人民政府应当推动数据交易市场建设，培育数据商和数据交易服务机构，为数据交易双方提供数据产品开发、发布、承销和数据资产的合规化、标准化、增值化服务，以及交易撮合、交易代理、专业咨询、数据经纪、数据交付等专业服务。数据交易服务机构应当建立规范透明、安全可控、可追溯的数据交易服务环境，制定交易服务流程、内部管理制度以及机构自律规则，并采取有效措施保护个人隐私、个人信息、商业秘密和国家秘密等。

〔2〕《深圳经济特区数据条例》第66条规定：数据交易平台应当建立安全、可信、可控、可追溯的数据交易环境，制定数据交易、信息披露、自律监管等规则，并采取有效措施保护个人数据、商业秘密和国家规定的重要数据。

〔3〕《黑龙江省促进大数据发展应用条例》第35条规定：数据交易平台应当建立安全、可信、可控、可追溯的数据交易环境，制定数据交易、信息披露、自律监管等规则，并采取有效措施依法保护个人数据、商业秘密和国家规定的重要数据。

表 7 - 7 数据交易中关于数据交易机构的相关规定

数据交易机构	文件名称	义务设置	相关规定
数据交易所	《广东省数据流通交易管理办法（试行）》（征求意见稿）	(1) 会员管理义务； (2) 制定管理制度义务； (3) 信息报送、披露义务；留存、 (4) 安全交易义务。	**第四条【术语定义】** 本办法下列用语中的含义： ……（三）数据交易所，是指在本省行政区域内，依法从事数据交易，在名称中使用"交易所"字样的交易场所…… **第十二条【功能定位】** 数据交易所应当明确公共属性，强化公益定位，突出数据交易基础服务功能，为数据交易提供集约高效的场所和基础设施。 **第十三条【会员管理】** 数据交易所应当制定会员管理规则，明确会员的分类、权利义务、申请、变更、退出等内容，并报省数据流通交易主管部门同意。 拟进入数据交易所参与交易的主体，应当按照数据交易所发布的相关指引申请成为数据交易所会员，申请成为数据交易所会员后，方可进入数据交易所参与交易。 **第十四条【交易规则】** 数据交易所应当制定数据交易规则，明确数据交易主体、交易标的、交易活动、交易安全、交易行为常规处理、交易异常处理、交易纠纷处理，并报省数据流通交易主管部门同意。 数据交易所应当为公平交易提供保障，建立信息留存、报送、披露制度，及时披露数据交易行情、重大事项等信息，定期进行风险提示。
	《上海市促进浦东新区数据流通交易若干规定（草案）》	(1) 协助数商业务； (2) 安全交易义务； (3) 纠纷解决义务。	**第八条（建设国家级数据交易所）** 第一款 本市按照国家要求，提升上海数据交易所能级，打造全国数据要素市场核心枢纽。 第二款 上海数据交易所突出国家级数据交易所的基础性公共服务和自律合规监管功能，面向和服务全国统一大市场，提供高效可信的交易场所和环境，制定高水平的交易规则和标准，提供高质量的数据交易相关公共服务。

续表

数据交易机构	文件名称	义务设置	相关规定
数据交易所	《上海市促进浦东新区数据流通交易若干规定（草案）》	(1) 协助数商业务；(2) 安全交易义务；(3) 纠纷解决义务。	第十五条（促进数商发展） 第三款 数商可以按照约定委托上海数据交易所开展相关业务。依法应当由符合条件的数商开展的营利性活动，上海数据交易所不得开展。 第十八条（数据安全） 第二款 上海数据交易所应当建立规范透明、安全可控、可追溯的数据交易服务环境，构建保护数据传输、存储和使用安全的基础设施，加强监测、预警、控制和应急处置能力建设，制定数据安全事件应急预案。 第十九条（争议解决机制） 第二款 上海数据交易所应当建立数据交易纠纷调解机制和鉴定机制，为数据交易纠纷提供调解服务和鉴定服务；探索建立数据流通交易安全港规则和创新容错机制；支持浦东新区公证机构探索建立与数据流通交易相适应的公证机制。
数据交易平台	《黑龙江省促进大数据发展应用条例》	(1) 安全交易义务；(2) 建设管理制度义务；(3) 数据保护义务。	第三十五条 数据交易平台应当建立安全、可信、可控、可追溯的数据交易环境，制定数据交易规则，信息披露、自律监管等规则，并采取有效措施依法保护个人数据、商业秘密和国家规定的重要数据。
	《山东省大数据发展促进条例》	(1) 安全交易义务；(2) 建设管理制度义务。	第四十五条 县级以上人民政府应当依法推进数据资源市场化交易，并加强监督管理；鼓励和引导数据资源在依法设立的数据交易平台进行交易。数据交易平台运营者应当制定数据交易环境、信息披露、自律监管等规则，建立安全可信、管理可控、全程可追溯的数据交易环境，利用合法获取数据资源开发的数据产品和服务可以交易，有关财产权益依法受保护。
	《深圳经济特区数据条例》	(1) 安全交易义务；(2) 建设管理制度义务。	第六十五条 市人民政府应当推动建立数据交易平台，引导市场主体通过数据交易平台进行数据交易。市场主体可以通过数据交易平台进行数据交易，也可以由交易双方依法自行交易。

数据交易机构	文件名称	义务设置	相关规定
	《深圳经济特区数据条例》	(1) 安全交易义务; (2) 建设管理制度义务。	**第六十六条** 数据交易平台应当建立安全、可信、可控、可追溯的数据交易环境,制定数据交易、信息披露、自律监管等规则,并采取有效措施保护个人数据、商业秘密和国家规定的重要数据。
	《福建省大数据发展条例》	信息安全义务	**第四十条** 省、设区的市人民政府大数据主管部门以及其他有关部门应当采取措施培育数据交易市场,鼓励和支持数据交易活动,促进数据资源有效流动。 省人民政府大数据主管部门应当规范数据交易行为,鼓励和引导数据交易主体在依法设立的数据交易平台进行交易,加强对数据交易平台的监管。数据交易平台应当采取措施,防止数据交易过程中的个人信息泄露。
数据交易平台	《广东省公共数据管理办法》	(1) 安全交易义务; (2) 建设管理制度义务; (3) 接受监督义务。	**第三十八条** 省人民政府推动建立数据交易平台,引导市场主体通过数据交易平台进行数据交易。 数据交易平台的开办者应当建立安全可信、管理可控、可追溯的数据交易环境,制定数据交易、信息披露、自律监管等规则,自觉接受公共数据主管部门的监督检查。 数据交易平台应当采取有效数据措施,依法保护商业秘密、个人信息和隐私以及其他重要数据。 政府向社会力量购买数据服务有关项目,应当纳入数字政府建设项目管理范围统筹考虑。
	《江西省数据条例》(征求意见稿)	(1) 安全交易义务; (2) 建设管理制度义务; (3) 禁止违反相关规定义务。	**第三十条 [交易平台]** 省人民政府应当推动建立全省统一的数据交易平台,推动区域性、行业性数据流通使用。 公共管理和服务机构应当通过依法设立的统一的数据交易平台开展数据交易。 **第三十一条 [平台义务]** 全省统一的数据交易平台应当建立安全、可信、可控、可追溯的数据交易环境,制定数据交易、信息披露、自律监管等规则,并采取有效措施保护个人信息、商业秘密和国家规定的重要数据。

续表

数据交易机构	文件名称	义务设置	相关规定
数据交易平台	《江西省数据条例（征求意见稿）》	(1) 安全交易义务；(2) 建设管理制度义务；(3) 禁止违反相关规定义务。	第三十二条【禁止性规定】鼓励引导市场主体开展合法合规的数据交易活动，有下列情形之一的数据，不得交易：（一）危害国家安全、公共利益，侵害个人隐私的；（二）未经合法权利人授权同意的；（三）法律、法规规定禁止交易的其他数据。
	《上海市数据条例》	(1) 安全交易义务；(2) 建设管理制度义务。	第五十三条 本市支持数据交易服务机构发展，为数据交易主体提供数据资产、数据合规性、数据质量等第三方评估以及交易撮合、交易代理、数据经纪、专业咨询、数据交付等专业服务。本市建立健全数据交易服务机构监管制度，加强对服务人员的监管，规范服务人员的执业行为。 第五十四条 数据交易服务机构应当建立规范透明、安全可控、可追溯的数据交易服务环境，制定交易服务流程、内部管理制度，并采取有效措施保护个人隐私、保护个人信息、商业秘密、商务信息。
数据交易服务机构	《北京市数字经济促进条例》	(1) 安全交易义务；(2) 建设管理制度义务；(3) 合规审查义务。	第二十二条 支持在依法设立的数据交易机构开展数据交易活动。数据交易机构应当制定数据交易规则，对数据提供方的数据来源、交易双方的身份进行合规性审查，并留存审查和交易记录，建立交易异常行为风险预警机制，确保数据交易公平有序、安全可控、全程可追溯。本市公共机构依托数据交易机构开展数据服务和数据产品交易活动。鼓励市场主体通过数据交易机构入场交易。
	《四川省数据条例》	(1) 安全交易义务；(2) 建设管理制度义务；(3) 合规审查义务。	第三十六条 数据交易服务机构应当建立规范透明、安全可控、可追溯的数据交易服务环境，制定交易服务流程、内部管理制度以及机构自律规则，采取有效措施保护个人隐私、个人信息、商业秘密、保密商务信息。等数据，并在提供服务过程中，遵守下列规定：（一）要求数据提供方说明数据来源；（二）审核数据交易双方的身份；（三）留存相关审核、交易记录；

续表

数据交易机构	文件名称	义务设置	相关规定
	《四川省数据条例》	(1) 安全交易义务； (2) 建设管理制度义务； (3) 合规审查义务。	（四）监督数据交易、结算和交付； （五）采取必要技术手段确保数据交易安全； （六）其他法律、法规的规定。
数据交易服务机构	《厦门经济特区数据条例》	(1) 安全交易义务； (2) 建设管理制度义务。	第四十一条 市人民政府应当推动数据交易市场建设，培育数据商和数据交易服务机构，为数据交易双方提供数据产品开发、承销、发布，数据资产的合规化、标准化、增值化，交易代理、交易撮合，以及交易支付等专业服务。数据交易服务机构应当建立数据交易服务环境、制定交易服务流程、可追溯的数据交易服务规范说明，安全可控，可追溯的数据交易服务透明，并采取有效措施保护个人隐私、个人信息、商业秘密和国家秘密等。数据交易服务机构以及机构自律规则，内部管理制度以及机构自律规则，依法提供数据交易服务。
数据交易场所	《广西壮族自治区大数据发展条例》	(1) 建设管理制度义务； (2) 提供交易服务义务。	第五十条 自治区按照国家规定设立数据交易场所。数据交易场所应当建立健全数据交易、风险管理等制度，建立涵盖价格评估、流转交易、担保、保险等业务的综合服务体系。中介机构与各类金融机构合作，
	《江西省数据应用条例》	(1) 安全交易义务； (2) 建设管理制度义务。	第二十七条 省人民政府数据主管部门应当会同有关部门按照国家有关规定推动建立数据交易场所，促进本省数据交易场所互联互通。数据交易场所应当建立公平有序、安全可控、可用、可信、可流通，制定数据交易、信息披露、自律监管等规则，采取有效措施保护个人信息、个人隐私、商业秘密、保密商务信息。鼓励市场主体通过数据交易场所开展数据交易活动。
	《吉林省大数据条例》（2023修订）》	提供交易服务义务	第六十七条 数据交易场所应当提供数据产品开发、发布、承销和数据资产的合规化、标准化服务，提高数据交易效率。

续表

数据交易机构	文件名称	义务设置	相关规定
数据交易场所	《上海市数据交易场所管理实施暂行办法》	(1) 健全治理结构义务； (2) 定期报送义务； (3) 安全交易义务； (4) 信息报送、留存、披露义务； (5) 风险预警义务； (6) 纠纷解决义务。	**第十一条** 数据交易场所应当依法建立健全法人治理结构，完善议事规则，决策程序和内部审计制度，保持内部治理的有效性。指定一名高级管理人员作为合规负责人，承担合规责任，对数据交易场所依法合规运作进行监督。 **第十二条** **第一款** 数据交易场所应当建立健全财务管理制度，按照企业会计准则等要求，真实记录和反映企业的财务状况、经营成果和现金流量。 **第十三条** **第一款** 数据交易场所应当按照有关规定，定期向市经济信息化委报送月度报告、季度报告和年度报告。报告内容应当包括数据交易情况统计分析等。 **第二款** 数据交易场所遇有下列重大事项，应当及时向市经济信息化委报告，并抄送联席会议办公室…… **第十四条** 数据交易场所应当及时准确填报本市地方金融监管信息平台要求填报的相关信息，并按照规定于每月10日前报送上月交易信息，于每季度首月7月20日和1月20日前报送上季度财务信息，于每季度首月10日前报送相关报表。 **第十五条** **第一款** 数据交易场所应当依法制定与数据交易活动相关的交易规则和其他有关业务规则。 **第十七条** 数据交易场所应当建立健全网络安全、数据安全、个人信息保护制度，采取相应的技术措施和其他必要措施，保障数据交易安全。发生网络安全、数据安全、个人信息安全事件时，应当立即采取处置措施，并报告相关主管部门。 **第二十条** 数据交易场所应当制定风险警示、风险处置等风险控制制度以及突发事件应急处置预案，并报市经济信息化委备案。

续表

数据交易机构	文件名称	义务设置	相关规定
数据交易机构	《上海市数据交易场所管理实施行办法》		第二十一条 数据交易场所应当建立数据交易争议纠纷解决机制。交易过程中交易主体发生争议时,可以向数据交易场所申请调解;也可以依法向仲裁机构申请仲裁或向人民法院提起诉讼。 第二十二条 第一款 数据交易场所应当建立信息公开披露制度……
数据交易场所	《深圳市数据交易管理暂行办法》	(1) 安全交易义务; (2) 制定规则和标准义务; (3) 提供服务义务; (4) 信息报送、披露义务;留存、 (5) 宣传培训义务。	第九条 数据交易场所运营机构应当按照相关法律、行政法规和数据交易综合监督管理部门的规定,为数据集中交易提供基础设施和基本服务,承担以下具体职责: (一) 提供数据集中交易的场所,搭建安全、可信、可控、可追溯的数据交易环境,支撑数据、算法、算力资源有序流通; (二) 提供交易标的上市,交易撮合,信息披露,交易清结算等配套服务; (三) 制定完善数据交易规则,自律监管等交易规则,服务指南和行业标准; (四) 实行数据交易标的上市,审核,安排数据交易标的上市交易,决定数据交易标的暂停上市,上市和终止上市; (五) 对交易过程形成的交易信息进行保管和归案; …… (九) 开展数据交易宣传推广、教育培训,业务咨询和保护协作等市场培育服务; (十) 经主管部门批准的其他业务。
	《广西数据要素市场化发展管理暂行办法》	(1) 合规监管义务; (2) 提供服务义务。	第十七条 第一款 强化数据交易场所的公共属性和公益定位,突出合规监管和基础服务功能……
	《贵州省数据流通交易促进条例(草案)》	安全义务	第九条 第一款 数据交易场所应当按照相关法律、法规和有关主管部门的规定,制定交易规则和业务流程,登记结算、风险控制、重大事项监测与报告、信息披露、安全管理等制度,提供规范透明、安全可控、行为可追溯的数据交易服务,接受属地市州人民政府的日常监督管理。

续表

数据交易机构	文件名称	义务设置	相关规定
	《宁夏回族自治区大数据产业发展促进条例（草案）》	建设管理制度义务	第四十条 自治区人民政府应当支持数据交易服务机构建设，建立健全数据资产知识产权保护和产权服务规则，培育和规范数据交易市场。鼓励和引导数据服务机构制定数据交易规则、数据交易备案登记等管理制度，数据交易服务机构应当事人在依法设立的数据服务机构进行数据交易，依法提供交易服务。
数据交易场所	《河南省数据条例（草案）》（征求意见稿）	建设管理制度义务	第三十七条 全省统一规划安全可信、管理可控、可追溯的数据交易平台。 鼓励市场主体通过统一规划的数据交易平台进行数据交易。 第三十八条 促进数据价值评估、数据质量评估、数据合规评估等第三方评估机构发展，支持数据服务机构提供数据交易、数据经纪、数据交付等专业服务。 建立健全数据交易服务机构管理制度，规范数据交易服务机构执业行为。
大数据交易平台	《海南省大数据开发应用条例》	(1) 安全交易义务； (2) 建设管理制度义务。	第四十一条 省大数据管理机构应当培育数据交易市场，规范交易行为，鼓励和引导数据交易主体在依法设立的大数据交易平台进行数据交易，加强对大数据交易平台的监管。 第四十二条 大数据交易平台建设单位应当制定和完善数据交易规则、信息披露规则，数据交易备案登记等管理制度，数据交易服务机构提供数据生产、交易、开放、共享和流转环境，保证数据交易安全可信。
大数据交易服务机构	《安徽省大数据发展条例》	(1) 安全交易义务； (2) 建设管理制度义务。	第三十八条 第一款 要素交易平台、省人民政府数据资源主管部门应当会同有关部门统筹大数据交易服务机构的设立，搭建数据要素交易平台，建立数据产权交易规则，推动建立自律机制。 第三十九条 大数据交易服务机构应当建立安全可信、管理可控、全程可追溯的数据交易环境，依法保护个人信息、隐私和商业秘密，制定数据交易、信息披露、自律管理等规则，鼓励和引导数据交易当事人在依法设立的大数据交易服务机构进行数据交易。

续表

数据交易机构	文件名称	义务设置	相关规定
数据交易服务平台	《天津市数据交易管理暂行办法》	(1) 安全交易义务；(2) 提供基础服务功能义务。	**第二十五条** 数据交易服务平台应具备用户管理、交易管理、订单管理、平台管理等基本功能，并可根据需要提供测试、技术支撑等扩展功能。 **第二十六条** 数据交易服务平台应支持用户注册及验证、用户登录、密码找回、注册信息修改、密码修改等用户管理功能。 **第二十七条** 数据交易服务平台应支持数据供方发布数据商品及数据服务、声明交易数据的权属及适用范围，处理在线投诉，支持数据需方发布数据商品及数据服务需求，管理采购清单、评价及在线投诉等。 **第二十八条** 数据交易服务平台应提供在线下单以订单修改、取消、删除、查询，在线支付等订单管理功能，支持对相关合同协议保存备案，对到期期末支付订单自动联动，对已支付订单取消进行审核等。 **第二十九条** 数据交易服务平台应具备供求信息管理，交易数据计费管理，安全管理、交易审计、日志管理等平台管理功能，支持数据交易服务机构审核用户的注册信息和发布信息，发布及修改通知和公告，查询及导出订单信息和支付信息，备份及恢复系统数据等。 **第三十条 数据交易服务平台可根据需要支持开发测试相关的样本数据、资源、用户、任务、系统和安全管理功能，为数据供需双方提供高效、稳定、安全的开发测试环境。** **第三十一条** 数据交易服务平台可根据需要支持数据存储、加密、销毁、存取控制，以及数据库、中间件、数据接口等功能，为数据供需双方开展数据交易提供运行环境和技术支撑。

续表

数据交易机构	文件名称	义务设置	相关规定
大数据交易所	《贵州省数据流通交易管理办法（试行）》	(1) 安全交易义务；(2) 建设管理制度义务。	**第八条** 第一款 贵阳大数据交易所是省有关监管部门批准设立的从事数据交易的场所，遵循自愿、公平、诚实信用的原则，依法依规面向全国提供数据流通交易服务。 **第九条** 数据交易场所由"贵州省数据流通交易服务中心＋贵阳大数据交易所有限责任公司"组成，接受相关部门的监督管理。贵州省数据流通交易服务中心负责运营，坚持合规运营，有效防范风险，保障数据安全。贵阳省数据流通交易服务中心负责全省数据流通交易、合规监管等工作，**制定行业规范、建立数据流通交易规则、安全保障等制度**，具体承担数据流通交易平台管理工作，开展数据商、数据要素等登记凭证服务，探索创新数据流通交易机制。贵阳大数据交易所有限责任公司负责数据流通交易平台日常运营、市场推广和业务拓展等工作，确保交易场所稳定运行。 **第十一条** 贵州省数据流通交易服务中心应建立交易主体登记、交易标的登记、**数据交付、资金结算、风险控制、**交易信息的处理和发布标准规范，以及其他异常处理机制等。

表7-8 数据立法中关于违反数据交易相关规定法律责任的相关规定

违规情形	法律责任内容	文件名称	相关规定
	(1) 责令限期改正; (2) 通报批评; (3) 直接负责的主管人员或者其他直接责任人员依法给予处分; (4) 赔偿; (5) 刑事责任	《山西省政务数据资产管理试行办法》	**第十五条** 涉及政务数据资产的部门或者机构有下列情形之一的,由同级人民政府责令限期改正;逾期不改正的,给予通报批评;情节严重的,对直接负责的主管人员或者其他直接责任人员依法给予处分;构成犯罪的,依法追究刑事责任;造成损失的,依法承担赔偿责任: (一) 未按照本办法规定进行政务数据资产登记汇总工作的; (二) 违规建设政务数据共享交换平台的; (三) 超越权限开发利用政务数据的; (四) **违规进行政务数据资产交易的;** (五) 其他违反本办法规定行为的。
违规进行政务数据资产交易	(1) 责令限期改正; (2) 对直接负责的主管人员和其他直接责任人员依法给予处分; (3) 刑事责任。	《广西壮族自治区大数据发展条例》	**第七十六条** 政务部门、公共服务组织违反本条例规定,有下列情形之一的,由有关主管部门按照法定职责责令限期改正;逾期不改正的,对直接负责的主管人员和其他直接责任人员依法给予处分;构成犯罪的,依法追究刑事责任: (一) 未按照规定收集、归集、共享、开放公共数据的; (二) 伪造、篡改,或者非法删除公共数据的; (三) 对自然人、法人、非法人组织的校核申请不及时依法处理的; (四) 未按照规定开展数据质量监督管理的; (五) **未按照规定在依法设立的数据交易场所开展数据交易的;** (六) 未依法履行数据安全保护职责的; (七) 其他滥用职权、玩忽职守、徇私舞弊的情形。
在公共数据产品开发利用和数据产品购买交易活动中,违反政府采购等相关法律规定	**刑事责任**	《海南省公共数据产品开发利用暂行管理办法》	**第三十四条** 涉及财政资金购买活动的购买方和服务商应当自觉接受财政监督、社会监督、审计机关依法对涉及财政资金收支的交易各方进行审计监督。 平台管理方、数据监管方、提供方及其工作人员在公共数据产品开发利用和数据产品购买交易活动中,购买方及交易服务商,存在违反法律法规和本办法的行为的,依法移送司法机关追究刑事责任。

续表

违规情形	法律责任内容	文件名称	相关规定
向他人出售履行职责过程中知悉的国家秘密、商业秘密、个人信息和隐私的	（1）限期整改；（2）对直接负责的主管人员和其他直接责任人员依法依规给予处分；（3）刑事责任。	《辽宁省大数据发展条例》	**第四十九条** 政府有关部门、单位及其工作人员违反本条例规定，有下列行为之一的，由本级大数据主管部门通知限期整改；逾期未改正的，报本级人民政府责令其限期改正；情节严重的，对直接负责的主管人员和其他直接责任人员依法依规给予处分；构成犯罪的，依法追究刑事责任： （一）未按照公共数据资源目录向大数据资源平台及时汇聚数据的； （二）采集数据的种类和范围与其依法履行公共管理职责或者提供公共服务不相应的； （三）重复采集可以从大数据资源平台获取的公共数据的； （四）向大数据资源平台汇聚的公共数据无法使用的； （五）通过共享获取的公共数据，未用于履行公共管理职责或者提供公共服务的； （六）未按照规定开放公共数据资源的； （七）泄露、出售或者非法向他人提供行职履行职责过程中知悉的国家秘密、商业秘密、个人信息和隐私的； （八）未按照规定履行数据安全保护职责的； （九）其他违反法律、行政法规有关规定的行为。
数据流通交易主体违反网络安全、数据安全、个人信息保护有关法律、法规规定开展数据流通交易活动的	（1）网信、公安、国家安全、市场监管、地方金融监管等部门在各自职责范围内依法予以查处；（2）相关不良信息依法记入其信用档案。	《贵州省数据流通交易促进条例（草案）》	**第三十八条** 数据流通交易主体违反本条例规定开展数据流通交易活动，属于违反网络安全、数据安全、个人信息保护有关法律、法规规定的，由网信、公安、国家安全、市场监管、地方金融监管等部门在各自职责范围内依法查处，相关不良信息依法记入其信用档案。

续表

违规情形	法律责任内容	文件名称	相关规定
数据交易场所违反有关规定	(1) 停止相关行为，限期整改； (2) 出具警示函，不予新设交易品种； (3) 取消违规交易品种； (4) 予以关闭或者取缔； (5) **刑事责任**； (6) 对法定代表人、高级管理人员依法采取监管谈话、纳入诚信档案管理、建议给予处分等联合惩戒。	《上海市数据交易场所管理实施暂行办法》	**第二十八条** 数据交易场所违反有关规定的，市经济信息化委责令其停止相关行为，限期整改；逾期未改正或者整改不到位的，采取出具警示函、取消违规交易品种、不予新设交易品种，依法移送司法机关处理。由市经济信息化委报市政府批准后依法予以关闭或者取缔，涉嫌犯罪的，市经济信息化委可以依法对于负有责任的数据交易场所法定代表人、董事、监事、高级管理人员，采取监管谈话，建议给予处分等监管措施，纳入诚信档案管理，实行联合惩戒。
违反 "禁止数据交易" 的情形	(1) 责令改正、没收违法所得； (2) 罚款； (3) 行政处罚。	《深圳经济特区数据条例》	**第九十四条** **违反本条例第六十七条规定交易数据的**，由市市场监督管理部门或者相关行业主管部门按照职责责令改正，没收违法所得，处五万元以上二十万元以下罚款；交易金额不足一万元的，处二十万元以上一百万元以下罚款；并可以依法给予法律、行政法规规定的其他行政处罚。法律、行政法规另有规定的，从其规定。
	(1) 责令改正、没收违法所得； (2) 罚款。	《陕西省大数据条例》	**第七十四条** **违反本条例第三十六条规定交易所得**，由县级以上市场监督管理部门或者相关行业主管部门按照职责责令改正，没收违法所得，交易金额不足一万元的，处五万元以上一万元以下罚款；交易金额一万元以上的，处二十万元以上一百万元以下罚款。

续表

违规情形	法律责任内容	文件名称	相关规定
数据市场处理交易主体非法处理数据交易所形成的数据产品和服务	(1) 责令改正，没收违法所得； (2) 罚款。	《辽宁省大数据发展条例》	**第五十条** **数据处理市场主体违反本条例规定**，交易处理数据形成的数据产品和服务的，由市场监督管理部门或者相关行业主管部门按照职责责令改正，没收违法所得，处五万元以上二十万元以下罚款；交易金额不足一万元的，处二十万元以上一百万元以下罚款；交易金额一万元以上的，另有规定的，从其规定。法律、行政法规
数据交易所允许非会员直接参与数据交易；数据交易所违规聘用负责人及从业人员	(1) 责令改正； (2) 通报批评； (3) 行政处罚； (4) **刑事责任**。	《广东省数据流通交易管理办法（试行）》（征求意见稿）	**第四十二条 【数据交易所的责任】** **数据交易所违反本办法第十三条的规定**，允许非会员直接参与数据交易的，由有权机关责令改正，对直接负责的主管人员和其他直接责任人员给予通报批评；涉嫌犯罪的，依法追究刑事责任。 **数据交易所违反本办法第十五条的规定**，违规聘用负责人及从业人员的，应当按照劳动合同法的规定执行，并对直接负责的主管人员和其他直接责任人员给予通报批评；涉嫌犯罪的，依法追究刑事责任。 数据交易所在经营过程中存在违反法律法规行为的，由有权机关依法给予行政处罚；涉嫌犯罪的，依法追究刑事责任。
数据交易经纪人及其从业人员数据交易有损害委托人利益行为的	(1) 通报批评； (2) 行政处罚； (3) 暂停或者撤销其数据经纪人认定； (4) **刑事责任**。	《广东省数据流通交易管理办法（试行）》（征求意见稿）	**第四十三条 【数据经纪人的责任】** **数据交易经纪人及其从业人员违反本办法第十八条的规定**，有损害委托人利益行为的，给予通报批评，依法撤销其数据经纪人认定；情节严重的，暂停或者撤销其数据经纪人认定，由有权机关依法给予行政处罚；涉嫌犯罪的，依法追究刑事责任。 数据交易经纪人在经营过程中存在违反法律法规行为的，由有权机关依法给予行政处罚；涉嫌犯罪的，依法追究刑事责任。
数据商违规从事和经营数据流通交易业务	(1) 责令改正，通报批评； (2) 给予处分； (3) **刑事责任**。	《广东省数据流通交易管理办法（试行）》（征求意见稿）	**第四十四条 【数据商的责任】** **数据商违反本办法规定的**，应予责令改正，通报批评，由有权机关对直接负责的主管人员和其他直接接责任人员依法给予处分；涉嫌犯罪的，依法追究刑事责任。

续表

违规情形	法律责任内容	文件名称	相关规定
数据交易所和数据经纪人未按照本办法规定报送有关报告、履行信息披露义务	（1）责令改正，通报批评； （2）给予处分； （3）刑事责任。	《广东省数据流通交易管理办法（试行）》（征求意见稿）	第四十五条【信息披露责任】 数据交易所和数据经纪人未按照本办法规定报送有关报告、履行信息披露义务的，或者报送的报告、披露的信息有虚假记载、误导性陈述、重大遗漏的，应予责令改正，通报批评，并对直接负责的主管人员和其他直接责任人员给予通报批评，依法追究刑事责任。
网信、公安、国家安全、保密、通信管理等主管部门及其工作人员，和数据流通交易主体及其从业人员，未按照规定履行数据安全管理职责	（1）责令改正，通报批评； （2）给予处分； （3）刑事责任。	《广东省数据流通交易管理办法（试行）》（征求意见稿）	第四十六条【安全管理主体责任】 网信、公安、国家安全、保密、通信管理等主管部门及其工作人员，和数据流通交易主体及其从业人员，未按照规定履行数据安全管理职责的，由本级人民政府或者上级主管部门责令改正，对直接负责的主管人员和其他直接责任人员依法给予处分；情节严重或者造成严重损害的，由有权机关对直接负责的主管人员和其他直接责任人员依法给予处分；涉嫌犯罪的，依法追究刑事责任。

限于责任改正、没收违法所得、罚款等，并未涉及刑事责任。[1]上海市的上述立法内容，是否存有"违反上位法"的问题有待进一步思考。

九、省级数据立法关于数据交易规定的评价

2019 年，党的十九届四中全会提出，将数据纳入生产要素，数据交易成为热点风向。但作为新兴事物，数据交易的各个方面尚在摸索前进，亟待探索研究。在数据交易的模式方面，目前面临场内交易遇冷而场外交易过热的问题，应当坚持规范引导场外交易，培育壮大场内交易。在数据交易标的方面，数据很难成为一种标准化的交易标的，应当对数据定制交易多加探索。在数据交易的定价方面，不同定价优劣不同，具体定价方式尚待进一步探索，但应当保证数据价格公开透明。在数据交易机构方面，目前困难重重，数据产权和数据安全问题突出。违反数据交易所应承担的法律责任，主要包括民事责任和刑事责任；前者在认定可得利益损失时需要区分不同情形，后者则需要避免入罪标准"口袋化"的倾向。

（一）数据交易的模式：规范引导场外交易，培育壮大场内交易

我国各地数据交易机构主要采用两种交易模式：一是以企业为主导的数据撮合交易模式，又被称为"数据集市"，以交易粗加工的原始数据为主，也称为直接交易模式；二是政府主导的数据增值服务模式，买卖双方交易经过加工之后的定制化的数据产品。[2]第一种模式是场外市场，第二种模式是场内市场，当前场外市场的交易活跃度和交易量大于场内市场。

在实践中，尽管我国场外的数据交易活跃，可以满足一些企业的需求，但如何监管场外市场是一个巨大的难题。我国"数据黑市"[3]中的非法数据交易非常猖狂，监管部门虽然从数据采集、数据交易和数据滥用等环节对"数据黑产"不断开展集中整顿，但很难完全禁止。

而大数据交易所可以视为对场外点对点数据交易的促进、服务与保障，以此吸引数据交易从场外进入场内。随着我国数据安全法与个人信息保护法的落地，企业在数据安全与个人信息保护方面都存在合规的巨大压力。在此种背景下，如果具有政府背景的大数据交易所能够为企业的数据安全提供合规科技、风险评估与安全认证，并且为个人信息提供可交易的规则，则企业将会有较大的动力进入场内交易。[4]当大数据交易所提供足够专业化的中介服务，就有可能克服数据的价值不确定问题。在大数据交易所的安全保障下，交易双方也将有更多信心进行交易，克服数据的泄露或排他性

---

〔1〕《数据安全法》第 47 条规定："从事数据交易中介服务的机构未履行本法第三十三条规定的义务的，由有关主管部门责令改正，没收违法所得，处违法所得一倍以上十倍以下罚款，没有违法所得或者违法所得不足十万元的，处十万元以上一百万元以下罚款，并可以责令暂停相关业务、停业整顿、吊销相关业务许可证或者吊销营业执照；对直接负责的主管人员和其他直接责任人员处一万元以上十万元以下罚款。"

〔2〕田杰棠、刘露瑶：《交易模式、权利界定与数据要素市场培育》，载《改革》2020 年第 7 期。

〔3〕中华人民共和国公安部公布 2019 年以来公安机关破获的 10 起侵犯公民个人信息违法犯罪典型案件中，"20191023""暗网"侵犯公民个人信息案、"4·2""暗网"侵犯公民个人信息案、吴某"暗网"侵犯公民个人信息案、高某"暗网"侵犯公民个人信息案等均涉及了"数据黑市"非法数据交易。

〔4〕参见席月民：《数据安全：数据信托目的及其实现机制》，载《法学杂志》2021 年第 9 期；参见翟志勇：《论数据信托：一种数据治理的新方案》，载《东方法学》2021 年第 4 期；参见唐林垚：《数据合规科技的风险规制及法理构建》，载《东方法学》2022 年第 1 期。

问题。

但目前场内交易也存在诸多问题。与发达国家的数据要素市场相比，国内的数据要素市场尚未完全市场化，场内交易规模小；全国各家数据交易所交易规则难以统一，数据要素市场结构壁垒森严，影响统一市场构建；数据要素市场交易规则不完善，交易也多以粗放式交易为主。同时，数字企业建立的数据要素市场也存在同质化、附加值低、重复建设等问题。[1]

要解决数据交易模式的问题，政府应加强监管，制定和实施相关法律法规，明确数据交易的合法性、合规性和安全性，打击非法数据交易，保护消费者权益。此外，除了传统的场内和场外交易模式，还应积极探索新的数据交易模式，如基于区块链的智能合约交易、去中心化交易平台等，以满足市场的多样化需求。

（二）数据交易的标的：缺少共识，亟需全国性立法

一般而言，数据交易首先应当明确交易标的为何，是原始数据，还是加工处理之后数据衍生品，抑或数据服务？从数据交易标的角度而言，双方对所交易的是原始数据还是加工处理后的数据衍生产品和服务并无完整性认知。数据开发毕竟是创新探索式实践，整个过程中原始数据和加工处理后的数据衍生产品和服务哪方的价值更高，哪方更容易被市场接受只能有模糊性预估，而不存在精准性判断。

数据需要能够被有关软件读取、解读才能发挥其价值，可读性是数据具有价值的前提之一，未经整理的原始数据无法发挥数据的价值。因此，原始数据需要被加工、整理，这也导致数据很难成为一种标准化的交易标的。原始数据的加工、整理作为一项高成本、低效率的工作，如果能够从数据收集伊始就按照需求方的要求进行整理，即进行"数据定制"，就可以降低整个数据利用的成本。定制数据一般通过数据交易平台来完成，由需求方提出数据的具体需求，再由数据提供方根据需求进行匹配，提供数据。[2]

数据定制交易通常会依赖数据交易平台进行，是一种以数据为客体的承揽法律关系。在数据定制交易进行之前，进行交易的数据是不存在的，销售的过程实际是一个完成数据承揽定制的过程。另外，数据交易平台会深度参与到定制交易的法律关系中，这导致法律关系出现了更多的变数。在数据定制交易中，数据交易平台自己可能会作为承揽人，以自己的技术能力来向买方提供数据，也可能仅作为中介方，提供信息，实际由第三方提供数据。

针对数据交易标的的定制问题，需要制定具体的规则和操作指引，以确保数据交易的合法、合规和公平。首先，应明确数据交易标的的定义和分类。在数据交易中，交易的标的可以是原始数据、数据衍生品或数据服务。对数据交易标的进行明确的定义和分类，有助于更好地规范数据交易市场，避免交易双方对交易标的产生歧义。其次，应建立数据交易标的的质量标准。由于数据需要能够被有关软件读取、解读才能发挥其价值，因此，需要对数据进行加工、整理。为了确保交易的数据质量可靠、安

---

〔1〕 参见张丽霞：《我国数据要素市场竞争治理的困境及完善路径》，载《西南金融》2021 年第 8 期。

〔2〕 例如，华东江苏大数据交易平台通过"数据众包"或"方案召集"的方式发布需求，卖方接单后需要提供初步的方案供买方决定是否采纳，采纳方案后由买方进行付款。参见李雅男：《数据保护行为规制路径的实现》，载《学术交流》2018 年第 7 期。

全，应建立数据质量标准，对数据进行评估和审核，以确保数据符合标准。最后，应完善相关法律法规和政策，健全关于数据标的的全国性法律制度规定。目前关于数据交易标的的法律法规和政策尚不完善，亟需全国性立法予以规定，为数据交易提供法律保障和支持。

（三）数据交易定价：从评估到应用的多维度探索

公开透明的数据价格是构建数据交易市场的前提和重要基础，也是影响数据交易平台活跃度的重要参数。数据定价过低将无法体现数据价值，会降低数据卖方出售数据的积极性；反之，数据定价过高则会降低数据买方的积极性。从数据交易定价角度而言，双方对于数据资产的地位和估值标准尚未确定，存在市场竞争不充分、供求关系不对等的情况，单纯依靠市场定价或许会形成有价无市或有市无价的尴尬境遇。更为重要的是，数据价值高度依赖运用场景，甚至交易双方对于数据交易价格的最优解需要数据在特定应用场景下在价值挖掘方式不断校正的前提下才能获致，很难有一套统一的定价方法，只有在相关数据能够直接接入买方企业需求，并能够与买方现有的算法或数据资源形成规模经济与范围经济的协同效应时，数据供给与数据需求才能够相匹配，数据价格才能够真正得以准确评估。

数据定价是数据市场建设过程中关键的一步，也是当前数据市场面临的一大难题。由于数据具有不同于传统生产要素的特征，传统的产品定价方式不一定适用于数据定价。数据价值评估定价体系与数据要素的完整性、准确性、层次性、协调性和异质性高度相关，数据的数量、范围、质量、来源、颗粒度、关联性、时效性、稀缺性、行业性质、权益性质、交易性质、预期效益都会导致数据交易的不完全契约性难以避免，影响契约双方对数据产品的精准定价。

综上，数据产品的定价方法需要更多的探索。不同的数据主体对数据产品有不同的估值，数据定价是基于多方之间的估值和均衡的结果。因此，对于数据定价问题而言，重要的是系统地为数据市场中的各方建立价值评估原则。数据的定价既要考虑到数据本身的价值（即数据资产价值评估），也要考虑到数据应用场景和数据流通过程中交易各方付出的价值。

（四）数据交易机构出路探索：谨慎设立，规范行为

2022年中共中央、国务院印发的"数据二十条"中指出，应当统筹构建规范高效的数据交易场所。2022年3月中共中央、国务院公布《关于加快建设全国统一大市场的意见》指出，要加快构建统一的数据市场，建立健全全国性数据交易流通制度和规范。[1]

分析地方数据立法可以发现，各地设立数据交易所的愿望普遍迫切，但目前我国数据交易存在条块分割、配置脱节、区域差距等问题，区域发展不协调，数据要素在全国范围内的流动受阻。因为数据具有非竞争性、可复制性、非排他性及其与数据技术不可分离的特征，数据交易所若地方化且遍地开花，必将违背数字经济规律、浪费

---

〔1〕　截至2023年，由地方政府发起、主导或批复的数据交易所已达到44家（不含香港大数据交易所），其中正式运营的有15家。从地域分布来看，44家数据交易所主要集中在京津冀、珠三角、长三角、中西部经济发达地区。其中，广东、湖北和山东各有4家，北京、江苏、河南各有3家，上海、浙江和重庆各有2家，四川、安徽、陕西等16个省级行政区各有1家。

建设资源、增加数据交易成本甚至扰乱数据交易秩序。当前，我国区域性数据交易平台建设呈现出多头齐发的现象，不利于建立全国统一大市场。另外，各地的大数据交易平台建设因缺乏统一规划，其交易标准、交易规则存在较大的差异，甚至还存在数据存储格式的差异，严重影响了数据要素的跨区域交易和流动。大数据交易所的设立，同样需要适应数据特征、符合数字经济发展规律。遏制地方设立数据交易所的冲动，规范数据交易所的行为，是建立健全全国性数据交易流通制度和规范的必然选择。

要构建统一的数据交易大市场，首先，应当强化顶层的制度设计，搭建数据要素统一市场管理框架。同时，不断完善现有的法律法规体系，为数据要素统一市场构建提供法律支撑，建立全国统一的数据交易规则，确保数据要素能够有序自主流动。其次，完善数据交易机制，建立全国统一的数据服务体系，进一步完善数据存储格式及流动标准。国家数据局应牵头出台相应的数据交易规则及服务标准，发挥数据交易平台在规则、服务标准方面的监督权，逐步规范数据要素交易过程。最后，加大数据反垄断力度、促进数据的互联互通。加大对滥用市场支配地位行为的反垄断调查，对拒绝交易、抬升市场准入壁垒、降低数据互操性的行为要加大处罚力度。

（五）违反数据交易相关规定承担的法律责任

1. 民事责任：数据交易标的特殊性需分类认定违约可得利益损失

违约方的损害赔偿范围应当包括积极损失的赔偿和消极损失的赔偿，前者是既得利益之损失，包括准备履行合同义务支出的费用、守约方采取补救措施及因违约造成的其他财产损失；后者是可得利益之损失，即合同得到履行后，守约方利用合同标的从事生产经营等可以获得的利益的丧失。[1]

就数据交易的违约损害赔偿而言，由于数据交易标的的特殊性，数据交易合同的违约损害赔偿计算与传统实物商品合同的违约损害赔偿计算不同。因为数据的价值具有不确定性，其价值因主体而异、因方式而异、因用途而异。同样的数据对不同利用主体而言价值存在差别，相同的数据由不同企业开发出的价值不同。同时，数据资源作为新的生产要素，可以在不同的场景创造不同的价值。数据产品和服务的价值通常取决于利用方式和拟作的用途，在某些应用场景具有较高质量和价值的数据在其他场景不一定具有相同的价值。

因此，在认定数据交易违约可得利益损失时需要区分不同情形。其一，如果存在守约方已与他人就该数据订立转售合同等可以确定守约方损失的情形，那么此合同可以直接作为违约损害赔偿金额的计算基准。如果不存在可以被证明的生产利润损失、经营利润损失、转售利润损失等情形，那么在确定守约方利用数据产品和服务可能获得的经济收益时，可以综合考虑交易背景，守约方的开发能力和市场地位，交易类型、数据产品的使用场景、方式、范围、调用频率、同类交易的价格标准等因素，依据公平原则酌定赔偿数额。此外，无法根据市场价格和替代交易计算可得利益时，还可以考虑引入违约方获益计算数据交易违约损害赔偿数额。其二，在相应证据不足以证明守约方具体损失数额的情况下，若当事人约定了违约金，则可以依据违约金条款确定损害赔偿数额。因为当事人约定的违约金在很大程度上体现了当事人意思对违约损害

---

〔1〕 参见韩世远：《合同法总论》，法律出版社 2018 年版，第 785～786 页。

赔偿范围的影响，本身具有对损害赔偿数额预估的功能。[1]

2. 刑事责任：数据犯罪的"口袋化"需要调整入罪标准导向

严重违反各省级数据立法文件中关于数据交易的规定，并构成犯罪的，将被依法追究刑事责任。数据犯罪的相关罪名往往以"造成损失""情节严重"作为入罪标准，具有"口袋化"的嫌疑。当前司法实务中普遍采用的"违法所得""经济损失"等数额标准，判决书中往往在载明违法所得或者造成经济损失的数额后得出"情节严重"的结论。这种数额化的入罪标准并不能体现由行为人主观恶性和行为客观危害性程度两方面共同决定的"情节严重"。目前的标准弱化了行为后果与数据安全运行秩序法益的关联性，而更能体现行为情节与后果严重程度的要素诸如数据性质、数据种类、获取数据后的通常用途等却在评价情节与后果是否严重时被忽略。[2]未来数据犯罪的入罪标准应从以结果导向的"数额标准"为主转向"行为结果与过程""主观恶性和客观危险性"并重的格局，以数据分类分级为基础，合理评价数据犯罪的行为可罚性有无及程度，进而对其作出不同的评价。

---

〔1〕　参见徐建刚：《规范保护目的理论在违约损害赔偿中的适用——对可预见性规则的反思》，载《清华法学》2021 年第 4 期。

〔2〕　参见杨志琼：《我国数据犯罪的司法困境与出路：以数据安全法益为中心》，载《环球法律评论》2019 年第 6 期。

专题七附录 省级数据立法关于数据交易的规定

规定内容		规范名称	效力层级	相关规定
数据交易主管部门		《海南省大数据开发应用条例》	地方性法规	**第四十一条** 省大数据管理机构应当培育数据交易市场,规范交易行为,鼓励和引导数据交易主体在依法设立的大数据交易平台上进行数据交易,加强对大数据交易平台的监管。
		《上海市数据条例》	地方性法规	**第四十七条** 市人民政府应当按照国家要求,深化数据要素市场化配置改革,制定促进政策,培育公平、开放、有序、诚信的数据要素市场,建立资产评估、登记结算、交易撮合、争议解决等市场运营体系,促进数据要素依法有序流动。
				第四十八条 市政府办公厅应当制定政策,鼓励和引导市场主体依法开展数据共享、开放、交易、合作,促进跨区域、跨行业的数据流通利用。
		《陕西省大数据条例》	地方性法规	**第三十五条** 省人民政府应当培育数据要素市场,规范数据交易行为,鼓励和引导市场主体在依法设立的数据交易平台上进行数据交易。数据交易应当遵守法律、行政法规规定,不得损害国家利益、社会公共利益和他人合法权益。
		《四川省数据条例》	地方性法规	**第二十二条** 省数据管理机构应当会同相关部门按照国家要求,深化数据要素市场化配置改革,培育公平、开放、有序、诚信的数据要素市场,开放、授权运营、规范数据交易,推进公共数据共享、开放、授权运营,促进数据要素依法有序流通。
				第三十三条 省数据管理机构会同相关部门建立数据交易管理制度,规范数据交易行为,建立资产评估、登记结算、交易撮合、争议解决等数据要素市场运营体系。

续表

规定内容	规范名称	效力层级	相关规定
	《四川省数据条例》	地方性法规	**第三十四条** 政务部门和财政资金保障运行的公共服务组织应当通过依法设立的数据交易场所开展数据交易；鼓励符合条件的市场主体在依法设立的数据交易场所开展数据交易。
	《江西省数据应用条例》	地方性法规	**第四十二条** **省人民政府及其有关部门应当**制定措施培育壮大数据采集、存储管理、挖掘分析、交易流通、安全保护等数据核心产业，发展人工智能、大数据、云计算、区块链、数据存储、物联网、高端软件、网络安全等特色产业。
	《江西省数据应用条例》	地方性法规	**第二十四条** 省人民政府应当按照国家有关规定深化数据要素市场化改革，培育公平、开放、有序、诚信、安全的数据要素市场，推动建立资产评估、交易撮合、争议仲裁等市场运营体系，促进数据要素流通和应用。
数据交易主管部门	《吉林省大数据条例（2023 修订）》	地方性法规	**第六十一条** 第一款 **省人民政府应当**统筹规划，加快培育安全可信、公平开放、监管有效的数据要素市场，推动建立市场运营体系，完善数据要素市场化配置机制。**省人民政府有关部门应当**推进数据要素市场社会信用体系建设，建立交易异常行为发现与风险预警机制。
数据交易主管部门	《福建省大数据发展条例》	地方性法规	**第六条** 第一款 省人民政府大数据主管部门会同标准化管理部门制定公共数据采集、汇聚、共享、开放、交易、安全等标准。
	《福建省大数据发展条例》	地方性法规	**第四十条** 省、设区的市人民政府大数据主管部门及其他有关部门以及其他有关部门应当采取措施培育数据交易市场，鼓励和支持数据交易活动，促进数据资源有效流动。 省人民政府大数据主管部门应当规范数据交易行为，鼓励和引导数据交易主体在依法设立的数据交易平台进行交易，加强对数据交易平台的监管。数据交易平台应当采取措施，防止数据交易过程中的个人信息泄露。

续表

规定内容	规范名称	效力层级	相关规定
	《天津市促进大数据发展应用条例》	地方性法规	**第四十五条** 第一款 市和区人民政府及其有关部门应当采取措施培育数据交易市场，规范交易行为，鼓励、支持通过数据交易等方式依法开发利用政务数据和社会数据，鼓励产业链各环节节点进行数据交换和交易，促进数据资源流通。
	《黑龙江省促进大数据发展应用条例》	地方性法规	**第三十一条** 省人民政府应当统筹规划，加快培育数据要素市场。省政务数据主管部门应当会同有关部门建立数据交易平台，引导依法交易数据行为，加强数据交易监管，促进数据资源依法有序、高效流动与应用。 省人民政府应当制定政策，培育数据要素市场主体，鼓励研发数据技术，推进数据应用，深度挖掘数据价值，通过实质性加工和创新性劳动形成数据产品和服务。
数据交易主管部门	《辽宁省大数据发展条例》	地方性法规	**第三十四条** 第二款 省和设区的市级人民政府应当引导市场主体通过数据交易平台合交易数据。 **第三十条** 省、市人民政府应当按照建立全国统一的产权保护、市场准入和公平竞争等制度要求，加快培育数据要素市场，保护市场合法财产权益，推动构建数据交易流通、加工、交易、开放、共享、应用等数据要素市场，促进数据资源有序、高效流动与利用，加快融入和服务全国统一的数据要素市场。 **第三十六条** 省、市人民政府应当规范数据交易管理，培育数据交易市场和交易主体，促进数据要素市场化高效配置。
	《吉林省促进大数据发展应用条例》	地方性法规	**第二十三条** 县级以上人民政府应当鼓励、引导数据依法交易流通，培育数据交易市场，规范数据交易行为，加强数据交易监管。 **第四十五条** 省人民政府及其有关部门应当组织进行大数据发展应用标准研究，加快大数据市场交易标准体系、标准符合性评估体系建设，推动数据发展应用相关标准。 相关标准的制定和实施，鼓励数据企业、行业协会、大数据科研机构参与参与研究制定大数据采集、开发、安全、保密等应用相关标准。

312

续表

规定内容	规范名称	效力层级	相关规定
	《贵州省大数据发展应用促进条例》	地方性法规	**第二十条** 县级以上人民政府应当加强社会治理大数据应用，推动简政放权，提升宏观调控、市场监管与公共服务等决策、管理、服务能力。 实施"数据铁笼"，规范权力行使，对公共权力、公共资源交易、公共资金等实行全过程监督。
	《安徽省大数据发展条例》	地方性法规	**第三十条** 第一款 省人民政府数据资源主管部门应当会同有关部门统筹大数据交易服务机构的设立，搭建数据要素交易平台，建立数据产权交易机制，推动建立行业自律机制。 第二款 县级以上人民政府应当培育数据要素市场的政策措施，加快培育发展、提高配置效率，促进数据资源有效流通。
	《山东省大数据发展促进条例》	地方性法规	**第四十五条** 第一款 县级以上人民政府应当依法推进数据资源市场化交易，并加强监督管理；鼓励和引导数据资源在依法设立的数据交易平台进行交易。
数据交易主管部门	《河南省数字经济促进条例》	地方性法规	**第二十五条** 省人民政府及其有关部门应当支持数据资源开发市场化发展，创新数据交易模式，拓宽数据交易渠道，促进数据高效流通；鼓励数据交易机构及数据运营平台、科研机构等单位研究建立数据价值评估和定价模式，支持有条件的地区依法设立数据交易中心。 县级以上人民政府及其有关部门应当规范数据交易行为，做好流转交易动态管理，按照包容审慎的原则建立完善数据资源交易监管体制。
	《河北省数字经济促进条例》	地方性法规	**第十七条** 国家机关，法律法规授权的具有管理公共事务职能的组织以及供水、供电、供气、供暖、公共交通、邮政、通信、民航、铁路、公共交通等提供公共服务的组织（以下统称公共管理和服务机构），在依法履行公共管理和服务职责过程中收集和产生的各类数据（以下统称公共数据），由省、设区的市、县（市、区）确定的公共数据主管部门实行统筹管理。 省公共数据主管部门应当会同公共管理服务机构制定统一的公共数据分类分级规则，分类标准和分级管理要求，对公共数据采集、汇聚、开发、开放、共享、交易、安全、销毁等全生命周期采取差异化管理措施。

313

续表

规定内容	规范名称	效力层级	相关规定
	《河北省数字经济促进条例》	地方性法规	设区的市、县级公共数据主管部门应当按照公共数据统筹管理要求，开展本行政区域内公共数据管理工作。
	《江苏省数字经济促进条例》	地方性法规	**第二十五条** **第二款** 县级以上人民政府及其有关部门应当按照国家数据管理有关规定，推动数据要素资源依法有序自由流动，支持开展数据资产管理、数据交易、结算支付等业务。 **第六十一条** 县级以上地方人民政府应当推动数据要素市场化建设，发展数据运营机构、数据经纪人，推进数据交易，规范数据交易行为，促进数据高效流通。有条件的地区可以依法设立数据交易场所，鼓励和引导数据供需双方在数据交易场所进行交易。
数据交易主管部门	《广西壮族自治区大数据发展条例》	地方性法规	**第四十六条** 县级以上人民政府可以探索建立数据权属登记制度，依法保护自然人、法人和非法人组织合法处理数据享有的财产权益，推动数据交易活动开展。 **第五十二条** 自治区人民政府大数据主管部门会同有关部门依法制定数据交易规则，建立数据来源可确认、使用范围可界定、全流程可追溯、安全风险可防控的数据流通体系。 **第五十三条** **第一款** 县级以上人民政府及其有关部门鼓励数据市场主体在依法设立的数据交易场所开展数据交易，市场主体也可以依照法律、法规规定自行交易。政务部门、财政资金保障运行的公共服务组织应当通过依法设立的数据交易场所开展数据交易。 **第五十四条** **第一款** 县级以上人民政府大数据主管部门应当加强对数据交易中介服务机构的监督管理，支持数据交易中介服务机构有序发展。 **第五十六条** 自治区人民政府应当组织有关部门依法制定数据交易标准，完善数据市场监管程序。自治区人民政府大数据主管部门应当对数据交易、信息披露行为等数据市场相关活动实施监管。

续表

规定内容	规范名称	效力层级	相关规定
	《山西省数字经济促进条例》	地方性法规	**第十八条** 县级以上人民政府应当围绕数字基础设施、数字基础服务、数据融合应用、数据流通交易等大数据产业链条关键环节，培育、引进行业领军企业，壮大大数据产业市场主体，培育大数据产业基地。
	《上海市公共数据开放暂行办法》	地方政府规章	**第五十一条** 省人民政府应当培育发展数据交易平台，构建数据资产市场化流通体系，推动建设山西省大数据交易中心，推动数据交易主体在依法设立的大数据交易平台进行交易。
	《广东省公共数据管理办法》	地方政府规章	**第三十一条（非公共数据交易）** 市经济信息化部门应当会同相关行业主管部门制定非公共数据交易流通标准，依托数据交易机构开展非公共数据交易流通的试点示范，推动建立合法合规、安全有序的数据交易体系。
数据交易主管部门	《湖北省数字经济促进办法》	地方政府规章	**第三十八条** **第一款** 省人民政府推动建立数据交易平台，引导市场主体通过数据交易平台进行数据交易。
	《山西省政务数据资产管理试行办法》	地方政府规章	**第三十四条** 省人民政府及其有关部门应当根据全国统一大市场建设要求，在保护个人隐私和确保数据安全的前提下，探索建立数据资源持有权、数据加工使用权、数据产品经营权等分置运行机制，依法培育数据要素市场，推进数据交易平台建设，逐步建立数据资产评估、登记结算、交易撮合、提高数据流通能力。争议仲裁等市场运营体系，推动数据要素开发利用，发掘数据要素应用场景，推动数据要素配置流通。
	《江苏省公共数据管理办法》	地方政府规章	**第十一条** 县级以上人民政府政务信息管理部门应当培育数据交易市场，规范交易行为，鼓励、支持通过数据交易等方式依法利用政务数据，促进政务数据资产流通。县级以上人民政府政务信息管理部门应当建立政务数据资产交易评估机制，促进政务数据资产交易。
			第三十五条 县级以上地方人民政府应当按照国家和有关规定探索建立公共数据资源流通、交易、应用开发规则和机制，推动构建公共数据市场主体和市场运营体系。公共数据主管部门应当建立规范的公共数据资源平台和市场化运营流程。

续表

规定内容	规范名称	效力层级	相关规定
	《浙江省公共数据开放与安全管理暂行办法》	地方政府规章	**第二十五条** 第一款 县级以上人民政府应当探索建立多元化的行业数据合作交流机制，加强数据资源整合，鼓励公民、法人和其他组织依法开放自有数据，引导和培育大数据交易市场，形成多元化的数据开放格局，提升社会数据资源价值。 公共数据主管部门应当引导公民、法人和其他组织利用开放数据开展应用示范，带动各类社会力量开展公共数据应用创新。
数据交易主管部门	《海南省公共数据产品开发利用暂行管理办法》	地方规范性文件	**第二十五条** 第二款 省大数据管理机构应当会同有关部门建立服务商信用档案，记录数据产品生产、交易、应用、管理、安全等方面的信息，并按照有关规定纳入社会信用体系。 **第三十三条** 第一款 省大数据管理机构应加强对数据产品超市的管理，制订数据产品超市的管理和交易规则，建立和完善数据产品开发与交易服务管理体系，建立合规、互信、共赢的数据产品开发交易秩序。
	《广东省公共资源交易监督管理暂行办法》	地方规范性文件	**第七条** 省公共资源交易工作委员会是全省公共资源交易工作议事协调机构，负责指导全省公共资源交易工作，研究解决公共资源交易发展规划和有关政策，协调解决公共资源交易重大问题和重要事项。
	《上海市数据交易所管理实施暂行办法》	地方规范性文件	**第四条** 上海市经济和信息化委员会（以下简称"市经济信息化委"）作为本市数据交易所的行业主管部门，履行监管责任，会同有关部门做好准入管理并加强入管理中事中事后监管等。 上海市金融稳定协调联席会议（以下简称"联席会议"），按照本市清理整顿各类交易场所规范管理工作，负责指导、协调交易场所规范管理工作。
	《重庆市公共数据开放管理暂行办法》	地方规范性文件	**第三十二条** 市大数据应用发展管理主管部门应当会同相关行业主管部门制定数据交易流通标准，统筹建设数据交易体系，培育平台，鼓励依托数据交易平台开展数据交易，推动建立合法合规、安全有序的数据交易市场。

续表

规定内容	规范名称	效力层级	相关规定
数据交易主管部门	《浙江省公共数据授权运营管理办法（试行）》	地方规范性文件	二、职责分工 （一）建立省级公共数据授权运营管理工作协调机制（以下简称协调机制），由**公共数据、网信、发展改革、经信、公安、国家安全、司法行政、财政、市场监管等省级单位组成**……试点市、县（市、区）政府建立本级协调机制，负责本行政区域内授权运营工作的统筹管理，安全监管和监督评价，审议给予、终止或撤销本级授权运营等重大事项，统筹协调解决本级授权运营工作中的重大问题。 （三）公共管理和服务机构负责本领域公共数据的治理，申请审核及安全监管等授权运营相关工作。 发展改革、经信、财政、市场监管等单位按照各自职责，做好数据产品和服务流通交易的监督管理工作……
	《天津市数据交易管理暂行办法》	地方规范性文件	第四条 市人民政府领导全市数据交易管理工作，区人民政府负责本行政区域内数据交易管理工作。 市和区互联网信息主管部门负责统筹协调本行政区域内的数据交易，双方在依法设立的数据交易服务机构进行数据交易。 发展改革、工业和信息化、住房城乡建设、国资、金融、财政、市场监管等部门按照各自职责做好数据交易管理的相关工作。
	《贵州省数据流通交易管理办法（试行）》	地方规范性文件	第五条 省大数据局负责指导、协调、调度全省数据流通交易工作。培育数据要素市场。指导全省统一的数据流通交易平台建设，推进数据流通交易产业生态发展，鼓励和引导数据供需主体在场所开展数据交易。 第六条 各市州人民政府统一领导、协调本行政区域内的数据流通交易工作。县级以上大数据主管部门贯彻落实数据流通交易规章制度，以场景应用为牵引，大力培育数据要素市场，壮大市场内数据交易。 第七条 网信、发展改革、公安、地方金融监管、市场监管、通信管理、密码管理和其他有关部门在各自职责范围内依照国家相关法律、行政法规的规定，负责数据流通交易市场秩序、安全保护和监督管理等工作，落实国家网络安全审查制度，建立健全数据安全保护体系。

续表

规定内容	规范名称	效力层级	相关规定
	《广西数据要素市场化发展管理暂行办法》	地方规范性文件	**第四条** 第一款 自治区大数据主管部门负责统筹规划、综合协调全区数据要素市场化发展和管理工作，组织推进数据确权登记、流通交易、收益分配、安全治理等重点工作，促进数据要素开发利用。 第二款 市、县两级大数据主管部门负责本行政区域内数据要素市场化发展和管理工作。
	《宁夏回族自治区大数据产业发展促进条例（草案）》	/	**第四十条** 第一款 自治区人民政府应当支持数据交易服务机构建设，建立健全数据资产知识产权保护和交易服务规则，培育和规范数据交易市场。鼓励和引导数据交易当事人在依法设立的数据交易服务机构进行数据交易。
	《天津市数据知识产权登记管理办法（试行）》	/	**第四条** 天津市知识产权局是天津市数据知识产权登记工作的主管部门，统筹本市行政区域内的数据知识产权登记管理工作，指导建设全市数据知识产权登记平台，指导开展本市行政区域内数据知识产权登记工作，并依据本《办法》颁发数据知识产权登记证书。本辖区内的知识产权保护中心作为登记机关具体承办数据知识产权登记工作。
数据交易主管部门	《广东省数据流通交易管理办法（试行）》（征求意见稿）	/	**第三条 【省数据流通交易主管部门职责】** 省政务服务数据管理局作为省数据流通交易主管部门，牵头负责全省数据要素市场化配置改革，统筹数据要素市场体系建设和管理工作，负责下列工作： （一）统筹数据资源管理，组织推进公共数据资源汇聚、共享、开放和开发利用； （二）统筹全省公共数据资源管理，组织推进公共数据资源汇聚、共享、开放和开发利用； （三）统筹本省行政区域内数据流通交易监督管理工作； （四）组织制定数据流通交易相关规章、规则，会同标准化行政主管部门制定数据流通交易相关标准规范； （五）组织开展数据资产合规性审核和登记工作； （六）建立进场交易清单，禁止进场交易清单管理机制； （七）组织开展本省数据经纪人遴选与认定工作。 各地市以上人民政府明确本地区数据流通交易主管部门，由其根据省数据流通交易主管部门授权并结合自身职权开展有关工作。

续表

规定内容	规范名称	效力层级	相关规定
	《上海市促进浦东新区数据流通交易若干规定（草案）》（征求意见稿）	/	**第四条（政府及部门职责）** 市人民政府应当加强数据流通交易对数字经济发展工作的领导，完善促进数据流通交易的工作协调机制和政策措施，研究决定数据流通交易创新发展中的重大问题，不断优化本市数据交易市场环境。 浦东新区人民政府应当采取措施推进数据流通交易工作，培育数据要素市场生态，推动建设数据要素产业集聚区。 市经济和信息化、发展改革、网信、金融等部门应当与浦东新区建立工作会商机制，促进数据流通交易创新发展，推动建设国家级数据交易所，推进数据要素产业规划布局和产业发展。 市和浦东新区科技、商务、国资、财政、国家、知识产权、市场监管、司法行政、大数据管理等部门，根据各自职责和本规定，负责促进浦东新区数据流通交易的相关工作。
数据交易主管部门	《贵州省数据流通交易促进条例（草案）》	/	**第四条** 省人民政府统一领导全省数据流通交易促进工作，研究决定数据流通交易促进工作的重大事项，培育壮大数据要素市场。 市州和县级人民政府负责本行政区域内数据流通交易使用。
			第三十条【交易平台】 第一款 省人民政府应当推动建立全省统一的数据交易平台，推动区域性、行业性数据流通使用。
	《江西省数据条例（征求意见稿）》	/	**第三十九条【数据产业发展】** 第一款 县级以上人民政府及有关部门应当培育壮大大数据收集存储、加工处理、交易流通的数据核心产业，加快推动数据采集设备、存储设备、高能低耗服务器、高能计算机、智能终端、智能传感器等硬件产品研发和制造能力。

续表

规定内容	规范名称	效力层级	相关规定
	《海南省大数据开发应用条例》	地方性法规	**第四十条** 数据交易应当遵循自愿、公平和诚实信用原则，遵守法律法规，尊重社会公德，不得损害国家利益、公共利益和他人合法权益。
	《山西省大数据发展应用促进条例》	地方性法规	**第十一条** 第一款 ……数据交易应当遵循自愿、公平和诚信原则，遵守法律法规，尊重社会公德，不得损害国家利益、公共利益和他人合法权益。
	《安徽省大数据发展条例》	地方性法规	**第二十六条** 第二款 数据交易应当遵循自愿、公平、诚信原则。
	《重庆市数据条例》	地方性法规	**第三十六条** 自然人、法人和非法人组织应当依法开展数据交易活动，遵循自愿、平等、公平和诚实信用原则，遵守法律法规和商业道德，履行数据安全保护、个人信息保护等义务……
数据交易原则	《广西壮族自治区大数据发展条例》	地方性法规	**第五十一条** 第一款 自然人、法人和非法人组织应当依法开展数据交易活动，遵循自愿、平等、公平和诚实信用原则，遵守数据安全保护、履行数据安全保护等方面的义务。
	《四川省数据条例》	地方性法规	**第三十五条** 第一款 数据交易应当遵循自愿、平等、公平和诚实信用原则，遵守法律法规和商业道德，履行数据安全保护、个人信息保护、知识产权保护等义务。
	《吉林省大数据条例（2023修订）》	地方性法规	**第六十三条** 第二款 数据交易活动应当遵循自愿、平等、公平和诚实信用原则，遵守法律法规和商业道德，履行数据安全保护、个人信息保护、知识产权保护等义务……
	《上海市数据交易场所管理实施暂行办法》	地方规范性文件	**第三条** 在数据交易场所从事数据交易，应当遵循自愿、平等、公平和诚信的原则，不得侵犯他人的合法权益和损害社会公共利益。

续表

规定内容	规范名称	效力层级	相关规定
	《天津市数据交易管理暂行办法》	地方规范性文件	第三条　本市数据交易坚持依法合规、安全可控、公平自愿、诚实守信的原则，遵守商业道德和公序良俗。
	《深圳市数据商和数据流通交易第三方服务机构管理暂行办法》	地方规范性文件	第四条　数据商和第三方服务机构从事数据交易活动应当遵循依法合规、规范统一、公平自愿、诚实守信、安全可控的原则，遵守商业道德，不得危害国家安全、公共利益以及企业和个人的合法权益。
	《深圳市数据交易管理暂行办法》	地方规范性文件	第三条　本市数据交易坚持创新制度安排、释放价值红利，促进合规流通、安全发展，保障安全发展、实现互利共赢的原则，着力建立合规高效、安全可控的数据可信流通体系。
	《广东省公共资源交易监督管理暂行办法》	地方规范性文件	第三条　第一款　公共资源交易应遵循统一规范、开放透明、公平竞争、利企便民原则。
数据交易原则	《贵州省数据流通交易管理办法（试行）》	地方规范性文件	第三条　数据流通交易坚持政府引导、市场主导、场景牵引、释放价值，鼓励创新、包容审慎、严守底线、安全发展的原则，遵守行业准则。
	《广西数据要素市场化发展管理暂行办法》	地方规范性文件	第十六条　第一款　数据流通交易应当遵循合规高效、公平自愿、诚实守信、开放包容、安全可控的原则。
	《江西省数据条例（征求意见稿）》	/	第二十九条【交易原则】市场主体开展数据交易活动应当坚持依法合规、安全可控、公平自愿、诚实守信的原则，遵守商业道德和公序良俗。
	《广东省数据流通交易管理办法（试行）（征求意见稿）》	/	第五条【基本原则】数据流通交易应当遵循安全可信、包容创新、公平开放、集约高效、合规自律、数据权益与安全责任一致的原则。

续表

规定内容	规范名称	效力层级	相关规定
数据交易原则	《贵州省数据流通交易促进条例（草案）》	/	第三条 数据流通交易应当坚持政府引导、市场主导、合法合规、优质供给、鼓励创新、释放价值、保障安全、包容审慎的原则。
数据交易标的	《天津市促进大数据发展应用条例》	地方性法规	第二十九条 第一款 依法获取的各类数据处理无法识别特定数据提供者且不能复原的，可以交易、交换或者以其他方式利用。
	《福建省大数据发展条例》	地方性法规	第十七条 第一款 依法获取的各类数据处理无法识别被采集者且不能复原的，可以交易、交换或者以其他方式开发利用。
	《辽宁省大数据发展条例》	地方性法规	第三十三条 第二款 依法获取的数据经处理无法识别特定数据提供者且不能复原的，可以交易、交换或者以其他方式开发利用。法律、行政法规另有规定的除外。
	《海南省大数据开发应用条例》	地方性法规	第三十九条 依法获取的各类数据经处理无法识别特定数据提供者且不能复原的，或经过特定数据提供者明确授权的，可以交易、交换或者以其他方式开发利用。
	《山西省大数据应用促进条例》	地方性法规	第十一条 第二款 依法获取的各类数据经过处理无法识别特定个人且不能复原的，或者经过特定数据提供者明确授权的，可以交易、交换或者以其他方式开发利用。
	《安徽省大数据发展条例》	地方性法规	第二十六条 第一款 依法获取的各类数据经过处理无法识别特定个人且不能复原的，或者经过特定数据提供者明确授权的，可以交易、交换或者以其他方式开发利用。
	《广西壮族自治区大数据发展条例》	地方性法规	第五十一条 第二款 依法获取的各类数据经过处理无法识别特定自然人且不能复原的，或者经过特定数据提供者明确授权的，可以交易、交换或者以其他方式开发利用。

续表

规定内容	规范名称	效力层级	相关规定
	《四川省数据条例》	地方性法规	第三十九条 第二款 自然人、法人和非法人组织依法获取的个人信息数据经过处理无法识别特定个人且不能复原的，或者取得特定数据提供者明确授权的，可以交易、交换或者以其他方式开发利用。
	《陕西省大数据条例》	地方性法规	第三十六条 市场主体合法处理数据形成的数据产品和服务，可以依法交易……
	《深圳经济特区数字经济产业促进条例》	地方性法规	第二十三条 第二款 市场主体以合法方式获取的数据受法律保护。市场主体合法处理数据形成的数据产品和服务受法律保护。但是，法律、法规另有规定或者当事人另有约定的除外。
	《深圳经济特区数据条例》	地方性法规	第六十七条 市场主体合法处理数据形成的数据产品和服务，可以依法交易……
数据交易的标的	《山东省大数据发展促进条例》	地方性法规	第四十五条 第三款 利用合法获取的数据资源开发的数据产品和服务可以交易，有关财产权益依法受保护。
	《上海市数据条例》	地方性法规	第四十六条 通过公共数据授权运营形成的数据产品和服务，可以依托公共数据运营平台进行交易撮合、合同签订、业务结算等；通过其他途径签订合同的，应当在公共数据运营平台备案。
	《河北省数字经济促进条例》	地方性法规	第二十五条 第一款 组织、个人依法获取并合法处理数据形成的数据产品和服务，所产生的财产权益受法律保护，可以依法交易。法律另有规定的除外。
	《广东省数字经济促进条例》	地方性法规	第四十条 第一款 自然人、法人和非法人组织对依法获取的数据资源开发利用的成果，所产生的财产权益受法律保护，并可以依法交易。法律另有规定或者当事人另有约定的除外。
	《江西省数据应用条例》	地方性法规	第二十八条 市场主体依法在使用、加工等数据处理活动中形成的财产权益受法律保护，并可以依法交易。

续表

规定内容	规范名称	效力层级		相关规定
	《山东省公共数据开放办法》	地方政府规章	**第十六条**	公民、法人和其他组织利用合法获取的公共数据开发的数据产品和数据服务，可以按照规定进行交易，有关财产权益依法受保护。
	《广东省公共数据管理办法》	地方政府规章	**第三十七条**	鼓励市场主体和个人利用依法开放的公共数据开展科学研究、产品研发、咨询服务、数据加工、数据分析等创新创业活动。相关活动产生的数据产品或者数据服务可以依法进行交易，法律法规另有规定或者当事人之间另有约定的除外。
	《浙江省公共数据开放与安全管理暂行办法》	地方政府规章	**第二十四条** 第三款	公共数据利用主体可以依法对基于公共数据开发利用所获得的各类数据权益，法律、法规另有规定或者公共数据开放利用协议另有约定的除外。
数据交易标的	《天津市数据交易管理暂行办法》	地方规范性文件	**第十二条**	数据交易对象包括数据商品和数据服务。数据商品主要包括用于交易的原始数据和加工处理后的数据衍生产品。数据服务是数据提供方对数据进行一系列计算、分析、可视化等处理，为数据需求方提供数据交易所需结果及基于结果的个性化服务过程。
	《贵州省政务数据资源管理办法》	地方规范性文件	**第三十四条**	在依法利用和保障安全的原则下，各级大数据主管部门统一授权具备条件的市场主体运营本级政务数据，开发形成不涉及国家秘密、商业秘密、个人隐私的数据服务和产品，并通过贵阳大数据交易所进行交易。
	《浙江省公共数据授权运营管理办法（试行）》	地方规范性文件	五、授权运营单位权利与行为规范 ……（五）……	数据产品和服务应按照国家和省有关数据要素市场规则流通交易。
	《海南省公共数据产品开发利用暂行管理办法》	地方规范性文件	**第十一条** 第一款	依法获取的各类数据经数据处理无法识别特定数据提供者且不能复原的，或经特定数据提供者明确授权的，可以交易、交换或者以其他方式开发应用。

续表

规定内容	规范名称	效力层级	相关规定
	《广西数据要素市场化发展管理暂行办法》	地方规范性文件	**第十二条**　……推进公共数据、企业数据、个人信息数据分类分级确权授权使用和市场化流通交易。
	《广东省公共数据开放暂行办法》	地方规范性文件	**第二十七条**　第二款　公共数据利用主体对依法获取的数据资源开发利用的成果，所产生的财产权益受法律保护，并可以依法交易。法律另有规定或者当事人另有约定的除外。
数据交易标的	《深圳市数据交易管理暂行办法》	地方规范性文件	**第十二条** 数据交易场所的交易标的包括数据产品、数据服务、数据工具等。 （一）数据产品 数据产品主要包括用于交易的原始数据和加工处理后的数据衍生产品。包括但不限于数据集、数据分析报告、数据可视化产品、数据指数、API数据、加密数据等。 （二）数据服务 数据服务指卖方提供数据处理（收集、存储、使用、加工、传输等）服务能力，包括但不限于数据采集、数据清洗、数据存储和管理工具、数据采集工具、数据集、数据安全服务等。 （三）数据工具 数据工具指可实现数据服务的硬件工具，包括但不限于数据存储和管理工具、数据采集工具、数据清洗工具、数据分析工具、数据可视化工具、数据安全工具等。 （四）经主管部门同意的其他交易标的……
	《贵州省数据流通交易管理办法（试行）》	地方规范性文件	**第十四条** 交易标的包括数据产品和服务、算力资源、算法工具等。 （一）数据产品和服务指在保护国家安全、商业秘密和个人隐私的前提下，经合法授权，使用数据开发形成的核验验证、数据集及其他应用，或开展加工、清洗、标注、建模等数据处理服务，包括云存储、云安全及衍生服务等； （二）算力资源指算力应用过程中涉及的计算资源，包括数据云存储、数据预测、机器学习工具等； （三）算法工具指算法执行过程中所使用的工具或者辅助执行的工具等，包括数据可视化、数据预测、机器学习工具等； （四）其他与数据相关的产品类型。

续表

规定内容	规范名称	效力层级	相关规定
	《北京市数据知识产权登记管理办法（试行）》	地方规范性文件	**第十五条** 第一款 权利人对数据知识产权进行交易、质押、许可使用的，应当在十个工作日内通过登记机构申请变更或者备案。
	《浙江省数据知识产权登记办法（试行）》	地方规范性文件	四、登记证书的使用 （十）……鼓励数据处理者及时对登记数据知识产权、通过质押、交易，许可等多种方式加强登记证书的使用，保护自身合法权益，促进数据创新开发、传播利用和价值实现。
	《山东省数据知识产权管理规则（试行）》	地方规范性文件	**第二十七条** 第三款 鼓励登记主体通过依法成立的数据交易机构对数据知识产权进行交易利用。
数据交易的标的	《江西省数据条例（征求意见稿）》	/	**第二十八条** 第一款 自然人、法人和非法人组织可以依法使用、加工、交易其合法取得的数据。法律、行政法规或者当事人另有约定的除外。
	《河南省数据条例（草案）（征求意见稿）》	/	**第三十五条** 第一款 自然人、法人、非法人组织可以利用其合法取得的数据。第二款 依法获取特定数据经过处理无法识别特定个人且不能复原的，或者取得特定数据提供者明确授权，可以交易、交换或者以其他方式开发利用 **第三十六条** 第二款 依法获取的数据经过处理无法识别特定个人且不能复原的，或者取得特定数据提供者明确授权，可以交易、交换或者以其他方式开发利用。
	《广东省数据流通交易管理办法（试行）（征求意见稿）》	/	**第二十三条【数据产品和服务的权益】** 数据流通交易主体对在经营和其他工作过程中合法产生并形成具有经济和社会应用价值的数据产品和服务，享有相应财产权益。使用数据产品和接受数据服务，应当获得相应财产权益者的同意并依照双方协议支付费用。

续表

规定内容	规范名称	效力层级	相关规定
数据交易标的	《上海市促进浦东新区数据流通交易若干规定（草案）》	/	**第十条（可交易数据产品）** 第一款　**数据产品**符合以下条件且经合规评估和质量评估的，可以通过上海数据交易所挂牌交易： （一）数据内容合规、真实可用； （二）具有明确的应用场景或者使用案例； （三）能够提供测试数据； （四）具有可持续供给的技术能力或者数据更新能力； （五）符合可定价的要求。
	《贵州省数据流通交易促进条例（草案）》	/	**第二条** 第二款　数据流通交易范围包括数据资源、算力资源、算法模型以及综合形成的**数据产品和服务**……
	《深圳市公共数据开放管理办法（征求意见稿）》	/	**第四十九条【发布与推广】** 第二款　市各行业主管部门应当积极宣传和推广本行业开放**数据产品和服务**，支持本行业开放**数据产品和服务**依法进入流通交易市场。
	《天津市数据知识产权登记办法（试行）》	/	**第二十条** 第二款　鼓励数据处理者及时登记**数据知识产权**，通过质押、**交易**、许可等多种方式加强登记证书的使用、保护自身合法权益，促进数据创新开发、传播利用和价值实现。
数据交易定价	《上海市数据条例》	地方性法规	**第五十七条**　从事数据交易活动的市场主体可以依法自主定价。市相关主管部门应当组织相关行业协会等制订数据交易价格评估导则，构建交易价格评估指标。
	《北京市数字经济促进条例》	地方性法规	**第二十一条　支持市场主体探索数据资产定价机制**，推动形成数据资产目录，激发企业在数字经济领域投资动力……
	《广西壮族自治区大数据发展条例》	地方性法规	**第五十三条**　县级以上人民政府及其有关部门鼓励市场主体在依法设立的数据交易所开展数据交易，市场主体也可以依照法律、法规规定自行交易。政务部门、财政资金保障运行的公共服务机构依法设立的数据交易场所开展数据交易活动的市场主体可以依法自主定价。但执行政府定价、政府指导价的除外。 从事数据交易活动的市场主体可以依法自主定价，构建数据交易价格评估导则，构建数据交易价格评估指标体系。 自治区相关主管部门制定数据交易价格评估指标体系。

续表

规定内容	规范名称	效力层级	相关规定
数据交易定价	《厦门经济特区数据条例》	地方性法规	**第四十二条** 探索多样化、符合数据要素特性的定价模式，推动建立市场主体自主决定、市场调节的数据交易定价机制……
	《吉林省大数据条例（2023修订）》	地方性法规	**第六十五条** 建立数据要素价格机制，有偿使用的公共数据由政府指导定价，企业数据与个人数据依法自主定价。
	《广西数据要素市场化发展管理暂行办法》	地方规范性文件	**第九条** 第二款 从事数据交易活动的数据处理者可以依法自主定价，执行政府定价、政府指导价的公共数据由政府指导定价，推动用于数字化发展的公共数据按政府指导价有偿使用，企业数据与个人信息数据由市场自主定价。
	《天津市数据交易管理暂行办法》	地方规范性文件	**第二十一条** 第二款 数据交易服务机构可通过引入数据价值评估机构，为数据交易定价提供指导，数据供需双方按照平等、公平、自愿的原则，协商确定交易金额。
	《海南省公共数据产品开发利用暂行管理办法》	地方规范性文件	**第二十条** 数据产品交易定价应以市场化为原则。服务商和购买方在进行数据产品交易时可采用协议定价、竞争定价或委托有相关资质的第三方价格评估机构对其交易价格进行评估。
	《贵州省数据流通交易管理办法（试行）》	地方规范性文件	**第二十五条** 交易双方可选择协商定价、自动定价、评估定价等，应用场景均等，协商一致形成交易价格。交易双方可结合成本、应用场景等，协商一致形成交易价格。交易双方可使用数据交易场所提供的价格计算器，自动计算交易价格。交易双方可委托第三方评估机构，出具价格建议书作为交易价格。
	《贵州省数据条例（草案）》	/	**第十八条** 第一款 省人民政府发展改革部门指导国资监管等有关行业主管部门建立健全各行业数据要素价格机制，实行多样化、符合数据要素特性的定价模式。用于数字化发展的公共数据实行政府指导价，企业与个人信息数据实行市场调节价。
	《江西省数据条例（征求意见稿）》	/	**第二十六条【数据资产评估】** 第二款 从事数据交易活动的市场主体可以依法自主定价。

续表

规定内容	规范名称	效力层级	相关规定
	《吉林省促进大数据发展应用条例》	地方性法规	**第五十二条** 第一款 任何单位或者个人不得非法采集、利用、交易涉及国家安全、公共安全、个人隐私、商业秘密、军工科研生产等数据。
	《安徽省大数据发展条例》	地方性法规	**第七条** 任何组织和个人开展数据收集、存储、加工、使用、提供、共享、开放、交易等活动（以下简称数据活动），应当遵守法律、法规，尊重社会公德，承担社会责任，**不得危害国家安全、公共利益，不得损害他人合法权益**。履行数据安全保护义务，保守国家秘密，保护个人信息，隐私和商业秘密，不得损害他人合法权益。
	《深圳经济特区数据条例》	地方性法规	**第六十七条** ……**但是，有下列情形之一的除外：** （一）交易的数据产品和服务包含个人数据未依法获得授权的； （二）交易的数据产品和服务包含公共数据依法开放的公共数据的情形； （三）法律、法规规定禁止交易数据的其他情形。
禁止数据交易	《上海市数据条例》	地方性法规	**第五十条** 本市鼓励数据交易活动，有下列情形之一的，**不得交易：** （一）危害国家安全、公共利益的； （二）未经合法权利人授权同意的，侵害个人隐私的； （三）法律、法规规定禁止交易的其他情形。
	《福建省大数据发展条例》	地方性法规	**第十七条** 第三款 数据交易、交换应当遵守法律法规和社会公德，**不得损害国家利益、社会公共利益和他人合法权益。** **第三十一条** 第二款 任何单位和个人**不得非法采集、传播、泄露、篡改、交易涉及国家利益、公共安全、军工科研生产、商业秘密、个人信息等内容的数据。**

规定内容	规范名称	效力层级	相关规定
	《重庆市数据条例》	地方性法规	**第三十六条** ……**不得交易**： （一）危害国家安全、公共利益，侵犯他人合法权益、个人隐私的； （二）未经合法权利人授权同意的； （三）法律、行政法规禁止的其他情形。
	《辽宁省大数据发展条例》	地方性法规	**第三十四条** 鼓励数据交易活动，但有下列情形之一的**除外**： （一）危害国家安全、公共利益，侵害个人隐私的； （二）未经合法权利人授权同意的； （三）法律、行政法规规定禁止交易的其他情形。
禁止数据交易	《陕西省大数据条例》	地方性法规	**第三十六条** ……有下列情形之一的**除外**： （一）交易的数据产品和服务包含未依法获得授权的数据； （二）交易的数据产品和服务包含未依法公开的数据； （三）法律、行政法规规定禁止交易的其他情形。
	《广西壮族自治区大数据发展条例》	地方性法规	**第五十五条** 鼓励数据交易活动。但有下列情形之一的，**不得交易**： （一）危害国家安全、公共利益的； （二）损害他人合法权益的； （三）泄露国家秘密、商业秘密、个人隐私的； （四）未经合法权利人授权同意的； （五）法律、法规禁止的其他情形。
	《四川省数据条例》	地方性法规	**第三十五条** 第二款　有下列情形之一的，**不得交易**： （一）危害国家安全、公共利益，侵害个人隐私的；

续表

规定内容	规范名称	效力层级	相关规定
禁止数据交易	《四川省数据条例》	地方性法规	(二) 未经合法权利人授权同意的； (三) 法律、法规规定禁止交易的其他情形。
	《厦门经济特区数据条例》	地方性法规	第四十条 鼓励数据、数据产品和服务交易活动，但是有下列情形之一的，**不得交易**： (一) 危害国家安全、社会公共利益、个人隐私的； (二) 侵害他人合法权益、个人隐私的； (三) 未经合法权利人授权同意的； (四) 法律、法规规定禁止交易的其他情形。
	《江西省数据应用条例》	地方性法规	第三十条 数据交易活动有下列情形之一的，**不得交易**： (一) 可能危害国家安全、公共利益，侵害个人利组织合法权益的； (二) 未经合法权利人授权同意的； (三) 法律、法规禁止交易的其他情形。
	《吉林省大数据条例（2023修订）》	地方性法规	第六十三条 第二款 数据交易活动……有下列情形之一的，**不得交易**： (一) 危害国家安全、公共利益，侵害个人隐私的； (二) 未经合法权利人授权同意的； (三) 法律法规规定禁止交易的其他情形。
	《海南省公共数据产品开发利用暂行办法》	地方规范性文件	第三十三条 第四款 数据产品交易活动中涉及国家秘密、国家安全和个人隐私信息等受法律保护的数据和涉及他人知识产权、商业秘密等法律保护的数据（取得权利人明确可授权的除外）**禁止交易**。
	《天津市数据交易管理暂行办法》	地方规范性文件	第十七条 下列数据不得进行交易： (一) 涉及国家秘密的信息； (二) 未经合法权利人明确同意，涉及其商业秘密的数据；

规定内容	规范名称	效力层级	相关规定
	《天津市数据交易管理暂行办法》	地方规范性文件	（三）未经自然人或者其监护人同意，涉及其个人信息的数据，包括自然人姓名、出生日期、身份证件号码、生物识别信息、住址、电话号码、电子邮箱、健康信息、行踪信息等； （四）以欺诈、诱骗、误导等方式或者合法渠道获取的数据，违规渠道获取的数据； （五）其他法律、法规、规章规定或者合法约定明确禁止交易的数据。
	《深圳市数据商和数据流通交易第三方服务机构管理暂行办法》	地方规范性文件	**第二十二条** 数据商应当在法律、法规、规章规定的目的和范围内处理数据，**不得交易以下标的：** （一）涉及国家秘密的； （二）涉及合权利人商业秘密，未经其书面同意的； （三）包含未经依法开放公共数据的； （四）包含未依法获得授权个人数据的； （五）明知数据买方将利用其从事非法活动的； （六）用于从事危害国家安全活动的； （七）法律、法规规定禁止交易的其它标的。
禁止数据交易	《深圳市数据交易管理暂行办法》	地方规范性文件	**第十二条** ……危害国家安全、公共利益，侵犯个人、组织合法权益，包括不借助其他数据的情况下可以识别特定自然人的数据，**不得作为交易标的。**如发现重大敏感数据出境等需涉嫌危害国家安全需进行国家安全审查。
	《贵州省数据流通交易管理办法（试行）》	地方规范性文件	**第十六条** 有下列情形之一的，**不得在数据交易场所进行流通交易：** （一）危害国家安全和社会稳定的； （二）涉及损毁他人名誉及未经授权的身份、财产和其他敏感数据等特定个人权益的； （三）涉及未经授权的企业数据、商业秘密等特定企业权益的； （四）从非法、违规渠道获取的； （五）其他法律、法规明确规定禁止交易的。

续表

规定内容	规范名称	效力层级	相关规定
禁止数据交易	《江西省数据条例（征求意见稿）》	/	**第三十二条 [禁止性规定]** 鼓励引导市场主体开展合法合规的数据交易活动，有下列情形之一的数据，**不得交易**： （一）危害国家安全、公共利益、侵害个人隐私的； （二）未经合法权利人授权同意的； （三）法律、法规规定禁止交易的其他数据。
	《广东省数据流通交易管理办法（试行）（征求意见稿）》	/	**第七条 [禁止交易清单]** 有下列情形之一的，禁止交易： （一）涉及国家秘密的； （二）危害国家安全和社会稳定的； （三）未明确具体用途和应用场景的； （四）未经自然人或者其监护人同意，可直接识别到特定个人的身份数据、敏感数据及财产数据的； （五）侵犯他人肖像、名誉、荣誉等人格权的； （六）未经合法权利人明确同意，涉及其商业秘密和知识产权的； （七）以欺诈、诱骗、误导等方式或者从非法、违规渠道获取的； （八）法律、法规禁止的其他情形。
	《贵州省数据流通交易促进条例（草案）》	/	**第三十二条** 开展数据流通交易活动，应当尊重社会公德和伦理，遵守商业道德、职业道德、诚实守信，履行数据安全保护义务，承担社会责任。有下列情形之一的，**不得进行流通交易**： （一）危害国家安全、公共利益、侵害他人合法权益的； （二）未经合法权利人授权同意的； （三）法律、行政法规禁止的其他情形。
数据交易模式	《贵州省大数据发展应用促进条例》	地方性法规	**第十九条** 第一款　鼓励和引导数据交易当事人在依法设立的**数据交易服务机构进行数据交易**。

续表

规定内容	规范名称	效力层级	相关规定
	《天津市促进大数据发展应用条例》	地方性法规	**第四十五条** 第二款 鼓励和引导数据交易当事人在依法设立的数据交易服务机构进行数据交易，促进大数据的开发应用。
	《山西省大数据发展应用促进条例》	地方性法规	**第十一条** 第一款 支持培育大数据交易市场，鼓励数据交易主体在依法设立的大数据交易服务机构进行数据交易……
	《安徽省大数据发展条例》	地方性法规	**第三十九条** 第二款 鼓励和引导数据交易当事人在依法设立的大数据交易服务机构进行数据交易。
	《北京市数字经济促进条例》	地方性法规	**第二十二条** 第三款 鼓励市场主体通过数据交易机构入场交易。
数据交易模式	《深圳经济特区数据条例》	地方性法规	**第六十五条** 第二款 市场主体可以通过依法设立的数据交易平台进行数据交易，也可以依法自行交易。
	《上海市数据条例》	地方性法规	**第五十六条** 市场主体可以通过依法设立的数据交易所进行数据交易，也可以依法通过数据交易场所进行交易。
	《吉林省大数据条例（2023 修订）》	地方性法规	**第六十七条** 第四款 浦东新区鼓励和引导市场主体在依法设立的数据交易场所开展数据交易。
			第七十三条 第一款 省人民政府……完善和规范数据流通规则，构建促进使用和流通、场内和场外相结合的交易制度体系；统筹引导符合条件的市场主体通过数据交易平台进行数据交易。
	《广东省公共数据管理办法》	地方政府规章	**第三十八条** 第一款 ……引导市场主体通过数据交易平台进行数据交易。

续表

规定内容	规范名称	效力层级	相关规定
数据交易模式	《深圳市数据交易管理暂行办法》	地方规范性文件	**第十四条** 鼓励以下情形的数据交易标的在数据交易场所内进行交易： （一）公共数据经授权运营方式加工形成的，已不具备公共属性的数据产品； （二）本市财政资金保障运行的公共管理和服务机构采购非公共数据产品、数据服务和数据工具； （三）市属和区属国有企业采购或出售的数据产品、数据服务和数据工具。
	《贵州省数据流通交易管理办法（试行）》	地方规范性文件	**第八条** 第三款 各级政务部门、公共企事业单位涉及数据产品及服务、算力资源、算法工具等的交易，通过数据交易场所开展交易。
	《贵州省政务数据资源管理办法》	地方规范性文件	**第三十四条** 在依法利用和保障安全的原则下，各级大数据主管部门统一授权具备条件的市场主体运营本级政务数据，开发形成不涉及国家秘密、商业秘密、个人隐私的数据服务和产品，并通过贵阳大数据交易所进行交易。
	《山东省数据知识产权登记管理规则（试行）》	地方规范性文件	**第二十七条** 第三款 鼓励登记主体通过依法成立的数据交易机构对数据知识产权进行交易利用。
	《广西数据要素市场化发展管理暂行办法》	地方规范性文件	**第十六条** 第二款 自治区按照国家规定设立数据交易场所，建立和完善数据流通交易规则，政务部门、财政资金保障运行的公共服务组织应当通过在依法设立的数据交易场所开展数据交易。 第三款 鼓励数据处理者在依法设立的数据交易场所开展数据交易，培育壮大场内交易。支持数据处理者依法规范开展场外数据流通交易活动，建立健全场外交易管理，规范场外交易管理。
	《宁夏回族自治区大数据产业发展促进条例（草案）》	/	**第四十条** 第一款 ……鼓励和引导数据交易当事人在依法设立的数据交易服务机构进行数据交易。

续表

规定内容	规范名称	效力层级	相关规定
数据交易模式	《江西省数据条例（征求意见稿）》	/	**第三十条【交易平台】** 第二款 ......鼓励引导市场主体通过**数据交易平台**进行数据交易。
	《广东省数据流通交易管理办法（试行）（征求意见稿）》	/	**第六条【进场交易清单】** 有下列情形之一的数据产品和服务，原则上应当进场交易： （一）涉及公共数据的； （二）由省数据流通交易主管部门统筹建设的个人、法人数字空间形成的； （三）省数据流通交易主管部门认为需要进场交易的。 有下列情形之一的数据产品和服务，引导和鼓励进场交易： （一）打通产业链、公共服务链的； （二）使用财政资金购买的； （三）由国有控股企业、国有实际控制企业形成的； （四）数据经纪人形成的； （五）平台型企业将具有公共属性的数据要素加工处理形成的； （六）识别市场主体信用状况的； （七）数据流通交易主体在其他工作过程中产生并形成的； （八）省数据流通交易主管部门认为需要引导和鼓励进场交易的。
	《上海市促进浦东新区数据流通交易若干规定（草案）》	/	**第七条（培育数据要素市场）** 本市培育公平、开放、有序、诚信的数据要素市场，统筹推进场内场外数据流通交易，建立健全统一登记，规范交易、灵活交付，集中清算的数据流通交易运营机制。 本市支持浦东新区开展数据要素市场化配置改革试点，规范引导场外交易，培育壮大场内交易，促进数据要素依法有序流动。
	《贵州省数据流通交易促进条例（草案）》	/	**第五条** 第一款 省人民政府数据主管部门负责指导、协调、监督全省数据流通交易促进工作，规范引导场外交易，培育壮大场内交易，促进数据流通交易。

续表

规定内容	规范名称	效力层级	相关规定
	《黑龙江省促进大数据发展应用条例》	地方性法规	**第三十五条** 数据交易平台应当建立安全、可信、可控、可追溯的数据交易环境，制定数据交易、信息披露、自律监管等规则，并采取有效措施依法保护个人数据、商业秘密和国家规定的重要数据。
	《山东省大数据发展促进条例》	地方性法规	**第四十五条** 县级以上人民政府应当依法推进数据资源市场化交易；鼓励和引导数据资源在依法设立的数据交易平台进行交易。 数据交易平台运营者应当制定数据交易、信息披露、自律监管等规则，建立安全可信、管理可控、全程可追溯的数据交易环境。 利用合法获取的数据资源开发的数据产品和服务可以交易，有关财产权益依法受保护。
数据交易机构	《深圳经济特区数据条例》	地方性法规	**第六十五条** 市人民政府应当推动建立数据交易平台，引导市场主体通过数据交易平台进行数据交易，也可以由交易双方依法自行交易。 市场主体可以通过依法设立的数据交易平台进行数据交易。 **第六十六条** 数据交易平台应当建立安全、可信、可控、可追溯的数据交易环境，制定数据交易、信息披露、自律监管等规则，并采取有效措施保护个人数据、商业秘密和国家规定的重要数据。
	《福建省大数据发展条例》	地方性法规	**第四十条** 省、设区的市人民政府大数据主管部门及其他有关部门可以采取措施培育数据交易市场，鼓励和支持数据交易活动，促进数据资源有效流动。 省人民政府大数据主管部门应当规范数据交易行为，鼓励和引导数据交易主体在依法设立的数据交易平台进行交易。**数据交易平台应当采取措施，防止数据交易过程中的个人信息泄露，加强对数据交易平台的监管。**
	《上海市数据条例》	地方性法规	**第五十三条** 本市支持数据交易服务机构有序发展，为数据交易提供数据资产、数据合规性、数据质量等第三方评估以及交易撮合、交易代理、专业咨询、数据经纪、数据交付等专业服务。 本市建立健全数据交易服务机构管理制度，加强对服务机构的监管，规范服务人员的执业行为。

规定内容	规范名称	效力层级	相关规定
	《上海市数据条例》	地方性法规	**第五十四条** 数据交易服务机构应当建立规范透明、安全可控、可追溯的数据交易服务流程，制定交易服务环境，并采取有效措施保护数据安全，保护个人隐私、个人信息、商业秘密、保密商务信息。
	《北京市数字经济促进条例》	地方性法规	**第二十二条** 支持在依法设立的数据交易机构开展数据交易活动。数据交易机构应当制定数据交易规则，对数据提供方的数据来源、交易双方的身份进行合规性审查，并留存审查和交易记录，建立交易异常行为风险预警机制，确保数据公平有序、安全可控、全程可追溯。 本市公共机构依托数据交易机构开展数据服务产品交易活动。 鼓励市场主体通过数据交易机构入场交易。
数据交易机构	《四川省数据条例》	地方性法规	**第三十六条** 数据交易服务机构应当建立规范透明、安全可控、可追溯的数据交易服务环境，制定交易服务流程，部管理制度以及机构自律规则，采取有效措施保护个人隐私、个人信息、商业秘密、保密商务信息等数据，并在提供服务过程中，遵守下列规定： （一）要求数据提供方说明数据来源； （二）审核数据交易双方的身份； （三）留存相关审核、交易记录； （四）监督数据交易、结算和交付； （五）采取必要技术手段确保数据交易安全； （六）其他法律、法规的规定。
	《厦门经济特区数据条例》	地方性法规	**第四十一条** 市人民政府应当推动数据交易市场建设，培育数据商和数据交易服务机构，为数据交易双方提供数据产品开发、发布、承销和数据资产的合规化、标准化、增值化服务，以及交易撮合、交易代理、专业咨询、数据经纪、数据交付等专业服务。 数据交易服务机构应当建立规范透明、安全可控、可追溯的数据交易服务环境，制定交易服务流程，部管理制度以及机构自律规则，并采取有效措施保护个人隐私、个人信息、商业秘密和国家秘密等。

续表

规定内容	规范名称	效力层级	相关规定
	《广西壮族自治区大数据发展条例》	地方性法规	**第五十条** 自治区按照国家规定设立数据交易场所。 数据交易场所应当建立健全数据交易、风险管理等制度，依法提供数据交易服务。 鼓励数据交易场所与各类金融机构、中介机构合作，建立涵盖价格评估、流转交易、担保、保险等业务的综合服务体系。
	《江西省数据应用条例》	地方性法规	**第二十七条** 省人民政府数据主管部门应当会同有关部门按照国家有关规定推动建立数据交易场所，促进本省数据交易场所与国家级数据交易场所互联互通。 数据交易场所应当建立公平有序、安全可控、可用、可信、可流通、可追溯的数据交易环境，制定数据交易、信息披露、自律监管等规则，采取有效措施保护个人隐私、个人信息、商业秘密、保密商务信息。 鼓励市场主体通过数据交易场所开展数据交易活动。
数据交易机构	《吉林省大数据条例（2023 修订）》	地方性法规	**第六十七条** 数据交易场所应当提供数据产品开发、发布、承销和数据资产的合规化、标准化服务，提高数据交易效率。
	《海南省大数据应用条例》	地方性法规	**第四十一条** 省大数据管理机构应当培育数据交易市场，规范交易行为，鼓励和引导数据交易主体在依法设立的大数据交易平台进行数据交易，加强对大数据交易服务平台的监管。 **第四十二条** 大数据交易平台建设单位应当制定和完善数据交易规则、信息披露规则、数据交易备案登记等管理制度，大数据交易平台建设单位应当建立安全可信、管理可信、全程可追溯的数据生产、交易和流转环境，保证数据交易安全可信。
	《安徽省大数据发展条例》	地方性法规	**第三十八条** 第一款 省人民政府数据资源主管部门应当会同有关部门统筹大数据交易服务机构的设立，推动建立数据产权交易平台，建立数据产权交易机制，搭建数据要素交易平台，推动建立行业自律机制。

续表

规定内容	规范名称	效力层级	相关规定
	《安徽省大数据发展条例》	地方性法规	**第三十九条** 大数据交易服务机构应当建立安全可信、管理可控、全程可追溯的数据交易环境，制定数据交易、信息披露、自律管理等规则，依法保护个人信息、隐私和商业秘密。 鼓励和引导数据交易当事人在依法设立的大数据交易服务机构进行数据交易。
	《广东省公共数据管理办法》	地方政府规章	**第三十八条** 省人民政府推动建立数据交易平台，引导市场主体通过数据交易平台进行数据交易。 数据交易平台的开办者应当建立安全可信、管理可控、可追溯的数据交易环境，制定数据交易、信息披露、自律管理等规则，自觉接受公共数据主管部门的监督检查。 数据交易平台应当采取有效措施，依法保护商业秘密、个人信息和隐私以及其他重要数据。 政府向社会力量购买数据服务有关项目，应当纳入数字政府建设项目管理范围统筹考虑。
数据交易机构	《天津市数据交易管理暂行办法》	地方性规范文件	**第二十五条** 数据交易服务平台应具备用户管理、交易管理、订单管理、平台管理等基本功能，并可根据需要提供测试、技术支撑等扩展功能。 **第二十六条** 数据交易服务平台应支持用户注册及验证、用户登录、密码找回、注册信息修改、密码修改等用户管理功能。 **第二十七条** 数据交易服务平台应支持数据供方发布发布数据商品及数据服务、声明交易数据的权属及适用范围、处理在线投诉、支持数据需方发布数据商品及数据服务需求、管理采购清单、评价及在线投诉等。 **第二十八条** 数据交易服务平台应提供在线下单以及订单修改、取消、删除、查询、在线支付等订单管理功能，支持对相关合同协议实时保存备案、对到期未支付订单自动取消、对已支付订单取消进行审核等。

续表

规定内容	规范名称	效力层级	相关规定
	《天津市数据交易管理暂行办法》	地方性规范文件	**第二十九条** 数据交易服务平台应具备供求信息管理、交易数据计费管理、安全管理、交易审计、日志管理等平台管理功能，支持数据交易服务机构审核用户的注册信息和发布信息、发布及修改通知和公告、查询及导出订单信息和支付信息，备份及恢复系统数据等。 **第三十条** 数据交易服务平台可根据需要支持开发测试相关的样本数据、资源、用户、任务、系统和安全等管理功能，为数据供需双方提供数据测试环境。 **第三十一条** 数据交易服务平台可根据需要支持数据存储、加密、销毁、存取控制，以及数据库、中间件、数据接口等功能，为数据供需双方开展数据交易提供数据运行环境和技术支撑。
数据交易机构		地方性规范文件	**第八条** 贵阳大数据交易所是省有关监管部门批准设立的从事数据交易的场所，遵循自愿、公平、诚实信用的原则，依法依规面向全国提供数据流通交易服务。
	《贵州省数据流通交易管理办法（试行）》		**第九条** 数据交易场由"贵州省数据流通交易服务中心+贵阳大数据交易所有限责任公司"组成，接受相关部门的监督管理，坚持合规运营，有效防范风险，合规监管等，保障数据安全。 贵州省数据流通交易服务中心负责全省数据流通交易、合规监管等工作，制定行业规范，建立数据流通**交易规则、安全保障等制度，探索创新数据流通交易**服务，具体承担省数据流通交易平台管理工作，开展数据商、数据要素等登记凭证服务，探索创新数据流通交易。 贵阳大数据交易所有限责任公司负责数据流通交易平台日常运营，市场推广和业务拓展等工作，确保交易场所规范运行。 **第十一条** 贵州省数据流通交易服务中心应建立交易主体登记，交易标的登记、交易信息的处理和发布规则等标准规范，以及其他异常处理机制等，风险控制、资金结算、数据支付、

规定内容	规范名称	效力层级	相关规定
数据交易机构	《上海市数据交易所管理实施暂行办法》	地方性规范文件	**第十一条** 数据交易场所应当依法建立健全法人治理结构，完善议事规则、决策程序和内部审计制度，保持内部治理的有效性。指定一名高级管理人员作为合规负责人，承担合规责任，对数据交易所依法合规运作进行监督。 **第十二条** 第一款 数据交易场所应当建立健全财务管理制度，按照企业会计准则等要求，真实记录和反映企业的财务状况、经营成果和现金流量。 **第十三条** 第一款 数据交易场所应当按照有关规定，定期向市经济信息化委报送月报告、季度报告和年度报告。报告内容应当包括数据交易场所情况统计分析等。 第二款 数据交易场所遇有下列重大事项，应当及时向市经济信息化委报告，并抄送联席会议办公室： …… **第十四条** 数据交易场所应当及时准确填报本市地方金融监管信息平台要求填报的相关信息，并按照规定于每月10日前报送上月交易信息，于每季度首月10日前报送上季度财务信息，于每年1月20日和7月20日前报送相关报表。 **第十五条** 第一款 数据交易场所应当依法制定与数据交易活动相关的交易规则和其他有关业务规则。 **第十七条** 数据交易场所应当建立健全网络安全、数据安全、个人信息保护制度，保障数据交易安全。发生网络安全、数据安全、个人信息安全事件时，应当立即采取相应的技术措施和其他必要措施，并按照规定及时报告市有关主管部门。 **第二十条** 数据交易场所应当制定风险警示、风险处置等风险控制制度以及突发事件应急处置预案，并报市经济信息化委备案。

续表

规定内容	规范名称	效力层级	相关规定
	《上海市数据交易所管理实施暂行办法》	地方性规范性文件	**第二十一条** 数据交易场所应当建立数据交易纠纷解决机制。交易过程中交易主体发生争议时，可以向数据交易场所申请调解；也可以依法向仲裁机构申请仲裁或向人民法院提起诉讼。 **第二十二条** 第一款　数据交易场所应当建立信息公开披露制度……
数据交易机构	《深圳市数据交易管理暂行办法》	地方性规范性文件	**第九条** 数据交易场所运营机构应当按照相关法律、行政法规和数据交易综合监督管理部门的规定，为数据集中交易提供基础设施和基本服务，承担以下具体职责： （一）提供数据集中交易的场所的场地，搭建安全、可信、可控、可追溯的数据交易环境，支撑数据、算法、算力资源有序流通； （二）提供交易标的上市、交易撮合、信息披露、交易清算等服务； （三）制定完善数据交易标的上市、可信流通、安排数据交易标的上市交易，决定数据交易标的暂停上市和终止上市； （四）实行数据交易标的的管理、审核、自律监管等交易规则，服务指南和行业标准； （五）对交易过程形成的交易信息进行保管和归案，恢复上市； …… （九）开展数据交易宣传推广、教育培训、业务咨询和保护协作等市场培育服务； （十）经主管部门批准的其他业务。
	《广西数据要素市场化发展管理暂行办法》	地方性规范性文件	**第十七条** 第一款　强化数据交易场所的公共属性和公益定位，突出合规监管和基础服务功能……
	《广东省数据流通交易管理办法（试行）》（征求意见稿）	/	**第四条【术语定义】** 本办法下列用语的含义： ……（三）数据交易所，是指在本省行政区域内，依法从事数据交易，在名称中使用"交易所"字样的交易场所……

343

规定内容	规范名称	效力层级	相关规定
数据交易机构	《广东省数据流通交易管理办法（试行）》（征求意见稿）	/	**第十二条【功能定位】** 数据交易所应当明确公共属性，强化公益定位，突出数据交易基础服务功能，为数据交易提供集约高效的场所和基础设施。 **第十三条【会员管理】** 数据交易所应当制定会员管理规则，明确会员的分类、权利义务、申请、变更、退出等内容，并报省数据流通交易主管部门。 拟进入数据交易所参与交易的主体，应当按照数据交易所发布的相关指引申请成为数据交易所会员。申请成为数据交易所会员后，方可进入数据交易所交易。 **第十四条【交易规则】** 数据交易所应当制定数据交易规则，明确数据交易主体、交易场所、交易活动、交易安全、交易行为管理，交易异常处理、交易纠纷处理及交易结算内容等内容，并报省数据流通交易主管部门同意。 数据交易所应当为公平交易提供保障，建立信息留存、报送、披露制度，及时披露数据交易行情、重大事项等信息，定期进行风险提示。
	《上海市促进浦东新区数据流通交易若干规定（草案）》	/	**第八条（建设国家级数据交易所）** 第一款 本市按照国家要求，提升上海数据交易所能级，打造全国数据要素市场核心枢纽。 第二款 上海数据交易所应当突出国家级数据交易所的基础性公共服务和自律合规监管功能，面向和服务全国统一大市场，提供高效可信的交易场所和环境，制定高水平的交易规则和标准，提供高质量的数据交易和相关公共服务。 **第十五条（促进数商发展）** 第三款 数商可以按照约定委托上海数据交易所开展相关业务。依法应当由符合条件的数商开展的营利性活动，上海数据交易所不得开展。 **第十八条（数据安全）** 第二款 上海数据交易所应当建立规范透明、安全可控、可追溯的数据交易服务环境，构建保护数据传输、存储和使用的基础设施，加强监测、预警、控制和应急处置能力建设，制定数据安全事件应急预案。

续表

规定内容	规范名称	效力层级	相关规定
	《上海市促进浦东新区数据流通交易若干规定（草案）》	/	第十九条【争议解决机制】 第二款 上海数据交易所应当建立数据交易纠纷调解机制和鉴定机制，为数据交易纠纷提供调解服务和鉴定服务；探索建立数据流通交易安全港规则和创新容错机制；支持浦东新区公证机构探索建立与数据流通交易相适应的公证机制。
	《江西省数据条例（征求意见稿）》	(1) 安全交易义务； (2) 建设管理制度义务； (3) 禁止违反相关规定义务。	第二十条【交易平台】 省人民政府应当推动建立全省统一的数据交易平台，推动区域性、行业性数据流通使用。 公共管理和服务机构应当通过依法设立的统一的数据交易平台开展数据交易；鼓励引导市场主体通过数据交易平台进行数据交易。 第二十一条【平台义务】 全省统一的数据交易平台应当建立安全、可信、可控、可追溯的数据交易环境，制定数据交易规则、自律监管等规则，并采取有效措施保护个人信息、商业秘密和国家规定的重要数据。 第二十二条【禁止性规定】 鼓励引导市场主体开展合法合规的数据交易活动，有下列情形之一的数据，不得交易： （一）危害国家安全、公共利益，侵害个人隐私的； （二）未经合法权利人授权同意的； （三）法律、法规规定禁止交易的其他数据。
数据交易机构	《贵州省数据流通交易促进条例（草案）》	/	第九条 第一款 数据交易场所应当按照相关法律、法规和有关主管部门的规定，制定交易规则和业务流程、风险控制、重大事项监测与报告、信息披露、安全管理等制度，提供规范透明、安全可控、行为可追溯的数据交易服务，接受属地市州人民政府的日常监督管理……
	《宁夏回族自治区大数据产业发展促进条例（草案）》	/	第四十条 自治区人民政府应当支持数据交易服务机构建设，建立健全数据资产、知识产权保护和交易服务规则，培育和规范数据交易市场。鼓励和引导数据交易当事人在依法设立的数据交易服务机构进行数据交易。数据交易服务机构应当制定数据交易规则、数据交易备案登记等管理制度，依法提供交易服务。

续表

规定内容	规范名称	效力层级	相关规定
数据交易机构	《河南省数据条例》（征求意见稿）	/	**第三十七条** 全省统一规划安全可信、管理可控、可追溯的数据交易平台。鼓励市场主体通过统一规划的数据交易平台进行数据交易。 **第三十八条** 促进数据价值评估、数据质量评估、数据合规评估等第三方评估机构发展，支持数据服务机构提供数据交易、数据经纪、数据交付等专业服务。建立健全数据交易服务机构管理制度，规范数据交易服务机构执业行为。
违反数据交易相关规定法律责任	《广西壮族自治区大数据发展条例》	地方性法规	**第七十六条** 政务部门、公共服务组织违反本条例规定，有下列情形之一的，由有关主管部门责令限期改正，逾期不改正的，对直接负责的主管人员和其他直接责任人员依法给予处分；构成犯罪的，依法追究刑事责任： （一）未按照规定收集、归集、共享、开放公共数据的； （二）伪造、篡改，或者非法删除公共数据的； （三）对自然人、法人、非法人组织的校核申请不及时依法处理的； （四）未按照规定开展数据质量监督管理的； （五）**未按照规定在依法设立的数据交易场所开展数据交易的；** （六）未依法履行数据安全保护职责的； （七）其他滥用职权、玩忽职守、徇私舞弊的情形。
	《辽宁省大数据发展条例》	地方性法规	**第四十九条** 政府有关部门、单位及其工作人员违反本条例规定，有下列行为之一的，由本级大数据主管部门通知限期整改或者改正，逾期未改正的，报本级人民政府责令其限期改正，对直接负责的主管人员和其他直接责任人员依法给予处分；构成犯罪的，依法追究刑事责任： （一）未按照公共数据资源目录向大数据资源平台及时归集数据的； （二）采集数据的种类和范围与其依法依职责履行公共管理职责或者提供公共服务不相适应的； （三）重复采集可以从大数据资源平台获取的公共数据的；

续表

规定内容	规范名称	效力层级	相关规定
	《辽宁省大数据发展条例》	地方性法规	（四）向大数据资源平台汇聚的公共数据无法使用的； （五）通过共享获取的公共数据，未用于履行公共管理责任或者提供公共服务的； （六）未按照规定开放公共数据资源的； （七）泄露、出售或者非法向他人提供行政履行职责过程中知悉的国家秘密、商业秘密、个人信息和隐私的； （八）未按照规定履行数据安全保护职责的； （九）其他违反法律、行政法规有关规定的行为。 第五十条 数据处理市场主体违反本条例规定，交易处理数据形成的数据产品和服务的，由市场监督管理部门或者相关行业主管部门按照职责责令改正，没收违法所得，处五万元以上二十万元以下罚款；交易金额不足一万元的，处二十万元以上一百万元以下罚款。法律、行政法规另有规定的，从其规定。
违反数据交易相关法律规定责任	《深圳经济特区数据条例》	地方性法规	第九十四条 违反本条例第六十七条规定交易数据的，由市市场监督管理部门按照职责责令改正，没收违法所得，处五万元以上二十万元以下罚款；交易金额不足一万元的，处二十万元以上一百万元以下罚款，并可以依法给予法律、行政法规规定的其他行政处罚。法律、行政法规另有规定的，从其规定。
	《陕西省大数据条例》	地方性法规	第七十四条 违反本条例第三十六条规定交易数据的，由县级以上市场监督管理部门或者相关行业主管部门按照职责责令改正，没收违法所得，交易金额一万元的，处五万元以上二十万元以下罚款；交易金额不足一万元的，处二十万元以上一百万元以下罚款。
	《山西省政务数据资产管理试行办法》	地方政府规章	第十五条 涉及政务数据资产的部门或者机构有下列情形之一的，由同级人民政府责令限期改正；逾期不改正的，通报批评；情节严重的，对直接负责的主管人员或者其他直接责任人员依法给予处分；造成损失的，依法承担赔偿责任；构成犯罪的，依法追究刑事责任： （一）未按照本办法规定进行政务数据资产登记汇总工作的；

续表

规定内容	规范名称	效力层级	相关规定
	《山西省政务数据资产管理试行办法》	地方政府规章	（二）违规建设政务数据共享交换平台的； （三）超越权限开发利用政务数据的； （四）违规进行政务数据资产交易的； （五）其他违反本办法规定行为的。
	《海南省公共数据产品开发利用暂行管理办法》	地方规范性文件	**第三十四条** 涉及财政资金购买活动的购买方和服务商应当自觉接受财政监督、社会监督、审计机关依法对涉及财政资金收支的交易各方进行审计监督。 平台管理方、数据监管方、提供方和服务商，购买方及其工作人员在公共数据产品开发利用和数据产品购买交易服务活动中，存在违反政府采购等法律法规和本办法的行为，构成犯罪的，依法移送司法机关追究刑事责任。
违反数据交易相关规定法律责任	《上海市数据交易所管理实施暂行办法》	地方规范性文件	**第二十八条** 数据交易场所违反有关规定的，市经济信息化委责令其停止相关行为，限期整改；逾期未改正或者整改不到位的，采取出具警示函，不予新设交易品种，取消违规交易品种等监管措施；情节严重的，由市经济信息化委报市政府批准后依法中止或者暂停交易；涉嫌犯罪的，依法移送司法机关处理。 对于负有责任的数据交易场所法定代表人、董事、监事、高级管理人员，市经济信息化委可以依法采取监管谈话、纳入诚信档案管理、建议给予处分等监管措施，实行联合惩戒。
	《贵州省数据流通交易促进条例（草案）》	/	**数据流通交易主体违反本条例规定开展数据流通交易活动，属于违反网络安全、数据安全、个人信息保护有关法律、法规规定的，由网信、公安、国家安全、市场监管、地方金融监管等部门在各自职责范围内依法予以查处，相关不良信息依法记入其信用档案。**
	广东省数据交易管理办法（试行）（征求意见稿）	/	**第四十二条【数据交易所的责任】** 数据交易所违反本办法第十三条的规定，允许非会员直接参与数据交易的，由有权机关责令改正，对直接负责的主管人员和其他直接责任人员给予通报批评；涉嫌犯罪的，依法追究刑事责任。 数据交易所违反本办法第十五条的规定，违规聘用负责人及从业人员的，应当按照劳动合同法的规定执行，并对直接负责的主管人员和其他直接责任人员给予通报批评；涉嫌犯罪的，依法追究刑事责任。

续表

规定内容	规范名称	效力层级	相关规定
违反数据交易相关法律责任	广东省数据流通交易管理办法（征求意见稿）	/	数据交易所在经营过程中存在违反法律法规行为的，由有权机关依法给予行政处罚；涉嫌犯罪的，依法追究刑事责任。 第四十三条【数据经纪人的责任】 数据经纪人及其从业人员违反本办法第十八条的规定，有损害委托人利益行为的，给予通报批评，由有权机关依法给予行政处罚；情节严重的，暂停或者撤销其数据经纪人认定；涉嫌犯罪的，依法追究刑事责任。 数据经纪人在经营过程中存在违反法律法规行为的，由有权机关依法给予行政处罚；涉嫌犯罪的，依法追究刑事责任。 第四十四条【数据商的责任】 数据商违反本办法规定的，应予责令改正、通报批评，由有权机关对直接负责的主管人员和其他直接负责任人员依法给予处分；涉嫌犯罪的，依法追究刑事责任。 第四十五条【信息报露责任】 数据交易所和数据经纪人未按照本办法规定报送有关报告，履行信息披露义务的，或者报送的报告、披露的信息有虚假记载、误导性陈述、重大遗漏的，应予责令改正、通报批评，并对直接负责的主管人员和其他直接责任人员给予通报批评；涉嫌犯罪的，依法追究刑事责任。 第四十六条【安全管理主体责任】 网信、公安、国家安全、数据、保密、通信管理等主管部门及其工作人员，和数据流通交易主体及其从业人员，未按照规定履行数据安全管理职责的，由本级人民政府或者上级主管部门责令改正；情节严重或者造成严重损害的，由有权机关对直接负责的主管人员和其他直接责任人员依法给予处分；涉嫌犯罪的，依法追究刑事责任。

专题八

省级数据立法关于公共（政务）数据开放的规定及评价

通过对我国 31 个省（自治区、直辖市）169 份省级数据立法规范进行内容检索，共有 27 个省（自治区、直辖市）在立法文件中规定了公共数据开放的内容，相关立法文件共计 48 份。其中，上海市、广西壮族自治区、贵州省、重庆市、山东省、浙江省、广东省等 7 个省（自治区、直辖市）在"公共数据开放"领域进行了专门立法，相关立法文件共 8 份。在进行"公共数据开放"专门立法的省（直辖市）中，上海市是最早进行立法探索的，其在 2019 年 8 月便公布了《上海市公共数据开放暂行办法》。随后，广西壮族自治区、贵州省、重庆市在 2020 年 8～9 月期间集中公布了"数据开放"专门立法文件，山东省、浙江省、广东省在 2022 年期间先后公布了"数据开放"的专门立法文件。此外，有 17 个省（自治区、直辖市）在"公共数据"专门立法文件中规定了公共数据开放的相关内容，相关立法文件共计 18 份；有 20 个省（自治区、直辖市）则在数据综合立法中规定相关内容，相关立法文件共计 22 份。

本专题将就各省（自治区、直辖市）数据立法文件中关于公共数据开放的内容进行梳理与比较，针对公共数据开放概念、开放模式、特殊开放的情形、开放平台、获取方式与程序分别进行归纳总结。

一、省级立法关于公共数据开放概念的规定

在我国 31 个省（自治区、直辖市）中，共有 14 个省（自治区、直辖市）的数据立法文件中对公共数据开放的概念进行了明确规定，相关立法文件共 18 份。即明确了公共数据开放概念的省（自治区、直辖市）包括上海市、北京市、重庆市、浙江省、广东省、江西省、山东省、新疆维吾尔自治区、广西壮族自治区、山西省、湖北省、四川省、贵州省、云南省。其中，上海市是最早在省级立法中提出公共数据开放概念的省级地区，2019 年 8 月公布的《上海市公共数据开放暂行办法》第 3 条第 2 款指出，本办法所称"公共数据开放，是指公共管理和服务机构在公共数据范围内，面向社会提供具备原始性、可机器读取、可供社会化再利用的数据集的公共服务。"该条在较大程度地影响了此后多省（自治区、直辖市）在立法中对公共数据开放概念的规定。

值得注意的是，各省（自治区、直辖市）对公共数据开放概念的规定均采用"开放主体＋开放相对人＋开放客体"的要件构成模式，但就各要件的描述存在着一定差异。

（一）关于开放主体的规定

各省（自治区、直辖市）在公共数据开放概念中关于开放主体的表述存在较大差异，主要可以分为以下五类：第一类是"公共和服务机构""公共机构"，在公共数据开放概念中对采取此种描述的省级地区包括上海市、北京市、重庆市、广东省、浙江省、江西省、云南省等 7 个省（直辖市）。其中，上海市最早采取此类描述，其在 2019

年 8 月公布的《上海市公共数据开放暂行办法》便在公共数据开放概念中明确开放主体为"公共管理和服务机构"。第二类是"政务部门和公共服务组织"，采取此种描述的省级地区包括四川省、广西壮族自治区、新疆维吾尔自治区等 3 个省（自治区）。第三类则是将公共数据开放的主体概括为"公共数据提供单位"，典型代表为山东省。第四类则采取了"政务部门""政务服务实施机构"，采取此类表述的相关立法文件主要规范政务数据管理与应用相关行为，如《湖北省政务数据资源应用与管理办法》《山西省政务数据管理与应用办法》。第五类采取了"行政机关"的表述，采取此类表述的相关立法文件主要规范政府数据共享开放等行为，如《贵州省政府数据共享开放条例》。

表 8-1　关于开放主体的规定

相关表述	省（自治区、直辖市）	典型立法
公共管理和服务机构、公共机构	上海市、北京市、重庆市、广东省、浙江省、江西省、云南省	**第三条** 第二款　本办法所称公共数据开放，是指公共管理和服务机构在公共数据范围内，面向社会提供具备原始性、可机器读取、可供社会化再利用的数据集的公共服务。
政务部门和公共服务组织	四川省、广西壮族自治区、新疆维吾尔自治区	**第二十六条** 第二款　公共数据开放，是指政务部门和公共服务组织向社会依法提供公共数据的行为。
公共数据提供单位	山东省	**第二条** 第三款　本办法所称公共数据开放，是指公共数据提供单位面向社会提供具备原始性、可机器读取、可进行社会化开发利用的数据集的公共服务。
政务部门、政务服务实施机构	湖北省（政务数据）、山西省（政务数据）	**第三条** 第四款　本办法所称的政务数据开放，是指政务部门面向社会依法提供政务数据的行为。
行政机关	贵州省（政府数据）	**第三条** 第三款　本条例所称的政府数据开放，是指行政机关面向公民、法人或者其他组织依法提供政府数据的行为。

典型立法列对应第一行为《上海市公共数据开放暂行办法》，第二行为《四川省数据条例》，第三行为《山东省公共数据开放办法》，第四行为《湖北省政务数据资源应用与管理办法》，第五行为《贵州省政府数据共享开放条例》。

（二）关于开放相对人的规定

各省（自治区、直辖市）公共数据开放概念中关于开放相对人的描述主要可以分为三类：第一类是在公共数据开放概念中指出"面向社会"开放公共数据，采取此类表述的省（直辖市）包括上海市、广东省、浙江省、江西省、山东省、湖北省、四川省等 7 个地区。其中，上海市是最早在省级立法中采取此类表述的。第二类则指出公共数据开放"面向自然人、法人和其他组织"，包括重庆市、山西省、贵州省、广西壮族自治区、新疆维吾尔自治区、云南省。其中，除新疆维吾尔自治区、云南省相关立法公布时间在 2023 年外，重庆市、山西省、贵州省、广西壮族自治区 4 个地区立法公布时间均在 2020 年 8 月~11 月期间。第三类是在前者"自然人、法人或非法人组织"的基础之上，采用"除公共管理和服务机构之外的法人和非法人组织以及自然人"的表述，明确将公共管理和服务机构排除在外，采取此种表述的是北京市于 2021 年 1 月公布的《北京市公共数据管理办法》。

表 8 – 2　关于开放相对人的规定

相关表述	省（自治区、直辖市）	典型立法
社会	上海市、广东省、浙江省、江西省、山东省、湖北省、四川省	**第三条（定义）** 第二款　本办法所称公共数据开放，是指公共管理和服务机构在公共数据范围内，面向社会提供具备原始性、可机器读取、可供社会化再利用的数据集的公共服务。
自然人、法人和其他组织	重庆市、山西省、贵州省、广西壮族自治区、新疆维吾尔自治区、云南省	**第三条** 第二款　本办法所称公共数据开放，是指本市公共管理和服务机构面向自然人、法人和其他组织（以下简称数据利用主体）提供具有原始性、可机器读取、可供社会化利用的数据集的公共服务。
除公共管理和服务机构之外的法人和非法人组织以及自然人	北京市	**第三条** 第三款　本办法所称公共数据的开放，是指公共管理和服务机构向除公共管理和服务机构之外的法人和非法人组织（"法人和非法人组织"以下统称为单位）以及自然人提供公共数据的行为。

（三）关于开放客体的规定

各省（自治区、直辖市）在公共数据开放概念中均明确了开放客体，但是关于开放客体描述的详略程度有所不同。部分省（自治区、直辖市）描述了公共数据的特征且明确以数据集形式开放，部分省（自治区、直辖市）则未进一步描述公共数据的特征。

多数省（自治区、直辖市）在其立法文件相对详细地对所开放公共数据的特征进行了描述，相关特征均表述为"具备原始性、可机器读取、可供社会化再利用的数据集"，包括上海市、重庆市、浙江省、江西省、山东省、广西壮族自治区、新疆维吾尔自治区等 7 个省（自治区、直辖市）。其中，上海市是最早采取此种表述方式的，其在 2019 年 8 月公布的《上海市公共数据开放暂行办法》第 3 条第 2 款中便采取了此种表述，"本办法所称公共数据开放，是指公共管理和服务机构在公共数据范围内，面向社会提供具备原始性、可机器读取、可供社会化再利用的数据集的公共服务。"随后多省（自治区、直辖市）在立法中采取相近似的特征描述。

其余省（自治区、直辖市）关于开放客体的描述则较为简略，仅规定了向开放相对人开放"公共数据"，并未就所开放公共数据的特征进一步描述，包括北京市、广东省、山西省、湖北省、四川省、贵州省、云南省等7个省（直辖市）。[1]

表8-3 关于开放客体的规定

相关表述	省（自治区、直辖市）
原始性、可机器读取、可供社会化再利用的数据集	上海市、浙江省、江西省、山东省、新疆维吾尔自治区、重庆市、广西壮族自治区
公共数据	北京市、广东省、山西省、湖北省、四川省、贵州省、云南省

二、省级立法关于公共数据开放模式与开放类型的规定

（一）关于开放模式的规定

公共数据的分类开放是在保障公共数据安全的基础之上，促进公共数据高效流动，充分发挥公共数据潜能的基础制度安排。在我国31个省（自治区、直辖市）中，共有25个省（自治区、直辖市）在相关数据立法中规定了公共数据的分类开放，相关立法文件共40份。其中，绝大部分省（自治区、直辖市）公共数据的开放模式采取的是"三分模式"，个别省（自治区、直辖市）采取的是"二分模式"，少部分省（自治区、直辖市）采取了其他开放模式。

表8-4 关于开放模式的规定

开放模式	具体分类	省（自治区/直辖市）
三分模式	无条件开放、有条件开放、不予开放	重庆市、天津市、广东省、黑龙江省、江苏省、江西省、山东省、湖北省、海南省、四川省、贵州省、陕西省、广西壮族自治区、云南省
	无条件开放、有条件开放、非开放类	上海市、吉林省、安徽省、内蒙古自治区、新疆维吾尔自治区
	无条件开放、受限开放、禁止开放	浙江省
	既规定了公共数据开放分为无条件开放、有条件开放两类，又专条规定不得开放的情形	北京市
二分模式	普遍开放、依申请开放	福建省
其他模式	负面清单管理模式	山西省
	依目录开放模式	宁夏回族自治区
	原则性规定"分类分级开放"	河南省

---

〔1〕 如《北京市公共数据管理办法》第3条第3款：本办法所称公共数据的开放，是指公共管理和服务机构向除公共管理和服务机构之外的法人和非法人组织（"法人和非法人组织"以下统称为单位）以及自然人提供公共数据的行为。

1. 三分模式

绝大多数省（自治区、直辖市）将公共数据的开放属性分为三类，采取"三分模式"。最早采取数据开放"三分模式"的是贵州省，其在2016年11月公布的《贵州省政务数据资源管理暂行办法》提出政务数据开放按照无条件开放、依申请开放和依法不予开放三类进行管理。[1] 随后，各省（自治区、直辖市）在地方立法中纷纷采用"三分模式"规范公共数据分类开放。但各省（自治区、直辖市）在具体分类表述上存在细微差异，主要表现为以下四类：

第一类将公共数据的开放属性分为"无条件开放、有条件开放、不予开放"三类。这种分类模式是最多省（自治区、直辖市）采取的模式，共有14个省（自治区、直辖市）采取这种分类模式，分别是重庆市、天津市、广东省、黑龙江省、江苏省、江西省、山东省、湖北省、海南省、四川省、贵州省、陕西省、广西壮族自治区、云南省。[2]

第二类将公共数据的开放属性分为"无条件开放、有条件开放、非开放"三类，采取这种分类的有上海市、吉林省、安徽省、内蒙古自治区、新疆维吾尔自治区等5个省（自治区、直辖市）。其中，上海市是最早采取这种表述的，其在2018年9月公布的《上海市公共数据和一网通办管理办法》中第30条指出"公共数据按照开放类型分为无条件开放、有条件开放和非开放三类"，并在2021年公布的《上海市数据条例》继续沿用了这种分类模式。

第三类将公共数据的开放属性分为"无条件开放、受限开放、禁止开放"三类。采取这种分类表述的只有浙江省，其在2022年公布的《浙江省公共数据条例》和2020年公布的《浙江省公共数据开放与安全管理暂行办法》均采取此种分类模式。[3]

第四类则是先规定了公共数据的开放分为无条件开放和有条件开放两类后，又专条规定了公共数据不得开放的情形。此种分类模式虽然明示公共数据的开放属性分为两类，但由于其又专条规定了公共数据不得开放的情形，实际上仍然属于采取"三分模式"规范公共数据开放，采取这种开放模式的仅有北京市。[4]

尽管采取"三分模式"的各省（自治区、直辖市）在分类表述上存在细微差异，但是通过下表典型省级立法的对比，可以得出不予开放、非开放、禁止开放与不得开放，有条件开放与受限开放的具体含义并无明显差异。故本专题后文分析时，将非开放、禁止开放、不得开放统一为不予开放，将受限开放统一为有条件开放。

---

[1] 2023年6月8日《贵州省政务数据资源管理办法》公布并实施，《贵州省政务数据资源暂行管理办法》同时废止。

[2] 如《广东省公共数据开放暂行办法》第9条第1款规定：公共数据开放属性分为不予开放类、有条件开放类、无条件开放类。

[3] 《浙江省公共数据开放与安全管理暂行办法》第12条第1款规定：公共数据开放属性分为禁止开放类、受限开放类、无条件开放类。

[4] 《北京市公共数据管理办法》第19条第1款规定：公共数据的开放分为无条件开放和有条件开放。《北京市公共数据管理办法》第20条规定：公共数据有下列情形之一的，不得开放。

表 8-5　不予开放、非开放、禁止开放、不得开放类规定对比

相关表述	典型省级立法	具体内容
不予开放	《广东省公共数据开放暂行办法》	**第十条** 公共数据开放主体应当将具有下列情形的公共数据列为**不予开放类**： （一）依法确定为**国家秘密**的； （二）开放后可能危及**国家安全、公共安全、经济安全和社会稳定**的； （三）涉及**商业秘密、个人隐私的公共数据，相关数据主体未同意开放**的； （四）因数据获取协议或者知识产权保护等原因禁止开放的； （五）法律、法规、规章规定不得开放或者应当通过其他途径获取的。 公共数据开放主体将公共数据列为不予开放类数据的，应当向本级公共数据主管部门提供相关依据。
非开放	《上海市公共数据开放实施细则》	**第十四条【分级分类机制】** ……对涉及**个人隐私、个人信息、商业秘密和保密商务**信息，或者**法律法规规定不得开放**的公共数据，**列入非开放类**。非开放类公共数据依法进行脱密、脱敏处理，或者相关权利人同意开放的，可以列入无条件开放类或者有条件开放类……
禁止开放	《浙江省公共数据条例》	**第三十条** 公共数据有下列情形之一的，**禁止开放**： （一）开放后危及或者可能危及**国家安全**的； （二）开放后可能损害**公共利益**的； （三）涉及**个人信息、商业秘密或者保密商务信息**的； （四）数据获取协议约定不得开放的； （五）法律、法规规定不得开放的。 ……
不得开放	《北京市公共数据管理办法》	**第二十条** 公共数据有下列情形之一的，**不得开放**： （一）**法律、法规规定禁止开放**的； （二）开放后可能危及**国家安全、公共安全、经济安全或者社会稳定**的； （三）能够**推断**或者识别**特定自然人**的。 前款所列的公共数据，依法已经脱敏、脱密等技术处理，符合开放条件的，可以列为无条件开放或者有条件开放公共数据。

表 8-6　有条件开放、受限开放类规定对比

相关表述	典型省级立法	具体内容
有条件开放	《广东省公共数据开放暂行办法》	**第十一条** 公共数据开放主体可以将具备下列条件之一的公共数据列为**有条件开放类数据**： （一）涉及**商业秘密、个人隐私**的公共数据，相关数据主体同意开放，且法律、法规未禁止的；

相关表述	典型省级立法	具体内容
有条件开放	《广东省公共数据开放暂行办法》	（二）无条件开放将严重挤占公共数据基础设施资源，影响公共数据处理运行效率的； （三）开放后预计带来特别显著的经济社会效益，但现阶段安全风险需要谨慎评估的； （四）除上述三项外，按照有关法律、法规认定应当有条件开放的其他公共数据。 公共数据开放主体将公共数据列为有条件开放类数据的，应当向本级公共数据主管部门提供相关依据。
受限开放	《浙江省公共数据开放与安全管理暂行办法》	**第十五条** 第一款　公共数据开放主体可以将具备下列条件之一的公共数据确定为受限开放类数据： （一）涉及商业秘密、个人信息的公共数据，其指向的特定公民、法人和其他组织同意开放，且法律、法规未禁止的； （二）开放将严重挤占公共数据基础设施资源，影响公共数据处理运行效率的； （三）开放后预计带来特别显著的经济社会效益，但现阶段安全风险难以评估的。

2. 二分模式

采取"二分模式"的省（自治区、直辖市）将公共数据的开放属性分为"普遍开放的公共数据"和"依申请开放的公共数据"两种类型。对于普遍开放的数据通过开放平台直接提供，而对于依申请开放的数据则由相对人申请获同意后获取。采取"二分模式"分类模式的典型代表为福建省，其并未在立法中规定公共数据不予开放的情形，只是通过授权数据开放主体对公共数据开放申请进行审核实现对国家安全、个人信息、隐私、商业秘密等利益的保护。

福建省之所以采取不同于主流的"三分模式"的开放模式，究其原因主要在于其是我国最早在地方立法中对数据开放进行探索的省份之一。福建省在2016年10月公布的《福建省政务数据管理办法》是我国较早规定数据分类开放的地方立法文件，其明确了政务数据开放类型分为普遍开放类和授权开放类。[1] 此后，在2021年12月公布的《福建省大数据发展条例》则继续沿用了数据"二分开放"的模式，明确公共数据开放分为普遍开放和依申请开放两种类型，[2] 并形成了独具特色的开放模式。

3. 其他

少数省（自治区）并未在相关立法中明确公共数据的分类开放模式，而是规定了"负面清单管理模式""依目录开放模式"或是仅作了原则性规定。具体而言，山西省对公共数据开放采取"负面清单"的管理模式，其在《山西省大数据发展应用促进条例》第8条规定"政务数据资源开放实行负面清单管理"；宁夏回族自治区采取"依目录开放模式"，《宁夏回族自治区大数据产业发展促进条例（草案）》规定"行政部门

〔1〕《福建省政务数据管理办法》第32条第1款规定：政务数据按照开放类型分为普遍开放类和授权开放类。

〔2〕《福建省大数据发展条例》第15条第3款规定：公共数据开放分为普遍开放和依申请开放两种类型。

应当根据公共数据开放目录，主动向社会开放公共数据资源"；[1]河南省虽然规定了公共数据开放所需要遵循分类分级原则，但也仅停留在原则性规定层面，对于具体的分类分级模式尚未落实细化。[2]

（二）关于具体开放内容的规定

1. 不予开放的公共数据

公共数据的开放可能会对国家秘密、个人隐私、企业商业秘密等造成侵犯，因此，大多数省（自治区、直辖市）都规定了不予开放的公共数据类型，甚至列举了不予开放的公共数据的消极条件。共有19个省（自治区、直辖市）在地方立法中规定了不予开放的情形，但是各省（自治区、直辖市）关于不予开放的公共数据规定详略程度有所不同。

大多数省（自治区、直辖市）仅是原则性地进行规定，如"涉及国家秘密、商业秘密、个人隐私和国家安全，以及其他不宜提供给数据利用主体的公共数据属于不予开放类"，包括上海市、重庆市、山西省、吉林省、江苏省、安徽省、江西省、山东省、湖北省、海南省、四川省、贵州省、山西省、内蒙古自治区、云南省等共15个省（自治区、直辖市）。少部分省（自治区、直辖市）则是相对详细地罗列了公共数据开放的消极条件，如广东省、浙江省、北京市、江西省。这些规定列举的消极条件包括依法确定为国家秘密的；开放后可能危及国家安全、公共安全、经济安全和社会稳定的；涉及商业秘密、个人隐私的公共数据，相关数据主体未同意开放的；因数据获取协议或者知识产权保护等原因禁止开放的；法律、法规、规章规定不得开放或者应当通过其他途径获取的。

表 8 - 7 不予开放的公共数据

规定特点	省（自治区、直辖市）	典型立法
概括规定	上海市、重庆市、山西省、吉林省、江苏省、安徽省、江西省、山东省、湖北省、海南省、四川省、贵州省、山西省、内蒙古自治区、云南省	《重庆市公共数据开放管理暂行办法》	**第十二条** 第二款　**涉及国家秘密、商业秘密、个人隐私和国家安全，以及其他不宜提供给数据利用主体**的公共数据属于不予开放类……

---

〔1〕《宁夏回族自治区大数据产业发展促进条例（草案）》第22条规定：行政部门应当根据公共数据开放目录，主动向社会开放公共数据资源。除法律法规另有规定外，对涉及工作秘密、商业秘密、个人隐私的数据，应当进行脱敏、脱密等技术处理后向社会开放。自治区人民政府大数据主管部门应当为社会公众提供方便的数据应用接口，提升公共数据的社会化开发利用效率。

〔2〕《河南省数字经济促进条例》第23条第1款规定，公共数据提供单位应当按照需求导向、分类分级、统一标准、安全可控、便捷高效的原则共享开放公共数据，注明数据共享的条件和方式，并按照规定逐步扩大公共数据开放范围。

规定特点	省（自治区、直辖市）	典型立法	
列举规定	广东省、浙江省、北京市、广西壮族自治区	《广东省公共数据开放暂行办法》	**第十条** 公共数据开放主体应当将具有下列情形的公共数据列为不予开放类： （一）依法确定为**国家秘密**的； （二）开放后可能**危及国家安全、公共安全、经济安全和社会稳定**的； （三）涉及**商业秘密、个人隐私**的公共数据，相关数据主体未同意开放的； （四）因**数据获取协议或者知识产权保护**等原因禁止开放的； （五）**法律、法规、规章规定不得开放或者应当通过其他途径获取**的。 公共数据开放主体将公共数据列为不予开放类数据的，应当向本级公共数据主管部门提供相关依据。

2. 有条件开放的公共数据

对于有条件开放的公共数据，各省（自治区、直辖市）规定的差异性较大，主要体现在有条件开放的公共数据的范围与具体开放条件两方面。

（1）有条件开放的公共数据的范围。各省（自治区、直辖市）关于有条件开放的公共数据的范围规定的详略程度有所差异。有条件开放的公共数据的范围的规定主要可以分为三类，分别表现为详细列举了有条件开放的公共数据应当符合的条件、描述了有条件开放的公共数据的特征以及仅有概括性规定。

具体而言，部分省对有条件开放的公共数据应当符合的条件进行了列举，如涉及商业秘密、个人隐私的公共数据，相关数据主体同意开放，且法律、法规未禁止的；无条件开放将严重挤占公共数据基础设施资源，影响公共数据处理运行效率的；开放后预计带来特别显著的经济社会效益，但现阶段安全风险需要谨慎评估的等。采取此种规范模式的典型代表有广东省、浙江省等。[1]

部分省（自治区、直辖市）在法规条文中针对有条件开放的公共数据列明了具体特征，如上海市、河南省、湖南省、江西省、吉林省、山东省、广西壮族自治区、内蒙古自治区均将有条件开放类的数据定义为"对数据安全和处理能力要求较高、时效性较强或者需要持续获取的公共数据"。云南省则将有条件开放的公共数据特征描述为"对数据安全和处理能力要求较高，或者需要依法授权向特定自然人、法人或者非法人组织开放的公共数据。"

而部分省（直辖市）则仅对有条件开放的公共数据进行概括性说明，规定不够具体，相关表述为"有条件开放指需要按照特定条件提供给数据利用主体的公共数据"，如北京市、重庆市、天津市、安徽省、贵州省、陕西省、湖北省、四川省、江苏省等9地。

---

〔1〕《广东省公共数据开放暂行办法》第11条、《浙江省公共数据开放与安全管理暂行办法》第15条。

表 8 - 8 有条件开放的公共数据

规定特点	省（自治区、直辖市）	典型立法	
详细列举	广东省、浙江省	《广东省公共数据开放暂行办法》	**第十一条** 公共数据开放主体可以将具备下列条件之一的公共数据列为有条件开放类数据： （一）**涉及商业秘密、个人隐私的公共数据，相关数据主体同意开放，且法律、法规未禁止的；** （二）**无条件开放将严重挤占公共数据基础设施资源，影响公共数据处理运行效率的；** （三）开放后**预计带来特别显著的经济社会效益，但现阶段安全风险需要谨慎评估的；** （四）除上述三项外，按照有关法律、法规认定应当有条件开放的其他公共数据。 公共数据开放主体将公共数据列为有条件开放类数据的，应当向本级公共数据主管部门提供相关依据。
特征描述	上海市、河南省、湖南省、江西省、吉林省、山东省、广西壮族自治区、内蒙古自治区	《广西公共数据开放管理办法》	**第十九条** ……对**数据安全和处理能力要求较高、时效性较强或者需要持续获取的数据**，列入有条件开放类……
	云南省	《云南省公共数据管理办法（试行)》	**第三十二条** 第一款 ……**对数据安全和处理能力要求较高，或者需要依法授权向特定自然人、法人或者非法人组织开放的公共数据，列入有条件开放数据**……
概括规定	北京市、重庆市、天津市、安徽省、贵州省、陕西省、湖北省、四川省、江苏省	《重庆市公共数据开放管理暂行办法》	**第十二条** 第二款 ……需要**按照特定条件**提供给数据利用主体的公共数据属于有条件开放类……

（2）具体开放条件。多数省（自治区、直辖市）未对公共数据开放的具体条件作出详细规定，仅有少部分省（自治区、直辖市）为有条件开放的公共数据提供了较为详细的开放条件参考，典型代表为上海市、海南省。

具体而言，《上海市公共数据开放实施细则》第 15 条规定有条件开放的公共数据的开放条件可以包括应用场景要求、数据安全要求、数据利用反馈要求、技术能力要求、信用要求以及其他合理开放的条件。[1]《海南省公共信息资源安全使用管理办法》

---

〔1〕《上海市公共数据开放实施细则》第 15 条规定：列入有条件开放类的公共数据，数据开放主体应当参考分级分类指南，明确开放条件，并通过开放平台在相应数据集或者数据产品页面进行公布。数据开放主体应当在合法合规前提下，设定与开放数据风险相匹配的合理的开放条件，开放条件可以包括：①应用场景要求，明确开放数据仅限于特定场景使用，或禁止用于特定场景；②数据安全要求，明确数据利用主体的数据安全保护体系与保护能力、数据管理成熟度评估、数据安全成熟度评估等；③数据利用反馈要求，明确利用成果应当注明数据来源，数据利用主体应当接受定期或不定期抽查，提交数据利用报告等；④技术能力要求，明确数据利用主体需要具备的设施、人才等要求；⑤信用要求，明确对数据利用主体信用状况要求，可以包括未被列入失信被执行人、企业经营异常名录、严重违法失信企业名单等；⑥其他合理的开放条件。

则在附件《海南省公共信息资源分级体系表》中根据数据泄露后的影响程度对公共数据进行了分级，并且针对不同级别的公共数据规定了相应的开放属性与较为详细的安全防护策略，即相应获取、使用相应公共数据应当符合的条件要求。安全防护策略包括对数据进行分级标识、分级存储、实体身份认证、数据完整性保护、安全审计、数据共享交换监管、数据授权/鉴权、数据传输保护（如：VPN、SSL、HTTPS、FTPS）、数据来源验证、数据存储保护、敏感数据脱敏等。

3. 无条件开放的公共数据

对于无条件开放的公共数据，大部分省（自治区、直辖市）的规定都较为笼统，均是在列明不予开放的公共数据类型以及有条件开放的公共数据类型后，将该两类数据以外的数据定义为无条件开放类数据。

仅小部分省（直辖市）对无条件开放的公共数据作了相对具体的描述，如北京市、安徽省、贵州省、湖北省均把无条件开放的公共数据定义为"可以提供给所有自然人、法人和非法人组织使用的公共数据"，但亦并未提出相应的判断标准。唯有浙江省在条文中罗列了若干种类型的无条件开放公共数据。根据《浙江省公共数据条例》第30条之规定，涉及个人信息的公共数据经匿名化处理的；涉及商业秘密、保密商务信息的公共数据经脱敏、脱密处理的；涉及个人信息、商业秘密、保密商务信息的公共数据指向的特定自然人、法人或者非法人组织依法授权同意开放的三类公共数据可以列入无条件开放类数据。

4. 公共数据开放类型的转化

公共数据开放类型的转化主要表现为不予开放的公共数据向有条件开放和无条件开放的转化以及有条件开放的公共数据向无条件开放的转化。

为了促进公共数据的流动与价值开发，多数省（自治区、直辖市）在规定了不予开放的公共数据的基础之上还规定了不予开放的公共数据的转化情形。不予开放的公共数据在满足特定的例外条件后，能够根据使用条件和适用范围转化为无条件开放或者有条件开放的公共数据。各省（自治区、直辖市）规定的不予开放的公共数据的转化条件主要包括两种情形：①依法经过脱敏、脱密等技术处理后进行开放的数据；②经相关权利人明示同意开放的数据。

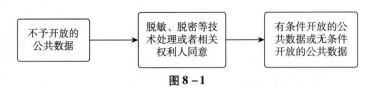

图8-1

此外，少部分省（自治区、直辖市）规定了公共数据开放主体应当对有条件开放类数据定期进行评估，符合条件的应当及时将有条件的公共数据转为无条件开放的公共数据，并且严格限制无条件开放的公共数据向有条件开放、不予开放类型的转化，对于此种情况要求数据开放主体应当提供法律依据或者备案。典型代表为广东省、浙江省。[1]

---

〔1〕《广东省公共数据开放暂行办法》第13条第3款、《浙江省公共数据开放与安全管理暂行办法》第15条第2款。

图 8 - 2

三、公共数据开放的特殊情形

（一）重点、优先开放的公共数据

在规定了公共数据开放的 25 个省（自治区、直辖市）中，共有 17 个省（自治区、直辖市）特别列明了应当重点、优先开放的数据类型，主要涉及与民生紧密相关、社会迫切需要、行业增值潜力显著和产业战略意义重大的公共数据。但是，各省（自治区、直辖市）对应当重点、优先开放的数据类型的具体规定有所差异，主要表现为列举优先开放的领域、列举优先开放的数据类型、仅有概括性规定三种情形。

具体而言，部分省（自治区、直辖市）明确了优先开放的领域，包括教育、科技、就业、社会保障、自然资源、生态环境、交通运输、农业农村、文化旅游、卫生健康、应急管理、市场监管、统计、医疗保障、金融、气象、信用等公共服务领域。部分省则是较为详细地列举了优先开放的数据类型，如广东省、浙江省。[1] 部分省则仅仅只是概括性地规定了优先开放的公共数据的特征，未进一步细化规定。

此外，针对优先开放公共数据的确定，多数省（自治区、直辖市）规定了应当听取相关行业主管部门和社会公众的意见。

表 8 - 9　关于优先、重点开放的公共数据规定特点

地区	特点	典型立法及表述	
江苏省、北京市、天津市、辽宁省、山东省、新疆维吾尔自治区	列举重点开放领域	《江苏省公共数据管理办法》	**第三十三条** 公共数据主管部门应当根据本地区经济社会发展情况和企业、群众需求，推动**教育、科技、就业、社会保障、自然资源、生态环境、交通运输、农业农村、文化旅游、卫生健康、应急管理、市场监管、统计、医疗保障、金融、气象、信用等领域与民生保障、数字化发展密切相关的公共数据优先向社会开放。**
广东省、浙江省、江西省	**详细描述重点开放的数据特征**	《广东省公共数据开放暂行办法》	**第七条** 省公共数据主管部门应当根据全省经济社会发展需要，会同省有关行业主管部门确定年度公共数据开放重点。**与行业增值潜力显著、产业战略意义重大、民生紧密相关、社会迫切需要，以及与粤港澳大湾区和中国特色社会主义先行示范区建设相关的公共数据，应当优先纳入公共数据开放重点。** 公共数据开放主体应当参照年度公共数据开

〔1〕《广东省公共数据开放暂行办法》第 7 条、《浙江省公共数据开放与安全管理暂行办法》第 7 条。

地区	特点	典型立法及表述	
广东省、浙江省、江西省	详细描述重点开放的数据特征	《广东省公共数据开放暂行办法》	放重点，结合本地区经济社会发展情况，重点和优先开放下列公共数据： （一）与公共安全、公共卫生、城市治理、社会治理、民生保障等密切相关的数据； （二）与自然资源、生态环境、交通出行等相关的数据； （三）与行政许可、企业公共信用信息等相关的数据； （四）其他需要重点和优先开放的数据。 公共数据开放重点的确定，应当听取相关行业主管部门和社会公众的意见。
河北省、山西省、上海市、吉林省、福建省、四川省、内蒙古自治区、广西壮族自治区	概括描述重点开放的数据特征	《河北省数字经济促进条例》	**第二十二条** ……鼓励**优先开放对民生服务、社会治理和产业发展具有重要价值的数据**。
		《山西省政务数据管理与应用办法》	**第十五条** 第二款 ……**与民生紧密相关、社会迫切需要的政务数据**，应当优先开放。

（二）突发事件下的公共数据开放

在规定了公共数据开放内容的 25 个省（自治区、直辖市）中，共有 6 个省（自治区、直辖市）特别规定了在突发自然灾害、事故灾难、公共卫生事件和社会安全事件，造成或者可能造成严重社会危害、直接影响社会公众切身利益的情况下，公共数据主管部门可以依法、及时开放相关公共数据。有相关规定的省（自治区、直辖市）包括重庆市、广东省、浙江省、江苏省、江西省、广西壮族自治区等地。

此外，部分省（自治区）还进一步细化了突发事件结束后公共数据处理的规定。如浙江省、广西壮族自治区规定突发事件应急处置工作结束后，应当对获得的突发事件相关公共数据进行分类评估，将涉及个人信息、商业秘密、保密商务信息的公共数据采取封存等安全处理措施，并关停相关数据应用。[1]

表 8-10　部分省级规范文件关于突发事件下的公共数据开放的内容

地区	文件名称	具体内容
重庆市	《重庆市公共数据开放管理暂行办法》	**第二十七条** 第一款　**在突发自然灾害、事故灾害、公共卫生事件以及社会安全事件等情况下**，经大数据应用发展管理主管部门报同级人民政府同意，公共管理和服务机构按照突发事件应对有关法律法规，可以要求相关单位、自然人提供应对突发事件相关的数据，**及时、准确按照相关规定开放公共数据**，并根据需要动态更新。

---

[1]　《浙江省公共数据条例》第 21 条第 2 款、《广西壮族自治区大数据发展条例》第 30 条第 2 款。

续表

地区	文件名称	具体内容
广东省	《广东省公共数据开放暂行办法》	**第二十八条** **突发自然灾害、事故灾难、公共卫生事件和社会安全事件，造成或者可能造成严重社会危害、直接影响社会公众切身利益的，负责处**置突发事件的各级人民政府及其有关部门应当**会同公共数据开放主体依法及时、准确开放相关公共数据，**并根据公众需要动态更新。法律、法规另有规定的，从其规定。
浙江省	《浙江省公共数据条例》	**第二十一条** 为了应对**突发事件，**公共管理和服务机构按照应对突发事件有关**法律、法规规定，**可以要求自然人、法人或者非法人组织提供应对突发事件所必需的数据，并**根据实际需要，依法、及时共享和开放相关公共数据，为应对突发事件提供支持；**收集的数据不得用于与应对突发事件无关的事项；对在履行职责中知悉的个人信息、商业秘密、保密商务信息等应当依法予以保密。 突发事件应急处置工作结束后，公共管理和服务机构应当对获得的突发事件相关公共数据进行分类评估，将涉及个人信息、商业秘密、保密商务信息的公共数据采取封存等安全处理措施，并关停相关数据应用。
	《浙江省公共数据开放与安全管理暂行办法》	**第八条** **突发自然灾害、事故灾难、公共卫生事件和社会安全事件，造成或者可能造成严重社会危害、直接影响社会公众切身利益的，负责处**置突发事件的各级人民政府及其有关部门应当**依法及时、准确开放相关公共数据，并根据公众需要动态更新。**法律、法规另有规定的，从其规定。

四、公共数据开放的平台

关于公共数据开放的管理与实施，绝大部分省（自治区、直辖市）均在法规文件中明确应当组织建立统一的公共数据开放平台，明确了公共数据平台的建立主体及功能。

（一）建立主体

在 22 个规定了公共数据开放平台相关内容的省（自治区、直辖市）中，共有 10 个省（自治区、直辖市）在省级立法中明确公共数据建立平台的建设主体，其余 12 个省（自治区、直辖市）则未明确公共数据的建立主体。然而，在明确开放平台建立主体的 10 个省（自治区、直辖市）中，几乎每个省（自治区、直辖市）所表述的建立主体都有所不同，相关表述共有 9 种，包括公共数据主管部门、经济信息化部门、大数据中心、大数据应用发展管理主管部门、大数据工作主管部门、数据管理机构组织、政务服务和数字化局、政务数据资源管理机构、政府数据资源主管部门等。

表 8-11　关于公共数据开放平台建设主体规定

相关表述	省（自治区、直辖市）	典型立法及表述
公共数据主管部门	浙江省、新疆维吾尔自治区	**第十条** 第一款　公共数据主管部门应当依托公共数据平台建立统一的数据共享、开放通道。公共管理和服务机构应当通过统一的共享、开放通道共享、开放公共数据。
经济信息化部门	北京市	**第二十二条** 第一款　市经济信息化部门依托市级大数据平台构建全市统一的公共数据开放平台，为单位和自然人提供公共数据的开放服务，并与市人民政府门户网站实现对接。
大数据中心	上海市	**第十七条（开放平台）** 第一款　市大数据中心应当依托市大数据资源平台建设开放平台。
大数据应用发展管理主管部门	重庆市	**第八条** 第二款　开放系统由市大数据应用发展管理主管部门统一组织建设……
大数据工作主管部门	山东省	**第二十二条** 第一款　省、设区的市人民政府大数据工作主管部门应当通过省一体化大数据平台，依法有序向社会公众开放公共数据。
数据管理机构组织	福建省	**第三十一条** 第一款　省政务数据开放平台是全省政务数据开放的统一平台，由省数据管理机构组织建设。
政务服务和数字化局	吉林省	**第二十七条** 省政务服务和数字化局应当以需求为导向，遵循统一标准、便捷高效、安全可控的原则，依托"吉林祥云"大数据平台，建设公共数据开放子平台，有序推进面向自然人、法人和非法人组织的公共数据开放。
政务数据资源管理机构	内蒙古自治区	**第二十九条** 各级政务数据资源管理机构负责本级公共数据开放平台建设和运行管理，实现政务数据向社会统一开放。
政府数据资源主管部门	安徽省	**第十一条** 第一款　省、设区的市人民政府数据资源主管部门应当依托江淮大数据中心总平台或者子平台，统筹建设本行政区域公共数据共享交换平台、开放平台。

续表

相关表述	省（自治区、直辖市）	典型立法及表述
未明确建设主体	广东省、河北省、山西省、黑龙江省、江苏省、江西省、海南省、四川省、贵州省、广西壮族自治区、宁夏回族自治区、云南省	《广东省公共数据管理办法》	**第三十三条** 第二款　地级以上市人民政府及其有关部门、县级人民政府及其有关部门不得再新建数据开放平台，已建成运行的开放平台应当与省数据开放平台进行对接。

同时，多数省（自治区、直辖市）强调公共数据开放平台只由省级政府部门建设全省统一的公共数据开放平台，市、区级政府部门依托省级平台开放公共数据，已经建成的其他开放渠道应当按照有关规定整合、归并，将其纳入此开放平台。值得注意的是，各省（自治区、直辖市）只规定了省级以下政府及公共服务组织不得建设公共数据开放平台，而对市场主体能否建立公共数据开放平台则无相关规定。

（二）平台功能

公共数据开放平台的功能为单位和自然人建立公共数据获取渠道提供公共数据的开放服务。多数省（自治区、直辖市）规定所有数据开放主体均需通过该开放平台提供公共数据开放服务，符合要求的单位和自然人通过该公共数据开放平台直接获取无条件开放的公共数据，或进行公共数据申请获取有条件开放的公共数据。

五、公共数据的获取方式与程序

（一）公共数据的获取方式

多数省（自治区、直辖市）对于公共数据开放程序都作出规定，针对不同开放类型的公共数据规定了不同的开放程序：对于无条件开放的公共数据，公民或者其他组织可以直接从公共数据开放平台获取；对于有条件开放的数据，采取申请开放制。

（二）有条件开放的公共数据的获取程序

大部分省（自治区、直辖市）都对有条件开放的公共数据的具体开放程序进行了规定，主要可以概括为以下流程：

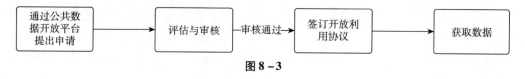

图 8-3

1. 通过公共数据开放平台提出申请

自然人、法人和非法人组织需要获取有条件开放公共数据的，可以通过统一的公共数据开放平台向市数据主管部门提出开放申请。在进行申请时，申请主体应当同时说明申请用途、应用场景、安全保障措施、使用期限等。同时，也需要根据要求提交相应的资质与能力证明。

2. 评估与审核

数据开放主体应当及时受理数据开放的开放申请，对申请进行评估与审核。通过审核的，应当明确公共数据的用途和使用范围，并及时向申请主体开放；不同意开放的，应当说明理由并提供依据。部分省（自治区、直辖市）还对审核时限作出了具体要求，多为 5～15 天内审核完毕。

3. 签订开放利用协议

有条件开放的公共数据经审核同意开放的，数据开放主体应当与申请主体签订开放利用协议。开放利用协议应当约定拟使用数据的清单、用途、应用场景、安全保障措施、使用期限以及协议期满后数据的处置、数据使用情况反馈等内容。申请主体应当按照开放利用协议约定的范围使用公共数据，并按照开放利用协议和安全承诺书采取安全保障措施。

4. 数据开放与获取

审核同意并签订协议后，数据开放主体应当按照协议约定通过数据下载、接口访问、数据沙箱等方式开放公共数据。

六、评价

公共数据开放使公共数据能够通过社会化的力量予以开发利用，是充分释放和提升公共数据资源价值的重要途径。2015 年 8 月，国务院印发的《促进大数据发展行动纲要》提出要稳步推动公共数据资源开放，加快建设国家政府数据统一开放平台。[1] 2017 年 5 月，国务院办公厅印发《政务信息系统整合共享实施方案》，明确要求"推动开放，加快公共数据开放网站建设"。[2] 自 2017 年开始，我国对于公共数据的开放问题愈加重视，在中央政策领导、地方先行的路径下，各地已经做出了较多有益的探索。自 2017 年起全国地级及以上公共数据开放平台数量持续增长，已经从最初的 20 个扩张到 2023 下半年的 226 个。[3]

2022 年 12 月 19 日发布的"数据二十条"提出，对各级党政机关、企事业单位依法履职或提供公共服务过程中产生的公共数据，加强汇聚共享和开放开发，强化统筹授权使用和管理，推进互联互通，打破"数据孤岛"。在"数据二十条"颁布前后，各地集中出台关于公共数据开放的立法，加快推进公共数据的有序开放。随着数字经济的蓬勃发展和对数字技术的大量运用，各地对于数字经济的认识也在不断深入。观察各地关于公共数据开放的立法，可以发现，各地对于公共数据开放的立法，虽然存在一定差异，但对于要不要开放、开放什么内容、怎么开放的问题已经基本形成共识。整体来看，地方相关立法存在以下四大亮点：一是在开放范围方面已经初步形成了最大限度开放的基本共识；二是形成了"三分模式"，进一步明确了公共数据的具体开放范围；三是规定建立省级统一公共数据开放平台，为进一步汇集省域数据打下坚实基

---

〔1〕 参见《国务院关于印发促进大数据发展行动纲要的通知》，载 http://www.gov.cn/zhengce/content/2015 – 09/05/content_2929345.htm，最后访问日期：2024 年 4 月 30 日。

〔2〕 参见《国务院办公厅印发〈政务信息系统整合共享实施方案〉》，载 http://www.gov.cn/xinwen/2017 – 05/18/content_5195038.htm，最后访问日期：2024 年 4 月 30 日。

〔3〕 参见复旦大学数字与移动治理实验室：《中国地方政府数据开放报告——省域指数（2023 年度）》，第 4 页。

础；四是明确了公共数据的获取的具体方式与程序，使开放行为能够进一步落地。

各地相关立法的出台，也进一步在实践层面推动了公共数据开放基础设施的建设。截至 2023 年 8 月，我国已有 226 个省级和城市的地方政府上线了数据开放平台，其中省级平台 22 个（不含直辖市和港澳台），城市平台 204 个（含直辖市、副省级与地级行政区）。与 2022 年下半年相比，新增 18 个地方平台，其中包含 1 个省级平台和 17 个城市平台，平台总数增长约 9%。在我国 27 个省级行政区（不含直辖市和港澳台）政府中，81.84% 已经上线了公共数据开放平台。自 2015 年浙江省上线了我国第一个省级（不含直辖市和港澳台）平台以来，省级平台数量逐年增长，目前已达到 22 个。[1]总体来看，地方先行先试已经取得了显著的成果，虽然各省在公共数据开放范围和质量等方面存在较大差异，但是已经有 81.84% 的省份建立了汇集公共数据的基础设施。这不仅为全省范围内的数据汇集提供了条件，也为之后全国性公共数据开放平台的建立打下了坚实基础。

虽然各地关于公共数据开放的具体制度已经形成雏形，但也产生了如下问题：

第一，公共数据这一概念依然混乱。一是公共数据和政务数据概念混乱和概念混用的问题严重。例如，江西和上海将公共数据定义为"各级行政机关以及具有公共管理和服务职能的事业单位收集的数据"，江苏省、吉林省、广西壮族自治区和海南省在此基础上对其定义范围又拓展至公用企业收集的数据。山东省公共数据的定义则不包含各级行政机关收集的数据。广东省、重庆市、湖北省和内蒙古自治区对政务数据的定义又与江西省和上海市相同；二是政务数据的外延不断扩大，从政府数据拓展到了政务数据，又由政务数据拓展至了具有公共管理和服务职能的社会团体、社会组织收集到的数据，甚至也有的地方将公用企业收集的数据纳入了政务数据范围。例如，福建省和宁夏回族自治区也将政务数据的外延拓展至公用企事业单位收集的数据。与此同时，公共数据的外延也在不断被拓展，例如，江苏省、吉林省、广西壮族自治区、海南省和新疆维吾尔自治区都已经将公共数据的外延拓展至公用企业收集的数据；三是公共数据的内涵混乱，有的省份以数据"控制和处理主体"为依据进行划分，有的省份则以"数据所承载的信息内容相关性"为依据进行划分。例如，《北京市公共数据管理办法》将公共数据定义为"具有公共使用价值的，不涉及国家秘密、商业秘密和个人隐私的数据"。《新疆维吾尔自治区公共数据管理办法（试行）》规定"公共数据，包括政务数据和公共服务数据。政务数据，是指国家机关和法律、法规授权的具有管理公共事务职能的组织（以下称政务部门）为履行法定职责收集、产生的数据。"公共数据开放制度的客体是公共数据，但是何为公共数据？概念是制度生成的基础，制度基础决定着制度的方向，如果基础概念不清晰，带来的必然是制度的混乱。因此，要建立有效开放制度，必须厘清"公共数据"的内涵与外延。

第二，仍然存在地区竞争和部门竞争下产生的"数据孤岛"问题，这些地区因数据汇集标准不一致，导致出现地区壁垒、行业壁垒和部门壁垒。数据的总和比部分更有价值，当我们将多个数据集的总和重组在一起，重组总和的本身价值比单个总和更

---

〔1〕　参见复旦大学数字与移动治理实验室：《中国地方政府数据开放报告——省域指数（2023 年度）》，第 4 页。

大。[1]作为信息载体的数据，只有汇集到一定规模以后才能产生出大量的相关性，此时融入生产、分配、消费等经济环节后，才能超越信息载体而成为生产要素。简言之，公共数据只有大量汇聚并进行大量分析后才能发挥其资源属性，从而赋能经济。这就意味着必须要打破公共数据汇集的地区壁垒、行业壁垒和部门壁垒，最大限度的将全国范围内的公共数据进行汇聚。放眼域外，以美国和英国为代表的主要国家都选择了建立统一的公共数据开放平台，并制定了具体的开放目录。早在2009年美国就上线了以"Data. gov"为代表的一站式开放数据平台，"Data. gov"面向全球，至今为止其已经汇集了美国48个州的公共数据，主要类别包括政府数据、农业数据、气候数据、能源数据、海运数据、海洋数据和健康数据。[2]英国在2010年也上线了一站式公共数据开放平台"Data. gov. uk"，用于发布政府、地方当局和公共机构发布的数据，主要类别包括商业与经济、政府、城镇与城市、犯罪与司法、运输、健康、地图、数字化服务绩效、教育、环境、社会、政府参考数据等。[3]但随着国家数据局的组建，使得统一公共数据编制目录和汇集标准，推进公共数据互联互通，打破"数据孤岛"具有了现实可能性。

第三，公共数据的开放范围较为模糊。截至2024年3月，国家层面的数据目录编制规范仍在制定中，地方层面也仅有少数省发布了公共数据目录编制规范如浙江省、广东省等。[4]由此可见，各地区在进行目录编制时，大部分省（自治区、直辖市）的省一级目录编制规范性文件缺失，同时也无国家层面的目录编制规范用以参照，这极易导致省际间和省内各市之间的过度差异化数据资源目录，阻碍形成一体化的数据标准体系。2022年9月13日，国务院办公厅关于印发《全国一体化政务大数据体系建设指南》的通知强调要加快编制国家标准，各地区各部门、行业主管机构应结合国家政务大数据标准体系框架和国家标准要求，开展地方标准编制工作。[5]由于缺乏全国性的数据管理机构，所以这一国家标准也迟迟未出台。国家数据局的成立，为统一公共数据编制目录和汇集标准，推进公共数据互联互通，明确开放范围提供了现实可能性。未来，不仅需要在技术层面上解决公共数据汇集和开放的标准障碍，而且需在法律层面和组织层面上扫清公共数据汇集和开放的人为阻碍。

---

〔1〕 ［英］维克托·迈尔－舍恩伯格、肯尼思·库克耶：《大数据时代：生活、工作与思维的大变革》，盛杨燕、周涛等译，浙江人民出版社2013年版，第140页。

〔2〕 参见美国政府数据开放平台，载 https://catalog. data. gov/dataset，最后访问日期：2024年3月7日。

〔3〕 参见英国政府数据开放平台，载 https://www. data. gov. uk/，最后访问日期：2024年3月7日。

〔4〕 参见浙江省市场监督管理局：《数字化改革：公共数据目录编制规范》，载 http://zjamr. zj. gov. cn/art/2021/7/8/art_1229047334_59000826. html，最后访问日期：2024年3月14日。

〔5〕 参见《国务院办公厅关于印发全国一体化政务大数据体系建设指南的通知》，载 http://www. gov. cn/zhengce/content/2022－10/28/content_5722322. htm，最后访问日期：2024年3月14日。

专题八附录 省级数据立法关于公共（政务）数据开放的规定

各地规范文件关于公共数据开放概念的汇总

地区	文件名称	具体内容
北京市	《北京市公共数据管理办法》	**第三条** 本办法所称公共数据的开放，是指公共管理和服务机构向除公共管理和服务机构之外的法人和非法人组织（"法人和非法人组织"以下统称为单位）以及自然人提供公共数据的行为。
上海市	《上海市公共数据开放暂行办法》	**第三条** 第二款 本办法所称公共数据开放，是指公共管理和服务机构在公共数据范围内，面向社会提供具备原始性、可机器读取，可供社会化再利用的数据集的公共服务。
	《上海市公共数据开放实施细则》	**第三条** 第二款 本细则所称公共数据开放，是指公共管理和服务机构在公共数据范围内，面向社会提供具备原始性、可机器读取，可供社会化再利用的数据集的公共服务。
重庆市	《重庆市数据条例》	**第三条** 本条例中下列用语的含义： …… （七）公共数据开放，是指向自然人、法人或者非法人组织依法提供公共数据的公共服务行为……
	《重庆市公共数据管理暂行办法》	**第三条** 第二款 本办法所称公共数据开放，是指本市公共管理和服务机构面向自然人、法人和其他组织（以下简称数据利用主体）提供具有原始性、可机器读取，可供社会化再利用的数据集的公共服务。
广东省	《广东省公共数据开放暂行办法》	**第三条** 本办法下列术语的含义： …… （三）公共数据开放，是指公共管理和服务机构面向社会提供公共数据的公共服务……

续表

地区	文件名称	具体内容
浙江省	《浙江省公共数据条例》	**第二十七条** 第一款 本条例所称公共数据开放，是指向自然人、法人或者非法人组织依法提供公共数据的公共服务行为。
	《浙江省公共数据开放与安全管理暂行办法》	**第二条** 第三款 本办法所称的公共数据开放，是指公共管理和服务机构面向社会提供具备原始性、可机器读取、可供社会化利用的数据集的公共服务。
山西省	《山西省政务数据管理与应用办法》	**第二十四条** 本办法中下列用语的含义： …… （四）数据开放，是指政务服务实施机构向自然人、法人和非法人组织依法提供政务数据的活动。
江西省	《江西省公共数据管理办法》	**第三条** 第三款 本办法所称的公共数据开放，是指公共管理和服务机构面向社会提供具备原始性、可机器读取、可供社会化利用的数据集的公共服务……
山东省	《山东省公共数据开放办法》	**第二条** 第三款 本办法所称公共数据开放，是指公共数据提供单位面向社会提供具备原始性、可机器读取、可进行社会化开发利用的数据集的公共服务。
湖北省	《湖北省政务数据资源应用管理办法》	**第三条** 第四款 本办法所称的政务数据开放，是指政务数据部门面向社会依法提供政务数据的行为。
四川省	《四川省数据条例》	**第二条** 第三款 公共数据开放，是指政务部门和公共服务组织向社会依法提供公共数据的行为。
贵州省	《贵州省政府数据共享开放条例》	**第三条** 第三款 本条例所称的政府数据开放，是指行政机关面向公民、法人或者其他组织依法提供政府数据的行为。
广西壮族自治区	《广西公共数据开放管理办法》	**第二条** 第二款 本办法所称公共数据开放，是指数据开放主体通过互联网平台面向自然人、法人和其他组织提供具有原始性、可机器读取、可供社会化再利用的公共数据的行为。

续表

地区	文件名称	具体内容
广西壮族自治区	《广西壮族自治区大数据发展条例》	**第三十七条** 公共数据开放，是指政务部门、公共服务组织依法向其他自然人、法人和非法人组织提供公共数据的公共服务行为。
新疆维吾尔自治区	《新疆维吾尔自治区公共数据管理办法（试行）》	**第二款** 本办法中下列用语的含义： …… （四）公共数据开放，是指政务部门和公共服务部门面向自然人、法人和非法人组织依法提供公共数据的行为……。
云南省	《云南省公共数据管理办法（试行）》	**第三条** 本办法下列用语的含义： …… （五）公共数据开放，是指公共机构向自然人、法人或者非法人组织依法提供公共数据的公共服务行为。

各地规范性文件关于公共数据分类开放规定的汇总

地区	文件名称	具体内容
北京市	《北京市数字经济促进条例》	**第十八条** 第一款　市经济和信息化部门、区人民政府等有关公共机构应当按照需求导向、分类分级、安全可控、高效便捷的原则，制定并公布公共数据开放计划或者清单，采取无条件开放、有条件开放等方式向社会开放公共数据。单位和个人可以通过公共数据开放平台获取公共数据。
	《北京市公共数据管理办法》	**第十九条** 公共数据的开放分为无条件开放和有条件开放。 无条件开放的公共数据，是指依托统一的公共数据开放平台向所有单位和自然人提供的公共数据；有条件开放的公共数据，是指通过公共数据开放创新基地、数据专区、数据服务窗口、移动政务服务门户等载体向符合申请条件的单位和自然人提供的公共数据。

371

续表

地区	文件名称	具体内容
上海市	《上海市公共数据开放暂行办法》	**第十一条** 第一款 市经济信息化部门应当会同市大数据中心结合公共数据安全要求、个人信息保护要求、应用要求等因素，制定本市公共数据分级分类规则。数据开放主体应当按照分级分类规则，结合行业、区域特点，制定相应的实施细则，并对公共数据进行分级分类，确定开放类型、开放条件和监管措施。
	《上海市公共数据和一网通办管理办法》	**第三十条** 第一款 公共数据按照开放类型分为无条件开放、有条件开放和非开放三类……
	《上海市数据条例》	**第四十一条** 第一款 本市以需求导向，分级分类、公平公开、安全可控、统一标准、便捷高效为原则，推动公共数据面向社会开放，并持续扩大公共数据开放范围。 第二款 公共数据按照开放类型分为无条件开放、有条件开放和非开放三类……
重庆市	《重庆市数据条例》	**第二十四条** 公共数据按照共享和开放的类型分为无条件共享、有条件共享、不予共享、开放、有条件开放、不予开放三种类型，政务部门、公共服务组织应当按照国家和本市有关规定对公共数据进行评估，科学合理确定共享和开放的类型，并定期更新。 列入有条件共享、开放、不予共享、开放的公共数据，应当有法律、行政法规或者国家有关规定为依据。
	《重庆市公共数据开放管理暂行办法》	**第十二条** 第一款 公共数据开放目录应当明确数据的元数据、开放属性、开放方式、安全级别、使用条件、更新周期等。
	《重庆市政务数据资源管理暂行办法》	**第三十条** 第一款 政务数据资源按照开放属性分为无条件开放、有条件开放和不予开放三种类型。
天津	《天津市促进大数据发展应用条例》	**第二十一条** 政务数据开放分为无条件开放、有条件开放和不予开放三种类型。 公民、法人和其他组织通过开放平台获取的政务数据，与纸质文书具有同等效力。

续表

地区	文件名称	具体内容
广东省	《广东省公共数据管理办法》	**第三十二条** 公共数据应当依法有序开放。 法律、法规，规章以及国家规定要求开放或者可以开放的公共数据，应当开放；未明确能否开放的，应当在确保安全的前提下开放。 可以部分提供或者需要按照特定条件提供给社会的公共数据，应当在符合相关要求或者条件时开放。 涉及商业秘密、个人隐私，或者根据法律、法规、规章等规定不得开放的公共数据，不予开放。但是，经过依法脱密、脱敏处理或者相关权利人同意开放的，应当开放。 公共管理和服务机构应当积极推进公共数据开放工作，建立公共数据开放范围的动态调整机制，逐步扩大公共数据开放范围。
	《广东省公共数据开放暂行办法》	**第九条** 第一款 公共数据开放属性分为不予开放类、有条件开放类、无条件开放类。
浙江省	《浙江省公共数据条例》	**第二十七条** 第三款 ……公共数据按照开放属性分为无条件开放、受限开放和禁止开放数据。
	《浙江省公共数据开放与安全管理暂行办法》	**第十二条** 第一款 公共数据开放属性分为禁止开放类、受限开放类、无条件开放类。
山西省	《山西省大数据促进应用促进条例》	**第八条** 第三款 政务数据资源开放实行负面清单管理。政务服务实施机构应当通过统一开放平台主动向社会开放经过脱敏和标准化处理、可机器读取的数据，法律、法规另有规定的除外。
黑龙江省	《黑龙江省促进大数据发展应用条例》	**第二十四条** 公共数据按照开放属性分为无条件开放和不予开放、有条件开放。有条件开放的，应当有法律、法规或者国家有关规定作为依据。相关权利人同意开放或者有条件开放的，可以依法列入无条件开放或者有条件开放数据。 有条件开放或者数据开放前，应当依法进行脱密、脱敏处理。

续表

地区	文件名称		具体内容
吉林省	《吉林省促进大数据发展应用条例》	**第十九条** 第一款	公共数据分为无条件开放数据、有条件开放数据和非开放数据。
	《吉林省公共数据和一网通办管理办法（试行）》	**第二十八条** 第一款	公共数据按照开放类型分为无条件开放、有条件开放和非开放三类……
江苏省	《江苏省公共数据管理办法》	**第十九条** 第一款	公共数据按照开放属性分为不予开放、有条件开放和无条件开放三种类型，在编制公共数据资源目录时确定其开放类型。
安徽省	《安徽省政务数据资源管理办法》	**第三十五条** 第一款	政务数据开放遵循合法有序的原则。法律、法规、规章和国家规定可以开放的，应当开放；未明确开放的，应当安全有序开放；禁止开放的，不得开放。
		第三十六条 第一款	根据开放属性，政务数据分为无条件开放类、有条件开放类和非开放类，并在编制政务数据资源目录时确定其开放属性。
福建省	《福建省大数据发展条例》	**第十五条** 第一款 第三款	公共数据开放应当遵循统一标准、分类分级、安全有序、便捷高效的原则。 公共数据开放分为普遍开放和依申请开放两种类型。属于普遍开放类的公共数据，公民、法人或者其他组织可以直接从公共数据资源开放平台无条件免费获取；属于依申请开放类的公共数据，应当向公共数据资源开放平台申请，经大数据主管部门征求数据提供单位同意后获取。
	《福建省政务数据管理办法》	**第三十二条** 第一款	政务数据按照开放类型分为普遍开放类和授权开放类。

续表

地区	文件名称	具体内容
江西省	《江西省公共数据管理办法》	**第十七条** 第一款　公共数据按照开放属性分为无条件开放类、有条件开放类和不予开放类三种类型。
	《江西省数据条例（征求意见稿）》	**第八条**　省数据资源管理部门会同同级有关部门，按照国家有关公共数据分类分级的要求，制定本省公共数据分类分级规则，促进公共数据分类分级共享开放。省有关行业主管部门可以根据国家和本省公共数据分类分级的相关规定，制定本行业公共数据分类分级实施细则。
	《江西省数据应用条例》	**第八条** 第一款　公共数据按照开放属性分为无条件开放类、有条件开放类和不予开放类三种类型……
山东省	《山东省公共数据开放办法》	**第八条**　公共数据以开放为原则，不开放为例外。除法律、法规和国家规定不予开放的外，公共数据应当依法开放。数据安全和处理能力要求较高或者需要按照特定条件提供的公共数据，可以有条件开放；其他公共数据，应当无条件开放。未经县级以上人民政府大数据工作主管部门同意，不得将有条件开放的公共数据变更为无条件开放的公共数据，或者不予开放的公共数据变更为有条件开放或者不予开放的公共数据。不予开放的公共数据经依法进行匿名化、去标识化等脱敏、脱密处理，或者经相关权利人同意，可以无条件开放或者有条件开放。
河南省	《河南省数字经济促进条例》	**第二十三条** 第一款　……公共数据提供单位应当按照需求导向，分类分级、统一标准、安全可控、便捷高效的原则共享开放公共数据，注明数据共享的条件和方式，并按照规定逐步扩大公共数据开放范围。
湖北省	《湖北省政务数据资源应用与管理办法》	**第二十五条** 第一款　政务数据开放应当坚持需求导向、依法开放，实行分类分级管理，按照开放属性分为无条件开放、有条件开放和不予开放三种类型。
海南省	《海南省大数据开发应用条例》	**第二十四条** 第一款　政务信息资源开放分为无条件开放、有条件开放、不予开放三种类型。

续表

地区	文件名称		具体内容
海南省	《海南省公共信息资源管理办法》	**第二十六条**	凡是不涉及国家秘密、商业秘密和个人隐私以及法律法规规定不得开放的公共信息资源，都应当纳入开放范围。对非涉密但敏感的数据，要对原始数据进行脱敏加工后开放。
四川省	《四川省数据条例》	**第二十六条**	第一款 政务部门和公共服务组织向社会开放公共数据，应当遵循公正、公平、便民、安全的原则。公共数据开放，不得收取任何费用。 第二款 公共数据开放，是指政务部门和公共服务组织向社会依法提供公共数据的行为。 第三款 公共数据按照开放属性分为无条件开放、有条件开放、不予开放三类。
贵州省	《贵州省大数据发展应用促进条例》	**第二十七条**	实行公共数据开放负面清单制度。除法律法规另有规定外，公共数据应当向社会开放；依法不能向社会开放的公共数据，法人和其他组织重大利益相关的，经申请可以向该特定对象开放。目录应当向社会公布。
	《贵州省政府数据共享开放条例》	**第二十一条**	政府数据开放应当坚持需求导向、有序开放、平等利用、确保安全的原则，实行分类管理，按照开放属性分为无条件开放、有条件开放和不予开放三种类型。 可以提供给所有公民、法人或者其他组织使用的政府数据属于无条件开放类。 在特定条件下可以提供给公民、法人或者其他组织使用的政府数据属于有条件开放类。 涉及国家秘密、商业秘密、个人隐私，或者法律、法规规定不得开放的政府数据属于不予开放类。 列入有条件开放类或者不予开放类的政府数据，应当法律、行政法规或者国家有关规定作为依据。
贵州省	《贵州省政务数据资源管理办法》	**第二十八条**	政务数据资源开放应当遵守《中华人民共和国保守国家秘密法》《中华人民共和国政府信息公开条例》等有关规定，按照无条件开放、有条件开放和不予开放三类进行管理。 非涉密但涉及敏感信息的政务数据，经过脱敏清洗后可根据使用条件和适用范围面向社会无条件开放或有条件开放。

续表

地区	文件名称	具体内容
陕西省	《陕西省大数据条例》	**第三十一条** 第一款 政务数据开放应当遵循分类分级、需求导向、安全可控的原则，在法律、法规允许范围内最大限度开放，分为无条件开放、有条件开放和不予开放。
内蒙古自治区	《内蒙古自治区政务数据资源管理办法》	**第二十八条** 第一款 政务数据资源开放类型分为非开放、有条件开放和无条件开放等三种类型 第二款 涉及商业秘密、个人隐私或者相关法律、法规和国家有关规定要求不得开放的政务数据，属于非开放类。 第三款 对数据安全和处理能力要求较高、时效性较强或者需要持续获取的政务数据，属于有条件开放类。 第四款 其他政务数据，属于无条件开放类。
广西壮族自治区	《广西公共数据开放管理办法》	**第十九条** 第一款 公共数据按开放类型分为不予开放、有条件开放和无条件开放……
广西壮族自治区	《广西壮族自治区大数据发展条例》	**第三十九条** 公共数据按照开放类型分为无条件开放、有条件开放和不予开放三种类型。
宁夏回族自治区	《宁夏回族自治区大数据产业发展促进条例（草案）》	**第二十二条** 行政部门应当根据公共数据开放目录，主动向社会开放公共数据资源。除法律法规另有规定外，对涉及工作秘密、商业秘密、个人隐私的数据，应当进行脱敏、脱密等技术处理后向社会开放。 自治区人民政府大数据主管部门应当为社会公众提供方便的数据应用接口，提升公共数据的社会化开发利用效率。
新疆维吾尔自治区	《新疆维吾尔自治区公共数据管理办法（试行）》	**第二十六条** 公共数据按照开放类型分为无条件开放、有条件开放和非开放三类。有条件开放和非开放类以外的其他公共数据属于无条件开放类，公共数据主管部门应当主动向社会开放无条件开放类数据，以便自然人、法人和非法人组织获取使用。有条件开放类，或者相关权利人同意开放的，可以列入无条件开放或者有条件开放类。非开放类公共数据依法进行脱敏、脱密处理。

续表

地区	文件名称	具体内容
云南省	《云南省公共数据管理办法（试行）》	**第三十二条** 第一款　公共数据按照开放属性分为不予开放、有条件开放、无条件开放。法律、法规和党中央、国务院政策规定禁止开放的，开放后可能危及国家安全、公共安全或者损害公共利益的公共数据，或者涉及个人隐私、商业秘密、保密商务信息的公共数据，以及数据商务取得协议约定不予开放的公共数据列入不予开放的公共数据。对数据安全和处理能力要求较高，或者需要依法授权向特定自然人、法人或者非自然人组织开放的公共数据，列入有条件开放或者无条件开放数据。 其他公共数据列入无条件开放数据。

各地规范文件关于公共数据不予开放规定的汇总

地区	文件名称	具体内容
北京市	《北京市公共数据管理暂行办法》	**第二十条** 公共数据有下列情形之一的，不得开放： （一）法律、法规规定禁止开放的； （二）开放后可能危及国家安全、公共安全、经济安全或者社会稳定的； （三）能够推断或者识别所列特定自然人的。 前款所列的公共数据，依法识别脱敏、脱密等技术处理，符合开放条件的，可以列为无条件开放或者有条件开放。
上海市	《上海市公共数据开放暂行办法》	**第十一条** 第二款　对涉及商业秘密、个人隐私，或者法律法规规定不得开放的公共数据，列入非开放类。 第三款　非开放类公共数据依法进行脱密、脱敏处理，或者相关权利人同意开放的，可以列入无条件开放类或有条件开放类。
上海市	《上海市公共数据开放实施细则》	**第十四条** 本市公共数据采取分级分类开放机制。对公共数据根据分级分类指南分为多个级别，并根据级别的组合划入三类开放： （一）对涉及个人隐私、个人信息、商业信息，商业秘密和保密商务信息，或者法律法规规定不得开放的公共数据，列入非开放类。非开放类公共数据依法进行脱密、脱敏处理，或者相关权利人同意开放的，可以列入无条件开放类或者有条件开放类……

续表

地区	文件名称	具体内容
上海市	《上海市公共数据和一网通办管理办法》	**第三十条** 第一款 公共数据按照开放类型分为无条件开放、有条件开放和非开放三类。涉及商业秘密、个人隐私，或者法律、法规规定不得开放的，列入非开放类。……
	《上海市数据条例》	**第四十一条** 第二款 ……涉及个人隐私、个人信息、商业秘密、保密商务信息，或者法律、法规规定不得开放的，列入非开放类。…… 第三款 非开放类公共数据依法进行脱密、脱敏处理，或者相关权利人同意开放的，可以列入无条件开放类或者有条件开放类。……
重庆市	《重庆市公共数据开放管理暂行办法》	**第十二条** 第二款 涉及国家安全、商业秘密、个人隐私和国家安全，以及其他不宜提供给数据利用主体的公共数据属于不予开放类。…… 第三款 公共数据不予开放或者有条件开放的，应当有法律法规或者国家有关文件作为依据。非涉密是涉及敏感信息的公共数据，依法经过脱敏、清洗、加工或者相关权利人明示同意开放的，可以根据使用条件和适用范围无条件开放或者有条件开放。
	《重庆市政务数据资源管理暂行办法》	**第三十条** 第二款 ……涉及国家秘密、商业秘密、个人隐私和国家安全，以及其他不宜提供给公民、法人和其他组织的政务数据资源属于不予开放类。 **第三十一条** 政务数据资源有条件开放或者不予开放的，应当有法律法规或者国家有关文件作为依据。非涉密但是涉及敏感信息的政务数据资源，经过脱敏、清洗、加工后可以根据使用条件和适用范围无条件开放或者有条件开放。
广东省	《广东省公共数据管理办法》	**第三十二条** 第四款 涉及商业秘密、个人隐私，或者根据法律、法规、规章等规定不得开放的公共数据，不予开放。但是，经过依法脱密、脱敏处理或者相关权利人同意开放的，应当开放。

地区	文件名称	具体内容
广东省	《广东省公共数据开放暂行办法》	**第十条** 公共数据开放主体应当将具有下列情形的公共数据列为不予开放类： （一）依法确定为国家秘密的； （二）开放后可能危及国家安全、公共安全、经济安全和社会稳定的； （三）涉及商业秘密、个人隐私的公共数据，相关数据主体未同意开放的； （四）因数据获取协议产权等知识保护原因禁止开放的； （五）法律、法规、规章规定不得开放或者应当通过其他途径获取的。 公共数据开放主体将该公共数据列为不予开放类数据的，应当向本级公共数据主管部门提供相关依据。
浙江省	《浙江省公共数据条例》	**第三十条** 第一款　公共数据有下列情形之一的，禁止开放： （一）开放后危及或者可能危及国家安全的； （二）开放后可能损害公共利益的； （三）涉及个人信息、商业秘密或者保密商务信息的； （四）数据获取协议约定不得开放的； （五）法律、法规规定不得开放的。
浙江省	《浙江省公共数据开放与安全管理暂行办法》	**第十四条** 第一款　禁止开放具有下列情形的公共数据： （一）依法确定为国家秘密的； （二）开放后可能危及国家安全、公共安全、经济安全和社会稳定的； （三）涉及商业秘密、个人隐私的； （四）因数据获取协议产权等知识保护或者应当通过其他途径获取的； （五）法律、法规规定不得开放或者应当通过其他途径获取的。

续表

地区	文件名称	具体内容
山西省	《山西省政务数据管理与应用办法》	**第十四条** 政务服务实施机构应当在确保国家安全、商业秘密和个人合法权益不受损害的前提下，及时确定可开放的政务数据，但是依法不予公开的除外。 依法不予公开的政务数据涉及特定自然人、法人和非法人组织重大利益关系的，经利害关系人申请，根据有关规定可以向其开放。
吉林省	《吉林省公共数据和一网通办管理办法（试行）》	**第二十八条** 第一款　……涉及商业秘密、个人隐私或者法律、法规规定不得开放的，列入非开放类……
江苏省	《江苏省公共数据管理办法》	**第二十九条** 公共数据按照开放属性分为不予开放、有条件开放和无条件开放三种类型，在编制公共数据资源目录时确定其开放类型。 （一）应当依法予以保密的公共数据以及法律、法规、规章规定不得开放的其他公共数据属于不予开放类……
安徽省	《安徽省政务数据资源管理办法》	**第三十六条** 第二款　……涉及国家秘密、商业秘密和个人隐私，以及法律、法规、规章规定不得开放的政务数据，列入非开放类。 第三款　非开放类政务数据依法进行脱密脱敏处理或者权利人同意开放的，可以列入无条件开放类或者有条件开放类。
江西省	《江西省公共数据管理办法》	**第十七条** 第二款　对涉及国家安全、商业秘密、保密商务信息、个人隐私、个人信息，或者法律、法规规定不得开放的公共数据，列入不予开放类…… 第三款　不予开放类公共数据经依法经过脱密、脱敏处理或者相关权利人同意开放的，可以列入无条件开放类或者有条件开放类。
山东省	《山东省公共数据开放办法》	**第八条** 第一款　公共数据以开放为原则，不开放为例外。除法律、法规和国家规定不予开放的外，公共数据应当依法开放。 第三款　未经县级以上人民政府大数据工作主管部门同意，公共数据提供单位不得将无条件开放的公共数据变更为有条件开放或者将有条件开放的公共数据变更为不予开放的公共数据。

续表

地区	文件名称	具体内容
山东省		第四款 不予开放的公共数据经依法进行匿名化、去标识化等脱敏、脱密处理，或者经相关权利人同意，可以无条件开放或者有条件开放。
湖北省	《湖北省政务数据资源应用与管理办法》	第二十五条 第四款 涉及国家秘密、商业秘密、个人隐私，或者法律、法规和国家有关规定不得开放的政务数据属于不予开放类。
海南省	《海南省公共信息资源管理办法》	第二十六条 凡是不涉及国家秘密、商业秘密和个人隐私以及法律法规规定不得开放的公共信息资源，都应当纳入开放范围。对非涉密但涉敏感的数据，要对原始数据进行脱敏加工后开放。
四川省	《四川省数据条例》	第二十六条 第三款 公共数据按照开放属性分为无条件开放、有条件开放、不予开放三类。 第四款 法律、行政法规规定不得开放以及开放后可能危及国家安全、损害公共利益的公共数据，需要依法授权向特定自然人、法人和非法人组织开放的公共数据，列入有条件开放类；其他公共数据列入无条件开放类。法律、行政法规另有规定的除外。
贵州省	《贵州省政府数据共享开放条例》	第二十一条 政府数据开放应当坚持需求导向，有序开放、平等利用，确保安全的原则，实行分类管理，按照开放属性分为无条件开放、有条件开放和不予开放三种类型。 在特定条件下可以提供给所有公民，法人或者其他组织使用的政府数据属于无条件开放类。 涉及国家秘密、商业秘密、个人隐私，或者法律、法规规定不得开放的政府数据属于不予开放类。 列入有条件开放类或者不予开放类的政府数据，应当有法律、行政法规或者国家有关规定作为依据。
陕西省	《陕西省大数据条例》	第三十一条 第四款 不予开放的政务数据，是指涉及国家秘密、商业秘密、个人隐私，或者法律、行政法规规定不得开放的数据。 第五款 开放的数据应当依法进行脱敏脱密处理；列入有条件开放或者不予开放的政务数据，应当有法律、行政法规规定或者国家有关规定作为依据。不予开放的数据实行行政清单制度管理。

续表

地区	文件名称	具体内容
内蒙古自治区	《内蒙古自治区政务数据资源管理办法》	**第二十八条** 第一款　政务数据资源开放类型分为非开放、有条件开放和无条件开放等三种类型。 第二款　涉及商业秘密、个人隐私或者相关法律、法规和国家有关规定要求不得开放的政务数据，属于非开放类。 第三款　对数据安全处理能力要求较高、时效性较强需要持续获取的政务数据，属于有条件开放类。 第四款　其他政务数据，属于无条件开放类。
广西壮族自治区	《广西公共数据开放管理办法》	**第十九条** 公共数据开放类型分为不予开放、有条件开放和无条件开放。涉及商业秘密、个人隐私、工作秘密，或者法律、法规规定不得开放的，列入不予开放类……
	《广西壮族自治区大数据发展条例》	**第四十二条** 第一款　公共数据有下列情形之一的，不予开放： （一）开放后危及或者可能危及国家安全的； （二）开放后可能危及公共利益的； （三）涉及个人信息、商业秘密或者保密商务信息的； （四）数据获取协议约定不得开放的； （五）法律、法规规定不予开放的其他情形。 第二款　前款第三项规定的公共数据有下列情形之一的，可以有条件开放或者无条件开放： （一）涉及个人信息经脱敏、脱密处理的； （二）涉及商业秘密、保密商务信息经脱密，脱密处理的； （三）涉及个人信息、商业秘密、保密商务信息指向的特定自然人、法人或者非法人组织依法授权同意开放的。
云南省	《云南省公共数据管理办法（试行）》	**第三十二条** 第一款　公共数据按照开放属性分为不予开放、有条件开放、无条件开放数据。法律、法规和党中央、国务院政策规定禁止开放的，开放后可能危及国家安全、公共安全或者损害公共利益的公共数据，或者涉及个人信息、商业秘密、保密商务信息的，以及数据获取协议约定不得开放的公共数据列入不予开放数据。

续表

各地规范文件关于公共数据有条件开放规定的汇总

地区	文件名称	具体内容
北京市	《北京市公共数据管理办法》	**第十九条** 第二款 ……有条件开放的公共数据，是指通过公共数据开放创新基地、数据服务窗口、数据专区、移动政务服务门户等载体向符合申请条件的单位和自然人提供的公共数据。
	《上海市公共数据开放暂行办法》	**第十一条（分级分类）** 第二款 ……对数据安全和处理能力要求较高、时效性较强或者需持续获取的公共数据，列入有条件开放类…… 第三款 非开放类公共数据依法进行脱密、脱敏处理，或者相关权利人同意开放的，可以列入无条件开放类或者有条件开放类。 **第十四条【分级分类机制】** 本市公共数据采取分级分类开放机制。对公共数据根据分类指南分为多个级别，并根据级别的组合划入三类开放： …… （二）对数据安全和处理能力要求较高、时效性较强或者需持续获取的公共数据，列入有条件开放类。 ……
上海市	《上海市公共数据开放实施细则》	**第十五条【开放条件】** 列入有条件开放类的公共数据，数据开放主体应当参考分级分类指南，明确开放条件，并通过开放平台在相应数据集或者数据产品页面进行公布。数据开放主体应当在合法合规前提下，设定与开放数据风险相匹配的合理的开放条件。开放条件可以包括： （一）应用场景要求，明确开放数据仅限于特定场景使用，或禁止用于特定场景； （二）数据安全要求，明确数据利用主体的数据安全保护体系与保护能力、数据管理成熟度评估、数据安全成熟度评估等； （三）数据利用反馈要求，明确数据利用成果应当注明数据来源，数据利用主体应当接受定期或不定期抽查，提交数据利用报告等； （四）技术能力要求，明确数据利用主体需要具备的设施、人才等要求； （五）信用要求，明确对数据信用状况的要求，可以包括未被列入失信被执行人、企业经营异常名录，严重违法失信企业名单等； （六）其他合理的开放条件。

续表

地区	文件名称		具体内容
上海市	《上海市公共数据和一网通办管理办法》	**第三十条（分类开放）**	第二款 ……对数据安全和处理能力要求较高、时效性较强或者需要持续获取的公共数据，列入有条件开放类……
	《上海市数据条例》	**第四十一条**	第二款 ……对数据安全和处理能力要求较高、时效性较强或者需要持续获取的公共数据，列入有条件开放类；其他公共数据列入无条件开放类。
			第三款 非开放类公共数据依法进行脱密、脱敏处理，或者相关权利人同意开放的，可以列入有条件开放或者有条件开放类。对有条件开放类公共数据，自然人、法人和非法人组织可以通过市大数据资源平台提出数据开放请求，相关公共管理和服务机构应当按照规定处理。
重庆市	《重庆市公共数据开放管理暂行办法》	**第十二条**	第二款 ……需要按照特定条件提供给数据利用主体的公共数据属于有条件开放类；其他公共数据属于无条件开放类。
			第三款 公共数据不予开放或者有条件开放的，应当有法律法规或者国家国务有关文件作为依据。非涉密但是涉及敏感信息的公共数据，依法经过脱敏、清洗，加工或者相关权利人明示同意开放的，可以根据使用条件和适用范围有条件开放或者无条件开放。
	《重庆市政务数据资源管理暂行办法》	**第三十条**	第二款 ……可以部分提供或者需要按照特定条件提供给公民、法人和其他组织的政务数据资源属于有条件开放类……
		第三十一条	政务数据资源有条件开放或者不予开放的，应当有法律法规或者国家有关文件作为依据。非涉密但是涉及敏感信息的政务数据资源，经过脱敏、清洗，加工后可以根据使用条件和适用范围无条件开放或者有条件开放。
广东省	《广东省公共数据管理办法》	**第三十二条**	第一款 公共数据应当依法有序开放。
			第二款 法律、法规、规章以及国家规定要求开放或者可以开放的公共数据，应当开放；未明确能否开放的，应当在确保安全的前提下开放。

续表

地区	文件名称	具体内容
		第三款 可以部分提供或者需要按照特定条件提供给社会的公共数据，应当在符合相关要求或者条件时开放。 第四款 涉及商业秘密、个人隐私，或者根据法律、法规、规章等规定不得开放的公共数据，不予开放。但是，经过依法脱敏、脱敏处理或者相关权利人同意开放的，应当开放。
广东省	《广东省公共数据开放暂行办法》	**第十一条** 公共数据开放主体可以将具备下列条件之一的公共数据列为有条件开放数据： （一）涉及商业秘密、个人隐私的公共数据，相关数据主体同意开放，且法律、法规未禁止的； （二）无条件开放将严重挤占公共数据基础设施资源、影响公共数据处理运行效率的； （三）开放后预计带来特别显著的经济社会效益，但现阶段安全风险需要谨慎评估的； （四）除上述三项外，按照有关法律、法规认定应当有条件开放的其他公共数据。 公共数据开放主体将有条件开放类数据的，应当向本级公共数据主管部门提供相关依据。 **第十三条** 公共数据不予开放类的公共数据，依法经脱密、脱敏处理，符合开放要求的，可以列为无条件开放类或者有条件开放类数据，脱敏的脱密工作按照保密工作相关要求开展，脱敏工作按照省公共数据主管部门相关要求开展。 涉及商业秘密、个人隐私的不予开放类数据，行政机关依法依定程序认为可以将其列为无条件开放类或者有条件开放类数据。 公共数据开放主体对现有不予开放类、有条件开放类数据定期进行评估，具备条件的： （一）不予开放类数据应当及时转为有条件开放类数据或无条件开放类数据； （二）有条件开放类数据应当及时将目录中的无条件开放转为有条件开放类数据，将有条件开放类数据转为无条件开放； 公共数据开放主体将无条件开放类数据转为有条件开放类数据或不予开放类数据，将有条件开放类数据转为不予开放类数据，应当向公共数据主管部门提供相关法律依据。
浙江省	《浙江省公共数据条例》	**第三十条** 公共数据有下列情形之一的，禁止开放： （一）开放后危及或者可能危及国家安全的； （二）开放后可能损害公共利益的；

续表

地区	文件名称	具体内容
浙江省	《浙江省公共数据开放与安全管理暂行办法》	（三）涉及个人信息、商业秘密或者保密商务信息的； （四）数据获取约议定不得开放的； （五）法律、法规规定不得开放的。 前款第三项规定的公共数据有下列情形之一的，可以列入受限开放或者无条件开放数据： （一）涉及个人信息的公共数据经匿名化处理的； （二）涉及商业秘密、保密商务信息的公共数据经脱敏、脱密处理的； （三）涉及个人信息、商业秘密、保密商务信息指向的特定自然人、法人或者非法人组织依法授权同意开放的。 省公共数据主管部门应当会同省网信、公安、经济和信息化等部门制定公共数据脱敏、脱密等技术规范。 **第十四条** 禁止开放具有下列情形的公共数据： （一）依法确定为国家秘密的； （二）开放后可能危及国家安全、公共安全、经济安全和社会稳定的； （三）涉及商业秘密、个人隐私的； （四）因数据获取协议约定或者知识产权保护等禁止开放的； （五）法律、法规规定不得开放或者受限开放应当通过其他途径获取的。 前款所列的公共数据，依法已经脱敏、脱密等技术处理，符合开放条件的，可以列为无条件开放类或者受限开放类公共数据。省网信、公安、经济和信息化、公共数据等主管部门负责制定公共数据脱敏技术规范。 第三款第三项所列涉及商业秘密、个人隐私的公共数据不得开放或者受限开放将会对公共利益造成重大影响的，公共数据开放主体可以将其列为无条件开放类或者受限开放类公共数据。 **第十五条** 公共数据开放主体可以将具备下列条件之一的公共数据确定为受限开放类数据： （一）涉及商业秘密、个人信息的公共数据，其指向特定公民、法人和其他组织同意开放的； （二）开放将严重挤占公共数据基础设施资源，影响公共数据处理运行效率的，且法律、法规未禁止的； （三）开放后预计带来特别显著的经济社会效益，但现阶段安全风险难以评估的。

续表

地区	文件名称	具体内容
浙江省		公共数据开放主体不得擅自将无条件开放类数据转为或者转为受限开放类数据，因安全管理需要转为受限开放类数据的，应当向同级公共数据主管部门备案；公共数据开放主体应当对现有受限开放类数据定期进行评估，具备条件的，应当及时转为无条件开放类数据。
吉林省	《吉林省促进大数据发展应用条例》	**第十九条** 第二款 属于有条件开放的公共数据，行政机关以及具有公共事务管理职能的组织应当明确公共数据的开放条件、开放范围和使用用途等信息……
吉林省	《吉林省公共数据和一网通办管理办法（试行）》	**第二十八条** 第一款 ……对数据安全和处理能力要求较高、时效性较强或者需要持续获取的公共数据，列入有条件开放类。
江苏省	《江苏省公共数据管理办法》	**第二十九条** 第一款 公共数据按照开放属性分为不予开放、有条件开放和无条件开放三种类型，在编制公共数据资源目录时确定其开放类型。……（二）在限定对象、用途、使用范围等特定条件下可以提供给公民、法人和其他组织使用的公共数据属于有条件开放类。 公共管理和服务机构应当明确有条件开放类公共数据的开放要求，向符合条件的公民、法人和其他组织开放。……
安徽省	《安徽省政务数据资源管理办法》	**第三十六条** 第二款 ……可以部分提供或者需要按照特定条件提供给自然人、法人和非法人组织的政务数据，列入有条件开放类……第三款 非开放类政务数据依法进行脱密脱敏处理或者权利人同意开放的，可以列入无条件开放类或者有条件开放类。
江西省	《江西省公共数据管理办法》	**第十七条** 第二款 ……对数据安全和处理能力要求较高、时效性较强或者需要持续获取的公共数据，脱敏处理或者相关权利人同意开放的，可以列入无条件开放类或者有条件开放类。第三款 不予开放类公共数据依法经过脱密、脱敏处理或者有条件开放类或者有条件开放类。

续表

地区	文件名称	具体内容
山东省	《山东省公共数据开放办法》	**第八条** 第二款 数据安全和处理能力要求较高或者需要按照特定条件提供的公共数据，可以有条件开放；其他公共数据，应当无条件开放。 第三款 未经县级以上人民政府大数据工作主管部门同意，公共数据提供单位不得将无条件开放的公共数据变更为有条件开放或者将有条件开放的公共数据，不得将有条件开放的公共数据变更为不予开放的公共数据。 第四款 不予开放的公共数据经依法去标识化等脱敏、脱密处理，或者经相关权利人同意，可以无条件开放或者有条件开放。
湖北省	《湖北省政务数据资源应用与管理办法》	**第二十五条** 第三款 在特定条件下可以提供给自然人、法人或者非法人组织使用的政务数据属于有条件开放类。
四川省	《四川省数据条例》	**第二十六条** 第三款 公共数据按照开放属性分为无条件开放、有条件开放、不予开放三类。 第四款 法律、行政法规规定不得开放以及开放后可能危及国家安全、危害公共利益、损害民事权益的公共数据，列入不予开放类；需要依法向特定自然人、法人和非法人组织开放的公共数据，列入有条件开放类；其他公共数据，列入无条件开放类。法律、行政法规另有规定的除外。
贵州省	《贵州省政府数据共享开放条例》	**第二十一条** 第二款 政府数据开放应当坚持需求导向、有序开放、平等利用、确保安全的原则，实行分类管理，按照开放属性分为无条件开放、有条件开放和不予开放三种类型。 在特定条件下可以提供给公民、法人或者其他组织使用的政府数据属于有条件开放类。 涉及国家秘密、商业秘密、个人隐私，或者法律、法规规定不得开放的政府数据属于不予开放类；列入有条件开放或者不予开放类的政府数据，应当有法律、行政法规或者国家有关规定作为依据。
陕西省	《陕西省大数据条例》	**第二十一条** 第三款 有条件开放的政务数据，在特定条件下可以提供给自然人、法人或者非法人组织使用。政务部门应当明确开放范围、开放方式等，并报本级大数据主管部门批准后开放。 第五款 开放的数据应当依法进行脱敏脱密处理；列入有条件开放或者不予开放的政务数据，应当有法律、行政法规或者国家有关规定作为依据；不予开放的数据实行数据清单制度管理。

续表

地区	文件名称	具体内容
内蒙古自治区	《内蒙古自治区政务数据资源管理办法》	**第二十八条** 第一款 政务数据资源开放类型分为非开放、有条件开放和无条件开放等三种类型。 第二款 涉及商业秘密、个人隐私或者国家有关法律、法规和国家规定要求不得开放的政务数据，属于非开放类。 第三款 对数据安全和处理能力要求较高、时效性较强或者需要持续获取数据的政务数据，属于有条件开放类。 其他政务数据，属于无条件开放类。
广西壮族自治区	《广西公共数据开放管理办法》	**第十九条** ……对数据安全和处理能力要求较高，时效性较强或者需要持续获取的数据，列入有条件开放类……
云南省	《云南省公共数据管理办法（试行）》	**第三十二条** 第一款 ……对数据安全和处理能力要求较高，或者需要依法授权向特定自然人、法人或者非法人组织开放的公共数据，列入有条件开放类……

各地规范文件关于子公共数据无条件开放规定的汇总

地区	文件名称	具体内容
北京市	《北京市公共数据管理办法》	**第十九条** 第二款 无条件开放的公共数据，是指依托统一的公共数据开放平台向所有单位和自然人提供的公共数据……
上海市	《上海市公共数据开放暂行办法》	**第十一条（分级分类）** 第一款 对涉及商业秘密、个人隐私，或者法律法规规定不得开放的公共数据，列入非开放类；对数据安全和处理能力要求较高，时效性较强或者需要持续获取的公共数据，列入有条件开放类；其他公共数据列入无条件开放类。 第三款 非开放类公共数据经依法脱敏处理，或者相关权利人同意开放的，可以列入无条件开放类或者有条件开放类。
	《上海市公共数据开放实施细则》	**第十四条【分级分类机制】** 本市公共数据采取分级分类开放机制。对公共数据根据分级分类指南分为多个级别，并根据级别的组合划入三类开放： （一）对涉及个人隐私、个人信息、商业秘密和保密商务信息，或者法律法规规定不得开放的公共数据，列入非开放类； 非开放类公共数据经依法脱敏处理，或者相关权利人同意开放的，可以列入无条件开放类或者有条件开放类。

续表

地区	文件名称	具体内容
上海市	《上海市公共数据和一网通办管理办法》	（二）对数据安全和处理能力要求较高、时效性较强或者需要持续获取的公共数据，列入有条件开放类。 （三）其他公共数据列入无条件开放类。 **第三十条（分类开放）** 第一款　公共数据按照开放类型分为无条件开放类、有条件开放和非开放三类。涉及商业秘密、个人隐私，或者法律、法规规定不得开放的，列入非开放类；对数据安全和处理能力要求较高、时效性较强或者需要持续获取的公共数据，列入有条件开放类；其他公共数据列入无条件开放类。
	《上海市数据条例》	**第四十一条** 第二款　公共数据按照开放类型分为无条件开放、有条件开放和非开放三类。涉及个人隐私、个人信息、商业秘密、保密商务信息，或者法律、法规规定不得开放的，列入非开放类；对数据安全和处理能力要求较高、时效性较高，需要持续获取的公共数据，列入有条件开放类；其他公共数据列入无条件开放类。 第三款　非开放类公共数据依法进行脱敏、脱敏处理，或者相关权利人同意开放的，可以列入无条件开放或者有条件开放类……
重庆市	《重庆市公共数据开放管理暂行办法》	**第十二条** 第二款　涉及国家秘密、商业秘密、个人隐私和国家安全，以及其他不宜提供给数据利用主体的公共数据属于不予开放类；需要按照特定条件提供给数据利用主体的公共数据属于有条件开放类；其他公共数据属于无条件开放类。 第三款　公共数据不予开放或者有条件开放的，应当有法律法规或者国家有关文件作为依据。非涉密但是涉及敏感信息的公共数据，依法经过脱敏、清洗、加工或者相关权利人明示同意开放的，可以根据使用范围和适用条件有条件开放或者无条件开放。
	《重庆市政务数据资源管理暂行办法》	**第三十条** 第二款　可以提供给所有公民、法人和其他组织使用的政务数据资源属于无条件开放…… **第三十一条** 政务数据资源有条件开放或者不开放的，应当有法律法规或者国家有关文件作为依据。非涉密但是涉及敏感信息的政务数据资源，经过脱敏、清洗、加工后可以根据使用范围和适用条件无条件开放或者有条件开放。

续表

地区	文件名称	具体内容
广东省	《广东省公共数据开放暂行办法》	**第十二条** 除第十条、第十一条规定外的不予开放类和有条件开放类以外的数据，应被列为无条件开放类数据。 **第十三条** 列为不予开放类的公共数据，依法经脱密、脱敏处理，符合开放要求的，可以列为无条件开放类或者有条件开放类数据。公共数据的脱密脱敏工作按照保密行政管理部门相关要求开展，脱敏工作按照省公共数据行政主管部门相关要求开展。 涉及商业秘密、个人隐私的不予开放类数据，行政机关依法定程序认为不开放将会对公共利益造成重大影响的，公共数据开放主体可以依法将其列为无条件开放类或者有条件开放类数据。 公共数据开放主体应当对现有不予开放类数据定期进行评估，具备条件的： （一）不予开放类数据应当及时转为有条件开放类数据或无条件开放类数据； （二）有条件开放类数据应当及时转为无条件开放类数据。 公共数据开放主体将其现有无条件开放类数据转为有条件开放类数据或不予开放类数据，将有条件开放类数据转为不予开放类数据，应当向公共数据主管部门提供相关法律依据。
浙江省	《浙江省公共数据条例》	**第三十条** 公共数据有下列情形之一的，禁止开放： （一）开放后危及或者可能危及国家安全的； （二）开放后可能损害公共利益的； （三）涉及个人信息、商业秘密或者保密商务信息的； （四）数据获取协议约定不开放的； （五）法律、法规规定不得开放的。 前款第三项规定的公共数据有下列情形之一的，可以列入受限开放或者无条件开放数据： （一）涉及个人信息的公共数据经脱敏、脱密处理的； （二）涉及商业秘密、保密商务信息的公共数据经脱敏、脱密处理的； （三）涉及个人信息、商业秘密、保密商务信息的公共数据指向的特定自然人、法人或者非法人组织依法授权同意开放的。 省公共数据主管部门应当会同省网信、公安、经济和信息化等部门制定公共数据脱敏、脱密等技术规范。

地区	文件名称	具体内容
浙江省	《浙江省公共数据开放与安全管理暂行办法》	**第十四条** 禁止开放具有下列情形的公共数据： （一）依法确定为国家秘密的； （二）开放后可能危及国家安全、公共安全、经济安全和社会稳定的； （三）涉及商业秘密、个人隐私的； （四）因数据获取协议或者知识产权保护等禁止开放的； （五）法律、法规规定不得开放或者受限开放的。 前款所列的公共数据，依法已经脱敏、脱密等技术处理，符合开放条件的，可以列为无条件开放类或者受限开放类公共数据。省网信、公安、经济和信息化、个人隐私的公共数据应当通过其他途径获取的。公共数据的公共数据应当通过其他途径获取的。 第三款所列涉及商业秘密、个人隐私开放或者受限开放或者由责制定公共数据脱敏技术规范。 公共数据开放将会对公共利益造成重大影响的，公共数据开放主体可以将其列为无条件开放类或有条件开放类公共数据。
吉林省	《吉林省公共数据和一网通办管理办法（试行）》	**第二十八条** 第一款　……涉及商业秘密、个人隐私或者法律、法规规定不得开放的，列入非开放类；对数据安全和处理能力要求较高、时效性较强或者需要持续获取的公共数据，列入有条件开放类；其他公共数据列入无条件开放类。
江苏省	《江苏省公共数据管理办法》	**第二十九条** 第二款　……（三）不予开放类和有条件开放类以外的其他公共数据属于无条件开放类。公共管理和服务机构应当通过公共数据平台主动向社会开放无条件开放类公共数据，公民、法人和其他组织登录即可获取、使用。
安徽省	《安徽省政务数据资源管理办法》	**第三十六条** 第二款　可以提供给所有自然人、法人和非法人组织使用的政务数据，列入无条件开放类； 第三款　非开放类政务数据依法进行脱敏脱密处理或者相关权利人同意开放的，可以列入无条件开放类或有条件开放类。……
江西省	《江西省公共数据管理办法》	**第十七条** 第二款　对涉及国家安全、商业秘密、保密商务信息、个人信息、个人隐私、或者法律、法规、规章规定不得开放的公共数据，列入不予开放类；对数据安全和处理能力要求较高、时效性较强或者需要持续获取的公共数据，列入无条件开放类或有条件开放类；其他公共数据列入无条件开放类。 第三款　不予开放类公共数据依法经过脱敏、脱密处理或者相关权利人同意开放的，可以列入无条件开放类或有条件开放类。

续表

地区	文件名称	具体内容
山东省	《山东省公共数据开放办法》	**第八条** 第二款 数据安全和处理能力要求较高或者需要按照特定条件提供的公共数据，可以有条件开放；其他公共数据，应当无条件开放。 第三款 未经县级以上人民政府大数据工作主管部门同意，公共数据提供单位不得将无条件开放的公共数据变更为有条件开放或者不予开放的公共数据，不得将有条件开放的公共数据变更为不予开放的公共数据。 第四款 不予开放的公共数据经依法进行匿名化、去标识化等脱敏、脱密处理，或者经相关权利人同意，可以无条件开放或者有条件开放。
湖北省	《湖北省政务数据资源应用与管理办法》	**第二十五条** 第三款 可以提供给所有自然人、法人或者非法人组织使用的政务数据属于无条件开放类。
四川省	《四川省数据条例》	**第二十六条** 第三款 公共数据按照开放属性分为无条件开放、有条件开放、不予开放三类。 第四款 法律、行政法规规定不得开放以及开放后可能危及国家安全、危害公共利益、损害民事权益的公共数据，列入不予开放类；法人和非法人组织开放的公共数据，列入有条件开放类；其他公共数据，需要依法授权向特定自然人、法人组织开放的公共数据，列入无条件开放类。法律、行政法规另有规定的除外。
贵州省	《贵州省政府数据共享开放条例》	**第二十一条** 政府数据开放应当坚持需求导向、有序开放、平等利用、确保安全的原则，实行分类管理，按照开放属性，分为无条件开放、有条件开放和不予开放三种类型。 可以提供给所有公民、法人或者其他组织使用的政府数据属于无条件开放类。 在特定条件下可以提供给公民、法人或者其他组织使用的政府数据属于有条件开放类。 涉及国家秘密、商业秘密、个人隐私，或者法律、法规规定不得开放类的政府数据属于不予开放类。 列入有条件开放或者不予开放类的政府数据属于国家或者行政法规、行政法规、法律，应当有法律、行政法规或者国家有关规定作为依据。

续表

地区	文件名称		具体内容
陕西省	《陕西省大数据条例》	**第三十一条** 第二款　无条件开放的政务数据，可以提供给所有自然人、法人或者非法人组织使用。 第五款　开放的数据应当依法进行脱敏脱密处理；不予开放的政务数据，应当有法律、行政法规或者国家有关规定作为依据，不予开放的数据实行负面清单制度管理。	
内蒙古自治区	《内蒙古自治区政务数据资源管理办法》	**第二十八条** 第一款　政务数据资源开放类型分为非开放、有条件开放和无条件开放等三种类型。 第二款　涉及商业秘密、个人隐私或者相关法律、法规和国家有关规定要求不得开放的政务数据，属于非开放类。 第三款　对数据安全和处理能力要求较高，时效性较强或者需要持续获取的政务数据，属于有条件开放类。 其他政务数据，属于无条件开放类。	
广西壮族自治区	《广西公共数据开放管理办法》	**第十九条** 公共数据按开放类型分为不予开放、有条件开放和无条件开放。涉及国家秘密、商业秘密、个人隐私，工作秘密，法律、法规规定不得开放的，列入不予开放类；对数据安全和处理能力要求较高，时效性较强或者需要持续获取的数据，列入有条件开放类；其他数据列入无条件开放类……	
新疆维吾尔自治区	《新疆维吾尔自治区公共数据管理办法（试行）》	**第二十六条** 公共数据按照开放类型分为无条件开放、有条件开放和非开放三类。有条件和非开放类以外的其他公共数据属于无条件开放类。 非开放类公共数据依法进行脱密、脱敏处理，或者依经权利人同意可以列入无条件开放或者有条件开放类。 有条件开放类公共数据主管部门应主动向社会开放无条件开放类数据，以便自然人、法人和非法人组织获取使用。	
云南省	《云南省公共数据管理办法（试行）》	**第三十二条** 第一款　公共数据按数据开放属性分为不予开放、有条件开放、无条件开放类。法律、法规和党中央、国务院政策规定禁止开放的，开放后可能危及国家安全、公共安全或者损害公共利益的公共数据，或者涉及个人隐私、个人信息、商业秘密、保密商务信息的公共数据，以及数据获取定不予开放的公共数据列入不予开放类；公共数据按照协议约定或者非法人组织开放的公共数据，列入有条件开放类。对数据安全和处理能力要求较高，或者需要授权向特定自然人、法人或者非法人组织开放的公共数据，列入无条件开放类数据。 其他公共数据列入无条件开放类。	

续表

各地规范文件关于重点、优先开放的公共数据规定的汇总

地区	文件名称	具体内容
北京市	《北京市政务信息资源管理办法（试行）》	**第二十二条** 行政审批、信用、交通、医疗、卫生、地理、文化、养老、教育、环保、旅游、农业、统计、气象等公共服务领域的政务信息资源应优先开放。
上海市	《上海市公共数据开放暂行办法》	**第十条（开放重点）** 市经济信息化部门应当根据本市经济社会发展需要，确定年度公共数据开放重点。与民生紧密相关、社会迫切需要、行业增值潜力显著和产业战略意义重大的公共数据，应当优先纳入公共数据开放重点。市经济信息化部门在确定公共数据开放重点时，应当听取相关行业主管部门和社会公众的意见。自然人、法人和非法人组织可以通过开放平台对公共数据范围提出开放需求和意见建议。
天津市	《天津市促进大数据发展应用条例》	**第二十四条** 市和区人民政府及其有关部门应当采取措施，推进政务数据集中向社会开放，优先推动信用、交通、医疗、就业、社保、教育、环境、气象、企业登记监管等民生保障服务领域的政务数据向社会开放。
广东省	《广东省公共数据开放暂行办法》	**第七条** 省公共数据主管部门应当根据全省经济社会发展需要，会同省有关行业主管部门确定年度公共数据开放重点。与行业增值潜力显著，产业战略意义重大，民生紧密相关，社会迫切需要，应当优先纳入公共数据开放重点。以及与粤港澳大湾区和中国特色社会主义先行示范区建设相关的公共数据。公共数据开放主体应当参照年度公共数据开放重点，结合本地区经济社会发展情况，重点和优先开放下列公共数据： （一）与公共安全、公共卫生、城市治理、社会治理、民生保障等相关的数据； （二）与自然资源、生态环境、交通出行等相关的数据； （三）与行政许可、企业公共信用信息等相关的数据； （四）其他需要重点和优先开放的数据。 公共数据开放重点的确定，应当听取相关行业主管部门和社会公众的意见。

续表

地区	文件名称	具体内容
浙江省	《浙江省公共数据条例》	**第二十九条** 第一款：省、设区的市公共数据主管部门应当根据当地经济社会发展需要，会同同级公共管理和服务机构制定年度公共数据开放重点清单，优先开放与民生紧密相关，社会迫切需要，行业增值潜力显著和产业战略意义重大的公共数据。
	《浙江省公共数据开放与安全管理暂行办法》	**第七条** 公共数据开放主体应当根据本地区经济社会发展情况，重点和优先开放下列公共数据： （一）与公共安全、公共卫生、城市治理、社会治理、自然资源、生态环境、交通出行、气象等数据； （二）数字经济发展密切相关的行政许可、企业公共信用信息等数据； （三）与数字经济发展密切相关的数据； （四）其他需要重点和优先开放的数据。 确定公共数据重点和优先开放的具体范围，应当坚持需求导向，并征求有关行业协会、企业、社会公众和行业主管部门的意见。
河北省	《河北省数字经济促进条例》	**第二十二条** ……鼓励优先开放对民生服务，社会治理和产业发展具有重要价值的数据。
山西省	《山西省政务数据管理与应用办法》	**第十五条** 第二款……与民生紧密相关，社会迫切需要的政务数据，应当优先开放。
吉林省	《吉林省公共数据和一网通办管理办法（试行）》	**第二十九条** 第二款　与民生紧密相关、社会迫切需要、商业增值潜力显著的高价值公共数据，应当优先开放。
辽宁省	《辽宁省大数据发展条例》	**第十条** 第一款　大数据主管部门应当按照国家和省有关规定，推动公共数据依法有序向社会开放，优先推动信用、交通、医疗、就业、社会保障、教育等领域的数据向社会开放……
江苏省	《江苏省公共数据管理办法》	**第三十三条** 公共数据主管部门应当根据本地区经济社会发展情况和企业、群众需求，推动教育、科技、就业、社会保障、自然资源、生态环境、交通运输、文化旅游、卫生健康、应急管理、市场监管、统计、医疗保障、金融、气象、信用等领域与民生发展密切相关的公共数据优先向社会开放。

续表

地区	文件名称	具体内容
福建省	《福建省大数据发展条例》	**第十五条** 第一款 公共数据开放应当遵循统一标准、分类分级、安全有序、便捷高效的原则。 第二款 公共管理和服务机构应当依托公共数据资源开放平台向社会开放公共数据，社会关注度和需求度高的数据。
江西省	《江西省公共数据管理办法》	**第十五条** 公共管理和服务机构应当根据本地区经济社会发展情况，通过公共数据平台重点和优先开放下列公共数据： （一）与经济发展、公共安全、公共卫生、社会治理、交通出行、气象等数据； （二）自然资源、生态环境、民生保障等密切相关的数据； （三）与数字经济发展密切相关的行政许可、企业公共信用信息等数据； （四）其他依法需要开放的数据。 确定公共数据重点和优先开放的具体范围，应当听取有关行业协会、企业、社会公众和行业主管部门的意见。
山东省	《山东省公共数据开放办法》	**第九条** 公共数据提供单位应当根据本地区经济社会发展情况，重点和优先开放与数字经济、公共服务、公共安全、社会治理、民生保障等领域的市场监管、卫生健康、自然资源、生态环境、就业、教育、交通、气象等数据；以及行政许可、行政处罚、企业公共信用信息等数据。 公共数据提供单位确定重点和优先开放的数据范围，应当征求社会公众、行业组织、企业、行业主管部门的意见。
四川省	《四川省数据条例》	**第二十六条** 第五款 县级以上地方各级人民政府应当依法最大限度向社会有序开放公共数据，并推动企业登记监管、卫生、交通、运输、气象等高价值数据优先开放。
内蒙古自治区	《内蒙古自治区政务数据资源管理办法》	**第三十条** 第一款 政务部门应当按照相关标准，在政务数据资源目录范围内制定本部门的数据开放清单，向社会公布并动态更新。与民生紧密相关，社会迫切需要，商业增值潜力显著的政务数据，应当优先开放。

续表

地区	文件名称	具体内容
广西壮族自治区	《广西公共数据开放管理办法》	**第十九条** ……与民生紧密相关、社会迫切需要、行业增值潜力显著或产业战略意义重大的数据，应当优先纳入无条件开放或有条件开放类。
新疆维吾尔自治区	《新疆维吾尔自治区公共数据管理办法（试行）》	**第三十一条** 公共数据主管部门应当根据本区域经济社会发展情况和企业、群众需求，优先开放教育、就业、科技、农业、旅游、医疗、文化、交通、信用、气象、生态环境等相关领域的公共数据，定期调研了解各行业和社会公众的数据需求，持续优化数据开放重点。

各地规范文件关于突发事件下公共数据开放规定的汇总

地区	文件名称	具体内容
重庆市	《重庆市公共数据开放管理暂行办法》	**第二十七条** 在突发自然灾害、事故灾害、公共卫生事件以及社会安全事件等情况下，经大数据应用发展管理主管部门报同级政府同意，公共管理和服务机构按照对有关法律法规，可以要求相关单位、自然人提供应对突发事件相关的数据，及时、准确按照相关规定开放公共数据，并根据需要动态更新。公共管理和服务事件应对结束后，公共管理和服务机构对确需收集的个人信息应当严格遵循最小范围原则，确保数据和个人信息安全。突发事件应对处置突发事件获取数据进行开发利用的，数据处理情况应报同级政府审定。数据应用发展管理主管部门报同级政府审定。确需保留数据或数据管理或服务机构获取数据或开发利用的，同意开发利用的目的，按照本办法第十二条、第二十二条、第二十三条、第二十四条规定进行开放。法律、法规另有规定的，从其规定。
广东省	《广东省公共数据开放暂行办法》	**第二十八条** 突发自然灾害、事故灾难、公共卫生事件和社会安全事件的，直接影响社会公众切身利益的，负责处置突发事件及其本级人民政府有关部门应当开放同公共数据开放主体依法及时、准确开放相关公共数据及时，准确开放相关公共数据，并根据公众需要动态更新。法律、法规另有规定的，从其规定。

续表

地区	文件名称		具体内容
浙江省	《浙江省公共数据条例》	**第二十一条**	为了应对突发事件，公共管理和服务机构按照应对突发事件有关法律、法规规定，可以要求自然人、法人或者非法人组织提供应对突发事件所必需的数据，并根据实际需要，依法、及时对开放相关公共数据，为应对突发事件提供支持；收集的数据不得用于与突发事件无关的事项；对在履行职责中知悉的个人信息、商业秘密、保密商务信息等应当依法予以保密。 突发事件应急处置工作结束后，公共管理和服务机构应当对获得的突发事件相关公共数据进行分类评估，将涉及个人信息、商业秘密、保密商务信息的公共数据采取封存等安全处理措施，并关停相关数据应用。
	《浙江省公共数据开放与安全管理暂行办法》	**第八条**	突发自然灾害、事故灾难、公共卫生事件和社会安全事件等突发事件，造成或者可能造成严重社会危害，直接影响社会公众切身利益的，负责处置突发事件的各级人民政府及其有关部门应当依法、及时，准确开放相关公共数据，并根据公众需要动态更新。法律、法规另有规定的，从其规定。
江苏省	《江苏省公共数据管理办法》	**第五十二条**	发生重大自然灾害事件、公共卫生事件等突发事件，造成或者可能造成严重社会危害，直接影响公民、法人和其他组织切身利益的，公共数据主管部门会同公共管理和服务机构根据应急需要，依法及时，准确共享开放公共数据。法律、法规另有规定的，从其规定。
江西省	《江西省公共数据管理办法》	**第十六条**	突发自然灾害、事故灾难、公共卫生事件和社会安全事件，造成或者可能造成严重社会危害，直接影响社会公众切身利益的，负责处置突发事件的各级人民政府及其有关部门应当依法按照应急需要，及时，准确共享开放相关公共数据。法律、法规有规定的，从其规定。
广西壮族自治区	《广西壮族自治区大数据发展条例》	**第三十条**	发生突发事件时，政务部门、公共服务组织按照应对突发事件法律、法规规定，可以要求自然人、法人和非法人组织提供应对突发事件所必需的数据，并根据实际需要，依法、及时共享和开放相关公共数据；收集的数据不得用于与突发事件无关的事项。对在履行职责中获悉的国家秘密、商业秘密、个人信息等应当依法予以保护。 突发事件应急处置工作结束后，政务部门、公共服务组织应当对获得的突发事件相关公共数据进行评估，依法对涉及国家秘密、商业秘密、个人信息的公共数据采取封存、删除等安全处理措施，并关停相关数据应用。

续表

各地规范文件关于公共数据开放平台规定的汇总

地区	文件名称	具体内容
北京市	《北京市公共数据管理办法》	**第十二条** 本市设立市、区两级大数据平台，汇聚公共数据，为公共数据的共享和开放提供技术支撑。区级大数据平台应当与市级大数据平台实现对接。 **第二十二条** 市经济信息化部门依托市级大数据平台构建全市统一的公共数据开放平台，为单位和自然人提供公共数据的开放服务，并与市人民政府门户网站实现对接。 区级政府不再构建公共数据开放平台，依托全市统一的公共数据开放平台开放公共数据。
上海市	《上海市公共数据开放暂行办法》	**第十七条（开放平台）** 市大数据中心应当依托市大数据资源平台建设开放平台。 数据开放主体应当通过开放平台开放公共数据，原则上不再建立独立的开放渠道。已经建成的开放渠道，应当按照有关规定进行整合、归并，将其纳入开放平台。
上海市	《上海市公共数据和一网通办管理办法》	**第二十九条** 第三款 市大数据资源平台应当依托市大数据资源平台，建设公共数据开放子平台，实现公共数据向社会统一开放。
上海市	《上海市数据条例》	**第四十二条** 第一款 本市依托市大数据资源平台向社会开放公共数据。
重庆市	《重庆市数据条例》	**第二十一条** 第二款 公共数据资源管理平台是本市实施公共数据资源汇聚、共享、开放的平台，由市数据主管部门负责建设和维护。 第三款 政务部门和财政资金保障运行的公共服务组织不得新建其他公共数据资源管理平台，共享和开放系统；已经建成的，应当按照规定进行整合。

续表

地区	文件名称	具体内容
重庆市	《重庆市公共数据开放管理暂行办法》	**第八条** 依托城市大数据资源中心建设的开放系统（以下简称开放系统）是全市统一的公共数据开放平台，所有数据开放主体均需通过开放系统提供公共数据服务。各区县政府、市级各部门不得建设其他开放系统。已经建成的其他开放渠道，应当按照有关规定进行整合、归并，将其纳入开放系统。
广东省	《广东省公共数据管理办法》	**第三十三条** 第一款　公共管理和服务机构应当按照省公共数据主管部门要求，将审核后开放的公共数据通过省政务大数据中心推送到数据开放平台。 第二款　地级以上市人民政府及其有关部门、县级人民政府及其有关部门不得再建设其他开放系统。已建成运行的开放平台应当与省数据开放平台进行对接。
	《广东省公共数据开放暂行办法》	**第十七条** 公共数据开放主体应当按照本级公共数据主管部门要求，将审核后开放的公共数据通过"一网共享"平台推送到数据开放平台。 地级以上市人民政府及其有关部门、县级人民政府及其有关部门未经批准不得再新建数据开放体系，已建成运行的开放平台应当向省公共数据主管部门备案，并纳入全省数据开放平台的管理体系。 公共数据开放主体应当向省数据开放平台开放的，公共数据开放主体应当事先向本级公共数据主管部门备案。 因特殊原因不能通过省数据开放平台开放的，公共数据开放主体应当事先向本级公共数据主管部门备案。
浙江省	《浙江省公共数据条例》	**第十条** 公共数据主管部门应当依托公共数据平台建立统一的数据共享、开放通道。公共管理和服务机构应当通过统一的共享、开放通道共享、开放公共数据。 公共管理和服务机构不得新建公共数据共享、开放通道；已建成的，应当并入统一的共享、开放通道。
	《浙江省公共数据开放与安全管理暂行办法》	**第十八条** 公共数据开放主体应当通过省、设区的市公共数据平台开放数据，不得新建独立的开放渠道；已经建成的开放渠道，应当事先向同级公共数据主管部门和省有关部门获得，归集的公共数据和其他特色数据。因特殊原因不能通过公共数据平台开放的，应当事先向同级公共数据平台负责开放。 省公共数据平台负责开放省公共数据主管部门和省有关部门获得、归集的公共数据；设区的市公共数据平台负责开放本级公共数据和其他特色数据。

续表

地区	文件名称		具体内容
河北省	《河北省数字经济促进条例》	第二十二条	省、设区的市公共数据主管部门应当按照需求导向，依法有序、分类分级、安全可控的原则推进公共数据开放。公共管理服务机构应当向社会开放通过统一的公共数据开放平台实现。鼓励优先开放对民生服务、社会治理和产业发展具有重要价值的数据。
山西省	《山西省大数据发展应用促进条例》	第八条	第三款 政务数据资源开放实行负面清单管理。政务服务实施机构应当通过统一开放平台主动向社会开放经过脱敏和标准化处理、可机器读取的数据。 第四款 通过数据共享交换平台和数据统一开放平台获取的文书类、证照类、合同类政务数据，与纸质文书具有同等法律效力。
	《山西省政务数据管理与应用办法》	第十五条	第一款 政务服务实施机构应当按照政务数据开放目录，通过统一的政务数据开放平台开放经过脱敏和标准化处理、可机器读取的数据。
黑龙江省	《黑龙江省促进大数据发展应用条例》	第二十五条	第一款 公共管理和服务机构应当根据公共数据目录，通过公共数据平台开放公共数据。
吉林省	《吉林省公共数据和一网通办管理办法（试行）》	第二十七条	第一款 省政务服务和数字化局应当以需求为导向，遵循统一标准、便捷高效、安全可控的原则，有序推进面向自然人、法人和非法人组织的公共数据开放。依托"吉林祥云"大数据平台，建设公共数据开放平台。
江苏省	《江苏省公共数据管理办法》	第十三条	第一款 公共数据通过公共数据平台实施统一管理。 第三款 公共管理和服务机构应当通过公共数据平台进行数据共享开放，不得在公共数据平台之外新建共享开放通道；已经建成的，应当逐步并归至公共数据平台。

地区	文件名称		具体内容
安徽省	《安徽省政务数据资源管理办法》	二十九条第一款	县级以上人民政府数据资源主管部门应当依托江淮大数据中心平台和一体化在线政务服务平台，提供数据服务，协同办理业务，提供共享数据，统一共享数据、统一共享数据办平台，建设院事通，业务应用支撑和高效便捷政务服务。
	《安徽省大数据发展条例》	第十一条	省、设区的市人民政府数据资源主管部门应当依托江淮大数据中心总平台或者子平台，统筹建设本行政区域公共数据共享交换平台、开放平台。各级人民政府和有关部门，单位应当按照国家和省有关规定，通过公共数据共享交换平台、开放平台，有序共享开放公共数据。
福建省	《福建省政务数据管理办法》	第三十一条	省政务数据开放平台是全省政务数据开放的统一平台，由省数据管理机构组织建设。经省数据管理机构批准，有条件的设区市可以建设政务数据开放子平台，子平台应当通过省数据管理机构组织的连通性和安全性等测试。县（市、区），数据生产应用单位或者其他组织、个人不得建设政务数据开放平台。
	《江西省公共数据管理办法》	第十八条第一款	公共管理和服务机构应当通过公共数据平台，以提供下载、接口调用、借助算法模型获取结果等易于获取和加工的方式向社会开放公共数据。
江西省	《江西省数据条例（征求意见稿）》	第十条第一款【平台建设】	公共管理和服务机构应当依托全省统一的数据共享交换平台和数据开放平台，根据公共数据共享、开放目录提供公共数据共享开放服务；其他部门不得重复建设独立的公共数据平台，法律、法规另有规定的除外。
	《江西省数据应用条例》	第十二条第一款	全省大数据资源平台是实施公共数据收集、汇聚、共享、开放的基础设施，包括省级大数据资源平台和设区的市级大数据资源平台。跨部门跨层级的公共数据共享应当依托全省大数据资源平台。

续表

地区	文件名称		具体内容
山东省	《山东省大数据发展促进条例》	**第二十二条** 第一款	省、设区的市人民政府大数据工作主管部门应当通过省一体化大数据平台，依法有序向社会公众开放公共数据。
	《山东省公共数据开放办法》	**第七条**	公共数据提供单位应当通过统一的公共数据开放平台开放公共数据。已经建设完成的，应当进行整合、归并，并纳入统一的公共数据开放平台。 公共数据提供单位根据国家规定不能通过统一的公共数据开放平台开放公共数据的，应当告知县级以上人民政府大数据工作主管部门。
海南省	《海南省公共信息资源管理办法》	**第二十七条**	公共机构应当依照公共信息资源开放目录，通过全省统一的政府数据开放平台向社会开放公共信息资源。各级公共机构不得单独建设独立的数据开放平台。
四川省	《四川省数据条例》	**第十九条** 第一款	政务部门和公共服务组织应当依据公共数据目录，将本级公共数据汇聚至省、市（州）数据资源中心；依照本级公共数据管理机构确认，并以适当方式进行数据共享和开放。
贵州省	《贵州省大数据发展应用促进条例》	**第二十六条** 第一款 第二款 第三款	全省统一的大数据平台（以下简称"云上贵州"）汇集、存储、共享、开放全省公共数据及其他数据。 除法律法规另有规定外，公共机构信息系统应当向"云上贵州"迁移，公共数据应当汇集、存储在"云上贵州"并与他人共享。 鼓励其他信息系统向"云上贵州"迁移，其他数据汇集、存储在"云上贵州"并与他人共享，存储在"云上贵州"向社会开放。
	《贵州省政府数据共享开放条例》	**第八条** 第一款	政府数据共享开放应当在全省统一的政府数据共享平台、开放平台上进行。

续表

地区	文件名称	具体内容
贵州省	《贵州省政务数据资源管理办法》	**第六条** 全省统一的政务数据共享交换平台包括贵州省数据共享交换平台、贵州省政府数据开放平台等子平台。贵州省数据共享交换平台与全国一体化政务服务平台、国家共享交换平台联通，为政府部门提供共享数据抽取、授权、接口管理相关服务。贵州省政府数据开放平台为政府部门向社会开放数据的互联网通道和后台授权认证、互动、更新维护相关服务。贵州省数据共享交换平台依托电子政务外网建设和管理，贵州省政府数据开放平台依托互联网建设和管理。 **第三十条** 对有条件开放类政务数据，政府部门应当在贵州省政府数据开放平台上开通本地区、本部门政务数据开放需求申请通道，及时响应合理的数据开放需求申请。
内蒙古自治区	《内蒙古自治区政务数据资源管理办法》	**第二十九条** 各级政务数据资源管理机构负责本级公共数据开放平台建设和运行管理，实现政务数据向社会统一开放。
广西壮族自治区	《广西公共数据开放管理办法》	**第十条** 自治区公共数据开放平台是管理自治区公共数据开放目录、覆盖自治区、市、县、乡、村五级数据资源，支撑自治区公共数据开放的统一通道。 **第十一条** 各地各部门各单位应通过自治区公共数据开放平台开放数据，原则上不再建设独立的数据开放平台。
宁夏回族自治区	《宁夏回族自治区大数据产业发展促进条例（草案）》	**第二十条** 除法律法规另有规定外，行政部门应当依托全省域数据信息共享平台汇集、管理、共享、开放数据资源。鼓励公共服务单位通过全省域数据信息共享平台共享和开放公共数据。
新疆维吾尔自治区	《新疆维吾尔自治区公共数据管理办法（试行）》	**第二十八条** 自治区公共数据主管部门依托一体化数据资源服务平台建设自治区统一的公共数据开放平台，以数据接口和数据下载的方式，向社会提供在法律、法规许可范围内可开放的、可机器读取的公共数据。由自治区各级公共数据主管部门负责公共数据开放资源的提供、更新和维护。 公共数据提供单位应当通过统一的公共数据开放平台开放公共数据，不得另行自建公共数据开放平台向社会开放公共数据，已有通道整合、归并到统一的公共数据开放平台；根据有关规定不能通过公共数据开放平台开放的，应向公共数据主管部门报备。

地区	文件名称	具体内容
云南省	《云南省公共数据管理办法（试行）》	**第八条** 省公共数据主管部门统筹规划和建设全省统一的公共数据平台，为公共数据处理活动提供支撑。已建设的，应对接全省统一的公共数据平台并纳入统一管理。各州、市、县、区不再建设本级公共数据平台。

各地规范文件关于公共数据获取程序的规定的汇总

地区	文件名称	具体内容
北京市	《北京市公共数据管理办法》	**第十六条** 对于无条件共享的公共数据、公共管理和服务机构可以通过大数据平台直接获取。 对于有条件共享的公共数据、公共管理和服务机构可以通过大数据平台申请获取。
上海市	《上海市公共数据开放暂行办法》	**第二十三条** 对列入无条件开放的公共数据，单位和自然人可以通过开放平台直接获取。 对列入有条件开放的公共数据，开放数据的公共管理和服务机构应当面向社会选择符合要求的单位和自然人，明确使用条件、数据内容并开放数据。
		第十四条（无条件开放类数据获取方式） 对列入无条件开放类的公共数据，自然人、法人和非法人组织可以通过开放平台以数据下载或者接口调用的方式直接获取。
		第十五条（有条件开放类数据获取方式） 第一款　对列入有条件开放类的公共数据，数据开放主体应当通过开放平台公布利用条件的技术能力和安全保障措施等条件，向符合条件的自然人、法人和非法人组织开放。 第二款　数据开放主体应当与符合条件的自然人、法人和非法人组织签订数据利用协议，明确数据利用的条件和具体要求，并按照协议约定通过数据下载、接口访问、数据沙箱等方式开放公共数据。
	《上海市公共数据开放实施细则》	**第十七条【无条件开放数据获取】** 对列入无条件开放类的公共数据，自然人、法人和非法人组织可以通过开放平台以数据下载或者接口调用的方式直接获取，无须注册，无须申请等流程。

续表

地区	文件名称	具体内容
上海市	《上海市公共数据开放实施细则》	**第十八条 [有条件开放数据获取]** 对列入有条件开放类的公共数据，数据开放主体应当通过开放平台在相应数据页面列明申请材料，包括相关资质与能力证明、数据安全管理措施、应用场景说明等。涉及开放条件调整时，数据开放主体应主动开放及时更新数据申请材料说明。 自然人、法人和非法人组织通过开放平台提交开放申请，上传相应材料。 **第十九条 [开放申请和处理]** 市大数据中心应当对公共数据开放申请进行审查，对申请主体材料齐全的予以受理，对申请主体材料不齐全的，不予受理，并一次性告知理由。 数据开放主体收到工单后，应当在10个工作日内完成审核，审核应当遵循以下原则： （一）公平公正原则，平等对待各类申请主体； （二）场景驱动原则，对民生福祉和经济发展有益、具有较高复制推广价值的应用场景应当优先支持； （三）安全稳妥原则，对多源数据融合做好风险评估，对一次性大规模申请数据的复杂情形，可以组织专家评审。 审核通过的，数据开放主体应当通过开放平台及时告知结果；审核不通过的，应当一次性告知理由。 **第二十条 [数据利用协议]** 开放申请审核通过的，申请主体应当与数据开放主体签署数据利用协议。数据利用协议中应当包含应用场景要求、数据利用情况报送、数据安全保障措施、违约责任等内容。 **第二十一条 [数据交付]** 数据开放主体应当按照利用协议约定进行数据准备和交付，市大数据中心应当做好数据加工处理等技术支持。 数据交付应当通过开放平台进行，采用接口访问的，由市大数据中心负责接口开发、文档说明、系统对接等配套服务。 确需线下交付的，数据开放主体应当向市经济信息化部门报备。 鼓励探索线下交付时，数据空间、联邦学习、可信数据空间等新技术、新模式进行数据交付。
	《上海市公共数据和一网通办管理办法》	**第三十条 [分类开放]** 第二款 对列入无条件开放类的公共数据，公共管理和服务机构应当通过开放平台主动向社会开放；对列入有条件开放类的公共数据，公共管理和服务机构对数据请求进行审核后，通过开放子平台以接口等方式进行开放。

续表

地区	文件名称	具体内容
	《重庆市数据条例》	**第二十七条** 公共数据开放应当遵循公正、公平、便民、无偿的原则，依法最大限度向社会开放。 自然人、法人和非法人组织需要获取开放无条件开放公共数据的，可以通过统一的公共数据开放系统获取。 自然人、法人和非法人组织需要获取有条件开放公共数据的，可以通过统一的公共数据开放系统向市数据主管部门提出开放申请。 **第二十八条** 市数据主管部门应当自收到开放申请之日起五个工作日内依据公共数据资源目录确定的开放类型和条件予以答复，同意开放的，应当予以开放；不同意开放的，应当说明理由，并提供依据。 市数据主管部门依据公共数据资源目录确定能否开放的，答复期限可以延长五个工作日，并应当向提供数据的政务部门或者公共服务组织征求意见。政务部门或者公共服务组织应当在三个工作日内答复市数据主管部门。 **第二十九条** 有条件开放的公共数据经审核同意开放的，市数据主管部门应当与申请人签订开放利用协议，并抄送提供数据的政务部门或者公共服务组织。 开放利用协议应当约定拟使用数据的清单、用途、应用场景、安全保障措施、使用期限以及协议期满后数据的处置、数据使用情况反馈等内容。开放利用协议采取安全保障措施，使用示范文本由市数据主管部门有关部门会同制定。 申请人应当按照开放利用协议约定的公共数据用于约定使用范围内使用数据，并向市数据主管部门反馈数据使用情况，不得复制、破坏、篡改、泄露所获取的公共数据的其他用途，不得以获取反约定将公共数据用于约定使用范围之外使用数据，不得复制、破坏、篡改、泄露所获取的公共数据危害国家安全，侵犯商业秘密或者个人隐私。
重庆市	《重庆市公共数据开放管理暂行办法》	**第十三条** 公共数据可以通过下列方式开放： （一）下载数据； （二）接口调用数据； （三）以算法模型获取结果数据； （四）法律、法规、规章和国家规定的其他方式。 具体开放方式根据公共数据开放属性确定。

续表

地区	文件名称	具体内容
重庆市	《重庆市公共数据开放管理暂行办法》	**第二十三条** 对列入无条件开放类的公共数据，经身份认证后，自然人、法人和其他组织可以通过开放系统获取。 **第二十四条** 有条件开放类的公共数据，数据开放主体应当依托开放系统向符合条件的数据利用主体开放。数据利用主体应当通过开放系统向数据开放主体提交数据申请，说明申请用途、应用场景、安全保障措施、使用期限等。 数据开放主体应当及时对数据申请进行评估，不同意的应当说明理由，同意的应当签订数据利用协议，并报同级大数据应用发展管理主管部门审查。通过审查的，应当按照协议约定开放公共数据；未通过审查的，不予开放。 **第二十五条** 数据利用协议应当约定下列内容： （一）拟使用数据的清单、用途、应用场景、安全保障措施，使用期限以及协议期满后数据的处置； （二）数据利用主体应当向数据开放主体反馈数据使用情况，使用公共数据形成研究报告、学术论文、数据服务、应用产品等成果的，应当在成果中注明数据来源； （三）未经同意，数据利用主体不得将获取的公共数据用于约定使用范围之外的其他用途，不得传播所获取的公共数据。 数据利用协议示范文本由市大数据应用发展管理主管部门会同数据开放主体制定。
重庆市	《重庆市政务数据资源管理暂行办法》	**第三十三条** 公民、法人和其他组织通过开放系统，按照政务数据资源开放目录申请获取政务数据资源。 申请获取有条件开放政务数据资源的，政务数据提供部门应当在收到申请之日起在10个工作日内予以答复，同意的应当予以开放；不同意的应当说明理由，并提供依据。如需延长答复期限的，应当经政务数据提供部门主要负责人同意，延长答复期限不得超过10个工作日。 申请获取无条件开放的政务数据资源的，在开放系统中通过身份认证后直接获取。
天津市	《天津市促进大数据发展应用条例》	**第二十二条** 无条件开放的政务数据应当以可机读标准格式开放，公民、法人和其他组织可以通过开放平台在线访问、获取。

续表

地区	文件名称	具体内容
天津市	《天津市促进大数据发展应用条例》	**第二十三条** 公民、法人和其他组织申请获取有条件开放的政务数据，可以通过开放平台向数据提供单位提出申请。 政务数据提供单位应当及时受理数据开放申请，自受理申请之日起两个工作日内，通过开放平台向申请方开放所需数据；不同意开放的，应当说明理由并提供依据。
广东省	《广东省公共数据开放暂行办法》	**第二十条** 公共数据开放主体应当按照本机构公共数据开放目录，通过数据开放平台向公共数据利用主体提供无条件开放类公共数据开放服务。 **第二十一条** 公共数据开放主体应当按照本机构公共数据开放目录，通过数据开放平台向公共数据利用主体提供有条件开放类公共数据开放服务。 公共数据开放主体对公共数据利用主体提出的获取有条件开放类数据的服务申请进行审核，应当自收到申请之日起20个工作日内予以答复。通过审核的，可依申请提供数据；未通过审核的，要明确列出未通过审核的理由。 公共数据利用主体获取有条件开放类公共数据应当与公共数据开放主体签订公共数据利用协议。 **第二十二条** 公共数据利用主体可以通过下列方式获取开放的公共数据： （一）数据下载； （二）接口调用数据； （三）通过数据开放平台以算法模型获取结果数据； （四）存储介质传递数据； （五）法律、法规、规章规定的其他方式。
浙江省	《浙江省公共数据条例》	**第三十二条** 自然人、法人或者非法人组织需要获取无条件开放的公共数据的，可以通过统一的公共数据开放通道获取。

地区	文件名称	具体内容
浙江省	《浙江省公共数据条例》	**第三十三条** 自然人、法人或者非法人组织需要获取受限开放的公共数据的，应当具备相应的数据存储、处理和安全保护能力，并符合申请时信用档案中无因违反本条例规定记入的不良信息等要求，具体条件由省、设区的市公共管理和服务机构通过本级公共数据平台公布。 自然人、法人或者非法人组织需要获取受限开放的公共数据的，应当通过统一的公共数据开放通道向公共数据主管部门提出申请。公共数据主管部门应当对公共数据提供单位审核后确定是否同意开放。经审核同意开放公共数据的，申请人应当与数据提供单位签署安全承诺书，并与数据处理者签订开放利用协议。申请开放利用的公共数据由公共数据主管部门与申请人签订。开放利用协议应当明确数据开放的方式、使用范围、安全保障措施等内容。 申请人应当按照开放利用协议约定的范围使用公共数据，并按照开放利用协议和安全承诺书采取安全保障措施。 **第十六条** 公共数据开放主体向社会公平开放受限类公共数据，不得设定歧视性条件；公共数据开放主体应当向社会公开已获得受限类公共数据的名单信息。 公民、法人和其他组织可以向公共数据开放主体提出获取受限开放类数据的服务需求。 获取受限开放类数据的数据应当符合规定的数据存储、数据处理、数据安全保护等能力条件并达到相应的信用等级。具体办法由省、设区的市公共数据主管部门会同同级有关部门分别制定并向社会公开。
	《浙江省公共数据开放与安全管理暂行办法》	**第十七条** 公共数据开放主体开放受限类公共数据的，应当与公共数据利用主体签订公共数据开放利用协议，并约定下列内容： （一）公共数据利用主体向公共数据开放主体反馈数据利用情况，并对数据开放情况进行评价； （二）未经同意，公共数据利用主体不得将获取的公共数据用于约定利用范围之外的其他用途； （三）未经同意，公共数据利用主体不得传播所获取的公共数据； （四）公共数据开放类数据在发表论文、申请专利、出版作品、申请软件著作权和开发应用产品时，应当注明参引用的公共数据； （五）公共数据利用主体应当履行约定的安全职责及其数据利用安全能力要求、保障措施； （六）公共数据利用主体应当接受公共数据利用安全监督检查。

续表

地区	文件名称	具体内容
浙江省	《浙江省公共数据开放与安全管理暂行办法》	公共数据开放主体应当将签订的公共数据开放利用协议报同级公共数据主管部门备案。公共数据开放利用协议示范文本由省公共数据主管部门会同同级有关部门制定。 **第二十条** 公共数据开放主体可以通过下列方式开放公共数据： （一）下载数据； （二）接口调用数据； （三）通过公共数据平台以算法模型获取表取结果数据； （四）法律、法规、规章和国家规定的其他方式。 公共数据开放主体不得通过前款第一项方式开放受限类公共数据；公共数据开放主体应当按照本办法第十三条的规定，对前款第三项数据取得的结果数据进行评估、审查。 **第二十七条** 除法律、法规、规章另有规定外，公共数据开放主体应当免费开放下列公共数据： （一）无条件开放类数据； （二）获取本人、本单位的数据； （三）第三方经他人、其他单位授权获取其受限开放类数据； （四）国家和省规定应当免费开放的数据。
黑龙江省	《黑龙江省促进大数据发展应用条例》	**第二十五条** 公共管理和服务机构应当根据公共数据目录，通过公共数据平台开放公共数据。 自然人、法人和非法人组织可以通过公共数据平台直接获取无条件开放类公共数据。 自然人、法人和非法人组织需要获取有条件开放公共数据的，应当具备相应的数据存储、处理和安全保护能力等条件，具体条件由省政务数据主管部门通过公共数据平台公布。 自然人、法人和非法人组织需要获取有条件开放公共数据的，应当通过公共数据平台向数据提供单位提出申请，数据提供单位审核确定是否开放。

续表

地区	文件名称	具体内容
吉林省	《吉林省促进大数据发展应用条例》	**第十九条** 第二款 ……对公民、法人和其他组织通过省大数据平台提出的申请，经审查符合开放条件的，应当及时通过省大数据平台向申请人开放；不予开放的，应当说明理由。
	《吉林省公共数据和一网通办管理办法（试行）》	**第二十八条** 第二款 对列入无条件开放类的公共数据，公共管理和服务机构应当通过开放子平台主动向社会开放；对列入有条件开放类的公共数据，公共管理和服务机构对数据请求进行审核后，通过开放子平台接口等方式开放。
江苏省	《江苏省公共数据管理办法》	**第二十九条** 第一款 ……（三）不予开放类和有条件开放类以外的其他公共数据属于无条件开放类。公共管理和服务机构应当通过公共数据平台主动向社会开放即可获取、使用。 **第三十一条** 公民、法人和其他组织可以通过公共数据平台提出有条件开放类公共数据申请。提供公共数据的公共管理和服务机构能够立即答复的，应当立即答复；不能立即答复的，应当自收到申请之日起10个工作日内答复。具体表单由公共数据主管部门制定。 公共数据开放申请应当包括申请标题、事由、申请类型（数据集或者接口）、使用期限、成果形式等内容。 提供公共数据的公共管理和服务机构同意开放的，应当明确公共数据的用途和使用范围，并及时向申请人开放；不同意开放的，应当说明理由，并提供相应的法律、法规、规章依据。
福建省	《福建省大数据发展条例》	**第十五条** 第三款 公共数据开放分为普遍开放和依申请开放两种类型。属于普遍开放类的公共数据，公民、法人或者其他组织可以直接从公共数据资源开放平台免费获取；属于申请开放类的公共数据，应当向公共数据主管部门征求数据提供单位同意后获取。
	《福建省政务数据管理办法》	**第三十二条** 政务数据按照开放类型分为普遍开放类和授权开放类。属于普遍开放类的，公民、法人或者其他组织可以直接从政务数据开放平台获取；属于授权开放类的，内资控股法人企业、高校或者科研院所可以向省或者设区市数据管理机构申请。

地区	文件名称	具体内容
江西省	《江西省公共数据管理办法》	**第十八条** 公共管理和服务机构应当通过公共数据平台，以提供下载、接口调用，借助算法模型获取和加工的方式向社会开放公共数据。 自然人、法人和非法人组织可以直接通过公共数据平台获取无条件开放类公共数据。自然人、法人和非法人组织获取有条件开放类公共数据的，可以通过公共数据平台向公共管理和服务机构申请获取公共数据。公共管理与服务机构应当在收到申请之日起十个工作日内予以答复，同意提供的，时间及有关要求；不同意提供的，应当说明理由。
山东省	《山东省公共数据开放办法》	**第十一条** 公共数据提供单位开放公共数据，可以通过下列方式： （一）提供数据下载； （二）提供数据服务接口； （三）以算法模型提供结果数据； （四）法律、法规和国家规定的其他方式。 **第十四条** 公民、法人和其他组织可以向公共数据提供单位申请获取有条件开放的公共数据。公共数据提供单位同意的，应当与公民、法人和其他组织签订公共数据开放利用协议，并告知县级以上人民政府大数据主管部门；未同意的，应当说明理由。 公共数据提供单位应当根据公共数据开放利用协议提供服务，及时了解公共数据开发利用活动是否符合公共数据安全管理规定和开放利用协议要求，并告知县级以上人民政府大数据主管部门。 公民、法人和其他组织应当按照协议要求对公共数据进行开发利用，并采取必要的防护措施，保障公共数据安全。
湖北省	《湖北省政务数据资源应用与管理办法》	**第二十六条** 第二款　属于无条件开放类的政务数据，应当以可以机器读取的格式在政务数据开放平台发布，以便自然人、法人或者非法人组织获取、利用。

续表

地区	文件名称	具体内容
湖北省	《湖北省政务数据资源应用与管理办法》	**第二十七条** 自然人、法人或者非法人组织需要使用有条件开放的政务数据的，应当通过政务数据开放平台向数据提供部门提出申请，说明数据用途、使用时限和安全保障措施等，获得授权后后访问。必要时政务数据提供部门可以与申请人签署数据利用协议，申请人应当按照协议约定的方式获取和使用数据。
海南省	《海南省大数据开发应用条例》	**第二十五条** 公民、法人和其他组织可以通过全省统一的政务数据开放平台免费获取无条件开放的政务信息资源。 **第二十六条** 公民、法人和其他组织可以申请获取有条件开放的政务信息资源。申请者应当向全省统一的政务数据开放平台提交数据使用申请，说明数据用途、应用场景、使用时限和安全保障措施等。政务部门应当受理申请之日起五个工作日内通过全省统一的政务数据开放平台向申请者开放所需数据；不同意开放的，应当说明理由并提供依据。
四川省	《四川省数据条例》	**第二十八条** 自然人、法人和非法人组织需要获取无条件开放公共数据的，可以通过开放平台直接获取；需要获取有条件开放公共数据的，应当通过数据目录向数据管理机构提出开放申请，并列明理由、依据、用途等。数据管理机构应当自收到申请之日起五个工作日内依据开放数据目录予以答复，可开放的，应当予以答复；数据管理机构依据开放数据目录不能确定能否开放的，答复期限可以延长五个工作日，并应当说明理由。数据管理机构应当在三个工作日内答复数据提供机构，同意开放的，数据管理机构应当在两个工作日内予以开放；不予开放的，应当说明理由，数据管理机构应当在两个工作日内完成审核，并告知数据申请者。 **第二十九条** 自然人、法人和非法人组织申请有条件开放公共数据的，应当签订数据利用承诺书。数据利用承诺书应当明确拟使用数据的清单、用途、应用场景、安全保障措施、数据处置及定期满后数据的处置、数据使用情况反馈等内容。

续表

地区	文件名称	具体内容
四川省	《四川省数据条例》	**第三十条** 签订数据利用承诺书的申请人应当采取安全保障措施，在规定的范围内使用数据，并向数据管理机构反馈数据使用情况；不得将获取的公共数据用于规定使用范围之外的其他用途，不得篡改、破坏、泄露所获取的公共数据，不得以获取的公共数据危害国家安全，侵犯商业秘密或者个人隐私。 使用开放的公共数据形成研究报告、学术论文、知识产权、数据服务、应用产品等成果的，应当在成果中注明数据来源。
		第二十三条 属于无条件开放类的政府数据，应当以可以机器读取的格式在政府数据开放平台发布，以便公民、法人或者其他组织获取、利用。
		第二十四条 公民、法人或者其他组织需要使用有条件开放的政府数据的，应当通过政府数据开放平台向数据提供部门提出申请，申请内容包括： （一）申请人的姓名或者名称、身份证明、联系方式； （二）申请开放政府数据的名称、类型、内容或者便于数据提供部门查询的其他特征描述； （三）申请开放政府数据的用途、使用范围和安全管理措施等。
贵州省	《贵州省政府数据共享开放条例》	**第二十五条** 政府数据提供部门收到数据开放申请时，能够立即答复的，应当立即答复。 数据提供部门不能立即答复的，应当自收到申请之日起15个工作日内予以答复。如需要延长答复期限的，应当经数据提供部门负责人同意并告知申请人，延长的期限最长不得超过15个工作日。 数据提供部门同意将政府数据开放申请的，通过政府数据开放平台及时向申请人开放，并明确数据的用途和使用范围；不同意开放的，应当说明理由。
		第二十六条 申请人申请开放政府数据的数量、频次明显超过合理范围的，数据提供部门可以要求申请人说明理由。数据提供部门认为理由合理的，应当及时向申请人开放；认为理由不合理的，告知申请人不予处理。

417

续表

地区	文件名称	具体内容
贵州省	《贵州省政务数据资源管理办法》	**第三十一条** 公民、法人或者其他组织通过贵州省政府数据开放平台申请有条件开放的政务数据资源，由数据提供部门同级大数据主管部门自收到申请之日起5个工作日内完成规范性审核。审核通过的，转至数据提供部门；审核未通过的，驳回申请并说明理由。 数据提供部门收到数据开放申请时，能够立即答复的，应当立即答复；不能立即答复的，应自收到申请之时起10个工作日内予以答复。同意开放的，数据提供部门在5个工作日内按流程予以开放；不同意开放的，应提供不予开放的依据或理由。
内蒙古自治区	《内蒙古自治区政务数据资源管理办法》	**第二十八条** 第五款 无条件开放类的政务数据，应当主动向社会开放。有条件开放类的政务数据，政务部门应当公布利用数据的技术能力和安全保障措施等条件，向符合条件的主体开放。
广西壮族自治区	《广西公共数据开放管理办法》	**第二十条** 无条件开放类公共数据通过自治区公共数据开放平台直接向社会开放。有条件开放类的公共数据应当严格执行以下调度流程： （一）需求申请。自然人、法人和其他组织（以下统称数据使用主体）使用和传播公共数据的，通过自治区公共数据开放平台在线提出数据资源开放需求申请，说明申请用途和申请数据项内容。数据资源申请紧急程度分为特急、加急。 （二）规范性审查。自治区信息中心对数据开放申请进行规范性审查，应当在2个工作日内完成初审，加急类应当在1个工作日内完成初审，特急类应当在12个小时内完成初审。 （三）需求审核。数据开放主体对需求申请进行线上审核，应当在5个工作日内完成线上审核，加急类应当在2个工作日内答复，特急类应当在1个工作日内答复。无正当理由和依据，数据开放主体不得拒绝合理的数据开放需求。 （四）需求审批。自治区大数据发展局应在2个工作日内对数据开放主体的答复内容进行线上审批。 （五）签订数据使用协议。审批通过后，数据开放主体应当与数据使用主体在线签订数据使用协议，明确数据使用的条件和具体要求，并按照协议约定接通数据下载、接口访问等方式开放公共数据。数据使用协议示范文本由自治区大数据发展局和数据开放主体制定。 （六）质量校核。数据使用主体对获取的开放数据存有疑义或发现有错误的，应在2个工作日内向数据开放主体提出校核，数据开放主体应在3个工作日内反馈校核结果。

续表

地区	文件名称	具体内容
广西壮族自治区	《广西壮族自治区大数据发展条例》	（七）质量评价。数据使用主体对获取的开放数据的规范性、完整性、准确性、一致性、时效性和可用性进行在线评价。 **第四十条** 自然人、法人和非法人组织需要获取无条件开放公共数据的，可以通过公共数据资源平台直接获取。 **第四十一条** 对数据安全和处理能力要求较高、时效性较强或者需要持续获取的公共数据，列入有条件开放的公共数据。开放的具体条件由政务服务部门、公共数据组织通过公共数据资源平台公布。 自然人、法人和非法人组织需要获取有条件开放的公共数据，应当具备相应的数据存储、处理和安全保护能力。 自然人、法人和非法人组织需要获取有条件开放的公共数据，应当通过公共数据资源平台向政府同级人民政府大数据主管部门提出申请。大数据主管部门会同数据提供单位审核后，确定是否同意开放。 经审核同意开放公共数据的，申请人应当签署安全承诺书，并与数据提供单位签订开放利用协议。开放利用协议应当明确数据开放方式、使用范围、安全保障措施等内容。
新疆维吾尔自治区	《新疆维吾尔自治区公共数据管理办法（试行）》	**第二十八条** 第一款　自治区公共数据主管部门依托一体化数据资源服务平台建设自治区统一的公共数据开放平台，以数据接口和数据下载的方式，向社会提供在法律、法规允许范围内可开放的公共数据。由自治区各级公共数据主管部门负责公共数据资源的提供、更新和维护。 **第二十九条** 无条件开放类的公共数据，自然人、法人和非法人组织可以直接从公共数据开放平台获取。 有条件开放类的公共数据，自然人、法人、法人和非法人组织，自然人、法人和非法人组织可以通过公共数据开放平台提出申请，由公共数据主管部门会同公共数据提供部门审核后确定是否开放。
云南省	《云南省公共数据管理办法（试行）》	**第三十五条** 自然人、法人或者非法人组织需要获取无条件开放公共数据的，可以通过公共数据平台获取。 自然人、法人或者非法人组织需要获取有条件开放公共数据的，可以通过公共数据平台向数据提供单位提出申请，数据提供单位审核后确定是否同意开放。经审核同意开放的，申请人应当通过公共数据平台与数据提供单位签署安全承诺书、签订开放利用协议。

专题九

省级数据立法关于公共数据授权运营机制的规定及评价

一、公共数据授权运营机制的顶层设计[1]

在我国，2021 年 3 月全国人大审议通过的《中华人民共和国国民经济和社会发展第十四个五年规划和 2035 年远景目标纲要》（以下简称"十四五"规划）中首次提出要开展政府数据授权运营试点。[2] 自此，在国家层面，公共数据授权运营制度作为一种促进公共数据开发利用的创新机制被确定下来。随后，国务院办公厅、国家发展和改革委员会等党政机关发布的多份文件中（表 9－1）也均强调了探索开展政务数据授权运营。

但国家层面的立法文件均未对公共数据授权运营作出具体的制度安排或指引，甚至于没有对"公共数据授权运营"这一概念本身作出界定。国家发展和改革委员会规划司对此非正式地解释道："政府数据授权运营试点是指试点授权特定的市场主体，在保障国家秘密、国家安全、社会公共利益、商业秘密、个人隐私和数据安全的前提下，开发利用政府部门掌握的与民生紧密相关、社会需求迫切、商业增值潜力显著的数据"。[3] 显然，这一概念解释并未对授权运营制度的核心要件进行有效的说明，如何谓"授权"、如何"授权"、授以何权；如"运营"和前述解释中的"开发利用"又是何关系。

本质而言，在国家顶层设计中虽然确认了公共数据授权运营机制，但是由于缺乏实践探索的经验，制度逻辑尚未形成。亟需地方先试先行，基于国家宏观政策部署积极开展公共数据授权运营实践探索。目前纵观全国各省的公共数据相关法律规范，综合各省的具体制度安排，公共数据授权运营制度的大体框架已初见雏形，但也存在明显的制度差异，距离成为全国性的数据法律制度尚需进一步建构与完善。本专题试图通过对省级和部分市级数据立法文件中有关公共数据授权运营相关规定的比较分析，总结公共数据授权运营制度建设过程中的问题，提炼并吸收有益的建设经验。

---

〔1〕 由于公共数据、政务数据、政府数据的表达出现在省级数据立法中尚未统一，且在专题三已经进行了详细的描述与界分。因此，为聚焦于本专题对于授权运营制度本身的论述，写作中除特别说明的情况下，不区分公共数据、政务数据、政府数据，均以"公共数据"指代。

〔2〕 "十四五"规划规定："开展政府数据授权运营试点，鼓励第三方深化对公共数据的挖掘利用"。参见《中华人民共和国国民经济和社会发展第十四个五年规划和 2035 年远景目标纲要》，载 http://www.gov.cn/xinwen/2021 - 03/13/content_5592681.htm，最后访问日期：2023 年 4 月 27 日。

〔3〕 国家发展和改革委员会规划司：《"十四五"规划〈纲要〉名词解释之 99丨政府数据授权运营试点》，载 https://www.ndrc.gov.cn/fggz/fzzlgh/gjfzgh/202112/t20211224_1309355.html，最后访问日期：2023 年 4 月 27 日。

表9－1　涉及公共数据授权运营的国家政策文件

文件名称	公布时间	文件内容
《国务院办公厅关于印发要素市场化配置综合改革试点总体方案的通知》	2021－12－21	六、探索建立数据要素流通规则 （十九）完善公共数据开放共享机制。建立健全高效的公共数据共享协调机制，支持打造公共数据基础支撑平台，推进公共数据归集整合、有序流通和共享。探索完善公共数据共享、开放、运营服务、安全保障的管理体制。优先推进企业登记监管、卫生健康、交通运输、气象等高价值数据集向社会开放。探索开展政府数据授权运营。
国家发展改革委关于印发《"十四五"推进国家政务信息化规划》的通知	2021－12－24	3. 加快数据融合，健全国家数据共享与开放体系。 ……探索构建政务数据与社会数据开放共享新模式，开展政务数据授权运营试点，鼓励第三方深化对公共数据的挖掘利用……
《国务院办公厅关于印发"十四五"国民健康规划的通知》	2022－04－27	（四）促进全民健康信息联通应用。落实医疗卫生机构信息化建设标准与规范。……研究制定数据开放清单，开展政府医疗健康数据授权运营试点。严格规范公民健康信息管理使用，强化数据资源全生命周期安全保护。
《国务院办公厅关于印发全国一体化政务大数据体系建设指南的通知》	2022－09－13	四、主要内容 …… （五）数据服务一体化 。 …… 4. 推进政务数据资源开发利用。 ……鼓励依法依规开展政务数据授权运营，积极推进数据资源开发利用，培育数据要素市场，营造有效供给、有序开发利用的良好生态，推动构建数据基础制度体系…… 五、保障措施 …… （二）推进数据运营。 按照"管运适度分离"原则，加大政务数据运营力量投入。加强专业力量建设，建立专业数据人才队伍，提升其数字思维、数字技能和数字素养，补齐运营主体缺位、专业能力不足短板，创新政务数据开发运营模式，支持具备条件、信誉良好的第三方企事业单位开展运营服务。建立健全政务数据运营规则，明确数据运营非歧视、非垄断原则，明确运营机构的安全主体责任，研究制定政务数据授权运营管理办法，强化授权场景、授权范围和运营安全监督管理。

二、公共数据授权运营机制的地方实践概述

"十四五"规划的公布，对于探究省级公共数据授权运营机制的制度供给情况具有标志性意义。梳理169份省级数据立法文件关于公共数据授权运营的相关内容，可以

发现公共数据授权运营制度的探索情况以"十四五"规划的公布为重要时间节点。

（一）"十四五"规划发布前的地方实践

提升公共数据的社会化开发利用水平是公共数据授权运营的直接目的，而"授权"更是作为公共数据运营的重要前提。事实上，在"十四五"规划公布以前，福建省、贵州省[1]、海南省、天津市、山西省、安徽省等省（直辖市）已经开展了公共数据授权运营制度的初步探索，虽然在其立法文件中未明确提及构建公共数据授权运营机制，但是提到了以"授权开发""合作开发""经营委托""政府购买服务"等方式对公共数据资源进行（市场化）开发利用（如表9-2所示）。

表9-2　有关公共数据授权运营机制初步探索的相关规定

省级	文件名称	效力层级	公布时间	对应文件中的相关规定
福建省	《福建省政务数据管理办法》	地方政府规章	2016-10-15	**第三十四条** 省、设区市数据管理机构可以授权有关企业以数据资产形式吸收社会资本合作进行数据开发利用；授权企业应当通过公开招标等竞争性方式确定合作开发对象。
				第三十五条 第一款　授权开发对象或者合作开发对象应当按照法律、法规和协议，进行数据开发利用……
海南省	《海南省公共信息资源管理办法》	地方规范性文件	2018-05-25	**第五条** 第二款　省公共信息资源管理机构（省党政信息中心）承担全省统一的电子政务外网信息共享交换平台、省政府大数据公共服务平台（政府数据开放平台）等大数据公共基础设施建设和运维工作，负责制定公共信息资源归集共享、开发应用的技术规范，负责归集共享的公共信息资源的管理，负责公共数据经营委托。
				第二十八条 第一款　公共信息资源管理机构可以以数据资产形式与社会机构合作，或通过公开招标等竞争性方式确定开发机构，开发利用公共信息资源，开展数据增值服务。开发合同中应明确公共信息资源开放利用过程中采集、加工生产产生的数据免费提供公共机构共享使用。

---

〔1〕　贵州省曾于2016年11月1日出台《贵州省政务数据资源暂行管理办法》，其中第31条规定"在依法利用和保障安全的原则下，对具备良好市场应用前景、较大经济和社会价值的政府开放数据，政务部门可通过政府购买服务、协议约定、依法提供等方式引入合法机构开展政务数据市场化开发应用。"但《贵州省政务数据资源管理办法》自2023年6月8日起实施，《贵州省政务数据资源暂行管理办法》同时废止，故表9-2中已删除《贵州省政务数据资源暂行管理办法》相关内容。

续表

省级	文件名称	效力层级	公布时间	对应文件中的相关规定
天津市	《天津市促进大数据发展应用条例》	地方性法规	2018 – 12 – 14	**第二十五条** 市和区人民政府有关部门应当对本单位开放的政务数据进行解读，推进政务数据挖掘和增值利用；在依法利用和保障安全的条件下，可以通过政府采购、服务外包等方式，开展政务数据市场化开发应用。
海南省	《海南省大数据开发应用条例》	地方性法规	2019 – 09 – 27	**第二十七条** 第三款　在依法利用和保障安全的条件下，省大数据管理机构和政务部门可以通过政府采购、服务外包、合作等方式，开展政务信息资源市场化开发应用。
山西省	《山西省政务数据资产管理试行办法》	地方政府规章	2019 – 11 – 28	**第十条** 政务服务实施机构可以根据政务数据资产开发利用的需要，依据法律法规和有关规定授权开发对象或者合作开发对象进行政务数据开发利用，并将授权情况报送政务信息管理部门备案。
山西省	《山西省大数据发展应用促进条例》	地方性法规	2020 – 05 – 15	**第十条** 第一款　在保障安全的前提下，省人民政府政务信息管理部门可以通过政府采购、服务外包、合作开发等方式，开展政务信息资源市场化应用。
贵州省	《贵州省政府数据共享开放条例》	地方性法规	2020 – 09 – 25	**第二十八条** 省人民政府应当建立政府数据资源有效流动和开发利用机制，推进政府数据资源的开发利用。 省和市、州人民政府应当公平择优选择具有相应管理经验、专业能力的法人或者其他组织，对非涉密但是涉及敏感信息的政府数据提供脱敏、清洗、加工、建模、分析等服务。
山西省	《山西省政务数据管理与应用办法》	地方性法规	2020 – 11 – 27	**第十七条** 政务服务实施机构可以根据政务数据开发利用的需要，按照国家有关规定，授权开发对象或者合作开发对象进行政务数据开发利用。授权情况应当报送政务信息管理部门备案。
安徽省	《安徽省政务数据资源管理办法》	地方政府规章	2020 – 12 – 30	**第十二条** 政务数据资源、政务信息化项目的建设和管理，可以采用政府购买服务的方式，适应快速迭代的应用开发需要。

从表9-2所列的省级数据立法文件中不难看出，在"十四五"规划公布（2021年3月）之前，国务院印发了《政务信息资源共享管理暂行办法》（2016年9月），之

后，省级层面的大数据立法、政务数据立法已经初步关注到了公共数据的开发利用问题，通过列举具体的开发利用行为的形式加以规定，而未进行制度的体系化和类型化。从公共数据开发利用行为的具体内容上看，可能包括公共数据的脱敏、清洗、加工、建模、分析等；从行为模式上看，则可以概括为通过政府购买服务、政企合作开发、政府授权开发三种形式实现数据的增值和市场化应用。虽然未明确涉及建立授权运营机制，但从立法文本中已经初步出现了公共数据授权运营的重要特征：①规定在公共数据开发利用过程中引入社会力量；②社会主体需要有条件（如安全资质，竞争机制）进入；③需要在法定或意定的范围内从事具体的公共数据开发行为，如公共数据加工、建模等；④公共数据授权开发以数据增值和市场化应用为主要目标，这些特征在现阶段已公布与公共授权运营相关的立法文件中有所体现。[1]

由此可见，在"十四五"规划之前，我国已经初步意识到公共数据开发应用的重要性，相关制度规范散见于省级数据立法文件之中，虽未进行制度的类型化和体系化，但是对于公共数据授权运营制度的研究仍然具有重要意义。

（二）"十四五"规划发布后的地方实践

自"十四五"规划提出公共数据授权运营机制以来，各省积极响应，开展相关的制度探索。通过梳理和比较我国 31 个省（自治区、直辖市）的 169 份省级数据立法文件，截至 2024 年 1 月 22 日，在广东省、上海市、江苏省、浙江省、河南省、重庆市、江西省、辽宁省、北京市、广西壮族自治区、四川省、贵州省、福建省（厦门市）、新疆维吾尔自治区等省（自治区、直辖市）的 28 份立法文件中直接提出了建立公共数据"授权运营机制"或"运营机制/体系"，且立法效力层级较高，大多以地方性法规和地方政府规章的形式呈现（详见表 9-3）。

表 9-3　有关公共数据授权运营机制直接探索的相关规定

省级	文件名称	效力层级	公布时间	对应文件中的相关规定
广东省	《广东省数字经济促进条例》	地方性法规	2021-07-30	**第三十八条** 第二款　……国家机关以及法律、法规授权的具有管理公共事务职能的组织应当建立公共数据开放范围的动态调整机制，创新公共数据资源开发利用模式和运营机制，满足市场主体合理需求。
广东省	《广东省公共数据管理办法》	地方政府规章	2021-10-18	**第三十六条** 第一款　省和地级以上市公共数据主管部门应当加强公共数据开发利用指导，创新数据开发利用模式和运营机制，建立公共数据服务规则和流程，提升数据汇聚、加工处理和统计分析能力。

---

〔1〕《浙江省公共数据条例》第 35 条第 1 款规定："县级以上人民政府可以授权符合规定安全条件的法人或者非法人组织运营公共数据，并与授权运营单位签订授权运营协议。禁止开放的公共数据不得授权运营"；《上海市数据条例》第 45 条第 1 款规定："被授权运营主体应当在授权范围内，依托统一规划的公共数据运营平台提供的安全可信环境，实施数据开发利用，并提供数据产品和服务"；《辽宁省大数据发展条例》第 20 条："省大数据主管部门应当建立公共数据授权运营机制，提高公共数据社会化开发利用水平和数据利用价值"；《上海市公共数据开放实施细则》第 27 条第 3 款："本市探索开展公共数据授权运营，鼓励相关主体面向社会提供公共数据深度加工、模型训练、系统开发、数据交付、安全保障等市场化服务……"。

省级	文件名称	效力层级	公布时间	对应文件中的相关规定
上海市	《上海市数据条例》	地方性法规	2021 - 11 - 25	**第四十四条** 本市建立公共数据授权运营机制，提高公共数据社会化开发利用水平。 市政府办公厅应当组织制定公共数据授权运营管理办法，明确授权主体、授权条件、程序、数据范围，运营平台的服务和使用机制，运营行为规范，以及运营评价和退出情形等内容……
江苏省	《江苏省公共数据管理办法》	地方政府规章	2021 - 12 - 18	**第三十五条** 县级以上地方人民政府应当培育规范的公共数据资源交易平台和市场主体，推动构建公共数据市场运营体系。 公共数据主管部门应当按照国家和省有关规定探索建立公共数据资源流通、交易、应用开发规则和机制化运营流程。
浙江省	《浙江省公共数据条例》	地方性法规	2022 - 01 - 21	**第三十五条** 县级以上人民政府可以授权符合规定安全条件的法人或者非法人组织运营公共数据，并与授权运营单位签订授权运营协议。禁止开放的公共数据不得授权运营。 授权运营单位应当依托公共数据平台对授权运营的公共数据进行加工；对加工形成的数据产品和服务，可以向用户提供并获取合理收益。授权运营单位不得向第三方提供授权运营的原始公共数据。 授权运营协议应当明确授权运营范围、运营期限、合理收益的测算方法、数据安全要求、期限届满后资产处置等内容。 省公共数据主管部门应当会同省网信、公安、国家安全、财政等部门制定公共数据授权运营具体办法，明确授权方式、授权运营单位的安全条件和运营行为规范等内容，报省人民政府批准后实施。
河南省	《河南省数据条例（草案）》（征求意见稿）	/	2022 - 03 - 07	**第四十条** 第一款　县级以上人民政府可以授权符合安全条件的法人或者非法人组织运营公共数据，并与授权运营单位签订授权运营协议。禁止开放的公共数据不得授权运营。 第二款　授权运营单位依托全省一体化大数据中心对授权运营的公共数据进行加工，向用户提供加工形成的数据产品和服务，但不得将授权运营的原始公共数据提供给第三方。法律、行政法规另外规定的除外。

省级	文件名称	效力层级	公布时间	对应文件中的相关规定
河南省	《河南省数据条例（草案）》（征求意见稿）	/	2022-03-07	第三款 省级数据主管部门会同省级网信、公安、国家安全、财政等部门制定全省公共数据授权运营具体办法，明确授权方式、授权运营单位的安全条件和运营行为规范等内容，报省级人民政府批准后实施。
重庆市	《重庆市数据条例》	地方性法规	2022-03-30	第三十一条 第一款 本市建立公共数据授权运营机制。 第二款 授权运营单位不得向第三方提供授权运营的公共数据，但是可以对授权运营的公共数据进行加工形成数据产品和服务，并依法获取收益。 第三款 公共数据授权运营具体办法由市人民政府另行制定。
江西省	《江西省数据条例（征求意见稿）》	/	2022-04-28	第三十六条【运营机制】 第一款 本省建立健全公共数据授权运营机制，提高公共数据开发利用水平，促进数字产业化。授权单位负责对被授权运营单位实施日常监督管理。
辽宁省	《辽宁省大数据发展条例》	地方性法规	2022-05-31	第二十条 省大数据主管部门应当建立公共数据授权运营机制，提高公共数据社会化开发利用水平和数据利用价值。
江苏省	《江苏省数字经济促进条例》	地方性法规	2022-05-31	第五十九条 第一款 县级以上地方人民政府以及有关部门应当统筹建立公共数据开放范围动态调整机制，创新公共数据资源开发利用模式和运营机制，满足组织、个人的合理需求。
北京市	《北京市数字经济促进条例》	地方性法规	2022-11-25	第十九条 第一款 本市设立金融、医疗、交通、空间等领域的公共数据专区，推动公共数据有条件开放和社会化应用。市人民政府可以开展公共数据专区授权运营。
广西壮族自治区	《广西壮族自治区大数据发展条例》	地方性法规	2022-11-25	第四十七条 自治区人民政府制定公共数据授权运营管理办法，明确授权运营的条件、程序等内容。 县级以上人民政府应当授权符合运营条件的法人和非法人组织运营公共数据，并与其依法签订授权运营协议，明确授权运营范围、运营期限、收益测算方法、数据安全要求、期限届满后资产处置等内容。 县级以上人民政府大数据主管部门应当根据公共数据授权运营管理办法对授权运营主体实施监督管理。

续表

省级	文件名称	效力层级	公布时间	对应文件中的相关规定
四川省	《四川省数据条例》	地方性法规	2022 - 12 - 02	**第三十二条** 第一款　县级以上地方各级人民政府可以在保障国家秘密、国家安全、社会公共利益、商业秘密、个人隐私和数据安全的前提下，授权符合规定安全条件的法人或者非法人组织开发利用政务部门掌握的公共数据，并与授权运营单位签订授权运营协议。 第二款　省数据管理机构应当会同相关部门建立公共数据授权运营机制，制定公共数据授权运营管理办法，报省人民政府批准后实施……
贵州省	《贵州省数据流通交易管理办法（试行）》	地方规范性文件	2022 - 12 - 23	**第八条** 第二款　各级大数据主管部门按相关规定，统一授权具备条件的市场主体运营本级政务数据，形成的数据产品和服务，通过数据交易场所进行交易。
福建省	《厦门经济特区数据条例》[1]	地方性法规	2022 - 12 - 27	**第三十条** 第一款　鼓励和支持公共数据资源社会化增值开发利用，通过特许开发、授权应用等方式充分发挥数据资源的经济和社会价值。 **第三十一条** 第一款　建立公共数据授权运营机制，确定相应的主体，管理被授权的允许社会化增值开发利用的公共数据，具体办法由市人民政府制定。
上海市	《上海市公共数据开放实施细则》	地方规范性文件	2022 - 12 - 31	**第二十七条【创新利用方式】** 第三款　本市探索开展公共数据授权运营，鼓励相关主体面向社会提供公共数据深度加工、模型训练、系统开发、数据交付、安全保障等市场化服务。公共数据授权运营具体按照本市有关规定执行。
新疆维吾尔自治区	《新疆维吾尔自治区公共数据管理办法（试行）》	地方规范性文件	2023 - 02 - 17	**第三十三条** 公共数据主管部门探索建立公共数据确权授权机制，明确授权使用的条件、程序等内容，对被授权使用主体全流程监管，推动用于公共治理、公益事业的公共数据有条件无偿使用，探索用于产业发展、行业发展的公共数据有条件有偿使用，为培育数据要素市场打好基础。

---

〔1〕　厦门经济特区发布的相关文件虽不属于省级数据立法文件，但因其具有先试先行的典型分析意义，特将其纳入福建省的省级数据立法文件进行统计分析。

省级	文件名称	效力层级	公布时间	对应文件中的相关规定
湖北省	《湖北省数字经济促进办法》	地方政府规章	2023-05-10	**第三十三条** 第一款 县级以上人民政府及其有关部门应当建立健全高效的公共数据共享协调机制，支持打造公共数据基础支撑平台，推进公共数据归集整合、有序流通和共享。探索完善公共数据共享、开放、运营服务、安全保障的管理体制。优先推进企业登记监管、卫生健康、交通运输、气象等高价值数据向社会开放。探索开展政府数据授权运营。
贵州省	《贵州省政务数据资源管理办法》	地方规范性文件	2023-06-08	**第三十四条** 在依法利用和保障安全的原则下，各级大数据主管部门统一授权具备条件的市场主体运营本级政务数据，开发形成不涉及国家秘密、商业秘密、个人隐私的数据服务和产品，并通过贵阳大数据交易所进行交易。
				第三十五条 支持行业企业、互联网平台企业与政务数据运营机构合作，建设行业数据服务平台，依法推动政府和企业数据融合应用。
				第三十六条 ……（三）各级大数据主管部门应根据市场主体提交的场景应用、数据需求和数据提供部门的初审意见进行审核。审核通过后，统一将政务数据资源向市场主体授权运营。审核未通过的，驳回申请并说明理由。 （四）市场主体获得授权并使用政务数据资源开发形成数据服务和产品后，应及时通过贵州省政府数据开放平台反馈政务数据资源共享质量、使用情况和应用成效。
浙江省	《浙江省公共数据授权运营管理办法（试行)》	地方规范性文件	2023-08-01	一、总则 ……（三）用语定义。 所称的公共数据授权运营，是指县级以上政府按程序依法授权法人或者非法人组织（以下统称授权运营单位），对授权的公共数据进行加工处理，开发形成数据产品和服务，并向社会提供的行为……
广东省	《深圳市公共数据开放管理办法（征求意见稿)》[1]	/	2023-09-26	**第五十三条【公共数据授权运营】** 第一款 对于具有较高社会价值和经济价值的公共数据，鼓励探索开展公共数据授权运营。

---

〔1〕 深圳经济特区发布的相关文件虽不属于省级数据立法文件，但因其具有先试先行的典型分析意义，特将其纳入广东省的省级数据立法文件进行统计分析。

省级	文件名称	效力层级	公布时间	对应文件中的相关规定
山东省	《山东省数据开放创新应用实验室管理办法（试行）》	地方规范性文件	2023 – 09 – 11	**第四条** 实验室主要研究方向分为数据开放应用创新、数据开放技术创新、数据开放流通创新和数据开放其他领域创新。 …… （三）数据开放流通创新。开展数据开放流通相关研究，探索数据授权运营新模式、数据交易流通新方式、数据确权、登记、收益分配新机制等，营造良好的数据资源开发利用环境，盘活数据资源价值，助力数据要素市场化配置改革……
广西壮族自治区	《广西数据要素市场化发展管理暂行办法》	地方规范性文件	2023 – 11 – 07	**第十二条** 探索建立数据资源持有权、数据加工使用权、数据产品经营权等分置的产权运行机制，推进公共数据、企业数据、个人信息数据分类分级确权授权使用和市场化流通交易。
贵州省	《贵州省数据流通交易促进条例（草案）》	/	2023 – 11 – 29	**第十四条** 第一款 在依法利用和保障安全的原则下，县级以上人民政府数据主管部门依法授权具备条件的市场主体运营本级所归集的公共数据，根据应用场景数据需求，开发形成不涉及国家秘密、商业秘密、个人隐私的数据产品和服务。 第二款 鼓励供水、供电、燃气、通信、广电等提供公共服务的企业运用自主运营或者授权运营等形式运营本单位数据。 第三款 利用公共数据开发形成的数据产品和服务，应当通过数据交易场所进行交易。 第四款 公共数据授权运营的具体办法由省人民政府制定。
江西省	《江西省数据应用条例》	地方性法规	2023 – 11 – 30	**第二十条** 探索建立公共数据授权运营机制，统筹公共数据的授权使用和管理，依法推动用于公共治理和公益事业的公共数据有条件无偿使用，用于产业发展、行业发展的公共数据有条件有偿使用。 公共数据授权运营具体办法由省人民政府制定。
吉林省	《吉林省大数据条例（2023修订）》	地方性法规	2023 – 12 – 01	**第三十六条** 在保障国家秘密、国家安全、社会公共利益、个人隐私、商业秘密和数据安全的前提下，省人民政府可以探索建立公共数据授权运营机制，明确授权条件、授权范围、运营模式、运营期限、收益分配办法和安全管理责任，授权符合规定条件的法人或者其他组织运营公共数据。

续表

省级	文件名称	效力层级	公布时间	对应文件中的相关规定
北京市	《北京市公共数据专区授权运营管理办法（试行）》	地方规范性文件	2023 - 12 - 05	**第一条** 为贯彻落实中央、本市数据要素相关文件精神，加快推进公共数据有序开发利用，完善公共数据专区授权运营管理机制，培育数据要素市场，深入实施《北京市数字经济促进条例》和市委市政府《关于更好发挥数据要素作用进一步加快发展数字经济的实施意见》，结合本市实际，制定本办法。
福建省	《厦门市公共数据开发利用管理暂行办法》	地方规范性文件	2023 - 12 - 28	**第五条** 第一款 市大数据主管部门负责健全完善公共数据授权运营机制，组织制定公共数据授权运营相关政策、管理制度和标准规范，统筹、组织、监督和协调推进本市公共数据授权运营工作。

第一，通过对公共数据授权运营制度相关规范在立法文件中的位置的观察，不难发现各省对于公共数据授权运营制度的定位有所差异。从表 9 - 3 可以发现，重庆市、辽宁省、北京市、福建省、吉林省、广西壮族自治区等将公共数据授权运营规定在"数据资源""数据权益"或"公共数据"一章项下，由于数据资源或公共数据的涵盖面更广，公共数据授权运营制度的定位较为模糊；广东省、江苏省、浙江省、河南省、江西省将公共数据授权运营规定在"数据开发利用"或"开放利用促进"一章项下；广西壮族自治区将公共数据授权运营规定在"数据市场"一章项下；四川省则将公共数据授权运营规定在"数据流通"一章项下，该立法文本中还有一章为"数据应用"；上海市、贵州省对公共数据授权运营制度进行了专章规定，并且贵州省明确规定公共数据授权运营形成的数据产品和服务，通过数据交易场所进行交易。

总体而言，多数省将公共数据授权运营制度规定在"数据（资源）开发利用"一章项下。反观公共数据授权运营机制初步探索阶段的相关规定，现阶段，公共数据的开发利用独立成章，不再仅包含于"数据开放"章节之中。[1] 显然，我国各省已经逐步意识到了公共数据开发利用的重要性，公共数据开发利用与公共数据开放不完全等同。同时，《上海市数据条例》《贵州省政务数据资源管理办法》和《贵州省数据流通交易促进条例（草案）》中甚至对公共数据授权运营制度进行了专章规定，是对公共数据授权运营机制建立的更进一步探索。

第二，上海市、广西壮族自治区、江西省、四川省、浙江省、河南省、重庆市、贵州省等省（自治区、直辖市）还明确提及要另行制定"公共数据授权运营具体办法"。截至 2024 年 1 月 22 日，浙江省于 2023 年 8 月 1 日在《浙江省公共数据授权运营管理暂行办法（征求意见稿）》的基础上印发了《浙江省公共数据授权运营管理办法（试行）》；北京市于 2023 年 12 月 5 日在《北京市公共数据专区授权运营管理办法（征求意见稿）》的基础上，印发了《北京市公共数据专区授权运营管理办法（试行）》；

---

[1] 详见表 9 - 2，如《福建省政务数据管理办法》《天津市促进大数据发展应用条例》《海南省公共信息资源管理办法》《贵州省政府数据共享开放条例》等文件均将公共数据资源开发利用的相关规定置于"数据开放"或"开放开发"一章项下。

福建省（厦门市）于 2023 年 12 月 28 日出台了《厦门市公共数据开发利用管理暂行办法》。虽然厦门市的文件名称并非直接体现"公共数据授权运营"，但其内容却从实质上体现了对公共数据授权运营制度的具体安排，因此也纳入考虑范围。同样值得关注的是，越来越多的地级市数据立法活动中对公共数据授权运营进行了制度安排与设计，这一探索也将为省级数据立法乃至中央立法提供重要的实践经验。

三、公共数据授权运营地方实践中的具体制度要素分析

如前所述，截至 2024 年 1 月 22 日，共有北京市、浙江省、福建省（厦门市）三个省份针对公共数据授权运营制定了相应管理办法。此外，在地级市立法层面，目前各地市均在纷纷建立公共数据授权运营相关制度，本专题将选择典型文件进行分析。例如，成都市已在 2020 年 10 月率先出台《成都市公共数据运营服务管理办法》。虽然此规定发布于"十四五"规划之前，但其对公共数据授权运营地方立法的探索仍有重要意义。"十四五"规划发布之后，浙江省杭州市数据资源管理局、温州市大数据发展管理局分别于 2023 年 2 月和 8 月发布了公共数据授权运营相关管理实施制度的征求意见稿，而后分别于 2023 年 9 月发布《杭州市公共数据授权运营实施方案（试行）》和《温州市公共数据授权运营管理实施细则（试行）》；青岛市大数据发展管理局则于 2023 年 4 月发布了公共数据授权运营办法的征求意见稿，以及关于公共数据运营试点管理的相应办法；长沙市数据资源管理局也在 2023 年 7 月 13 日起草了《长沙市政务数据运营暂行管理办法（征求意见稿）》，并公开征求意见；长春市人民政府于 2023 年 8 月 28 日出台《长春市公共数据授权运营管理办法》；山东省济南市大数据局于 2023 年 10 月发布公共数据授权运营办法。下文将分别就各省级及市级公共数据授权运营的具体制度要素进行梳理与比较，试图发掘各自规定的特色、可借鉴之处与不足之处。

1. 公共数据授权运营具体办法中关于授权运营定义的探讨

在省级数据立法文件层面，《北京市公共数据专区授权运营管理办法（试行）》并没有直接对"公共数据授权运营"进行明确的定义，而是阐述公共数据专区所采取的政府授权公共数据运营管理模式情况，即政府通过遴选具备一定条件的企事业单位等主体开展公共数据专区建设和运营。《浙江省公共数据授权运营管理办法（试行）》在总则"用语定义"中专门阐述了公共数据授权运营的定义，其中规定了授权主体为"政府"、授权对象为"法人或非法人组织"，并明确对授权的公共数据进行加工处理，开发形成数据产品和服务，向社会提供等。《厦门市公共数据开发利用管理暂行办法》在总则中阐明公共数据开发利用的定义，是指市人民政府依法确定的本市公共数据资源一级开发主体运营管理本市被授权允许社会化增值开发利用的公共数据资源，以及二级开发主体对允许应用的公共数据社会化增值开发利用的行为。

在各地级市的数据立法文件中，普遍认为公共数据授权运营这一概念是指在一定的前提条件下，公共数据管理机构依法授权特定主体，对各类公共数据进行加工处理，进而提供公共数据产品或服务的行为或过程。其中，《长春市公共数据授权运营管理办法》明确提出"公共数据授权运营包括数据加工使用权、数据产品经营权两类"，是目前全国范围内立法文件中对公共数据授权运营较为清晰的权益安排。

虽然各地级市对公共数据授权运营的概念大致上达成一致，但具体界定存在细微差别。例如，杭州市曾在《杭州市公共数据授权运营实施方案（征求意见稿）》"（二）

基本原则"中提出要建立完善公共数据授权运营机制，并对相关要求进行了阐释，其中包括通过市场化授权运营方式有序推动公共数据的开放等，但在《杭州市公共数据授权运营实施方案（试行）》中却删除相关内容，也并未对公共数据授权运营进行定义，而是直接将公共数据授权运营具体内涵融入实施方案，对未来实施过程中的各项任务进行安排。

总体而言，目前各地级市立法文件体现出对于公共数据授权运营概念的大致统一，为全国范围内开展这一工作提供了较为良好的基础，但具体实施过程中还有待各地探索基于地方特色的授权运营机制。

表9-4　省级数据立法中有关公共数据授权运营定义的相关规定

省级	文件名称	效力层级	公布时间	对应文件中的相关规定
浙江省	《浙江省公共数据授权运营管理办法（试行）》	地方规范性文件	2023-08-01	一、总则 ……（三）用语定义。 所称的公共数据授权运营，是指县级以上政府按程序依法授权法人或者非法人组织（以下统称授权运营单位），对授权的公共数据进行加工处理，开发形成数据产品和服务，并向社会提供的行为……
北京市	《北京市公共数据专区授权运营管理办法（试行）》	地方规范性文件	2023-12-05	第三条 本办法所称公共数据专区是指针对重大领域、重点区域或特定场景，为推动公共数据的多源融合及社会化开发利用、释放数据要素价值而建设的各类专题数据区域的统称，一般分为领域类、区域类及综合基础类……
				第五条 公共数据专区采取政府授权运营模式，选择具有技术能力和资源优势的企事业单位等主体开展运营管理……
福建省	《厦门市公共数据开发利用管理暂行办法》[1]	地方规范性文件	2023-12-28	第三条 第一款　本办法所称公共数据开发利用，是指市人民政府依法确定的本市公共数据资源一级开发主体运营管理本市被授权允许社会化增值开发利用的公共数据资源，以及二级开发主体对允许应用的公共数据社会化增值开发利用的行为。

---

〔1〕厦门经济特区公布的相关文件虽不属于省级数据立法文件，但因其具有先试先行的典型意义，特将其纳入福建省的省级数据立法文件进行统计分析。

表 9 – 5　市级数据立法中有关公共数据授权运营定义的相关规定

市级	文件名称	效力层级	公布时间	对应文件中的相关规定
成都市	《成都市公共数据运营服务管理办法》	地方规范性文件	2020 – 10 – 26	**第二条　适用范围** ……本办法所称公共数据运营服务，是指经市政府授权的公共数据运营服务单位搭建公共数据运营服务平台，依法依规开展公共数据市场化服务的行为……
青岛市	《青岛市公共数据运营试点管理暂行办法》	地方规范性文件	2023 – 04 – 25	**第三条** 第二款　本办法所称公共数据运营试点，是指经青岛市政府同意，具体承担本市公共数据运营试点工作的企事业单位（以下简称运营单位），在构建安全可控开发环境基础上，挖掘社会应用场景需求，围绕需求依法合规进行公共数据汇聚、治理、加工处理，提供公共数据产品或服务的相关行为。
长沙市	《长沙市政务数据运营暂行管理办法（征求意见稿）》	/	2023 – 07 – 13	**第三条** 本办法所称政务数据运营，是指长沙市数据资源管理局（下称"市数据资源局"）在长沙市人民政府的授权下，将各级政务部门、公共服务企事业单位在依法履行职责、提供服务过程中采集、产生和获取的各类数据资源，按照法定程序授权相关主体基于特定的场景需求加工、处理并面向数据使用方提供服务、获取收益的过程。
长春市	《长春市公共数据授权运营管理办法》	地方规范性文件	2023 – 08 – 28	**第三条** 第三款　本办法所称公共数据授权运营是指市政府指定本级公共数据主管部门依法授权法人或者非法人组织（以下简称授权运营单位），对授权的公共数据进行加工处理，开发形成公共数据产品并向社会提供服务的行为。公共数据授权运营包括数据加工使用权、数据产品经营权两类。
杭州市	《杭州市公共数据授权运营实施方案（试行）》	地方规范性文件	2023 – 09 – 01	/
温州市	《温州市公共数据授权运营管理实施细则（试行）》	地方规范性文件	2023 – 09 – 21	一、总则 ……（三）用语含义。 ……公共数据授权运营，是指县级以上政府按程序依法授权法人或者非法人组织，对授权的公共数据进行加工处理，开发形成数据产品和服务，并向社会提供的行为……

续表

市级	文件名称	效力层级	公布时间	对应文件中的相关规定
济南市	《济南市公共数据授权运营办法》	地方政府规章	2023 - 10 - 26	**第三条** 第二款 本办法所称公共数据授权运营，是指大数据主管部门或者数据提供单位（以下统称授权单位）按规定与符合条件的法人或者非法人组织（以下统称运营单位）签订公共数据授权运营协议，依法授权其在授权运营平台对公共数据进行加工处理，开发形成公共数据产品并向社会提供服务的行为。

2. 公共数据授权运营具体办法中关于授权主体的探讨

在省级数据立法文件层面，北京市公共数据专区采取了多个主体同时负责授权事宜的方式，由市大数据主管部门作为公共数据专区统筹协调部门，由专区监管部门（包括相关行业主管部门和相关区政府）承担领域类和区域类公共数据专区的监管责任。厦门市也类似于北京市，采用多个部门同时负责的形式，市大数据主管部门负责健全完善公共数据授权运营机制，统筹安排和协调推进本市公共数据授权运营工作；市信息中心负责安全对接和资源供给、检查公共数据融合开发平台的数据安全情况等相关工作；市网信、公安、国家安全、保密、密码等部门负责安全监管工作。浙江省则建立了省级以及市县级的公共数据授权运营管理工作分级协调机制；各级协调机制分别负责本行政区域内授权运营工作的统筹管理、安全监管和监督评价等重大工作，本质上仍然将授权主体确定为各级政府。

在地级市数据立法文件层面，针对授权主体的安排呈现出政府单一授权主体、多授权主体、代表机构作为授权主体三种模式：

第一，成都市、温州市明确授权主体为市政府；青岛市关于授权主体的规定较为简略，仅规定采用市政府直接授权的模式，均是对公共授权运营的单授权主体设置。但温州市同时规定各级公共数据主管部门负责具体工作的实施，一定程度上减轻了政府的负担。

第二，与北京市相似，济南市采取了多个主体同时负责授权事宜的授权主体模式，即可以根据数据提供单位管理要求和社会主体应用需求，选择综合授权运营或分领域授权运营模式；综合授权运营模式的授权主体为大数据主管部门，而分领域授权运营模式的授权主体为数据提供单位，另外，无论是综合授权还是分领域授权，都要经过本级人民政府的同意。

第三，长沙市、长春市、杭州市、衡阳市都采用了公共数据授权运营代表机构的授权主体设置。例如，《长春市公共数据授权运营管理办法》将授权主体确定为市政府指定的公共数据主管部门；《长沙市政务数据运营暂行管理办法（征求意见稿）》规定由长沙市人民政府授权长沙市数据资源管理局，负责政务数据运营相关工作；《衡阳市政务数据共享开放管理办法》规定由衡阳市人民政府授权数据归口的职能部门履行政务数据管理职能，其中长沙市和衡阳市均明确指出"政务数据归长沙市人民政府所有"和"数据权属归（衡阳市）政府所有"。

表9-6　省级数据立法中有关公共数据授权运营中授权主体的相关规定

省级	文件名称	效力层级	公布时间	对应文件中的相关规定
浙江省	《浙江省公共数据授权运营管理办法（试行）》	地方规范性文件	2023-08-01	二、职责分工 （一）建立省级公共数据授权运营管理工作协调机制（以下简称协调机制），由公共数据、网信、发展改革、经信、公安、国家安全、司法行政、财政、市场监管等省级单位组成。主要职责：负责本省行政区域内授权运营工作的统筹管理、安全监管和监督评价，健全完善授权运营相关制度规范和工作机制；确定公共数据授权运营的试点地区和省级试点领域；审议给予、终止或撤销省级授权运营等重大事项；统筹协调解决授权运营工作中的重大问题。 试点市、县（市、区）政府建立本级协调机制，负责本行政区域内授权运营工作的统筹管理、安全监管和监督评价，审议给予、终止或撤销本级授权运营等重大事项，统筹协调解决本级授权运营工作中的重大问题。 ……
北京市	《北京市公共数据专区授权运营管理办法（试行）》	地方规范性文件	2023-12-05	第六条 市大数据主管部门作为公共数据专区统筹协调部门，制定、解释公共数据专区授权运营规则，以及指导、监督综合基础类公共数据专区的建设和运营。市大数据中心依托本市信息化基础设施为各专区建设提供共性技术支持。
				第七条 相关行业主管部门和相关区政府作为公共数据专区监管部门，负责落实各项重大决策，分别指导、管理领域类和区域类公共数据专区的建设和运营。对于尚无明确领域或区域归属的公共数据专区，先期由市大数据主管部门进行指导和管理，后续视实际情况交由相关部门进行监管。

续表

省级	文件名称	效力层级	公布时间	对应文件中的相关规定
北京市	《北京市公共数据专区授权运营管理办法（试行)》	地方规范性文件	2023－12－05	**第八条** 专区运营单位作为专区运营主体，负责公共数据专区的建设运营、数据管理、运行维护及安全保障等工作，需投入必要的资金、技术并积极引入相关社会数据。专区运营单位应积极吸纳多元合作方、拓展政企融合应用场景，稳步构建具有专区特色的产业生态体系。
福建省	《厦门市公共数据开发利用管理暂行办法》[1]	地方规范性文件	2023－12－28	**第五条** 市大数据主管部门负责健全完善公共数据授权运营机制，组织制定公共数据授权运营相关政策、管理制度和标准规范，统筹、组织、监督和协调推进本市公共数据授权运营工作。 政务部门、公共服务组织（以下统称"数据提供单位"）负责本单位公共数据质量管理、公共数据资源目录编制与更新、向公共数据资源平台汇聚数据资源等相关工作。 市信息中心作为市公共数据资源管理机构，负责做好公共数据资源平台与公共数据融合开发平台的安全对接和公共数据资源供给、检查公共数据融合开发平台的数据安全情况等相关工作。 一级开发主体负责公共数据融合开发平台建设运营、服务支撑、运行维护、安全保障等平台运营相关工作，以及公共数据资源处理、开发目录发布、需求对接、申请审核等开发利用相关的管理和服务工作。 市网信、公安、国家安全、保密、密码等部门按照各自职责，做好公共数据授权运营的安全监管工作。

---

〔1〕 厦门经济特区公布的相关文件虽不属于省级数据立法文件，但因其具有先试先行的典型意义，特将其纳入福建省的省级数据立法文件进行统计分析。

表 9 - 7　市级数据立法中有关公共数据授权运营中授权主体的相关规定

市级	文件名称	效力层级	公布时间	对应文件中的相关规定
成都市	《成都市公共数据运营服务管理办法》	地方规范性文件	2020 - 10 - 26	**第二条　适用范围** 本办法所称公共数据，是指政务部门在依法履职过程中产生和管理的，以一定形式记录、保存的文字、数据、图像、音频、视频等各类信息资源。本办法所称公共数据运营服务，是指经市政府授权的公共数据运营服务单位搭建公共数据运营服务平台，依法依规开展公共数据市场化服务的行为。在成都市行政区域内，公共数据运营服务涉及的公共数据运营服务平台建设、数据授权利用、监督管理和网络安全保障等活动适用本办法。
				第四条　职责分工 第一款　市网络理政办负责指导、监督和协调推进本市公共数据运营服务工作，制定本市公共数据运营服务管理制度规范，建立数据源单位数据提供机制。
衡阳市	《衡阳市政务数据共享开放管理办法》	地方规范性文件	2021 - 12 - 20	**第二条** 第二款　……数据权属归政府所有，衡阳市人民政府授权数据归口的职能部门履行管理职能，在依法依规和保障安全的前提下，以特许经营方式授权衡阳市发展投资集团有限公司开发运营。
青岛市	《青岛市公共数据运营试点管理暂行办法》	地方规范性文件	2023 - 04 - 25	**第三条** 第二款　本办法所称公共数据运营试点，是指经青岛市政府同意，具体承担本市公共数据运营试点工作的企事业单位（以下简称运营单位），在构建安全可控开发环境基础上，挖掘社会应用场景需求，围绕需求依法合规进行公共数据汇聚、治理、加工处理，提供公共数据产品或服务的相关行为。
长沙市	《长沙市政务数据运营暂行管理办法（征求意见稿）》	/	2023 - 07 - 13	**第三条** 本办法所称政务数据运营，是指长沙市数据资源管理局（下称"市数据资源局"）在长沙市人民政府的授权下，将各级政务部门、公共服务企事业单位在依法履行职责、提供服务过程中采集、产生和获取的各类数据资源，按照法定程序授权相关主体基于特定的场景需求

续表

市级	文件名称	效力层级	公布时间	对应文件中的相关规定
长沙市	《长沙市政务数据运营暂行管理办法（征求意见稿）》	/	2023-07-13	加工、处理并面向数据使用方提供服务、获取收益的过程。 **第六条** 政务数据运营主体包括数据权属主体、数据运营主体和数据加工主体。 长沙市人民政府是长沙市政务数据的数据权属主体。本市行政区域内政务数据归长沙市人民政府所有，长沙市人民政府制定政务数据运营的整体规则和框架，整合相关力量积极开展政务数据运营，发挥数据要素作用。 数据运营主体是指在政务数据运营过程中通过构建运营场景、获取政务数据资源并向数据使用方提供数据服务的主体。 数据加工主体是指在政务数据运营过程中对政务数据进行加工处理并支撑数据运营的主体。 **第七条** 长沙市人民政府授权市数据资源局统一管理和组织政务数据运营实施。通过政务数据运营，长沙市人民政府、数据运营主体和数据加工主体可获取适当收益。 长沙市政府各市级工作部门和事业机构不得未经批准与任何第三方签订数据运营协议，不得以合作开发、委托开发等方式交由第三方承建相关信息系统而使其直接获取数据运营权。 各区县（市）政府开展数据运营需按流程规范报市数据资源局审批；前期已签订的数据运营协议须向市数据资源局报备，市数据资源局视情研究后进行重新签署或决定终止。
长春市	《长春市公共数据授权运营管理办法》	地方规范性文件	2023-08-28	**第三条** 第二款　本办法所称公共数据授权运营是指市政府指定本级公共数据主管部门依法授权法人或者非法人组织（以下简称授权运营单位），对授权的公共数据进行加工处理，开发形成公共数据产品并向社会提供服务的行为。公共数据授

市级	文件名称	效力层级	公布时间	对应文件中的相关规定
长春市	《长春市公共数据授权运营管理办法》	地方规范性文件	2023－08－28	权运营包括数据加工使用权、数据产品经营权两类。 **第四条** 第一款 市政务服务和数字化建设管理局（以下简称市政数局）作为公共数据主管部门，负责公共数据授权运营的统筹管理…… **第六条** 在数字长春建设工作领导小组下，成立公共数据授权运营协调工作组，工作组由政数、网信、发改、公安、国安、司法、财政、市场监管、国资等部门组成，负责审议全市授权相关重大事宜。工作组下设办公室，设在市公共数据主管部门，负责工作组日常工作。 **第九条** 公共数据授权运营程序包括： （一）公共数据主管部门根据社会主体的数据需求，发布年度公共数据授权运营的公告，明确授权方式和申报条件； （二）授权运营申请单位应当在规定时间内向公共数据主管部门提交申请。公共数据主管部门对申请授权运营的单位进行资格审查，组织第三方专家进行综合评审，评审结果报公共数据授权运营协调工作组审定； （三）公共数据授权运营协调工作组审定的授权运营申请单位，在与公共数据主管部门与其签订授权运营协议后开展运营活动。
杭州市	《杭州市公共数据授权运营实施方案（试行）》	地方规范性文件	2023－09－01	三、主要任务 （一）构建公共数据授权运营管理体系。 1. 建立工作协调机制，由公共数据、网信、发改、经信、公安、国家安全、司法、财政、市场监管等单位组成，主要职责包括：负责本市公共数据授权运营工作的统筹管理、安全监管和监督评价，健全完善授权运营相关制度规范和工作机制；受市政府委托，审议给予、终止或撤销市级授权运营等重大事项；统筹协调解决授权运营工作中遇到的重大问

市级	文件名称	效力层级	公布时间	对应文件中的相关规定
杭州市	《杭州市公共数据授权运营实施方案（试行)》	地方规范性文件	2023-09-01	题。市政府设置公共数据授权运营合同专用章，委托公共数据主管部门依法管理使用。各区、县（市）政府要加强组织领导，做好本地区公共数据授权运营实施工作。……
温州市	《温州市公共数据授权运营管理实施细则（试行）》	地方规范性文件	2023-09-21	一、总则 ……（四）授权主体。 县级以上政府是公共数据授权主体，本级公共数据主管部门负责公共数据授权运营的具体实施工作和对授权运营单位的日常监督管理工作。县级以上政府设置公共数据授权运营合同专用章，由本级公共数据主管部门管理使用。 公共管理和服务机构未经批准，不得擅自将公共数据开放给社会机构或企业，不得以合作开发、委托开发等方式交由第三方承建相关信息系统而使其直接获取数据运营权。
济南市	《济南市公共数据授权运营办法》	地方政府规章	2023-10-26	第三条 第二款　本办法所称公共数据授权运营，是指大数据主管部门或者数据提供单位（以下统称授权单位）按规定与符合条件的法人或者非法人组织（以下统称运营单位）签订公共数据授权运营协议，依法授权其在授权运营平台对公共数据进行加工处理，开发形成公共数据产品并向社会提供服务的行为。
				第七条 公共数据授权运营主要采取综合授权、分领域授权的方式，并逐步探索分级授权等其他授权运营方式。 综合授权和分级授权由大数据主管部门实施，分领域授权由数据提供单位实施。

3. 公共数据授权运营具体办法中关于被授权对象的探讨

（1）关于被授权对象范围的探讨。关于各省市在公共数据授权运营具体办法中有关授权对象的规定，《北京市公共数据专区授权运营管理办法（试行）》的表述为"具有技术能力和资源优势的企事业单位等主体"。而浙江和吉林与之不同，《浙江省公共数据授权运营管理办法（试行）》则表述为"法人或者非法人组织"，《吉林省大数据条例（2023 修订）》表述为"符合条件的法人或其他组织"。福建省（厦门市）将被授权对象分为两级，表述为"涉及或承担某项工作的主体"和"符合条件的自然人、法人或非法人组织"。在地级市数据立法文件层面，成都市仅笼统地将被授权对象确定为"公共数据运营服务单位"；济南市、长春市、杭州市、温州市的表述都为"法人或者非法人组织"，青岛市表述为"企事业单位"。

　　上述规定虽然对授权对象的规定存在差异，即主要体现在区分为"法人或者非法人组织"和直接规定市场化主体、企事业单位、科研机构等表述，但这些被授权对象均同时承担公共数据加工和运营工作。但长沙市的授权对象情况需要则结合前后条文理解，《长沙市政务数据运营暂行管理办法（征求意见稿）》第 3 条阐释政务数据运营定义时提到"……授权相关主体基于特定的场景需求加工、处理……"，结合第 6 条中对"数据运营主体""数据加工主体"的诠释，可以认为长沙市公共数据授权运营的授权对象为数据运营主体与数据加工主体，而数据加工主体是为运营主体提供加工服务的。长沙市对被授权对象的细致区分能有效将公共数据加工服务和运营服务分开，一定程度上保障了不同主体参与不同环节的可能性，也使得公共数据授权中运营主体发生变化时不对加工主体带来影响，从而保障了加工服务的持续性。

表 9 - 8　省级数据立法中有关公共数据授权运营被授权对象范围的相关规定

省级	文件名称	效力层级	公布时间	对应文件中的相关规定
浙江省	《浙江省公共数据授权运营管理办法（试行)》	地方规范性文件	2023 - 08 - 01	一、总则 ……（三）用语定义。 所称的公共数据授权运营，是指县级以上政府按程序依法授权**法人或者非法人组织**（以下统称授权运营单位）……
北京市	《北京市公共数据专区授权运营管理办法（试行)》	地方规范性文件	2023 - 12 - 05	**第五条** 公共数据专区采取政府授权运营模式，选择具有技术能力和资源优势的企事业单位等主体开展运营管理……
福建省	《厦门市公共数据开发利用管理暂行办法》[1]	地方规范性文件	2023 - 12 - 28	**第三条** 第二款　本办法所称一级开发主体，是指承担公共数据开发利用过程涉及安全可信环境建设运营、数据资源管理、开发利用管理与服务能力支撑等运营工作的主体；二级开发主体，是指满足有关条件的，在安全可信环境下开发利用公共数据的自然人、法人和非法人组织。

---

　　〔1〕　厦门经济特区公布的相关文件虽不属于省级数据立法文件，但因其具有先试先行的典型意义，特将其纳入福建省的省级数据立法文件进行统计分析。

表9-9 市级数据立法中有关公共数据授权运营被授权对象范围的相关规定

市级	文件名称	效力层级	公布时间	对应文件中的相关规定
成都市	《成都市公共数据运营服务管理办法》	地方规范性文件	2020-10-26	**第二条 适用范围** ……本办法所称公共数据运营服务，是指经市政府授权的公共数据运营服务单位搭建公共数据运营服务平台，依法依规开展公共数据市场化服务的行为……
青岛市	《青岛市公共数据运营试点管理暂行办法》	地方规范性文件	2023-04-25	**第三条** 第二款 本办法所称公共数据运营试点，是指经青岛市政府同意，具体承担本市公共数据运营试点工作的企事业单位（以下简称运营单位），在构建安全可控开发环境基础上，挖掘社会应用场景需求，围绕需求依法合规进行公共数据汇聚、治理、加工处理，提供公共数据产品或服务的相关行为。
长沙市	《长沙市政务数据运营暂行管理办法（征求意见稿）》	/	2023-07-13	**第三条** 本办法所称政务数据运营，是指长沙市数据资源管理局（下称"市数据资源局"）在长沙市人民政府的授权下，将各级政务部门、公共服务企事业单位在依法履行职责、提供服务过程中采集、产生和获取的各类数据资源，按照法定程序授权相关主体基于特定的场景需求加工、处理并面向数据使用方提供服务、获取收益的过程。
长春市	《长春市公共数据授权运营管理办法》	地方规范性文件	2023-08-28	**第三条** 第三款 本办法所称公共数据授权运营是指市政府指定本级公共数据主管部门依法授权法人或者非法人组织（以下简称授权运营单位），对授权的公共数据进行加工处理，开发形成公共数据产品并向社会提供服务的行为。公共数据授权运营包括数据加工使用权、数据产品经营权两类。
杭州市	《杭州市公共数据授权运营实施方案（试行）》	地方规范性文件	2023-09-01	三、主要任务 ……（四）建立公共数据授权运营准入与退出机制。 1.准入要求。按程序依法获得公共数据授权运营的法人或者非法人组织（以下简称授权运营主体）……

市级	文件名称	效力层级	公布时间	对应文件中的相关规定
温州市	《温州市公共数据授权运营管理实施细则（试行)》	地方规范性文件	2023 – 09 – 21	一、总则 ……（三）用语含义 ……授权运营单位，是指经县级以上政府按程序依法授权，对授权的公共数据进行加工处理，开发形成数据产品和服务，并向社会提供的法人或者非法人组织……
济南市	《济南市公共数据授权运营办法》	地方政府规章	2023 – 10 – 26	**第三条** 第二款　本办法所称公共数据授权运营，是指大数据主管部门或者数据提供单位（以下统称授权单位）按规定与符合条件的法人或者非法人组织（以下统称运营单位）签订公共数据授权运营协议，依法授权其在授权运营平台对公共数据进行加工处理，开发形成公共数据产品并向社会提供服务的行为。

（2）关于被授权对象应当具备的主要条件的探讨。《北京市公共数据专区授权运营管理办法（试行)》第 15～16 条规定了对公共数据专区运营单位管理要求。在被授权对象应当具备的基本条件方面，要求符合相关规定、信用良好、具备满足公共数据运营所需的运营资金和专业团队；在技术条件方面，要求熟知政策法规、具备从业经验、具备处理技术、具备管理能力、符合安全要求。《浙江省公共数据授权运营管理办法（试行)》中对被授权对象应具备的条件要求规定在"三、授权运营单位安全条件"中：首先，被授权对象应当符合"信用良好、具备运营资金和专业团队"的基本条件；其次，应当符合"具备从业经验、具备处理技术、具备管理能力、符合安全要求"的技术条件；最后，与北京市相关规定相比，浙江省还对授权对象提出了"应用场景安全要求"，即要求应用场景具有重大经济价值和社会价值、具有较强的可实施性等。这一规定无疑增强了对授权对象的安全条件要求，有利于保护公共数据安全，规范公共数据授权运营机制。

在地级市数据立法文件层面，成都市、青岛市欠缺对于被授权对象有关条件的规定，而《杭州市公共数据授权运营实施方案（试行)》将确定条件的职责授予公共数据主管部门，但未在规定中提出明确的标准。同时，大部分规定对被授权对象都提出了信用、资金与团队方面的要求，体现出对于授权运营的效益、安全等多方面因素考量。虽然地级市数据立法普遍对被授权对象的条件进行了限定，但现有规定仍不够全面、详细，对此，可以参考北京市和浙江省的管理办法，对被授权对象的基本条件、技术条件、应用场景等标准进行全面的规定，从而有效把握对被授权对象的门槛要求，这是实现公共数据授权运营的安全可控的前提与保障。但应当注意，下文表格中所讨论的是被授权对象应具备的主要条件，其他具体条件还应参照各地文件相关规定。

表 9 - 10 省级数据立法中有关公共数据授权运营被授权对象条件的相关规定

《浙江省公共数据授权运营管理办法（试行)》被授权对象应当具备的条件	《北京市公共数据专区授权运营管理办法（试行)》被授权对象应当具备的条件	《厦门市公共数据开发利用管理暂行办法》被授权对象应当具备的条件[1]
基本条件：信用良好、具备运营资金和专业团队。 三、授权运营单位安全条件 （一）基本安全要求。经营状况良好，具备授权运营领域所需的专业资质、知识人才积累和生产服务能力，并符合相应的信用条件。	**基本条件：符合相关规定、信用良好、具备运营资金和专业团队。** 第十五条 专区运营单位应符合以下基本条件： （一）符合国家和本市对公共数据授权运营的有关规定； （二）经营状况良好，单位及其法定代表人无重大违法记录，未被列入失信被执行人名单、重大税收违法案件当事人名单、严重违法失信企业名单等； （三）具备满足公共数据专区运营所需的办公条件、专业团队和技术能力，包括但不限于技术、运营、管理人员等； （四）公共数据专区监管部门会同市大数据主管部门研究确定的其他条件。	/
技术条件：具备从业经验、具备处理技术、具备管理能力、符合安全要求。 （二）技术安全要求。 1. 落实数据安全负责人和管理部门，建立公共数据授权运营内部管理和安全保障制度。 2. 具有符合网络安全等级保护三级标准和商用密码安全性评估要求的系统开发和运维实践经验。 3. 具备成熟的数据管理能力和数据安全保障能力。 4. 近3年未发生网络安全或数据安全事件。	**技术条件：熟知政策法规、具备从业经验、具备处理技术、具备管理能力、符合安全要求。** 第十六条 专区运营单位应符合以下技术管理要求： （一）熟悉并理解国家和本市数据管理相关规定及政策文件； （二）熟悉公共数据的管理和应用，具备运用公共数据开展数据处理活动的技术基础； （三）明确数据安全负责人和管理部门，建立公共数据授权运营内部管理和安全保障制度； （四）具备接入政务网络的环境和条件，具备对公共数据进行获取、管理和应用的软硬件环境； （五）具备符合网络安全等级保护三级标准和商用密码应用安全性评估	**技术条件：符合安全要求** 第十五条 二级开发主体应当满足下列安全条件： （一）法人、非法人组织经营状况良好，具备数字技术领域所需的专业资质、专业人才和生产服务能力； （二）落实数据安全负责人和管理部门，建立公共数据开发利用内部管理和安全保障制度； （三）具备成熟的数据管理能力和数据安全保障能力； （四）近3年未因发生网络安全或数据安全事件被公开通报； （五）自然人、法人及其法定代表人、非法人组织及其主要

〔1〕 厦门经济特区公布的相关文件虽不属于省级数据立法文件，但因其具有先试先行的典型意义，特将其纳入福建省的省级数据立法文件进行统计分析。

《浙江省公共数据授权运营管理办法（试行）》被授权对象应当具备的条件	《北京市公共数据专区授权运营管理办法（试行）》被授权对象应当具备的条件	《厦门市公共数据开发利用管理暂行办法》被授权对象应当具备的条件
	要求的系统开发和运维实践经验； （六）具备针对公共数据专区合作方的管理能力，能够满足合作方有关数据和技术需求； （七）具备及时响应政府监管要求所需的技术管理能力。	负责人未被列入信用中国"严重失信主体名单"； （六）申请对接公共数据融合开发平台的系统，应当符合有关法律法规要求的网络安全等级保护标准。
应用场景：有价值、可实现。 （三）应用场景安全要求。 1. 授权运营的应用场景具有重大经济价值和社会价值，并设置数据安全保障措施。 2. 应用场景具有较强的可实施性，在授权运营期限内有明确的目标和计划，能够取得显著成效。 3. 按照应用场景申请使用公共数据，坚持最小必要的原则。	/	/

表 9 - 11　市级数据立法中有关公共数据授权运营被授权对象条件的相关规定

《成都市公共数据运营服务管理办法》	《济南市公共数据授权运营办法》	《青岛市公共数据运营试点管理暂行办法》	长沙市政务数据运营暂行管理办法（征求意见稿）	《长春市公共数据授权运营管理办法》	《杭州市公共数据授权运营实施方案（试行）》	《温州市公共数据授权运营管理实施细则（试行)》
/	/	/	以信用良好为前提，综合比选、没有明确基本条件。 **第十八条** **数据运营主体选定** 第二款　市数据资源局对申请运营的单位进行背景资格审查，组织第三方专家对符合要求的数据	**基本条件：信用良好、具备运营资金和专业团队。** **第十二条** 授权运营单位应当满足下列资格要求： （一）经营状况良好，具备运营领域所需的专业资质、知识人才积累和生产服务能力； （二）企业及其法定代表人无重大违	由公共数据主管部门会同相关领域主管部门研究确定。	没有明确具体标准，只提及审查安全条件、信用条件、业务技术实力等。 **三、授权程序** ……授权运营单位应满足《浙江省公共数据授权运营管理办法（试行）》（浙政办发〔2023〕44 号）的基本安全要求、技

《成都市公共数据运营服务管理办法》	《济南市公共数据授权运营办法》	《青岛市公共数据运营试点管理暂行办法》	长沙市政务数据运营暂行管理办法（征求意见稿）	《长春市公共数据授权运营管理办法》	《杭州市公共数据授权运营实施方案（试行）》	《温州市公共数据授权运营管理实施细则（试行)》
			运营主体提交的解决方案设计、具体实施内容和营收分配比例等进行综合评审比选，结果报市人民政府审定。	法记录； （三）企业未被列入严重失信主体名单。		术安全要求、应用场景安全要求和重点领域具体安全要求等。授权运营单位应在规定时间内向公共数据主管部门提交申请，包括提交授权运营申请表、最近一年的第三方审计报告和财务会计报告、数据安全承诺书、安全风险自评报告等相关材料……
技术条件：符合安全要求。 第九条 公共数据运营服务平台须按照《中华人民共和国密码法》《中华人民共和国网络安全法》等法律法规和网络安全等级保护三级及以上标准建设、管理和运维，采取技术措施和其他必要措施，保障平台网络安全、稳定运行和数据安全。	/	/	综合比选、没有明确技术条件。 第十九条 数据加工主体选定 市数据资源局每三年组织一次政务数据加工主体综合评审比选，结果报市人民政府审定……	技术条件：具备管理能力、符合安全要求。 第十三条 授权运营单位在数据运营服务中，应当具备下列技术与安全要求： （一）明确数据安全负责人和管理部门，建立公共数据授权运营内部管理和安全保障制度； （二）具备通过网络安全等级保护三级标准和商用密码安全性评估的系统开发和运维实践经验；	其中涉及基本安全要求、技术与安全要求的审核结果有效期限为2年，应用场景要求实行"一场景一清单一审核"，并通过网络安全评审。	/

《成都市公共数据运营服务管理办法》	《济南市公共数据授权运营办法》	《青岛市公共数据运营试点管理暂行办法》	长沙市政务数据运营暂行管理办法（征求意见稿）	《长春市公共数据授权运营管理办法》	《杭州市公共数据授权运营实施方案（试行）》	《温州市公共数据授权运营管理实施细则（试行）》
公共数据运营服务单位应达到运维服务能力成熟度 ITSS（信息技术服务标准）三级及以上要求，建立完善的运行维护工作制度。				（三）按照《数据安全管理认证实施规则》通过数据安全管理认证规范数据处理活动，通过数据管理能力成熟度（DCMM）和数据安全能力成熟度（DSMM）3 级以上认证； （四）公共数据安全体系评估结果无中高风险项。		

4. 公共数据授权运营具体办法中关于授权内容的探讨

在前文解决了公共数据授权运营应该由何主体授权给何对象，即"谁授权"和"授权给谁"的问题后，本部分将主要对"授予何权"这一问题展开探讨。

被授权对象可以先通过授权，对被授权的公共数据进行加工处理，进而开发形成数据产品和服务。在此基础上，将有关数据产品向社会提供，也就是运营数据产品的权利。

之所以将长沙市单独提及，是因为长沙市有着较为特殊的规定，即长沙市把被授权对象区分为数据加工主体和数据运营主体，使得授权的内容也有了不同。这也是长沙市对于授权内容的安排区别于其他规定的地方。

出于各地授权数据要求的不同，授权内容也存在区别。例如，北京市致力于公共数据专区授权运营，因此，北京市是针对各领域的公共数据授权相关权利；济南市要求"按照应用场景申请公共数据"等，体现了在授权内容上按照场景展开，且将被授权对象的相应权利将与场景数据紧密结合的特点。

表 9－12　省级数据立法中公共数据授权运营下授权内容的相关规定

省级	文件名称	效力层级	公布时间	对应文件中的相关规定
浙江省	《浙江省公共数据授权运营管理办法（试行）》	地方规范性文件	2023－08－01	一、总则 ……（三）用语含义。 所称的公共数据授权运营，是指县级以上政府按程序依法授权法人或者非法人组织（以下统称授权运营单位），对授

省级	文件名称	效力层级	公布时间	对应文件中的相关规定
浙江省	《浙江省公共数据授权运营管理办法（试行)》	地方规范性文件	2023-08-01	权的公共数据进行加工处理，开发形成数据产品和服务，并向社会提供的行为……
				五、授权运营单位权利与行为规范……（四）授权运营单位应在授权运营域内对授权运营的公共数据进行加工处理，形成数据产品和服务……
北京市	《北京市公共数据专区授权运营管理办法（试行)》	地方规范性文件	2023-12-05	第五条 公共数据专区采取政府授权运营模式，选择具有技术能力和资源优势的企事业单位等主体开展运营管理……
				第十八条 专区运营单位应以网络安全等级保护三级标准建设数据开发与运营管理平台，做好授权数据加工处理环节的管理……

表 9-13　市级数据立法中公共数据授权运营下授权内容的相关规定

市级	文件名称	效力层级	公布时间	对应文件中的相关规定
成都市	《成都市公共数据运营服务管理办法》	地方规范性文件	2020-10-26	第二条　适用范围 本办法所称公共数据，是指政务部门在依法履职过程中产生和管理的，以一定形式记录、保存的文字、数据、图像、音频、视频等各类信息资源。本办法所称公共数据运营服务，是指经市政府授权的公共数据运营服务单位搭建公共数据运营服务平台，依法依规开展公共数据市场化服务的行为。在成都市行政区域内，公共数据运营服务涉及的公共数据运营服务平台建设、数据授权利用、监督管理和网络安全保障等活动适用本办法。
				第十三条　授权确认 数据提供单位收到市网络理政办已复核通过的数据需求清单后，依据国家及行业相关法律法规，10个工作日内对所需数据、使用方式和应用场景进行评估，提出是否授权运营服务意见，结果提交市网络理政办汇总。

市级	文件名称	效力层级	公布时间	对应文件中的相关规定
成都市	《成都市公共数据运营服务管理办法》	地方规范性文件	2020-10-26	对于应用场景中已合法取得信息主体（公民本人或企业组织）授权的情况下，数据提供单位原则上应授权同意提供数据运营服务。市公共数据开放平台已普遍开放的公共数据资源，集中统一授权给公共数据运营服务平台使用。
				第十五条　数据利用 第一款　公共数据运营服务单位应当与数据使用单位（或个人）签订数据利用协议，明确数据利用的条件、责任和具体要求，采取数据整理、清洗、脱敏、格式转换等技术措施和其他必要措施，在确保公共数据安全前提下，按照协议约定服务方式使用公共数据。 第二款　数据使用单位利用公共数据创新开展科技研究、咨询服务、产品开发、智慧应用等活动。形成数据产品、研究报告、学术论文等成果的，应当在成果中注明数据来源，并向公共数据运营服务单位反馈数据使用情况。
青岛市	《青岛市公共数据运营试点管理暂行办法》	地方规范性文件	2023-04-25	**第三条** 第二款　本办法所称公共数据运营试点，是指经青岛市政府同意，具体承担本市公共数据运营试点工作的企事业单位（以下简称运营单位），在构建安全可控开发环境基础上，挖掘社会应用场景需求，围绕需求依法合规进行公共数据汇聚、治理、加工处理，提供公共数据产品或服务的相关行为。
				第二十三条 第二款　运营单位应当根据应用单位需求，加工处理公共数据，形成公共数据产品和服务，经合法合规审核后再向应用单位提供。严禁提供可还原出原始数据的公共数据产品和服务。
长沙市	《长沙市政务数据运营暂行管理办法（征求意见稿）》	/	2023-07-13	**第三条** 本办法所称政务数据运营，是指长沙市数据资源管理局（下称"市数据资源局"）在长沙市人民政府的授权下，将各级政务部门、公共服务企事业单位在依法履行职责、提供服务过程中采集、

市级	文件名称	效力层级	公布时间	对应文件中的相关规定
长沙市	《长沙市政务数据运营暂行管理办法（征求意见稿）》	/	2023-07-13	产生和获取的各类数据资源，按照法定程序授权相关主体基于特定的场景需求加工、处理并面向数据使用方提供服务、获取收益的过程。
				第十四条 数据运营主体 在保护公共利益、数据安全、数据来源者合法权益的前提下，开展政务数据运营的需求收集、场景构建、系统建设、沟通对接、协调推进、产品运营和服务提供……
				第十五条 数据加工主体 负责根据数据运营场景需求开展数据加工服务……
长春市	《长春市公共数据授权运营管理办法》	地方规范性文件	2023-08-28	**第三条** 第二款　本办法所称公共数据产品是指利用公共数据加工形成的产品，主要形态有数据组件、数据模型、数据接口、数据服务、数据报告等。 第三款　本办法所称公共数据授权运营是指市政府指定本级公共数据主管部门依法授权法人或者非法人组织（以下简称授权运营单位），对授权的公共数据进行加工处理，开发形成公共数据产品并向社会提供服务的行为。公共数据授权运营包括数据加工使用权、数据产品经营权两类。
				第十四条 授权运营单位依法享有以下权益： （一）授权运营单位在数据加工处理或提供服务过程中发现公共数据质量问题的，可以向市政数局提出数据治理需求。市政数局应当督促数据提供单位在规定期限内完成数据治理； （二）授权运营单位对加工形成的公共数据产品，可以向用户提供并获取合理收益。
杭州市	《杭州市公共数据授权运营实施方案（试行）》	地方规范性文件	2023-09-01	三、主要任务 （一）构建公共数据授权运营管理体系。 ……3. 确定授权运营平台运营主体（以下简称平台运营主体），经市政府

市级	文件名称	效力层级	公布时间	对应文件中的相关规定
杭州市	《杭州市公共数据授权运营实施方案（试行)》	地方规范性文件	2023－09－01	同意，具体承担授权运营平台的建设运营、数据管理、运行维护及安全保障等工作…… （五）加强公共数据授权运营科学管理。……3.公共数据加工处理。按照"原始数据不出域、数据可用不可见"的要求，授权运营主体在授权运营平台内对授权运营的公共数据进行加工处理，形成数据产品和服务，并符合省管理办法加工处理公共数据的有关要求……
温州市	《温州市公共数据授权运营管理实施细则（试行)》	地方规范性文件	2023－09－21	一、总则 …… （六）授权范围。 公共数据主管部门应综合考虑与民生紧密相关、行业增值潜力显著、产业战略意义重大等因素，优先面向医疗健康、文化教育、普惠金融、交通物流、工业制造、城市治理等重点领域，按照运营协议向授权运营单位授权公共数据。授权运营单位应在运营域内对授权的公共数据进行加工处理，形成数据产品和服务，经合法合规审核后向用户提供，数据产品和服务仅能用于运营协议约定的应用场景。 禁止开放的公共数据不得授权运营，具体包括：开放后危及或者可能危及国家安全的，开放后可能损害公共利益的，可能侵犯个人信息、商业秘密、保密商务信息的，数据获取协议约定不得开放的，法律、法规和规章规定不得开放的数据。 ……
济南市	《济南市公共数据授权运营办法》	地方政府规章	2023－10－26	**第三条** 第二款　本办法所称公共数据授权运营，是指大数据主管部门或者数据提供单位（以下统称授权单位）按规定与符合条件的法人或者非法人组织（以下统称运营单位）签订公共数据授权运营协议，依法授权其在授权运营平台对公共数据进行加工处理，开发形成公共数据产品并向社会提供服务的行为。

市级	文件名称	效力层级	公布时间	对应文件中的相关规定
济南市	《济南市公共数据授权运营办法》	地方政府规章	2023 – 10 – 26	**第十条** 运营单位应当主动开展市场调研，挖掘应用场景，提供多样化的数据产品，推动公共数据资源为经济社会发展赋能。 运营单位在加工数据产品过程中可以向授权单位提出公共数据需求申请；在加工处理或者提供服务过程中发现公共数据存在质量问题的，可以要求授权单位进行数据治理。

5. 公共数据授权运营具体办法中关于授权方式的探讨

从各省级、市级的规定看，公共数据授权流程主要可分为"发布—申请""申请—审核"两种。"发布—申请"的机制就是需求单位将任务公布出来，寻求潜在的解决方案。申请单位根据自身条件和任务要求提出申请，表示愿意提供解决方案，最后经过需求单位综合评定，选择一家申请单位完成任务。目前出台的规定中，大部分省市均采用这一方式实现授权。"申请—审核"则是市场主体根据自身发展需求，提出对于公共数据的加工使用申请，进而对公共数据进行开发利用，并最终提供数据产品或服务。

此外，厦门市除"申请—审核"模式之外，还设立编制目录模式，收集并汇总应用场景需求，提交市大数据主管部门审核。审核通过后，依据审核结果编制应用场景目录，并在公共数据融合开发平台上发布，供被授权主体进行开发利用。值得注意的是，衡阳市则直接明确规定衡阳市人民政府以特许经营方式授权衡阳市发展投资集团有限公司开发运营。然而，此处的特许经营方式并未明确体现是否以竞争性方式实现，因此，可能存在阻碍公平竞争的风险。

表 9 – 14　各地数据立法中公共数据授权运营下授权方式相关规定的总结

省级/市级	授权运营的方式	具体工作机制
浙江省	发布—申请	信息发布—申请提交—资格评审—协议签订
北京市	发布—申请	信息发布—申请提交—资格评审—协议签订
厦门市	编制目录	需求收集—编制目录—开发利用
	申请—审核	需求收集—需求审核—协议签订—开发利用
成都市	申请—审核	需求收集—数据申请—授权确认—数据交付
衡阳市	特许经营	衡阳市人民政府以特许经营方式授权衡阳市发展投资集团有限公司开发运营

省级/市级	授权运营的方式	具体工作机制
长沙市	发布—申请	信息发布—申请提交—资格评审—协议签订—培训考核
	申请—审核	主动提交运营方案—资格评审—协议签订—培训考核
长春市	发布—申请	信息发布—申请提交—资格评审—协议签订
杭州市	发布—申请	发布通告—提交申请—审核申请—公开结果—签订协议—结束退出
温州市	发布—申请	发布公告—提交申请—材料预审—专家审查—终审—社会公开—授权备案—签订协议
济南市	申请—审核	需求收集—提交申请—综合评审—协议签订—开发利用

表 9 - 15　省级数据立法中公共数据授权运营下授权方式的相关规定

省级	文件名称	效力层级	公布时间	对应文件中的相关规定
浙江省	《浙江省公共数据授权运营管理办法（试行）》	地方规范性文件	2023 - 08 - 01	四、授权方式 （一）公共数据主管部门发布重点领域开展授权运营的通告，明确相应的条件。授权运营申请单位在规定时间内向公共数据主管部门提出需求，并提交授权运营申请表、最近 1 年的第三方审计报告和财务会计报告、数据安全承诺书、安全风险自评报告等材料…… （二）试点市、县（市、区）政府坚持总量控制、因地制宜、公平竞争的原则，结合具体应用场景确定授权运营领域与授权运营单位，并报省政府备案。 （三）省市两级公共数据主管部门依托本级公共数据平台建设授权运营域；县（市、区）依托市级授权运营域开展授权运营工作，确有必要的，可单独建设授权运营域。省公共数据主管部门负责制定全省授权运营域建设标准，并组织验收…… （四）授权运营期限由双方协商确定，一般不超过 3 年。授权运营期限届满后，需要继续开展授权运营的，授权运营单位应按程序重新申请公共数据授权运营。 （五）授权运营协议终止或撤销的，公共数据主管部门应及时关闭授权运营单位的授权运营域使用权限，及时删除授权运营域内留存的相关数据，并按照规定留存相关网络日志不少于 6 个月。

省级	文件名称	效力层级	公布时间	对应文件中的相关规定
北京市	《北京市公共数据专区授权运营管理办法（试行)》	地方规范性文件	2023-12-05	**第九条** 公共数据专区授权运营工作流程包括信息发布、申请提交、资格评审、协议签订等。
福建省	《厦门市公共数据开发利用管理暂行办法》	地方规范性文件	2023-12-28	**第九条** 第一款 一级开发主体应当根据公共数据资源目录，编制可供二级开发主体开发利用的公共数据资源目录（以下简称"开发数据目录"），并报送市大数据主管部门。 **第十条** 一级开发主体收集并汇总应用场景需求，形成应用场景需求清单，按照"一类场景一审定"原则，提交市大数据主管部门审核。 市大数据主管部门会同相关主管部门组织审核后，一级开发主体应当依据审核结果编制应用场景目录，并在公共数据融合开发平台上发布。 **第十一条** 开发数据目录无法满足应用场景需求的，一级开发主体应汇总二级开发主体的相关数据需求，反馈至市信息中心，市信息中心按照相关规定进行处理。 **第十二条** 二级开发主体基于应用场景目录，结合开发数据目录相关数据资源，在公共数据融合开发平台提交开发利用申请。 一级开发主体应当自收到申请材料之日起5个工作日内完成审核。审核通过的，一级开发主体与二级开发主体签订公共数据开发利用协议并在5个工作日内报送市大数据主管部门；审核不通过的，一级开发主体应当说明理由并反馈给二级开发主体。 确需利用源数据开发应用的，应当依场景申请，经相关主管部门审核同意，由市信息中心通过公共数据资源平台同步至公共数据融合开发平台，在数据主体授权情况下，依法依场景应用。

表 9 – 16　市级数据立法中公共数据授权运营下授权方式的相关规定

市级	文件名称	效力层级	公布时间	对应文件中的相关规定
成都市	《成都市公共数据运营服务管理办法》	地方规范性文件	2020 – 10 – 26	**第十一条　需求收集** 公共数据运营服务单位应建立公共数据服务需求收集整理机制，定期收集整理公共数据服务需求，明确所需数据内容、使用方式和具体应用场景，对数据需求的合理性、可行性进行初步审核，并形成需求清单。 **第十二条　数据申请** 公共数据运营服务单位定期向市网络理政办提交公共数据运营服务需求清单，市网络理政办在收到需求清单后 10 个工作日内完成复核工作，复校通过后，征求数据提供单位意见。 **第十三条　授权确认** 数据提供单位收到市网络理政办已复核通过的数据需求清单后……提出是否授权运营服务意见，结果提交市网络理政办汇总。 对于应用场景已合法取得信息主体（公民本人或企业组织）授权的情况下，数据提供单位原则上应授权同意提供数据运营服务。市公共数据开放平台已普遍开放的公共数据资源，集中统一授权给公共数据运营服务平台使用。 **第十四条　数据交付** 确认授权的数据提供单位应按照已确认的数据提供方式，20 个工作日内将相关数据（含接口）汇聚到成都市政务信息资源共享平台，并做好数据区时更新。 市大数据中心通过成都市政务信息资源共享平台，按部门授权意见，针对不同性质数据，按照原始数据、数据服务接口、数据联合建模计算等方式集中向公共数据运营服务平台提供数据保障。
衡阳市	《衡阳市政务数据共享开放管理办法》	地方规范性文件	2021 – 12 – 20	**第二条** 第二款　……数据权属归政府所有，衡阳市人民政府授权数据归口的职能部门履行管理职能，在依法依规和保障安全的前提下，以特许经营方式授权衡阳市发展投资集团有限公司开发运营。

市级	文件名称	效力层级	公布时间	对应文件中的相关规定
长沙市	《长沙市政务数据运营暂行管理办法（征求意见稿)》	/	2023 – 07 – 13	**第十七条　数据运营场景发布和方案评估** 第一款　按照"一场景、一方案、一评估"的原则发布运营场景、评估运营方案。由市数据资源局组织发布政务数据运营场景，向社会公开征集运营方案，也可由相关主体根据特定政务数据应用场景主动提交运营方案和建议。由市数据资源局组织相关政府工作部门和事业机构对方案进行评估。 第二款　对评估通过的方案，市数据资源局原则上应在公共交易平台公开发布并组织综合评审比选，选择最优运营主体开展运营实施。 **第十八条　数据运营主体选定** 第一款　有意愿开展政务数据运营的主体应当在规定时间内基于市数据资源局发布的运营方案向市数据资源局提交书面申请开展数据运营。 第二款　市数据资源局对申请运营的单位进行背景资格审查，组织第三方专家对符合要求的数据运营主体提交的解决方案设计、具体实施内容和营收分配比例等进行综合评审比选，结果报市人民政府审定。 第三款　各区县（市）参照市级流程组织本辖区内数据运营主体的比选工作。 **第十九条　数据加工主体选定** 市数据资源局每三年组织一次政务数据加工主体综合评审比选，结果报市人民政府审定。数据加工主体需要为数据运营提供数据加工服务。市数据资源局每年对数据加工主体的工作情况进行指导、评估和考核；对连续两年考核评价为"不合格"的，取消其数据加工主体资格。
长春市	《长春市公共数据授权运营管理办法》	地方规范性文件	2023 – 08 – 28	**第九条** 公共数据授权运营程序包括： （一）公共数据主管部门根据社会主体的数据需求，发布年度公共数据授权运营的公告，明确授权方式和申报条件； （二）授权运营申请单位应当在规定时间内向公共数据主管部门提交申请。公共数据主管部门对申请授权运营的单位进行资格审查，组织第三方专家进行综合评审，评审结果报公共数据授权运营协调工作组审定； （三）公共数据授权运营协调工作组审定的授权运营申请单位，在与公共数据主管部门与其签订授权运营协议后开展运营活动。

市级	文件名称	效力层级	公布时间	对应文件中的相关规定
杭州市	《杭州市公共数据授权运营实施方案（试行)》	地方规范性文件	2023－09－01	三、主要任务 …… （四）建立公共数据授权运营准入与退出机制。 …… 3.准入退出流程。 （1）发布通告。公共数据主管部门在授权运营平台等渠道发布公共数据授权运营通告。通告内容由公共数据主管部门会同相关领域主管部门研究确定，主要包括授权方式、授权范围、申报条件、评审标准及有关要求。 （2）提交申请。公共数据授权运营申请单位在规定时间内向公共数据主管部门提交申请。授权运营主体在授权运营协议期限届满后需要继续开展授权运营的，应在协议期限届满3个月前按程序重新申请公共数据授权运营。 （3）审核申请。公共数据主管部门定期组织协调机制有关成员单位和数据提供单位对公共数据进行审核，其中涉及基本安全要求、技术与安全要求的审核结果有效期限为2年，应用场景要求实行"一场景一清单一审核"，并通过网络安全评审。未制定相关应急预案的，不得开展公共数据授权运营工作。公共数据主管部门可委托专家咨询委员会论证授权运营中的业务和技术问题。 （4）公开结果。授权运营主体及其授权运营领域应用场景向社会公开，并报省政府备案。 （5）签订协议。公共数据主管部门与授权运营主体签订授权运营书面协议。协议期限为2年，可另设置不超过6个月试运营期。 （6）结束退出。符合退出情形之一的，公共数据主管部门应当及时关闭授权运营主体的授权运营平台使用权限，及时删除授权运营平台内留存的相关数据，并按照规定留存相关网络日志不少于6个月。
温州市	《温州市公共数据授权运营管理实施细则（试行)》	地方规范性文件	2023－09－21	三、授权程序 （一）发布公告。公共数据主管部门会同相关行业主管部门制定并发布重点领域开展授权运营的公告，明确授权运营申报条件等。 （二）提交申请。授权运营单位应满足《浙江省公共数据授权运营管理办法（试行）》（浙政办发〔2023〕44号）的基本安全要求、技术安全要求、应用场景安全要求和重点领域具体安全

市级	文件名称	效力层级	公布时间	对应文件中的相关规定
温州市	《温州市公共数据授权运营管理实施细则（试行）》	地方规范性文件	2023－09－21	要求等。授权运营单位应在规定时间内向公共数据主管部门提交申请，包括提交授权运营申请表、最近一年的第三方审计报告和财务会计报告、数据安全承诺书、安全风险自评报告等相关材料。 （三）材料预审。公共数据主管部门对授权运营单位的材料进行初步审查，对资料不齐全或不符合要求的，应一次性告知需补充的资料及内容；申请单位应在规定时间内补交相关材料。 （四）专家审查。公共数据主管部门组织召开专家论证会，专家组对授权运营单位的安全条件、信用条件、业务技术实力等进行综合评审，对授权运营应用场景的安全性和合规性等进行集体研讨，出具论证评审意见。 （五）终审。公共数据主管部门组织相关部门对市专家组评审结果进行审议，出具建议名单报本级政府审核确定。 （六）社会公开。公共数据主管部门应及时向社会公开公共数据授权运营单位等相关信息，对异议及时答复和处理。 （七）授权备案。市县两级政府应及时将授权运营领域及单位等信息报上级政府备案。 （八）签订协议。由县级以上政府与授权运营单位签订运营协议，并在协议中明确授权运营范围、授权运营期限、授权方式、违约责任等；如涉及公共数据有偿使用，应明确有偿使用的收费标准、获取收益或补偿方式等。 （九）授权终止。授权运营期限由双方协商确定，一般不超过3年。授权运营单位需要继续开展授权运营，应在期限届满6个月前，按程序向公共数据主管部门重新申请授权运营。在授权运营期间，授权运营单位可以向公共数据主管部门提出公共数据授权运营提前注销申请。当运营协议终止或撤销时，公共数据主管部门应及时撤销授权运营单位的运营域使用权限，及时删除运营域内留存的相关数据，并按照规定留存相关网络日志不少于6个月。
济南市	《济南市公共数据授权运营办法》	地方政府规章	2023－10－26	**第八条** 公共数据授权运营应当按照以下程序进行： （一）大数据主管部门根据社会主体的数据需求和数据提供单位申请，发布公共数据授权运营申报公告，明确授权方式、授权范围、申报条

市级	文件名称	效力层级	公布时间	对应文件中的相关规定
济南市	《济南市公共数据授权运营办法》	地方政府规章	2023-10-26	件、评审标准及其他有关要求； （二）申报公共数据授权运营的单位在公告规定的时间内向大数据主管部门提交申报材料； （三）申报综合授权和分级授权的，由大数据主管部门组织第三方专家进行综合评审，初步确定运营单位名单并向社会公示；申报分领域授权的，由数据提供单位会同大数据主管部门组织第三方专家进行综合评审，初步确定运营单位名单并向社会公示； （四）公示无异议后，综合授权和分级授权的，由大数据主管部门与运营单位签订授权运营协议；分领域授权的，由数据提供单位与运营单位签订授权运营协议； （五）授权运营期限届满，授权单位终止运营单位的公共数据使用权限，并留存相关工作日志。 大数据主管部门应当及时总结汇总公共数据授权运营情况报同级人民政府备案。

6. 公共数据授权运营具体办法中关于定价模式和收益分配机制的探讨

现有地方立法对公共数据授权运营中的定价模式和收益分配机制进行了探索，着重回答了两个问题，即"公共数据授权运营中是否应当获取收益"以及"如何获取收益"。首先，针对第一个问题，现有立法均直接或间接表明，公共数据授权运营模式下应当给予相关主体获取收益的权利，从而保障相关主体收集、处理数据过程中的成本实现。其中，长沙市"数据运营主体可基于数据运营获得收益""数据加工主体可基于数据运营需求进行数据加工获得收益"等规定是对这一问题的直接回应；其他省市立法则是通过规定收益分配机制体现了公共数据授权运营中收益存在和获取收益的必要性，间接性回答了这一基础性问题。其次，在明确这一问题的基础上，各地方立法对"如何获取收益"这一更为复杂的问题进行了探索。

第一，公共数据授权运营下的定价模式是有效建立收益分配机制的重要前提，但现有省级或市级立法中，长沙市未涉及定价模式，青岛市、长春市、杭州市也仅对授权运营单位的定价模式进行了较为笼统性的规定，并未提出具体的方案和措施，暂无有效经验可借鉴。而其他省市对公共数据授权运营下的定价模式和收益分配机制进行了实质性的探索。

从省级（直辖市）层面而言，北京市明确了市场自主定价的模式。除此之外，北京市也仅规定运营单位将相关定价模式进行备案，未见其他关于定价模式和收益分配机制的要求，有待后续具体措施的展开。从地级市数据立法层面而言，杭州市在规定中明确将制定公共数据定价管理制度、确定公共数据使用定价方式的任务分配给公共数据主管部门、价格主管部门和相关部门，但具体工作的开展仍有待实践的反馈。而温州市则与北京市的安排相类似，即将公益性使用场景下的无偿使用与产业发展场景下的有偿使用相结合，体现出对公共数据不同应用场景的回应。同时，温州市比北京市相关规定更为细化的是，对于"与民生紧密相关、行业发展潜力显著和产业推动战略意义重大"的应用场景，提出了限期无偿的定价方式，这一创新性的规定对于公共数据的利用将产生较强的推动作用。

第二，在定价模式之外，各地立法对收益分配机制进行了规定。省级立法文件中仅有广西壮族自治区宏观上指出应当发挥市场在资源配置中的决定性作用和政府在数据要素收益分配中的引导调节作用，平衡数据要素收益在不同环节相关主体间的共享分配，保护各数据要素参与方合法权益，探索公共数据运营收益合理分享方式；贵州省指出属于政府取得的授权收入，应当按照相关规定缴入同级财政。其他省份则欠缺对收益分配机制的安排，各地级市立法能为省级立法提供实践探索和借鉴。具体而言，在获取收益的主体方面，地级市数据立法中普遍肯定了授权运营参与各方的收益分配权，其中，温州市直接规定了授权运营单位可以向用户获取收益；杭州市则通过"授权运营主体通过无偿使用公共数据所产生的数据产品和服务，数据提供单位有权无偿使用"的规定为数据提供单位提供了实质上的无偿使用权限。在具体机制上，地级市数据立法提出了"探索成本分摊、利润分成、股权参股、知识产权共享等多元化利益分配机制"，但普遍认为具体内容应当由各参与方在授权运营协议里进行规定，故未作详尽安排。值得注意的是，长沙市直接将各级政务数据运营项目中的收入纳入财政收入是对于数据财政的重要安排，但其基于公共数据由政府所有的前提条件并未受到普遍认同，故还有待实践探索提供反馈。

表 9−17　省级数据立法中公共数据授权运营下定价模式和收益分配机制的相关规定

省级	文件名称	效力层级	公布时间	对应文件中的相关规定
浙江省	《浙江省公共数据授权运营管理办法（试行)》	地方规范性文件	2023−08−01	五、授权运营单位权利与行为规范 …… （六）授权运营单位应坚持依法合规、普惠公平、收益合理的原则，确定数据产品和服务的价格……
北京市	《北京市公共数据专区授权运营管理办法（试行)》	地方规范性文件	2023−12−05	第五条 ……公共数据专区授权运营遵循以下基本原则： …… （二）需求导向、创新引领。坚持以经济社会发展需求为导向，以解决实际问题为落脚点，加大力度推动数据融合应用场景和专区运营机制创新，鼓励公共数据专区探索市场自主定价模式，向社会提供模型、核验等产品或服务……
				第十七条 专区实行数据产品及服务管理制度。专区运营单位围绕其形成的可面向市场提供的数据产品及服务，应及时按照授权运营协议的约定将相关定价及依据、应用场景、使用范围及方式等向专区监管部门备案。

续表

省级	文件名称	效力层级	公布时间	对应文件中的相关规定
北京市	《北京市公共数据专区授权运营管理办法（试行)》	地方规范性文件	2023－12－05	**第十八条** 专区运营单位应以网络安全等级保护三级标准建设数据开发与运营管理平台，做好授权数据加工处理环节的管理。数据开发与运营管理平台的功能包括但不限于数据加工处理人员的实名认证与备案管理，操作行为的记录和审计管理，原始数据的加密和脱敏管理，元数据管理，数据模型的训练和验证功能，数据产品的提供、交易和计价功能。

表9－18　市级数据立法中公共数据授权运营下定价模式和收益分配机制的相关规定

市级	文件名称	效力层级	公布时间	对应文件中的相关规定
青岛市	《青岛市公共数据运营试点管理暂行办法》	地方规范性文件	2023－04－25	**第二十四条** 运营单位不得对原始数据进行交易。运营单位应当坚持依法合规、普惠公平、兼顾公益的原则，对公共数据产品和服务进行合理定价。
长沙市	《长沙市政务数据运营暂行管理办法（征求意见稿)》	／	2023－07－13	**第十四条　数据运营主体** …… （五）数据运营主体可基于数据运营获得收益。 **第十五条　数据加工主体** …… （四）可基于数据运营需求进行数据加工获得收益…… **第二十一条　数据运营收益分配** 基于政务数据资源运营属于政府国有资产有偿使用范围。政务数据授权运营协议中应约定数据权属主体、数据运营主体和数据加工主体的运营收益分配比例。 市级政务数据运营项目中的数据权属主体收益分配纳入市级财政收入；区县（市）级政务数据运营项目中的数据权属主体收益分配纳入区县（市）级财政收入。
长春市	《长春市公共数据授权运营管理办法》	地方规范性文件	2023－08－28	**第十九条** 授权运营单位在授权运营域内进行数据加工处理，应当承担授权运营域公共数据基础设施的资源消耗，以及数据脱敏、模型发布、结果导出服务等成本。

市级	文件名称	效力层级	公布时间	对应文件中的相关规定
长春市	《长春市公共数据授权运营管理办法》	地方规范性文件	2023-08-28	**第二十条** 公共治理、公益事业的公共数据采用有条件无偿使用方式进行授权，产业发展、行业发展的公共数据在价值评估、价格评估的基础上采用有条件有偿方式进行授权，并在授权运营协议中予以约定。
				第二十一条 授权运营单位应当严格执行公共数据产品定价和合理收益有关规定，并依据授权协议在公共数据授权运营参与方之间进行合理的收益分配。
杭州市	《杭州市公共数据授权运营实施方案（试行)》	地方规范性文件	2023-09-01	三、主要任务 …… （五）加强公共数据授权运营科学管理 …… 5. 运营收益及分配。 按照"谁投入、谁贡献、谁受益"原则，保护公共数据授权运营各参与方的投入产出收益，依法依规维护数据资源资产权益。鼓励多方合作开展数据产品和服务市场化运营，探索成本分摊、利润分成、股权参股、知识产权共享等多元化利益分配机制。 授权运营主体在授权运营平台进行公共数据加工处理，应当承担相应公共数据基础设施的资源消耗、数据治理、模型发布、结果导出和安全服务等成本。授权运营主体通过无偿使用公共数据所产生的数据产品和服务，数据提供单位有权无偿使用。 公共数据主管部门会同价格主管部门统筹制定公共数据定价管理制度，协同相关部门研究确定公共数据使用定价方式、有偿使用收费方式等。探索将公共数据授权运营纳入政府国有资源（资产）有偿使用范围，反哺财政预算收入……
温州市	《温州市公共数据授权运营管理实施细则（试行)》	地方规范性文件	2023-09-21	一、总则 （一）总体要求。 ……授权运营单位应遵循依法合规、普惠公平、收益合理的原则，对数据产品和服务进行合理定价…… （七）使用定价方式。 公共数据授权使用定价方式应当结合应用场景确定，并经本级公共数据授权运营工作协调小组会商，报本级政府审核后实施。推动用于公共

市级	文件名称	效力层级	公布时间	对应文件中的相关规定
温州市	《温州市公共数据授权运营管理实施细则（试行）》	地方规范性文件	2023 - 09 - 21	治理、公益事业的公共数据有条件无偿使用。对于与民生紧密相关、行业发展潜力显著和产业推动战略意义重大的应用场景，可采用限期无偿的定价方式支持场景运营孵化。探索用于产业发展、行业发展的公共数据有条件有偿使用，逐步将公共数据授权运营纳入政府国有资源（资产）有偿使用范围，形成公共数据开发利用良性循环。 （八）收益机制。 通过授权运营加工形成的数据产品和服务，授权运营单位可以向用户收取成本费用或者获取合理收益，并承担相应风险。

四、评价

公共数据是我国数据要素供给体系的重要组成部分。相较其他数据类型，公共数据具有公共性、权威性与规模性，蕴藏着巨大价值，对公共数据进行开发利用是促进数字经济发展的重要举措，是充分释放数据价值、培育数据要素市场的关键突破口。[1]作为开发利用的重要方式，在"数据二十条"的"推进实施公共数据确权授权机制"的政策引领下，各省市相继通过地方性立法就公共数据授权运营进行探索。总体而言，在就公共数据授权运营构建基本原则的初期探索后，以浙江省、福建省（厦门市）、北京市为代表的省级，以及成都市、杭州市、温州市等为代表的地市级立法文件开始就公共数据授权运营进行具体制度设计与安排，表明越来越多地方正式进入公共数据授权运营规范发展阶段。这不仅是对《"十四五"规划》中"开展政府数据授权运营试点，鼓励第三方深化对公共数据的挖掘利用"要求的重要回应，也能为形成公共数据授权运营全国性立法积累宝贵经验。为保障公共数据授权运营机制的设计能充分发挥具有高价值的数据利用和高品质的数据供给双重功能，[2]纵观现有地方立法，应重点探究或解决以下问题。

第一，从"由谁授权"这一问题出发，公共数据所有权的规定存在变相垄断公共数据之嫌。立法文件中规定"地方公共数据通过授权开放"，已经成为地方立法的一个标配模式。甚至有些地方立法为了使后续的授权机制具有正当性、合法性，在数据地方立法文件中明确规定了地方公共数据的国家所有权和地方所有权。如《长沙市政务数据运营暂行管理办法（征求意见稿）》第 6 条第 2 款提出"长沙市人民政府是长沙市政务数据的数据权属主体。本市行政区域内政务数据归长沙市人民政府所有"。这些做法实际上是变相垄断了公共数据，导致公共数据的获取难度增大，成本变高。此外，

---

〔1〕　中国信息通信研究院云计算与大数据研究所：《公共数据授权运营发展洞察》，2023 年 12 月公布。
〔2〕　刘阳阳：《公共数据授权运营：生成逻辑、实践图景与规范路径》，载《电子政务》2022 年第 10 期。

《济南市公共数据授权运营办法》第 7 条[1]规定了综合授权和分领域授权的方式，是目前地方立法中不同授权模式的体现。与前者相比，分领域授权由多主体同时负责授权事宜，虽然有利于减轻政府的职能负担，同时可以充分发挥各授权主体的优势，有利于促进授权运营工作的高效率与高质量发展，但此方式下需要注意不同主体间职能的有效划分。

第二，针对"授权给谁"的问题，现有立法文件中均以"法人或非法人组织"等原则性规定作为对授权对象（授权运营主体）的规定，经考察各地授权运营实践发现，授权运营主体主要包括国有企业和非国有企业，从而形成了国有资本运营和市场化运营两种模式。[2]但不论采用何种模式，授权运营主体的选择过程都应当始终采用竞争性方式，确保多元化主体公平准入，避免出现行政权力滥用、特定主体独占性运营等情况。因此，与确定授权对象的相关内容将在"省级数据立法涉及公平竞争的相关规定"专题具体分析，不在此赘述。

第三，公共数据授权运营是充分实现对公共数据的开发利用，促进公共数据要素流通的重要举措。然而，公共数据由于具有公共属性，同时在授权运营过程中涉及多方主体，如未处理好其中的利益分配问题，将可能放大原有对公共数据开放利用的忌惮，如囿于数据安全、隐私泄露等高风险，出现不敢、不愿进行公共数据授权运营，授权运营模式最终难以有效实施的情况。因此，目前各地的规定中均考虑到数据安全问题，要求授权对象具备相应条件，包括基本业务能力和安全保障能力等。同时各地对定价和收益分配问题作出了相关探索，但后续专题会提到相关问题，故不在此赘述。在此，我们希望后续中央或地方立法中能充分考虑公共数据授权运营中的安全风险，平衡好发展与安全的重要关系。

总体而言，公共数据授权运营缺乏中央统一的法律规定，但各地纷纷展开探索，将可以通过"地方先行先试"的方式，探索"现实问题导向—政策原则指导—地方立法探索—总结上升为法律"的立法路径。但设置公共数据授权运营具体机制时应当注意以下两个前提：一是要坚守公共数据的前提性。根据"数据二十条"，公共数据是指各级党政机关、企事业单位依法履职或提供公共服务过程中产生的数据。因此，公共数据取之于民，就应该用之于民，惠之于民——这是公共数据开放制度构建的逻辑基础和道德基础。二是公共数据的开放机制不应该是"自古华山一条路"，而应该是"条条大路通罗马"。"数据二十条"要求推进实施公共数据确权授权机制，强化统筹授权使用和管理，而规定"地方公共数据通过授权开放"，已经成为地方立法的一个标配模式。但不应由此认为公共数据的开放只能通过授权机制，它既不应该成为公共数据开放的首选体制，更不能成为公共数据开放的唯一的实践形式，否则将产生很多悖论，也意味着任何公民使用公共数据时只能面临一条垄断性的路径。各地应当将授权机制作为公共数据普惠开放的补充性措施，为充分发挥公共数据要素价值提供有效思路。

---

[1] 《济南市公共数据授权运营办法》第 7 条规定，公共数据授权运营主要采取综合授权、分领域授权的方式，并逐步探索分级授权等其他授权运营方式。综合授权和分级授权由大数据主管部门实施，分领域授权由数据提供单位实施。

[2] 叶明、朱佳佳：《论公共数据授权运营的立法路径》，载《地方治理研究》2024 年第 1 期。

专题九附录　省级数据立法关于公共数据授权运营机制的规定

省级	文件名称	具体内容
海南省	《海南省公共信息资源管理办法》	**第五条** 第二款　省公共信息资源管理机构（省党政信息中心）……负责公共数据经营委托。
	《海南省大数据开发应用条例》	**第二十八条** 第一款　公共信息资源管理机构可以以数据资产形式与社会机构合作，或通过公开招标等竞争性方式确定开发机构，开发利用公共信息资源，开展数据增值服务…… **第二十七条** 第三款　在依法利用和保障安全的条件下，省大数据管理机构和政务部门可以通过政府采购、服务外包、合作等方式，开展政务信息资源市场化开发应用。
天津市	《天津市促进大数据发展应用条例》	**第二十五条** 市和区人民政府有关部门应当对本单位开放的政务数据进行解读，推进政务数据挖掘和增值利用；在依法利用和保障安全的条件下，可以通过政府采购、服务外包等方式，开展政务信息资源市场化开发应用。
	《天津市数据交易管理办法》	**第十条** 基于行政机关授予特许经营权而获取的数据，数据供方在对其交易前应得到授权机关的同意。
山西省	《山西省政务数据资产管理试行办法》	**第十条** 政务服务实施机构可以根据政务数据资产开发利用的需要，依据法律法规和有关规定授权开发对象或者合作开发对象进行政务数据开发利用，并将授权情况报送政务信息管理部门备案。
	《山西省政务数据管理与应用办法》	**第十七条** 政务服务实施机构可以根据政务数据开发利用的需要，按照国家有关规定，授权开发对象或者合作开发对象进行政务数据开发利用。授权情况应当报送政务信息管理部门备案。
	《山西省大数据发展应用促进条例》	**第十条** 第一款　在保障安全的前提下，省人民政府政务信息管理部门可以通过政府采购、服务外包、合作开发等方式，开展政务信息资源市场化开发应用。

续表

省级	文件名称	具体内容
安徽省	《安徽省政务数据资源管理办法》	**第十二条** 政务数据资源、政务信息化项目的建设和管理，**可以采用政府采购服务的方式，适应快速迭代的应用开发需要。**
广东省	《广东省数字经济促进条例》	**第三十八条** 第二款 ……国家机关以及法律、法规授权的具有管理公共事务职能的组织应当建立公共数据开放范围的**动态调整机制，创新公共数据资源开发利用模式和运营机制，**满足市场主体合理需求。
	《广东省公共数据管理办法》	**第三十六条** 第一款 省和地级以上市公共数据主管部门应当加强公共数据开发利用指导，**创新数据开发利用模式和运营机制，**建立公共数据服务规则和流程，提升数据汇聚、加工处理和统计分析能力。
	《深圳市公共数据管理办法（征求意见稿）》[1]	**第五十三条** 第一款 对于具有较高社会价值和经济价值的公共数据，鼓励探索开展公共数据授权运营。
上海市	《上海市数据条例》	**第四十四条** 本市建立公共数据授权运营机制，提高公共数据社会化开发利用水平。**市政府办公厅应当组织制定公共数据授权运营管理办法，**明确授权主体、数据范围、程序、授权条件、运营平台的服务和使用机制，运营行为规范、运营评价和退出情形等内容……
	《上海市公共数据开放实施细则》	**第二十七条** 【创新利用方式】 第三款 **本市探索开展公共数据授权运营，鼓励相关主体面向社会提供公共数据深度加工、模型训练、系统开发、数据交付、安全保障等市场化服务。**公共数据授权运营具体按照本市有关规定执行。
江苏省	《江苏省公共数据管理办法》	**第三十五条** 县级以上地方人民政府应当培育规范的公共数据资源交易平台和市场主体，**推动构建公共数据市场运营体系。**公共数据主管部门应当按照国家和省有关规定探索建立公共数据资源流通、交易、应用开发规则和机制化运营流程。

[1] 深圳经济特区发布的相关文件虽不属于地方省级数据立法文件，但因其具有先试先行的典型分析意义，特将其纳入广东省的省级数据立法文件进行统计分析。

续表

省级	文件名称	具体内容
江苏省	《江苏省数字经济促进条例》	**第五十九条** 县级以上地方人民政府及有关部门应当统筹建立公共数据管理机制，创新公共数据资源开发利用模式和运营机制，满足组织、个人的合理需求。 县级以上地方人民政府及有关部门应当推进公共数据创新应用，运用公共数据发展和完善数据要素市场，支持和推动公共数据资源开发利用，提升公共数据资源价值。 鼓励和支持组织、个人依法开发利用公共数据资源，提供数据产品和服务
浙江省	《浙江省公共数据条例》	**第三十五条** **第一款**　县级以上人民政府可以授权符合规定安全条件的法人或者非法人组织运营公共数据，并与授权运营单位签订授权运营协议。禁止开放的公共数据不得授权运营。 **第四款**　省公共数据主管部门会同省网信、公安、国家安全、财政等部门制定公共数据授权运营具体办法，明确授权方式、授权运营单位的安全条件和运营行为规范等内容，报省人民政府批准后实施。
浙江省	《浙江省公共数据授权运营管理办法（试行）》	**一、总则** ……（三）用语含义。 所称的公共数据授权运营，是指县级以上政府按程序依法授权法人或者非法人组织（以下统称授权运营单位），对授权的公共数据进行加工处理，开发形成数据产品和服务，并向社会提供的行为……
河南省	《河南省数据条例（草案）》（征求意见稿）	**第四十条** **第一款**　县级以上人民政府可以授权符合安全条件的法人或者非法人组织运营公共数据，并与授权运营单位签订授权运营协议。禁止开放的公共数据不得授权运营。 **第三款**　省级数据主管部门会同省网信、公安、国家安全、财政等部门制定全省公共数据授权运营具体办法，明确授权方式、授权运营单位的安全条件和运营行为规范等内容，报省级人民政府批准后实施。
重庆市	《重庆市数据条例》	**第三十一条** 本市建立公共数据授权运营机制。 授权运营单位不得向第三方提供授权运营的公共数据，但是可以对授权运营的公共数据进行加工形成数据产品和服务，并依法获取收益。 公共数据授权运营具体办法由市人民政府另行制定。

省级	文件名称		具体内容
江西省	《江西省数据条例（征求意见稿）》	第三十六条【运营机制】 第一款 本省建立健全公共数据授权运营机制，提高公共数据开发利用水平，促进数字产业化。授权运营单位负责对被授权运营单位日常实施监督管理。	
	《江西省数据应用条例》	第二十条 第一款 探索建立公共数据授权运营机制，统筹公共数据的授权使用和管理，依法推动用于公共治理和公益事业的公共数据无偿使用，用于产业发展、行业发展的公共数据有条件有偿使用。	
辽宁省	《辽宁省大数据发展条例》	第二十条 省大数据主管部门应当建立公共数据授权运营机制，提高公共数据社会化开发利用水平和数据利用价值。	
北京市	《北京市数字经济促进条例》	第十九条 第一款 本市设立金融、医疗、交通、空间等领域的公共数据专区，推动公共数据有条件开放和社会化应用。市人民政府可以开展公共数据专区授权运营。	
	《北京市公共数据授权运营管理办法（试行）》	第四条 公共数据专区的授权运营管理工作包括专区建设运营、数据管理、运行维护及安全保障等，涉及专区监管部门、数据提供部门、专区运营单位及其合作方等公共数据专区授权运营参与方。	
广西壮族自治区	《广西壮族自治区大数据发展条例》	第四十七条 第一款 自治区人民政府制定公共数据授权运营管理办法，明确授权运营的条件、程序等内容。 第二款 县级以上人民政府应当授权符合运营条件的法人和非法人组织运营公共数据，并与其依法签订授权运营协议，明确授权运营范围、运营期限、收益测算方法、期限届满后资产处置等要求、数据安全要求等内容。	
	《广西数据要素市场化发展管理暂行办法》	第十二条 探索建立数据资源持有权、数据加工使用权、数据产品经营权等分置的产权运行机制，推进公共数据、企业数据、个人信息数据分类分级确权授权使用和市场化流通交易。	

续表

省级	文件名称	具体内容
广西壮族自治区	《广西数据要素市场化发展管理暂行办法》	**第十五条** 建立健全整体效率、促进公平的数据要素收益分配制度，发挥市场在资源配置中的决定性作用和政府在数据要素收益分配中的引导调节作用，平衡数据要素收益在不同环节相关主体间的共享分配，**保护各数据要素参与方合法权益。探索公共数据运营收益合理分配方式**，政务部门，财政资金保障金开展公共服务组织运行的公共数据授权运营，获得的相关收益扣除成本后由政府统筹分配，专项用于支持保障公共数据治理相关领域。对公共数据来源部门，可按照公共数据市场化利用有贡献，进行一般公共财政倾斜。
四川省	《四川省数据条例》	**第三十二条** 县级以上地方各级人民政府可以在保障国家秘密、国家安全、社会公共利益、商业秘密、个人隐私和数据安全的前提下，授权符合规定安全条件的法人组织或者非法人组织掌握的公共数据，并与授权运营单位签订授权运营协议。 省数据管理机构应当会同相关部门建立公共数据授权运营机制，制定公共数据授权管理办法，报省人民政府批准后实施……
贵州省	《贵州省政府数据共享开放条例》	**第二十八条** 省人民政府应当建立政府数据资源有效流动和开发利用机制，推进政府数据资源开发利用。省和市、州人民政府应当公平择优选择具有相应管理经验、专业能力的法人或者其他组织，对非涉密但是涉及敏感信息的政府数据提供脱敏、清洗、加工、建模、分析等服务。
	《贵州省数据流通交易管理办法（试行）》	**第八条** **第二款**　各级大数据主管部门按相关规定，统一授权具备条件的市场运营主体运营本级政务数据，形成的数据产品和服务，通过数据交易场所进行交易。
	《贵州省政务数据资源管理办法》	**第三十四条** 在依法利用和保障安全的原则下，**各级大数据主管部门一授权具备条件的市场运营主体运营本级政务数据，开发形成不涉及国家秘密、商业秘密、个人隐私的数据服务和产品**，并通过贵阳大数据交易所进行交易。 **第三十五条** 支持行业企业、互联网平台企业与政务数据运营机构合作，建设行业数据服务平台，依法推动政府和企业数据融合应用。

续表

省级	文件名称	具体内容
贵州省	《贵州省政务数据资源管理办法》	第三十六条 …… （三）各级大数据主管部门应根据资源市场主体提交的场景应用、数据需求和数据提供部门的初审意见进行审核。审核通过后，统一将政务数据资源向市场主体授权运营。审核未通过的，驳回申请并说明理由。 （四）市场主体获得授权并使用政务数据资源和产品后，应及时通过贵州省政府数据开放平台反馈政务数据资源共享质量、使用情况和应用成效。
	《贵州省数据流通交易促进条例（草案）》	第十条 在依法利用和保障安全的原则下，县级以上人民政府数据主管部门依法授权具备条件的市场运营的市场主体运营本级所归集的公共数据，根据应用场景数据需求，开发形成不涉及国家秘密、商业秘密、个人隐私的数据产品和服务。 鼓励供水、供电、燃气、通信、广电等提供公共服务的企业运用自主运营或者授权运营等形式运营本单位数据。 利用公共数据开发形成数据产品和服务，应当通过数据交易场所进行交易。 公共数据授权运营的具体办法由省人民政府另行规定。
	《厦门经济特区数据条例》	第三十条 第一款 鼓励和支持公共数据资源社会化增值开发利用，通过特许开发、授权应用等方式充分发挥数据资源的经济和社会价值。 第三十一条 第一款 建立公共数据授权运营机制，确定相应的主体，管理被授权的允许社会化增值开发利用的公共数据，具体办法由市人民政府制定。
福建省	《福建省政务数据管理办法》	第三十四条 省、设区市数据管理机构可以授权有关企业以数据资产形式吸收社会资本合作进行数据开发利用；授权企业应当通过公开招标等竞争性方式确定合作开发对象。 第三十五条 第一款 授权开发对象或者合作开发对象应当按照法律、法规和协议，进行数据开发利用……

续表

省级	文件名称	具体内容
福建省	《厦门市公共数据开发利用管理暂行办法》	**第三条**　第一款　本办法所称公共数据开发利用，是指市人民政府依法确定的本市公共数据资源一级开发主体运营管理本市被授权允许社会增值开发利用的公共数据资源，以及二级开发主体对允许应用的公共数据社会化增值开发利用的行为。 第二款　本办法所称一级开发主体，是指承担本市公共数据开发利用过程涉及安全可信环境建设运营、数据资源管理、开发利用管理与服务能力支撑运营等工作的主体；二级开发主体，是指满足有关条件的，在安全可信环境下开发利用公共数据的自然人、法人和非法人组织。 **第五条**　第一款　市大数据主管部门负责健全完善公共数据授权运营机制，组织制定公共数据授权运营相关政策、管理制度和标准规范，统筹、组织、监督和协调推进本市公共数据授权运营工作。 **第十条**　一级开发主体收集并汇总应用场景需求，形成应用场景需求清单，按照"一类场景一审定"原则，提交市大数据主管部门审核。 市大数据主管部门会同相关主管部门组织审核后，一级开发主体应当依据审核结果编制应用场景目录，并在公共数据融合开发平台上发布。 **第十一条**　开发数据目录无法满足应用场景需求的，一级开发主体应汇总二级开发主体的相关数据需求，反馈至市信息中心，市信息中心按照相关规定进行处理。 **第十二条**　二级开发主体基于应用场景目录，结合开发数据目录相关数据资源，在公共数据融合开发平台提交开发利用申请。一级开发主体应当自收到申请材料之日起5个工作日内完成审核。审核通过的，一级开发主体与二级开发主体签订公共数据开发利用协议并在5个工作日内报送市大数据主管部门；审核不通过的，一级开发主体应当说明理由并反馈给二级开发主体。

471

续表

省级	文件名称	具体内容
福建省	《厦门市公共数据开发利用管理暂行办法》	确需利用源数据开发应用的，应当依场景申请，经相关主管部门审核同意，由市信息中心通过公共数据资源平台同步至公共数据融合开发平台，在数据授权主体授权情况下，依法依规应用。 第十五条 二级开发主体应当满足下列安全条件： （一）法人、非法人组织经营状况良好，具备数字技术领域所需的专业资质、专业人才和生产服务能力； （二）落实数据安全管理部门，建立公共数据利用内部管理和安全保障制度； （三）具备成熟的数据管理能力和数据安全保障能力； （四）近3年未因发生网络安全或数据安全事件被公开通报； （五）自然人、法人及其法定代表人、非法人组织及其主要负责人未被列入信用中国"严重失信主体名单"； （六）申请对接公共数据融合开发平台开发利用的系统，应当符合有关法律法规安全要求的网络安全等级保护标准。
新疆维吾尔自治区	《新疆维吾尔自治区公共数据管理办法（试行）》	第三十五条 公共数据主管部门探索建立公共数据确权授权机制，明确授权使用的条件、程序等内容，对被授权使用主体全流程监管，推动用于公共治理、公益事业的公共数据有条件无偿使用，探索用于产业发展、行业发展的公共数据有条件有偿使用，为培育数据要素市场打好基础。
湖北省	《湖北省数字经济促进办法》	第三十三条 第一款 县级以上人民政府及其有关部门应当建立健全高效的公共数据共享协调机制，推动公共数据共享，有序流通利共享。探索完善公共数据共享、开放、运营服务、卫生健康、交通运输、气象等高价值数据向社会开放。优先推进企业数据登记监管，探索开展数据授权运营。
山东省	《山东省数据应用开放创新试验室管理办法（试行）》	第四条 实验室主要研究方向分为数据开放应用创新、数据开放技术创新、开展数据开放流通创新、数据开放流通相关研究、数据开放流通创新和数据开放其他领域创新。 …… （三）数据开放流通创新。开展数据开放流通相关研究，营造良好的数据开放流通环境，数据交易流通新模式，探索数据授权运营新模式，盘活数据资源价值，助力数据要素市场化配置改革……

续表

省级	文件名称	具体内容
吉林省	《吉林省大数据条例》（2023 修订）	**第三十六条** 在保障国家秘密、国家安全、社会公共利益、个人隐私、商业秘密和数据安全的前提下，省人民政府可以探索建立**公共数据授权运营机制**，明确授权条件、授权范围、运营模式、运营期限，收益分配办法和安全管理责任，授权符合规定条件的法人或者其他组织运营公共数据。

专题十

省级数据立法关于公共数据无偿/有偿使用的规定及评价

"数据二十条"指出，推进实施公共数据确权授权机制。对各级党政机关、企事业单位依法履职或提供公共服务过程中产生的公共数据，加强汇聚共享和开放开发，强化统筹授权使用和管理，推进互联互通，打破"数据孤岛"……推动用于公共治理、公益事业的公共数据有条件无偿使用，探索用于产业发展、行业发展的公共数据有条件有偿使用。该款规定作为公共数据"有偿无偿"之争的创新之举，充分尊重了公共数据的要素属性，也充分考虑了公共数据服务过程中的相关资源投入，有利于公共数据的增值开发利用，为公共数据的使用提出了原则举措。本部分聚焦于公共数据的无偿/有偿使用问题，旨在对各地方数据相关立法进行梳理，探讨现阶段地方立法中关于公共数据无偿/有偿使用的具体制度安排。

本专题内容将公共数据使用问题依据两个维度进行展开说明，试图从公共数据开发利用的三大任务方向——公共数据开放、公共数据共享、公共数据授权运营出发，[1]分别总结各地方立法之中关于公共数据无偿/有偿使用的表述形式，并从领域视角归纳整理各地方数据相关立法中针对不同领域数据（如科学数据、地理空间数据、国土资源数据等）无偿/有偿使用问题的相关规范。

一、维度一：以公共数据开发利用的三大任务方向为分析视角

公共数据开发利用主要包括三个任务方向：一是政府部门之间（G2G）的数据共享，主要任务包括加强顶层设计、压实责任机制、促进数据回流、畅通供需环节、推动数据融合、加强共享评价等；二是政府部门向社会（G2S）的数据开放，主要任务包括健全开放体系、完善开放机制、提高开放实效、推进场内开放、控制开放风险、加强开放评价等；三是公共数据授权运营，主要包括建立授权机制、明确授权条件、明确主体责任、加强要素供给、合理分配收益、构建开发生态等。[2]

（一）公共数据开放

整体来看，通过对 31 个省（自治区、直辖市）与公共数据开放相关的立法规范进行调研，目前天津市、山西省、重庆市、四川省、海南省、福建省、浙江省、贵州省共 8 个省（直辖市），以及深圳、厦门 2 个经济特区对公共数据开放的无偿/有偿使用问题作出相关规定，其余省市均回避了公共数据开放中的收费问题，采取了立法留白处理，为将来政策制度的进一步确定留出空间。

---

〔1〕 参见《落实〈数据二十条〉精神 高质量推进公共数据开发利用》，载 https://www.ndrc.gov.cn/xxgk/jd/jd/202303/t20230317_1351339.html，最后访问日期：2023 年 4 月 7 日。

〔2〕 参见《落实〈数据二十条〉精神 高质量推进公共数据开发利用》，载 https://www.ndrc.gov.cn/xxgk/jd/jd/202303/t20230317_1351339.html，最后访问日期：2023 年 4 月 7 日。

　　针对天津市、山西省、重庆市、四川省、海南省、福建省、浙江省、贵州省、广东省（深圳）、福建省（厦门）10 个省（直辖市、经济特区）而言，现行地方公共数据立法对公共数据开放的无偿/有偿使用问题的规定可以总结为四类模式：**第一类是无偿开放模式**，原则上对社会无偿开放公共数据，不得收取费用，如天津市、山西省、重庆市、四川省、福建省（厦门市）；**第二类是特定类型公共数据无偿开放模式**，将能够无偿获取的公共数据类型限定在普遍开放的公共数据，如福建；**第三类是除外规定模式**，即暂以无偿为原则，也为有偿制度的后续构建留下空间，如广东省（深圳市）、浙江省；**第四类则为无偿开放及有偿开放相结合**，如海南省、贵州省，其中，海南省对公共数据无偿/有偿开放进行了相对可操作的规定，贵州省的相关规定则相对较为笼统，并未对具体的收费制度进行明确规定。具体如下表所示：

表 10 - 1　公共数据无偿/有偿开放相关规定

公共数据无偿/有偿开放模式	省/直辖市/经济特区	相关条文规定	公布时间
第一类：明确无偿开放模式	天津市	《天津市促进大数据发展应用条例》 **第二十条** 第一款　……通过开放平台主动向社会**开放政务数据，提供无偿服务**。	2018 - 12 - 14
	山西省	《山西省政务数据管理与应用办法》 **第十五条** 第一款　……通过统一的政务数据开放平台，**向社会免费开放**经过脱敏和标准化处理、可机器读取的数据。	2020 - 11 - 27
	重庆市	《重庆市数据条例》 **第二十七条** 第一款　公共数据开放应当遵循……**无偿的原则**，依法最大限度向社会开放。	2022 - 03 - 30
	四川省	《四川省数据条例》 **第二十六条** 第一款　……**公共数据开放，不得收取任何费用**。	2022 - 12 - 02
	福建省（厦门市）	《厦门经济特区数据条例》 **第二十八条** 第一款　公共数据资源……依法有序向自然人、法人和非法人组织**无偿开放**。	2022 - 12 - 27
第二类：特定类型公共数据无偿开放模式	福建省	《福建省大数据发展条例》 **第十五条** 第三款　公共数据开放分为普遍开放和依申请开放两种类型。属于**普遍开放类**的公共数据，公民、法人或者其他组织可以直接从公共数据资源开放平台无条件**免费获取**；属于依申请开放类的公共数据，应当向公共数据资源开放平台申请，经大数据主管部门征求数据提供单位同意后获取。	2021 - 12 - 15

公共数据无偿/有偿开放模式	省/直辖市/经济特区	相关条文规定	公布时间
第三类：除外规定模式	广东省（深圳市）	《深圳经济特区数据条例》 第四十七条 依照法律、法规规定开放公共数据，**不得收取任何费用**。**法律、行政法规另有规定的，从其规定**。	2021 - 07 - 06
	浙江省	《浙江省公共数据开放与安全管理暂行办法》 第二十七条 **除法律、法规、规章另有规定外，公共数据开放主体应当免费开放下列公共数据**： （一）无条件开放的数据； （二）获取本人、本单位的受限开放类数据； （三）第三方经他人、其他单位授权获取其受限开放类数据； （四）国家和省规定**应当免费开放的数据**。	2020 - 06 - 12
第四类：无偿开放及有偿开放相结合	海南省	《海南省公共数据产品开发利用暂行管理办法》 第九条 无条件开放的公共数据资源，服务商可以通过省政府数据统一开放平台**免费获取**。 有条件开放类的本人、本机构数据，定向有条件开放类的本行业、本领域数据以及按规定**应当免费开放的数据**，服务商可通过省政府数据统一开放平台在线向数据资源提供方提出使用申请，经授权后使用。 申请使用其他有条件开放的公共数据资源，数据资源提供方应当按照其编制的公共数据开放清单所明确的开放条件、使用要求并结合应用场景，**根据相关政策对数据资源定价后授权使用**。 ……	2021 - 09 - 15
	贵州省	《贵州省政务数据资源管理办法》 第三十二条 依法面向社会开放的政务数据，其服务提供的费用标准按照《中华人民共和国政府信息公开条例》《国务院办公厅关于印发〈政府信息公开信息处理费管理办法〉的通知》（国办函〔2020〕109号）等有关规定执行。	2023 - 06 - 08

综上，各地在公共数据是否采取有偿开放模式方面存在不同做法。[1]因考虑到对公共数据能否有偿开放问题尚存在争议，除了明确规定无偿开放公共数据的省份外，其他地方立法对公共数据的收费方式并未作出明确规定，主要是从侧面说明了公共数据开放进行收费的可能。实践中，无偿开放是目前公共数据开放的基本态度，暂未有公共数据开放收费例证。

目前，学界对公共数据有偿开放的理论研究逐渐深入，大部分学者认为公共数据有偿开放能激励数据的商业化使用者减少公共资源滥用，更深层次地挖掘公共数据价值，创造出更大的社会效益。此外，"数据二十条"亦进行了制度上的破冰。因此，无偿开放与有偿开放相结合的公共数据开放模式可能将成为公共数据开放领域未来发展的方向。

（二）公共数据共享

通过对所有省级有关公共数据共享的条文进行归纳整理发现，与公共数据开放相类似，大部分省级行政区均未针对公共数据共享的无偿/有偿问题进行具体的制度安排，采取了立法留白处理。仅宁夏回族自治区、山西省、海南省、上海市、贵州省、新疆维吾尔自治区、江苏省、河南省、吉林省、福建省（厦门市）共 10 个省（自治区、直辖市）及经济特区对公共数据的无偿/有偿共享作出了明确规定。[2]

具体而言，在公共数据无偿/有偿共享这一问题之上，宁夏回族自治区、山西省、海南省、上海市、贵州省、新疆维吾尔自治区、江苏省、河南省、吉林省、福建省（厦门市）10 个省（自治区、直辖市）及经济特区的相关数据立法全部秉持着无偿共享的原则，仅在具体表述上有所区别，目前暂无地方立法文件遵循公共数据有偿共享的路径。如《上海市公共数据和一网通办管理办法》第 26 条第 1 款规定"公共管理和服务机构之间共享公共数据，应当以共享为原则，不共享为例外，无偿共享公共数据"，《海南省公共信息资源管理办法》第 4 条规定"……公共信息资源……无偿共享……的工作原则……"，又如《新疆维吾尔自治区公共数据管理办法（试行）》第 4 条第 2 项规定了公共数据管理应遵循"政务部门和公共服务部门之间无偿共享公共数据，原则上都应满足公共数据跨层级、跨地域、跨系统、跨部门、跨业务的有序流通和共享。"

表 10-2　公共数据无偿/有偿共享相关规定

省/自治区/直辖市	相关条文规定	公布时间
贵州省	《贵州省大数据发展应用促进条例》 **第二十四条** 省人民政府按照……**无偿服务**……的原则，制定全省公共数据共享开放措施，推动公共数据率先共享开放。	2016-01-15

---

[1]　除了上述地方性法规之外，部分省级及市级数据开放平台选择在其配套的开放利用协议的授权条款中对数据的免费获取或有偿获取作出相对更为细致的规定。如上海市公共数据开放平台（https://data.sh.gov.cn/index.html）的《使用条款》在"收费政策"部分指出："通过 DataShanghai 成功注册并完成认证的用户，对现有已开放数据（依申请类除外）享有免费访问、获取、传播和增值利用的权利，依申请类开放数据依特定条件享有免费访问、获取和增值利用的权利，但我们保留对部分数据加工产品收费访问及收费获取的权利。"如深圳市政府数据开放平台（https://opendata.sz.gov.cn）所载《深圳市政府数据开放平台服务条款》亦规定"开放平台提供的各项网络服务目前均为免费，但我们保留收费浏览及收费下载的权利。"

[2]　除该 10 个省市外，已过实施期限的《广东省政务数据资源共享管理办法（试行）》第 16 条亦规定"政务部门之间无偿共享政务数据资源。"

省/自治区/直辖市	相关条文规定	公布时间
宁夏回族自治区	《宁夏回族自治区大数据产业发展促进条例（草案）》 第二十一条 第一款　行政部门应当……**无偿、及时的提供公共数据资源**，无法定依据，不得拒绝其他行政部门的数据共享需求。	2017 – 03 – 07
河南省	《河南省政务信息资源共享管理暂行办法》 第五条 政务信息资源共享遵循以下原则……（二）需求导向，**无偿使用**。……共享信息的产生和提供部门（以下统称提供部门）要及时响应并**无偿提供共享服务**……	2018 – 01 – 08
海南省	《海南省公共信息资源管理办法》 第四条 公共信息资源……遵循"统筹协调、统一标准、需求导向、**无偿共享**、保障安全、节约高效"的工作原则……	2018 – 05 – 25
上海市	《上海市公共数据和一网通办管理办法》 第二十六条 第一款　公共管理和服务机构之间共享公共数据，应当以共享为原则，不共享为例外，**无偿共享公共数据**。	2018 – 09 – 30
吉林省	《吉林省公共数据和一网通办管理办法（试行）》 第二十四条 第一款　公共管理和服务机构之间共享公共数据，应当以共享为原则，不共享为例外，**无偿共享公共数据**。	2019 – 01 – 17
	《吉林省文化和旅游厅关于建立健全政务数据共享协调机制加快推进数据有序共享的实施意见》 第二十二条 按照"共享为原则、不共享为例外"的原则，……以实现厅际间数据资源的**无偿共享交换**。	2021 – 12 – 02
山西省	《山西省大数据发展应用促进条例》 第八条 第二款　……共享数据的提供部门应当通过政务数据共享交换平台及时响应并**无偿提供共享服务**。	2020 – 05 – 15
	《山西省政务数据管理与应用办法》 第十三条 ……提供数据的政务服务实施机构应当通过政务数据共享交换平台及时响应并**无偿提供共享服务**；……	2020 – 11 – 27
	《山西省政务数据资源共享管理办法》 第六条 政务数据资源共享遵循以下原则：……（二）需求导向，**无偿使用**。……共享数据的产生和提供部门（以下简称提供部门）应及时响应并无偿提供数据共享服务。	2021 – 09 – 29

省/自治区/直辖市	相关条文规定	公布时间
江苏省	《江苏省公共数据管理办法》 第十九条 第一款　公共管理和服务机构之间共享公共数据应当以共享为原则、不共享为例外，**无偿共享公共数据**。	2021－12－18
新疆维吾尔自治区	《新疆维吾尔自治区公共数据管理办法（试行）》 第四条 公共数据管理应遵循以下原则：（一）……政务部门和公共服务部门之间**无偿共享公共数据**，…… 第三十三条 公共数据主管部门探索建立公共数据确权授权机制，明确授权使用的条件、程序等内容，对被授权使用主体全流程监管，**推动用于公共治理、公益事业的公共数据有条件无偿使用，探索用于产业发展、行业发展的公共数据有条件有偿使用**，为培育数据要素市场打好基础。	2023－02－17
福建省	《厦门市公共数据共享开放管理暂行办法》 第三条 公共数据共享开放应当**遵循无偿提供**、按需申请、统一平台、安全可控的原则。	2023－12－28

可以看出，与公共数据开放俨然不同的是，当前实践立法更倾向于对公共数据共享采取无偿共享模式，我们推测主要原因可能在于公共数据共享着眼于政府部门之间的相互协作，从而能够保障公共数据增值，提高使用效率，提升政府治理能力，是数字政府建设中的重要一环。当前，公共数据共享正面临着数据共享积极性不高、共享内容不全、共享深度不够、数据质量参差不齐等难题。因此，公共数据的无偿共享或许是当前的最佳选择，也是维持部门间进行相互沟通和跨部门合作、提高数据共享和交换的积极性的重要举措。

（三）公共数据授权运营

公共数据授权运营中的无偿/有偿问题，主要指向公共数据授权主体对数据运营企业是否应当收费，以及应当参照的收费标准。当前，我国多个省市出台的地方数据条例立法均因地制宜地提出了本地区公共数据授权开发利用的制度安排和创新模式，用公共数据激活本地数据要素市场。实践中，相比于公共数据开放及公共数据共享中大多采取的无偿使用模式，公共数据的授权运营一般倾向于进行合理收费。[1]

纵观目前我国各地方立法中关于公共数据授权运营的相关规定，以"数据二十条"的发布为分水岭，公共数据无偿/有偿的相关规定可以分为两个阶段：第一个阶段为"数据二十条"发布前，在该阶段大多数地方数据立法对公共数据授权运营收费问题并未进行直接回应，仅海南省、福建省的个别规定暗含了运营主体需负担的免费提供数

---

〔1〕　宋烁：《构建以授权运营为主渠道的公共数据开放利用机制》，载《法律科学（西北政法大学学报）》2023年第1期。

据、承担资源消耗及运营成本、缴纳一定权益收入等义务。第二个阶段为"数据二十条"发布后，在该阶段部分地方立法明确提出了在公共数据授权运营场景下探索建立相关机制，例如，新疆维吾尔自治区、江西省、云南省规定"推动用于公共治理和公益事业的公共数据有条件无偿使用，用于产业发展、行业发展的公共数据有条件有偿使用"，但就具体机制尚未作出明确规定。

表 10 - 3　公共数据授权运营的相关规定

省/自治区/直辖市	相关条文规定	公布时间
海南省	《海南省公共信息资源管理办法》 第二十八条 第一款　公共信息资源管理机构可以以数据资产形式与社会机构合作，或通过公开招标等竞争性方式确定开发机构，开发利用公共信息资源，开展数据增值服务。开发合同中应明确公共信息资源**开放利用过程中采集、加工生产产生的数据免费提供公共机构共享使用。**	2018 - 05 - 25
	《海南省公共数据产品开发利用暂行管理办法》 第二十条 省大数据管理机构应当会同数据资源提供方对公共数据产品、开发场景及数据服务等进行合规性审查，并进行数据产品确权。数据产品确权及合规性审查规则由省大数据管理机构制定。**权益收入纳入财政预算管理用于全省大数据业务发展。**	2021 - 09 - 15
福建省	《福建省政务数据管理办法》 第三十六条 组织开放开发的数据管理机构应当根据数据开发利用价值贡献度，合理分配开发收入。**属于政府取得的授权收入应当作为国有资产经营收益，按照规定缴入同级财政金库。**	2016 - 10 - 15
新疆维吾尔自治区	《新疆维吾尔自治区公共数据管理办法（试行）》 第三十三条 公共数据主管部门探索建立公共数据确权授权机制，明确授权使用的条件、程序等内容，对被授权使用主体全流程监管，**推动用于公共治理、公益事业的公共数据有条件无偿使用，探索用于产业发展、行业发展的公共数据有条件有偿使用，**为培育数据要素市场打好基础。	2023 - 02 - 17
江西省	《江西省数据应用条例》 第二十条 第一款　探索建立公共数据授权运营机制，统筹公共数据的授权使用和管理，**依法推动用于公共治理和公益事业的公共数据有条件无偿使用，用于产业发展、行业发展的公共数据有条件有偿使用。**	2023 - 11 - 30
云南省	《云南省公共数据管理办法（试行）》 第三十七条 省公共数据主管部门积极推进公共数据资源持有权、数据加工使用权、数据产品经营权等分置的产权运行机制先行先试，保障各参与方的合法权益，**推动用于公共治理、公益事业的公共数据有条件无偿使用；探索用于产业发展、行业发展的公共数据有条件有偿使用。**	2023 - 12 - 10

综上，绝大多数地方数据立法对公共数据授权运营中的收费问题并未作出明确或可操作的规定。然而，在实践当中已有地方政府开始尝试探索有偿授权运营的具体方案，采用成本补偿及信息化服务补偿等方式。有相关机构针对公共数据授权运营优秀案例调研发现，北京市推出金融公共数据专区授权运营，实现对北京主要融资担保机构征信服务全覆盖，七大类公共数据产品与服务以免费居多；[1]四川省德阳市以数据安全与数据要素化工程试点为抓手，在全国率先建立政府授权、国有平台公司运营、运营收益反哺智慧城市和公共服务的数据运营模式；[2]四川省成都市公共数据运营服务平台案例中，作为数据供给的利益补偿和激励，政府数据运营服务单位通过引导外部数据和技术流入，为政府部门提供数据和技术来反哺服务，助力政府部门的智慧治理能力提升和公共服务水平提高；[3]海南省数据产品超市案例中，运营主体将部分产品经营所得用于向超市平台方支付相应费用，超市平台方将部分超市经营所得缴纳财政，主管部门依据数源单位的价值贡献度予以相应信息化建设或数据应用支持。[4]

二、维度二：以数据所涉领域为分析视角

相对而言，我国各地方立法对于特殊领域数据的无偿/有偿使用的具体制度安排较之一般公共数据而言更为明确。由于特殊领域数据（科学数据、地理数据、国土资源数据、遥感数据、教育数据及道路运输车辆智能监控数据等）与公共数据在一定程度上存在交叉之处，[5]因此，本部分内容通过归纳总结科学数据、地理数据、国土资源数据、遥感数据、教育数据及道路运输车辆智能监控数据等特殊行业及领域的数据相关立法中关于数据无偿/有偿使用的条文表述，力求以不同领域数据为分析视角，为公共数据无偿/有偿使用问题提供研究思路。

（一）科学数据

从我国目前的实践来看，虽然我国尚未构建数据有偿使用的模式，但亦存在典型的数据付费立法经验。国务院办公厅在 2018 年出台的《科学数据管理办法》中依照使用目的的不同确立了不同的开放模式，从法律层面为数据有偿提出了创新制度设计。因此，科学数据的无偿/有偿使用提供制度较之其他领域数据而言最为完善。《科学数据管理办法》第 24 条规定"对于政府决策、公共安全、国防建设、环境保护、防灾减灾、公益性科学研究等需要使用科学数据的，法人单位应当无偿提供；确需收费的，

---

〔1〕　参见南都大数据研究院：《数据开发利用如何规范化制度化？授权运营将是市场发展新趋势》，载 https：//m.mp.oeeee.com/a/BAAFRD0000020230106754797.html，最后访问日期：2023 年 4 月 7 日。

〔2〕　参见南都大数据研究院：《数据开发利用如何规范化制度化？授权运营将是市场发展新趋势》，载 https：//m.mp.oeeee.com/a/BAAFRD0000020230106754797.html，最后访问日期：2023 年 4 月 7 日。

〔3〕　张会平、顾勤、徐忠波：《政府数据授权运营的实现机制与内在机理研究——以成都市为例》，载《电子政务》2021 年第 5 期。

〔4〕　童楠楠等：《数据财政：新时期推动公共数据授权运营利益分配的模式框架》，载《电子政务》2023 年第 1 期。

〔5〕　目前，特殊领域数据（科学数据、地理数据、国土资源数据、遥感数据、教育数据及道路运输车辆智能监控数据等）与公共数据的关系尚未明晰，立法也未作出具体规定。但在部分情况中，特殊领域数据（科学数据、地理数据、国土资源数据、遥感数据、教育数据及道路运输车辆智能监控数据等）与公共数据在数据来源与构成、数据产生的场景等方面存在交叉之处。有学者认为，基于公共场景产生的特殊领域数据称之为"公共数据"。参见宋河发、华夏：《科学数据权的治理模式——基于资产属性与权利模式比较》，载《科技管理研究》2022 年第 20 期。

应按照规定程序和非营利原则制定合理的收费标准，向社会公布并接受监督。对于因经营性活动需要使用科学数据的，当事人双方应当签订有偿服务合同，明确双方的权利和义务。国家法律法规有特殊规定的，遵从其规定。"

经统计，湖北省、江苏省、宁夏回族自治区、陕西省、黑龙江省、甘肃省、云南省、安徽省、内蒙古自治区、吉林省、广西壮族自治区、上海市、山东省、四川省、海南省共 15 个省（自治区、直辖市）均出台了科学数据管理相关立法，并对科学数据的无偿/有偿使用问题进行了明确。针对科学数据的无偿/有偿使用问题，除山东外，其余 14 个省市的科学数据管理相关立法在立法态度与条文表述上基本均与国家层面的《科学数据管理办法》第 24 条保持一致——对于偏向政府决策、公共安全、国防建设、环境保护、防灾减灾等与公共利益相关的科学数据使用在原则上应当无偿提供，确需收费的应当制定合理收费标准；若科学数据用于经营性活动的则应当有偿提供，双方需签订有偿服务合同。[1]

与前述不同的是，根据《山东省科学数据管理实施细则》第 28 条的规定，政府预算资金资助形成的科学数据原则上在不涉及保密的情况下免费向社会开放共享；由非政府预算资金资助形成的科学数据鼓励免费开放共享，确需收费的，应按照有关规定制定合理的收费标准。

（二）地理数据[2]

各地方数据相关立法关于地理数据使用的无偿/有偿问题存在明显差异。在专门立法文件对地理数据使用的无偿/有偿问题作出规定的 4 个省份中（湖南省、江西省、山西省、广东省），湖南省、江西省、广东省 3 省均明确了无偿使用地理空间数据的原则，其中，湖南省、广东省 2 省主要聚焦于有关部门和单位之间的地理空间数据共享，如《湖南省地理空间数据管理办法》第 5 条第 3 款规定"行政机关、事业单位、国有企业……无偿提交在履行公共管理和公共服务职责中形成的专题地理空间数据进行汇集，享有无偿使用地理空间数据的权利"，《广东省地理空间数据管理办法（试行）》第 7 条第 3 款规定"各行政机关事业单位……享有无偿使用其他单位共享的地理空间数据的权利"；而江西省则对社会公众无偿使用地理信息服务进行规定，如《江西省地理信息数据管理办法》第 14 条第 1 款规定"县级以上人民政府测绘地理信息主管部门应当……在互联网上向公众无偿提供公益性地理信息服务"。

与前述省份不同，山西省适用了无偿使用及有偿使用并行模式。根据《山西省基础地理信息数据提供使用管理办法》第 4 条之规定，对于偏向政府决策、公共利益及社会安全等方面的基础地理信息数据可以无偿使用，用于经营性、盈利性等用途的一律有偿使用；同时，在数据共享层面，建立数据交换关系的部门和单位可优惠或无偿使用。

---

〔1〕《湖北省科学数据管理实施细则》第 22 条、《江苏省科学数据管理实施细则》第 24 条、《宁夏回族自治区科学数据管理实施细则》第 21 条、《黑龙江省贯彻落实〈科学数据管理办法〉实施细则》第 26 条、《甘肃省科学数据管理实施细则》第 24 条、《云南省科学数据管理实施细则》第 22 条、《安徽省科学数据管理实施办法》第 22 条、《内蒙古自治区科学数据管理办法》第 23 条、《吉林省科学数据管理办法》第 22 条、《广西科学数据管理实施办法》第 29 条、《上海市科学数据管理实施细则（试行）》（草案）第 26 条、《四川省科学数据管理实施细则》第 28 条、《海南省科技资源库（馆）和科学数据中心管理暂行办法》第 17 条。

〔2〕 此类数据在各省条文表述中并不相同，此部分将有关地理空间数据、地理信息数据、基础地理信息数据、地理空间信息数据的数据相关立法均统计在内。

表 10 - 4　地理数据无偿/有偿使用相关规定

省/自治区/直辖市	相关条文规定	公布时间
山西省	《山西省基础地理信息数据提供使用管理办法》 **第四条** 基础地理信息数据实行**无偿使用或者有偿使用**。基础地理信息数据，用于省政府机关宏观决策和公益事业的；地方各级人民政府及有关部门在救灾、抢险期间需要使用的；军队因国防建设需要使用的以及晋西北、太行山革命老区和贫困县进行总体规划、社会主义新农村建设和城镇化建设需要使用的可以**无偿使用**。其他用于经营性、盈利性等用途，需要使用基础地理信息数据的，一律实行**有偿使用**。 **第六条** ……对建立数据交换关系的部门和单位，可**优惠或无偿使用**基础地理信息数据。	2006 - 10 - 19
湖南省	《湖南省地理空间数据管理办法》 **第五条** 第三款　行政机关、事业单位、国有企业（以下简称有关部门和单位）负责组织生产、更新和管理本部门专题地理空间数据，无偿提交在履行公共管理和公共服务职责中形成的专题地理空间数据进行汇集，享有**无偿使用地理空间数据**的权利。	2017 - 03 - 03
江西省	《江西省地理信息数据管理办法》 **第十四条** 第一款　县级以上人民政府测绘地理信息主管部门应当通过地理信息公共服务平台，在互联网上**向公众无偿提供公益性地理信息服务**。	2017 - 12 - 26
广东省	《广东省地理空间数据管理办法（试行）》 **第七条** 第三款　各行政机关事业单位负责生产、更新、管理本单位专题地理空间数据，无偿提交在履行公共管理和公共服务职责中形成的专题地理空间数据进行归集，并享有**无偿使用其他单位共享的地理空间数据**的权利。	2021 - 04 - 23

（三）遥感数据[1]

经综合统计，湖南省、湖北省、广西壮族自治区、辽宁省 4 省（自治区）在遥感数据相关专门立法文件中规定了无偿/有偿使用遥感数据的条件及使用类型。对遥感数据无偿/有偿使用进行明确的省份虽然较少，但该 4 省基本上均保持了较为相似的立法态度，对不同类型数据施以不同的使用方案。

具体而言，湖南省、广西壮族自治区、辽宁省均秉持有关政府决策、公共利益、社会安全、国防建设等方面的遥感数据的无偿使用原则[2]，广西壮族自治区还另外规

---

〔1〕　此类数据在各省条文表述中并不相同，此部分将有关遥感数据、遥感影像数据、遥感卫星数据、高分辨率对地观测系统卫星遥感数据的数据相关立法均统计在内。

〔2〕　湖南省《湖南省遥感影像数据统筹共享管理办法》第 4 条、《广西民用遥感卫星数据开放共享管理暂行办法》第 11 条、《辽宁省遥感影像数据统筹共享管理办法》第 3 条。

定了非公益需求用户的有偿使用情形，要求其价格按照市场机制进行确定。此外，湖北省在《湖北省高分辨率对地观测系统卫星遥感数据管理办法》中的相关规定则相对而言较为特殊，该规定集中于高分辨率对地观测系统卫星遥感数据（高分数据）的应用及发展，该办法第18条规定"申请高分数据用于高分专项应用示范任务的，在任务期间内，实行授权分发；用于公益性用途的，实行免费分发；用于商业用途的，实行有偿分发，收费标准按照国家规定和非盈利原则合理制定，相关收益管理按国家有关规定执行"。

（四）其他特殊领域数据

经归纳总结发现，目前地方数据相关立法中对其他特殊领域数据的无偿/有偿使用均鲜有涉及。对于教育数据，仅上海在《上海教育数据管理办法（试行）》第22条中明确"各级各类教育单位之间的数据共享应当以共享为原则，不共享为例外，无偿共享数据"。此外，值得注意的是关于交通数据的无偿/有偿使用，目前仅有已失效的《甘肃省交通运输大数据中心数据资源管理办法（试行）》曾作出过规定。根据该试行办法第28条之规定，依法面向社会开放的数据资源，其服务提供的费用标准按照《中华人民共和国政府信息公开条例》等有关规定执行。

三、评价

理论研究关于公共数据开发的无偿/有偿使用主要存在两种观点：无偿使用说主张公共数据作为一种公共资源，其公益属性决定了应当向社会成员无偿开放；有偿使用说则认为基于保障公共数据的有序利用、提高公共数据的使用效率以及维持政务数据开放机制的持续运行等因素，应当向政务数据的使用主体或被授权运营主体收取一定的费用。"数据二十条"表示推动用于公共治理、公益事业的公共数据有条件无偿使用，探索用于产业发展、行业发展的公共数据有条件有偿使用。一方面，该规定明确了我国公共数据无偿使用和有偿使用的边界，为公共数据在不同使用场景下的确权和授权机制提供了重要的政策性规范。基于公共数据的公共性特征和承载的公共利益，以及公共数据主体的非营利性，公共数据应当以无偿开放为基本定位。[1]另一方面，有偿使用能激励数据的商业化使用者减少公共资源滥用，更深层次地挖掘公共数据价值，创造出更大的社会效益。无偿开放与有偿开放相结合的公共数据开发利用模式将成为公共数据开放领域未来发展的方向。纵观我国当前省级数据立法，大多数立法文件均未直接回应公共数据使用的有偿或无偿这一问题。即使部分立法文件明确了公共数据的无偿/有偿使用模式，但主要直接沿用了"数据二十条"的相关规定，并未作出进一步指引。域外各国关于公共数据开发利用的收费模式主要包括三种：其一，免费模式，以美国和加拿大为例，公众可免费使用所有开放的公共数据；其二，成本回收模式，即公共数据的开放与利用原则上是免费的，但政府若觉得有必要，可以收回边际成本为限收取一定费用；其三，综合收费模式，这一模式允许政府在回收成本的基础上，获得一定的利润，但其定价应受到严格控制。

在公共数据有偿使用的场景下，另一个重要的问题在于公共数据的定价。数据定价是数据要素市场培育过程中的一个重要环节，也是实现数据交易流通的关键。从各地探索情况看，各地关于公共数据定价相关的规定主要聚焦于原则性的指引，对于具

---

〔1〕 参见冯晓青：《数字经济时代数据产权结构及其制度构建》，载《比较法研究》2023年第6期。

体定价机制尚未形成可借鉴可操作的实施细则。为了进一步落实"数据二十条"的精神，需要重点明确用于产业发展、行业发展的公共数据的具体定价机制。总体而言，公共数据定价模式可以分为市场自主定价和政府指导定价两类模式。需要强调的是公共数据政府指导定价不是政府定价，这种指导可以是有形的，也可以是无形的；可以是事前事中的指导，也可以是市场价格偏离公允价格太多时的事后纠偏；可以是价格部门、数据部门指导定价，也可以是有指导的市场定价或者授权企业定价，兼顾充分发挥市场作用与政府作用。具体而言，关于公共数据的定价问题，首先，公共数据政府指导定价要坚持公益优先原则；其次，推动建立符合数据要素发展需要的科学规范的公共数据价格形成机制；最后，加强数据价格政策研究，建立数据要素市场价格监测和评价体系，形成公共数据价格参照体系。[1]

专题十附录　省级数据立法关于公共数据无偿/有偿使用的规定

地区	文件名称	具体内容
北京市	《北京市公共数据专区授权运营管理办法（试行）》	**第五条** ……（二）需求导向、创新引领。坚持以经济社会发展需求为导向，以解决实际问题为落脚点，加大力度推动数据融合应用场景和专区运营机制创新，鼓励公共数据专区探索市场自主定价模式，向社会提供模型、核验等产品或服务……
天津市	《天津市促进大数据发展应用条例》	**第二十条** 市互联网信息主管部门应当依照政务数据开放目录，通过开放平台主动向社会**开放政务数据，提供无偿服务**。 向社会开放政务数据应当遵守法律、法规关于保守国家秘密、政府信息公开等规定。
山西省	《山西省大数据发展应用促进条例》	**第八条** 第一款　政务服务实施机构形成的政务数据应当通过共享交换平台予以共享，法律、法规另有规定的除外。 第二款　因履行职责需要，共享数据的使用部门应当提出明确的共享需求和数据使用用途，共享数据的提供部门应当通过政务数据共享交换平台及时响应并**无偿提供共享服务**。
	《山西省政务数据管理与应用办法》	**第十三条** 因履行职责，需要使用无条件共享类数据的，共享数据的使用部门应当提出明确的共享需求和数据使用用途，提供数据的政务服务实施机构应当通过政务数据共享交换平台及时响应并**无偿提供共享服务**；需要使用有条件共享类数据的，经提供数据的政务服务实施机构审核同意，方可提供共享服务。

---

〔1〕　参见卢延纯等：《公共数据价格形成的理论和方法探索》，载《价格理论与实践》2023年第9期。

地区	文件名称	具体内容
山西省	《山西省政务数据管理与应用办法》	**第十五条** 政务服务实施机构应当按照政务数据开放目录，通过统一的政务数据开放平台，**向社会免费开放**经过脱敏和标准化处理、可机器读取的数据。 已主动公开的政务信息应当以数据形式无条件开放；与民生紧密相关、社会迫切需要的政务数据，应当优先开放。
	《山西省政务数据资源共享管理办法》	**第六条** 政务数据资源共享遵循以下原则：……（二）需求导向，**无偿使用**。因履行职责需要使用共享数据的部门（以下简称使用部门）提出明确的共享需求和数据使用用途，共享数据的产生和提供部门（以下简称提供部门）应及时响应并**无偿提供数据共享服务**……
	《山西省基础地理信息数据提供使用管理办法》	**第四条** 基础地理信息数据实行**无偿使用或者有偿使用**。基础地理信息数据，用于省政府机关宏观决策和公益事业的；地方各级人民政府及有关部门在救灾、抢险期间需要使用的；军队因国防建设需要使用的以及晋西北、太行山革命老区和贫困县进行总体规划、社会主义新农村建设和城镇化建设需要使用的**可以无偿使用**。其他用于经营性、盈利性等用途，需要使用基础地理信息数据的，一律实行**有偿使用**。
		第六条 为了充分发挥基础地理信息数据的作用，加快地理信息数据更新，实现信息成果共建共享，各设区市人民政府和省直有关部门应与省测绘局建立基础地理信息数据与大比例尺基础地理信息数据、各专业信息数据交换机制，对建立数据交换关系的部门和单位，**可优惠或无偿使用**基础地理信息数据。
内蒙古自治区	《内蒙古自治区科学数据管理办法》	**第二十三条** 按照开放受益的原则，鼓励开展科学**数据增值和有偿服务**。 对于**政府决策、公共安全、国防建设、环境保护、防灾减灾、公益性科学研究等需要使用科学数据的，法人单位应当无偿提供；确需收费的，应按照有关规定程序和非营利原则制定合理的收费标准**，向社会公布并接受监督。 鼓励法人单位根据需求，对科学数据进行分析挖掘，形成有价值的科学数据产品，开展增值服务。鼓励社会组织和企业开展科学数据市场化增值服务。 **对于因经营性活动需要使用有条件开放共享类科学数据的，当事人双方应当签订有偿服务合同，明确双方的权利和义务。** 国家法律法规有特殊规定的，遵从其规定。

续表

地区	文件名称	具体内容
辽宁省	《辽宁省遥感影像数据统筹共享管理办法》	**第三条** 全省遥感影像数据实行目录内统筹管理。目录包括统筹目录和资源目录。列入统筹目录的遥感影像数据，实行统一采购、统一处理、统一质检、成果共享。资源目录纳入省政务数据资源目录。**用于政府决策、国防建设和公共服务的，应当无偿提供使用。**
吉林省	《吉林省公共数据和一网通办管理办法（试行）》	**第二十四条** 第一款　公共管理和服务机构之间共享公共数据，应当以共享为原则，不共享为例外，**无偿共享公共数据。**
	《吉林省文化和旅游厅关于建立健全政务数据共享协调机制加快推进数据有序共享的实施意见》	**第二十二条** 按照"共享为原则、不共享为例外"的原则，厅共享系统按规定接入吉林省政府信息共享网站（以下简称"省级共享系统"）以实现**厅际间数据资源的无偿共享交换。**
	《吉林省科学数据管理办法》	**第二十二条** 法人单位在汇交科学数据时需说明共享范围、权限以及**收费标准。对于政府决策、公共安全、国防建设、环境保护、防灾减灾、公益性科学研究等需要使用科学数据的，法人单位应当无偿提供。对于因经营性活动需要使用科学数据的，当事人双方应当签订有偿服务合同，明确双方的权利和义务。**法律法规有特殊规定的，遵从其规定。
黑龙江省	《黑龙江省贯彻落实〈科学数据管理办法〉实施细则》	**第二十六条** 对于**政府决策、公共安全、国防建设、环境保护、防灾减灾、公益性科学研究等需要使用科学数据的，法人单位应当无偿提供；确需收费的，应按照规定程序和非营利原则制定合理的收费标准，向社会公布并接受监督。** **对于因经营性活动需要使用科学数据的，当事人双方应当签订有偿服务合同，明确双方的权利和义务。** 国家法律法规有特殊规定的，遵从其规定。
上海市	《上海市公共数据和一网通办管理办法》	**第二十六条（共享原则）** 第一款　公共管理和服务机构之间共享公共数据，应当以共享为原则，不共享为例外，**无偿共享公共数据。**
	《上海市科学数据管理实施细则（试行）》（草案）	**第二十六条** 对于**政府决策、公共安全、国防建设、环境保护、防灾减灾、公益性科学研究等需要使用科学数据的，法人单位应当无偿提供；确需收费的，应按照规定程序和非营利原则制定合理的收费标准，向社会公布并接受监督。** **对于因经营性活动需要使用科学数据的，当事人双方应当签订有偿服务合同，明确双方的权利和义务。**国家法律法规有特殊规定的，遵从其规定。

地区	文件名称	具体内容
上海市	《上海教育数据管理办法（试行）》	**第二十二条** 数据共享是指基于业务场景将特定数据通过数据资源管理技术平台授权给数据使用部门的行为。各级各类教育单位之间的数据共享应当以共享为原则，不共享为例外，**无偿共享数据**。
江苏省	《江苏省公共数据管理办法》	**第十九条** 第一款 公共管理和服务机构之间共享公共数据应当以共享为原则、不共享为例外，**无偿共享公共数据**。
	《江苏省科学数据管理实施细则》	**第二十四条** 第一款 对于政府决策、公共安全、国防建设、环境保护、防灾减灾、公益性科学研究、审计监督等需要使用科学数据的，法人单位应当无偿提供。确需收费的，应按照规定程序和非营利原则制定合理的收费标准，向社会公布并接受监督。对于因经营性活动需要使用科学数据的，当事人双方应当签订有偿服务合同，明确双方的权利和义务。
浙江省	《浙江省公共数据开放与安全管理暂行办法》	**第二十七条** **除法律、法规、规章另有规定外，公共数据开放主体应当免费开放下列公共数据：** （一）无条件开放的数据； （二）获取本人、本单位的受限开放类数据； （三）第三方经他人、其他单位授权获取其受限开放类数据； （四）国家和省规定应当免费开放的数据。
安徽省	《安徽省科学数据管理实施办法》	**第二十二条** 对于政府决策、公共安全、国防建设、环境保护、防灾减灾、公益性科学研究等需要使用科学数据的，省科研领域科学数据中心及省行业领域科学数据中心、法人单位原则上应当无偿提供。确需收费的，科学数据所属法人单位应按照规定程序和非营利性原则制定合理的收费标准，向社会公开并接受监督。因经营性活动需要使用科学数据的，使用者应与数据所属法人单位签订有偿服务合同，明确双方权利和义务。国家法律法规有特殊规定的，遵从其规定。
福建省	《福建省大数据发展条例》	**第十五条** 第三款 公共数据开放分为普遍开放和依申请开放两种类型。属于普遍开放类的公共数据，公民、法人或者其他组织可以直接从公共数据资源开放平台无条件**免费获取**；……
	《福建省政务数据管理办法》	**第三十六条** 组织开放开发的数据管理机构应当根据数据开发利用价值贡献度，合理分配开发收入。属于政府取得的授权收入应当作为国有资产经营收益，按照规定缴入同级财政金库。

续表

地区	文件名称	具体内容
福建省	《厦门经济特区数据条例》	**第二十八条** 第一款　公共数据资源应当遵循需求导向、分级分类、安全可控、便捷高效的原则，依法有序向自然人、法人和非法人组织**无偿开放**。
	《厦门市公共数据共享开放管理暂行办法》	**第三条** 公共数据共享开放应当**遵循无偿提供**、按需申请、统一平台、安全可控的原则。
江西省	《江西省数据应用条例》	**第二十条** 第一款　探索建立公共数据授权运营机制，统筹公共数据的授权使用和管理，**依法推动用于公共治理和公益事业的公共数据有条件无偿使用，用于产业发展、行业发展的公共数据有条件有偿使用**。
	《江西省地理信息数据管理办法》	**第十四条** 第一款　县级以上人民政府测绘地理信息主管部门应当通过地理信息公共服务平台，在互联网上**向公众无偿提供公益性地理信息服务**。
山东省	《山东省科学数据管理实施细则》	**第二十八条** 政府预算资金资助形成的科学数据应按照开放为常态、不开放为例外的原则，在不涉及保密的情况下**免费向社会开放共享**，国家法律法规有特殊规定的除外。 对由非政府预算资金资助形成的科学数据，鼓励法人单位**免费开放共享；确需收费的，应按照有关规定制定合理的收费标准**，向社会公布并接受监督。
河南省	《河南省政务信息资源共享管理暂行办法》	**第五条** 政务信息资源共享遵循以下原则：……（二）需求导向，无偿使用。因履行职责需要使用共享信息的部门（以下简称使用部门），要提出明确的共享需求和信息使用用途，共享信息的产生和提供部门（以下统称提供部门）要及时响应并**无偿提供共享服务**……
湖北省	《湖北省科学数据管理实施细则》	**第二十二条** 对于**政府决策、公共安全、国防建设、环境保护、防灾减灾、公益性科学研究**等需要使用科学数据的，法人单位原则上应当**无偿提供。确需收费的，应按照规定程序和非营利原则制定合理的收费标准**，向社会公布并接受监督。国家法律法规有特殊规定的，遵从其规定。
	《湖北省高分辨率对地观测系统卫星遥感数据管理办法》	**第十八条** 申请高分数据用于高分专项应用示范任务的，在任务期间内，实行授权分发；**用于公益性用途的，实行免费分发**；用于商业用途的，**实行有偿分发**，收费标准按照国家规定和非盈利原则合理制定，相关收益管理按国家有关规定执行。

地区	文件名称	具体内容
湖南省	《湖南省地理空间数据管理办法》	**第五条** 第三款　行政机关、事业单位、国有企业（以下简称有关部门和单位）负责组织生产、更新和管理本部门专题地理空间数据，无偿提交在履行公共管理和公共服务职责中形成的专题地理空间数据进行汇集，**享有无偿使用地理空间数据的权利。**
	《湖南省遥感影像数据统筹共享管理办法》	**第三条** 第一款　全省遥感影像数据实行目录内统筹管理，列入遥感影像统筹目录的数据，实行统一采购、统一处理、统一质检、成果共享。**财政投资或公益性项目所需的遥感影像数据，应当无偿提供使用。**
广东省	《深圳经济特区数据条例》	**第四十七条** **依照法律、法规规定开放公共数据，不得收取任何费用。**法律、行政法规另有规定的，从其规定。
	《广东省地理空间数据管理办法（试行）》	**第七条** 第三款　各行政机关事业单位负责生产、更新、管理本单位专题地理空间数据，无偿提交在履行公共管理和公共服务职责中形成的专题地理空间数据进行归集，并享有**无偿使用其他单位共享的地理空间数据**的权利。
广西壮族自治区	《广西数据要素市场化发展管理暂行办法》	**第十九条** 第二款　……支持探索多样化、符合数据要素特性的定价模式和价格形成机制，推动用于数字化发展的公共数据按政府指导价有偿使用，企业数据与个人信息数据由市场自主定价。
	《广西科学数据管理实施办法》	**第二十九条** 对于**政府决策、公共安全、国防建设、环境保护、防灾减灾、公益性科学研究等需要使用科学数据的，各级数据中心应当无偿提供；确需收费的，应按照规定程序和非营利原则制定合理的收费标准，**向社会公布并接受监督。 **对于因经营性活动需要使用科学数据的，当事人双方应当签订有偿服务合同，**明确双方的权利和义务。 法律法规有特殊规定的，遵从其规定。
	《广西民用遥感卫星数据开放共享管理暂行办法》	**第十一条** 遥感数据优先保障公益需求，对公益用户用于政府决策、防灾减灾救灾、应对应急事件、自然资源资产审计、维护国家安全以及军队国防建设**等公益需求的，应免费提供。对其他非公益需求用户提供有偿服务，**其价格按市场机制确定，相关收益管理按国家和自治区有关规定执行。

续表

地区	文件名称	具体内容
海南省	《海南省大数据开发应用条例》	**第二十五条** 公民、法人和其他组织可以通过全省统一的政务数据开放平台**免费获取**无条件开放的政务信息资源。
	《海南省公共信息资源管理办法》	**第四条** 公共信息资源由省公共信息资源管理机构统筹管理，遵循"统筹协调、统一标准、需求导向、**无偿共享**、保障安全、节约高效"的工作原则，强化部门协同配合，促进服务型政府建设，提高依法行政能力。
		第二十八条 第一款　公共信息资源管理机构可以以数据资产形式与社会机构合作，或通过公开招标等竞争性方式确定开发机构，开发利用公共信息资源，开展数据增值服务。开发合同中应明确公共信息资源开放利用过程中采集、加工生产产生的数据免费提供公共机构共享使用。
	《海南省公共数据产品开发利用暂行管理办法》	**第九条** 第一款　**无条件开放的公共数据资源**，服务商可以通过省政府数据统一开放平台**免费获取**。 第二款　有条件开放类的本人、本机构数据，定向有条件开放类的本行业、本领域数据以及按规定**应当免费开放的数据**，服务商可通过省政府数据统一开放平台在线向数据资源提供方提出使用申请，经授权后使用。
		第二十条 省大数据管理机构应当会同数据资源提供方对公共数据产品、开发场景及数据服务等进行合规性审查，并进行数据产品确权。数据产品确权及合规性审查规则由省大数据管理机构制定。**权益收入纳入财政预算管理用于全省大数据业务发展**。
	《海南省科技资源库（馆）和科学数据中心管理暂行办法》	**第十七条** 为政府决策、公共安全、国防建设、环境保护、防灾减灾、公益性科学研究等提供基本资源服务的，资源平台应当无偿提供，涉及国家安全、军事秘密等的除外。因经营性活动需要资源平台提供资源服务的，当事人双方应签订有偿服务合同，明确双方的权利和义务。有偿服务收费标准应当按成本补偿和非营利原则确定。 国家法律法规有特殊规定的，遵从其规定。
重庆市	《重庆市数据条例》	**第二十七条** 第一款　公共数据开放应当遵循公正、公平、便民、**无偿的原则**，依法最大限度向社会开放

地区	文件名称	具体内容
四川省	《四川省数据条例》	**第二十六条** 第一款 政务部门和公共服务组织向社会开放公共数据，应当遵循公正、公平、便民、安全的原则。**公共数据开放，不得收取任何费用。**
	《四川省科学数据管理实施细则》	**第二十八条** 法人单位在汇交科学数据时需说明共享范围、权限以及收费标准。对于政府决策、公共安全、国防建设、环境保护、防灾减灾、公益性科学研究等需要使用科学数据的，法人单位应当无偿提供；确需收费的，应按照规定程序和非营利原则制定合理的收费标准，向社会公布并接受监督。对于因经营性活动需要使用科学数据的，当事人双方应当签订有偿服务合同，明确双方的权利和义务。法律、法规有特殊规定的，遵从其规定。
贵州省	《贵州省大数据发展应用促进条例》	**第二十四条** 省人民政府按照统一标准、依法管理，主动提供、**无偿服务**，便捷高效、安全可靠的原则，**制定全省公共数据共享开放措施**，推动公共数据率先共享开放。
云南省	《云南省公共数据管理办法（试行）》	**第三十七条** 省公共数据主管部门积极推进公共数据资源持有权、数据加工使用权、数据产品经营权等分置的产权运行机制先行先试，保障各参与方的合法权益，**推动用于公共治理、公益事业的公共数据有条件无偿使用；探索用于产业发展、行业发展的公共数据有条件有偿使用。**
	《云南省科学数据管理实施细则》	**第二十二条** 对于**政府决策、公共安全、国防建设、环境保护、防灾减灾、公益性科学研究等需要使用科学数据的，法人单位应当无偿提供；确需收费的，应按照规定程序和非营利原则制定合理收费标准，向社会公布并接受监督。** **对因经营性活动需要使用科学数据的，当事人双方应以市场化方式，共同协商科学数据共享服务价格，签订有偿服务合同，**明确双方的权利和义务。 国家法律法规有特殊规定的，遵从其规定。
甘肃省	《甘肃省科学数据管理实施细则》	**第二十四条** 对于**政府决策、公共安全、国防建设、环境保护、防灾减灾、公益性科学研究等需要使用科学数据的，法人单位应当无偿提供；确需收费的，应按照规定程序和非营利原则制定合理的收费标准，向社会公布并接受监督。** **对于因经营性活动需要使用科学数据的，当事人双方应当签订有偿服务合同，**明确双方的权利和义务。 法律法规有特殊规定的，遵从其规定。

续表

地区	文件名称	具体内容
宁夏回族自治区	《宁夏回族自治区大数据产业发展促进条例（草案)》	**第二十一条** 行政部门应当根据公共数据共享目录，**无偿**、及时的提供公共数据资源，无法定依据，不得拒绝其他行政部门的数据共享需求。 可以通过共享获得的数据，行政部门不得向自然人、法人或其他组织重复采集，不得要求下级单位重复上报，法律法规另有规定的除外。
	《宁夏回族自治区科学数据管理实施细则》	**第二十一条** 第一款　对于政府决策、公共安全、国防建设、环境保护、防灾减灾、公益性科学研究等需要使用科学数据的，法人单位应当无偿提供；确需收费的，应按照规定程序和非营利原则制定合理的收费标准，向社会公布并接受监督。 第二款　对于因经营性活动需要使用科学数据的，当事人双方应当签订有偿服务合同，明确双方的权利和义务。
新疆维吾尔自治区	《新疆维吾尔自治区公共数据管理办法（试行)》	**第四条** 公共数据管理应遵循以下原则：（一）以共享为原则，不共享为例外。**政务部门和公共服务部门之间无偿共享公共数据**，原则上都应满足公共数据跨层级、跨地域、跨系统、跨部门、跨业务的有序流通和共享……
		第三十三条 公共数据主管部门探索建立公共数据确权授权机制，明确授权使用的条件、程序等内容，对被授权使用主体全流程监管，**推动用于公共治理、公益事业的公共数据有条件无偿使用，探索用于产业发展、行业发展的公共数据有条件有偿使用**，为培育数据要素市场打好基础。

专题十一

省级数据立法关于数据财政的规定及评价

2019 年 11 月《中共中央关于坚持和完善中国特色社会主义制度 推进国家治理体系和治理能力现代化若干重大问题的决定》公布，首次提出将数据纳入到生产要素，并参与分配。2020 年 3 月《关于构建更加完善的要素市场化配置体制机制的意见》公布，首次提出培育数据要素市场。2022 年 12 月"数据二十条"公布，提出构建数据基础制度体系，促进数据合规高效流通使用。2023 年 8 月，财政部印发《企业数据资源相关会计处理暂行规定》推行数据资源"入表"，此规定明确了适用范围和数据资源会计处理适用的准则，以及列示和披露要求。上述政策均意味着数据要素的资产化、价值化向更高层次、更深层次推进。

一、数据财政的基础概念与形成路径

（一）数据财政的概念解析

目前我国中央层面的政策文件尚未明确提及"数据财政"的概念，但部分地方政策中已出现"数据财政"的表述，例如，《郑州市 2023 年优化营商环境工作要点》规定，积极推动数据资产登记、数据入表改革试点，探索"土地财政"向"数据财政"转变；《淄博市"十四五"数字强市建设规划》规定，加强与第三方专业机构合作，瞄准市场需求，通过开放数据接口、提供数据查询服务、开发新型数据产品等方式，实现政府数据的增值性开发，探索建立"数据财政"新模式，培育大数据发展生态。但上述文件均未就数据财政的内涵予以释明。

理论研究方面，普遍观点认为数据财政和土地财政的思路比较接近，土地财政是将土地相关的税费收入作为财政收入的来源，数据财政的提出者同样建议将数据相关的税费收入作为财政收入的来源。从已有的相关财税理论探索来看，比特税（Bit Tax）可以看作是数据财政的最早尝试，即从最基础的数据层面征收税收。[1] 近些年随着数字经济发展，针对国际互联网巨头征收的数字服务税（Digital Service Tax，DST）、均衡税（Equalisation Levy）、转移利润税（Diverted Profits Tax，DPT）[2] 有时也被统一称为"数字税"，其初衷是力图解决数字经济时代市场所在国的税收分配问题。实际上，近期学界和实务界的普遍观点认为数字经济时代的财政问题并非仅限于数字经济企业的税收问题，而是顺应数据要素将会成为主要生产要素之一的未来趋势，系统性地考虑基于数据要素的财政运作，包括但不限于财源的培养、收入体系的设计等，而这个层面的数据财政概念，就得更加关注和考察数据财政的公共性意义。[3] 结合理论研究与政策文件中的价值导向，可以认为数据财政主要是指数据开发和流通过程中适配的财

---

〔1〕 See Arthur Cordell, Taxing the Internet: The Proposal for a Bit Tax, The Journal of Internet Banking and Commerce, https://www.icommercecentral.com/open-access/taxing-the-internet-the-proposal-for-a-bit-tax.pdf, last visit on 16/10/2023.

〔2〕 参见谢波峰、陈灏：《数字经济背景下我国税收政策与管理完善建议》，载《国际税收》2019 年第 3 期。

〔3〕 参见谢波峰、朱扬勇：《数据财政框架和实现路径探索》，载《财政研究》2020 年第 7 期。

政税收制度。

（二）数据财政的形成路径

财政制度主要由财政支出制度和财政收入制度两大部分组成，是提升政府治理效能、促进经济发展的重要制度工具。同样的，数据财政也以财政收入和支出为主，理论层面上主要有下述形成路径：其一，政府向社会提供有偿数据服务或进行数据产品出售、数据授权经营等，产生的收入归集数据财政。其二，征收数据交易印花税，以及基于数据商品、数据服务和数据资产的增值税和所得税，课税收入归集数据财政。其三，政府向个人提供数据产品和服务获得收入归集数据财政，或者政府向提供各类数据劳动和数据服务产生相关收入的个人征收个人所得税，课税收入归集数据财政。其四，支持公共数据资源开发利用，对市场法人开发的数据产品和服务进行财政补助或购买，或出台相关税收优惠政策，以推动财政赋能数字经济发展。

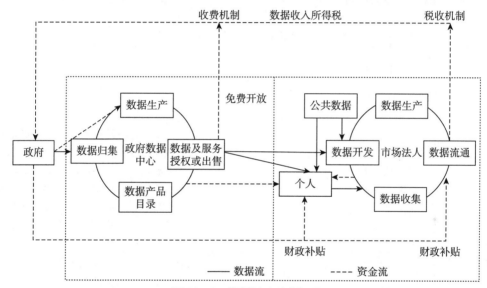

图 11 - 1　数据财政形成机理

二、数据财政相关制度供给现状

梳理比较我国 31 个省（自治区、直辖市）的 169 份省级数据立法文件关于数据财政的相关内容，可以发现数据财政制度主要体现为"支持公共数据资源开发利用和对市场法人主体开发的数据产品和服务进行财政补助或购买"。但在梳理 6 份地级市数据立法文件的过程中，部分地级市开始逐步探索"政府向社会提供有偿数据服务或进行数据产品出售、数据授权经营等，产生的收入归集数据财政"的数据财政制度。

（一）以保障和激励为主的数据财政制度

财政作为国家治理的基础和重要支柱，在数据要素市场建设中应当发挥积极作用已成共识。事实上，早在 2008 年，北京市便在《北京市政务信息资源共享交换平台管理办法（试行）》中规定将共享平台运行维护经费纳入财政预算，这迈出了以财政资金保障数据产业发展的第一步。随后，我国各省（自治区、直辖市）便陆续出台相关立法推动利用财政制度保障数据产业发展。在省级相关立法文件中，数据财政制度主要体现为"支持公共数据资源开发利用和对市场法人主体开发的数据产品和服务进行财政补助或购买"，主要包括三方面内容：①立法规定财政资金投入必须避免重复建设，体现财政支出的效益原则；②立法规定将数据产业相关工作涉及的经费纳入预算，以财政资金保障数据产业发展；③立法规定对数据行业相关企业进行税收优惠或补贴，以财税手段激励市场主体加快创新。

1. 体现效益原则的财政支出规则

财政支出规则，是以市场机制发挥基础性作用为基点，遵循市场效率准则来安排财政支出，优化资源配置，以最小的社会成本取得最大的社会效益。[1]在发展数据产业、建设大数据基础设施的过程中，避免重复建设、尽可能节约财政资金就体现着公共财政支出规则的效益原则。山西省、湖南省、重庆市、广东省、贵州省、辽宁省、浙江省、江苏省8个省（直辖市）的10份数据立法文件直接规定了"加强对数字化项目的统筹、整合和共享管理，避免重复建设""避免重复建设，浪费资金"等内容（详见表11-1）。

表11-1　省级数据立法体现效益原则的财政支出规则的相关规定

省（自治区、直辖市）	文件名称	效力层级	公布时间	具体规定
山西省	《山西省基础地理信息数据提供使用管理办法》	地方规范性文件	2006-10-19	**第十条** 使用财政资金的测绘项目和使用财政资金的建设工程测绘项目，需要基础地理信息数据的或者需要使用航摄相片和卫星遥感数据的，有关部门在批准立项前应当书面征求测绘主管部门的意见，有适宜数据和资料的，省测绘局应充分利用已有的数据和资料，给予提供，避免重复测绘，浪费资金。
湖南省	《湖南省地理空间数据管理办法》	地方政府规章	2017-03-03	**第七条** 财政资金投入为主的项目中涉及地理空间数据生产、地理信息系统建设的，应当充分利用已有的数据和系统，防止重复建设。
	《湖南省遥感影像数据统筹共享管理办法》	地方规范性文件	2018-10-15	**第九条** 各级测绘地理信息、发展改革以及财政部门应当建立健全协同工作机制，在项目立项审批、预算审查等工作中，避免遥感影像数据的重复生产和采购。
重庆市	《重庆市航空航天遥感影像数据统筹管理办法》	地方规范性文件	2021-02-02	**第四条** 在航空航天遥感影像数据项目立项审批、预算审查等工作中，市发展改革、财政、政务数据资源等主管部门应依据职能职责建立协同会商机制，不得重复立项和重复预算。

---

〔1〕　参见郑方辉、廖逸儿、卢扬帆：《财政绩效评价：理念、体系与实践》，载《中国社会科学》2017年第4期。

续表

省（自治区、直辖市）	文件名称	效力层级	公布时间	具体规定
广东省	《广东省地理空间数据管理办法（试行）》	地方规范性文件	2021-04-23	**第九条** 各行政机关事业单位使用财政资金开展地理空间数据生产、处理以及应用相关工作，应当充分利用已有数据成果，不得重复建设……
辽宁省	《辽宁省遥感影像数据统筹共享管理办法》	地方规范性文件	2022-11-03	**第五条** 第二款 市自然资源主管部门编制的遥感影像数据生产和采购计划，应当征求省自然资源主管部门意见，**避免重复采购。**
浙江省	《浙江省公共数据条例》	地方性法规	2022-01-21	**第十二条** 第一款 县级以上人民政府应当建立使用财政资金的数字化项目管理机制，加强对数字化项目的统筹、整合和共享管理，避免重复建设。
重庆市	《重庆市数据条例》	地方性法规	2022-03-30	**第四十七条** 第一款 市、区县（自治县）人民政府应当推动政务信息化项目统一规划、统筹管理、集约建设，**提高财政资金使用效益，避免重复建设。**
江苏省	《江苏省数字经济促进条例》	地方性法规	2022-05-31	**第八十一条** 县级以上地方人民政府以及有关部门应当依法组织对使用财政资金的数字经济项目进行审计监督，保障财政资金的使用效益。
贵州省	《贵州省大数据发展专项资金管理办法（2024修订版）》	地方规范性文件	2023-12-10	**第八条** 第一款 专项资金采取直接补助、以奖代补、贷款贴息、注资产业基金、融资风险补偿等方式安排。原则上一个项目只能申报一种支持方式，除分期项目外，**同一项目不得重复支持……**

2. 以财政资金支持政策保障数据产业发展

近年来，中央经济工作会议多次强调，积极的财政政策要提质增效、可持续。在以数据产业为代表的新兴关键产业的政策支持上，我国普遍采用财政资金支持的手段，大力开展技术升级和产业培育，加速推进产业链和供应链的重构变革。在符合财政效益原则的前提下，以财政资金支持政策保障数据产业发展成为许多省（自治区、直辖市）的一致选择。但是，在省级数据立法实践中，对财政资金支持政策的路径规定仍有所区别，**主要体现为专项资金支持政策和财政预算方案（详见表11-2）、政府采购支持政策（详见表11-3）和财政补贴和奖励支持政策（详见表11-4）。**

（1）专项资金支持政策和财政预算方案。天津市、贵州省、山西省、吉林省、浙江省、安徽省、广东省（深圳市）、山东省、上海市、福建省、河南省、重庆市、黑龙江省、河北省、辽宁省、江苏省、陕西省、北京市、宁夏回族自治区、四川省、广西壮族自治区、江西省、海南省、云南省、甘肃省、湖北省、湖南省、内蒙古自治区、新疆维吾尔自治区等29个省（自治区、直辖市）的相关数据立法文件均规定了对数据产业的直接财政支持。在文件中，各地通过设置数据产业发展专项资金，将相关花费纳入财政预算的方式给予数据产业发展资金支持。

表 11-2　省级数据立法关于专项资金支持政策和财政预算方案的相关规定

省（自治区、直辖市）	代表文件	效力层级	具体规定
天津市、贵州省、山西省、吉林省、浙江省、安徽省、广东省、山东省、上海市、福建省、河南省、重庆市、黑龙江省、河北省、辽宁省、江苏省、陕西省、北京市、宁夏回族自治区、四川省、广西壮族自治区、江西省、海南省、云南省、甘肃省、湖北省、湖南省、内蒙古自治区、新疆维吾尔自治区	《贵州省大数据安全保障条例》	地方性法规	**第四十四条** 第一款　县级以上人民政府设立的**大数据发展应用专项资金、大数据发展基金、科技成果转化资金等**，对大数据安全技术研发及成果转化应用、安全规范和安全标准制定、安全监测预警平台建设、安全保障体系建设、容灾备份体系建设、安全意识培训等，应当给予支持。
	《广东省数字经济促进条例》	地方性法规	**第六十一条** 第一款　省人民政府及有关部门统筹使用省级专项资金，有条件的地级以上市、县级人民政府在本级财政预算中安排资金，重点用于数字经济关键核心技术攻关、重大创新平台、公共技术平台和产业载体建设、应用示范和产业化发展、企业培育等领域。
	《山东省大数据创新应用省级财政支持政策及资金管理实施细则》	地方规范性文件	**第二条** 大数据创新应用省级财政支持资金，由省级财政统筹"数字山东"等方面资金予以安排，对各设区市（青岛市除外）大数据创新应用工作，给予不同程度资金支持，实行总额控制。青岛市相关试点资金参照省级标准本地配套解决。
	《深圳市公共数据开放管理办法（征求意见稿）》	/	**第五条【组织领导】** 市、区人民政府应当加强对本行政区域内公共数据开放工作的组织领导，建立健全公共数据开放工作体制机制，完善相关管理制度，推动公共数据开放和开发利用，协调解决有关重大事项。 市、区人民政府应当将公共数据开放相关工作所需经费纳入财政预算，确保稳定而持续的经费投入。

（2）政府采购支持政策。天津市、山西省、海南省、山东省、上海市、福建省、河南省、浙江省、重庆市、黑龙江省、江苏省、广东省（深圳市）、北京市、浙江省14个省（直辖市）相关数据立法表示要通过政府采购政策推动数据产业发展，主要包括下述

内容：其一，加大对大数据应用产品和服务的采购力度；其二，相关单位可以根据有关规定和实际需要，将云计算、大数据、人工智能等数字技术产品和服务列入全省集中采购目录；其三，经依法批准，通过非公开招标方式采购达到公开招标限额标准的首台（套）装备、首批次新材料、首版次软件的，以支持数字技术产品和服务的应用推广。

表 11 – 3　省级数据立法关于政府采购支持政策的相关规定

省（自治区、直辖市）	文件名称	效力层级	公布时间	具体规定
天津市	《天津市促进大数据发展应用条例》	地方性法规	2018 – 12 – 14	第三十九条 第一款　……落实政府采购政策，加大对安全可靠的大数据应用产品和服务采购力度。
山西省	《山西省大数据发展应用促进条例》	地方性法规	2020 – 05 – 15	第二十五条 第一款　县级以上人民政府可以通过购买服务、以租代建、政府与社会资本合作等方式，鼓励大数据产业发展。
浙江省	《浙江省数字经济促进条例》	地方性法规	2020 – 12 – 24	第五十条 省人民政府或者其授权的单位可以根据需要，将云计算、大数据、人工智能等数字技术产品和服务列入全省集中采购目录。 政府采购的采购人经依法批准，可以通过非公开招标方式，采购达到公开招标限额标准的首台（套）装备、首批次产品、首版次软件，支持数字技术产品和服务的应用推广。
海南省	《海南省公共数据产品开发利用暂行管理办法》	地方规范文件	2021 – 09 – 15	第十六条 第一款　省大数据管理机构应当根据本省公共服务需求编制数据产品购买指导性目录，在数据产品超市上动态发布。 第二款　利用财政资金购买数据产品的需求，应按照《海南省政务信息化项目建设管理办法》及其细则的有关规定进行年度计划申报。年度计划审核通过、立项批复及预算下达后的购买需求由省大数据管理机构统一在数据产品超市上发布，推进数据产品购买行为的公开透明。年度计划外利用财政资金的数据产品购买需求，应按《海南省政务信息化项目建设管理办法》及其细则的规定补充纳入年度计划后再行发布。

省（自治区、直辖市）	文件名称	效力层级	公布时间	具体规定
海南省	《海南省公共数据产品开发利用暂行管理办法》	地方规范文件	2021－09－15	**第二十八条** 第一款　鼓励利用本省财政资金通过数据产品超市购买数据产品和数据服务。本省利用财政资金在数据产品超市购买数据产品和数据服务，应按照政府采购有关规定开展购买活动。 第二款　鼓励各单位利用单位预算内自有资金购买数据产品和数据服务。购买预算金额在当年政府采购标准限额以内的可在数据产品超市直接择优购买，金额限度变化按省财政主管部门有关规定执行。
山东省	《山东省大数据发展促进条例》	地方性法规	2021－09－30	**第十五条** 第三款　利用财政资金购买公共数据之外的数据（以下统称非公共数据）的，除法律、行政法规另有规定外，应当报本级人民政府大数据工作主管部门审核。
上海市	《上海市数据条例》	地方性法规	2021－11－25	**第三十二条** 本市财政资金保障运行的公共管理和服务机构为依法履行职责，可以申请采购非公共数据。市政府办公厅负责统筹市级公共管理和服务机构的非公共数据采购需求，市大数据中心负责统一实施。区公共数据主管部门负责统筹本行政区域个性化采购需求，自行组织采购。
福建省	《福建省大数据发展条例》	地方性法规	2021－12－15	**第三十八条** 第三款　县级以上地方人民政府及其有关部门应当落实政府购买服务政策，加大对大数据应用产品和服务的采购力度。
河南省	《河南省数字经济促进条例》	地方性法规	2021－12－28	**第十五条** 第二款　……政府可以通过购买服务等方式，发挥基础平台作用，提供公共服务。 **第四十五条** 县级以上人民政府及有关部门应当通过财税支持、政府购买服务等方式，鼓励中小微企业平台、产业互联网平

续表

省（自治区、直辖市）	文件名称	效力层级	公布时间	具体规定
河南省	《河南省数字经济促进条例》	地方性法规	2021-12-28	台、产业数字化转型服务机构与中小微企业建立对接机制，针对不同行业的中小微企业需求场景提供数字化解决方案，加强对产业数字化转型的技术、资金支持保障，推动产业数字化转型。 **第五十五条** 省人民政府数字经济主管部门应当会同财政、工业和信息化、大数据等部门将物联网、智能终端、网络安全、云计算、大数据、软件、人工智能、区块链等数字技术产品和服务列入全省集中采购目录。 经依法批准，政府采购的采购人可以通过非公开招标方式，采购公开招标标准限额的首台（套）装备、首批次产品、首版次软件，支持数字技术产品和服务的推广应用。
浙江省	《浙江省公共数据条例》	地方性法规	2022-01-21	**第三十六条** 第二款　县级以上人民政府及其有关部门可以通过政府购买服务、协议合作等方式，支持利用公共数据创新产品、技术和服务，提升公共数据产业化水平。
重庆市	《重庆市数据条例》	地方性法规	2022-03-30	**第二十三条** 政务部门和财政资金保障运行的公共服务组织为依法履行职责或者提供公共服务需要向社会采购数据的，可以由同级数据主管部门统筹组织统一采购。
江西省	《江西省数据条例（征求意见稿）》	/	2022-04-28	**第十九条【非公共数据采购】** 财政资金保障运行的公共管理和服务机构为依法履行职责，可以申请采购非公共数据。省数据资源管理部门、设区的市数据资源管理部门负责统筹本级非公共数据采购需求。
黑龙江省	《黑龙江省促进大数据发展应用条例》	地方性法规	2022-05-13	**第二十九条** 本省财政资金保障运行的政务部门为依法履行职责，可以申请采购非公共数据。 省和设区的市级政务数据主管部门负责统筹管理本级政务部门非公共数据的采购。

省（自治区、直辖市）	文件名称	效力层级	公布时间	具体规定
江苏省	《江苏省数字经济促进条例》	地方性法规	2022 – 05 – 31	**第十四条** 第二款 省人民政府或者其授权的单位可以根据需要，将数字技术产品和服务列入全省集中采购目录。确因数字技术产品和服务应用推广需要，政府采购达到公开招标限额标准的首台（套）装备、首批次新材料、首版次软件的，经依法批准，可以通过非公开招标方式进行采购。
广东省	《深圳经济特区数字经济产业促进条例》	地方性法规	2022 – 09 – 05	**第六十五条** 第一款 市人民政府或者其授权的单位根据国家集中采购目录的有关规定和本市实际需要，可以将云计算、大数据、人工智能等数字产品和服务项目列入集中采购目录。
北京市	《北京市数字经济促进条例》	地方性法规	2022 – 11 – 25	**第五十二条** 第二款 政府采购的采购人经依法批准，可以通过非公开招标方式，采购达到公开招标限额标准的首台（套）装备、首批次产品、首版次软件，支持数字技术产品和服务的应用推广。
江西省	《江西省数据应用条例》	地方性法规	2023 – 11 – 30	**第二十三条** 政务部门和财政资金保障运行的公共服务机构履行法定职责或者提供公共服务，确需采购非公共数据的，可以申请政府采购非公共数据。县级以上人民政府数据主管部门负责审查和统筹本级非公共数据采购需求。

（3）财政补贴和奖励支持政策。江西省、山西省、贵州省、浙江省、海南省、江苏省6个省级行政区的8份数据立法文件规定了政府财政补贴和奖励支持政策，推动数据产业发展。需特别提及的是，《浙江省数字经济促进条例》和《江苏省数字经济促进条例》首次提出了科技创新券，创新了财政资金在数字经济领域的投入使用方式，助力企业纾困解难，将有效发挥财政在数据产业发展中的重要作用。同时，《浙江省数字经济促进条例》还明确提出"科技创新券在全省范围内使用""推动科技创新券在长三角地区通用通兑"，这对相关区域数据产业发展具有整体促进作用。

表11-4 省级数据立法关于财政补贴和奖励政策的相关规定

省(自治区、直辖市)	文件名称	效力层级	公布时间	具体规定
江西省	《江西省企业信用监管警示系统数据管理和运用试行办法》	地方规范文件	2015-11-16	**第二十三条** 对绿色标注的企业,各级机关可以在法律法规规定的范围内实施以下激励措施: (一)企业在评级评优,其法定代表人、负责人在政治安排、评先及授予荣誉称号等过程中,同等条件下予以优先; (二)在企业经营、投融资、取得政府供应土地、进出口、出入境、注册新公司、工程招投标、政府采购、获得荣誉、安全许可、生产许可、从业任职资格、资质审核、政府资金支持等方面,同等条件下予以优先; (三)其他激励措施。
				第二十五条 对红色标注的企业,各级机关可以在法律法规规定的范围内实施以下惩戒措施: (一)列为"双随机"抽查的特别对象,加大抽查的比例和频次; (二)禁止评优,不予企业及其法定代表人、负责人有关荣誉称号和政治安排; (三)在企业经营、投融资、取得政府供应土地、进出口、出入境、注册新公司、工程招投标、政府采购、获得荣誉、安全许可、生产许可、从业任职资格、资质审核、政府资金支持等方面予以限制或者禁止; (四)其他惩戒措施。
山西省	《山西省大数据发展应用促进条例》	地方性法规	2020-05-15	**第二十条** 第一款 省人民政府设立专项资金并制定具体措施,对大数据基础设施建设给予补助,对符合条件的大数据市场主体根据经营情况或者对地方财政的贡献情况给予奖励,对行业大数据融合应用示范、大数据机构科技创新发展和人才培养给予奖励。
				第二十一条 第三款 对大数据企业自建、购买或者租赁自用办公用房的,设区的市人民政府可以制定具体办法对相关费用给予补贴。

省（自治区、直辖市）	文件名称	效力层级	公布时间	具体规定
山西省	《山西省大数据发展应用促进条例》	地方性法规	2020－05－15	**第二十五条** 第三款　对购买本条例第十八条中平台服务的企业，设区的市人民政府按照服务费实际支出金额**给予补贴**，具体办法由省人民政府制定。
贵州省	《贵州省大数据创新中心创新创业基地服务管理暂行办法》	地方规范性文件	2021－07－01	**第十条** 择优对大数据创新中心、大数据创新创业基地的能力建设、创新研究、成果转化、应用推广等依法依规给予大数据发展专项资金支持。鼓励市（州）对辖区内大数据创新中心、创新创业基地给予政策支持、资金扶持。
浙江省	《浙江省数字经济促进条例》	地方性法规	2020－12－24	**第四十九条** 第二款　县级以上人民政府科技主管部门可以通过向企业和创业者发放科技创新券的方式，支持数字经济产业科技创新和科技成果转化。科技创新券可以用于购买科技成果、检验检测、研究开发设计、中间试验、科技评估、技术查新、知识产权服务、技术培训等服务。科技创新券在全省范围内使用。推动科技创新券在长三角地区通用通兑。
浙江省	《浙江省公共数据条例》	地方性法规	2022－01－21	**第三十六条** 第三款　公共数据主管部门可以通过应用创新大赛、补助奖励、合作开发等方式，鼓励利用公共数据开展科学研究、产品开发、数据加工等活动。
海南省	《海南省科技资源库（馆）和科学数据中心管理暂行办法》	地方规范性文件	2022－03－07	**第二十三条** 省财政采取后补助方式，对年度考核结果为优秀、良好和合格的省科技资源库（馆）和科学数据中心，给予经费补助，考核结果为优秀的最高不超过100万元，考核结果为良好的最高不超过60万元，考核结果为合格的最高不超过40万元。经费主要用于资源建设、仪器设备更新、日常运行维护、人员培训等方面。
江苏省	《江苏省数字经济促进条例》	地方性法规	2022－05－31	**第十三条** 科技等部门应当支持数字经济产业领域科技创新，可以通过专项资金支持科技成果转化，采用发放科技创新券等方式购买检验检测、研发设计、中间试验、科技评估、技术查新、知识产权、技术培训等服务。

3. 以税收优惠政策激励数据产业创新

税收政策不仅有宏观调控的作用，而且具有引导职能，税收政策的实施就是一次政府与经济市场的对话，同时也代表了经济市场的发展方向。利用税收优惠手段对大数据企业、数字经济等给予必要支持，能够迅速推动数据产业的创新和发展。目前，贵州省、浙江省、安徽省、广东省（深圳市）、河南省、黑龙江省、陕西省、广西壮族自治区、湖北省等地在国家政策及相关规定的指引下，在数据立法中推动落实税收优惠政策。基于税收法定原则，财税优惠制度的相关立法效力层级较高，大多以地方性法规的形式呈现（详见表 11 - 5）。主要包括下述内容：①县级以上人民政府及其有关部门依法落实数字经济税收优惠政策；②符合国家税收优惠政策的大数据企业，依法享受税收优惠；③大数据高层次人才或者大数据企业员工年缴纳个人所得税达到规定数额的，按照有关规定给予奖励。

表 11 - 5　省级数据立法关于税收优惠政策激励数据产业创新的规定

省（自治区、直辖市）	文件名称	效力层级	公布时间	具体规定
贵州省	《贵州省大数据发展应用促进条例》	地方性法规	2016 - 01 - 15	**第十一条** 符合国家税收优惠政策规定的大数据企业，享受税收优惠。 大数据高层次人才或者大数据企业员工年缴纳个人所得税达到规定数额的，按照有关规定给予奖励；具体办法由省人民政府制定。
	《贵州省大数据安全保障条例》	地方性法规	2019 - 08 - 01	**第四十四条** 第二款　符合国家税收优惠政策规定的大数据安全企业，依法享受税收优惠。
浙江省	《浙江省数字经济促进条例》	地方性法规	2020 - 12 - 24	**第五十一条** 县级以上人民政府及其有关部门应当落实国家和省对高新技术企业研发、信息技术产品制造、软件开发、信息服务以及科技企业孵化器、大学科技园和众创空间等线上线下创新创业平台的税费优惠，并为相关单位和个人办理税费优惠提供便利。
安徽省	《安徽省大数据发展条例》	地方性法规	2021 - 03 - 29	**第三十条** 第一款　符合国家税收优惠政策的大数据企业按照规定享受优惠政策。
广东省	《广东省数字经济促进条例》	地方性法规	2021 - 07 - 30	**第六十一条** 第二款　县级以上人民政府应当依法落实数字经济的税收优惠政策……

省（自治区、直辖市）	文件名称	效力层级	公布时间	具体规定
河南省	《河南省数字经济促进条例》	地方性法规	2021 - 12 - 28	**第四十五条** 县级以上人民政府及有关部门应当通过财税支持、政府购买服务等方式，鼓励中小微企业平台、产业互联网平台、产业数字化转型服务机构与中小微企业建立对接机制，针对不同行业的中小微企业需求场景提供数字化解决方案，加强对产业数字化转型的技术、资金支撑保障，推动产业数字化转型。
安徽省	《安徽省大数据企业培育认定实施细则（试行）》	地方规范性文件	2022 - 03 - 02	**第十条** 对大数据企业给予以下培育扶持措施： （一）纳入大数据企业库，推荐纳入上市（挂牌）后备资源管理，符合国家税收优惠政策的大数据企业按照规定享受优惠政策，符合条件的大数据企业按照规定享受相关奖补政策……
黑龙江省	《黑龙江省促进大数据发展应用条例》	地方性法规	2022 - 05 - 13	**第五十三条** 第二款 符合国家税收优惠政策的大数据企业，按照规定享受税收优惠政策。
广东省	《深圳经济特区数字经济产业促进条例》	地方性法规	2022 - 09 - 05	**第六十一条** 市人民政府应当坚持数字经济、数字政府、数字社会一体化建设。在政务服务、财政、税收、金融、人才、知识产权、土地供应、电力接引以及设施保护等方面完善政策措施，为数字经济产业健康发展提供保障。
陕西省	《陕西省大数据条例》	地方性法规	2022 - 09 - 29	**第六条** 县级以上人民政府应当按照国家有关规定，制定土地、电价、税费减免等相关优惠扶持政策措施，支持大数据基础设施建设和产业发展。
广西壮族自治区	《广西壮族自治区大数据发展条例》	地方性法规	2022 - 11 - 25	**第五十七条** 第二款 县级以上人民政府应当坚持数字经济、数字政府、数字社会一体建设，营造良好数字生态。在政务服务、财政、税收、金融、人才、知识产权、土地供应、电力接引、设施保护、政府采购、频率资源等方面完善政策措施，为促进大数据发展提供保障。

续表

省（自治区、直辖市）	文件名称	效力层级	公布时间	具体规定
湖北省	《湖北省数字经济促进办法》	地方政府规章	2023 – 05 – 10	**第四十三条** 第二款 县级以上人民政府应当依法落实数字经济的税收优惠政策，完善投融资服务体系，拓宽数字经济市场主体融资渠道，发挥各级现有投资基金引导作用，重点支持数字经济发展。

（二）以有偿数据服务、公共数据授权经营等为代表的数据财政制度

"政府向社会提供有偿数据服务或进行数据产品出售、数据授权运营，产生的收入归集数据财政"是数据财政的形成路径之一。在现有省级立法文件中，政府通过向社会提供有偿数据服务或进行数据产品出售、公共数据授权经营等方式以获取收入的规定相对较少，仅有福建省、海南省、广西壮族自治区、云南省4个地区有所规定（详见表11-6）。

表11-6 省级数据立法关于有偿数据服务、公共数据授权经营等相关规定

省（自治区、直辖市）	文件名称	效力层级	公布时间	具体规定
福建省	《福建省政务数据管理办法》	地方政府规章	2016 – 10 – 15	**第三十六条** 组织开放开发的数据管理机构应当根据数据开发利用价值贡献度，合理分配开发收入。**属于政府取得的授权收入应当作为国有资产经营收益，按照规定缴入同级财政金库。**
海南省	《海南省公共数据产品开发利用暂行管理办法》	地方规范性文件	2021 – 09 – 15	**第二十条** 省大数据管理机构应当会同数据资源提供方对公共数据产品、开发场景及数据服务等进行合规性审查，并进行数据产品确权。数据产品确权及合规性审查规则由省大数据管理机构制定。**权益收入纳入财政预算管理用于全省大数据业务发展。**
广西壮族自治区	《广西数据要素市场化发展管理暂行办法》	地方规范性文件	2023 – 11 – 07	**第十五条** 建立健全体现效率、促进公平的数据要素收益分配制度，发挥市场在资源配置中的决定性作用和政府在数据要素收益分配中的引导调节作用，平衡数据要素收益在不同环节相关主体间的共享分配，保护各数据要素参与方合法权益。 探索公共数据运营收益合理分享方式，政务部门、财政资金保障运行的公共服务组

续表

省（自治区、直辖市）	文件名称	效力层级	公布时间	具体规定
广西壮族自治区	《广西数据要素市场化发展管理暂行办法》	地方规范性文件	2023 - 11 - 07	织开展公共数据授权运营，获得的相关收益扣除成本后由政府统筹分配，专项用于支持保障公共数据治理和流通应用等相关领域。对公共数据来源部门，可按照公共数据市场化利用贡献，进行一般公共财政倾斜。
贵州省	《贵州省数据流通交易促进条例（草案）》	/	2023 - 11 - 29	**第二十五条** 省人民政府发展改革部门指导国资监管等有关行业主管部门建立健全分行业数据要素价格机制，实行多样化、符合数据要素特性的定价模式，用于数字化发展的公共数据实行政府指导价，企业与个人信息数据实行市场调节价。对用于公共治理、公益事业的公共数据实行有条件无偿使用，用于产业发展、行业发展的公共数据实行有条件有偿使用。 属于政府取得的授权收入，应当按照相关规定缴入同级财政。
云南省	《云南省公共数据管理办法（试行)》	地方规范性文件	2023 - 12 - 10	**第三十七条** 省公共数据主管部门积极推进公共数据资源持有权、数据加工使用权、数据产品经营权等分置的产权运行机制先行先试，保障各参与方的合法权益，推动用于公共治理、公益事业的公共数据有条件无偿使用；探索用于产业发展、行业发展的公共数据有条件有偿使用。

　　2021 年以来，安顺市、长沙市、长春市、杭州市、温州市相继开展"政府向社会提供有偿数据服务或进行数据产品出售、数据授权经营，以获取收入"的地方立法实践（详见表 11 - 7）。具体包含下述内容：其一，探索将公共数据授权运营纳入政府国有资源（资产）有偿使用范围，反哺财政预算收入；其二，肯定了地方政府在数据授权经营过程中的收益分配权；其三，探索用于产业发展、行业发展等领域的公共数据采用有条件有偿使用。

　　具体而言，安顺市、长春市在立法文件中要求依据授权协议在公共数据授权运营参与方之间进行合理的收益分配，为作为数据授权运营参与方之一的地方政府获取相应收入奠定了基础。杭州市和温州市将公共数据授权运营纳入政府国有资源（资产）有偿使用范围，是通过授权运营模式获取财政收入的主要规定和有效探索。特别值得注意的是，《长沙市政务数据运营暂行管理办法（征求意见稿）》基于长沙市人民政府对该市行政区域内政务数据的所有权安排,[1]明确将政务数据授权运营项目中数据权属主体(长沙市人民政府)的收益分配纳入政府财政收入。

表 11 - 7　地级市数据立法关于有偿数据服务、数据产品授权经营等相关规定

市级	文件名称	效力层级	公布时间	具体规定
安顺市	《安顺市公共数据资源授权开发利用试点实施方案》	地方规范性文件	2021 - 11 - 27	31. 探索开发利用收益分配机制。 鼓励多方合作开展数据服务和数据产品市场化运营,探索成本分摊、利润分成、股权参股、知识产权共享等多元化利益分配机制。(牵头单位:市大数据局;责任单位:市发展改革委)
长沙市	《长沙市政务数据运营暂行管理办法(征求意见稿)》	/	2023 - 07 - 13	第二十一条　数据运营收益分配 基于政务数据资源运营属于政府国有资产有偿使用范围。政务数据授权运营协议中应约定数据权属主体、数据运营主体和数据加工主体的运营收益分配比例。 市级政务数据运营项目中的数据权属主体收益分配纳入市级财政收入;区县(市)级政务数据运营项目中的数据权属主体收益分配纳入区县(市)级财政收入。
长春市	《长春市公共数据授权运营管理办法》	地方规范性文件	2023 - 08 - 28	第二十条 公共治理、公益事业的公共数据采用有条件无偿使用方式进行授权,产业发展、行业发展的公共数据在价值评估、价格评估的基础上采用有条件有偿方式进行授权,并在授权运营协议中予以约定。
				第二十一条 授权运营单位应当严格执行公共数据产品定价和合理收益有关规定,并依据授权协议在公共数据授权运营参与方之间进行合理的收益分配。
杭州市	《杭州市公共数据授权运营实施方案(试行)》	地方规范性文件	2023 - 09 - 01	……5. 运营收益及分配 …… 公共数据主管部门会同价格主管部门统筹制定公共数据定价管理制度,协同相关部门研究确定公共数据使用定价方式、有偿使用收费方式等。探索将公共数据授权运营纳入政府国有资源(资产)有偿使用范围,反哺财政预算收入……

---

〔1〕《长沙市政务数据运营暂行管理办法(征求意见稿)》第6条规定:政务数据运营主体包括数据权属主体、数据运营主体和数据加工主体。长沙市人民政府是长沙市政务数据的数据权属主体。本市行政区域内政务数据归长沙市人民政府所有,长沙市人民政府制定政务数据运营的整体规则和框架,整合相关力量积极开展政务数据运营,发挥数据要素作用。数据运营主体是指在政务数据运营过程中通过构建运营场景、获取政务数据资源并向数据使用方提供数据服务的主体。数据加工主体是指在政务数据运营过程中对政务数据进行加工处理并支撑数据运营的主体。

续表

市级	文件名称	效力层级	公布时间	具体规定
温州市	《温州市公共数据授权运营管理实施细则（试行)》	地方规范性文件	2023－09－21	一、总则 …… **（七）使用定价方式。** 公共数据授权使用定价方式应当结合应用场景确定，并经本级公共数据授权运营工作协调小组会商，报本级政府审核后实施。推动用于公共治理、公益事业的公共数据有条件无偿使用。对于与民生紧密相关、行业发展潜力显著和产业推动战略意义重大的应用场景，可采用限期无偿的定价方式支持场景运营孵化。探索用于产业发展、行业发展的公共数据有条件有偿使用，逐步将公共数据授权运营纳入政府国有资源（资产）有偿使用范围，形成公共数据开发利用良性循环……

三、评价

纵观我国当前各省市数据立法，关于数据财政的相关规定主要体现为支持公共数据资源开发利用，对市场法人开发的数据产品和服务进行财政补助或购买，或出台相关税收优惠政策，实现以财政政策赋能数字经济发展的目标。随着数据要素的资产化、价值化向更高、更深层次推进，部分省市立法文件中出现了关于政府向社会提供有偿数据服务或进行数据产品出售、公共数据授权经营，产生的收入归集数据财政的路径考量，即对通过有偿数据服务、公共数据授权运营、数据产品出售等方式反哺财政收入。而由于我国《立法法》第 11 条规定，税种的设立、税率的确定和税收征收管理等税收基本制度只能通过狭义的法律进行规定，关于"征收数据交易印花税，以及基于数据商品、数据服务和数据资产的增值税和所得税，课税收入归集数据财政"和"政府向提供各类数据劳动和数据服务产生相关收入的个人征收个人所得税，课税收入归集数据财政"的两条数据财政形成路径不在省级行政区立法权限之内，故在省级立法文件中也未能体现。

"数据二十条"明确规定"探索用于产业发展、行业发展的公共数据有条件有偿使用"，从国家政策层面对公共数据有偿使用作出了宏观指引。梳理各省市数据财政立法的相关内容，可以发现，以财政制度助推数据产业繁荣和从数据产业中获得收益反哺财政收入两条数据财政路径同步发展。理论研究方面，不少学者认为公共机构对公共数据的收集、存储需要负担设备运维、网络安全、合规管理等成本，对特定场景下的公共数据开放利用进行收费，是确保公共数据开放机制能够持续运营的重要基础；同时，部分学者还指出收取一定费用有利于防止数据过度开发而造成的网络拥堵和瘫痪；要求被授权主体支付一定的费用，有助于推动其加速开发公共数据资源以获取更多的经济收益。[1]

但必须认识到在数字化时代，公共数据是赋能数字中国建设的重要的资源，数据财政的实施和运营必须遵循客观规律和市场机制，要明确数据财政的合理边界。以政务数据为主体的公共数据开放利用制度设计，如果不是以"赋能"数字经济发展为出发点和落脚点，而是以"变现"增加财政收入为动机，那么数据财政的增长将以提高企业数据化成本和牺牲数字经济发展为代价，进而影响财政收入的可持续增长。

公共数据本质上是公权力机构出于公共利益的考量，基于其公共职责，消耗大量公共资金收集的数据，具有公共产品的属性。公共数据控制者、处理者和运营者在维护国家安全、个人信息和企业秘密的前提下，应加大开放范围和深度，提供免费的、基本的公共数据服务，放"数"养企。对于公共数据的授权运营机制，同样应当坚持技术上便利小微企业、价格上让利小微企业，以夯实数字经济建设和发展的微观基础。

〔1〕　参见童楠楠等：《数据财政：新时期推动公共数据授权运营利益分配的模式框架》，载《电子政务》2023 年第 1 期；常江、张震：《论公共数据授权运营的特点、性质及法律规制》，载《法治研究》2022 年第 2 期；齐英程：《公共数据增值性利用的权利基础与制度构建》，载《湖北大学学报（哲学社会科学版）》2022 年第 1 期；衣俊霖：《论公共数据国家所有》，载《法学论坛》2022 年第 4 期；倪千淼：《政府数据开放共享的法治难题与化解之策》，载《西南民族大学学报（人文社会科学版）》2021 年第 1 期。

专题十一附录 省级数据立法关于数据财政的规定

省（自治区、直辖市）	文件名称	效力层级	公布时间	对应文件中的相关规定
贵州省	《贵州省大数据发展应用促进条例》	地方性法规	2016－01－15	**第十一条** 符合国家税收优惠政策规定的大数据企业，享受税收优惠。 大数据高层次人才或者大数据企业员工缴纳个人所得税达到规定数额的，按照有关规定给予奖励；具体办法由省人民政府制定。
天津市	《天津市促进大数据发展应用条例》	地方性法规	2018－12－14	**第三十九条** 第一款　市和区人民政府设立大数据发展应用专项资金，用于支持大数据关键技术攻关、核心系统研发、产业链构建、重大应用示范和公共服务平台建设等。落实政府采购政策，加大对安全可靠的大数据应用产品和服务采购力度。
贵州省	《贵州省大数据安全保障条例》	地方性法规	2019－08－01	**第四十四条** 第一款　县级以上人民政府设立的大数据发展应用专项资金、大数据发展基金、科技成果转化资金等，对大数据安全技术研发及成果转化应用、安全规范和安全标准制定、安全监测预警平台建设、安全保障体系建设、容灾备份体系建设、安全意识培训等，应当给予支持。 第二款　符合国家税收优惠政策规定的大数据安全企业，依法享受税收优惠。
山西省	《山西省大数据发展应用促进条例》	地方性法规	2020－05－15	**第二十条** 第一款　省人民政府设立专项资金并制定具体措施，对符合条件的大数据市场主体根据市场经营情况或者对地方财政的贡献情况给予奖励，对行业大数据融合应用示范、大数据机构科技创新发展和人才培养给予奖励。 第二款　设区的市、县（市、区）人民政府可以设立大数据发展应用引导基金，通过财政资金的引导，带动社会资本投资。 **第二十一条** 第三款　对大数据企业自建、购买或者租赁自用办公用房的，设区的市人民政府可以制定具体办法对相关费用给予补贴。

续表

省（自治区、直辖市）	文件名称	效力层级	公布时间	对应文件中的相关规定
山西省	《山西省大数据发展应用促进条例》	地方性法规	2020-05-15	**第二十五条** 县级以上人民政府可以通过购买服务、以租代建、政府与社会资本合作等方式，鼓励大数据产业发展。 县级以上人民政府可以开展金融大数据发展应用专项项目建设，综合应用风险投资、股权投资、担保贷款、贷款贴息、科技保险等方式，优先支持重大应用示范类和创新研发类项目。 对购买本条中平台服务的企业，设区的市人民政府按照服务劳务实际支出金额给予补贴，具体办法由省人民政府制定。
贵州省	《贵州省政府数据共享开放条例》	地方性法规	2020-09-25	**第七条** 使用各级财政资金建设和运行维护的政务信息系统，应当按照统一规划、统一建设、数据共享、系统互通、业务协同的方式进行建设和运行维护，促进数据汇聚、业务协同。
吉林省	《吉林省促进大数据发展应用条例》	地方性法规	2020-11-27	**第三十九条** 第一款　省人民政府设立数字吉林建设专项资金，重点支持数字政府建设、大数据展应用研究和标准制定、产业链构建、重大应用示范工程建设、创业孵化等。设区的市、自治州和县级人民政府根据需要，可以设立大数据发展应用专项资金。 第二款　县级以上人民政府依法设立大数据发展引导基金，引导社会资本投资大数据产业，设立大数据产业领域专项基金。鼓励创业投资基金投资大数据产业发展应用。
浙江省	《浙江省数字经济促进条例》	地方性法规	2020-12-24	**第四十七条** 省人民政府设立数字经济产业投资基金，用于数字经济基金投资基金投资数字经济企业融资渠道。 县级以上人民政府应当完善产业投资融资机制，引导社会资本投资数字经济领域重大项目建设。

续表

省（自治区、直辖市）	文件名称	效力层级	公布时间	对应文件中的相关规定
				第四十八条 省人民政府及其有关部门应当将数字经济重大科技攻关项目的自主创新研究、应用示范和产业化发展列入国家或者省省科技发展规划，高新技术产业发展规划，并安排财政性资金予以支持。 县级以上人民政府及其有关部门应当根据有关规定并结合实际，安排财政性资金支持数字产业化发展、产业数字化转型以及数字经济企业培育等，引导和支持社会资本参与数字经济发展。
浙江省	《浙江省数字经济促进条例》	地方性法规	2020 - 12 - 24	**第四十九条** 第二款　县级以上人民政府科技主管部门可以通过向企业和创业者发放科技创新券的方式，支持数字经济产业科技创新和科技成果转化。科技创新券可以用于购买科技服务、知识产权服务、技术查新、技术评估、研究开发设计、中间试验、科技成果、检验检测、培训等服务。科技创新券在全省省范围内使用。推动科技创新券在长三角地区通用通兑。
				第五十条 省人民政府或者其授权的单位可以根据需要，将云计算、大数据、人工智能等数字技术产品和服务列入全省集中采购目录。 政府采购的采购人经依法批准，可以通过非公开招标方式，采购达到公开招标限额标准的首台（套）装备、首版次产品、首批次新产品和服务的应用推广。
				第五十一条 县级以上人民政府及其有关部门应当落实国家和省对高新技术企业研发、信息技术产品制造、软件开发、信息服务以及科技企业孵化器、大学科技园和众创空间等线上线下创新创业平台的税费优惠，并为相关单位和个人办理税费优惠提供便利。

续表

省（自治区、直辖市）	文件名称	效力层级	公布时间	对应文件中的相关规定
安徽省	《安徽省大数据发展条例》	地方性法规	2021-03-29	**第二十九条** 省人民政府应当统筹财政资金，整合信息化、电子政务等专项资金，设立省大数据中心专项资金，用于大数据中心建设和支持大数据核心关键技术攻关、产业链构建、重大应用示范和公共服务平台建设等。设区的市、县级人民政府根据需要，安排相应的大数据发展应用支持资金。 **第三十条** 符合国家税收优惠政策的大数据企业按照规定享受优惠政策。符合条件的大数据企业按照规定享受数字经济奖补等政策。
广东省	《广东省数字经济促进条例》	地方性法规	2021-07-30	**第六十一条** 省人民政府及有关部门统筹使用省级专项资金，有条件的地级以上市、县级人民政府在本级财政预算中安排资金，重点用于数字经济关键核心技术攻关、重大创新平台、公共技术平台和产业载体建设，应用示范和产业化发展，企业培育等领域。县级以上人民政府应当依法落实数字经济的税收优惠政策，完善投融资服务体系，拓宽数字经济市场主体融资渠道。发挥省级政策性基金作用，重点支持数字经济领域重大项目建设和高成长、初创型数字经济企业发展。
山东省	《山东省大数据发展促进条例》	地方性法规	2021-09-30	**第十五条** 第一款 县级以上人民政府大数据工作主管部门应当按照国家和省有关数据管理、使用、收益等规定，依法统筹管理本行政区域内数据资源。 第三款 利用财政资金购买公共数据之外的数据（以下统称非公共数据）的，除法律、行政法规另有规定外，应当报本级人民政府大数据工作主管部门审核。 **第四十六条** 县级以上人民政府应当根据实际情况，安排资金支持大数据关键技术研究、产业链构建，重大应用示范和公共服务平台建设等工作，鼓励金融机构和社会资本加大投资力度，促进大数据发展应用。

续表

省（自治区、直辖市）	文件名称	效力层级	公布时间	对应文件中的相关规定
上海市	《上海市数据条例》	地方性法规	2021-11-25	**第三十二条** 本市财政资金保障运行的公共管理和服务机构为依法履行职责，可以申请采购非公共数据。市政府办公厅负责统筹市级公共管理和服务机构的非公共数据采购需求，市大数据中心负责统一实施。区区市数据主管部门负责统筹本行政区域个性化采购需求，自行组织采购。 **第三十七条** 本市财政资金保障运行的公共管理和服务机构开展公共数据工作涉及的经费，纳入市、区财政预算。开放及其质量管理和安全管理等工作涉及的经费，区财政预算。
福建省	《福建省大数据发展条例》	地方性法规	2021-12-15	**第四条** 县级以上地方人民政府应当加强对本行政区域大数据发展工作的领导，将大数据发展纳入国民经济和社会发展规划，建立工作协调机制，解决大数据发展和安全工作中的重大问题，所需经费列入本级财政预算。 **第三十八条** 县级以上地方人民政府应当充分利用现有资金渠道，优先支持大数据核心关键技术攻关、大数据基础设施建设和公共平台建设、数字园区建设和龙头企业培育。 县级以上地方人民政府应当支持数字产业化、产业数字化，鼓励金融机构创新大数据产业金融服务、拓宽大数据企业金融融资渠道。 县级以上地方人民政府及其有关部门应当落实政府采购服务政策，加大对大数据应用产品和服务的采购力度。 县级以上地方人民政府应当支持大数据企业发展壮大，扶持技术水平高，市场竞争力强、具有自主知识产权的大数据龙头企业和创新型中小微企业，培育大数据创新企业。

续表

省（自治区、直辖市）	文件名称	效力层级	公布时间	对应文件中的相关规定
				第十五条 省人民政府及有关部门应当统筹推进人工智能、区块链等新技术基础设施建设，支持建设底层技术平台、算法平台、开源社区等基础技术能力支撑体系。 鼓励社会力量参与数字经济新技术基础设施建设。政府可以通过购买服务等方式，发挥基础平台作用，提供公共服务。
				第四十五条 县级以上人民政府及有关部门应当通过财税支持、政府购买服务等方式，鼓励中小微企业平台、产业互联网平台、产业数字化转型服务机构与中小微企业建立对接机制，针对不同行业的中小微企业需求提供数字化解决方案，加强对产业数字化转型的技术、资金支撑保障，推动产业数字化转型。
河南省	《河南省数字经济促进条例》	地方性法规	2021-12-28	**第五十三条** 省人民政府应当统筹各类财政专项资金、政府引导基金、重点用于支持数字经济领域关键核心技术攻关、重大创新平台和产业载体建设、典型示范应用和重大项目建设等。设区的市、县级人民政府应当根据实际情况，统筹财政资金支持数字经济发展，完善投资融资机制，拓宽数字经济企业融资渠道，引导社会资本参与数字经济领域重大项目建设。
				第五十五条 省人民政府数字经济主管部门应当会同财政、工业和信息化、大数据等部门将物联网、智能终端、网络安全、云计算、大数据、软件、人工智能、区块链等数字技术产品和服务列入全省集中采购目录。 经依法批准，政府采购的采购人可以通过非公开招标方式，采购数字技术产品和服务的首台（套）装备、首批次产品、首版次软件，支持数字技术产品和服务的推广应用。

517

省（自治区、直辖市）	文件名称	效力层级	公布时间	对应文件中的相关规定
浙江省	《浙江省公共数据条例》	地方性法规	2022－01－21	**第十二条** 县级以上人民政府应当建立使用财政资金的数字化项目管理机制，加强对数字化项目的统筹、整合和共享管理，避免重复建设。 使用本省财政资金的数字化项目有下列情形之一的，不予立项、审查验收或者不予安排运行和维护经费： （一）未经县级以上人民政府指定的部门同意，新建业务专网或者新建、扩建、改建独立数据平台的； （二）未经县级以上人民政府指定部门同意，在公共数据平台外开发、升级改造应用系统的； （三）未按照规定纳入一体化数字资源系统管理的； （四）未按照要求共享、开放数据或者重复收集数据的； （五）不符合密码应用和安全管理要求的。
重庆市	《重庆市数据条例》	地方性法规	2022－03－30	**第三十六条** 县级以上人民政府及其有关部门应当通过产业政策引导、资金扶持、引入社会资本等方式，拓展公共数据开发利用场景。 县级以上人民政府及其有关部门可以通过政府购买服务、协议合作等方式，支持利用公共数据创新产品、技术和服务，提升公共数据产业化水平。 公共数据主管部门可以通过应用创新大赛、补助奖励、合作开发等方式，鼓励利用公共数据开展科学研究、产品开发、数据加工等活动。 **第二十三条** 政务部门和财政资金保障运行的公共服务组织为依法履行职责或者提供公共服务需要向社会采购数据的，可以由同级数据主管部门统筹组织统一采购。

518

续表

省（自治区、直辖市）	文件名称	效力层级	公布时间	对应文件中的相关规定
重庆市	《重庆市数据条例》	地方性法规	2022 - 03 - 30	**第四十七条** 市、区县（自治县）人民政府应当推动政务信息化项目统一规划、统筹管理、集约建设，提高财政资金使用效益，避免重复建设。政务信息化项目建设的具体办法由市人民政府另行制定。 **第四十八条** 市、区县（自治县）人民政府应当统筹设立大数据发展专项资金，健全多元化投融资服务体系，逐步提高数据发展管理投入总体水平。
黑龙江省	《黑龙江省促进大数据发展应用条例》	地方性法规	2022 - 05 - 13	**第二十九条** 本省财政资金保障运行政务部门为依法履行职责，可以申请采购非公共数据。省和设区的市级政务数据主管部门负责统筹管理本级政务数据的采购。 **第五十三条** 县级以上人民政府应当统筹安排资金，重点支持数字政府建设、大数据发展应用研究和标准制定、大数据技术攻关、产业链构建、重大应用示范工程建设、创业孵化等。符合国家税收优惠政策的大数据企业，按照规定享受税收优惠政策。
河北省	《河北省数字经济促进条例》	地方性法规	2022 - 05 - 27	**第六十七条** 县级以上人民政府应当建立多元化资金投入和保障机制，统筹运用相关财政性资金，发挥有关专项基金作用，鼓励和引导社会资本参与数字经济发展，重点支持大数据、物联网、信息制造、重大创新平台等建设。
辽宁省	《辽宁省大数据发展条例》	地方性法规	2022 - 05 - 31	**第四十五条** 省、市、县人民政府应当设立支持大数据发展专项资金，用于支持大数据关键技术攻关、核心系统研发、产业基础构建、重大应用示范和公共服务平台建设等。

续表

省（自治区、直辖市）	文件名称	效力层级	公布时间	对应文件中的相关规定
				第十三条 科技等部门应当支持数字经济产业领域科技创新，可以通过专项资金支持科技成果转化，采用发放科技创新券等方式购买检验检测、中间试验、研发设计、科技评估、技术产权、知识产权、技术培训等服务。 **第十四条** 支持数字技术创新产品和服务的应用推广，将符合条件的数字技术产品和服务认定为首台（套）装备、首批次新材料、首版次软件，列入新创新产品目录。省人民政府或者其授权的单位可以根据应用推广需要，将数字技术产品和服务列入全省集中采购目录。确因数字技术产品和服务应用推广需要，政府采购达到公开招标限额标准的首台（套）装备、首批次新材料、首版次软件的，经依法批准，可以通过非公开招标方式进行采购。
江苏省	《江苏省数字经济促进条例》	地方性法规	2022 – 05 – 31	**第六十九条** 省人民政府以及有关部门应当统筹使用省级专项资金，用于数字经济关键核心技术攻关、重大创新平台、公共技术平台和产业载体建设，应用示范和产业化发展等。有条件的设区的市、县在本级财政预算中安排资金予以支持。 **第七十条** 第一款　省人民政府设立数字经济产业投资基金，用于数字经济领域重大项目建设和关键产业发展；鼓励有条件的地方设立数字经济股权基金，吸引社会资本支持数字经济产业发展。 **第八十一条** 县级以上地方人民政府以及有关部门应当依法组织对使用财政资金的数字经济项目进行审计监督，保障财政资金的使用效益。

续表

省（自治区、直辖市）	文件名称	效力层级	公布时间	对应文件中的相关规定
广东省	《深圳经济特区数字经济产业促进条例》	地方性法规	2022-09-05	**第六十一条** 市人民政府应当坚持数字经济、数字政府、数字社会一体化建设。在政务服务、财政、税收、金融、人才、知识产权、土地供应、电力接引以及设施保护等方面完善政策措施，为数字经济产业健康发展提供保障。 **第六十二条** 探索利用财政资金、国有资本设立市、区两级数字经济产业投资基金，支持通过数字经济产业投资基金引导社会资本投资数字经济产业重点企业和重大项目。 **第六十五条** 第一款　市人民政府或者其授权的单位根据国家集中采购目录的有关规定和本市实际需要，可以将云计算、大数据、人工智能等数字产品和服务项目列入集中采购目录。
陕西省	《陕西省大数据条例》	地方性法规	2022-09-29	**第六条** 县级以上人民政府应当按照国家有关规定，制定土地、电价、税费减免等相关优惠扶持政策措施，支持大数据基础设施建设和产业发展。 **第七条** 省人民政府应当设立专项资金，用于支持大数据关键技术攻关、科技成果转化、重大创新平台和产业载体建设，典型示范应用和重大项目建设等。 鼓励金融组织和社会资本加大融资、投资力度，支持大数据发展应用。
北京市	《北京市数字经济促进条例》	地方性法规	2022-11-25	**第五十二条** 财政、发展改革、科技、经济和信息化等部门应当统筹运用财政资金和各类产业基金，加大对数字经济关键核心技术研发、重大创新载体建设、应用示范和产业化发展等方面的资金支持力度，引导和支持天使投资、风险投资等社会力量加大资金投入，支持数字技术产品和服务创新。 鼓励金融机构开展数字经济领域的产品和服务创新。 政府采购的采购人经依法批准，可以通过非公开招标等标准采购达到公开招标限额标准的首台（套）装备、首批次产品、首版次软件，支持数字技术产品的应用推广。

续表

省（自治区、直辖市）	文件名称	效力层级	公布时间	对应文件中的相关规定
广西壮族自治区	《广西壮族自治区大数据发展条例》	地方性法规	2022－11－25	**第五条** 自治区人民政府应当加强对本行政区域内大数据发展工作的领导，理顺大数据管理体制，完善跨层级、跨区域、跨系统、跨部门、跨行业的大数据发展统筹协调机制，建立健全大数据治理制度和标准体系，推进数据市场建设，保障数据安全，将大数据发展纳入国民经济和社会发展规划，研究解决大数据发展中的重大问题，将所需经费列入本级预算。 县（市、区）人民政府应当按照国家、自治区大数据发展总体部署和要求，依托区域优势，引导、支持相关产业发展，推进大数据在经济社会发展、民生改善、社会治理中的应用。 各级人民政府及有关部门应当利用大数据创新服务管理，优化行政审批、市场监督管理，公共服务等工作流程，创新引领数字政务服务和社会治理数字化模式。 **第七条** 第一款 自治区人民政府应当统筹资金用于支持大数据关键技术攻关、科技成果转化、重大项目建设、重大创新平台和产业载体建设、典型示范应用等。 **第五十三条** 第一款 县级以上人民政府及其有关部门鼓励市场主体在依法设立的数据交易场所开展数据交易，市场主体也可以依照法律、法规规定自行交易。政务部门、财政资金保障运行的公共服务应当组织应当通过依法设立的数据交易场所开展数据交易。 第二款 从事数据交易活动的市场主体可以依法自主定价。但执行政府定价、政府指导价的除外。 **第五十七条** 自治区人民政府应当统筹规划全区大数据产业发展布局，完善大数据产业链，充分发挥数据要素作用，提升大数据产业整体竞争力。 县级以上人民政府应当坚持发展数字经济、数字政府、数字社会一体建设，在政务服务、财政、税收、金融、人才、知识产权、土地供应、电力接引、设施保护、政府采购、频率资源等方面完善政策措施，为促进大数据发展提供保障。

续表

省（自治区、直辖市）	文件名称	效力层级	公布时间	对应文件中的相关规定
四川省	《四川省数据条例》	地方性法规	2022-12-02	**第十一条** 省数据管理机构负责推动建设全省公共数据资源中心体系和建设公共数据资源管理平台，支撑公共数据汇聚、存储、共享、开放和安全管理等工作。政务部门和财政资金保障运行的公共服务组织不得新建跨部门、跨层级的公共数据资源管理平台；已经建成的，应当按照规定进行整合。 **第十八条** 政务部门和财政资金保障运行的公共服务组织为依法履行职责或者提供公共服务需要的数据，不能通过共享方式获取的，经同级数据管理机构确认后可以通过采购获取。
山西省	《山西省数字经济促进条例》	地方性法规	2022-12-09	**第二十四条** 政务部门和财政资金保障运行的公共服务的市场主体在依法设立的数据交易场所开展数据交易；鼓励符合条件的市场主体在依法设立的数据交易场所开展数据交易。 **第四十六条** 第一款　县级以上地方各级人民政府应当结合实际统筹安排产业发展等相关资金支持数据领域发展和建设，重点支持数据领域核心关键技术攻关、产业链构建、基础设施建设、市场主体培育等。 **第五十四条** 第一款　省人民政府应当设立数字经济全面发展专项财政资金，重点支持数字基础设施、关键核心技术攻关、科技创新平台建设、典型示范应用、产业化发展、企业培育和人才培养引进等。 第二款　设区的市、县（市、区）人民政府应当根据实际情况，安排专项财政资金支持数字经济发展。
江西省	《江西省数据应用条例》	地方性法规	2023-11-30	**第二十三条** 政务部门和财政资金保障运行的公共服务机构履行法定职责或者提供公共服务，确需采购非公共数据的，可以申请政府采购非公共数据。县级以上人民政府数据主管部门负责审查和统筹本级非公共数据采购需求。

续表

省（自治区、直辖市）	文件名称	效力层级	公布时间	对应文件中的相关规定
福建省	《福建省政务数据管理办法》	地方政府规章	2016-10-15	**第四条** 县级以上人民政府应当加强对政务数据管理工作的领导，协调解决政务数据管理和开发利用中的重大问题，建立协调机制，所需经费列入同级财政预算。
湖南省	《湖南省地理空间数据管理办法》	地方政府规章	2017-03-03	**第七条** 财政资金投入为主的项目中涉及地理空间数据生产、地理信息系统建设的，应当充分利用已有的数据和系统，防止重复建设。
江西省	《江西省地理信息数据管理办法》	地方政府规章	2017-12-26	**第七条** 县级以上人民政府应当按照财政事权划分，将地理空间数据汇集共享、航空航天遥感影像资料统一管理、地理信息公共服务平台建设和应用等所需经费列入本级政府预算。
				第十七条 第一款 自治区数据共享主管部门应当会同发展改革、网信、财政、政务服务等主管部门制定数据共享工作评价制度，每年对政务部门提供和使用共享数据情况进行评价和督促检查。
宁夏回族自治区	《宁夏回族自治区政务数据资源共享管理办法》	地方政府规章	2018-09-04	**第二十条** 自治区发展改革、经济和信息化、财政、网信等主管部门，应当建立政务信息化项目建设投资和运维资金协商机制，对政务部门落实政务数据资源共享要求和网络安全要求的情况进行联合考核，凡不符合政务数据资源共享要求的，不予审批建设项目，不予安排运维经费。政务信息化应用项目立项申请前应当预编形成项目数据资源目录，作为项目审批要件；项目建成后应当将项目数据资源接入共享平台，并纳入部门项目验收要求。政务数据共享相关工作经费纳入部门财政预算，并给予优先安排。

续表

省（自治区、直辖市）	文件名称	效力层级	公布时间	对应文件中的相关规定
上海市	《上海市公共数据和一网通办管理办法》	地方政府规章	2018-09-30	**第十四条（政务信息系统整合）** 行政机关应当定期清理与实际业务流程脱节、功能可被替代的信息系统，独立分散、将分散、频度低的信息系统，涉及公共数据管理的信息系统，与大数据资源平台互联互通、信息共享、业务协同的，无法实现与大数据基础建设，原则上不再批准建设。对于未按照要求进行系统整合和数据对接的信息化项目，原则上不再拨付运维经费。 **第五十九条（参照执行）** 运行经费由本市各级财政保障的其他机关、团体等单位以及中央国家机关派驻本市的相关管理单位在依法履行公共事务职责中采集中采集和产生的各类数据资源的管理，参照本办法执行。 运行经费由本市各级财政保障的其他机关、团体等单位的电子政务管理，参照本办法执行。
海南省	《海南省大数据管理局大数据管理暂行办法》	地方政府规章	2019-05-12	**第四条** 省大数据管理局主要承担以下职责： （一）负责使用本级财政性资金、中央财政补助资金的信息化工程项目的管理，市县信息化建设项目实施、信息化、智慧城市政策措施…… **第十五条** 省大数据管理局经费来源主要由开办资金、承接服务收入和其他合理合法的市场化收入组成。省大数据管理局相关支出从上述经费中保障。省大数据管理局的盈余经费应当全部用于全省大数据管理业务发展。 **第十六条** 省大数据管理局作为一级财政预算单位管理，财政经费预算实行国库集中支付，并接受有关机构监督。

续表

省（自治区、直辖市）	文件名称	效力层级	公布时间	对应文件中的相关规定
海南省	《海南省大数据管理局管理暂行办法》	地方政府规章	2019-05-12	**第十九条** 监察机关和财政、审计等职能部门依法对省大数据管理局的建设、运营和管理活动进行监督，不干涉其自主运营，也可以委托专门监督机构对省大数据管理局运营进行监督。省大数据管理局理事会负责建立省大数据管理局运营考核机制，按年度对省大数据管理局运营绩效进行考核。
重庆市	《重庆市政务数据资源管理暂行办法》	地方政府规章	2019-07-31	**第五条** 市、区县（自治县）人民政府统一领导本行政区域的政务数据资源管理工作中的重大事项，将政务数据资源工作所需经费纳入本级财政预算，将政务数据资源管理工作纳入本级政府目标考核。 具有行政事务管理职能的市政府派出机构适用本办法有关区县（自治县）人民政府的规定。 **第四十八条** 第一款：政务数据资源主管部门、发展改革部门、财政部门建立政务信息化项目管理制度，落实政务数据资源集约建设要求，政务数据资源共享开放要求。 第二款：政务数据资源主管部门负责对政务信息化项目进行评估，按照立项管理规范形成并发布项目清单。纳入项目清单的建设项目，由发展改革部门负责审批建设方案，政务数据资源主管部门负责审核初步设计内容。经过依法审核的政务信息化建设项目和纳入项目清单的运行维护项目，由财政部门纳入本级政府预算统筹安排项目建设和运行维护资金。
上海市	《上海市公共数据开放管理暂行办法》	地方政府规章	2019-08-29	**第四十条（资金保障）** 行政事业单位开展公共数据开放所涉及的信息系统建设、改造、运维以及考核评估等相关经费，按照有关规定纳入市、区两级财政资金预算。

续表

省（自治区、直辖市）	文件名称	效力层级	公布时间	对应文件中的相关规定
山东省	《山东省电子政务和政务数据管理办法》	地方政府规章	2019-12-25	**第五条** 县级以上人民政府应当加强对本行政区域内电子政务和政务数据相关工作的领导，将电子政务和政务数据发展纳入国民经济和社会发展规划，并将电子政务和政务数据建设、管理等经费列入本级财政预算。
浙江省	《浙江省公共数据开放与安全管理暂行办法》	地方政府规章	2020-06-12	**第三条** 县级以上人民政府应当加强对公共数据开放、利用和安全管理的领导和协调，将公共数据开放、利用和安全管理纳入国民经济和社会发展规划体系，所需经费列入本级财政预算。
安徽省	《安徽省政务数据资源管理办法》	地方政府规章	2020-12-30	**第四条** 县级以上人民政府应当加强对政务数据资源管理工作的组织领导，建立统筹协调工作机制，将政务数据资源开发建设区域纳入本行政区域国民经济和社会发展规划。加强经费保障，将政务数据资源整合共享相关工作经费纳入本部门预算。政务数据资源整合共享纳入政府固定资产投资。按照长三角洲区域一体化发展战略统筹安排。业务协同共享，推动平台一体化办理、数据资源融合贯通、数据资源共享、业务协同办理，深化政务数据资源管理工作的合作交流。 **第九条** 政务部门非涉密政务信息系统应当依托江淮大数据中心平台及政务云平台进行建设和部署，实现互联互通、数据共享、业务协同。除法律、法规、规章另有规定外，不能实现互联互通、数据共享、业务协同的非涉密政务信息系统，不得审批建设，不得安排运维经费。 **第四十五条** 财政性资金保障的其他机关和单位在履行公共管理和服务职责过程中制作或者获取的数据资源，参照本办法管理。

续表

省（自治区、直辖市）	文件名称	效力层级	公布时间	对应文件中的相关规定
湖北省	《湖北省政务数据资源应用与管理办法》	地方政府规章	2021-01-25	**第三十五条** 县级以上人民政府应当将政务数据应用与管理所涉及的信息系统建设、升级改造、运行维护以及考核评价等相关经费纳入本级财政预算。
广东省	《广东省公共数据管理办法》	地方政府规章	2021-10-18	**第五十条** 使用财政性资金建设项目的，项目单位应当编制项目所涉及的公共数据清单，纳入项目立项报批流程；项目竣工验收前应当编目、汇聚、共享系统相关公共数据，并作为符合性审查条件。 对未按照要求编制目录、实施公共数据汇聚的新建系统或者运维项目，政务信息化项目审批主管部门不得批准立项或者开展验收活动，不得使用财政资金。 **第三十六条** 中央驻粤单位以及运行经费由本省各级财政保障的其他机关、事业单位、团体等单位管理的行为，参照本办法执行。
江苏省	《江苏省公共数据管理办法》	地方政府规章	2021-12-18	**第四条** 县级以上地方人民政府统一领导本行政区域公共数据管理工作，将公共数据管理工作纳入本行政区域国民经济和社会发展规划，建立健全工作协调机制，统筹解决公共数据管理工作中的重大问题，落实数据安全责任，组织开展监督考核。公共数据管理工作所需经费纳入本级财政预算。县级以上地方人民政府的主要负责人是本行政区域公共数据管理工作的第一责任人。 **第三十六条** 县级以上地方人民政府可以通过政府资金扶持及其他方式，支持和鼓励公民、法人和其他组织依法开发利用公共数据资源，提供数据产品和数据服务。

续表

省（自治区、直辖市）	文件名称	效力层级	公布时间	对应文件中的相关规定
江苏省	《江苏省公共数据管理办法》	地方政府规章	2021-12-18	**第四十九条** 有关主管部门应当将公共数据管理相关项目纳入政府投资计划，按照公共数据资源目录核定公共数据建设和管理相关费用，将公共数据建设和管理相关经费纳入部门财政预算，并优先安排。 **第五十条** 公共管理和服务机构申报使用财政性资金建设的信息化项目以及包含信息化建设内容的项目时，应当附具相关公共数据资源目录。公共管理和服务机构向公共数据主管部门完整、及时、规范提供公共数据，向公共数据平台汇聚公共数据，是确定项目建设投资、运行维护经费和验收的重要依据。
江西省	《江西省公共数据管理办法》	地方政府规章	2022-01-12	**第四条** 县级以上人民政府应当加强对公共数据管理工作的领导与协调，建立健全公共数据管理工作机制，研究解决重大问题，将公共数据管理纳入国民经济和社会发展规划，所需经费由同级财政统筹解决。
河北省	《河北省政务数据共享应用管理办法》	地方政府规章	2022-11-03	**第四条** 第一款 县级以上人民政府应当加强组织领导，健全协调机制，统筹推进本行政区域政务数据共享应用工作。政务部门开展政务数据共享应用相关工作的必需经费，在本部门预算资金中统筹安排。
湖北省	《湖北省数字经济促进办法》	地方政府规章	2023-05-10	**第四十一条** 县级以上人民政府应当优化服务，在财政、金融、招标投标、人才、知识产权、土地供应、电力接引、能耗指标、设施保护等方面完善政策措施，为促进数字经济发展提供保障。

省（自治区、直辖市）	文件名称	效力层级	公布时间	对应文件中的相关规定
湖北省	《湖北省数字经济促进办法》	地方政府规章	2023-05-10	**第四十三条** 省人民政府统筹保障数字经济发展所需资金，鼓励有条件的设区的市、自治州和县级人民政府在本级财政预算中安排相关资金，支持数字经济核心技术攻关、数字经济核心产业发展、产业数字化转型、数字技术应用场景打造等。县级以上人民政府应当依法落实数字经济的税收优惠政策、完善投融资服务体系、拓宽数字经济市场主体融资渠道，发挥各级现有投资政策政策基金引导作用，重点支持本省数字经济发展。鼓励和引导金融机构对符合国家和本省数字经济政策的项目、企业、平台和创新人才，在贷款、政策性引导融资担保以及其他金融服务等方面给予支持。鼓励和支持符合条件的数字经济企业通过股权投资、股票债券发行等方式融资，提高直接融资比例，改善融资结构。
山西省	《山西省基础地理信息数据提供使用管理办法》	地方规范性文件	2006-10-19	**第十条** 使用财政资金的测绘项目和使用财政资金的建设工程测绘项目，需要基础地理信息数据的，有关部门在批准立项前应当书面征求测绘主管部门的意见，有适宜数据和资料的，省测绘局应充分利用已有的数据和资料，或者需要使用航摄相片和卫星遥感数据的，给予提供，避免重复测绘，浪费资金。
北京市	《北京市政务信息资源共享交换平台管理办法（试行）》	地方规范性文件	2008-06-23	**第十六条** 市共享交换平台的运行维护经费纳入市级财政相关部门预算，区、县共享交换平台的运行维护经费纳入区、县财政预算。
江西省	《江西省企业信用监管警示系统数据管理和运用试行办法》	地方规范性文件	2015-11-16	**第二十三条** 对绿色标注的企业，各级机关可以在法律法规规定的范围内实施以下激励措施： （一）企业在评级评优，其法定代表人、负责人在政治安排、评先及投予荣誉称号等过程中，同等条件下予以优先； （二）在企业经营、投融资、取得政府供应土地、进出口、出入境、注册新公司、工程招投标、政府采购、获得荣誉、安全许可、生产许可、从业任职资格、资质审核、政府资金支持等方面，同等条件下予以优先； （三）其他激励措施。

续表

省（自治区、直辖市）	文件名称	效力层级	公布时间	对应文件中的相关规定
江西省	《江西省企业信用监管警示系统数据管理和运用试行办法》	地方规范性文件	2015－11－16	**第二十五条** 对红色标注的企业，各级机关可以在法律法规规定的范围内实施以下惩戒措施： （一）列为"双随机"抽查的特别对象，加大抽查的比例和频次； （二）禁止评优，不予企业及其法定代表人、负责人有关荣誉和政治安排； （三）在企业经营、投融资、取得政府供应土地、进出口、出入境、注册新公司、工程招投标、政府采购、获得荣誉、安全许可、生产许可、从业任职资格、资质审核、政府资金支持等方面予以限制或者禁止； （四）其他惩戒措施。
贵州省	《贵州省应急平台体系数据管理暂行办法》	地方规范性文件	2016－11－10	**第二十三条** 抓好应急平台体系数据在队伍建设、资金保障、物资储备、应急装备、预案演练等应急管理常态工作中的应用，提高各类资源布局的合理性、配置的精准性、使用的科学性。
贵州省	《贵州省政务信息数据采集应用暂行办法》	地方规范性文件	2017－03－31	**第七条** 政务信息数据资源归国家所有，政务部门对本部门采集的信息数据依法进行管理和使用。政务部门采集、处理、应用和维护应当纳入本部门信息化工作经费。
重庆市	《重庆市地理国情数据动态更新管理办法》	地方规范性文件	2017－07－21	**第八条** 全市地理国情数据动态更新工作（包括全市遥感影像采集与处理，市级地理国情数据库和市级地理信息系统的更新维护等）所需费用纳入市级财政专项经费预算；市政府有关部门、有关单位承担的行业部门专题数据更新所需费用纳入动态更新专题费用采集、区县数据库建设与维护，区县政府承担与维护所需经费纳入区县财政专项经费预算；各区县（自治县）信息系统建设与专项经费预算；各区县（自治县）有关部门、有关单位承担的行业数据更新工作所需费用纳入区县财政或单位预算。

续表

省（自治区、直辖市）	文件名称	效力层级	公布时间	对应文件中的相关规定
重庆市	《重庆市地理国情数据动态更新管理办法》	地方规范性文件	2017-07-21	附件：地理国情数据动态更新工作责任分工 市财政局：负责督促落实更新工作所需的财政资金，负责将全市遥感影像采集与处理、市级地理国情数据库、市级信息系统的更新维护等所需费用纳入市级财政专项经费预算。
北京市	《北京市政务信息资源管理办法（试行）》	地方规范性文件	2017-12-27	第三十一条 市发展改革委、市经济信息化委、市财政局、市网信办等部门要完善本市政务信息化项目建设投资投资和运维经费保障机制，将市级财政评估管理评估结果作为政务信息化投资项目评审的重要依据。 市级政务部门在申报涉及政务信息源的新建或升级改造项目时，应编制政务信息资源共享开放目录；项目投入使用后，应将相应政务信息资源汇聚至市级大数据管理平台，并及时更新目录。
河南省	《河南省政务信息资源共享管理暂行办法》	地方规范性文件	2018-01-08	第二十四条 省发展改革委、财政厅，编办建立省电子政务项目信息资源共享联动机制，运维经费协商联动机制，省发展改革委负责在省电子政务项目建设投资，不予审批建设项目，不予安排运维经费。省发展改革委负责在省电子政务项目审批、项目验收等投资计划安排、项目审批、投资计划安排、运维经费安排等环节进行考核。省财政厅负责省电子政务项目预算安排，运维经费安排等环节进行考核。 各省辖市、省直管县（市）政府负责制定本级电子政务平台审批和经费安排办法。 第二十五条 新建电子政务项目立项申请前，应预先编制项目信息资源目录，作为项目审批要件。项目建成后应将项目信息资源纳入本级政府固定资产投资，作为项目验收条件。政务信息资源共享相关项目建设投资金纳入本级政府固定资产投资，政务信息资源共享相关工作经费纳入部门财政预算予以保障。

续表

省（自治区、直辖市）	文件名称	效力层级	公布时间	对应文件中的相关规定
海南省	《海南省公共信息资源管理办法》	地方规范性文件	2018-05-25	**第四十条** 公共信息资源共享、开发和开放等相关经费纳入部门预算。
黑龙江省	《黑龙江省贯彻落实〈科学数据管理办法〉实施细则》	地方规范性文件	2018-08-17	**第三条** 本实施细则适用于我省各级政府预算资金支持开展的科学数据采集生产、加工整理、开发和开放等活动。任何单位和个人在黑龙江省行政区域（以下称我省行政区域）内从事科学数据相关活动，符合本实施细则规定情形的，按照本实施细则执行。 **第十五条** 第一款 政府预算资金资助的各级科学科技计划（专项、基金等）项目所形成的科学数据，应由项目牵头单位汇交到相关科学数据中心。接收数据的科学数据中心应出具凭证。 **第二十一条** 政府预算资金资助形成的科学数据应当按照开放为常态，不开放为例外的原则，由主管部门组织编制本部门科学数据资源目录，有关目录和数据应及时接入省科学数据共享交换平台，面向社会和相关部门开放共享，畅通科学数据军民共享渠道。国家法律法规有特殊规定的除外。
甘肃省	《甘肃省科学数据管理实施细则》	地方规范性文件	2018-08-29	**第三条** 省级及以下政府预算资金支持开展的科学数据采集生产、加工整理、开发共享和管理使用等活动适用本实施细则。 **第十四条** 政府预算资金资助的各级科技计划（专项、基金等）项目所形成的科学数据，应由项目牵头单位汇交到相关科学数据中心。各级科技计划（专项、基金等）管理部门应建立先汇交科学数据，再验收科技计划（专项、基金等）项目的机制；课题验收后所产生的科学数据也应进行汇交。

续表

省（自治区、直辖市）	文件名称	效力层级	公布时间	对应文件中的相关规定
甘肃省	《甘肃省科学数据管理实施细则》	地方规范性文件	2018－08－29	**第十五条** 省政府有关部门、各市州政府和法人单位应建立健全全国国内外学术论文数据汇交的管理制度。利用政府预算资金资助形成的科学数据撰写并在国内外学术期刊发表论文时需对外提交相应科学数据的，论文作者应在论文发表前将科学数据上交至单位统一管理。 **第十九条** 政府预算资金资助形成的科学数据应当按照开放为常态、不开放为例外的原则，由主管部门组织编制科学数据资源目录，有关目录和数据应及时接入省科学数据中心，面向社会和相关部门开放共享。法律法规有特殊规定的除外。
湖北省	《湖北省政务信息资源共享管理办法》	地方规范性文件	2018－09－26	**第二十条** 政务信息资源共享相关工作经费纳入政务部门年度工作预算予以保障。
云南省	《云南省科学数据管理实施细则》	地方规范性文件	2018－09－28	**第三条** 第一款 政府预算资金支持开展的科学数据采集生产、加工整理、开放共享和管理使用等活动适用本细则。 **第十三条** 政府预算资金资助的各类科技计划（专项）项目所形成的科学数据，项目牵头单位应先汇交科学数据至对应的科学数据中心，再验收科技计划（专项）项目。项目验收后产生的科学数据也应进行汇交。 **第十四条** 利用政府预算资金资助形成的科学数据撰写并在发表论文时需提交相应科学数据上交至单位统一管理。 **第十八条** 利用政府预算资金资助形成的科学数据应当按照开放为常态、不开放为例外的原则，由省科学数据网络管理平台统筹，科学数据中心配合，通过省政务服务平台向社会共享，同时畅通科学数据军民共享渠道，国家法律法规有特殊规定的除外。

续表

省（自治区、直辖市）	文件名称	效力层级	公布时间	对应文件中的相关规定
湖南省	《湖南省遥感影像数据统筹共享管理办法》	地方规范性文件	2018-10-15	**第二条**　第一款　在本省行政区域内利用财政资金采购、生产、加工处理、分发利用遥感影像数据，应当遵守本办法。 **第三条**　第一款　全省遥感影像数据实行目录内统筹管理，列入遥感影像统筹目录的数据，实行统一采购、统一处理、统一质检、成果共享。财政投资或公益性项目所需的遥感影像数据，应当无偿提供使用。 **第五条**　县级以上人民政府应当建立健全遥感影像数据统筹管理工作机制，推进遥感影像数据的应用。 **第七条**　第二款　各级财政部门负责辖区内遥感影像统筹项目的预算审核及相关资金的监督管理和绩效评价。 **第八条**　各级测绘地理信息、发展改革以及财政部门应当建立健全协同工作机制，在项目立项审批、预算审查等工作中，避免遥感影像数据的重复生产和采购。
湖北省	《湖北省科学数据管理实施细则》	地方规范性文件	2018-11-01	**第十五条**　落实科技报告制度，省内各级政府预算资金资助的科技计划（专项、基金等）项目验收前，必须由项目牵头单位将项目执行过程中所形成的科学数据汇交至省科学数据共享交换服务系统，项目继续实施过程中产生的科学数据也应进行汇交。 **第十七条**　使用各级财政资金形成的科学数据应向省科学数据共享交换服务系统进行汇交，鼓励省内使用非财政资金形成的科学数据向省科学数据共享交换服务系统汇交。

续表

省（自治区、直辖市）	文件名称	效力层级	公布时间	对应文件中的相关规定
安徽省	《安徽省科学数据管理实施办法》	地方规范性文件	2018-11-18	**第三条** 第一款 本实施办法适用于全省政府预算资金资助开展的科学数据采集生产、加工整理、开放共享和管理使用等活动。 **第十四条** 第一款 省级政府预算资金资助的各类科技计划（专项、基金等）项目实施、科学观测监测、考察调查、检验检测等产生的科学数据，必须向省科研领域科学数据中心或相应的省行业领域科学数据中心汇交。接收数据的省科研领域科学数据中心或省行业领域科学数据中心应限时审核并出具汇交凭证。 **第十五条** 省级政府预算资金资助的各类科技计划（专项、基金等）项目在项目申报、签订合同或任务书时，应根据项目的研究性质明确有关科学数据的内容，经项目主管部门审核后，作为项目立项、验收的评价考核指标。 **第十七条** 利用政府预算资金形成的科学数据撰写的论文，在国外学术期刊发表时如需提交其研究产生的科学数据，论文作者应首先将其研究产生的相关项目所在法人单位统一管理。 **第十八条** 按照开放为常态、不开放为例外的原则，政府预算资金资助的各类项目所产生的相关原始数据以及其衍生数据，除国家法律法规有特殊规定外，都应对外开放共享。
内蒙古自治区	《内蒙古自治区科学数据管理办法》	地方规范性文件	2018-11-20	**第三条** 第一款 全区各级政府财政预算资金支持开展的科学数据采集生产、加工整理、开放共享和管理使用等活动适用本办法。

续表

省（自治区、直辖市）	文件名称	效力层级	公布时间	对应文件中的相关规定
内蒙古自治区	《内蒙古自治区科学数据管理办法》	地方规范性文件	2018 – 11 – 20	**第十三条** 第一款 全区各级政府财政预算资金资助的各级科技计划项目所形成的科学数据，应由项目牵头单位汇交到二级科学数据中心，再由二级科学数据中心汇交到自治区科学数据中心。接收数据的数据中心应出具汇交凭证。 **第十四条** 利用政府预算资金资助完成论文并在国外学术期刊发表时需对外提交相应科学数据的，论文作者应在论文发表前将科学数据上交至所在单位统一管理。 **第二十条** 全区各级政府财政预算资金资助形成的科学数据应当按照开放为常态，不开放为例外的原则，由主管部门组织编制科学数据资源目录。有关目录和数据应及时接入自治区科学数据中心，面向社会和相关部门开放共享。畅通科学数据军民共享渠道。国家法律法规有特殊规定的除外。
陕西省	《陕西省民政数据资源管理暂行办法》	地方规范性文件	2018 – 12 – 04	**第三十七条** 省民政厅规划财务处和办公室对不符合中省及本办法规定的省级民政政务信息系统项目，不予立项，不予安排运维经费。正在运行实施的项目与系统，如有不符合本办法规定的情况，应按统一部署进行整改。
吉林省	《吉林省科学数据管理办法》	地方规范性文件	2018 – 12 – 14	**第三条** 本办法适用于政府预算资金支持开展的科学数据采集生产、加工整理、开放共享和管理使用等活动。任何单位和个人在吉林省行政区域内从事科学数据相关活动，符合本办法规定情形的，按照本办法执行。 **第十三条** 政府预算资金资助的全省各级科学科技计划（专项、基金等）项目在签订合同或任务书时，需根据项目的研究性质提交科学数据。需要提交的，由项目牵头单位在结题验收前将科学数据目录汇交至吉林省科学数据中心，审核通过后方可进行项目结题验收。项

续表

省（自治区、直辖市)	文件名称	效力层级	公布时间	对应文件中的相关规定
吉林省	《吉林省科学数据管理办法》	地方规范性文件	2018 – 12 – 14	目/课题验收后产生的科学数据也应汇交。 第十四条 利用政府预算资金资助形成的科学数据撰写并发表论文时需提交相应科学数据的，论文作者应在论文发表前将科学数据上交至其所在单位汇交。 第十八条 政府预算资金资助形成的科学数据应当按照开放为常态、不开放为例外的原则，由省科学数据中心整合至吉林省科技数据共享服务平台并面向社会和相关部门开放共享。
广西壮族自治区	《广西科学数据管理实施办法》	地方规范性文件	2018 – 12 – 24	第三条 第一款　全区各级人民政府财政预算资金支持开展的科学数据采集生产、加工整理、开放共享和管理使用等活动适用本办法。 第十七条 财政预算资金资助的各级科技计划（专项、基金等）项目所形成的科学数据，应由项目牵头单位汇交到科学数据中心。全区各级科技计划（专项、基金等）管理部门应建立先汇交科学数据、再验收科学数据的机制；项目、课题验收后产生的相关科学数据也应向汇交数据中心进行汇交。接收数据的相关数据中心应向汇交单位出具汇交凭证。 第十八条 自治区有关部门、各设区市人民政府和法人单位应建立健全国内外学术论文数据汇交的管理制度。利用政府预算资金资助形成的科学数据撰写并在国外科学术期刊发表论文时需对外提交相应科学数据的，论文作者应在论文发表前将科学数据上交至所在单位统一管理。

续表

省（自治区、直辖市）	文件名称	效力层级	公布时间	对应文件中的相关规定
广西壮族自治区	《广西科学数据管理实施办法》	地方规范性文件	2018－12－24	**第二十二条** 政府预算资金资助形成的科学数据应当按照开放为常态、不开放为例外的原则，由数据组织编制科学数据资源项目录，有关目录及时接入广西科学数据共享交换平台，面向社会和相关部门开放共享，畅通科学数据军民共享渠道。法律法规有特殊规定的除外。
吉林省	《吉林省公共数据和一网通办管理办法（试行）》	地方规范性文件	2019－01－17	**第十一条** 省政务服务和数字化局应会同省发展改革、财政等有关部门建立健全公共数据管理制度。 公共数据和电子政务项目管理应当适应快速迭代的应用开发模式，积极采用政府购买服务的方式，将数据服务、电子政务网络服务、电子政务云服务等纳入购买服务范围。 **第五十二条** 运行经费由本省各级财政保障的其他机关、团体等单位，中央国家机关派驻本省的相关管理单位在依法履行公共管理和服务职责过程中采集和产生的各类数据资源的管理，参照本办法执行。 运行经费由本省各级财政保障的其他机关、团体等单位的电子政务管理，参照本办法执行。
江苏省	《江苏省科学数据管理实施细则》	地方规范性文件	2019－2－19	**第三条** 省级及以下政府预算资金支持开展的科学数据采集生产、加工整理、开放共享和管理使用等活动适用本实施细则。任何单位和个人在江苏省行政区域内从事科学数据相关活动，符合本实施细则规定情形的，按照本实施细则执行。

续表

省（自治区、直辖市）	文件名称	效力层级	公布时间	对应文件中的相关规定
江苏省	《江苏省科学数据管理实施细则》	地方规范性文件	2019－02－19	**第十三条** 第一款 省级及以下政府预算资金资助的科技计划项目所形成的科学数据，应由项目牵头单位在结题验收前汇交到相关科学数据中心。数据中心应出具汇交凭证。接收数据的科学数据中心审核通过后方可进行项目结题验收。 **第十四条** 主管部门和法人单位应建立健全全国内外学术论文数据汇交的管理制度。利用政府预算资金资助形成的科学数据撰写并在国外学术期刊发表论文时需对外提交相应科学数据的，论文作者应在论文发表前将科学数据上交至单位统一管理。 **第十九条** 政府预算资金资助形成的科学数据应当按照开放为常态、不开放为例外的原则，由主管部门组织编制科学数据资源目录。有关目录和数据及时接入省科学数据网络管理平台，通过省级数据共享交换平台向社会和相关部门开放共享，畅通科学数据军民共享渠道。国家法律法规有特殊规定的除外。
广西壮族自治区	《广西民用遥感卫星数据开放共享管理暂行办法》	地方规范性文件	2019－06－13	**第二条** 本办法所称遥感数据，是指中央及自治区财政资金支持的遥感数据。 **第八条** 第一款 用户应及时将下一年度的遥感数据需求报自治区自然资源主管部门，由自治区自然资源主管部门根据需求，制定自治区遥感数据年度获取计划并统筹实施；年度计划以外的获取需求，用户应及时向自治区自然资源主管部门提出申请，经自治区自然资源主管部门审核后进行补充获取。除上述情况外，各部门使用自治区财政资金采购遥感数据的，应先会商自治区自然资源主管部门同意后获取遥感数据，并汇交成果。 **第十九条** 自治区财政资金全额支持的遥感数据所有权归自治区人民政府所有，部分使用自治区财政资金支持的遥感数据按约定享有相关权利。

续表

省（自治区、直辖市）	文件名称	效力层级	公布时间	对应文件中的相关规定
广西壮族自治区	《广西政务数据"聚通用"实施细则（试行）》	地方规范性文件	2019－09－11	**第二条** 本细则下列用语的含义： ……（四）业务专网，是指基于各部门内部的业务及社会管理的需求，用于监测、公共服务、社会管理、与信息系统一起建设的专线或业务专网。主要由专线与局域网组成，构建一个本部门封闭的业务体系，只为本部门的应用系统服务，或成为其他部门系统互联的，相对独立且使用财政资金建设。 （五）信息系统，是指各级各部门应用信息技术支持履行管理与服务职能，由政府投资建设、政府与社会企业联合建设，政府向社会购买服务或需要政府资金运行维护的信息系统，包括可以执行信息处理的计算机、软件和外网设备…… **第十条** 各级各部门原则上不得新建业务专网，所有已建业务专网按照业务整合迁移标准向广西电子政务外网或广西电子政务内网整合迁移。对未按计划整合迁移至广西电子政务内网或广西电子政务外网的，财政部门不再拨付相关运维经费，在单位其他经费中也不得列支相关费用。 **第十六条** 各级各部门原则上使用壮美广西·政务云提供的共享计算设施、存储设备、应用程序资源、灾备服务等云服务，不再新建云平台和数据中心。新建的行业云，要与壮美广西·政务云集约化管理。对已建设市云的，按需使用市云应用。县（市、区）基于市云部署云应用。对纳入壮美广西·政务云统筹管理使用的行业云、存储、网络等基础设施服务由自治区大数据发展局负责统筹建设运维费用。对不纳入壮美广西·政务云统筹管理使用的行业云、政务云统筹管理使用的行业云，由自治区财政厅严格执行以下标准： （一）对已购建成、正在建设的壮美广西·政务云平台和数据中心，原则上不同意扩容，按照云认定的标准整合接入壮美广西·政务云建设，原则上不再建设机房，不再采购计算、市云等应用硬件设备。 （二）对建设市云的，要与壮美广西·政务云联通，相关费用由使用壮美广西·政务云提供的云服务，原则上不再安排计算、存储、网络等基础设施服务建设运维费用。 （三）财政部门原则上不再安排壮美广西·政务云统筹管理使用的行业云、政务云统筹管理使用的行业云，由自治区财政厅

续表

省（自治区、直辖市）	文件名称	效力层级	公布时间	对应文件中的相关规定
广西壮族自治区	《广西政务数据"聚通用"实施细则（试行）》	地方规范性文件	2019-09-11	会同自治区大数据发展局等有关部门，根据各行业云部署和迁移情况，逐步核减各行业云的建设运维经费，逐步增加壮美广西·政务云的建设运维经费投入情况。审计部门在审计中关注行业云的建设运维经费投入情况，加强审计监督。 **第二十条** 数据共享交换平台建设管理严格执行以下标准： （一）自治区大数据发展局负责建设覆盖自治区、市、县、乡、村五级的自治区数据共享交换平台，使其具备跨层级、跨地域、跨部门、跨业务的政务数据调度能力。 （二）自治区各部门原则上不再建设独立、分散、跨部门的数据共享交换平台。自治区各部门信息系统原则上通过自治区数据共享交换平台与其他部门共享交换政务数据。原有跨部门数据共享交换系统应当迁移至统一的自治区数据共享交换平台，并逐步取消原有跨部门直连方式。 对新建的信息化项目，在项目竣工验收前须向自治区数据共享交换平台汇聚相关数据，并明确实际接入自治区数据共享交换平台的信息系统，否则不予以验收。对已明确接入而实际未接入自治区数据共享交换平台的信息系统，财政部门原则上不予安排运维经费……
上海市	《上海教育数据管理办法（试行）》	地方规范性文件	2019-10-11	**第二十七条** 加快推进业务办理系统与广西数字政务一体化平台对接。自治区有关部门、有关市要按照国家政务服务平台和广西数字政务一体化平台相关标准规范，制定业务办理系统与广西数字政务一体化平台对接的具体实施工作计划，加快改造业务办理系统，原则上所有政务服务事项对应的业务办理系统必须全量实现对接。由财政部门保障业务办理系统对接改造经费。 **第三十九条** 各级各类教育单位在进行教育信息化项目规划时应当同步考虑数据采集、归集、共享、使用的安全管理工作，加强数据管理和服务的相关经费保障。

续表

省（自治区、直辖市）	文件名称	效力层级	公布时间	对应文件中的相关规定
上海市	《上海教育数据管理办法（试行）》	地方规范性文件	2019 – 10 – 11	**第四十一条** 市教委、各区教育局应组织制定年度教育数据管理考核方案，对各级各类教育单位开展年度工作绩效考核，考核结果作为下一年度信息化项目评审的重要参考依据。对于新建信息系统无法实现与数据资源管理技术平台互联互通、信息共享、业务协同的，原则上不再批准建设。对于未按要求进行系统整合和数据对接的信息化项目，原则上不再批准安排运维经费。
				第三条 政府预算资金支持开展的科学数据采集生产、加工整理、开放共享和管理使用等活动，适用本细则。任何单位和个人在山东省行政区域内从事科学数据相关活动，符合本细则规定情形的，按照本细则执行。
山东省	《山东省科学数据管理实施细则》	地方规范性文件	2019 – 10 – 23	**第十九条** 山东省科学数据中心、部门（行业）或地区科学数据中心建设、运维等经费纳入本级财政预算。
				第二十三条 政府预算资金资助的各级各类科技计划（专项、基金等）项目所形成的科学数据，应由项目牵头单位在项目结题验收前汇交至相关科学数据中心。接收数据的科学数据中心应出具出具汇交凭证。
				第二十五条 利用政府预算资金资助形成的科学数据撰写并发表论文，论文作者应在论文发表后一个月内将所涉及所形成的科学数据应上交至所在法人单位统一管理和保存。
				第二十八条 第一款 政府预算资金资助形成的科学数据应按照开放为常态、不开放为例外的原则，在不涉及国家秘密的情况下免费向社会开放共享，国家法律法规有特殊规定的除外。

续表

省（自治区、直辖市）	文件名称	效力层级	公布时间	对应文件中的相关规定
四川省	《四川省科学数据管理实施细则》	地方规范性文件	2019-12-26	**第三条** 第一款 四川省各级政府预算资金支持开展的科学数据采集生产、加工整理、开放共享和管理使用等活动适用本实施细则。 **第十五条** 第一款 各级政府预算资金（专项、基金等）资助的科技发展项目所形成的科学数据，应由项目牵头单位汇交到相关科学数据中心。接收数据的科学数据中心应出具汇交凭证。 **第十六条** 主管部门和法人单位建立健全全国内外学术论文数据汇交的管理制度。利用政府预算资金资助的科学数据形成的科学数据并在国外学术期刊发表论文时需对外提交相应科学数据的，论文作者应在论文发表前将科学数据及论文上交至所在单位统一管理。 **第二十一条** 各级政府预算资金资助形成的科学数据应当按照开放为常态、不开放为例外的原则，由主管部门组织编制科学数据资源目录，有关目录和数据应及时通过四川省政务信息资源共享平台接入省科学数据管理系统，面向社会和相关部门开放共享，畅通科学数据军民共享渠道。法律、法规有特殊规定的除外。
广西壮族自治区	《广西公共数据开放管理办法》	地方规范性文件	2020-08-19	**第二十四条** 自治区大数据发展局结合自治区大数据应用和产业发展现状，通过专项资金扶持、产业政策引导、社会资本引入、数据创新应用及优秀服务推荐、联合创新实验室等方式，推动"产学研用"协同发展，支持社会力量对开放数据进行开发应用，营造良好的数据开放氛围。

续表

省（自治区、直辖市）	文件名称	效力层级	公布时间	对应文件中的相关规定
广西壮族自治区	《广西公共数据开放管理办法》	地方规范性文件	2020-08-19	**第三十四条** 公共数据开放工作所需经费纳入本部门财政预算。各级财政部门要加大对数据应用的资金支持，相关部门要充分利用现有资金渠道，促进数据开发应用的成果转化和产业化。对公共数据资源开发应用考核评价优秀的部门优先考虑给予财政支持。
重庆市	《重庆市公共数据开放管理暂行办法》	地方规范性文件	2020-09-11	**第五条** 区县（自治县，以下简称区县）政府统一领导公共数据开放管理工作，建立健全工作协调机制，研究解决公共数据开放管理工作中的重大事项，将公共数据开放管理工作纳入本级政府目标考核。所需经费纳入本级财政预算，将公共数据开放管理职能的市政府派出机构适用本办法有关区县政府的规定。
江西省	《江西省林业信用数据管理办法（暂行）》	地方规范性文件	2020-12-30	**第二条** 第一款 本办法所称数据是指从江西省电子政务共享数据统一交换平台依法采集的全省林业经营主体（含林农）的行政许可（备案、行政处罚、行政征收、行政强制、行政给付、行政奖励、其他行政权力（备案、行政监督检查、审核转报及其他）以及司法机关所做出的司法裁决等政务、司法数据；由林业部门实时录入的财政资金到户数据；江西省林权管理服务平台、林业金融服务平台、林业要素交易平台"一个体系、三大平台"等运行过程中所产生的市场数据和信用评价数据。 **第十一条** 政务数据主要是指政府部门依法开展行政许可、行政奖励、行政处罚、行政征收、行政强制、行政确认、行政给付、行政奖励、其他行政权力（备案、行政监督检查、审核转报及其他）、财政补贴等产生的数据。 **第十九条** 依据有权机关文件录入生成应确保数据的真实性和合法性，必须依据有权机关的有效文件，履行一定的审核流程，并将有效文件扫描进入数据中心作为关联附件。以下数据可以通过批量导入数据库或人工录入采集生成。

545

续表

省（自治区、直辖市）	文件名称	效力层级	公布时间	对应文件中的相关规定
江西省	《江西省林业信用数据管理办法（暂行）》	地方规范性文件	2020-12-30	（一）生态公益林补偿资金、天然商品林停伐管护补助、中央预算内防护林工程、中央财政退耕还林补助、中央财政造林补助、中央财政森林抚育补助、中央财政低产低效林改造补助、省级林业补助产低效油茶产业发展专项、省级财政森林改造补助、省级林业补助专项资金油茶产业补助、省级财政奖补规模奖补等资金到户数据，由县（市、区）林业部门依据报药材专项、省级财政适度规模奖补等资金到户数据，由县（市、区）林业部门依据报送到县级财政部门的盖章确认表格数据录入生成……
重庆市	《重庆市航空航天遥感影像数据统筹管理办法》	地方规范性文件	2021-02-02	**第一条** 为规范全市航空航天遥感影像数据的统筹管理，集约高效使用财政资金，保障影像数据安全，促进影像数据资源共享，根据《中华人民共和国测绘法》《中华人民共和国测绘成果管理条例》《政务信息资源共享管理暂行办法》等有关法律法规，结合本市实际，制定本办法。 **第二条** 在本市行政区域内使用国家或市级财政资金开展的航空航天遥感影像数据计划编制、采集制、采集汇交、存储管理、共享服务等相关活动，适用本办法。 **第四条** 在航空航天遥感影像数据项目立项审批、预算审查等工作中，市发展改革、财政、政务数据资源主管部门应依据职能职责建立协同会商机制，不得重复立项和重复预算。
宁夏回族自治区	《宁夏回族自治区科学数据管理实施细则》	地方规范性文件	2021-04-12	**第三条** 全区各级政府预算资金支持开展的科学数据采集生产、加工整理、开放共享和管理使用等活动适用本细则。 任何单位和个人在自治区行政区域范围内从事科学数据相关活动，符合本细则规定情形的，按照本细则执行。

续表

省（自治区、直辖市）	文件名称	效力层级	公布时间	对应文件中的相关规定
宁夏回族自治区	《宁夏回族自治区科学数据管理实施细则》	地方规范性文件	2021-04-12	**第十二条** 政府预算资金资助的全区各类科技计划（专项、基金等）项目所形成的科学数据，应由项目牵头单位汇交到自治区科学数据中心。各级科技计划管理部门（主管部门）应在签订项目任务（合同）书时明确项目牵头单位汇交科学数据，建立先汇交科学数据责任，再验收科技计划项目。项目（课题）结题验收后产生的科学数据也应进行汇交。 **第十四条** 利用政府预算资金形成的科学数据撰写并发表论文的，论文作者应在发表论文上交科学数据相应科学数据上交至所在单位统一管理。 **第十六条** 政府预算资金资助形成的科学数据应当按照开放为常态、不开放为例外的原则，由自治区科学数据中心面向社会和相关部门开放共享。国家法律法规有特殊规定的除外。
广东省	《广东省地理空间数据管理办法（试行）》	地方规范性文件	2021-04-23	**第六条** 县级以上人民政府应当加强对地理空间数据管理工作的领导和协调，统筹推进本行政区域的地理空间数据建设，将测绘地理信息事业纳入国民经济和社会发展相关规划体系及年度计划，建立地理空间数据共建共享机制，保障相关工作经费。 **第九条** 各行政机关事业单位使用财政资金开展地理空间数据生产、处理以及应用相关工作，应当充分利用已有数据成果，不得重复建设；现有地理空间数据成果无法满足专业工程需求，确需申请立项的，在项目立项前应征求本级自然资源主管部门、政务服务数据主管部门意见。 **第十二条** 财政资金投入项目生产的地理空间数据成果，各行政机关事业单位应当在项目验收完成后2个月内将成果提交至本级自然资源主管部门、政务服务数据主管部门。

续表

省（自治区、直辖市）	文件名称	效力层级	公布时间	对应文件中的相关规定
广东省	《广东省地理空间数据管理办法（试行）》	地方规范性文件	2021－04－23	使用财政资金生产的基础地理信息数据成果，下级自然资源主管部门应当在项目验收完成后2个月内将成果提交至上级自然资源主管部门。因特殊情况不能在规定期限内完成地理空间数据归集工作的，可以适当延期。 **第二十三条** 各行政机关事业单位有下列情形之一的，由本级人民政府责令改正，并视情况进行通报批评；情节严重的，由有权机关对相关责任人员依法给予处分；构成犯罪的，依法追究刑事责任： （一）擅自利用财政投入的地理空间数据从事经营性、盈利性活动； （二）未采取有效的安全和保密措施，致使地理空间数据丢失、损坏或者失密泄密。
黑龙江省	《黑龙江省省级政务云管理暂行办法》	地方规范性文件	2021－04－25	**第三条** 省政务云采用"服务商建设运维，政府按需购买服务"的模式。省级各部门购买省政务云服务费用按现行经费渠道解决，按照"费随事走"的原则入部门预算管理。 **第四条** 省政务云服务费用按服务目录计算并按"先用后付，先审再付"原则进行结算。省营商环境建设监督局（以下简称省营商环境局）根据实际产生的服务类别、内容和实际采购价格核算服务费用，在每年9月底前提交省财政厅，下一年度由使用单位支付。 **第九条** 省财政厅负责按规定将省级各部门政务云服务费用纳入年度预算。
内蒙古自治区	《内蒙古自治区教育厅机关及直属事业单位教育数据管理办法（试行）》	地方规范性文件	2021－04－27	**第三十三条** 教育厅在进行教育信息化项目规划时应当同步考虑数据采集、归集、共享、使用的安全管理工作，加强数据管理和服务的相关经费保障。

续表

省（自治区、直辖市）	文件名称	效力层级	公布时间	对应文件中的相关规定
内蒙古自治区	《内蒙古自治区教育厅机关及直属事业单位教育数据管理办法（试行）》	地方规范性文件	2021-04-27	**第三十四条**　对于新建信息系统无法实现与数据资源管理技术平台互联互通、信息共享、业务协同的，原则上不再批准建设。对于未按要求进行系统整合和数据对接的信息化项目，原则上不再批准安排运维经费。
贵州省	《贵州省大数据创新中心·创新创业基地服务管理暂行办法》	地方规范性文件	2021-07-01	**第十条**　择优对大数据创新中心、大数据创新创业基地的能力建设、创新研究、成果转化、应用推广等依法依规给予大数据发展专项资金支持。鼓励市（州）对辖区内大数据创新中心、创新创业基地给予政策支持、资金扶持。 **第十一条**　支持大数据创新中心、大数据创新创业基地技术转移、成果转化、场景应用及宣传推广，不断提升影响力，助推平台发展壮大。 **第十二条**　鼓励大数据创新中心、大数据创新创业基地依托"一云一网一平台"体系，加快政企数据流通和融合应用，催生更多新技术、新产品、新应用、新业态、新监管。 **第十三条**　鼓励大数据创新中心、大数据创新创业基地自发组织成立"大数据创新中心联盟""大数据创新创业平台联盟"，开展大数据创新创业互补性建设，促进行业自律。 **第十六条**　评价结果分为优秀、良好、基本合格、不合格。评价结果与专项资金支持挂钩。被评为优秀和良好的，省大数据局将根据大数据发展需要择优给予进一步支持。被评为基本合格的，省大数据局将优先给予黄牌提示，并督促整改。被评为不合格或连续两次被黄牌提示的，给予摘牌处理，3年内不得再予申报。

省（自治区、直辖市）	文件名称	效力层级	公布时间	对应文件中的相关规定
内蒙古自治区	《内蒙古自治区政务数据资源管理办法》	地方规范性文件	2021-09-11	**第三十二条** 政务部门依法使用政务数据资源以外的社会数据资源，应当坚持统筹管理、集中治理、共享共用，节约资金的原则。 **第四十二条** 自治区各级财政保障的其他机关、团体等单位，以及中央国家机关派驻自治区的相关管理单位在依法履行公共管理和服务职责过程中采集和产生的各类数据资源的管理，参照本办法执行。
海南省	《海南省公共数据产品开发利用暂行管理办法》	地方规范性文件	2021-09-15	**第五条** 省大数据管理机构负责建设、运营和维护公共数据产品开发利用平台和全省统一的数据产品超市，对数据产品开发与需求进行审核、统筹、发布和监督管理，牵头制订相关标准、制度、规则和购买需求指导目录。 省委网信部门、省公安机关负责对公共数据资源安全使用工作进行指导和监督。省发展改革部门、省工业和信息化主管部门负责将公共数据资源开发利用工作。省财政主管部门负责编制规范将省本级预算单位购买数据产品和数据服务需求纳入预算安排。市县政府相关信息化主管部门和财政主管部门负责本市县使用财政资金购买数据产品的需求进行计划统筹、需求发布、监督管理和预算安排。 **第十六条** 省大数据管理机构应当根据本省公共服务需求编制数据产品购买指导目录，在数据产品超市上动态发布。 利用财政资金购买数据产品的需求，应按照《海南省政务信息化项目建设管理办法》及其细则规定的有关规定进行年度计划申报。年度计划审核通过，立项批复及预算下达后的购买需求由省大数据管理机构统一在数据产品超市上发布，推进数据产品购买行为的公开透明。年度计划外利用财政资金购买的数据产品应纳入年度计划后再行发布。《海南省政务信息化项目建设管理办法》及其细则规定的购买需求可由省大数据产品超市上直接发布。 非财政资金购买数据产品需求的规定朴无纳入计划的数据产品超市上直接发布。

续表

省（自治区、直辖市）	文件名称	效力层级	公布时间	对应文件中的相关规定
				第十八条 进入公共数据产品开发利用平台的服务商可按照数据商发布的数据产品超市需求自主选择进行数据产品开发，允许一项需求多个服务商同时开发。属于使用财政资金购买的数据产品开发备案，在数据产品开发前服务商应将开发方案报省大数据管理机构备案，开发方案的内容包括资源需求、产品功能、应用效益、产品预算等。数据产品价格评估金额达到当年政府采购限额标准以上的，服务商应提供具有相关资质的第三方评估机构对数据产品价格评估的论证评估文件。数据产品有明确需求购买方的，开发方案还应征询购买方的意见。
海南省	《海南省公共数据产品开发利用暂行管理办法》	地方规范性文件	2021-09-15	**第二十条** 省大数据管理机构应当根据合同数据资源提供方对公共数据资源提供方等进行合规性审查，并进行数据产品确权。数据产品确权及合规审查规则由省大数据管理机构制定。权益收入纳入财政预算管理用于全省大数据业务发展。 **第二十八条** 第一款　鼓励利用本省财政资金通过数据产品超市购买数据产品和数据服务。本省利用财政资金在数据产品超市购买数据产品和数据服务，应按照政府有关规定采购开展购买活动。 第二款　鼓励各单位利用单位预算内自有资金购买数据产品和数据服务。购买预算额在当年政府采购标准限额以内的可在数据产品超市直接择优购买，金额限度变化按省财政主管部门有关规定执行。
				第三十一条 数据产品购买方和服务商自主协商建立严格的运行维护机制和安全保障措施，保证数据产品功能的稳定性、适用性、安全性。使用财政资金购买并用于公共服务的数据产品，公共机构免费使用，原则上面向社会免费开放。

续表

省（自治区、直辖市）	文件名称	效力层级	公布时间	对应文件中的相关规定
海南省	《海南省公共数据产品开发利用暂行管理办法》	地方规范性文件	2021-09-15	**第三十四条** 第一款 涉及财政资金购买活动的购买方和服务商应当自觉接受财政监督、社会监督，审计机关依法对涉及财政资金收支的交易各方进行审计监督。
山西省	《山西省政务数据资源共享管理办法》	地方规范性文件	2021-09-29	**第二十七条** 各级政务数据共享管理部门、财政部门要把政务数据共享作为规划及安排政务部门信息化建设项目和运行维护经费的重要依据，政务数据资源共享经费应与政务信息化运维费统筹安排。对无正当理由，不按照本办法规定参与数据共享的部门，酌情暂停安排新的建设项目和已建项目的运行维护费用。
重庆市	《重庆市电子政务云平台安全管理办法（试行）》	地方规范性文件	2022-02-10	**第三十一条** 市发展改革部门、市财政部门，市大数据主管部门依据市级政务信息化项目管理职责分工，将政务云平台及相关信息系统的安全建设、整改，维护等内容纳入市级政务信息化项目审批（审核），管理的重要内容，督促、指导政务云服务商和相关云租户提升安全管理能力。
安徽省	《安徽省大数据企业培育认定实施细则（试行）》	地方规范性文件	2022-03-02	**第十条** 对大数据企业给予以下培育扶持措施： （一）纳入大数据企业库，推荐纳入上市（挂牌）后备资源管理，符合国家税收优惠政策的大数据企业按照规定享受受惠政策，符合条件的大数据企业受享相关奖补政策……
海南省	《海南省科技资源库（馆）和科学数据中心管理暂行办法》	地方规范性文件	2022-03-07	**第四条** 利用财政性资金形成的科技资源，除保密要求和特殊规定外，均须对外开放共享。鼓励国防科研和单位在涉密非涉密条件下探索开展科技资源开放对外共享。鼓励社会资本投入形成的科技资源对外开放共享。

续表

省（自治区、直辖市）	文件名称	效力层级	公布时间	对应文件中的相关规定
				第五条 省级财政根据年度考核等次，对省科技资源库（馆）和科学数据中心的运行维护和开放共享服务等给予必要的支持。
海南省	《海南省科技资源库（馆）和科学数据中心管理暂行办法》	地方规范性文件	2022－03－07	**第九条** 资源平台的依托单位主要是有条件的企、事业独立法人单位，依托单位是资源平台建设和运行的责任主体，主要职责是： （一）对所提交申报，考核资料和数据的真实性、完整性负责，承担相应法人责任； （二）制定资源平台的规章制度和相关标准规范，编制资源平台的年度工作方案并组织实施； （三）负责资源平台的科技资源整合、更新、整理和保存； （四）负责资源平台在线服务系统建设和运行，开展科技资源共享服务，做好服务记录； （五）负责资源平台建设、运行与管理并提供支撑保障，根据需要配备软硬件条件和专职人员队伍； （六）配合完成相关部门组织的评价和考核，接受社会监督； （七）按照规定管理和使用财政经费，保证经费的单独核算、专款专用。 **第二十三条** 省财政采取后补助方式，对年度考核结果和合格的省科技资源库（馆）和科学数据中心，给予经费补助。考核结果为优秀、良好和合格的最高不超过100万元，考核结果为良好的最高不超过60万元，考核结果为合格的最高不超过40万元。经费主要用于资源建设、仪器设备更新、日常运行维护、人员培训等方面。

续表

省（自治区、直辖市）	文件名称	效力层级	公布时间	对应文件中的相关规定
重庆市	《重庆体育大数据中心管理暂行办法》	地方规范性文件	2022-03-22	**第八条** 市体育局机关各处室负责职能归口相应业务数据汇聚的统筹、检查、监督、评估工作。 **第一款** 机关各处室每年应提出数据汇聚计划，明确具体数据类型、数量，确保大数据中心及时汇聚数据。要加强对区县、直属单位的业务指导，根据数据工作实际切实推动业务数据的上线，确保数据的完整性和准确性。 **第二款** 局办公室负责归口统筹全市政务信息、发展规划等数据的汇聚。 **第三款** 人事处负责归口统筹体育人才、体育行业特有工种、荣誉奖励等数据的汇聚。 **第四款** 计财处负责归口统筹体育场地统计、财政资金投入使用等数据的汇聚。 **第五款**
河南省	《河南省政务数据安全管理暂行办法》	地方规范性文件	2022-04-21	**第六条** 省政府统筹全省政务数据安全保障工作，市、县级政府负责本行政区域内政务数据安全保障工作，所需经费列入本级财政预算。 **第十九条** 各政务部门要将政务数据安全建设和人员培训经费纳入本部门年度部门预算，建立政务数据安全保障制度。
广西壮族自治区	《广西壮族自治区农村土地承包数据管理实施办法（试行）》	地方规范性文件	2022-06-24	**第四条** 县级以上农业农村部门负责本级农村土地承包数据的管理，建立健全规章制度，明确专人负责，确保数据安全规范使用，并将农村土地承包数据建设、管理的经费列入本级财政预算，保障工作落实。
辽宁省	《辽宁省遥感影像数据统筹共享管理办法》	地方规范性文件	2022-11-03	**第二条** **第一款** 在本省行政区域内利用省级财政资金采购、生产、加工处理、分发利用遥感影像数据，应当遵守本办法。

续表

省（自治区、直辖市）	文件名称	效力层级	公布时间	对应文件中的相关规定
辽宁省	《辽宁省遥感影像数据统筹共享管理办法》	地方规范性文件	2022－11－03	**第四条** 省自然资源主管部门、大数据主管部门、财政主管部门建立协同工作机制。省自然资源主管部门负责组织开展遥感影像统筹工作。省大数据主管部门负责遥感影像统筹的信息化工作。省财政主管部门负责遥感影像统筹项目的预算审核、资金安排和监管。 **第五条** 省直相关部门应当于每年6月底前向省自然资源主管部门报送下一年度遥感影像需求计划。省自然资源主管部门每年8月底前编制完成下一年度遥感影像统筹计划、实施方案及项目资金预算。 市自然资源主管部门编制的遥感影像数据生产和采购计划，应当征求省自然资源主管部门意见，避免重复采购。
浙江省	《浙江省省域空间治理数字化平台管理办法（试行）》	地方规范性文件	2022－11－24	**第五条**　【县级以上人民政府】 县级以上人民政府应当将本行政区域与空间治理相关的数据归集、共享等工作，纳入数字政府建设专项规划，建立健全工作协调机制，完善政策措施，保障平台建设运行和服务工作所需经费。 市级以上人民政府应当将平台建设运行和服务工作作为年度政府目标责任制考核的重要内容。 **第七条**　【平台有关部门】 发展改革、经信、财政、统计、市场监管、文化和旅游等有关部门（以下统称平台有关部门）根据部门职责负责平台相关内容的建设和运行，主要履行下列职责： （一）负责按需归集与空间治理相关的数据； （二）负责开发、迭代本部门涉及的空间规划、空间保护、空间利用、空间安全、空间治理相关应用场景，推进应用场景、数据资源、工具组件等在平台上的汇聚整合； （三）负责按照各自职责对空间治理相关项目进行审批、管理和监督。

续表

省（自治区、直辖市）	文件名称	效力层级	公布时间	对应文件中的相关规定
广东省	《广东省公共数据开放暂行办法》	地方规范性文件	2022-11-30	**第三十八条** 第一款 中央驻粤单位以及运行经费由本省各级财政保障的其他机关、事业单位、团体等单位参与本省公共数据开放及相关管理行为，参照本办法执行。
上海市	《上海市公共数据开放实施细则》	地方规范性文件	2022-12-31	**第三十七条【资金保障】** 行政事业单位开展公共数据开放所涉及的信息系统建设、改造、运维以及考核评估等相关经费，按照有关规定纳入、区两级财政资金预算。 鼓励支持公共数据开放的示范项目和优秀成果申报数字化转型专项。
广东省	《广东省公共资源交易监督管理暂行办法》	地方规范性文件	2023-01-06	**第十条** 工业和信息化、财政、自然资源、生态环境、住房城乡建设、交通运输、水利、农业农村、商务、国有资产、医保等部门按照法律法规和各级人民政府确定的职责分工实施本行业公共资源交易的监督管理工作；统筹完善本行业公共资源交易业务规则；指导推动本行业公共资源交易目录内的本省公共资源交易全流程电子化；促进本行业公共资源交易项目进入公共资源交易平台交易；依法查处公共资源交易违法违规行为；依法受理交易主体、社会公众对公共资源交易项目违法违规情形的投诉。
辽宁省	《辽宁省遥感影像数据共享使用管理规定（试行）》	地方规范性文件	2023-01-11	**第二条** 共享使用省级财政资金获取的遥感影像数据，应当遵守本规定。 **第四条** 共享使用的遥感影像数据产品主要包括： （一）经过系统辐射校正和系统几何系统校正的卫星遥感影像初级产品； （二）利用测绘技术方法加工处理形成的数字正射影像（DOM）产品； （三）其他由省级财政资金获取和处理的遥感影像数据。

续表

省（自治区、直辖市）	文件名称	效力层级	公布时间	对应文件中的相关规定
新疆维吾尔族自治区	《新疆维吾尔自治区公共数据管理办法（试行）》	地方规范性文件	2023-02-17	**第六条** 第一款 各地各部门要落实数据管理责任，建立健全议事协调机制，明确公共数据的主管机构，统筹协调公共数据采集、使用、管理等方面重大问题，完善政策措施，保障公共数据建设、运维等所需经费。 **第四十条** 公共数据涉及建设、维护及对外采购数据等相关经费，列入本级财政预算。公共数据主管部门应当会同有关部门对公共数据相关经费实施全过程绩效管理，改进管理和安排预算的重要依据。绩效评价，将绩效评价结果作为完善政策、定期组织开展。
广东省	《深圳市数据交易管理暂行办法》	地方规范性文件	2023-02-21	**第十四条** 鼓励以下情形的数据交易标的在数据交易场所内进行交易： （一）公共数据经授权运营方式加工形成的，已不具备公共属性的数据产品； （二）本市财政资金保障运行的公共服务机构非公共数据采购的公共数据产品、数据服务和数据工具； （三）市属区属国有企业采购或出售的数据产品、数据服务和数据工具。 **第二十条** 数据交易场所运营机构应当对数据交易合同进行审核并备份存证，合同需包括数据描述、数据用途、数据质量、交易方式、交易金额、数据使用期限、安全责任、交易时间、保密条款等内容。 数据买卖方如使用本市财政资金进行采购，应当按照有关规定公开合同签订时间、合同价款、项目概况、违约责任等合同基本信息，但涉及国家秘密、商业秘密的除外。
	《深圳市数据流通交易第三方服务机构管理暂行办法》	地方规范性文件	2023-02-24	**第五条** 第二款 市网信、工业和信息化、公安、司法行政、财政、人力资源和社会保障、审计、市场监督管理、地方金融监督管理、政务服务数据管理、国家安全等相关部门依照职责分工，依照相关法律法规和部门规章等履行相关职能。

557

续表

省（自治区、直辖市）	文件名称	效力层级	公布时间	对应文件中的相关规定
贵州省	《贵州省政务数据资源管理办法》	地方规范性文件	2023-06-08	**第十一条** 使用财政性资金建设的政务信息系统项目立项申请前，应当预编形成项目数据资源目录作为项目审批要件。项目建成后，应当将数据资源目录作为项目验收的必要内容。 **第二十七条** 政务数据资源共享相关项目建设资金纳入政府基本建设投资、相关工作经费纳入部门预算统筹安排。对政务数据资源共享实施全过程绩效管理，凡不符合政务数据资源共享要求的，不予审批建设项目，不安排运维经费。
上海市	《上海市森林资源数据管理办法（试行）》	地方规范性文件	2023-07-11	**第六条** 区林业主管部门负责本区森林资源调查监测工作的组织实施和经费保障，负责本森林资源数据的管理、受理、审核数据使用申请，提供数据，监督应用。
山东省	《山东省大数据创新应用省级财政支持政策及资金管理实施细则》	地方规范性文件	2023-10-16	**第二条** 大数据创新应用省级财政支持资金，由省级财政统筹"数字山东"等方面资金以安排，对各设区市（青岛市除外）大数据创新应用工作，给予不同程度资金支持，实行总额控制。青岛市相关试点资金参照省级标准本地配套解决。
广西壮族自治区	《广西数据要素市场化发展管理暂行办法》	地方规范性文件	2023-11-07	**第十五条** 建立健全体现效率、促进公平的数据要素收益分配制度，发挥市场在资源配置中的决定性作用和政府在数据要素收益分配中的引导调节作用，平衡数据要素收益在不同环节各主体间的共享分配，保护各数据要素参与方合法权益。 探索公共数据运营收益运营，获得的相关收益统筹分配，对公共数据治理和流通应用等相关领域，进行一般公共财政倾斜。开展公共数据授权运营，财政资金保障运行的公共服务组织、政务部门，专项用于支持保障运行的公共数据资源部门，可按照公共数据市场化利用贡献，对公共数据来源部门、专项用于数据市场化利用倾斜。

续表

省（自治区、直辖市）	文件名称	效力层级	公布时间	对应文件中的相关规定
贵州省	《贵州省大数据发展专项资金管理办法（2024修订版）》	地方规范性文件	2023－12－10	**第八条** 专项资金采取直接补助、以奖代补、贷款贴息、注资产业基金融资风险补偿等方式安排。原则上一个项目只能申报一种支持方式，除分期实施项目外，同一项目不得重复支持……
云南省	《云南省公共数据管理办法（试行）》	地方规范性文件	2023－12－10	**第三十七条** 省公共数据主管部门积极推进公共数据资源持有权、数据加工使用权、数据产品经营权等分置的产权运行机制先行先试，保障各参与方的合法权益，推动用于公共治理、公益事业的公共数据有条件无偿使用；探索用于产业发展、行业发展的公共数据有条件有偿使用。 **第十条** 政府投资的大数据建设项目应当符合信息化及大数据总体规划、原则上不得新建孤立的信息平台和信息系统，严格按照有关规定加强项目全过程管理。投资主管部门在项目审批或者核准前，应当会同同级人民政府大数据主管部门组织相关专家进行评审，凡不符合规划、不满足数据共享开放要求的，不予审批建设项目，不予安排建设和运维资金。 社会投资的重大大数据建设项目应当报项目核准、备案后，建设单位应当将有关材料报送同级人民政府大数据主管部门，并抄报自治区人民政府大数据主管部门。
宁夏回族自治区	《宁夏回族自治区大数据产业发展促进条例（草案）》	/	2017－03－07	**第十一条** 行政部门、公共场所、市政设施等所属建筑物和构筑物，应当开放用于通信基础设施建设。 城镇民用建筑对所有通信业务经营者实行平等接入、公平竞争。新建筑物的通信基础设施应当与建设项目同步规划、同步建设、同步验收和同步运行，所需经费应当纳入建设项目概算。

续表

省（自治区、直辖市）	文件名称	效力层级	公布时间	对应文件中的相关规定
				第十三条 县级以上人民政府应当推行政府和社会资本合作，鼓励社会力量参与信息化建设；优先将大数据及相关服务纳入政府购买服务范围，引导行政部门采取服务外包、购买服务等方式获取信息服务。
宁夏回族自治区	《宁夏回族自治区大数据产业发展促进条例（草案）》	/	2017-03-07	**第三十四条** 自治区人民政府设立信息化专项资金，重点支持大数据标准制定、技术研发、企业培育、应用示范、创业孵化等。县（市、区）人民政府可以根据产业需要设立信息化专项资金。 县级以上人民政府可以依法设立大数据产业投资基金，重点引导社会资本投资大数据产业发展，鼓励金融机构创新金融产品和服务，支持大数据产业发展。支持符合条件的大数据企业依法进入资本市场融资。
				第三十七条 符合条件的大数据企业，按照国家和自治区有关规定享受税收优惠。
上海市	《上海市科学数据管理实施细则（试行）（草案）》	/	2020-12-31	**第三条** 本细则适用于政府预算资金支持开展的科学数据采集生产、加工整理、开放共享和管理使用等活动。任何单位和个人在本市行政区域内从事科学数据相关活动，符合本细则规定情形的，按照本细则执行。
				第十三条 本市建立科学数据中心评价考核机制，对体制机制完善、管理运行规范、开放共享高效、综合效益突出的市科学数据中心的给予运行补助。
				第十四条 市科学数据（管理）中心的建设、运维等经费纳入本级财政预算。支持市科学数据中心升级为国家科学数据中心，对升级为国家科学数据中心的给予一次性奖励。

续表

省（自治区、直辖市）	文件名称	效力层级	公布时间	对应文件中的相关规定
河南省	《河南省数据条例（草案）》（征求意见稿）	/	2022-03-07	**第十一条** 数据主管部门、本省财政资金保障运行的公共管理和服务机构开展公共数据收集、归集、治理、共享、开放、利用和安全管理等工作涉及的经费，纳入各级财政预算。 **第十六条** 省级数据主管部门应当会同省有关部门，统筹规划和建设以数据基础设施、数据平台、数据资源、赋能体系、业务应用等为主体，以标准规范、管理制度、数据安全与运维保障体系为支撑的省大数据中心，支撑省级公共数据归集、治理、共享、开放和利用。设区的市（含济源示范区，下同）数据会同有关部门，按照省有关标准和指导规范建设本级公共大数据中心。县（市、区）按照共享原则，共建互联互通，依托设区的市大数据中心开展本级公共数据管理工作。省、设区的市大数据中心建设、运营。 省、设区的市政府应当设立大数据中心专项资金，支持全省一体化大数据中心建设、运营。数据共享、业务协同，形成全省一体化大数据中心。 省、设区的市大数据中心应当按照设区市实际需要，及时向下级大数据中心回流数据。 **第四十一条** 第一款 财政资金保障运行的公共管理和服务机构为依法履行职责，可以申请采购非公共数据。数据主管部门负责统筹非公共数据采购需求。 **第五十一条** 除本条例第三条第四项规定的公共管理和服务机构外，运行经费由本省各级财政保障的单位、中央国家机关派驻本省的相关管理单位以及通信、民航、铁路等单位在依法履行公共管理和服务职责过程中收集和产生的各类数据，参照公共数据的有关规定执行，法律、行政法规另有规定的，从其规定。
江西省	《江西省数据条例》（征求意见稿）	/	2022-04-28	**第十九条【非公共数据采购】** 财政资金保障运行的公共管理和服务机构为依法履行职责，可以申请采购非公共数据。设区的市数据资源管理部门，负责统筹本级非公共数据采购需求。

省（自治区、直辖市）	文件名称	效力层级	公布时间	对应文件中的相关规定
广东省	《广东省数据流通交易管理办法（试行）》（征求意见稿）	/	2023-04-04	**第六条【进场交易清单】** 第二款　有下列情形之一的数据产品和服务，引导和鼓励进场交易： （一）打通产业链、公共服务链的； （二）使用财政资金购买的……
上海市	《上海市促进浦东新区数据流通交易若干规定（草案）》	/	2023-07-25	**第十一条【数据资产化】** 第一款　本市支持创新数据资产化机制，按照国家财政部门的部署，探索数据资产纳入资产负债表的实现路径。
深圳市	《深圳市公共数据开放管理办法（征求意见稿）》	/	2023-09-26	**第五条【组织领导】** 市、区人民政府应当加强对本行政区域内公共数据开放工作的组织领导，建立健全公共数据开放工作体制机制，完善相关管理制度，推动公共数据开放和开发利用，协调解决有关重大事项。 市、区人民政府应当将公共数据开放相关工作所需经费纳入财政预算，确保稳定而持续的经费投入。
贵州省	《贵州省数据流通交易促进条例（草案）》	/	2023-11-29	**第二十五条** 第一款　省人民政府发展改革部门指导国资国监等有关行业主管部门建立健全分行业数据要素价格机制，实行多样化，符合数据要素特性的定价模式。用于数字化发展的公共数据实行政府指导价，企业与个人信息数据实行市场调节价……

专题十二

省级数据立法涉及公平竞争的相关规定

一、我国公平竞争政策的概述

高质量发展离不开高质量竞争。[1]党的十八大以来，习近平总书记亲自部署制定公平竞争重大政策，完善公平竞争监管体制机制，深化公平竞争监管实践，推动我国公平竞争治理进入新阶段，市场活力和发展动力得到进一步激发，为经济社会高质量发展作出了新贡献。[2]中央层面不断强化政策引领，党的十九届中央全面深化改革委员会第二十一次会议审议通过《关于强化反垄断深入推进公平竞争政策实施的意见》，第一次形成公平竞争顶层设计政策框架；党的十九届四中全会通过的《关于坚持和完善中国特色社会主义制度 推进国家治理体系和治理能力现代化若干重大问题的决定》强调"建设高标准市场体系，完善公平竞争制度""强化竞争政策基础地位，落实公平竞争审查制度"；党的二十大报告就"构建高水平社会主义市场经济体制"作出专门部署，要求"完善产权保护、市场准入、公平竞争、社会信用等市场经济基础制度""加强反垄断和反不正当竞争，破除地方保护和行政性垄断，依法规范和引导资本健康发展"；2023年底召开的中央经济工作会议强调，"加快全国统一大市场建设，着力破除各种形式的地方保护和市场分割"，我国公平竞争顶层设计日趋成熟。

公平是法治的根本要义，也是我国社会主义的核心价值与本质要求；竞争是资源配置的有效途径，也是人类社会进步的根本动力。[3]习近平总书记强调，"要从构建新发展格局、推动高质量发展、促进共同富裕的战略高度出发，促进形成公平竞争的市场环境，为各类市场主体特别是中小企业创造广阔的发展空间，更好保护消费者权益"。这就要求正确处理政府和市场的关系，促进有效市场和有为政府更好结合，实现政府对不同市场主体的一视同仁、公平对待，以及市场主体之间的公平竞争。具体而言，不仅要求各类市场主体提高法治意识、树立公平竞争理念、遵循市场规律开展经营行为、依法公平有序参与市场竞争、依靠充分竞争与合法经营获得合理利润，也需要各级政府秉持"竞争中立"原则、维护市场公平竞争秩序、及时调整和修正不符合竞争政策的宏观调控行为、强化对阻碍市场公平竞争行为的预防和制止。

随着信息的电子数据化进程加快，数据融入了生产、分配、流通、消费及社会服务管理的各个环节，使其不再仅仅是信息载体，而成为关键的生产要素。为推动数据要素市场高质量发展核心内涵的实现，必须以公平竞争机制为重要保障。[4]本专题将

---

〔1〕 时建中：《护航创新环境与创新动力 以反垄断法实施促进高质量发展》，载《中国市场监管研究》2023年第8期。

〔2〕 中共国家市场监督管理总局党组：《持续优化公平竞争的市场环境》，载《求是》2024年第2期。

〔3〕 孙晋：《公平竞争原则与政府规制变革》，载《中国法学》2021年第3期。

〔4〕 陈兵、赵秉元：《数据要素市场高质量发展的竞争法治推进》，载《上海财经大学学报》2021年第2期。

以公平竞争为主题，梳理当前省级数据立法中涉及公平竞争的规定，并从政府和市场关系的协调角度出发，为数据要素市场公平竞争发展、高质量发展提供建议。

二、促进公平竞争的相关规定

梳理比较我国 31 个省（自治区、直辖市）169 份省级数据立法规范内容，仅有 45 份文件中涉及促进公平竞争的规定，总体而言相对较少。细究相关立法文件，可以发现其中关于促进公平竞争的规定主要体现为"对公平竞争作出原则性规定""对市场主体行为作列举式禁止""规定采取竞争性方式"和"规定公开收费标准"四种类型。

（一）对公平竞争作出原则性规定

公平竞争是数据交易的重要原则，21 份省级立法文件对公平竞争作了原则性规定，其中不仅涉及市场主体应当遵守反垄断、反不正当竞争法等法律规定，也涉及政府主体（市场监管主体）应当维护公平竞争。

1. 规定市场主体应遵循公平竞争原则

广东省、上海市、重庆市、河北省、江苏省、北京市、四川省、宁夏回族自治区、河南省、江西省、福建省（厦门市）等省（自治区、直辖市）公布的 11 份数据立法文件直接规定了"应当遵循公平竞争原则""市场主体使用数据应当遵守反垄断、反不正当竞争、消费者权益保护等法律、法规的规定，不得滥用市场支配地位从事操纵市场、设置排他性合作条款等活动"等内容（详见表 12-1）。

表 12-1　省级数据立法规定市场主体应遵循公平竞争原则的相关规定

省（自治区、直辖市）	文件名称	效力层级	公布时间	具体规定
宁夏回族自治区	《宁夏回族自治区大数据产业发展促进条例（草案）》	/	2017-03-07	**第十一条** 第二款　城镇民用建筑对所有通信业务经营者实行平等接入、公平竞争。新建建筑物的通信基础设施应当与建设项目同步规划、同步建设、同步验收和同步运行，所需经费应当纳入建设项目概算。
上海市	《上海市数据条例》	地方性法规	2021-11-25	**第五十二条** 市场主体应当加强数据质量管理，确保数据真实、准确、完整。 市场主体对数据的使用应当遵守反垄断、反不正当竞争、消费者权益保护等法律、法规的规定。
河南省	《河南省数据条例（草案）》（征求意见稿）	/	2022-03-07	**第三十九条** 第二款　数据开发利用应当遵守反垄断、反不正当竞争、消费者权益保护等法律、行政法规的规定。不得危害国家安全、公共利益、个人信息权益及其他主体的合法权益。

续表

省（自治区、直辖市）	文件名称	效力层级	公布时间	具体规定
重庆市	《重庆市数据条例》	地方性法规	2022－03－30	**第三十四条** 市场主体使用数据应当遵守反垄断、反不正当竞争、消费者权益保护等法律、法规的规定，不得滥用市场支配地位从事操纵市场、设置排他性合作条款等活动。
江西省	《江西省数据条例（征求意见稿)》	／	2022－04－28	**第三十五条【数据开发利用】** 第三款 市场主体的数据开发利用行为应当遵守反垄断、反不正当竞争、消费者权益保护等法律、法规的规定，不得损害国家利益、社会公共利益和他人合法权益。
河北省	《河北省数字经济促进条例》	地方性法规	2022－05－27	**第三条** 发展数字经济应当遵循创新引领、融合发展，应用牵引、数据赋能，公平竞争、安全有序，系统推进、协同高效的原则。
江苏省	《江苏省数字经济促进条例》	地方性法规	2022－05－31	**第三条** 数字经济发展应当遵循创新引领、融合发展，应用牵引、数据赋能，公平竞争、安全有序，系统推进、协同高效的原则。
北京市	《北京市数字经济促进条例》	地方性法规	2022－11－25	**第十条** 第二款 新建、改建、扩建住宅区和商业楼宇，信息网络基础设施应当与主体工程同时设计、同时施工、同时验收并投入使用。信息网络基础设施运营企业享有公平进入市场的权利，不得实施垄断和不正当竞争行为；用户有权自主选择电信业务经营企业。 **第四十九条** 第一款 平台企业应当建立健全平台管理制度规则；不得利用数据、算法、流量、市场、资本优势，排除或者限制其他平台和应用独立运行，不得损害中小企业合法权益，不得对消费者实施不公平的差别待遇和选择限制。

续表

省（自治区、直辖市）	文件名称	效力层级	公布时间	具体规定
四川省	《四川省数据条例》	地方性法规	2022 – 12 – 02	**第三十九条** 第三款 自然人、法人和非法人组织对数据的使用应当遵守反垄断、反不正当竞争、消费者权益保护等法律、法规规定，不得利用市场支配地位从事操纵市场、设置排他性合作条款等活动；不得滥用大数据分析等技术手段，基于个人消费数据和消费偏好设置不公平交易条件或者诱导用户沉迷、过度消费的数据服务规则，侵犯消费者合法权益。
福建省（厦门市）	《厦门经济特区数据条例》	地方性法规	2022 – 12 – 27	**第四十四条** 市场主体使用数据应当遵守反垄断、反不正当竞争、消费者权益保护等法律、法规的规定，不得滥用市场支配地位从事操纵市场、设置排他性合作条款等活动。
广东省	《广东省公共资源交易监督管理暂行办法》	地方规范性文件	2023 – 01 – 06	**第三条** 第一款 公共资源交易应当遵循统一规范、开放透明、公平竞争、利企便民原则。

2. 规定政府部门应维护公平竞争

安徽省、浙江省、广东省、河南省、辽宁省、江苏省、北京市、海南省、浙江省、广东省、上海市等省（直辖市）公布的 12 份数据立法文件直接规定了政府部门应当维护公平竞争的义务，并主要体现为市场监督管理部门维护公平竞争秩序的规定（详见表 12 – 2）。

表 12 – 2 省级数据立法规定政府部门应维护公平竞争的相关规定

省（自治区、直辖市）	文件名称	效力层级	公布时间	具体规定
海南省	《海南省大数据管理局管理暂行办法》	地方政府规章	2019 – 05 – 21	**第十四条** 省大数据管理局应当按照科学合理、精简高效、公开平等、竞争择优的原则聘用人员。
浙江省	《浙江省数字经济促进条例》	地方性法规	2020 – 12 – 24	**第四十三条** 第三款 市场监督管理部门应当按照国家和省有关规定和要求，加强数字市场竞争监管，发挥行业协会、产业联盟和其

省（自治区、直辖市）	文件名称	效力层级	公布时间	具体规定
浙江省	《浙江省数字经济促进条例》	地方性法规	2020-12-24	他组织作用，维护公平竞争秩序。从事数字经济活动的单位和个人不得有滥用市场支配地位、实施垄断协议等行为以及从事不正当竞争活动。
广东省	《广东省数字经济促进条例》	地方性法规	2021-07-30	**第六十四条** 第一款　县级以上人民政府及市场监督管理部门应当依法查处滥用市场支配地位、实施垄断协议以及从事不正当竞争等违法行为，保障各类市场主体的合法权益，营造公平竞争市场环境。
河南省	《河南省数字经济促进条例》	地方性法规	2021-12-28	**第六十一条** 县级以上人民政府及有关部门应当营造促进数字经济发展的公平竞争的市场环境，保障各类市场主体的合法权益。 省人民政府市场监管部门应当依法制止平台经济等数字经济领域垄断行为，依法查处滥用市场支配地位、达成或者实施垄断协议、非法的经营者集中、滥用行政权力排除限制竞争等垄断行为。 县级以上人民政府市场监管部门应当依法查处各类不正当竞争行为。
安徽省	《安徽省大数据企业培育认定实施细则（试行）》	地方规范性文件	2022-03-02	**第十条** 对大数据企业给予以下培育扶持措施： …… （七）其他不限制和排除竞争的支持政策。
辽宁省	《辽宁省大数据发展条例》	地方性法规	2022-05-31	**第三十条** 省、市人民政府应当按照建立全国统一的产权保护、市场准入和公平竞争等制度要求，加快培育数据要素市场，保护市场主体合法财产权益，推动构建数据收集、加工、共享、开放、交易、应用等数据要素市场体系，促进数据资源有序、高效流动与利用，加快融入和服务全国统一的数据要素市场。
江苏省	《江苏省数字经济促进条例》	地方性法规	2022-05-31	**第八十条** 市场监督管理部门应当依法查处滥用市场支配地位、达成并实施垄断协议以及从事不正当竞争等违法行为，保障数字经济市场主体的合法权益，营造公平竞争市场环境。

省（自治区、直辖市）	文件名称	效力层级	公布时间	具体规定
广东省（深圳市）	《深圳经济特区数字经济产业促进条例》	地方性法规	2022-09-05	**第六十九条** 市人民政府应当健全市场准入、公平竞争审查和监管等制度，建立全方位、多层次、立体化监管体系，实现事前事中事后全链条全领域监管。
北京市	《北京市数字经济促进条例》	地方性法规	2022-11-25	**第四十九条** 第二款 发展改革、市场监管、网信等部门应当建立健全平台经济治理规则和监管方式，依法查处垄断和不正当竞争行为，保障平台从业人员、中小企业和消费者合法权益。
广东省	《广东省数据流通交易监管规则（试行）》（征求意见稿）	/	2023-04-04	**第十八条【市场秩序】** 数据交易所应当维护公开、公平、公正的市场秩序，保障交易主体的合法权益，严格遵守反垄断、反不正当竞争等法律、法规的规定。数据交易所及其股东、相关业务合作单位不得违规入市扰乱或操纵交易。
上海市	《上海市促进浦东新区数据流通交易若干规定（草案）》	/	2023-07-25	**第十五条（促进数商发展）** 第一款 本市支持发展为数据交易提供数据产品开发、发布、承销和数据资产的合规化、标准化、增值化服务的各类市场主体（以下统称数商），鼓励各种所有制数商公平竞争、共同发展。
浙江省	《浙江省公共数据授权运营管理办法（试行）》	地方规范性文件	2023-08-01	**四、授权方式** ……（二）试点市、县（市、区）政府坚持总量控制、因地制宜、公平竞争的原则，结合具体应用场景确定授权运营领域与授权运营单位，并报省政府备案…… **六、数据安全与监督管理** ……（五）市场监管部门协同发展改革、经信、财政等单位完善数据产品和服务的市场化运营管理制度。对违反反垄断、反不正当竞争、消费者权益保护等法律法规规定的，由有关单位按照职责依法处置，相关不良信息依法记入其信用档案……

（二）对市场主体行为作列举式禁止

仅有黑龙江省、辽宁省、吉林省、广东省（深圳市）等公布的5份立法文件对市场主体行为作出列举式禁止规定。值得注意的是《深圳经济特区数据条例》专章规定公平竞争，在全国属于首次，也将给其他地方数据立法提供指引（详见表12-3）。

表12-3　省级数据立法对市场主体行为作列举式禁止的相关规定

省（自治区、直辖市）	文件名称	效力层级	公布时间	具体规定
广东省（深圳市）	《深圳经济特区数据条例》	地方性法规	2021-07-06	**第六十八条** 市场主体应当遵守公平竞争原则，不得实施下列侵害其他市场主体合法权益的行为： （一）使用非法手段获取其他市场主体的数据； （二）利用非法收集的其他市场主体数据提供替代性产品或者服务； （三）法律、法规规定禁止的其他行为。
				第六十九条 市场主体不得利用数据分析，对交易条件相同的交易相对人实施差别待遇，但是有下列情形之一的除外： （一）根据交易相对人的实际需求，且符合正当的交易习惯和行业惯例，实行不同交易条件的； （二）针对新用户在合理期限内开展优惠活动的； （三）基于公平、合理、非歧视规则实施随机性交易的； （四）法律、法规规定的其他情形。 前款所称交易条件相同，是指交易相对人在交易安全、交易成本、信用状况、交易环节、交易持续时间等方面不存在实质性差别。
				第七十条 市场主体不得通过达成垄断协议、滥用在数据要素市场的支配地位、违法实施经营者集中等方式，排除、限制竞争。
黑龙江省	《黑龙江省促进大数据发展应用条例》	地方性法规	2022-05-13	**第三十九条** 市场主体不得通过达成垄断协议、滥用在数据要素市场的支配地位、违法实施经营者集中等方式，排除、限制竞争；不得通过算法歧视、流量造假等行为影响市场秩序和社会秩序。 市场主体应当为用户提供不同程度的数据授权选择，并根据不同的授权提供差异化服务。

省（自治区、直辖市）	文件名称	效力层级	公布时间	具体规定
辽宁省	辽宁省大数据发展条例	地方性法规	2022－05－31	**第三十五条** 数据处理市场主体应当遵守公平竞争原则，不得实施下列侵害其他市场主体合法权益的行为： （一）使用非法手段获取其他市场主体的数据； （二）利用非法收集的其他市场主体数据提供替代性产品或者服务； （三）法律、法规禁止的其他行为。
广东省（深圳市）	《深圳市数据商和数据流通交易第三方服务机构管理暂行办法》	地方规范性文件	2023－02－24	**第二十三条** 数据商和第三方服务机构不得出现以下行为： （一）通过隐瞒事实、虚假宣传等方式拓展业务； （二）通过散布虚假消息等方式损害竞争对手商业信誉； （三）接受贿赂或者获取其它不正当利益； （四）违规获取、泄露处理过程中的数据、交易标的，未经相关主体同意披露非公开交易信息； （五）其它损害相关主体权益的不正当行为。
吉林省	《吉林省大数据条例（2023修订)》	地方性法规	2023－12－01	**第六十九条** 市场主体应当遵守公平竞争原则，不得实施下列侵害其他市场主体合法权益的行为： （一）使用非法手段获取其他市场主体的数据； （二）利用非法收集的其他市场主体数据提供替代性产品或者服务； （三）通过达成垄断协议、滥用在数据要素市场的支配地位、违法实施经营者集中等方式，排除、限制竞争； （四）法律法规禁止的其他行为。

（三）规定采取竞争性方式

竞争性方式是指通过引入竞争机制，使合同订立更加公平和更有效率的一种特殊方式。省级数据立法中，在三个方面规定了竞争性方式：一是在基地或试点单位的选择上采用公开征集或遴选方式；二是在购买数据或数据服务时采用公开招标、竞争性磋商等竞争招标方式；三是组织专家进行评审，并进行社会监督（详见表12－4）。

表 12-4　省级数据立法规定采取竞争性方式的相关规定

省（自治区、直辖市）	文件名称	效力层级	公布时间	具体规定
福建省	《福建省政务数据管理办法》	地方政府规章	2016-10-15	**第三十三条** 省、设区市数据管理机构应当按照规定程序，对符合条件的申请对象予以授权，并将授权情况告知相关数据生产应用单位。涉及将授权开放的数据进行商业开发的，应当通过公开招标等竞争性方式确定授权开发对象。 高校或者科研院所获得的数据只能用于科研教育等公益性活动。
				第三十四条 省、设区市数据管理机构可以授权有关企业以数据资产形式吸收社会资本合作进行数据开发利用；授权企业应当通过公开招标等竞争性方式确定合作开发对象。
北京市	《北京市大数据培训基地管理办法（试行)》	地方规范性文件	2019-08-27	**第四条** 北京市大数据培训基地每三年评定一次，由市经济和信息化局通过公开征集和遴选，经评审通过并给予认定、签约和授牌后，方可对外以人才培训示范基地或教学实践基地名义从事相关活动。
山东省	《山东省健康医疗大数据管理办法》	地方政府规章	2020-08-20	**第十七条** 县级以上人民政府应当积极运用健康医疗大数据对医药卫生行业、居民健康等情况的评价结果，健全医疗服务监测机制，推进医疗服务价格、医疗保险支付、药品招标采购等业务协同应用。
黑龙江省	《黑龙江省省级政务云管理暂行办法》	地方规范性文件	2021-04-25	**第十五条** 审核通过后，使用部门依法履行政府采购程序，通过推荐式竞争性磋商的方式确定云服务商。
内蒙古自治区	《内蒙古自治区政务数据资源管理办法》	地方规范性文件	2021-09-11	**第三十三条** 经同级人民政府批准，政务数据资源管理机构可以依法依规通过公开招标等竞争性方式确定合作开发对象，对政务数据资源进行开发利用。

省（自治区、直辖市）	文件名称	效力层级	公布时间	具体规定
海南省	《海南省公共数据产品开发利用暂行管理办法》	地方规范性文件	2021-09-15	**第二十八条** 第二款　鼓励各单位利用单位预算内自有资金购买数据产品和数据服务。购买预算金额在当年政府采购标准限额以内的可在数据产品超市直接择优购买，金额限度变化按省财政主管部门有关规定执行。
				第二十九条 数据产品交易定价应以市场化为原则。服务商和购买方在进行数据产品交易时可采用协议定价、竞争定价或委托有相关资质的第三方价格评估机构对其交易价格进行评估。
广东省（深圳市）	深圳经济特区数字经济产业促进条例	地方性法规	2022-09-05	**第三十一条** 第二款　对于涉及公共利益的数字关键核心技术攻关项目，市人民政府可以通过竞争性遴选、下达指令性任务等方式组织开展。
北京市	《北京市数字经济促进条例》	地方性法规	2022-11-25	**第五十二条** 第二款　政府采购的采购人经依法批准，可以通过非公开招标方式，采购达到公开招标限额标准的首台（套）装备、首批次产品、首版次软件，支持数字技术产品和服务的应用推广。
河南省	《海南省数据产品超市数据产品确权登记实施细则（暂行）》	地方规范性文件	2023-12-04	**第二十三条** 数据产品超市运营者应每两年通过公开比选的方式选定两家或两家以上第三方确权登记服务机构，比选过程和结果接受省大数据管理局的监督。
北京市	《北京市公共数据专区授权运营管理办法（试行)》	地方规范性文件	2023-12-05	**第十二条** 市大数据主管部门会同专区监管部门建立专家评审机制，组织开展专区运营单位综合评审，评审结果报市政府同意后向社会公开。

（四）规定公开收费标准

收费标准公开可以确保市场的透明度，使所有市场主体都能够了解并遵守同样的规则，为市场公平竞争创造必要条件。在省级数据立法中，出现了许多关于明确收费标准的规定，这将促进市场公平竞争。

安徽省、吉林省、江苏省、山东省、四川省、宁夏回族自治区、海南省、广东省、上海市、贵州省、内蒙古自治区、云南省、湖北省等14个省（自治区、直辖市）以及广东省（深圳市）均规定了"应按照规定程序和非营利原则制定合理的收费标准，向社会公布并接受监督"的内容，明确收费标准，稳定价格机制（详见表 12 – 5）。

表 12 – 5　省级数据立法公开收费标准的相关规定

制定主体	省（自治区、直辖市）	典型立法	
地方政府	安徽省、吉林省、江苏省、山东省、四川省、宁夏回族自治区、海南省、广东省、上海市、贵州省、内蒙古自治区、云南省、湖北省、广东省（深圳市）	《江苏省科学数据管理实施细则》	**第二十四条** 对于政府决策、公共安全、国防建设、环境保护、防灾减灾、公益性科学研究、审计监督等需要使用科学数据的，法人单位应当无偿提供。确需收费的，应按照规定程序和非营利原则制定合理的收费标准，向社会公布并接受监督。对于因经营性活动需要使用科学数据的，当事人双方应当签订有偿服务合同，明确双方的权利和义务。 法律法规有特殊规定的，遵照其规定。

三、不利于公平竞争的相关规定

本专题将就各地数据立法文件中不利于公平竞争的规定进行梳理，针对数字经济标准、扶持政策的制定情况，以及数据交易机制、数据跨区域流通机制的建设情况分别进行归纳总结。

（一）数字经济标准制定不规范

我国《"十四五"数字经济发展规划》指出要加快研究制定符合我国国情的数字经济相关标准。[1]截至目前，多数省（自治区、直辖市）数据立法已明确要求制定数字经济标准，但是不同省（自治区、直辖市）对于**标准的制定主体、制定权限规定不同**。

1. 数字经济标准制定主体不明确

目前，大部分地区在立法文件中皆对数字经济标准制定主体事项有所涉及。但其中，仅有浙江省、四川省等少数地区在立法文件中对数字经济标准制定主体予以明确，其他地区则存在尚未规定或规定模糊的问题。比如，重庆市、贵州省、安徽省等部分地区一方面规定由**地方政府组织制定**大数据领域相关标准，另一方面却又明确鼓励和支持**行业协会、产业联盟、企业等牵头制定**数字经济标准。如表 12 – 6 所示：

表 12 – 6　各地数字经济标准制定主体规定情况

制定主体	省（自治区、直辖市）	典型立法	
地方政府	浙江省、四川省、山东省、河南省、江苏省、陕西省、广西壮族自治区、福建省（厦门市）、湖北省	《浙江省数字经济促进条例》	**第七条** 第一款　省标准化主管部门应当会同省经济和信息化等有关部门推进本省数字经济标准体系建设，建立和完善基础通用标准、关键技术标准、融合应用标准和安全评估标准等各类数字经济标准，指导和支持有关单位采用先进的数字经济标准。

---

〔1〕　国务院关于印发《"十四五"数字经济发展规划》的通知，国发〔2021〕29 号，2021 年 12 月 12 日公布。

制定主体	省（自治区、直辖市）	典型立法	
地方政府 + 其他主体	重庆市、贵州省、安徽省、上海市、广东省（深圳市）、广东省、江西省、黑龙江省、北京市、山西省	《山西省数字经济促进条例》	**第六条** 省人民政府应当推动数字经济标准体系建设。 鼓励和支持行业协会、产业联盟、企业等牵头或者参与制定数字经济标准，建设数字经济示范或者试点项目。

2. 地方政府的数字经济标准制定权限不明确

目前，仅有部分地区在立法文件中对地方政府关于数字经济标准制定权限作了规定。其中，一方面，浙江省、安徽省、上海市等部分地区明确规定由地方政府制定数字经济地方标准；另一方面，贵州省、黑龙江省明确规定由地方政府制定数字经济地方标准、行业标准。此外，还存在重庆市、陕西省、广东省等少数地区仅对地方政府的制定权限作一般性规定，并未明确具体范围。如表 12-7 所示：

表 12-7　各地数字经济标准制定权限规定情况

制定权限	省（自治区、直辖市）	典型立法	
地方标准	浙江省、安徽省、上海市、广东省（深圳市）、山东省、江西省、江苏省、北京市、湖北省	《江苏省数字经济促进条例》	**第七十三条** **第一款**　省人民政府以及有关部门应当推进数字经济标准体系建设，制定和实施关键核心技术、通用算法、数据治理和安全合规等领域的地方标准。
地方标准 + 行业标准等	贵州省、黑龙江省	《贵州省大数据发展应用促进条例》	**第十四条** **第一款**　省人民政府应当组织有关部门、教学科研机构等积极开展大数据发展应用相关标准研究，推动建立地方、行业大数据发展应用标准体系。
一般性规定	重庆市、陕西省、广东省、广西壮族自治区、四川省、河南省、山西省、福建省（厦门市）、广东省（深圳市）	《深圳经济特区数字经济产业促进条例》	**第三十三条** **第一款**　市标准化管理部门应当会同市工业和信息化、科技创新等部门统筹推进数字经济相关标准体系建设。

3. 数字经济行业标准的制定责任主体不明确

目前，仅有部分地区在立法文件中对数字经济行业标准的制定责任主体事项有所涉及。其中，贵州省与黑龙江省规定数字经济行业标准的制定责任主体为地方政府部门，上海市、广东省（深圳市）、江西省则规定为行业协会（组织）。而重庆市、安徽省、四川省等大部分地区并未明确责任主体，仅规定参与制定主体。如表 12-8 所示：

表12-8　各地数字经济行业标准的制定责任主体规定情况

责任主体	省（自治区、直辖市）	典型立法	
地方政府部门	贵州省、黑龙江省	《黑龙江省促进大数据发展应用条例》	**第十四条** 省标准化主管部门、省政务数据主管部门应当会同有关部门，推进本省公共数据标准体系建设，推动公共数据国家标准、行业标准、地方标准和团体标准、企业标准的制定和实施。
行业协会（组织）	上海市、广东省（深圳市）、江西省	《上海市数据条例》	**第十一条** 本市支持数据相关行业协会和组织发展。行业协会和组织应当依法制定并推动实施相关团体标准和行业规范，反映会员合理诉求和建议，加强行业自律，提供信息、技术、培训等服务，引导会员依法开展数据处理活动，配合有关部门开展行业监管，促进行业健康发展。
未明确	重庆市、安徽省、四川省、广东省、山东省、河南省、江苏省、陕西省、广西壮族自治区、北京市、山西省、福建省（厦门市）、湖北省	《山东省大数据发展促进条例》	**第四十二条** 第二款　鼓励企业、社会团体制定大数据领域企业标准、团体标准，鼓励高等学校、科研机构、企业、社会团体等参与制定大数据领域国际标准、国家标准、行业标准和地方标准。

4. 多数地区的数字经济企业标准、团体标准的制定责任主体不明确

目前，仅有部分地区在立法文件中对数字经济企业标准、团体标准的制定责任主体事项有所涉及。其中，一方面，河南省、江西省、陕西省等多数地区未明确数字经济企业标准、团体标准的责任主体，仅规定参与制定主体；另一方面，广东省、江苏省、上海市、北京市等少数地区虽明确规定责任主体，但所规定主体却不相同。比如，山东省、安徽省、湖北省规定企业标准、团体标准的制定责任主体为企业与社会团体，上海市则规定为行业协会（组织）。如表12-9所示：

表12-9　各地数字经济企业标准、团体标准的制定责任主体规定情况

责任主体	省（自治区、直辖市）	典型立法	
企业	贵州省	《贵州省大数据发展应用促进条例》	**第十四条** 第二款　鼓励大数据企业研究制定大数据发展应用相关标准。
企业/社会团体	山东省、安徽省、湖北省、黑龙江省	《黑龙江省促进大数据发展应用条例》	**第六十一条** 支持学会、协会、商会、联合会、产业技术联盟等社会团体协调相关市场主体共同制定满足市场和创新需要的团体标准。鼓励大数据企业、高等学校、职业院校、科研机构、相关行业组织等参与国际标准、国家标准、行业标准、地方标

责任主体	省（自治区、直辖市）	典型立法	
企业/社会团体	山东省、安徽省、湖北省、黑龙江省	《山东省大数据发展促进条例》	准的研究制定。鼓励大数据企业制定企业标准。 **第四十二条** 第二款　鼓励企业、社会团体制定大数据领域企业标准、团体标准，鼓励高等学校、科研机构、企业、社会团体等参与制定大数据领域国际标准、国家标准、行业标准和地方标准。
社会团体/企业/其他组织	广东省、江苏省、广东省（深圳市）	《广东省数字经济促进条例》	**第四十九条** 第二款　支持社会团体、企业及其他组织开展数字经济国际国内标准交流合作，参与制定数字经济国际规则、国际国内标准，自主制定数字经济团体标准和企业标准。
行业协会（组织）	上海市	《上海市数据条例》	**第十一条** 本市支持数据相关行业协会和组织发展。行业协会和组织应当依法制定并推动实施相关团体标准和行业规范，反映会员合理诉求和建议，加强行业自律，提供信息、技术、培训等服务，引导会员依法开展数据处理活动，配合有关部门开展行业监管，促进行业健康发展。
行业协会（组织）/企业	北京市	《北京市数字经济促进条例》	**第六条** 第二款　鼓励行业协会、产业联盟和龙头企业参与制定数字经济国际标准、国家标准、行业标准和地方标准，自主制定数字经济团体标准和企业标准。
未明确	重庆市、浙江省、四川省、河南省、江西省、陕西省、山西省、福建省（厦门市）	《四川省数据条例》	**第七条** 第二款　鼓励企业、科研机构和社会团体等参与制定数据国家标准、行业标准、团体标准和地方标准等技术规范。

　　根据《中华人民共和国标准化法》（以下简称《标准化法》）《中华人民共和国标准化法实施条例》以及国家标准化管理委员会制定的有关规定，国家标准、地方标准、行业标准、团体标准与企业标准均有明确的制定主体和制定条件。其中，国家标准、

地方标准与行业标准均应当由政府有关部门负责制定;[1]团体标准和企业标准分别应当由社会团体和企业负责制定。[2]同时,不同主体在不同标准制定过程中所扮演的角色也不同。制定责任主体负责组织、牵头制定,其他主体可以参与制定;政府则可以对制定团体标准、企业标准予以规范、引导和监督。[3]

然而,现有数据立法并未遵循上述规定,存在标准制定责任主体不明晰、标准制定权限不明晰的问题。由此将可能导致:一方面,在多数地区中,由于各类标准制定权并未明确或全部授予地方政府,各地区政府在推动数字经济标准建设过程中易产生不作为、乱授权的问题。另一方面,各地区的各类标准的效力层级难以统一,在数据跨地区流通时易产生标准适用冲突问题。此外,企业标准的制定责任主体不明确,易引发大企业联合行业协会抢夺"标准制定权"以打压中小企业的问题,进而带来不公平竞争。

(二)部分扶持政策影响数据要素自由流动

近年来,数据已逐步成为我国各地的基础性战略资源与关键性生产要素。如何把握数字化发展机遇、激发数据产业活力,是现今各地经济布局重点方向。由此,为打造数据要素产业聚集区,各地政府纷纷制定推出系列扶持政策,但其中部分规定值得商榷。如下文所示,具体可分为以下四类:

1. 给予特定经营者人才补贴、降低土地使用成本[4]

在无法律、行政法规或者国务院规定依据的情况下,给予特定经营者优惠政策是《公平竞争审查制度实施细则》(以下简称《实施细则》)所禁止的行为。目前,极少数地区存在给予特定经营者人才补贴、降低土地使用成本的条款。如表 12 – 10 所示,《贵州省大数据发展应用促进条例》《山西省大数据发展应用促进条例》《吉林省促进大数据发展应用条例》均为地方性法规,却规定将缴纳个人所得税数额达标作为奖励大数据企业的条件,或降低大数据企业土地使用成本,涉嫌在要素获取方面给予特定经营者优惠政策。

表 12 – 10　各地给予特定经营者优惠政策情况

补贴类型	省(自治区、直辖市)	典型立法	
特定经营者人才补贴	贵州省、山西省	《贵州省大数据发展应用促进条例》	**第十一条** 第二款　大数据高层次人才或者大数据企业员工年缴纳个人所得税达到规定数额的,按照有关规定给予奖励;具体办法由省人民政府制定。
		《山西省大数据发展应用促进条例》	**第二十四条** 第二款　引进、培育数字经济领域技术、管理、市场和财务等优秀骨干人才的大数据企业,其骨干人才年薪达到规定数额的,按照有关规定给予奖励。

---

〔1〕　参见《标准化法》第 10 条、第 12 条、第 13 条。

〔2〕　参见《标准化法》第 18 条、第 19 条。

〔3〕　参见《标准化法》第 18 条。

〔4〕　此类规定涉嫌违反《公平竞争审查制度实施细则》第 15 条第 1 项第 3 目。

续表

补贴类型	省（自治区、直辖市）	典型立法
降低土地使用成本	吉林省	《吉林省促进大数据发展应用条例》	**第四十二条** 县级以上人民政府应当将大数据发展应用项目纳入国土空间规划，优先安排年度用地计划指标，落实降低企业土地使用成本的相关政策。

2. 将在本地注册作为享受优惠政策的必要条件[1]

为保证商品与要素自由流动，在无法律、行政法规或者国务院规定依据的情况下，不得变相强制外地经营者在本地投资或者设立分支机构。目前，极少数地区存在将享受当地优惠政策与在本地投资或者设立分支机构挂钩的条款。如表 12-11 所示，《贵州省大数据发展专项资金管理办法》《贵州省大数据创新中心创新创业基地服务管理暂行办法》均为规范性文件，却将在本地注册作为申请专项资金的必要条件，实则变相强迫企业在本地投资。

表 12-11　各地变相强迫外地企业在本地投资或设立分支机构的情况

文件类型	文件名称	具体条款
地方规范性文件	《贵州省大数据发展专项资金管理办法（2024 年修订版）》	**第十二条** 专项资金申报主体应同时具备以下条件：……（二）注册地、项目实施地在我省辖区内（购买服务项目除外）……
地方规范性文件	《贵州省大数据创新中心创新创业基地服务管理暂行办法》	**第五条** 申报省级大数据创新中心应满足以下基本条件： （一）建设及运营主体为贵州省境内注册的具有独立法人资格的企（事）业单位，运营管理规范，社会信用良好，无违法违纪行为……
		第十条 择优对大数据创新中心、大数据创新创业基地的能力建设、创新研究、成果转化、应用推广等依法依规给予大数据发展专项资金支持。鼓励市（州）对辖区内大数据创新中心、创新创业基地给予政策支持、资金扶持。

3. 将享受优惠政策与地方财政收入挂钩[2]

为不影响经营者之间的公平竞争，将特定经营者缴纳的税收或非税收入与安排财政支出挂钩是《实施细则》所禁止的行为。目前，绝大多数地区并不存在此类条款，仅有《山西省大数据发展应用促进条例》第 20 条规定[3]涉嫌根据特定经营者缴纳的

---

〔1〕 此类规定涉嫌违反《公平竞争审查制度实施细则》第 14 条第 4 项第 4 目。

〔2〕 此类规定涉嫌违反《公平竞争审查制度实施细则》第 15 条第 2 项。

〔3〕 《山西省大数据发展应用促进条例》第 20 条第 1 款规定："省人民政府设立专项资金并制定具体措施，对大数据基础设施建设给予补助，对符合条件的大数据市场主体根据经营情况或者对地方财政的贡献情况给予奖励，对行业大数据融合应用示范、大数据机构科技创新发展和人才培养给予奖励"。

税收或者非税收入情况给予优惠政策，实则排除了部分中小企业获得补贴的可能性。

4. 限制经营者参与政府采购活动[1]

为防止地方保护主义，《实施细则》禁止在政府采购中通过设定不合理条件排斥或者限制经营者参与政府采购活动。目前，极少数地区存在变相限制经营者参与政府采购活动的条款。如表 12 - 12 所示，《浙江省数字经济促进条例》《河南省数字经济促进条例》《北京市数字经济促进条例》《湖北省数字经济促进办法》均为地方性法规，其授权采购人采用非公开招标方式，一方面，涉嫌违反上位法，即《中华人民共和国政府采购法》（以下简称《政府采购法》）第 28 条[2]；另一方面，可能会造成部分外地经营者无法公平参与该地政府采购活动。

表 12 - 12　各地在政府采购中设定不合理条件的情况

文件类型	文件名称	具体条款
地方性法规	《浙江省数字经济促进条例》	**第五十条** 第二款　政府采购的采购人经依法批准，可以通过非公开招标方式，采购达到公开招标限额标准的首台（套）装备、首批次产品、首版次软件，支持数字技术产品和服务的应用推广。
地方性法规	《河南省数字经济促进条例》	**第五十五条** 第二款　经依法批准，政府采购的采购人可以通过非公开招标方式，采购公开招标标准限额的首台（套）装备、首批次产品、首版次软件，支持数字技术产品和服务的推广应用。
地方性法规	《北京市数字经济促进条例》	**第五十二条** 第二款　政府采购的采购人经依法批准，可以通过非公开招标方式，采购达到公开招标限额标准的首台（套）装备、首批次产品、首版次软件，支持数字技术产品和服务的应用推广。
地方性法规	《湖北省数字经济促进办法》	**第四十条** 第二款　符合条件的，政府采购的采购人经依法批准，可以通过非公开招标方式，采购达到公开招标数额标准的首台（套）装备、首批次新材料、首版次软件。

当前，数据要素市场仍处于培育期，扶持政策必不可少。在我国经济转向高质量发展背景下，以"选择性干预"为逻辑的传统扶持政策已不适应经济发展目标，且由于数字技术更迭较快，导致对企业能力的甄别难度大幅度提升，故避免"选择性偏差"应成为数据相关的扶持政策关注重点。上述规定不仅会侵害部分经营者的公平竞争权，而且不利于营造良性竞争与创新氛围。

（三）未形成统一数据交易机制

数据要素的市场化，本质上就是数据相关利益的市场交易，[3]故建立健全合规高效

---

〔1〕　此类规定涉嫌违反《公平竞争审查制度实施细则》第 13 条第 3 项第 2 目。

〔2〕　《政府采购法》第 28 条："采购人不得将应当以公开招标方式采购的货物或者服务化整为零或者以其他任何方式规避公开招标采购"。

〔3〕　时建中：《数据概念的解构与数据法律制度的构建　兼论数据法学的学科内涵与体系》，载《中外法学》2023 年第 1 期。

的统一数据交易体制有助于进一步释放数据价值。然而检视现有地方立法，存在涉定价条款相对较少、具体交易规则欠缺等问题。如下文所示，具体可归结为以下三项问题：

1. 定价机制不完善

"数据二十条"强调要加快探索完善多样化数据定价模式与价格形成机制，并提出了"公共数据按政府指导定价有偿使用，企业与个人信息数据市场自主定价"的定价基本原则。如表 12 – 13 所示：一方面，仅有少数地区对数据交易定价事项有所涉及，但其中，大多数文件仅作一般规定。上海市、北京市、福建省（厦门市）、贵州省主要是对上述"市场自主定价原则"的重复性阐释，甚至部分地区未区分公共数据、企业数据与个人数据的定价模式。而定价权限未能细化，将易导致对数据交易活动的监管难度增加。另一方面，大多数文件未具体化自主定价方式，仅海南省规定了协议定价、竞争定价与第三方评估定价三种方式。此易导致市场信息不对称，进而引发各类产品市场价格混乱问题。此外，仅广西壮族自治区对市场主体自主定价作了例外限制，但由于条款较为模糊，也存在导致权力滥用的可能性。

表 12 – 13　各地定价机制建设情况

定价模式	省（自治区、直辖市）	典型立法	
协议定价/竞争定价/第三方评估定价	海南省	《海南省公共数据产品开发利用暂行管理办法》	**第二十九条** 数据产品交易定价应以市场化为原则。服务商和购买方在进行数据产品交易时可采用协议定价、竞争定价或委托有相关资质的第三方价格评估机构对其交易价格进行评估。
一般性规定	上海市、北京市、福建省（厦门市）、贵州省	《上海市数据条例》	**第五十七条** 第一款　从事数据交易活动的市场主体可以依法自主定价。
一般性 + 例外规定	广西壮族自治区	《广西壮族自治区大数据发展条例》	**第五十三条** 第二款　从事数据交易活动的市场主体可以依法自主定价。但执行政府定价、政府指导价的除外。

2. 场内场外交易结合程度不统一

"数据二十条"提出要建立合规高效、场内外结合的数据要素流通和交易制度，各地在实践中也开始积极探索如何更好结合场内交易与场外交易。但目前，仅有少数地区在立法文件中对结合程度予以明确。如表 12 – 14 所示，一方面，山西省、广东省等地区并未对数据类型作出区分，而仅作一般性规定，即"推进""引导"数据资源在数据交易平台交易，或"培育壮大"场内交易，故可推测其倾向于以场内交易为主、场外交易为辅。另一方面，北京市、四川省等地区明确公共机构应当采取场内交易模式，并"鼓励"其他有条件的市场主体在场内交易，故可推测其倾向于以场外交易为主、场内交易为辅。数据场内交易与场外交易各有优劣，前者规范性强、风险小但创新空间有限，后者创新性强但难监管、数据权益难保障。在建设全国统一大市场、实现大规模数据市场化配置的背景下，各地场内场外交易结合程度不统一，易滋生交易分散化、信息不对称、数据安全等不利于实现数据市场一体化建设的问题。

表12－14　各地交易模式规定情况

结合程度	省（自治区、直辖市）	典型立法	
场内为主、场外为辅	山西省、广东省、宁夏回族自治区、山东省、贵州省、上海市	《山西省数字经济促进条例》	**第五十一条** 省人民政府应当培育发展数据交易平台，构建数据资产市场化流通体系，推动建设山西省大数据交易中心，推进数据交易主体在依法设立的大数据交易平台进行交易。
		《广东省公共数据管理办法》	**第三十八条** 第一款　省人民政府推动建立数据交易平台，引导市场主体通过数据交易平台进行数据交易。
场外为主、场内为辅	北京市、江苏省、广西壮族自治区、江西省、四川省	《北京市数字经济促进条例》	**第二十二条** 第二款　本市公共机构依托数据交易机构开展数据服务和数据产品交易活动。 第三款　鼓励市场主体通过数据交易机构入场交易。
		《广西壮族自治区大数据发展条例》	**第五十三条** 第一款　县级以上人民政府及其有关部门鼓励市场主体在依法设立的数据交易场所开展数据交易，市场主体也可以依照法律、法规规定自行交易。政务部门、财政资金保障运行的公共服务组织应当通过依法设立的数据交易场所开展数据交易。

3. 交易规则制定主体不一致

目前，仅有少部分地区立法文件中对数据交易规则制定事项有所涉及。如表12－15所示，从现有文件看，存在两种规则制定主体：第一种是数据交易平台（或称为数据交易服务机构），宁夏回族自治区、海南省、广东省等大部分地区即采取此种规定；第二种是政府部门，包括市政府、市大数据应用发展管理主管部门、市经济信息化部门，仅有深圳市、重庆市如此规定。据不完全统计，全国各地新建数据交易机构已达80余家，但目前仍未形成统一的、较为完善的制度规则，原因在于：一方面，大部分地区未明确规定数据交易规则制定主体；另一方面，少部分地区对此虽有规定，但依然存在数据交易规则制定主体不同情况。这不仅不利于形成统一市场交易规则，也增加了跨区域数据交易的成本。

表12－15　各地交易规则制定主体规定情况

制定主体	省（自治区、直辖市）	典型立法	
数据交易平台	宁夏回族自治区、海南省、安徽省、山东省、广东省、上海市、黑龙江省、北京市	《安徽省大数据发展条例》	**第三十九条** 第一款　大数据交易服务机构应当建立安全可信、管理可控、全程可追溯的数据交易环境，制定数据交易、信息披露、自律管理等规则，依法保护个人信息、隐私和商业秘密。

续表

制定主体	省（自治区、直辖市）	典型立法	
政府部门	广东省（深圳市）、重庆市	《深圳经济特区数字经济产业促进条例》	**第二十五条** 市人民政府应当推动依法设立数据交易平台，制定交易制度规则，培育高频标准化交易产品和场景，推动探索数据跨境流通、数据资产证券化等交易模式创新。

近年来，虽然我国数据市场规模在急速增长中，但由于在数据交易环节尚未建立统一治理标准，跨区域、跨行业等数据流通依然面临风险与阻碍。故在建立全国统一大市场的背景下，应充分发挥政府有序引导、规范市场发展的作用，建立统一的数据交易机制，营造区域协作、包容创新、公平开放的数据市场环境。

四、评价

作为一种新的生产要素，数据价值的充分发挥，以健全的数据要素市场为前提。构建统一公平、竞争有序、成熟完备的高质量数据要素市场体系，推动数据要素高效流通，不仅是来自国家顶层的规划目标，更是各市场微观主体的迫切愿望。[1] 现有地方立法文件中，已有部分省市的规定体现出公平竞争意识，如《吉林省大数据条例（2023 修订）》第 69 条明确规定"市场主体应当遵守公平竞争原则"，并对垄断行为作了禁止性规定；《深圳经济特区数据条例》第四章第三节专门就"公平竞争"作了规定，为市场主体开展经营活动提供重要指导。除上述针对各类数据的整体性规定外，我国部分地方数据立法对公共数据授权运营的探索也明确规定应当以竞争性的方式确定被授权对象，典型的如《福建省政务数据管理办法》第 34 条[2] 和《海南省公共信息资源管理办法》第 28 条[3] 等。以上规定均以公平竞争作为根本原则，有利于确保数据要素市场建设和发展过程中的有序推进。但各地数据立法和实践中也反映出不利于公平竞争的突出问题，主要体现在以下方面：

第一，产业政策为数据要素市场发展提供重要保障的同时，也面临行政权力滥用、妨碍公平竞争的风险。[4] 当前，为加快数据要素市场培育与发展，部分省市相继推出各类扶持政策。例如，《贵州省大数据创新中心创新创业基地服务管理暂行办法》第 5 条[5] 等明确将在本地落户作为享受优惠政策的必要条件，实际上变相强制外地经营者在本

---

[1] 付宏伟：《推动数据高效流通促进数据要素市场高质量发展》，载 https://www.ndrc.gov.cn/xxgk/jd/jd/202212/t20221219_1343662.html，最后访问日期：2024 年 1 月 24 日。

[2] 《福建省政务数据管理办法》第 34 条："省、设区市数据管理机构可以授权有关企业以数据资产形式吸收社会资本合作进行数据开发利用；授权企业应当通过公开招标等竞争性方式确定合作开发对象。"

[3] 《海南省公共信息资源管理办法》第 28 条规定："公共信息资源管理机构可以以数据资产形式与社会机构合作，或通过公开招标等竞争性方式确定开发机构，开发利用公共信息资源，开展数据增值服务。开发合同中应明确公共信息资源开放利用过程中采集、加工生产产生的数据免费提供公共机构共享使用。"

[4] 陈兵、赵秉元：《数据要素市场高质量发展的竞争法治推进》，载《上海财经大学学报》2021 年第 2 期。

[5] 《贵州省大数据创新中心创新创业基地服务管理暂行办法》第 5 条："申报省级大数据创新中心应满足以下基本条件：（一）建设及运营主体为贵州省境内注册的具有独立法人资格的企（事）业单位，运营管理规范，社会信用良好，无违法违纪行为……"《贵州省大数据创新中心创新创业基地服务管理暂行办法》第 10 条："……鼓励市（州）对辖区内大数据创新中心、创新创业基地给予政策支持、资金扶持。"

地开展投资活动，违反我国《反垄断法》第43条"行政机关和法律、法规授权的具有管理公共事务职能的组织不得滥用行政权力，采取与本地经营者不平等待遇等方式，排斥、限制、强制或者变相强制外地经营者在本地投资或者设立分支机构"的规定。除立法文件外，部分地方还通过政策引领，以税后优惠等政策扶持数据企业发展。此类优惠政策可能增强数据企业的市场力量，由此导致数据企业和传统企业间竞争条件出现差异，一定程度上破坏公平竞争的市场环境。[1]

第二，公共数据授权运营机制中，授权对象的选择存在竞争隐患。虽然学界目前对公共数据授权运营的法律属性等问题存有争议，但就授权对象的选择而言，均认可应采用竞争性方式，而非通过行政指定或其他排他、独家所有等方式，但目前仅有少数省（直辖市）明确规定采用竞争性方式。

除立法文件外，目前实践中较常见的公共数据授权运营模式是国有资本运营公司模式，即公共管理和服务机构将公共数据全权授予国有资本运营公司，通过其全资持股或参股项目公司的方式统一实施对被授权数据的增值性开发利用。例如，成都市授权市大数据集团开展"政府数据授权集中运营"；[2]上海市政府授权国有控股公司"上海数据集团有限公司"承担上海市公共数据、国企数据、行业数据及其他社会数据的授权运营；[3]贵阳市国资委间接控股的贵阳块数据城市建设有限公司，经市政府授权运营相关数据平台并提供数据服务。[4]根据信通院公布的《公共数据授权运营发展洞察》，截至2023年10月，国内有40余省市纷纷新成立或重组成立了一批地方性数据集团型企业作为当地的公共数据授权运营主体，承担平台建设运营、数据加工处理、数据产品提供等各项工作。[5]由此可见，虽然各地立法文件中并未明确提及以排他性方式确定授权对象，但不明晰的规定为不具有竞争性的授权活动开展提供了土壤。

竞争是市场机制的灵魂，市场机制的高效运行依赖于公平竞争的市场秩序，市场机制的主要功能通过竞争过程来实现。[6]不论是强势产业政策带来的竞争隐忧，抑或是公共数据授权运营相关规定不完善带来的潜在竞争风险，均反映出当前数据地方立法实践对公平竞争原则的重视程度不够。对此，应强化竞争政策基础地位，处理好竞争政策与产业政策等其他经济政策的关系，[7]推动产业政策与竞争政策协

---

〔1〕　陈兵、赵秉元：《数据要素市场高质量发展的竞争法治推进》，载《上海财经大学学报》2021年第2期。

〔2〕　参见《数字中国·成都先行｜打造数据要素流通创新样板》，载 https://difang.gmw.cn/sc/2021-04/26/content_34794708.htm，最后访问日期：2024年1月25日。

〔3〕　参见《上海成立数据集团构筑发展新优势 龚正揭牌，市政府正式授权数据集团开展公共数据运营业务》，载 https://www.shanghai.gov.cn/nw4411/20220930/0bab97e408b042d5885f542a69382242.html，最后访问日期：2023年12月22日。

〔4〕　但贵阳市大数据发展管理局发布《2023年市级信息化（第一批）新建项目服务采购》中明确了"单一来源说明"。该市级信息化新建项目符合《政府采购法》第31条第1款"只能从唯一供应商处采购的"以及《中华人民共和国政府采购法实施条例》第27条有关"公共服务项目具有特殊要求，导致只能从某一特定供应商处采购"的规定。建议本项目采用单一来源采购，由贵阳块数据城市建设有限公司统一组织实施。

〔5〕　地方性数据集团型企业：各地方新成立或当地原数字政府建设、智慧城市建设、政务信息化建设等企业主体重组成立的，具有地方属性的公共数据运营企业，包括地方数据集团、地方数字集团、地方数字化建设集团等。参见中国信息通信研究院云计算与大数据研究所：《公共数据授权运营发展洞察》，2023年12月公布。

〔6〕　江飞涛：《中国竞争政策"十三五"回顾与"十四五"展望——兼论产业政策与竞争政策的协同》，载《财经问题研究》2021年第5期。

〔7〕　时建中：《新〈反垄断法〉的现实意义与内容解读》，载《中国法律评论》2022年第4期。

调发展。同时，公平竞争审查制度是我国确立竞争政策基础地位的一项重要举措，应就各地有关公共数据授权的文件，进行实质性、高质量的公平竞争审查，防止地方采取垄断性的授权机制，让竞争性的授权运营机制带来繁荣，提高数据质量，提升数据赋能质效。

专题十三

省级数据立法中与全国统一数据市场相关的规定

近年来，我国数字经济快速发展，数字基础设施全球领先，数字技术和产业体系日臻完善，为更好发挥数据要素作用奠定了坚实基础。但与此同时，我国仍然存在数据孤岛、数据资源整合共享存在难度等阻碍建设全国统一数据市场的种种问题。为了更大程度地高质量释放数据价值，推动建立全国统一的数据市场势在必行。

2023 年 2 月 27 日，中共中央、国务院印发《数字中国建设整体布局规划》，明确提出要"畅通数据资源大循环"，打通数据壁垒、促进资源优化配置和经济高质量发展，实现数据开放共享和更好的融合。2022 年 3 月 25 日《关于加快建设全国统一大市场的意见》，进一步明确要"加快培育统一的技术和数据市场"，其中包括完善市场信息交互渠道、破除地方保护和完善标准体系等具体建议。

具体而言，目前我国建设全国统一数据市场主要存在三大壁垒，即部门壁垒、地域壁垒和技术壁垒。本专题将就各地数据立法文件中与全国统一数据市场相关的规定进行梳理，从有利于和不利于打破三大数据壁垒这两方面分别进行归纳和分析。通过对我国 31 个省（自治区、直辖市）169 份省级数据立法规范进行内容检索，共有 25 省（自治区、直辖市）和 2 个经济特区在立法文件中规定了与建立全国统一数据市场相关的内容，相关的立法文件共计 38 份，其中包含地方性法规 29 份，地方政府规章 9 份。

一、与打破数据部门壁垒有关的规定

我国数字政府建设方兴未艾，但目前大多数政府部门之间仍存在数据共享不畅的问题，形成了基于行政管理"条块分割"的一个个数据孤岛。部门数据壁垒的长期存在引起了中央和地方的高度重视，出台一系列措施力图攻克难题。下文将通过梳理各省数据立法文件，发现和分析其中有利于和不利于打破部门壁垒的规定。

（一）有利于打破部门壁垒的规定

1. 健全部门间协调机制

2015 年，国务院公布《促进大数据发展行动纲要》，提出要"大力推动政府部门数据共享。加强顶层设计和统筹规划"。许多省、市等地方性立法文件均已明确规定建立健全省级、市级、县级数据工作协调机制，为同行政区划内的部门数据共享提供了顶层统筹协调机制。如表 13-1 所示，共有 18 个省（自治区、直辖市）和 2 个经济特区在其地方性立法文件中明确规定了要建立公共数据共享开放的统一协调机制。

表13-1 关于部门间协调机制的规定

省（自治区、直辖市）	典型立法	
北京市、天津市、河北省、河南省、山西省、陕西省、黑龙江省、吉林省、辽宁省、上海市、江苏省、浙江省、安徽省、福建省（厦门市）、山东省、广东省（深圳市）、广西壮族自治区、海南省、重庆市、四川省	《北京市数字经济促进条例》	**第四条** 市、区人民政府应当加强对数字经济促进工作的领导，建立健全推进协调机制，将数字经济发展纳入国民经济和社会发展规划和计划，研究制定促进措施并组织实施，解决数字经济促进工作中的重大问题。
	《上海市数据条例》	**第二十五条** 本市健全公共数据资源体系，加强公共数据治理，提高公共数据共享效率，扩大公共数据有序开放，构建统一协调的公共数据运营机制，推进公共数据和其他数据融合应用，充分发挥公共数据在推动城市数字化转型和促进经济社会发展中的驱动作用。
	《吉林省大数据条例（2023 修订）》	**第四条** 第一款 省人民政府应当加强对大数据工作的组织领导，建立健全大数据工作协调机制，统筹推进全省数据基础制度建设、数字基础设施建设、数据资源管理、数字产业发展和数据安全保障等工作，制定完善政策措施，督促检查政策落实，协调解决工作中的重大问题。

2. 建立数据跨部门共享平台

为进一步打破部门壁垒，各地方纷纷建立公共数据平台，并要求各部门按照共享和开放范围依法向公共数据平台汇聚部门数据。由各省、市统一建设公共数据共享和开放平台，不仅能在部门间直观展现各部门共享与开放的范围，而且能够避免各部门自建数据平台导致的数据割据、重复建设等不利后果。如表13-2所示，共有17个省（自治区、直辖市）和2个经济特区在其地方性立法文件中明确规定不同部门都应将其依法共享与公开的数据向省（自治区、直辖市）级统一的数据共享开放平台汇聚。

表13-2 关于跨部门数据共享平台的规定

省（自治区、直辖市）	典型立法	
天津市、河北省、河南省、山西省、陕西省、黑龙江省、吉林省、辽宁省、上海市、江苏省、浙江省、安徽省、福建省（厦门市）、山东省、广东省（深圳市）、广西壮族自治区、海南省、重庆市、四川省	《上海市数据条例》	**第二十七条** 第一款 市大数据资源平台和区大数据资源分平台（以下统称大数据资源平台）是本市依托电子政务云**实施全市公共数据归集、整合、共享、开放、运营的统一基础**设施，由市大数据中心负责统一规划。
	《吉林省大数据条例（2023 修订）》	**第二十九条** 第一款 行政机关、公共企事业单位应当将采集或者产生的公共数据按照公共数据目录确定的共享范围**向省公共数据平台汇聚**。

3. 政府向私人部门采购非公共数据

政府作为国家管理者，在宏观调控、市场监管、公共服务、社会管理与环境保护等方面对数据资源具有极大的需求，但仅凭政府自身进行收集也难以保证数据的全面性。鉴于实践中广泛存在的部门壁垒，如果政府能够向私人部门购买非公共数据，不仅能弥补本部门政府数据的资源短板，同时也有助于实现"更大范围"的部门间数据共享。基于此，部分地区在立法文件中对政府向私人部门进行非公共数据采购进行了规定。但结合当前实践，将可能带来以下两个方面的问题，如表 13-3 所示：一方面，仅有上海市、山东省等少部分地区明确规定建立政府采购非公共数据机制，而大部分地区并未在立法文件中规定政府数据采购事项，这将导致不同部门、不同区域间政府数据库集存在大小差异，数据统一供需匹配难度增加。另一方面，各地仅授予了政府对非公共数据的采购权能，而未规定具体的限制性条款，易产生地方保护主义的可能性，不利于数据统一流通。

当前，我国数据要素的市场化配置尚处于初级阶段，构建共享开放的数字经济发展新格局则须进一步促进数据资源供给侧互联互通。而政府建立非公共数据采购机制，不仅能够推进公共数据与社会数据融合发展，同时也能通过市场机制反过来进一步激发公共数据潜力。故仍须配套相应的数据价值评估、数据采购程序等限制性规则，来确保政府进行公平的非公共数据采购活动，从而促进数据更好融合，提升数据开放质量。

表 13-3　有关政府采购非公共数据的规定

省（自治区、直辖市）	典型立法	
上海市、山东省、江西省、重庆市、黑龙江省、四川省、福建省（厦门市）、山东省、河南省、江西省、广东省（深圳市）	《深圳经济特区数据条例》	**第四十四条** 公共管理和服务机构依法履行公共管理职责或者提供公共服务所需要的数据，无法通过公共数据共享平台共享获得的，可以由市人民政府统一对外采购，并按照有关规定纳入公共数据共享目录，具体工作由市政务服务数据管理部门统筹。
	《上海市数据条例》	**第三十二条** 本市财政资金保障运行的公共管理和服务机构为依法履行职责，可以申请采购非公共数据。市政府办公厅负责统筹市级公共管理和服务机构的非公共数据采购需求，市大数据中心负责统一实施。区公共数据主管部门负责统筹本行政区域个性化采购需求，自行组织采购。

（二）不利于打破部门壁垒的规定

1. 数据主管部门职权有限

各地成立的数据主管部门其职责主要限于"组织""指导""协调"和"统筹"等宏观层面，由各部门负责各自领域的数据工作。数据主管部门并未被赋予具体审查、监督其他部门数据工作的职权，因此，若面对同级强势部门拒绝政府数据共享和开放的情况，数据主管部门也无法采取制度化的措施推进统一的数据工作。如表 13-4 所示，7个省（自治区、直辖市）和1个经济特区在地方性立法文件中规定了数据主管部门的职权，但都限于宏观的指导协调统筹等。

表 13 - 4　关于数据主管部门职权的规定

省（自治区、直辖市）	典型立法	
北京市、天津市、吉林省、辽宁省、浙江省、福建省、（厦门市）、山西省、陕西省	《北京市数字经济促进条例》	**第五条** **市经济和信息化部门负责具体组织协调指导全市数字经济促进工作**，拟订相关促进规划，推动落实相关促进措施，推进实施重大工程项目；区经济和信息化部门负责本行政区域数字经济促进工作。 发展改革、教育、科技、公安、民政、财政、人力资源和社会保障、城市管理、农业农村、商务、文化和旅游、卫生健康、市场监管、广播电视、体育、统计、金融监管、政务服务、知识产权、网信、人才工作等部门按照职责分工，**做好各自领域的数字经济促进工作**。
	《吉林省大数据条例（2023修订）》	**第六条** 省大数据主管部门负责**指导协调**全省大数据工作，**统筹**全省数据资源整合共享和开发利用。 市级和县级大数据主管部门负责组织推进本行政区域内大数据的具体工作。 **其他有关部门和单位应当按照各自职责，依法做好大数据相关工作**。

2. 数据安全责任分配机制有待完善

政府部门间产生数据壁垒的一个重要原因还在于数据安全责任的分配机制。根据行政法上的权责统一原则，各政府部门各自推进本部门的数据相关工作，也就因此承担本部门数据工作中可能产生的风险和责任。如表 13 - 5 所示，目前地方性立法文件中并未明确政府数据共享时的数据安全责任应当如何分配，仅有 13 个省（自治区、直辖市）和 2 个经济特区明确规定了由各部门各自承担数据安全责任。因此，实践中，各部门为了减少政府数据共享中可能产生的风险和责任，往往会选择减少政府数据共享和开放的范围。

表 13 - 5　关于数据安全责任的规定

省（自治区、直辖市）	典型立法	
天津市、河北省、山西省、陕西省、吉林省、辽宁省、上海市、浙江省、江苏省、福建省（厦门市）、广东省（深圳市）、广西壮族自治区、四川省、重庆市、贵州省	《浙江省公共数据条例》	**第六条** 县级以上人民政府大数据发展主管部门或者设区的市、县（市、区）人民政府确定的负责大数据发展工作的部门（以下简称公共数据主管部门），负责本行政区域内公共数据发展和管理工作，指导、协调、督促其他有关部门按照各自职责做好公共数据处理和安全管理相关工作。 公共管理和服务机构负责本部门、本系统、本领域公共数据处理和安全管理工作。 网信、公安、国家安全、保密、密码等部门按照各自职责，做好公共数据安全的监督管理工作。

二、与打破数据地域壁垒有关的规定

数据壁垒不仅存在于部门之间，更存在于不同地区之间。尤其是不同地区的政府之间，存在巨大的数据地域壁垒。因为分散在各地方政府内的数据，无论是共享开放的范围、技术标准、平台建设仍未有效统一，还是出于地方保护主义的现实考虑，均导致在数据要素层面距离全国统一数据市场相去甚远。

（一）有利于打破地域壁垒的规定：数据跨区域合作机制

为积极响应中央建立统一数据市场的号召，不少省（自治区、直辖市）、经济合作区力图通过建立数据跨区域合作机制来进一步打破数据的地域壁垒。如表 13 - 6 所示，共有 13 个省（自治区、直辖市）和 2 个经济特区在其地方性立法文件中明确规定了数据跨省、跨经济合作区和跨国的合作交流机制。

表 13 - 6　关于数据跨区域合作机制的规定

省（自治区、直辖市）	典型立法	
天津市、河北省、河南省、山西省、陕西省、吉林省、重庆市、四川省、安徽省、上海市、江苏省、浙江省、福建省（厦门市）、广东省（深圳市）、广西壮族自治区、	《广东省数字经济促进条例》	**第七条** 第二款　县级以上人民政府及有关部门应当按照本省关于珠三角核心区、沿海经济带、北部生态发展区的区域发展格局，**加强数字经济区域优势互补、差异化协调发展**。 第三款　鼓励社会力量参与数字经济发展，**加强国内外交流合作**。
	《吉林省大数据条例（2023 修订）》	**第七条** 省人民政府及其有关部门应当推动公共数据领域**省际交流合作**，加强公共数据共享交换、数据融合发展应用等机制对接，发挥大数据在跨区域协同发展中的创新驱动作用。

（二）不利于打破地域壁垒的规定

然而即使顶层设计已经开始重视数据的跨地域流通，实践中仍存在许多细节措施实质上制约了数据跨区域流通。

1. 各地公共数据平台搭建模式不统一

公共数据平台的作用在于通过串联公共数据采集、存储、加工、流通等节点，从而打破"数据孤岛"。自国家"十四五"规划将加强公共数据开放共享确立为重点任务之一以来，各地区均开始逐步建立本省的公共数据平台，并将公共数据平台作为公共数据开放的唯一渠道。但总体而言，各地区公共数据平台建设仍处在初级阶段，公共数据聚合能力有待进一步提升，主要体现在以下两个方面：

第一，如表 13 - 7 所示，对于公共数据平台，各地呈现出不同的搭建模式，主要有两种模式：第一种模式是由省级政府统一建立公共数据平台，贵州省等地区采取此种模式。第二种模式是由省级、市级分别搭建本级公共数据平台，浙江省、安徽省等地区采取此种模式。

第二，如表 13 - 8 所示，各地不同层级的数据平台之间互联互通程度有所不同。

其一，对于采取省市两级分建模式的浙江省、安徽省等部分地区，直接规定两级平台须实现互联互通；但也有山东省、江苏省、宁夏回族自治区等部分地区并未明确要求。其二，仅有江苏省、四川省等少数地区明确要求将省级公共数据平台接入国家相关平台。

表 13 - 7　各地公共数据平台搭建情况

搭建模式	省（自治区、直辖市）	典型立法
省级统建	贵州省、四川省、广西壮族自治区、陕西省、海南省、广东省	《贵州省政务数据资源管理办法》 **第四条** 第一款　省人民政府统一领导并统筹协调全省政务数据资源管理工作。 第二款　省大数据主管部门负责具体指导、协调、调度、督办全省政务数据资源管理有关工作，统筹全省统一的政务云平台、政务数据平台的建设和管理，制订政务数据资源采集、存储、共享、开放、调度、利用等关键环节的标准规范并组织实施。
省市两级分建/直辖市区两级分建	浙江省、山东省、安徽省、江苏省、辽宁省、重庆市、江西省、黑龙江省、福建省、上海市、吉林省、天津市、宁夏回族自治区、湖北省、北京市、山西省、河北省	《浙江省公共数据开放与安全管理暂行办法》 **第十八条** 第一款　公共数据开放主体应当通过省、设区的市公共数据平台开放数据，不得新建独立的开放渠道；已经建成的开放渠道，应当按照有关规定进行整合并逐步纳入公共数据平台。因特殊原因不能通过公共数据平台开放的，应当事先向同级公共数据主管部门备案。
		《重庆市政务数据资源管理暂行办法》 **第二十三条** 市级共享系统由市政务数据资源主管部门组织建设，接入国家共享交换平台。区县（自治县）共享系统由区县（自治县）政务数据资源主管部门组织建设，接入市级共享系统。 除前款规定的两级共享系统外，各政务部门不得建设其他跨部门的数据共享系统。已经建设的其他跨部门数据共享系统，应当整合并入统一的共享系统。

表 13 - 8　各地公共数据平台互联互通情况

联通模式	省（自治区、直辖市）	典型立法
省内平台联通/直辖市内平台联通	浙江省、安徽省、江西省、黑龙江省、福建省、吉林省、天津市、湖北省、北京市	《江西省公共数据管理办法》 **第十条** 第三款　设区的市公共数据管理部门应当对已有的公共数据平台进行整合优化，实现省、市两级公共数据互联互通。

联通模式	省（自治区、直辖市）	典型立法
国家、省平台联通	江苏省、四川省、重庆市、上海市、河北省、贵州省	**第十三条** 第二款　省公共数据运行管理机构负责统筹建设和管理省公共数据平台并按照规定与国家平台对接，设区的市按照全省统一标准建设和管理本行政区域公共数据平台并与省公共数据平台对接，形成全省唯一的公共数据共享交换通道。 《江苏省公共数据管理办法》
		第五十二条 第一款　本市依托全国一体化政务服务平台与其他省、自治区、直辖市共同促进数据共享交换平台建设，推动数据有效流动和开发利用。 《重庆市数据条例》

2. 各地公共数据开放范围不统一

由于公共数据具有非竞争性、高度融合性等特征，公共数据开放能够创造节约创新成本、降低创新门槛的效应，是激发社会创新发展的重要支撑。自 2015 年国务院公布《促进大数据发展行动纲要》强调推动政府数据开放、促进资源整合，各地均开始加快政府数据开放进程。尽管各地通过公共数据开放在一定程度上提升了区域内资源汇聚能力与区域创新能力，但仍未形成具有全球竞争力的开放创新生态，而各地政府公共数据开放程度不统一则是其中重要影响原因之一，主要表现为以下两点：

第一，如表 13 - 9 所示，各地政府对公共数据开放采取了不同的管理模式：第一种是正面清单模式，海南省、广东省、北京市、浙江省等绝大部分地区即采取这种模式。第二种是负面清单模式，仅有贵州省在规定了正面清单之外也规定了负面清单。此外，还存在广西壮族自治区等少部分地区尚未通过立法明确开放数据的管理模式，使得开放数据范围较为模糊。公共数据开放的不同管理模式决定了政府确立数据开放范围的自由裁量空间大小，而管理权限存在差异将可能造成不同地区的数据流通自由化进程不一致。

表 13 - 9　各地公共数据开放管理模式采用情况

管理模式	省（自治区、直辖市）	典型立法
正面清单	海南省、广东省、浙江省、重庆市、黑龙江省、陕西省、四川省、福建省、上海市、安徽省、江苏省、江西省、山东省、北京市、内蒙古自治区、河南省、贵州省、山西省、吉林省、天津市	**第二十四条** 第二款　政务部门应当广泛征集社会公众对政务信息资源开放的需求，及时制定和调整政务信息资源开放目录，按照国家和本省有关规定将政务信息资源目录中的开放数据向全省统一的政务数据开放平台汇聚开放。 《海南省大数据开发应用条例》

管理模式	省（自治区、直辖市）	典型立法	
负面清单	贵州省	《贵州省大数据发展应用促进条例》	**第二十七条** **第一款** 实行公共数据开放负面清单制度。除法律法规另有规定外，公共数据应当向社会开放；依法不能向社会开放的公共数据，目录应当向社会公布。
未明确	广西壮族自治区	《广西政务数据"聚通用"实施细则（试行）》	**第三十四条** 政务数据汇聚严格执行以下流程： （一）编制目录。按照《政务数据资源目录编制指南》等标准规范要求，依照"应梳理、尽梳理"的原则，自治区大数据发展局组织各市、自治区各部门编制数据资源目录。 （二）发布目录。各市、自治区各部门通过自治区数据共享交换平台基于数据资源目录和数据共享需求清单100%发布数据资源目录。 （三）挂载资源。数据资源挂载主要通过库表交换方式、文件交换方式、服务接口方式挂载，实时共享交换数据。非结构化数据原则上转换成结构化数据后提供。各市、自治区各部门通过自治区数据共享交换平台基于数据资源目录和数据共享需求清单100%挂载数据资源。

第二，如表13-10所示，各地政府对重点（优先）开放数据范围规定不同：其一，仅天津市、北京市、四川省等少部分地区将重点开放数据范围仅限于民生保障、公共服务或高经济价值的数据。其二，吉林省、山西省等部分地区实施对民生保障、行业增值潜力高等具有重要意义的公共数据优先开放措施。此外，还存在贵州省、浙江省等部分地区将重点开放数据范围扩展至企业需求、社会治理、自然环境等领域。重点（优先）开放的公共数据是各地政府关注最密切、更新最及时的数据，而关注重点的不同将会使同种信息在不同地区更新及时性不统一，从而可能造成跨区域供需难以匹配。

表13-10 各地公共数据重点（优先）开放范围规定情况

重点（优先）开放范围	省（自治区、直辖市）	典型立法	
民生	天津市、海南省、辽宁省	《天津市促进大数据发展应用条例》	**第二十四条** 市和区人民政府及其有关部门应当采取措施，推进政务数据集中向社会开放，优先推动信用、交通、医疗、就业、社保、教育、环境、气象、企业登记监管等民生保障服务相关领域的政务数据向社会开放。

续表

重点（优先）开放范围	省（自治区、直辖市）	典型立法	
公共服务	北京市	《北京市政务信息资源管理办法（试行)》	**第二十二条** 行政审批、信用、交通、医疗、卫生、地理、文化、养老、教育、环保、旅游、农业、统计、气象等公共服务领域的政务信息资源应优先开放。
高价值	四川省	《四川省数据条例》	**第二十六条** 第五款 县级以上地方各级人民政府应当依法最大限度向社会有序开放公共数据，并推动企业登记监管、卫生、交通运输、气象等高价值数据优先开放。
民生/社会迫切需要	山西省、福建省	《山西省政务数据管理与应用办法》	**第十五条** 已主动公开的政务信息应当以数据形式无条件开放；与民生紧密相关、社会迫切需要的政务数据，应当优先开放。
民生/社会迫切需要/高价值	吉林省、广西壮族自治区、安徽省、内蒙古自治区、上海市、河南省	《广西公共数据开放管理办法》	**第四条** ……（二）需求导向，突出重点。从需求出发制定公共数据开放计划，优先开放民生紧密相关、社会迫切需要、商业增值潜力显著的高价值公共数据……
地方经济/政务/企业需求/公众生活需求	贵州省	《贵州省政府数据共享开放条例》	**第三十一条** 省人民政府大数据主管部门每年应当结合地方发展特色、政务协同要求、企业利用需求和公众生活需要，明确政府数据共享开放的重点内容，指导和监督相关行政机关按照重点内容提供数据，拓展政府数据共享开放范围、深化共享开放内容、强化动态更新。
公共服务/自然生态/企业需求	浙江省、江苏省、江西省、山东省、广东省、新疆维吾尔自治区	《浙江省公共数据开放与安全管理暂行办法》	**第七条** 第一款 公共数据开放主体应当根据本地区经济社会发展情况，重点和优先开放下列公共数据： （一）与公共安全、公共卫生、城市治理、社会治理、民生保障等密切相关的数据； （二）自然资源、生态环境、交通出行、气象等数据； （三）与数字经济发展密切相关的行政许可、企业公共信用信息等数据； （四）其他需要重点和优先开放的数据。

3. 未建立统一公共数据跨区域协同机制

公共数据开放有利于激活数据潜能、充分挖掘数据价值，从而最大限度地惠及所有人。数据开放应关注如何实现区域间的协同配合，但当前公共数据开放在区域间呈现出发展不协调的趋势，各省（自治区、直辖市）却未建立统一的公共数据区域协同机制，从而不利于数据跨区域流通。如表13－11所示，目前仅有广东省设立了跨区域开放争议解决机制，以及贵州省设立了跨区域开放审核机制。

表13-11　各地公共数据开放机制类型建设情况

机制类型	省（自治区、直辖市）	典型立法
跨区域开放审核机制	贵州省	**第四十条** 县级以上大数据主管部门应当明确政务数据资源统筹调度机构，负责审核本行政区域政务数据资源共享和开放目录，统筹调度本行政区域政务数据资源共享、开放和授权运营，及时受理本行政区域数据使用部门提出的跨层级、跨区域政务数据资源需求，并报上级大数据主管部门审核办理。
跨区域共享备案机制	广东省	**第二十五条** 公共管理和服务机构需要跨层级或者跨区域共享公共数据的，应当按照第二十三条规定的程序和要求，通过省政务大数据中心直接向数源部门提出共享请求，并同时向上一级和同级公共数据主管部门备案。
跨区域共享审核机制	贵州省	**第四十条** 县级以上大数据主管部门应当明确政务数据资源统筹调度机构，负责审核本行政区域政务数据资源共享和开放目录，统筹调度本行政区域政务数据资源共享、开放和授权运营，及时受理本行政区域数据使用部门提出的跨层级、跨区域政务数据资源需求，并报上级大数据主管部门审核办理。
跨区域共享争议解决机制	广东省	**第五十一条** 第二款　跨层级或者跨区域公共管理和服务机构之间在公共数据采集、使用和管理过程中发生争议的，应当自行协商解决；协商不成的，由共同的上一级公共数据主管部门参照前款规定解决。

《贵州省政务数据资源管理办法》《广东省公共数据管理办法》

三、与打破数据技术壁垒有关的规定

要激活数据要素价值，还有一个不可忽视的难题，即数据的技术壁垒。我国数据流通目前存在标准不一的情况，这导致了各部门、各行业、各地区间的数据整合和流通存在技术困难。公共数据作为政府管理与服务过程中产生、收集的数据，其数量、质量是一般数据所不能达到的。而建立规范、统一的部门间、省际、省内公共数据标准的目的在于：一方面，能够以规范方式确保公共数据的质量与一致性，减少数据错误与混淆风险；另一方面，则能够为跨区域公共数据流通提供一致的共享、开放框架，增强公共数据的互操作性与可集成性。故须进一步推进公共数据标准的统一建设，为跨部门、跨层级、跨区域的公共数据流通奠定良好基础。

（一）有利于打破技术壁垒的规定：统一要求编制数据目录

公共数据资源目录是政府管理相关数据资源的重要工具，其目的在于高效实现对数据资源的发现、定位与利用。当前，大部分地区均在立法文件中确立了对公共数据资源采取统一目录管理制度，即指通过编制"公共数据资源目录"实现所有公共数据的归集，从而达到方便数据共享、开放的目的。如表 13 - 12 所示，14 个省（自治区、直辖市）和 2 个经济特区已经在其地方性立法文件中明确要求各级、各部门都应按照编制规范编制数据目录。

表 13 - 12　关于编制数据目录的规定

省（自治区、直辖市）	典型立法	
北京市、天津市、河北省、河南省、山东省、山西省、陕西省、黑龙江省、吉林省、辽宁省、上海市、浙江省、福建省（厦门市）、广东省（深圳市）、重庆市、贵州省	《山东省大数据发展促进条例》	**第十六条** 第一款　数据资源实行目录管理。
	《吉林省大数据条例（2023 修订）》	**第二十七条** 第一款　省大数据主管部门负责制定公共数据目录编制规范并组织实施。公共数据目录包括公共数据资源清单、共享清单、开放清单。行政机关、公共企事业单位**应当按照编制规范编制和更新本单位公共数据目录。**

（二）不利于打破技术壁垒的规定：各地公共数据资源目录编制标准不统一

尽管大部分地区在立法文件中都规定了编制数据目录的要求，但各地对于编制目录的参考标准与编制授权情况有所不同：一方面，如表 13 - 13 所示，各地编制目录的参考标准并未统一，出现了四种情况。其一，安徽省等地区仅参照国家标准编制目录；其二，山东省等地区选择同时采取参照国家与省（直辖市）级标准；其三，北京市等地区选择仅采取参照省（直辖市）级标准；其四，上海市等地区并未明确选择参照何种标准。另一方面，如表 13 - 14 所示，部分地区会授权下级政府制定补充目录，且授权对象存在差异。比如，安徽省仅授权设区的市可编制补充目录，而山东省、上海市等地区则将授权对象扩大至县（市/区）。

表 13 - 13　各地公共数据资源目录编制标准规定情况

参考标准	省（自治区、直辖市）	典型立法	
国家标准	安徽省、广西壮族自治区、辽宁省、重庆市	《安徽省政务数据资源管理办法》	**第十三条** 第一款　本省政务数据资源按照国家有关规定由省数据资源主管部门实行统一的目录管理。
国家＋省（直辖市）标准	山东省、浙江省、江苏省、贵州省、天津市、江西省	《山东省电子政务和政务数据管理办法》	**第十五条** 政务数据实行目录管理。 省人民政府大数据工作主管部门负责组织编制省级政务数据总目录，统筹全省政务数据目录编制工作。 设区的市和县（市、区）人民政府的大数据工作主管部门负责组织编制本级政务数据总目录。

参考标准	省（自治区、直辖市）	典型立法	
国家+省（直辖市）标准	山东省、浙江省、江苏省、贵州省、天津市、江西省	《山东省电子政务和政务数据管理办法》	县级以上人民政府有关部门应当根据国家政务信息资源目录编制指南的具体要求，编制本部门的政务数据目录，明确政务数据的分类、格式、属性、更新时限、共享类型、共享方式、使用要求等内容，并报本级人民政府大数据工作主管部门备案。
省（直辖市）标准	北京市、四川省、广东省、河北省	《北京市数字经济促进条例》	**第十六条** 第一款　公共数据资源实行统一的目录管理。市经济和信息化部门应当会同有关部门制定公共数据目录编制规范，有关公共机构依照规范及有关管理规定，编制本行业、本部门公共数据目录，并按照要求向市级大数据平台汇聚数据。公共机构应当确保汇聚数据的合法、准确、完整、及时，并探索建立新型数据目录管理方式。
未明确	上海市、山西省、陕西省、黑龙江省、浙江省、福建省、吉林省、宁夏回族自治区	《上海市数据条例》	**第二十八条** 第二款　市政府办公厅负责制定目录编制规范。市级责任部门应当按照数据与业务对应的原则，编制本系统、行业公共数据目录，明确公共数据的来源、更新频率、安全等级、共享开放属性等要素。区公共数据主管部门可以根据实际需要，对未纳入市级责任部门公共数据目录的公共数据编制区域补充目录。

表 13-14　各地公共数据资源目录编制授权情况

授权对象	省（自治区、直辖市）	典型立法	
设区的市	安徽省	《安徽省政务数据资源管理办法》	**第十四条** 省政务部门应当按照政务数据资源目录编制要求，梳理本部门本系统政务数据资源，编制本部门政务数据资源目录。 设区的市人民政府数据资源主管部门对未纳入省政务数据资源目录的本地区政务数据，经省人民政府数据资源主管部门同意，可以编制本地区政务数据资源个性化目录。

续表

授权对象	省（自治区、直辖市）	典型立法	
设区的市和县（市/区）	山东省、广西壮族自治区、陕西省、黑龙江省、浙江省、福建省、宁夏回族自治区、广东省、吉林省、上海市、江西省	《山东省电子政务和政务数据管理办法》	**第十五条** 第三款　设区的市和县（市、区）人民政府的大数据工作主管部门负责组织编制本级政务数据总目录。
		《上海市公共数据和一网通办管理办法》	**第十七条**（资源目录） 本市对公共数据实行统一目录管理，明确公共数据的范围、数据提供单位、共享开放属性等要素。市大数据中心负责制定公共数据资源目录的编制要求。市级责任部门应当对本系统公共数据进行全面梳理，并按照编制要求，开展本系统公共数据资源目录的编制、动态更新等工作。市大数据中心对市级责任部门报送的公共数据资源目录进行汇聚、审核后，形成全市的公共数据资源目录。 区主管部门可以根据实际需要，对本区内未纳入全市公共数据资源目录的个性化公共数据进行梳理，编制本区公共数据资源补充目录。

四、评价

数据的非竞争性、可复制性和非排他性，决定了不应对数据作绝对权的安排，而应通过数据权利制度安排，让数据可以被更多主体合法地持有、加工、利用，以利于数据资源在更大范围、更大程度发挥数据要素价值，促进数据资源更高质量、更高效率的开发利用。[1] 由此可见，数据价值的释放须依赖于数据在大范围内广泛高效的流通，为了实现这一点，建立健全我国统一数据市场体系至关重要。

建立全国统一的数据市场体系不仅是我国构建完整数字经济产业链的重要途径，也是释放数据红利、创造经济新发展格局的重要支撑。我国数据储量十分丰富，尤其是公共数据，但却尚未实现高度的自由流动，而是被困在一个个数据孤岛中。造成这一问题的主要原因有如下三点：其一在于各部门利益和责任不匹配，这导致了数据流通的部门壁垒；其二在于各地方依然存在严重的地方保护主义倾向，这导致了数据流通的地域壁垒；其三在于各地各部门在编制数据目录、制定数据共享和开放标准、建设公共数据共享开放平台等环节"各行其是"，这导致了数据流通的技术壁垒。

为了打破数据流通中的部门壁垒，首先需要解决数据管理部门职权不清、权威不足的问题。2023年10月25日，国家数据局正式挂牌成立。此后，各省数据局或数据主管部门相继成立，截至2024年2月全国已有14个省份挂牌成立数据局，包括北京市、天津市、上海市、江苏省、四川省、内蒙古自治区、云南省、青海省、河北省、

---

〔1〕　时建中：《数据概念的解构与数据法律制度的构建　兼论数据法学的学科内涵与体系》，载《中外法学》2023年第1期。

广东省、福建省、湖南省、河南省和湖北省。过去，与数据相关的政策从不同部委出台，在政策目标设定及具体时间表与路线图方面未能形成最大合力。我国在中央层面率先成立国家数据局，意味着未来数字中国整体建设规划和操作执行有了明晰且统一的组织保障，对稳定政策预期、强化资源配置合力、充分发挥我国新型举国体制优势具有积极意义。不仅如此，国家和地方数据局的成立明确了中央和地方数据管理部门的具体职权，使数据管理部门能够更加强有力地推进和监督其他部门的数据共享和开放工作，这无疑有助于推动不同政府部门和公共机构的数据、省际和省内公共数据更好地整合在一起，推进跨部门和跨地域的数据共享流通，从而减少部门和地域数据壁垒。

其次需正确设定政府各部门在数据共享和开放事项中的正面激励和负面激励。目前我国各地的实践中，政府部门人员并不会因数据共享与开放工作完成的好坏而获得提拔或处罚，大多数情况下只会因数据共享或开放过程中产生的数据错误、泄露等问题承担责任。如上文表 13 - 3 所示，绝大多数省（自治区、直辖市）在其地方性立法文件中写明由各部门各自承担数据安全责任，例如，《浙江省公共数据条例》第 6 条第 2 款就规定了"公共管理和服务机构负责本部门、本系统、本领域公共数据处理和安全管理工作"。当各地立法文件构建的数据管理和开放制度并不能向各政府部门提供任何正面激励，而一味地强调数据共享和开放过程的数据安全责任这一负面激励，产生数据的部门壁垒将无可避免。为了真正打破各个行政部门"不敢共享开放"和"不愿共享开放"的顾虑，或可考虑增加正面激励和减少负面激励，将部门数据共享开放建设程度纳入任命、考察的考核指标中，并进一步划清各部门将数据上传数据共享开放平台过程前后的数据安全管理责任，为各部门"减负"。通过调节各地、各部门政府机构的正面激励和负面激励，使得各地政府及其不同部门自愿产生数据共享与开放的动力，方是解决数据部门壁垒的治本之道。

为了打破数据流通中的地域壁垒，首先需深入研究并加大宣传数字经济的科学规律、市场规律和法治规律，从而破除地方保护主义的迷思。数据毫无疑问已经成为继土地、劳动力、资本和技术之后经济发展和全球竞争的新型关键生产要素。在 21 世纪，数据的重要性不亚于石油等战略物资。不出所料，各地为了保护地方利益和产业利益，总体倾向于将数据"囤"在"本地"，例如，由该地方所控制的数据云平台等。但数据真正的价值并不在于其数量之巨大，而是在于不同质的数据与数据之间、不同范围的数据集与数据集之间相互交流和碰撞后，经过数据科学技术的提取、分析和深度学习，从而产生经济价值、预测气象灾害、提供政策建议等。数据地方保护主义屡禁不止的根源是各地仍将数据与传统的土地、劳动力等生产要素进行对等，误认为"占有"数据就等于"获得"数据价值。在这个意义上，只有当数据流通起来，基于科学技术和市场规律形成经济价值、社会价值后，数据才是真正有价值的生产要素。至于不同地区是否能平等地受益于数据流通所产生的经济效益，则应取决于各地的扶持政策和营商环境等是否能吸引数据企业和数据项目，而非依赖于数据封锁或限制竞争等策略。

其次需进一步推进各地公共数据平台的互联互通。目前，国家明确规划要建成"1 + 32 + N"的全国一体化政务大数据体系，要求 32 个省级（含自治区、直辖市、新疆生产建设兵团）政务数据平台接入 1 个国家政务大数据平台，同时要求各地内部不同层级的平台实现统分结合、共建共享。[1]通过梳理各省的立法文件可以清晰地观察到各地已经纷纷推出了统一的公共数据共享开放平台。然而，大部分地区并未明确要求将本省公共数据平台接入国家相关平台，也未明确要求省市两级平台实现互联互通，甚至存在浙江省[2]对省市两级平台的开放权限分别规定的情况。这一方面将导致省内公共数据难以级联对接，共建共享；另一方面将导致各地公共数据难以有效汇聚整合，国家难以对政务数据统筹管理、有序调度，严重阻碍形成一体化的公共大数据体系。

为了打破数据流通中的技术壁垒，需要进一步统一中央和各级地方在数据目录编制、政务数据平台建设、政务数据共享开放格式等问题上的技术标准。以公共数据目录编制为例，截至目前，国家层面的数据目录编制规范仍在制定中，[3]地方层面也仅有浙江省公布了公共数据目录编制规范。[4]由此可见，各地区在进行目录编制时，大部分地区不仅无国家层面的目录编制规范用以参照，同时也无法参照省一级目录编制规范性文件。由于数据资源目录涉及对元数据的描述，在参考标准不统一、未预留"按照国家……的要求"相关表述，并且授权制定补充目录的对象范围大小不一致的情形下，不仅极易导致省际间和省内各市间的数据资源目录过度差异化，阻碍形成一体化的数据标准体系；也与《全国一体化政务大数据体系建设指南》[5]中"国家标准为核心基础、以地方标准和行业标准为有效补充……"的要求相去甚远。再以政府数据开放范围与开放模式为例，增强数据要素共享性、普惠性的有效措施之一，即是提高数据可用、可信、可流通水平，并合理降低市场主体获取数据的门槛。[6]当前，尽管各地均在努力提升本地公共数据的开放程度，但由于各地采取的数据开放管理模式不同、重点开放数据范围不一致，这些技术标准的不统一最终也将阻碍部门之间和区域之间数据的有效流通。

综上所述，构建全国统一数据市场体系是一个系统工程，将面临治理机制、激励机制、技术规范等诸多方面的挑战。在治理机制层面，不仅需成立统一的数据管理协调机构，并赋予其有制约力和威慑力的职权与执行工具，而且应当制定全国范围内的数据共享开放及其协调机制，促进数据的跨部门和跨区域流动。在激励机制层面，由于组织利益和地方利益之间存在重大差异，其数据共享与开放的意愿有高有低，因此，需考虑针对性地提供正面激励、减少负面激励，从宏观与微观两方面综合平衡不同部门和不同地区的组织利益和经济利益。在技术规范层面，不同部门和地区

---

〔1〕　参见国务院办公厅关于印发《全国一体化政务大数据体系建设指南》的通知总体框架部分，国办函〔2022〕102 号，2022 年 09 月 13 日公布。

〔2〕　《浙江省公共数据开放与安全管理暂行办法》第 18 条第 2 款："省公共数据平台负责开放省公共数据主管部门和省有关部门获得、归集的公共数据；设区的市公共数据平台负责开放本级有关部门以及设区的市公共数据主管部门获得、归集的公共数据和其他特色数据。"

〔3〕　参见国务院办公厅关于印发《全国一体化政务大数据体系建设指南》的通知，国办函〔2022〕102 号，2022 年 9 月 13 日公布。文件强调要加快编制国家标准，各地区各部门、行业主管机构应结合国家政务大数据标准体系框架和国家标准要求，开展地方标准编制工作。

〔4〕　参见《数字化改革 公共数据目录编制规范》，DB33/T2349—2021，2021 年 7 月 5 日公布。

〔5〕　参见国务院办公厅关于印发《全国一体化政务大数据体系建设指南》的通知，国办函〔2022〕102 号，2022 年 09 月 13 日公布。

〔6〕　参见《中共中央 国务院关于构建数据基础制度更好发挥数据要素作用的意见》，载 http://www.gov.cn/zhengce/2022-12/19/content_5732695.htm，最后访问日期：2024 年 2 月 3 日。

的数据标准不一，使数据难以有效集成，因此，必须合理制定通用统一的数据格式规范和技术标准，用以推动实现不同系统的数据兼容互联。此外，还需要政府和各类社会主体合作共建、扬长避短。通过政企联动、系统规划循序渐进地完善公共数据服务设施，正面回应上述诸多挑战与问题，方能构建共享开放、安全高效的全国统一数据市场体系，进而推动数字经济产业链、价值链与创新链深度融合，最终实现经济高质量增长。

专题十四

省级数据立法中关于促进数据开放、赋能数字经济发展的亮点规定

数据对于数字经济的发展有着不可替代的推动作用。通过促进数据的开放，不仅可以加速信息的流通，还可赋能各个经济领域，释放巨大的创新潜能。面对这一挑战与机遇，许多地方政府已经认识到促进数据开放的重要性，并且通过立法和政策引导在此方向做出了不懈努力，以期通过数据的整合和共享，赋能数字经济的更为繁荣和持续发展。本专题重点关注的内容：一是各地政府在"促进区域内数据开放"方面的亮点规定，着眼地方区域内部的数据整合与共享；二是各地政府在"促进跨区域数据开放"方面的亮点规定，关注跨地域的数据合作与流通。

一、促进区域内数据开放的亮点规定

"数据二十条"的第六部分"保障措施"，明确规定地方需要加大政策支持力度、积极鼓励试验探索、稳步推进制度建设，保障并且促进数据高效流通使用、赋能经济。在此背景之下，近年来各省（自治区、直辖市）大胆尝试，积极落实文件要求。具体而言，当前数据地方立法文件中的尝试，主要分为构建保障数据开放的基础制度、出台促进数据开放的具体措施两类。

（一）保障数据开放的基础制度

保障数据开放的基础制度主要包括数据建设、数据交易、数据供给等内容，旨在最大限度激活数据要素价值，培育数据要素市场，加快数字经济发展。对此，**各省（自治区、直辖市）的数据立法文件围绕基础设施建设、数字企业发展扶持、企业开放数据倡导机制三方面，统筹构建数据开放的保障制度。**

1. 数字基础设施建设

数字基础设施是数据开放、经济发展的基础，统筹推进算力、通信、技术、安全等方面的数字基础设施建设，是保障数据开放、赋能经济发展之关键。根据对各省（自治区、直辖市）数据条例的检索结果，约1/3的地区**专章规定了"数字基础设施"**，具体、细致地划分了政府部门推进数字基础设施的职责，支持数字基础设施的高效利用和优化配置。值得关注的是，这些条例都对数字基础设施进行了分类，相应地规定各类基础设施的建设要点，**即算力基础设施、通信网络基础设施、数据安全基础设施、融合基础设施和技术基础设施**（见表 14-1）。

在此基础上，还有少数省（直辖市）地区规定了与本地经济发展相适应的特定领域下的数字基础设施建设，主要有城乡供水数据、医疗数据、科学数据等。《浙江省水利工程数据管理办法（试行）》聚焦水利工程数据这一应用领域，提出积极实施水利工

表14-1　各地有关数字基础设施建设的规范内容

类型	规范名称	规范内容
算力基础设施	《福建省大数据发展条例》	**第二十二条** 省、设区的市人民政府大数据主管部门以及其他有关部门应当构建全省一体化大数据中心体系，**统筹推进数据中心、超算中心和边缘计算节点等算力基础设施建设**，发展云计算等大数据计算能力工程，构建高效协同的智能算力生态体系。
	《河南省数字经济促进条例》	**第十三条** 县级以上人民政府及有关部门、省通信管理部门应当支持新一代移动通信网络建设、光纤宽带网络优化布局和卫星互联网络、量子通信网络发展，推进互联网骨干网、城域网、接入网等信息通信网络建设。 工程建设、设计等单位应当将信息通信网络基础设施作为主体工程的重要组成部分，按照有关建设设计标准和规范同时设计、同时施工、同时验收，并保留完整的管线分布等数字基础设施建设档案。
	《河北省数字经济促进条例》	**第十二条** 省人民政府发展改革部门、工业和信息化主管部门、省网信部门和省通信管理部门应当统筹推进新型数据中心、云计算中心、超算中心、智能计算中心等建设及传统数据中心升级改造，支持企业建设公共算力服务平台，构建布局合理、存算均衡、绿色低碳、安全高效的算力基础设施。 设区的市、县级人民政府应当按照上级人民政府统一部署，推进算力基础设施建设。
	《辽宁省大数据发展条例》	**第七条** …… （三）全省大数据中心建设应当根据全国一体化大数据中心建设总体布局，充分利用国家算力资源，因需适度建设，实现全省算力资源高效建设利用与汇聚联通……
	《江苏省数字经济促进条例》	**第二十一条** 省人民政府以及有关部门应当推进算力基础设施建设，统筹全省数据中心合理布局，推动智能计算中心、边缘数据中心等新型数据中心建设，支持互联网、工业、金融、政务等领域数据中心规模化发展，提升计算能力，强化算力统筹和智能调度。 省、设区的市人民政府以及有关部门应当推进数据中心向集约高效、绿色低碳方向发展，推动已建数据中心节能改造。支持数据中心集群配套可再生能源电站，鼓励数据中心参与可再生能源市场交易；支持数据中心采用大用户直供、建设分布式光伏等方式提升可再生能源电力消费。
	《深圳经济特区数字经济产业促进条例》	**第十二条** 第一款　市发展改革、工业和信息化、科技创新、通信管理等部门应当统筹推进算力基础设施的规划建设，鼓励多元主体共同参与，构建以数据中心为支撑，云计算、边缘计算、智能计算和超级计算多元协同的发展格局。 第二款　鼓励面向数字经济应用场景开放算力资源与基础设施，探索建立算力交易平台，促进算力资源的高效利用和优化配置。

续表

类型	规范名称	规范内容
算力基础设施	《陕西省大数据条例》	**第十四条** 省人民政府及其有关部门应当统筹推进数据中心、智能计算中心、超级计算中心等存储与计算基础设施建设，支持优化升级改造，提升计算能力，推动多元计算协同发展，构建高效协同的数据处理体系。 设区的市、县（市、区）人民政府按照国家和本省统一部署，推进建设本区域数据中心、边缘计算中心等算力基础设施。
	《北京市数字经济促进条例》	**第十二条** 算力基础设施建设应当按照绿色低碳、集约高效的原则，建设城市智能计算集群，协同周边城市共同建设全国一体化算力网络京津冀国家枢纽节点，强化算力统筹、智能调度和多样化供给，提升面向特定场景的边缘计算能力，促进数据、算力、算法和开发平台一体化的生态融合发展。 支持对新建数据中心实施总量控制、梯度布局、区域协同，对存量数据中心实施优化调整、技改升级。
	《广西壮族自治区大数据发展条例》	**第十四条** 第二款　自治区、设区的市人民政府应当组织有关部门统筹推进新型数据中心、智能计算中心、边缘计算节点等算力基础设施建设，提高算力供应多元化水平，提升智能应用支撑能力。
	《山西省数字经济促进条例》	**第十四条** 省人民政府及发展改革、工业和信息化、通信管理等有关部门应当加强数据中心建设，有序推进算力基础设施规模化、集约化、绿色化发展。
通信网络基础设施	《河南省数字经济促进条例》	**第十三条** 第一款　县级以上人民政府及有关部门、省通信管理部门应当支持新一代移动通信网络建设、光纤宽带网络优化布局和卫星互联网络、量子通信网络发展，推进互联网骨干网、城域网、接入网等信息通信网络建设。
	《河北省数字经济促进条例》	**第十一条** 省通信管理部门应当加强通信网络布局和建设，推进新一代固定和移动通信网络建设，加强通信网络骨干网、城域网和接入网建设，提高网络容量、通信质量和传输速率。 新建、改建、扩建工程，根据相关规划需要配套建设数字基础设施的，工程建设、设计等相关单位应当按照有关建设设计标准和规范，预留通信网络等数字设施所需的空间、电力等资源，并与主体工程同步设计、同步施工、同步验收。
	《辽宁省大数据发展条例》	**第七条** 信息基础设施建设应当加快实施演进升级，全面增强数据感知、传输、存储、运算能力： （一）发展泛在协同的物联网感知设施应当规模化部署重点行业物联网感知设施，具备支持固移融合、宽窄结合的海量物联接入能力，建设低、中、高速移动物联网协同发展的综合生态体系，强化跨行业、跨领域共享； （二）高速宽带网络建设应当有序实现5G网络的乡村室外覆盖、重点区域深度覆盖、重点行业优先覆盖和交通干线沿线覆盖，城市千兆光纤网络全面部署，行政村千兆宽带全面覆盖，新一代互联网全面商用……

类型	规范名称	规范内容
通信网络基础设施	《江苏省数字经济促进条例》	**第十八条** **第一款** 县级以上地方人民政府以及有关部门应当加快通信网络基础设施建设，支持新一代移动通信网络和高速固定宽带网络部署，推进城乡信息通信网络服务能力一体化，提升网络性能和服务能力。
	《深圳经济特区数字经济产业促进条例》	**第十一条** 市工业和信息化、通信管理等部门应当支持新一代高速信息网络和移动通信网络建设，构建覆盖适度超前的通信网络、智慧专网、卫星互联网等通信网络基础设施体系，并统筹推进通信网络基础设施集约化建设和全市公共无线局域网升级。 市工业和信息化部门应当统筹全市多功能智能杆等综合性智能设施的建设和管理，建成后交由运营主体统一运营维护。
	《陕西省大数据条例》	**第十三条** 县级以上人民政府应当统筹推进信息基础设施建设，完善基础通信网络，加快推进大数据、云计算、区块链等信息基础设施建设，统筹布局新一代移动通信技术、人工智能等信息基础设施建设，推动信息基础设施共建共享、互联互通。
	《北京市数字经济促进条例》	**第十条** **第一款** 信息网络基础设施建设应当重点支持新一代高速固定宽带和移动通信网络、卫星互联网、量子通信等，形成高速泛在、天地一体、云网融合、安全可控的网络服务体系。
	《山西省数字经济促进条例》	**第十二条** 省通信管理部门应当加快通信网络基础设施建设，推进城乡信息通信网络服务能力一体化，提升网络性能和服务能力。
		第十三条 县级以上人民政府应当组织协调各类社会公共资源向新一代通信网络基站开放共享，强化新一代通信网络基站建设要素资源供给保障。
	《广西壮族自治区大数据发展条例》	**第十四条** **第一款** 县级以上人民政府应当统筹规划和推进本行政区域内物联网、信息网络、人工智能、区块链等信息基础设施建设，推动信息基础设施共建共享、互联互通，提高信息基础设施网络化智能化协同化水平，提升数据开发应用支撑能力。
数据安全基础设施	《福建省大数据发展条例》	**第二十四条** 省人民政府网信等有关部门应当构建全省统一的网络安全监测预警、应急处置平台，建立健全网络与信息安全标准体系，完善信息安全基础设施建设。
	《河南省数字经济促进条例》	**第十七条** **第一款** 县级以上人民政府及有关部门应当构建完善云网数端一体化协同安全保障体系，运用可信身份认证、数字签名、接口鉴权、数据溯源等数据保护措施和区块链等技术，强化对数据资源和算力资源的安全防护。 **第二款** 县级以上人民政府及有关部门应当推动企业和第三方机构创新云安全服务模式，强化数据安全技术服务能力。

续表

类型	规范名称	规范内容
融合基础设施	《深圳经济特区数字经济产业促进条例》	**第十四条** 市工业和信息化、通信管理等部门应当推动工业互联网基础设施建设，促进新一代信息技术与制造业深度融合创新，培育形成标识解析生态体系。围绕电子信息、汽车、智能装备等领域，开放和升级行业工业互联网平台，推动建设国家级工业互联网平台。
	《陕西省大数据条例》	**第十五条** 县级以上人民政府及其有关部门应当加强物联网建设，支持基础设施、城市治理、物流仓储、生产制造、生活服务等领域建设应用智能感知系统，推动各类感知系统互联互通和数据共享。
技术基础设施	《深圳经济特区数字经济产业促进条例》	**第十三条** 市发展改革、工业和信息化、科技创新等部门应当统筹推进人工智能、区块链、云计算、边缘计算等新技术应用，支持建设新一代人工智能开放创新平台、区块链底层平台、行业云平台等基础平台，建立领先的数字技术基础设施支撑体系。
	《北京市数字经济促进条例》	**第十三条** 新技术基础设施建设应当统筹推进人工智能、区块链、大数据、隐私计算、城市空间操作系统等。支持建设通用算法、底层技术、软硬件开源等共性平台。 对主要使用财政资金形成的新技术基础设施，项目运营单位应当在保障安全规范的前提下，向社会提供开放共享服务。

程数字化建设，提高数据采集自动化程度，通过数字赋能，驱动水利建设和发展。[1]《山东省健康医疗大数据管理办法》强调要提高**医疗数据的人工智能技术水平**、医用器械装备水平，从而推动医疗大数据应用发展和成果转化。[2]针对**科学数据的基础设施建设**，云南省和上海市均在其数据立法中予以明确。《云南省科学数据管理实施细则》提出要引导和鼓励**区块链技术**应用于科学数据管理中，对有条件的科学数据中心，在建设中有计划地部署区块链数据采集与管理基础设施。[3]《上海市科学数据管理实施细则（试行）》（草案）在科学数据管理中心的职责规定中，指出其主要职责之一是建立**共享服务系统和门户网站**，推动科学数据开放共享。[4]

除此之外，**数据交易基础设施建设**也是促进数据开放、连接与共享的重要一环。规范高效的数据交易场所能够激励更多主体开展数据流通和交易活动，汇聚大量高价值数据，扩大数据要素流通的规模。数据交易平台是支撑数据交易的重要基础设施，虽然仅有少数地区在其数据立法文件中提及数据交易平台的建设，实践中，各地已纷纷布局数据交易公共服务平台。比如2023年3月31日北京市宣布成立北京国际大数据交易所。具体在数据立法文件中，《江西省数据条例（征求意见稿）》《宁夏回族自治

---

〔1〕《浙江省水利工程数据管理办法（试行）》第11条。
〔2〕《山东省健康医疗大数据管理办法》第15条。
〔3〕《云南省科学数据管理实施细则》第11条。
〔4〕《上海市科学数据管理实施细则（试行）（草案）》第12条。

区大数据产业发展促进条例（草案）》指出，应推动建立全省统一的数据交易平台，推动区域性、行业性数据流通使用。《深圳市数据交易管理暂行办法》和《上海市数据交易场所管理实施暂行办法》则具体细致地规定了数据交易场所运营机构的职责、组织形式、行为要求。

2. 数字企业发展扶持

数字企业的良好发展能够激活经济的活力，促进数据要素的流通，是数据开放与增值的基础。总体而言，大部分地区的相关数字经济促进条例中，都有规定促进数字企业发展的扶持政策内容，主要包括财政支持和人才扶持两个方面。

就财政支持而言，数据地方文件主要提出了依法落实数字经济的税收优惠政策，发挥省级政策性基金作用，完善投融资服务体系，拓宽数字经济市场主体融资渠道等措施，旨在重点支持数字经济领域重大项目建设和高成长、初创型数字经济企业发展。[1]各省（直辖市）中也不乏亮点规定：**一是浙江省提出了科技诚信券制度**，即可被企业用于购买科技成果、检验检测、研究开发设计、中间试验、科技评估、技术查新、知识产权服务、技术培训等服务。[2]县级以上人民政府科技主管部门通过向企业和创业者发放科技创新券的方式，激发企业和创业者的创新动力，支持数字经济产业科技成果转化，从而为数据要素市场提供更多高价值数据。**二是上海市将开放过程中的经费纳入财政资金预算**，如公共数据开放所涉及的信息系统建设、改造、运维以及考核评估等相关经费。[3]此举有力地缓解了政府相关部门的数据开放压力，降低数据开放成本，在保障其行政效率的情况下，更积极地开放数据。**三是特殊的融资支持政策**，《河北省数字经济促进条例》提出政府相关部门应当引进天使投资、风险投资等投资机构，开发信息科技融资、知识产权质押融资、供应链金融等符合数字经济相关产业投融资特点的产品和服务，发挥政府性融资担保作用，支持保险机构为符合政策的数字经济企业和项目贷款提供保证保险和信用保险。[4]多方面、多种类的融资支持政策有利于初创科技企业的发展，降低中小企业参与数据交易的成本。

就人才扶持而言，多地提出了人才支持政策，引进高层次、高技能的数据相关人才，并按规定为其提供入户、住房、子女教育等优惠待遇；在人才培养环节中增设大数据相关专业，为大数据人才开展教学科研和创业创新等活动创造条件。[5]数据科技人才队伍的壮大，为数据交易、数据流通提供智力支持。特别地，其一，**江苏省规定了劳动用工服务指导制度**，规定人力资源社会保障等部门应加强数字经济领域劳动用工服务指导，保障平台经济、共享经济等新业态从业人员在工作时间、报酬支付、保险保障等方面的权益，提高从业人员的积极性，不断为数字企业创新注入活力，从而提高数字市场经济的活力。其二，**《贵州省大数据发展应用促进条例》为鼓励大数据企业的发展，规定了税收优惠政策**，即符合大数据高层次人才或者大数据企业员工年缴纳个人所得税达到规定数额的，按照有关规定给予奖励。[6]

---

〔1〕《广东省数字经济促进条例》第49条。
〔2〕《浙江省数字经济促进条例》第49条。
〔3〕《上海市公共数据开放实施细则》第37条。
〔4〕《河北省数字经济促进条例》第68条。
〔5〕《河南省数字经济促进条例》第54条。
〔6〕《贵州省大数据发展应用促进条例》第11条。

3. 企业开放数据倡导机制

目前，公共数据的开放义务已基本规定于各省级单位的相关数据立法文件中，且统一的省级数据开放共享平台是公共数据开放的基础。然而，在由行政主体产生、汇集的公共数据之外，部分地区特别规定了倡导企业开放其数据的制度，如表 14 - 2 所示，**鼓励企业将其数据上传到地方数据云平台，强化数据供给**，充分发挥数据要素赋能经济的效用。一方面，此举可以促进政企数据融合，最大化发挥数据应用的价值；另一方面，利用商业机构的数据开发能力，增强数据产品的创新性，提升数据市场活力。[1]

表 14 - 2　各地有关鼓励企业开放数据的规范内容

规范名称	规范内容
《吉林省促进大数据发展应用条例》	**第二十一条** 供水、供电、供热、供气、通信、公共交通等公用事业企业，行业协会、商会、学会等社会组织，医疗、教育、养老等社会服务机构，应当按照有关规定将依法采集或者产生的相关数据向省大数据平台归集，用于数据共享开放。 鼓励大数据企业将依法采集或者产生的相关数据，向省大数据平台汇聚。
《贵州省大数据发展应用促进条例》	**第二十六条** 第一款　全省统一的大数据平台（以下简称"云上贵州"）汇集、存储、共享、开放全省公共数据及其他数据。 第二款　除法律法规另有规定外，公共机构信息系统应当向"云上贵州"迁移，公共数据应当汇集、存储在"云上贵州"并与其他公共机构共享。 第三款　鼓励其他信息系统向"云上贵州"迁移，其他数据汇集、存储在"云上贵州"并与他人共享、向社会开放。
《江西省数据应用条例》	**第二十一条** 鼓励自然人、法人和非法人组织向政务部门和公共服务机构共享其合法取得的电子商务、城市管理、物流运输等与经济社会和民生发展密切相关的数据。 鼓励行业协会建立行业数据合作交流机制，推进行业数据汇聚、整合、共享。
《海南省公共数据产品开发利用暂行管理办法》	**第十一条** 依法获取的各类数据经处理无法识别特定数据提供者且不能复原的，或经特定数据提供者明确授权的，可以交易、交换或者以其他方式开发应用。 鼓励公共机构按照"数据可用不可见"、"数据可算不可识"等不同类型的交互方式经安全技术手段处理加密后，向授权的服务商提供使用有条件开放的公共数据资源，进行市场化开发应用。 鼓励企事业单位、社会组织通过共享获得、联机验证等方式使用公共数据资源。 各公共机构应创新公共数据资源开放应用模式，大力支持和推动公共数据资源的应用场景创新，促进公共数据资源在各领域与社会数据资源的融合开发利用。

---

〔1〕　参见杨东、毛智琪：《公共数据开放与价值利用的制度建构》，载《北京航空航天大学学报（社会科学版）》2023 年第 2 期。

除此以外，为避免平台企业过度关注自身商业利益，违背竞争秩序等社会公益，部分地区的地方性法规提出，要**引导平台企业开放数据资源**。[1]如表14-3所示，尽管这些规定的效力空间未能及于全国且较为原则性，但在平台数据垄断遭遇治理困境的当下，"引导平台开放数据资源"这一提法与路径探索本身就具有十分重要的意义。

表14-3　各地有关引导企业开放数据资源的规范内容

规范名称	规范内容
《江苏省数字经济促进条例》	**第三十五条** 第一款　引导互联网企业、行业龙头企业、基础电信企业开放数据资源和平台计算能力等……
《广东省数字经济促进条例》	**第十六条** 引导互联网企业、行业龙头企业、基础电信企业开放数据资源和平台计算能力等……
《浙江省数字经济促进条例》	**第二十一条** 第一款　县级以上人民政府及其有关部门应当通过产业政策引导、社会资本引入、应用模式创新、强化合作交流等方式，引导企业、社会组织等单位和个人开放自有数据资源。
《河北省数字经济促进条例》	**第二十三条** 第一款　县级以上人民政府及其有关部门应当通过产业政策引导、社会资本引入、应用模式创新、强化合作交流等方式，引导企业和其他组织依法开放自有数据资源，促进各类数据深度融合。
《上海市数据条例》	**第四十八条** 市政府办公厅应当制定政策，鼓励和引导市场主体依法开展数据共享、开放、交易、合作，促进跨区域、跨行业的数据流通利用。

（二）促进数据开放的具体措施

数据地方立法文件中数据供给、数据应用以及数据交易等方面的规定是保障数据开放的基础，为充分发挥数据开放的效用，全面深化数据开放程度，各地数据立法文件围绕数据开放程序、数据开放平台、数据安全管理和权益保障，规定了具体的促进措施。

1. 数据开放程序的便民措施

公共数据一般被分为无条件开放的公共数据、有条件开放的公共数据和禁止开放的公共数据。在数据开放程序上，虽然多数省（自治区、直辖市）都有所提及，但仅仅原则性、笼统性地规定了无条件开放、申请开放原则。只有少数地区具体规范了数据开放调度，如《广西公共数据开放管理办法》专章规定了数据开放调度管理，有条件开放类的公共数据应当严格执行其规定的调度流程，即需求申请、规范性审查、需求审核、需求审批以及签订数据使用协议，还特别规定了数据开放的质量校验和质量

---

[1]　参见王磊:《反垄断视角下促进大型平台开放数据的三重路径》，载《地方立法研究》2023年第1期。

评价，确保数据开放的完整性、准确性和时效性。

在数据开放调度的规定中，部分地区还特别规定了与数据获取相关的便利措施，主要有程序和技术两方面：**其一，数据开放程序便民。**对于有条件开放的政务信息资源或数据，为确保公众的数据诉求得到及时的反馈，部分地区要求有关部门应当在规定的工作日内予以回复，其中天津市的规定期限是 2 个工作日，贵州省、湖北省、山东省的规定期限是 10 个工作日，海南省、辽宁省的规定期限是 5 个工作日。通过对行政部门的答复作出时间限制，可以从程序上避免相关部门的低效懒政，防止群众的数据诉求石沉大海。**其二，数据开放技术便民。**数据作为以电子化形式记录和保存的信息资源，因其特殊的存储形式，群众在获取数据时会存在一定的技术障碍，例如，找不到访问入口、没有访问权限、不兼容等问题。为此，一些地区积极探索数据开放服务，完善数据开放措施，为群众获取数据提供方便，如表 14-4 所示。

表 14-4 各地有关数据开放便民程序、措施的规范内容

规范名称	规范内容
《宁夏回族自治区大数据产业发展促进条例（草案）》	**第二十二条** 行政部门应当根据公共数据开放目录，主动向社会开放公共数据资源。除法律法规另有规定外，对涉及工作秘密、商业秘密、个人隐私的数据，应当进行脱敏、脱密等技术处理 后向社会开放。 自治区人民政府大数据主管部门应当为社会公众提供方便的数 据应用接口，提升公共数据的社会化开发利用效率。
《吉林省促进大数据发展应用条例》	**第十五条** 第一款 公共数据包括无条件共享数据、授权共享数据和非共享数据。 第二款 属于无条件共享的公共数据，数据提供者应当按照公共数据共享清单的要求，按统一标准报送省大数据平台，**平台应当无条件提供相应访问权限。**
《上海市公共数据开放实施细则》	**第十七条** 对列入无条件开放类的公共数据，自然人、法人和非法人组织可以通过开放平台以数据下载或者接口调用的方式直接获取，**无须注册、申请等流程。**
《深圳经济特区数据条例》	**第五十条** 市政务服务数据管理部门应当依托城市大数据中心建设统一、高效的公共数据开放平台，并组织公共管理和服务机构通过该平台向社会开放公共数据。 公共数据开放平台应当根据公共数据开放类型，**提供数据下载、应用程序接口和安全可信的数据综合开发利用环境等多种数据开放服务。**

2. 数据开放平台的管理

为管理与规范公共数据的开放，绝大部分省（自治区、直辖市）均在法规文件中明确应当组织建立统一的公共数据开放平台，坚持省一级的互联互通、共建共享原则。值得一提的是，部分地区还明确禁止其他部门或下级政府相关部门另行建设新的数据共享平台，且规定已经建成的应当及时整合到省一级的数据共享平台，以此保障数据开放的统一性。同时，湖北省和河南省虽未明确禁止新数据共享平台的建设，但也规定了接入本级共享平台实现信息共享的义务。此类规定保证了相关部门对开放数据的

统一管理，同时也方便使用者直接从统一的平台中获取数据，提高数据获取的便捷性和全面性。

表 14 - 5　各地有关数据开放平台管理的规范内容

规范名称	规范内容
《江西省公共数据管理办法》	**第十条** 第一款　省公共数据管理部门应当依托现有的政务数据统一共享交换平台搭建公共数据平台，提供公共数据开放共享服务。**其他部门不得重复建设独立的公共数据平台**，法律、法规另有规定的除外。
《浙江省公共数据条例》	**第九条** 第二款　设区的市公共数据主管部门应当会同同级有关部门，按照省有关标准和指导规范的要求建设本级公共数据平台。**县（市、区）应当按照互联互通、共建共享原则，依托设区的市公共数据平台建设本级公共数据平台；确有必要的，可以单独建设**。 第三款　省、设区的市公共数据平台应当按照地方实际需要，及时向下级公共数据平台返回数据。
《河北省政务数据共享应用管理办法》	**第二十三条** 政务部门**不得新建跨部门、跨层级、跨地区的政务数据共享应用平台**，已经建成的应当整合到省一体化政务大数据体系。
《山东省电子政务和政务数据管理办法》	**第十条** 第三款　县（市、区）人民政府及其工作部门**不得新建电子政务云节点**；已经建设的，由设区的市人民政府大数据工作主管部门按照规定**逐步归并整合**。
《广东省公共数据开放暂行办法》	**第十七条** 第二款　地级以上市人民政府及其有关部门、县级人民政府及其有关部门未经批准**不得再新建数据开放平台**，已建成运行的开放平台应当向省公共数据主管部门备案，并纳入全省数据开放平台的管理体系。
《河南省政务信息资源共享管理暂行办法》	**第九条** 各级政务部门要按照政务信息系统整合共享要求，加快推进本部门政务信息系统整合，整合后按照有关标准规范接入本级共享平台。**新建的政务信息系统（国家有明确规定涉密等不适宜接入本级共享平台的除外）必须接入本级共享平台实现信息共享**。原有跨部门信息共享交换系统应逐步迁移到共享平台。
《湖北省政务数据资源应用与管理办法》	**第十五条** 第一款　政务部门新建或者改扩建业务系统，应当同步规划、编制政务数据资源目录，系统建成后，对应数据通过本级政务数据共享平台予以共享。

3. 数据安全管理和权益保障

第一，推行首席数据官制度。政府数据开放虽然有利于数据之经济价值与治理价值的发挥，但是各级政府在对数据进行开放时同样具有双重安全面向的要求，一重指向国家安全利益维护，另一重指向数据主体之合法权益保护。如何实现数据价值发挥与国家安全利益维护以及数据主体之合法权益保护的平衡，便构成政府数据开放的症结。[1]基于政府数据开放的困境，设立政府首席数据官可以保障政府数据开放的合法性、合理性、高效性、便利性和真实性。

北京市、上海市、广东省、江苏省等地政府推行建立首席数据官制度，统筹负责数据的管理与开发工作。现行立法对首席数据官的规定较为概括，**部分省（自治区、直辖市）开始逐步探索首席数据官制度的具体落实方案。**《广东省首席数据官制度试点工作方案》中提到广州首席数据官的职责，聚焦数据资源生命周期管理，推动数据治理、数据共享开放和开发利用，全面提升数据资源在数字政府建设中的核心驱动作用。[2]《深圳市首席数据官制度试点实施方案》增加了首席数据官开展特色数据应用探索的职责，要求在深圳不同地区分别开展对公共数据资源开发、智能社会治理应用等制度的试点工作，发挥首席数据官提高数据资源创新性利用水平的职责，促进释放数据要素红利。江苏省、浙江省则更关注将首席数据官制度在企业推广，江苏省全省开展了制度试点企业的遴选工作，推动企业重视对数据要素有效利用。

第二，建立数据质量控制制度。《数据安全法》对政务数据质量提出科学性、准确性和时效性要求，同时对建立政务数据安全管理制度和问责制度作出规定。建立数据质量控制制度，要求有关部门积极落实数据质量的监管责任，有助于提升公共数据内容质量，并通过开放、共享更好发挥公共数据价值，赋能数字经济发展，提升数据治理水平。

浙江省、上海市等地区建立并完善公共数据采集汇聚规则。浙江省建立公共数据全流程质控体系，对数据的准确性、时效性以及完整性予以保障。[3]浙江省杭州市对质控体系进行进一步细化，要求落实一体化智能化公共数据平台中公共数据归集、共享、开放过程中的质量监控、数据清洗、问题数据发现与反馈、数据溯源、责任定位、问题数据修正等工作，建立省、市、县问题数据治理工作机制，实现数据问题"发现—反馈—修正—共享"闭环管理。[4]

陕西省、江西省不仅规定了公共数据内容上的质量要求，而且在公共数据基础设施、共享开放、利用情况和成效、安全保障措施等方面建立评价机制，全链条、多方位进行监督。[5]吉林省明确提出了"谁采集、谁负责""谁校核、谁负责"的原则，并规定了"质量责任"的承担主体，将责任落实到了具体的机构部门。[6]四川省除了规定质控工作的部门和内容外，还在法律责任部分列举未按照规定开展公共数据质控工

---

〔1〕 王东方：《政府数据开放视域下政府首席数据官制度的必要性及其构建》，载《中国科技论坛》2022年第7期。

〔2〕 蒋敏娟：《迈向数据驱动的政府：大数据时代的首席数据官——内涵、价值与推进策略》，载《行政管理改革》2022年第5期。

〔3〕 《浙江省公共数据条例》第20条。

〔4〕 《规范公共数据管理，提高公共数据质量！杭州全面落实〈公共数据条例〉》，载http://safety.hangzhou.gov.cn/art/2022/11/29/art_1682785_58926900.html，最后访问日期：2023年3月12日。

〔5〕 《陕西省大数据条例》第24条、《江西省公共数据管理办法》第37条。

〔6〕 《吉林省公共数据和一网通办管理办法（试行）》第22条。

作的违规情形，从完善追责机制的角度督促相关部门落实质控责任。[1]与其他省份对数据内容质控要求不同，黑龙江省在内容准确性、完整性和时效性之外，增加了"真实性"的要求。[2]

第三，加强数据财产权益保护。 数据要素的市场化，本质上就是数据相关利益的市场交易。承认并保护数据行为主体的正当利益诉求，可以提高数据处理质量，可以提高数据要素及市场化的质量。[3]因此，部分省（自治区、直辖市）都对自然人、法人和非法人组织在数据处理活动中形成的数据产品和服务的财产权益予以规定和保护，如表14-6所示。其中上海市、辽宁省等地还格外强调保护数据创新活动产生的合法收益，有利于鼓励地方开展以数据为生产要素的技术或产业创新。另外，梳理各地方数据立法的发布时间，对于早期颁布的数据立法，例如，2016年公布的《贵州省大数据发展应用促进条例》、2018年公布的《天津市促进大数据发展应用条例》和2019年公布的《海南省大数据开发应用条例》，都没有关于数据权益的内容。"数据权益"探索性规定首次出现在2021年公布的《深圳经济特区数据条例》，其中明确自然人对个人数据依法享有人格权益，自然人、法人和非法人组织对其合法处理数据形成的数据产品和服务享有财产权益。这也是对"十四五"规划中建立健全数据要素市场规则的制度回应，通过赋予和保护自然人、法人和非法人组织就其在数据处理行为中形成的数字产品或服务的财产权益，来推动数据资源的交易流通和开发利用，加强数据要素供给激励，为激活数据要素价值创造和价值实现提供基础性制度保障。

表14-6 各地有关数据财产权益保护的规范内容

规范名称	具体规定
《上海市数据条例》	**第十二条** 第二款 本市依法保护自然人、法人和非法人组织在**使用、加工等数据处理活动**中形成的法定或者约定的**财产权益**，以及在数字经济发展中有关**数据创新活动**取得的合法**财产权益**。
《深圳经济特区数据条例》	**第四条** 自然人、法人和非法人组织对其合法处理数据形成的数据产品和服务享有法律、行政法规及本条例规定的**财产权益**。但是，不得危害国家安全和公共利益，不得损害他人的合法权益。
《厦门经济特区数据条例》	**第三十七条** 第二款 探索构建公平、高效、激励与规范相结合的数据价值分配机制，健全数据要素权益保护制度，鼓励和支持市场主体研发数据技术、挖掘数据价值、推进数据应用，通过实质性加工和创新性劳动形成数据产品和服务，并推动**依法使用，自主处分，获取收益**。
《辽宁省大数据发展条例》	**第三十一条** 依法保护数据处理市场主体在**使用、加工等数据处理活动**中形成的法定或者约定的**财产权益**，以及在数字经济发展中有关**数据创新活动**取得的合法**财产权益**。

---

〔1〕《四川省数据条例》第69条。

〔2〕《黑龙江省促进大数据发展应用条例》第18条。

〔3〕 时建中：《数据概念的解构与数据法律制度的构建 兼论数据法学的学科内涵与体系》，载《中外法学》2023年第1期。

续表

规范名称	具体规定
《广西壮族自治区大数据发展条例》	**第四十五条** 自然人、法人和非法人组织对其合法处理数据形成的**数据产品和服务**享有法律、法规规定的**财产权益**，依法自主使用、处分。
《黑龙江省促进大数据发展应用条例》	**第八条** 自然人、法人和非法人组织对其合法处理数据形成的**数据产品和服务**享有法律、行政法规及本条例规定的**财产权益**，依法自主使用，进行处分。
《河北省数字经济促进条例》	**第二十五条** 第一款　组织、个人依法获取并合法处理数据形成的数据产品和服务，所产生的**财产权益**受法律保护，可以依法交易。法律另有规定的除外。
《广东省数字经济促进条例》	**第四十条** 第一款　自然人、法人和非法人组织对依法获取的**数据资源开发利用的成果**，所产生的**财产权益**受法律保护，并可以依法交易。法律另有规定或者当事人另有约定的除外。
《北京市数字经济促进条例》	**第二十条** 第一款　除法律、行政法规另有规定或者当事人另有约定外，单位和个人对其合法正当收集的数据，可以依法存储、持有、使用、加工、传输、提供、公开、删除等，所形成的数据产品和数据服务的**相关权益**受法律保护。
《浙江省公共数据条例》	**第三十四条** 第二款　自然人、法人或者非法人组织利用依法获取的公共数据加工形成的**数据产品和服务**受法律保护，但不得危害国家安全和公共利益，不得损害他人的合法权益。
《重庆市数据条例》	**第三十三条** 自然人、法人和非法人组织可以通过合法、正当的方式依法收集数据；对合法取得的数据，可以依法使用、加工；对依法加工形成的数据产品和服务，可以**依法获取收益**。
《四川省数据条例》	**第三十八条** 第一款　自然人、法人和非法人组织可以依法使用、加工合法取得的数据；对依法加工形成的数据产品和服务，可以**依法获取收益**。

二、促进跨区域数据开放的亮点规定

　　为了落实《中共中央　国务院关于建立更加有效的区域协调发展新机制的意见》及《关于构建更加完善的要素市场化配置体制机制的意见》在"加快培育数据要素市场"部分明确提出"加快推动各地区各部门间数据共享交换"的要求。《国务院关于在线政务服务的若干规定》当中，也有"促进政务服务跨地区、跨部门、跨层级数据共享和业务协同"的规定。不过，尽管我国第二次《立法法》的修改，增设了区域协同立法相关制度。但是由于区域协同立法机制、区域协同立法程序等方面仍然缺乏具体的规定，导致中央文件中所强调的"同一区域跨省市协同数据共享交换"始终处于政策指引和分散化、概括化地区立法的尴尬阶段。

令人欣喜的是，我国目前已有许多地方开始在数据立法活动中做出初步的尝试。具体而言，可以大致划分为"地方与国家之间""地方与地方之间"两个跨区域数据开放层级。

（一）地方与国家之间的数据开放

当前，地方与国家之间的数据开放主要依托于国家政务服务平台。2018年4月，国家政务服务平台（一期）工程正式启动。作为全国一体化政务服务平台的枢纽，国家政务服务平台充分发挥公共入口、公共通道、公共支撑的作用，联通31个省（区、市）及新疆生产建设兵团、46个国务院部门的政务服务平台。基于此，很多地方数据立法文件都有特别强调依托全国一体化政务服务平台，加强与其他地区数据共享、交换的内容。比如，《四川省数据条例》特设"区域合作"专章。其中，第65条规定："依托国家统一平台，与其他省、自治区、直辖市共同促进数字认证、电子证照等跨区域互通互认，支撑政务服务跨区域协同。"[1]

表14-7　较为典型的"地方-国家"层级数据开放规定

序号	地域	文件名称	条文内容
1	四川省	《四川省数据条例》	**第四十一条** 县级以上地方各级人民政府及其有关部门应当加快推进数字政府建设，将数字技术广泛应用于经济调节、市场监管、社会管理、公共服务、生态环境保护等方面，提高决策科学化水平和管理服务效率。依托天府通办和省一体化政务服务平台，推进政务服务一网通办、全程网办，开发数据应用场景，促进政务服务跨层级、跨地域、跨系统、跨部门、跨业务协同，提升公共服务能力。加快推进数字机关建设，提升政务运行效能。
2	江西省	《江西省数据条例（征求意见稿）》	**第四十五条【区域协作】** 第一款　本省依托全国一体化政务服务平台加强与其他省、自治区、直辖市交流合作，共同促进数据共享和数字认证体系建设，促进数据有序流动和开发利用，推动电子证照等跨区域互认互通。
3	重庆市	《重庆市数据条例》	**第五十二条** 本市依托全国一体化政务服务平台与其他省、自治区、直辖市共同促进数据共享交换平台建设，推动数据有效流动和开发利用。 本市与其他省、自治区、直辖市共同促进数字认证体系建设，推动电子证照等跨区域互认互通。
4	上海市	《上海市数据条例》	**第七十四条** 第一款　本市依托全国一体化政务服务平台建设长三角数据共享交换平台，支撑长三角区域数据共享共用、业务协同和场景应用建设，推动数据有效流动和开发利用。

---

〔1〕《四川省数据条例》第65条。

也有部分地区在此基础之上作了更加细化的规定，进一步地明确拟开放数据的对象、标准以及方式。比如，《上海市数据条例》第66条第1款规定："本市支持浦东新区探索与海关、统计、税务、人民银行、银保监等国家有关部门建立数据共享使用机制，对浦东新区相关的公共数据实现实时共享。"[1]仅就数据开放的标准而言，该条规定的"实时共享"相较其他地方数据立法中的标准不仅程度更高而且更加具体。又如，《河北省政务数据共享应用管理办法》中的规定也非常具体，要求"设区的市、县（市、区）人民政府应当使用省政务大数据平台开展政务数据共享应用工作，不再自行建设市、县级政务大数据平台。"汇总之后，河北省政务大数据平台按照有关规定，统一对接国家政务大数据平台。[2]如此，省内各个地区生成的政务数据，能够按照省政务大数据平台所要求的格式、标准进行汇总。而在汇总之后，统一格式、要求的数据不仅方便省内的数据调用，同时也能方便地方与国家之间的数据开放。

（二）地方与地方之间的数据开放

囿于各省（自治区、直辖市）经济体量、财政能力不对等，[3]以及各省（自治区、直辖市）主管部门趋避风险等多种原因，[4]各省（自治区、直辖市）数据立法中关于地方与地方之间数据开放的规定数量有限。总体而言，地方与地方之间的数据开放合作，主要还是围绕政治、经济政策形成的特定地域开展。

1. 基于国内政经政策的跨区域数据开放合作

围绕国内政经政策形成的数据开放合作区域，当前主要有：粤港澳大湾区、长三角区、京津冀区、珠三角区、成渝区等。这些区域，实际上正是《国家发展改革委、中央网信办、工业和信息化部、国家能源局关于加快构建全国一体化大数据中心协同创新体系的指导意见》中列举的国家重大区域发展战略重点区域。

表14-8　围绕国内政经政策形成的数据开放合作区域

序号	区域名称	相关省市
1	粤港澳大湾区	香港特别行政区、澳门特别行政区和广东省广州市、深圳市、珠海市、佛山市、惠州市、东莞市等
2	长三角区	上海市、江苏省、浙江省、安徽省
3	京津冀区	北京市、天津市、河北省
4	珠三角区	广州市、佛山市、肇庆市、深圳市等
5	成渝区	重庆市、成都市

具体而言，如《上海市数据条例》特设"长三角区域数据合作"专章规定："本市与长三角区域其他省共同开展长三角区域数据标准化体系建设，按照区域数据共享需要，共同建立数据资源目录、基础库、专题库、主题库、数据共享、数据质量和安

〔1〕《上海市数据条例》第66条第1款。
〔2〕《河北省政务数据共享应用管理办法》第四章。
〔3〕参见焦洪昌、席志文：《京津冀人大协同立法的路径》，载《法学》2016年第3期。
〔4〕参见史丛丛等：《政务数据标准化研究》，载《信息技术与标准化》2020年第10期。

全管理等基础性标准和规范，促进数据资源共享和利用。"〔1〕除此基础性、原则性的规定以外，还相应配套有"协同长三角区域其他省建设全国一体化大数据中心体系长三角国家枢纽节点，优化数据中心和存算资源布局"等具体的规定内容。如《河北省数字经济促进条例》首次在数字经济地方性法规中专设"京津冀数字经济协同发展"一章，立足河北"三区一基地"建设功能定位，推动新型基础设施建设协同、数据协同、产业协同，对接京津数字经济相关产业发展、承接产业转移成果，构建与京津在要素、网络、标准等方面一体化的现代体系。推动雄安先行，通过其先行先试辐射带动河北省数字经济高质量发展。

值得注意的是，有些省（自治区、直辖市）虽然并不属于上述数据开放合作区域，但也规定了与这些数据开放合作区域的数据合作、开放内容。比如，《广西壮族自治区大数据发展条例》第64条规定："自治区按照高水平共建西部陆海新通道和全面对接粤港澳大湾区发展要求，加强与其他省、自治区、直辖市数据交流合作"，其出现了与粤港澳大湾区进行对接的有关内容。又如，《江西省数据条例（征求意见稿）》第45条第2款规定："本省立足实际，对接粤港澳大湾区、长三角数字经济相关产业发展，承接产业转移成果；推进长江中游三省数据领域关键技术合作研究、协同建立数据基础性标准和规范，共同谋划数字经济产业发展布局"，同时涉及与粤港澳大湾区、长三角区的数据合作。

表14-9　典型的跨区域数据开放合作条文内容

区域名称	具体文件	条文内容
京津冀区	《河北省数字经济促进条例》	**第八条** 第二款　省人民政府及其有关部门应当按照京津冀协同发展战略要求，加强与北京市、天津市人民政府及其有关部门在数字经济领域的交流合作，推动数字经济协同发展。设区的市、县级人民政府应当按照上级人民政府统一部署，根据当地比较优势，推动京津冀数字经济协同发展。
	《北京市数字经济促进条例》	**第八条** 本市为在京单位数字化发展做好服务，鼓励其利用自身优势参与本市数字经济建设；推进京津冀区域数字经济融合发展，在技术创新、基础设施建设、数据流动、推广应用、产业发展等方面深化合作。
	《河北省政务数据共享应用管理办法》	**第六条** 省政务数据共享工作主管部门会同有关部门按照京津冀协同发展战略要求，加强与北京市、天津市在政务数据共享应用领域的交流合作，推动政务数据标准统一，促进政务数据共享应用。
粤港澳大湾区	《广东省公共数据管理办法》	**第八条** 省人民政府按照国家规定加强与港澳地区的协同合作，推动建立粤港澳公共数据流动相关技术标准和业务规范，探索公共数据资源在大湾区内依法流动和有效应用的方式，建立健全相关制度机制。

---

〔1〕《上海市数据条例》第73条。

续表

区域名称	具体文件	条文内容
粤港澳大湾区	《广东省数字经济促进条例》	**第七条** 第一款 省人民政府及有关部门应当加强与"一带一路"沿线国家和地区在数字基础设施、数字商贸、数字金融、智慧物流等领域的交流合作，扩大数字经济领域开放。加强粤港澳大湾区数字经济规则衔接、机制对接，推进网络互联互通、数字基础设施共建共享、数字产业协同发展。
	《深圳经济特区数字经济产业促进条例》	**第五十四条** 本市推动粤港澳大湾区各城市加强粤港澳大湾区数据标准化体系建设，按照区域数据共享需要，共同建立数据资源目录、基础库、专题库、主题库、数据共享、数据质量和安全管理等基础性标准和规范，促进数据资源共享和利用。
长三角区	《江苏省数字经济促进条例》	**第六条** 第二款 省人民政府以及有关部门应当按照长三角区域一体化发展、长江经济带发展等国家战略要求，加强跨省域合作，推动重大数字基础设施共建共享、数据标准统一、数据资源共享开放、智能制造协同发展以及区域一体化协同治理应用。
	《上海市数据条例》	**第七十四条** 本市依托全国一体化政务服务平台建设长三角数据共享交换平台，支撑长三角区域数据共享共用、业务协同和场景应用建设，推动数据有效流动和开发利用。 本市与长三角区域其他省共同推动建立以需求清单、责任清单和共享数据资源目录为基础的长三角区域数据共享机制。
	《安徽省大数据发展条例》	**第六条** 县级以上人民政府应当实施长江三角洲区域一体化发展战略，推动数字基础设施互联互通，推进工业互联网共建共用，推动大数据协同应用，共建高质量数字长三角。
	《上海市公共数据和一网通办管理办法》	**第七条（长三角一体化）** 本市立足长三角一体化战略目标，加强与长三角地区公共数据和"一网通办"工作的合作交流，通过数据资源共享、平台融合贯通、业务协同办理等方式，推动区域协同发展。
	《浙江省数字经济促进条例》	**第九条** 第二款 县级以上人民政府应当按照长三角区域一体化发展等国家战略要求，加强数字经济发展跨省域合作，推动重大数字基础设施共建共享、公共数据标准统一、公共数据资源共享开放、智能制造协同发展，以及区域一体化协同治理和治理数字化应用。

区域名称	具体文件	条文内容
成渝区	《重庆市数据条例》	**第五十三条** 本市按照成渝地区双城经济圈建设等国家战略部署，根据区域数据共享需要，与四川省共同开展川渝地区数据标准化体系建设，共同建立数据基础性标准和规范，促进数据资源共享和利用。 本市与四川省协同建设全国一体化算力网络国家枢纽节点，优化数据中心和存算资源布局，引导数据中心集约化、规模化、绿色化发展，推动算力、算法、数据集约化和服务创新，加快融入全国一体化大数据中心协同创新体系。
成渝区	《四川省数据条例》	**第六十六条** 本省按照成渝地区双城经济圈建设等国家战略要求，与重庆市共同开展川渝地区数据标准化体系建设，共同建立数据基础性标准和规范，促进数据资源跨区域共享和利用。
珠三角区	《广东省数字经济促进条例》	**第七条** 第二款　县级以上人民政府及有关部门应当按照本省关于珠三角核心区、沿海经济带、北部生态发展区的区域发展格局，加强数字经济区域优势互补、差异化协调发展。

2. 基于涉外政经政策的跨区域数据开放合作

围绕涉外政经政策形成数据开放合作区域，主要是以"一带一路"政策为核心的。例如，广东省、四川省、福建省（厦门市）、江苏省、陕西省等，在其数据条例或数字经济发展促进条例中格外强调要**积极参与"一带一路"建设**，加强同有关国家或地区在数字经济领域（数字基础设施、数字商贸、数字金融、智慧物流等）的交流合作，促进人才、技术、资本、数据等市场要素的相互融通，构建数字经济开放体系。

表 14－10　涉及"一带一路"的跨区域数据开放合作条文内容

序号	地域	文件名称	条文内容
1	广东省	《广东省数字经济促进条例》	**第七条** 第一款　省人民政府及有关部门应当加强与"一带一路"沿线国家和地区在数字基础设施、数字商贸、数字金融、智慧物流等领域的交流合作，扩大数字经济领域开放。加强粤港澳大湾区数字经济规则衔接、机制对接，推进网络互联互通、数字基础设施共建共享、数字产业协同发展。
2	江苏省	《江苏省数字经济促进条例》	**第六条** 第一款　省人民政府以及有关部门应当在参与"一带一路"建设等对外合作中加强数字经济领域对外交流合作，构建数字经济开放体系。鼓励和支持中国（江苏）自由贸易试验区探索数据跨境安全有序流动。

序号	地域	文件名称	条文内容
3	陕西省	《陕西省大数据条例》	**第十条** 省人民政府及其有关部门应当加强与"一带一路"沿线国家和地区、省际间在大数据领域的交流合作，促进人才、技术、资本、数据等市场要素相互融通，有序流动，高效配置。
4	广西壮族自治区	《广西民用遥感卫星数据开放共享管理暂行办法》	**第十条** 自治区人民政府支持各行业开展遥感数据服务于"一带一路"建设、中国－东盟自由贸易区建设等，促进国际交流与合作。
5	浙江省	《浙江省数字经济促进条例》	**第九条** 第一款　县级以上人民政府应当加强数字经济领域国际交流合作，参与"一带一路"建设，增强数字经济的资源集聚和发展辐射能力。
6	河北省	《河北省数字经济促进条例》	**第八条** 第一款　县级以上人民政府及其有关部门应当推动数字经济开放合作，积极参与"一带一路"建设，加强同有关国家和地区在数字经济领域的交流合作和商务贸易。
7	福建省（厦门市）	《厦门经济特区数据条例》	**第五十三条** 第二款　发挥自由贸易试验区高水平开放平台作用，推进国家数字服务出口基地建设，推动数据跨境双向有序流动，提升数字经济企业面向"一带一路"沿线国家和地区输出技术产品和服务能力，加强与"一带一路"沿线国家和地区跨境电商合作。

　　总体而言，当前围绕涉外政经政策形成的数据开放合作区域，相关数据立法当中有关促进数据开放的规定大多还是较为笼统的。只有广东省、四川省的规定较为具体，例如，广东省《广东省数字经济促进条例》具体提到数字基础设施、数字商贸、数字金融、智慧物流等领域的开放交流。

专题十五

省级数据立法的其他有价值之处

一、各省（自治区、直辖市）数据监管制度设计方面

（一）各地数据监管的主体存在差异

基于对数据监管主体责任的检索，包含这一内容的有 6 份省级综合性数据相关立法。并且都选择了"由特定机关负责统筹、协调数据监管工作，各相关部门在职责范围内履行数据监管职责"的监管模式。例如，《上海市数据条例》第 5 条第 1 款、第 4~7 款规定，市政府办公厅负责统筹规划、综合协调全市数据发展和管理工作，促进数据综合治理和流通利用，推进、指导、监督全市公共数据工作。市网信部门负责统筹协调本市个人信息保护、网络数据安全和相关监管工作。市公安、国家安全机关在各自职责范围内承担数据安全监管职责。市财政、人力资源社会保障、市场监管、统计、物价等部门在各自职责范围内履行相关职责。市大数据中心具体承担本市公共数据的集中统一管理，推动数据的融合应用。

但是，各省（自治区、直辖市）规定的数据监管主体，在部门以及层级等方面都有所不同。如就负责统筹、协调的监管主体而言，山西省、重庆市、福建省（厦门市）、四川省的规定较为概括，相关表述为人民政府[1]、数据主管部门[2]、大数据主管部门[3]、县级以上地方各级人民政府明确的数据管理机构[4]。简言之，即未在法条中明确具体的数据监管主体；而广东省（深圳市）、上海市的监管责任主体则在规定层面予以明确，《深圳经济特区数据条例》规定负责监管主体为政府设立的专门的数据工作委员会，[5]《上海市数据条例》则规定由市政府办公厅负责。[6] 同时值得注意的是，不同省（自治区、直辖市）的、负责同一职责的监管部门存在层级上的差异。例如，《重庆市数据管理条例》第 5 条规定，网信部门依法负责个人信息保护、网络数据

---

〔1〕《山西省数字经济促进条例》第 52 条第 1 款规定：省人民政府应当建立健全数据安全治理体系，推动建立数据分类分级保护制度和数据目录管理制度。

〔2〕《重庆市数据条例》第 5 条第 1 款规定：市数据主管部门负责协调、指导、监督全市数据管理工作和数据安全体系建设，建立数据标准体系并组织实施，推动全市数据资源建设和管理、建立和培育数据要素市场。区县（自治县）数据主管部门负责协调、指导、监督本行政区域内数据管理具体工作。

〔3〕《厦门经济特区数据条例》第 5 条第 1 款规定：市大数据主管部门负责统筹规划、综合协调全市数据管理和发展工作，促进数据治理机制建设和数据流通利用体系探索，推进、指导和监督全市数据工作。

〔4〕《四川省数据条例》第 4 条规定：县级以上地方各级人民政府应当明确数据管理机构负责本行政区域数据统筹管理、开发利用和监督检查，以及推进数据资源体系建设和数据要素市场培育等工作。

〔5〕《深圳经济特区数据条例》第 7 条第 1 款规定：市人民政府设立市数据工作委员会，负责研究、协调本市数据管理工作中的重大事项。市数据工作委员会的日常工作由市政务服务数据管理部门承担。

〔6〕《上海市数据条例》第 5 条第 1 款规定：市政府办公厅负责统筹规划、综合协调全市数据发展和管理工作，促进数据综合治理和流通利用，推进、指导、监督全市公共数据工作。

安全管理等数据相关工作；而在《深圳经济特区数据条例》第 8 条规定，市网信部门负责统筹协调本市个人数据保护、网络数据安全、跨境数据流通等相关监督管理工作。**负责同一职责监管部门的层级差异，可能会导致涉及跨省市部门工作协调时，出现不同层级主管部门工作难以达成有效衔接的问题。**

表 15 – 1　各地数据监管主体及其职责安排的有关内容

地方	文件	监管主体与职责安排	具体内容
山西省	《山西省数字经济促进条例》	人民政府建立健全数据安全治理体系。人民政府有关部门对数据开展分类分级管理。	**第五十二条** 省人民政府应当建立健全数据安全治理体系，推动建立数据分类分级保护制度和数据目录管理制度。县级以上人民政府及有关部门应当依法按照数据分类分级保护制度，对本地区、本部门以及相关行业、领域的数据开展分类分级管理，确定本地区、本部门以及相关行业、领域的重要数据具体目录，对列入目录的数据进行重点保护。
上海市	《上海市数据条例》	政府办公厅统筹规划、综合协调数据发展和管理工作。网信部门、公安、国家安全机关、财政、人力资源社会保障等政府部门在各自职责范围内履行相关职责。	**第五条** 第一款　市政府办公厅负责统筹规划、综合协调全市数据发展和管理工作，促进数据综合治理和 流通利用，推进、指导、监督全市公共数据工作。 第四款　市网信部门负责统筹协调本市个人信息保护、网络数据安全和相关监管工作。 第五款　市公安、国家安全机关在各自职责范围内承担数据安全监管职责。 第六款　市财政、人力资源社会保障、市场监管、统计、物价等部门在各自职责范围内履行相关职责。 第七款　市大数据中心具体承担本市公共数据的集中统一管理，推动数据的融合应用。
广东省（深圳市）	《深圳经济特区数据条例》	政府设立专门的数据工作委员会负责研究、协调本市数据管理工作。市网信部门、政务服务数据管理部门、发展改革、工业信息化、公安等部门、行业主管部门负责各项具体工作。	**第七条** 市人民政府设立市数据工作委员会，负责研究、协调本市数据管理工作中的重大事项。市数据工作委员会的日常工作由市政务服务数据管理部门承担。市数据工作委员会可以设立若干专业委员会。 **第八条** 市网信部门负责统筹协调本市个人数据保护、网络数据安全、跨境数据流通等相关监督管理工作。市政务服务数据管理部门负责本市公共数据管理的统筹、指导、协调和监督工作。市发展改革、工业和信息化、公安、财政、人力资源保障、规划和自然资源、市场监管、审计、国家安全等部门依照有关法律、法规，在各自职责范围内履行数据监督管理相关职能。市各行业主管部门负责本行业数据管理工作的统筹、指导、协调和监督。

地方	文件	监管主体与职责安排	具体内容
重庆市	《重庆市数据条例》	**市数据主管部门负责协**调指导监督数据管理工作。**发展改革部门、网信部门、公安机关、国家安全机关、行业主管部门**负责相关工作。	**第五条** 市数据主管部门负责协调、指导、监督全市数据管理工作和数据安全体系建设，建立数据标准体系并组织实施，推动全市数据资源建设和管理、建立和培育数据要素市场。区县（自治县）数据主管部门负责协调、指导、监督本行政区域内数据管理具体工作。 发展改革部门负责统筹推进数字经济工作；网信部门依法负责个人信息保护、网络数据安全管理等数据相关工作；公安机关、国家安全机关等部门依法在各自职责范围内负责数据安全等数据相关工作。 各行业主管部门在各自职责范围内负责本行业、本领域的数据安全、数据管理、数据应用等数据相关工作。
福建省（厦门市）	《厦门经济特区数据条例》	**市大数据主管部门**统筹规划、综合协调全市数据管理和发展工作。**市网信、发展改革、公安等部门**依法负责大数据管理和发展关工作。	**第五条** 市大数据主管部门负责统筹规划、综合协调全市数据管理和发展工作，促进数据治理机制建设和数据流通利用体系探索，推进、指导和监督全市数据工作。 市网信、发展改革、公安、国家安全、财政、人力资源和社会保障、市场监督管理、统计、自然资源和规划等部门依照有关法律、法规，在各自职责范围内做好数据管理和发展相关工作。
四川省	《四川省数据条例》	**县级以上地方各级人民政府明确数据管理机构**统筹管理、开发利用、监督检查等工作。**发展改革、经济和信息化主管部门、网信部门、公安、国家安全机关、行业主管部门**在各负责数据相关工作。	**第四条** 县级以上地方各级人民政府应当明确数据管理机构负责本行政区域数据统筹管理、开发利用和监督检查，以及推进数据资源体系建设和数据要素市场培育等工作。
			第五条 发展改革、经济和信息化等主管部门按照各自职责，做好数据领域发展促进工作。 网信部门负责统筹协调个人信息保护、网络数据安全和相关监管工作。公安、国家安全机关依法在各自职责范围内负责数据安全相关工作。 各行业主管部门在各自职责范围内负责本行业、本领域的数据相关工作。

续表

地方	文件	监管主体与职责安排	具体内容
吉林省	《吉林省大数据条例（2023修订）》	省大数据主管部门指导督促大数据开发应用安全保障。 工业、电信、交通、金融、自然资源、卫生健康、教育、科技等主管部门负责本领域数据安全监管。 公安机关、国家安全机关负责职责范围内数据安全监管。 网信部门统筹网络数据安全、个人信息保护工作。	**第七十八条** 各级人民政府及有关部门，法人和其他组织应当加强数据安全教育培训，树立数据安全意识，提高数据安全保护能力，维护数据安全。 **第七十九条** 省大数据主管部门应当加强对公共数据平台的安全管理，建立实施公共数据管控体系，指导督促大数据开发应用的安全保障工作。 县级以上工业、电信、交通、金融、自然资源、卫生健康、教育、科技等主管部门承担本行业、本领域数据安全监管职责。 县级以上公安机关、国家安全机关等依照有关法律法规的规定，在各自职责范围内承担数据安全监管职责。 县级以上网信部门依照有关法律法规的规定，负责统筹协调网络数据安全、个人信息保护和相关监管工作。
山西省	《山西省政务数据安全管理办法》	网信部门统筹协调政务数据安全监管。 人民政府公安机关负责本行政区域内政务数据安全管理。 人民政府确定的政务信息管理部门负责组织协调工作。 保密、国家安全、密码、通信管理等主管部门负责各自相关职责。	**第五条** 县级以上网信部门统筹协调本行政区域内政务网络数据安全和相关监管工作。 县级以上人民政府公安机关在职责范围内负责本行政区域内政务数据安全监督、管理等工作。 县级以上人民政府确定的政务信息管理部门负责组织协调有关单位开展政务数据安全保障工作。 保密、国家安全、密码、通信管理等主管部门按照各自职责，做好政务数据安全管理相关工作。

（二）部分省市开始关注数据流通交易的监管

值得注意的是，随着各地数据交易市场的快速发展，数据交易机构建设热潮不断。为进一步规范数据有序高效流动，亟待对数据交易行为、数据交易场所进行监管。截至目前，暂有 10 部数据流通交易管理办法公开发布，分别来自天津市、贵州省、广东省（深圳市）、上海市和广东省，为培育数据交易市场健康发展提供政策制度保障。

整体而言，上述四地的数据流通交易管理办法主要聚焦于数据交易行为和数据交易场所，涉及交易主体、交易流程、交易安全和监督管理几个方面。其中，《天津市数据交易管理暂行办法》是国内首部地方公布的专门针对数据交易的政府文件，明确从交易申请、磋商、实施到争议处理的数据交易链条。《贵州省数据流通交易管理办法（试行）》特别规定了"一中心＋一公司"的数据交易场所，其第 9 条规定，数据交易场所由"贵州省数据流通交易服务中心＋贵阳大数据交易所有限责任公司"组成，接受相关部门的监督管理。广东省（深圳市）出台了《深圳市数据交易管理暂行办法》和《深圳市数据商和数据流通交易第三方服务机构管理暂行办法》，前者强调对数据交易场所运营机构的监管，后者清晰界定数据商和第三方服务机构的角色定位，明确数据商的职能为数据产品开发和数据交易代理，第三方服务机构的职能为提供独立的法律、安全、质量评估等服务。上海市的相关立法聚焦于数据交易所的监管规则，《上海市数据交易场所管理实施暂行办法》强调数据交易所应当依法制定与数据交易活动相关的交易规则，加强隐私计算等数字技术应用。最后，数据经纪人作为广东省亮点举措之一，广东省公开发布的三份文件[1]进一步探索细化了数据经纪人制度，明确数据经纪人承担数据安全主体责任，并以此为基点，细化为遴选认定、组织运行、业务管理、安全评估等一系列制度。

具体到数据监督管理方面，针对数据交易流通"监管难""多头监管"等问题，上述数据交易流通管理办法均体现出**多部门协同监管**的重要性。如表15-2所示，《天津市数据交易管理暂行办法》和《贵州省数据流通交易管理办法（试行）》主要在数据交易安全管理方面，指出主管部门应会同网信、公安、密码管理等部门，落实数据安全管理。《深圳市数据交易管理暂行办法》则特别建立了"数据交易监管机制专责小组"，探索非现场监管、信用监管等新型监管模式。《广东省数据流通交易管理办法（试行）》进一步推动数据监管的协同配合，率先以制度形式明确建立跨部门协同监管机制及制度规则，包括信息报送制度、信用监管体系和风险控制制度，有力保障数据交易市场规范有序发展。

表15-2　各地数据流通交易监管的有关内容

地方	文件	具体内容
天津市	《天津市数据交易管理暂行办法》	**第三十八条** 第一款　互联网信息主管部门**会同公安、密码管理等部门检查数据交易服务机构履行数据安全责任**、落实安全管理制度和保护技术措施等方面的情况。在监督检查中，发现数据交易行为或者数据交易服务平台存在较大安全风险的，应当提出改进要求并督促整改。
贵州省	《贵州省数据流通交易管理办法（试行）》	**第三十一条** 省大数据局**会同有关部门定期开展数据安全检查**，指导数据交易场所采取技术手段和其他必要措施，排查数据安全风险，保障数据流通交易平台安全。
		第三十二条 **网信、公安、密码管理等部门在数据流通交易安全监督管理中**，发现存在较大安全风险的，提出改进要求并督促整改。

---

〔1〕　三份文件分别为：《广东省数据流通交易管理办法（试行）》（征求意见稿）、《广东省数据流通交易监管规则（试行）》（征求意见稿）、《广东省数据流通交易技术安全规范（试行）》（征求意见稿）。

地方	文件	具体内容
广东省（深圳市）	《深圳市数据交易管理暂行办法》	**第二十七条** **市发展改革部门会同市网信、工业和信息化、公安、市场监督管理、政务服务数据管理、地方金融监管、国家安全等部门建立数据交易监管机制专责小组**，主要承担以下职责： （一）制定监管制度，建立协同监管工作机制； （二）落实"双随机，一公开"监管要求，制定监督检查方案并组织实施； （三）协调、督促相关监管部门对检查发现或投诉举报的问题依照法律法规进行处理处罚； （四）其他数据交易监管事项。
广东省	《广东省数据流通交易管理办法（试行）》（征求意见稿）	**第三十四条** **省数据流通交易主管部门会同网信、发展改革、公安、市场监管、金融监管、通信管理等相关部门建立协同监管机制及制度规则**，重点对省公共数据运营管理机构、数据交易所、数据经纪人等机构进行监管。 **地级以上市数据流通交易主管部门按照省数据流通交易主管部门授权，会同网信、发展改革、公安、市场监管、金融监管、通信管理等相关部门建立协同监管机制**，履行属地监管责任。
		第三十五条 第一款　省数据流通交易主管部门应当建立**信息报送制度**。
		第三十六条 省数据流通交易主管部门应当**会同有关部门，建立健全信用承诺、失信惩戒和守信激励等数据流通交易信用体系**，完善数据流通交易主体信用信息的采集、记录和共享交换机制，强化信用信息的公开、公示和应用，推动数据流通交易信用体系纳入社会信用体系建设。
		第三十七条 第一款　省数据流通交易主管部门应当**会同有关部门，建立健全包括监测、评估、预警和处置等环节的数据流通交易风险控制机制**，对数据流通交易活动存在或者可能存在的危害公共安全、扰乱市场秩序、侵犯个人隐私、危及其他主体人身财产安全等方面隐患进行分析和评估，防范区域性、行业性、系统性数据流通交易风险。
上海市	《上海市促进浦东新区数据流通交易若干规定（草案）》	**第十八条（数据安全）** 第一款　市经济和信息化、公安、网信、市场监管等部门和浦东新区人民政府应当根据各自职责加强对数据要素市场的监管，依法打击危害国家安全和公共利益、侵害个人隐私或未经合法权利人授权同意的数据交易活动和非法产业。

续表

地方	文件	具体内容
贵州省	《贵州省数据流通交易促进条例（草案）》	**第三十四条** 省人民政府数据管理部门应当会同网信、公安等有关部门定期对数据交易场所履行数据流通交易安全责任、落实数据流通交易安全管理制度和保护技术措施等情况进行检查，发现数据交易场所存在安全风险的，应当提出整改要求并督促落实。
		第三十五条 数据流通交易平台应当依法通过网信、公安、国安等部门组织的网络安全审查，符合国家信息安全等级保护等相关要求，建立健全平台运行维护制度和应急处置预案，报监管部门备案。
广东省	《广东省数据流通交易监管规则（试行）》（征求意见稿）	**第三十二条** 省政务服务数据管理局会同有关部门，建立数据流通交易失信惩戒机制。根据数据流通交易主体失信情况，依法采取重点监管、约束措施，对失信主体在参与数据流通交易活动方面依法予以限制。
		第三十三条 省政务服务数据管理局会同有关部门，建立数据流通交易守信激励机制。推介数据要素市场诚信主体，对符合一定条件的诚信主体在数据流通交易方面可根据实际情况实施"绿色通道"和"容缺受理"等便利服务措施。

二、各省（自治区、直辖市）数据要素流通配套制度设计方面

为了促进数据要素的流通，除了针对数据要素本身的规定之外，部分省（自治区、直辖市）还关注到与数据要素流通配套的设施及其服务建设，涉及算力基础设施、云存储信息技术以及数据一体化平台等。以算力为例，部分省（自治区、直辖市）针对算力资源的建设作了专门的规定。其中，广东省（深圳市）创新性地提出了建设算力交易平台的构想，"促进算力资源的高效利用和优化配置"。[1]此外，安徽省还详细提到了大数据中心、超算中心、灾备中心以及工业互联网等新型基础设施的建设。[2]

表15-3 各地数据要素流通配套制度的有关内容

地方	文件	具体内容
河北省	《河北省数字经济促进条例》	**第九条** 县级以上人民政府及其有关部门、县级以上网信部门和省通信管理部门应当按照技术先进、适度超前、安全可靠、覆盖城乡、服务便捷的原则，**建立和完善数字基础设施体系，重点统筹通信网络基础设施、新技术基础设施、算力基础设施等建设**，推进传统基础设施的数字化改造。 数字基础设施应当实行集约化建设和管理，提高基础设施利用率，防止重复建设。

---

〔1〕《深圳经济特区数字经济产业促进条例》第12条。
〔2〕《安徽省大数据发展条例》第16条。

续表

地方	文件	具体内容
辽宁省	《辽宁省大数据发展条例》	**第七条** 信息基础设施建设应当加快实施演进升级，全面增强数据感知、传输、存储、运算能力：…… **（三）全省大数据中心建设应当根据全国一体化大数据中心建设总体布局，充分利用国家算力资源，因需适度建设，实现全省算力资源高效建设利用与汇聚联通**……
江苏省	《江苏省数字经济促进条例》	**第二十一条** 第一款　省人民政府以及有关部门**应当推进算力基础设施建设，统筹全省数据中心合理布局，推动智能计算中心、边缘数据中心等新型数据中心建设，支持互联网、工业、金融、政务等领域数据中心规模化发展，提升计算能力，强化算力统筹和智能调度。**
广东省（深圳市）	《深圳经济特区数字经济产业促进条例》	**第十二条** 第一款　**市发展改革、工业和信息化、科技创新、通信管理等部门应当统筹推进算力基础设施的规划建设，鼓励多元主体共同参与，构建以数据中心为支撑，云计算、边缘计算、智能计算和超级计算多元协同的发展格局。** 第二款　鼓励面向数字经济应用场景开放算力资源与基础设施，探索建立算力交易平台，促进算力资源的高效利用和优化配置。
北京市	《北京市数字经济促进条例》	**第十二条** 算力基础设施建设应当按照绿色低碳、集约高效的原则，**建设城市智能计算集群，协同周边城市共同建设全国一体化算力网络京津冀国家枢纽节点，强化算力统筹、智能调度和多样化供给，提升面向特定场景的边缘计算能力，促进数据、算力、算法和开发平台一体化的生态融合发展。支持对新建数据中心实施总量控制、梯度布局、区域协同，对存量数据中心实施优化调整、技改升级。**
陕西省	《陕西省大数据条例》	**第十四条** 省人民政府及其有关部门应当统筹推进数据中心、智能计算中心、超级计算中心等存储和计算基础设施建设，支持优化升级改造，**提升计算能力，推动多元计算协同发展，构建高效协同的数据处理体系。** 设区的市、县（市、区）人民政府按照国家和本省统一部署，推进建设本区域数据中心、边缘计算中心等算力基础设施。
湖北省	《湖北省数字经济促进办法》	**第十一条** 县级以上人民政府及其有关部门应当加快网络基础设施建设，支持建设新一代移动通信技术网络和高速固定宽带网络，推进城乡信息通信网络服务能力一体化，提升网络性能和服务能力；推动网络基础设施与公路、铁路、城市轨道、桥梁、隧道、电力、地下综合管廊、机场、港口等基础设施以及相关配套设施共建共享。 公共机构以及公共场所、公共设施的所有者、管理者应当支持网络基础设施建设，按照国家和本省有关规定开放建筑物、绿地、杆塔等资源，推进智慧杆塔建设和一杆多用。

地方	文件	具体内容
湖北省	《湖北省数字经济促进办法》	鼓励有条件的地区建设泛在互联、智能感知的物联网，推进基础设施、物流仓储、生产制造、生活服务、生态环境保护、应急管理等领域感知系统的建设应用、互联互通和数据共享。
江西省	《江西省数据应用条例》	**第六条** 省人民政府及有关部门应当加强和完善数字基础设施规划和布局，提升电子政务外网、电子政务云等政务基础设施的服务能力，推动建设新一代通信网络、数据中心、超算中心等重大基础设施，建立完善网络、存储、计算、安全等数字基础设施体系。
吉林省	《吉林省大数据条例（2023 修订)》	**第十二条** 县级以上人民政府应当围绕大农业、大装备、大旅游、大数据等产业集群，保障新能源、新材料、新医药、新康养、新服务、新电商等产业发展和新基建、新环境、新生活、新消费等设施建设需求，合理布局，加快推进物联网、卫星互联网等网络基础设施建设，统筹优化算力基础设施建设，完善政务、金融、交通、能源、电力等重点行业应用基础设施建设，推进传统基础设施的数字化改造，加快农村地区数字基础设施建设进程，促进数字基础设施互联互通、共建共享和集约利用。
		第十三条 县级以上人民政府及其有关部门应当统筹推进网络基础设施建设，支持新一代固定宽带网络和移动通信网络建设，加强骨干网、城域网、接入网和基站、管线等信息通信网络建设，构建高速泛在、天地一体、云网融合、智能敏捷、绿色低碳、安全可控的网络服务体系。

不过，在参与主体、建设标准方面的规定尚有一些不当，可能存在不利于数据要素自由流通的风险：

就参与主体而言，多数文件强调政府的统筹管理，局限于建设地区范围内的大型数据共享平台，忽视了市场主体的积极作用。例如，贵州省设立了"云上贵州"全省统一的大数据平台，负责汇集、存储、共享、开放全省公共数据及其他数据，并且明文规定了"公共数据应当汇集、存储在'云上贵州'并与其他公共机构共享"[1] 的义务。统一的数据平台，固然能实现政府对大数据应用的统筹规划，推动公共数据率先共享开放，在数据开放环节不会产生限制竞争的问题。然而，由于政府在统一数据平台的管理运营上占主导地位，而且"鼓励其他信息系统向'云上贵州'迁移"。在数据流通利用环节，政府可能以其权力限制竞争，反而可能不利于数据要素的流通利用。对此，部分省（自治区、直辖市）规定了"多元主体共同参与"的制度，[2] 希望构建多元协同的发展格局。特别是上海市专条规定多元主体参与，要求建立多元化的数据合作交流机制，引导企业、行业协会等单位依法开放自有数据。[3] 数据配套设施和服务的建设，应当重视具备能力的企业、行业协会等市场主体作用，共同参与数字经济产业的发展。

---

〔1〕《贵州省大数据发展应用促进条例》第 26 条。

〔2〕《深圳经济特区数字经济产业促进条例》第 12 条。

〔3〕《上海市公共数据开放暂行办法》第 30 条。

就建设标准而言，数据要素流通配套设施及其服务建设统一的标准，有助于数据要素的高效流通，以及数据流通阶段的系统控制。然而，在现行相关规定中，多数省（自治区、直辖市）仅规定了适用于当地范围内的数据标准。比如，江西省规定省人民政府负责政务数据的主管部门为省公共数据管理部门，负责全省公共数据开放共享工作的实施以及相关技术标准的制定。[1]由此，会存在各地标准不一致的可能性，进而出现阻碍数据在全国范围内流通的风险。

三、各省（自治区、直辖市）数据安全保护制度设计方面

各省（自治区、直辖市）大多关注到了数据安全保护问题。基本上，有关公共数据与政务数据的专门立法，均对数据安全保护进行规定。但是，各省（自治区、直辖市）的立法模式和详略程度存在差异。

（一）数据安全保护的立法模式

目前，部分地区就数据安全出台了专门性立法文件，如《贵州省大数据安全保障条例》是现行有效的首个省级层面数据安全保障领域的地方性法规，河南省和山西省则就政务数据的安全管理出台了专门性规定，宁夏回族自治区和北京市就特殊领域的数据出台了安全方面的立法，如北京市于2023年出台《北京地区电信领域数据安全管理实施细则》。部分立法对数据安全进行了专章规定，如《云南省公共数据管理办法（试行）》设置了"公共数据安全"专章，《福建省政务数据管理办法》设置了"安全保障"专章。其余省（自治区、直辖市）对于数据安全的规范则多以条文的形式散见于立法文件中，比如，《贵州省政府数据共享开放条例》在第33条到第36条中规定了相关主体的数据安全保护义务。

表15－4　各地数据立法文件中有关数据安全保护的内容

地方	文件	规定
云南省	《云南省公共数据管理办法（试行）》	**第四十一条** 公共数据安全管理应当坚持统筹协调、分类分级、权责统一、预防为主、防治结合的原则，加强公共数据全生命周期安全和合法利用管理，防止数据被非法获取、篡改、泄露、损毁或者不当利用。
		第四十二条 县级以上公共数据、网信、公安、国家安全、保密、密码主管部门按照各自职责，做好公共数据安全的监督管理工作。 公共机构在各有关部门指导下，开展本单位、本系统、本领域公共数据安全保护工作。
		第四十三条 公共数据安全实行谁收集谁负责、谁持有谁负责、谁使用谁负责、谁运行谁负责的责任制。公共数据主管部门和公共机构的主要负责人是本单位数据安全工作的第一责任人。

---

〔1〕《江西省公共数据管理办法》第5条。

地方	文件	规定
云南省	《云南省公共数据管理办法（试行)》	公共数据主管部门和公共机构应当强化和落实数据安全主体责任，建立数据安全常态化运行管理机制，具体履行下列职责： （一）落实网络安全等级保护制度、商用密码使用和管理有关规定，建立健全本单位数据安全管理制度、技术规范和操作规程。 （二）健全公共数据共享和开放的保密审查等安全保障机制。 （三）设置或明确公共数据安全管理机构和数据安全管理岗位，实行管理岗位责任制，配备安全管理人员和专业技术人员。 （四）定期组织相关人员进行数据安全教育、技术培训。 （五）加强数据安全日常管理和检查，对复制、导出、脱敏数据等可能影响数据安全的行为进行监督。 （六）加强平台（系统）压力测试、风险监测和操作留痕，发现数据安全缺陷、漏洞等风险时立即采取补救措施。 （七）建立健全数据灾备机制。 （八）制定数据安全事件应急预案，并定期进行演练。 （九）法律、法规、规章规定的其他职责。
		第四十四条 公共数据主管部门、公共机构在处理公共数据过程中，因数据汇聚、关联分析等原因，可能产生涉密、敏感数据的，应当进行安全评估，并根据评估意见采取相应的安全措施。
		第四十五条 公共数据主管部门、公共机构依法委托第三方服务机构开展平台（系统）建设以及运行维护的，应当按照国家和省有关规定对服务提供方进行安全审查；经安全审查符合条件的，签订服务外包协议时应当同时签订服务安全保护及保密协议，约定违约责任，并监督服务提供方履行数据安全保护义务。 服务外包协议不生效、无效、被撤销或者终止的，公共数据主管部门、公共机构应当撤销账号或者重置密码，并监督服务提供方以数据覆写、物理销毁等不可逆方式删除相关数据。
福建省	《福建省政务数据管理办法》	**第三十七条** 信息网络安全监管部门应当会同数据管理机构、数据生产应用单位、技术服务单位建立政务数据安全保障体系，实施分级分类管理，建立安全应用规则，防止越权使用数据，定期进行安全评估，建立安全报告和应急处置机制。
		第三十八条 数据生产应用单位应当加强政务数据采集处理、共享应用和公共服务的安全保障工作。
		第三十九条 技术服务单位应当加强平台安全防护，建立应急处置、备份恢复机制，保障数据、平台安全、可靠运行。 技术服务单位应当对信息资源及副本建立应用日志审计，确保信息汇

续表

地方	文件	规定
福建省	《福建省政务数据管理办法》	聚、共享、查询、比对、下载、分析研判、访问和更新维护情况等所有操作可追溯，日志记录保留时间不少于3年，并根据需要将使用日志推送给相应的数据生产应用单位。
		第四十条 政务数据涉及商业秘密、个人隐私的，应当遵守有关法律、法规规定。
		第四十一条 未经批准，任何单位和个人均不得更改和删除政务数据。
贵州省	《贵州省政府数据共享开放条例》	**第三十三条** 县级以上人民政府及其部门应当加强政府数据共享开放的安全管理，做好政府数据保密审查和风险防范，定期开展安全培训、风险评估等工作。 行政机关为提升政府数据质量委托第三方开展政府数据规范治理等工作的，应当履行安全管理责任，通过签订保密协议、技术监测等措施，保障政府数据安全。
		第三十四条 政府数据共享平台、开放平台应当具备数据调度溯源功能，调度与操作记录应当长期保存，每年定期进行安全检测评估。
		第三十五条 法人或者其他组织对政府数据开展脱敏、清洗、加工、建模、分析等数据服务时，应当构建安全可靠的数据开发环境，依照法律、法规履行安全管理责任，保护政府数据免受泄露、窃取、篡改、毁损与非法使用。
		第三十六条 省和市、州人民政府大数据主管部门负责对本行政区域政府数据的开发利用实施统一监督管理。 提供数据服务的法人或者其他组织通过对省和市、州人民政府的数据开发利用得出的数据模型、数据产品等，应当报同级人民政府大数据主管部门进行安全审查。 提供数据服务的法人或者其他组织需要与第三方合作进行政府数据开发利用的，应当按照安全管理要求签订合作开发协议，并报同级人民政府大数据主管部门备案。

（二）数据安全保护制度的详略程度

各省（自治区、直辖市）对于数据安全的规定在详略程度上存在差异。部分省（自治区、直辖市）的规定较为具体，例如，《上海市公共数据和一网通办管理办法》《浙江省公共数据开放与安全管理暂行办法》和《吉林省公共数据和一网通办管理办法（试行）》。具体而言，上海市从安全管理职责主体和安全管理措施两方面入手。[1]在安

---

〔1〕　参见《上海市公共数据和一网通办管理办法》第六章。

全管理职责的主体方面，政府主管部门、网信部门、市大数据中心和公共管理和服务机构均承担维护公共数据安全的义务，并与各部门或机构的职权范围、能力相适应，建设了全方位的公共数据安全维护体系。在安全管理措施方面，上海市规定了电子政务灾难备份、应急管理、人员管理制度，还特别地保障了被采集人在数据安全方面的合法权益，即规定了公共管理和服务机构对被采集人权益保护义务，以及被采集人的异议处理机制。

《浙江省公共数据开放与安全管理暂行办法》的规定也较为详尽，重点规定了公共管理和服务机构的安全管理职责，明确了安全管理的原则、突发事件应对方法和分类评估、征求意见制度。此外，浙江省的此办法明确指出公共数据开放主体[1]、利用主体[2]的安全管理义务。同样的，此办法也注意到对被采集人的权益保护，规定了公共数据开放主体的相关权益救济措施[3]。

然而，也有部分省（自治区、直辖市）对于数据安全保护仅是采用了概括性的规定，并未具体地展开。例如，《山西省政务数据资产管理试行办法》只在第 14 条[4]中简单规定了政务数据安全责任制度。除此之外，没有其他数据安全保护相关规定。

---

〔1〕《浙江省公共数据开放与安全管理暂行办法》34 条规定：公共数据开放主体应当按照国家和省有关规定完善公共数据开放安全措施，并履行下列公共数据安全管理职责：①建立公共数据开放的预测、预警、风险识别、风险控制等管理机制；②制定公共数据开放安全应急处置预案并定期组织应急演练；③建立公共数据安全审计制度，对数据开放和利用行为进行审计追踪；④对受限开放类公共数据的开放和利用全过程进行记录。省公共数据、网信主管部门应当会同同级有关部门制定公共数据开放安全规则。

〔2〕《浙江省公共数据开放与安全管理暂行办法》35 条规定：公民、法人和其他组织认为开放的公共数据侵犯其商业秘密、个人隐私等合法权益的，有权要求公共数据开放主体中止、撤回已开放数据。公共数据开放主体收到相关事实材料后，应当立即进行初步核实，认为必要的，应当立即中止开放；并根据最终核实结果，分别采取撤回数据、恢复开放或者处理后再开放等措施，有关处理结果应当及时告知当事人。公共数据开放主体在日常监督管理过程中发现开放的公共数据存在安全风险的，应当立即采取中止、撤回开放等措施。

〔3〕《浙江省公共数据开放与安全管理暂行办法》36 条规定：公共数据利用主体应当按照《中华人民共和国网络安全法》等法律、法规的规定，完善数据安全保护制度，履行公共数据开放利用协议约定的数据安全保护义务，建立公共数据利用风险评估和反馈机制，及时向公共数据开放主体报告公共数据利用过程中发现的各类数据安全问题。

〔4〕《山西省政务数据资产管理试行办法》第 14 条规定：涉及政务数据资产的部门或者机构应当建立政务数据安全等级管理制度，落实安全责任制，依法保护个人信息以及其他应当保护的信息。政务数据安全责任，按照谁管理谁负责、谁使用谁负责的原则确定。

表15－5　各地数据立法文件中对数据安全责任制度的规定内容

地方	文件	规定
上海市	《上海市公共数据和一网通办管理办法》	**第四十条（主管部门安全管理职责）** 市政府办公厅和主管区主管部门应当编制本级公共数据和电子政务安全规划，建立公共数据和电子政务安全管理制度，制定并督促落实公共数据和电子政务安全体系和标准规范，协调处理重大公共数据和电子政务安全事件。 **第四十一条（网信部门安全管理职责）** 市网信部门应当指导公共数据管理和服务机构建立公共数据和电子政务网络安全管理制度，加强网络安全保障，推进关键信息基础设施网络安全保护工作。 **第四十二条（市大数据中心安全管理职责）** 市大数据中心应当对电子政务外网、电子政务云、大数据资源平台、电子政务灾难备份中心加强安全管理，建立并实施公共数据管控体系和公共数据安全认证机制，定期开展重要应用系统和公共数据资源安全测试，风险评估和应急演练。 **第四十三条（公共管理和服务机构安全管理职责）** 公共管理和服务机构应当设置专门的安全管理机构，并确定安全管理责任人，加强对相关人员的安全管理，强化系统安全防护，定期组织开展系统的安全测评和风险评估，保障信息系统安全。 公共管理和服务机构应当建立公共数据分类分级安全保护，风险评估，日常监控等管理制度，健全公共数据共享和开放的保密审查等安全审查机制，并开展公共数据共享和电子政务安全检查。 **第四十四条（灾难备份）** 市政府办公厅，市网信部门应当制定本市电子政务灾难备份分类分级评价和管理制度。 公共管理和服务机构应当按照前款规定的管理制度，对数据应用进行备份保护。 **第四十五条（应急管理）** 公共管理和服务机构应当制定有关公共数据和电子政务安全事件的应急预案并定期组织演练。发生危害网络安全事件时，应当立即启动应急预案，迅速采取应急措施降低损害程度，防止事故扩大，保存相关记录，并按照规定向有关部门报告。 **第四十六条（人员管理）** 公共管理和服务机构应当建立安全管理岗位人员管理制度，明确重要岗位人员安全责任和要求，并定期对相关人员进行安全培训。 **第四十七条（被采集人权益保护）** 公共管理和服务机构采集、共享和开放公共数据，不得损害被采集人的商业秘密、个人隐私等合法权益。

续表

地方	文件	规定
上海市	《上海市公共数据和一网通办管理办法》	公共管理和服务机构应当按照国家有关规定，落实信息系统加密、访问认证等安全防护措施，加强数据采集、存储、处理、使用和披露等过程的身份鉴别，授权管理和安全保障，防止被采集人信息泄露或者被非法获取。 **第四十八条（异议处理机制）** 被采集人认为公共管理和服务机构采集、开放的数据存在错误、遗漏等情形，或者侵犯其个人隐私、商业秘密等合法权益的，可以向市大数据中心提出异议，市大数据中心应当在收到异议材料一个工作日内进行异议标注，并作出以下处理： （一）属于市大数据中心更正范围的，应当在收到异议材料之日起两个工作日内，作出是否更正处理结果告知被采集人； （二）属于市级责任部门更正范围的，应当在收到异议材料之日起两个工作日内，转交该部门办理；该部门应当在收到转交的异议材料之日起五个工作日内，向提供该数据的公共管理和服务机构进行核实，作出是否更正的决定并告知市大数据中心；市大数据中心应当及时将处理结果告知异议提出人。
吉林省	《吉林省公共数据和一网通办管理办法（试行）》	**第三十八条** 省政务服务和数字化局及各市（州）主管部门应当分别编制公共数据和电子政务安全规划、建立公共数据和电子政务安全管理制度，制定并督促落实公共数据和电子政务安全标准规范，协调处理重大公共数据和电子政务安全事件。 **第三十九条** 公共管理和服务机构。 应当在本地区党委网信部门指导下，建立并实施公共数据和电子政务网络安全保障，加强网络安全管理，推进关键信息基础设施网络安全保护工作。 **第四十条** 省政务服务和数字化局应当对电子政务外网、电子政务云、大数据平台、电子政务认证机构，电子政务灾难备份中心加强安全管理，建立并实施公共数据防护，定期组织开展系统的安全测评和风险评估，定期开展重要应用系统公共数据分类分级安全保护，风险评估，日常监控等管理制度，保障信息系统安全。 **第四十一条** 公共管理和服务机构应当设置或者确定专门的安全管理机构，并确定安全管理责任人，加强对相关人员的安全管理教育，强化系统安全防护，定期组织开展系统的安全测评和风险评估，保障信息系统安全。 公共管理和服务机构应当建立公共数据分类分级安全保护，健全公共数据共享和开放的保密审查等安全审查机制，并开展公共数据共享和开放安全审查。

续表

地方	文件	规定
		第四十二条 省政务服务和数字化局、省委网信部门应当制定全省电子政务灾难备份分级评价和管理制度。公共管理和服务机构应当按照应用管理制度，对数据和应用进行备份保护。
		第四十三条 公共管理和服务机构应当制定有关公共数据和电子政务安全事件的应急预案并定期组织演练。发生危害网络安全事件时，应当立即启动应急预案，迅速采取应急措施降低损害程度，防止事故扩大，保存相关记录，并按照规定向有关部门报告。
		第四十四条 公共管理和服务机构应当建立安全管理人员管理制度，明确重要岗位人员安全责任和要求，并定期对相关人员进行安全培训。
吉林省	《吉林省公共数据和一网通办管理办法（试行）》	**第四十五条** 公共管理和服务机构采集、共享和开放公共数据，不得损害被采集人的商业秘密、个人隐私等合法权益。 公共管理和服务机构采集应当按照国家有关规定，落实安全规范，访问认证等安全防护措施，加强数据采集、存储、处理、使用和披露等全过程的身份鉴别、授权管理和安全保障，防止被采集人信息泄露或者被非法获取。
		第四十六条 被采集人认为公共管理和服务机构采集、开放的数据存在错误、遗漏等情形，或者侵犯其个人隐私、商业秘密等合法权益的，可以向省政务服务和数字化局提出异议，省政务服务和数字化局应当在收到异议材料1个工作日内进行异议标注，并作以下处理： （一）属于省政务服务和数字化局更正范围的，应当在收到异议材料之日起2个工作日内，作出是否更正的决定，并及时将处理结果告知异议提出人； （二）属于省级责任部门更正范围的，应当在收到异议材料之日起5个工作日内，转交该部门办理；省级责任部门应当在收到转交的异议材料之日起2个工作日内，向提供该数据的公共管理和服务机构进行核实，作出是否更正的决定并告知省政务服务和数字化局；省政务服务和数字化局应当及时将处理结果告知异议提出人。

续表

地方	文件	规定
浙江省	《浙江省公共数据开放与安全管理暂行办法》	**第三十条** 公共管理和服务机构应当将安全管理贯穿于公共数据采集、归集、清洗、共享、开放、利用和销毁的全过程，按照公共数据安全管理措施，防止公共数据被非法获取、篡改、泄露或者不当利用。 公共管理和服务机构应当落实公共数据安全管理要求，采取措施保护国家秘密、商业秘密和个人隐私。 **第三十一条** 公共管理和服务机构应当遵循合法、正当的原则，采集各类数据；没有法律、法规依据，不得采集公民、法人和其他组织的相关数据；采集公共数据应当限定在必要范围内，不得超出公共管理和服务所需要采集数据。 自然人向公共管理和服务机构申请办理各类事项时，公共管理和服务机构不得强制要求采用多种方式重复验证或者特定方式验证；已经通过身份证明文件验证身份的，不得强制通过采集身份等生物信息重复认证其身份。 法律、法规、规章和国家另有规定的或者自然人同意的除外。 **第三十二条** 公共管理和服务机构按照突发事件应对有关法律、法规规定，可以要求相关单位提供具有公共属性的数据，并向自然人采集应对突发事件所需的相关数据。 突发事件应对结束后，公共管理和服务机构应当对从其他单位和个人获得的公共数据进行分类评估，将其中涉及国家秘密、商业秘密和个人隐私的公共数据销毁或者封存相关数据应用。法律、法规另有规定的，从其规定。 **第三十三条** 公共管理和服务机构在使用和处理公共数据过程中，因数据汇聚、关联分析等原因，可能产生涉密、涉敏数据的，应当进行安全评估，征求专家委员会的意见，并根据评估和征求意见情况采取相应的安全措施。 **第三十四条** 公共数据开放主体应当按照国家和省有关规定完善公共数据开放安全措施，并履行下列公共数据安全管理职责： （一）建立公共数据开放的预测、预警、风险识别、风险控制等管理机制； （二）制定公共数据开放安全处置应急预案并定期组织应急演练； （三）建立公共数据安全审计制度，对数据开放和利用行为进行审计追踪； （四）对受限公共数据、涉敏数据的开放和利用全过程进行记录。 省公共数据、网信主管部门应当会同相关部门制定公共数据开放安全规则。

续表

地方	文件	规定
浙江省	《浙江省公共数据开放与安全管理暂行办法》	**第三十五条** 公民、法人和其他组织认为开放的公共数据侵犯其商业秘密、个人隐私等合法权益的，有权要求公共数据开放主体中止、撤回已开放数据。 公共数据开放主体收到相关事实材料后，应当立即进行初步核实，认为必要的，应当立即中止开放；并根据最终核实结果，分别采取撤回数据、恢复开放等措施。有关处理结果应及时告知当事人。 公共数据开放主体在日常监督管理过程中发现开放的公共数据存在安全风险的，应当立即采取中止、撤回开放等措施。 **第三十六条** 公共数据利用主体应当按照《中华人民共和国网络安全法》等法律、法规的规定，完善数据安全保护制度，履行公共数据安全保护义务，建立公共数据利用风险评估和反馈机制，及时向公共数据开放主体报告公共数据利用过程中发现的数据安全问题。
山西省	《山西省政务数据资产管理试行办法》	**第十四条** 涉及政务数据资产的部门或者机构应当建立政务数据安全等级管理制度，落实安全责任制，依法保护个人信息以及其他应当保护的信息，按照谁管理谁负责、谁使用谁负责的原则确定。 政务数据安全责任，按照谁管理谁负责、谁使用谁负责的原则确定。

专题十六

域外政务数据开放的现状与趋势

建设数字中国是数字时代推进中国式现代化的重要引擎，是构筑国家竞争新优势的有力支撑。加快数字中国建设，对全面建设社会主义现代化国家、全面推进中华民族伟大复兴具有重要意义和深远影响。数据作为新型生产要素，是数字化、网络化、智能化的基础，已快速融入生产、分配、流通、消费和社会服务管理等各环节，深刻改变着生产方式、生活方式和社会治理方式。数字中国建设，包括做强做优做大数字经济、发展高效协同的数字政务、打造自信繁荣的数字文化、构建普惠便捷的数字社会以及建设绿色智慧的数字生态文明等在内，均须以数据为关键要素。数字政府建设过程中积累的海量政务数据则是数字中国建设的基础资源。从 2017 年中央全面深化改革领导小组通过《关于推进公共信息资源开放的若干意见》以来，政务数据开放理念与实践逐渐普及。尤其是随着 2022 年"数据二十条"的发布，必将进一步加快构建数据基础制度，充分发挥我国海量数据规模和丰富应用场景优势，激活数据要素潜能，做强做优做大数字经济，增强经济发展新动能，构筑国家竞争新优势。地方政务数据开放的法治化进程推动着全国立法。然而，在地方数据立法实践中，针对政务数据的定义与分类、开放的范围与授权方式、是否应当对此收费等诸多问题，中央和地方、各个政府部门、不同类型企业和社会公众之间存在巨大争议，尚未形成共识。其中，一种观点认为，应当严格规定政务数据开放机制，通过附条件授权与收费制度确保政务数据的安全利益与经济利益；另一种观点则认为，政务数据应当以普惠开放为原则，授权收费为补充，坚持以最大范围、最低成本、最简程序和最高质量的标准开放政务数据，实现真正意义上的数据赋能。[1]因此，本书将视野扩展至世界范围内的比较研究。这一部分将对美国、欧盟、加拿大、澳大利亚、日本和韩国的政务数据开放制度和实践展开研究，归纳这些国家和地区政务数据开放的制度要素，总结域外政务数据开放的总体趋势。

现阶段，国内外对公共数据的定义存在差异化现象。如我国立法层面在《数据安全法》中，以政务数据进行相关表述，而"数据二十条"又以更加宏大的公共数据进行相应的规制。同理，域外对于政务数据的表述也存在多样化的现象，如政府数据、公共部门信息、官民数据、开放数据、公共数据等。为保障文章的精准性，本书采取直译的形式，对相关名词进行表述，而不进行统一化处理。此外，数据是信息的载体，信息是数据的主要内容这一概念已在学界达成了共识。然而，域外的立法与政策文件依然对二者进行混同使用。同样，为保障对域外政务数据开放现状的描述精准性，本书依然采取直译的形式，对相关内容进行表述。

---

〔1〕 参见时建中：《数据概念的解构与数据法律制度的构建　兼论数据法学的学科内涵与体系》，载《中外法学》2023 年第 1 期。

一、美国政府数据开放的现状与趋势

随着大数据时代的到来，拥有丰富数据的各国政府开始从政府信息公开走向政府数据开放，在全球范围内掀起一波开放政府数据的浪潮。美国是开放政府数据最早的国家之一。[1]2009 年以来，为开发数据价值，刺激经济复苏，美国政府在政府数据开放方面进行了持续且深入的探索，积累了许多宝贵经验，为全球其他国家建立和完善政府数据开放制度提供了参照。

（一）美国政府数据开放政策与立法概述

美国政府数据开放以 2009 年奥巴马政府发布《透明度和开放政府》备忘录（Memorandum on Transparency and Open Government）为启动标志。此后，美国政府数据开放实践持续深入，截至 2024 年，可被划分为四个时期。

2009～2010 年是第一个时期，重点在于建章立制，搭建制度框架。2009 年 1 月，白宫发布《透明度和开放政府》备忘录，提出建立透明、开放、合作政府。2009 年 5 月，联邦首席信息官（CIO）委员会开发的政府数据开放网站 Data. gov 上线，白宫管理与预算办公室（Office of Management and Budget，OMB）要求各部门在 60 天内公布开放政府计划，并把首批开放数据上传到 Data. gov 网站上。2009 年 12 月，美国总统办公室、白宫管理与预算办公室联合发布《开放政府指令》（Open Government Directive），要求联邦政府各部门在 45 天内，在 Data. gov 网站上至少再开放 3 项高价值数据。2010年 7 月，白宫管理与预算办公室发布《开放政府计划》（Open Government Plan），进一步推动各部门形成阶段性开放数据计划。

2011～2013 年是第二个时期，重点在于落实数据开放框架，完善数据开放细节。2011 年 8 月 Data. gov 网站进行了改版，具备高级搜索、用户交流和 API 调用等新功能。这一时期，还先后发布了《开放数据政策——将信息作为资产进行管理》（Open Data Policy—Managing Information as an Asset，M–13–13）以及《使开放和机器可读成为新的政府信息默认规则》（Making Open and Machine Readable the New Default for Government Information）等一系列总统备忘录和总统行政命令，进一步完善美国政府数据开放的推进体系、管理框架和开放利用标准，提升了数据资源的开放性和可操作性。

2014～2018 年是第三个时期，重点在于总结政府数据开放中的隐私与安全风险，并探索政府数据开放的合作利用模式。2014 年，白宫发布《大数据：抓住机遇、守护价值》白皮书，总结美国大数据战略中的隐私保护立法和政策，框定数据开放的安全围栏。自 2015 年以来，多方论坛、圆桌会议和峰会成为美国各级政府和众多行业代表逐步推动各领域政务数据开放的主要手段。2015 年 10 月，美国住房和城市发展部围绕政府开放数据在社区服务方面的最佳实践和未来展望，举办了开放政府和技术博览会。2016 年，联邦政府举行开放数据圆桌会议，对联邦政府部门数据开放进行全面总结。

2018 年至今是第四个时期，重点在于确立数据的战略地位，并通过专门立法巩固和推进联邦政府数据开放工作。2018 年 5 月 23 日，白宫管理与预算办公室和开放数据企业中心（Center for Open Data Enterprise）共同主办了关于"利用数据作为战略资产"的圆桌会议，此次活动召集了联邦和行业的数据专家。"利用数据作为战略资产"这一议题被列为

---

〔1〕　蔡婧璇、黄如花：《美国政府数据开放的政策法规保障及对我国的启示》，载《图书与情报》2017 年第 1 期。

总统管理议程（President's Management Agenda，PMA）中新的跨机构优先事项（Cross-Agency Priority，CAP），由白宫管理与预算办公室、白宫科技政策办公室、商务部和小企业管理局共同领导。2018年3月新的"联邦数据战略"（Federal Data Strategy）制定工作被纳入"总统管理议程"（President's Management Agenda，PMA）的14个跨机构优先项目目标之一，由美国白宫管理与预算办公室牵头成立开发团队，并于2019年6月正式发布《联邦数据战略》（Federal Data Strategy，OMB备忘录M-19-18）。《联邦数据战略》搭建了美国联邦层面2020年至2030年的十年数据战略规划框架，主要包括三大部分：构建重视数据、促进公共使用的文化；治理、管理和保护数据；促进高效和适当的数据使用。

2019年1月14日，作为《循证决策基础法案》（Foundations for Evidence Based Policymaking Act）的一部分，《开放、公共、电子和必要的政府数据法案》（Open，Public，Electronic，and Necessary（OPEN）Government Data Act，以下简称《开放政府数据法》）正式通过，并于同年7月实行。该法详细规定了美国政务数据开放的法律框架。总体而言，《开放政府数据法》要求联邦机构使用标准化、机器可读的数据格式，将其信息作为开放数据免费在线发布，并将其元数据纳入Data.gov目录。《开放政府数据法》规定每个联邦机构需遵守数据默认开放的原则，实施开放数据计划和编制数据清单，设立首席数据官岗位负责具体的数据管理实践和自评报告，而白宫管理与预算办公室及首席数据官委员会则负责支持、指导和评估工作，联邦审计长和国会负责监督和问责。[1]至此，美国联邦政府数据开放立法体系基本建设完成。

随着开放政府专门立法的实施，Data.gov网站也在不断增加和升级功能，以期更好地实现数据赋能的战略目的。2019年7月，Resources.data.gov上线，这个在线资源库集中了政策、工具、案例研究和其他用于支持整个联邦政府数据治理、管理、交换和使用的资源。2020年10月，推出改进后的inventory.data.gov，提供了强大的元数据管理工具。2021年2月，Data.gov目录运行更新后的CKAN。CKAN是一个开源数据管理系统，可为数据中心和数据门户网站提供发布、共享和使用支持。2022年8月，完成Data.gov向Cloud.gov基础设施的迁移。2023年3月，推出重新设计的Data.gov首页入口，优化公众获取和使用开放数据的体验。

总览美国政府数据开放制度近15年的发展与演进，可以清晰地观察到制度核心关切的转变——从落实政府数据的默认开放到强调政府数据的高质量开放，从侧重政府数据开放中的隐私和安全到促进政府数据开放的普惠赋权。

（二）美国政府数据开放相关的法律概念体系

1. 政府数据的定义

美国联邦和各州立法并未从性质上严格区分公共数据、政府数据或政务数据。聚焦公共数据开放领域，美国联邦政府数据开放的范围限定在联邦政府机构的数据；各州规定虽不尽相同，但大多限定于开放由州级实体机构掌握的数据。[2]

---

〔1〕 Foundations for Evidence Based Policymaking Act Sec. 202，§3511，§3520，https://www.congress.gov/115/plaws/publ435/PLAW-115publ435.pdf，last visited on 12.4.2023.

〔2〕 例如，根据纽约州立法规定"可发布的州数据"是指所涵盖本州实体搜集的、且依照与本州数据相关的任何和所有适用法律、法规、规章、条例、决议、政策或其他限制、要求或权利，包括但不限于合同或其他法令、限制或要求，该等实体获准许、被要求或能够向公众提供的数据。New York Executive Order：NY Exec. Order No. 2013-95（March 11，2013）.

根据美国联邦《开放政府数据法》第 202 条的定义，数据（data）是指"以任何形式和介质记录下来的信息"；数据资产（data asset）是指"可组合在一起的数据元素或数据集的集合"；公共数据资产（public data asset）是指"联邦政府机构维护的已经或可能向公众发布的数据资产或其一部分，包括根据《美国联邦法典》第 5 卷第 552 节（即《1974 隐私法》）规定应予以披露的任何数据资产或其一部分"；开放的政府数据资产（open government data asset）是指"符合以下条件的公共数据资产：（A）机器可读；（B）以开放格式提供（或可以提供）；（C）除知识产权（包括第 17 卷和第 35 卷规定的知识产权）外，不受其他会妨碍此类资产的使用或再利用的限制；以及（D）依据标准制定机构维护的基本开放标准"。[1]

对《开放政府数据法》进行文义解释和结构解释可知，所有联邦政府机构所持有和维护的数据都默认纳入美国政府数据开放计划之中，在经过国家安全、知识产权和隐私保护等限制性因素审查之后，能够向公众发布的政府数据被称为"公共数据"（Public Data），其中具有机器可读性、遵循开放标准、提供开放格式、不设限制的公共数据被称为"开放的政府数据"（Open Data）。

国内地方数据立法与全国数据政策文件对公共数据并不一致的定义，引发学术界的讨论。讨论多集中在来源的公共性或内容的公共性，例如，持有数据的组织是否是政府机构、是否承担公共职能、提供公共服务、接受公共资金等，或该数据是否由履行公共职责时产生和收集、其公开是否会产生公共影响等。在中国制度及政策语境下，公共数据、政务数据、政府数据、企业数据、个人数据之间的关系如图 16－1 所示。而美国政府数据开放制度并未从数据来源主体或数据内容的性质上区分公共数据和政务数据，而是采取功能主义路径，将可向公众开放的政府数据称为公共数据（Public Data），能够以开放结构向公众开放的政府数据称为开放政府数据（Open Data）。这样的定义方式以结果为导向，强调公众能够真正获取的政府数据，关注公众如何能够高质量地利用政府数据，最终实现政府数据最大化的数据赋能。在美国的制度语境中，政府数据、公共数据（或可称之为"向公众开放的数据"）和开放数据三者之间的关系如图 16－2 所示。

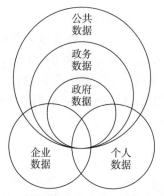

图 16－1　中国制度及政策语境下关系辨析

〔1〕《开放政府数据法》，Sec 202（a）.

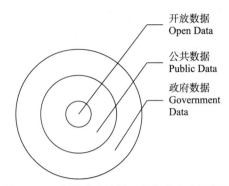

开放数据
Open Data

公共数据
Public Data

政府数据
Government
Data

图 16 - 2　美国政府数据开放相关定义辨析图

2. 政府数据的分类与开放范围

《开放政府数据法》并未对联邦政府数据或者开放政府数据规定专门的分类分级，默认所有政府数据都应开放。但在法律层面，美国联邦政府围绕数据安全、公民隐私保护等问题出台了一系列复杂的政策与法规，而这一系列政策与法规同样适用于政府数据开放领域。因此，厘清限制政府数据开放的要素及其分类标准，就能正确界定美国联邦政府数据的开放范围。

第一，概括而言，美国的政府数据需要就是否涉及国家安全进行分类，依据信息泄露可能造成的损害程度将国家安全信息分成保密（confidential）、机密（secret）和最高机密（top secret）三类。[1]值得注意的是，该总统令强调若对信息分类存在重大疑问则不得对此信息进行分类，若对分类级别存在重大疑问则应将其划分到较低级别，从制度上避免国家安全信息的过度秘密化。

第二，若不涉及国家安全，则需要依据《受限不涉密信息》（Controlled Unclassified Information）对政府数据进行审查是否应控制其传播。[2]实践中的受限不涉密信息目录包括关键基础设施、国防、出口管制、金融、移民、情报、国际条约、执法、法律程序、自然和文化资源、北约、核信息、专利、隐私、政府采购、企业专有信息、税收、交通和统计数据等。[3]根据《开放数据政策实施的补充指导》，这一阶段政府数据的访问级别被划分为开放、受限开放和不开放三类。[4]开放类政府数据是指能够不受限制地向所有人开放的政府数据。受限开放类政府数据是指规定了特定使用条件的政府数据，此类政府数据必须在其公开字段中写明如何获得访问的详细信息。不开放类政府数据是指仅限政府内部使用、不对外公开的数据，此类数据必须说明其无法开放的原因。这三类不同开放程度的政府数据要与受限不涉密信息目录中所标记的相互对应。

---

〔1〕　2009 年 12 月 29 日奥巴马签署 13526 号总统令《国家安全信息分类》（Classified National Security Information），https：//www. archives. gov/isoo/policy - documents/cnsi - eo. html，last visited on 12. 4. 2023.

〔2〕　2010 年 10 月 4 日奥巴马签署 13556 号总统令《受限不涉密信息》（Controlled Unclassified Information），https：//www. federalregister. gov/documents/2010/11/09/2010 - 28360/controlled-unclassified-information，last visited on 12. 4. 2023.

〔3〕　https：//www. archives. gov/cui/registry/category-list，last visited on 12. 4. 2023.

〔4〕　DCAT-US Schema v1. 1（Project Open Data Metadata Schema），https：//resources. data. gov/resources/dcat-us/，last visited on 12. 4. 2023.

第三，若政府数据既不涉及国家安全，也不属于受限不涉密信息，其在正式开放之前仍需接受严格的隐私影响评估。若未能通过隐私影响评估，该项政府数据不得开放。

（三）美国政府数据开放的风险控制与评估标准

1. 美国政府数据开放的风险控制架构

国内以往的研究对于开放政府数据中的风险问题关注不多，事实上，美国政府高度重视开放政府数据的风险，特别是隐私和安全风险，该事项主要由白宫的管理与预算办公室（OMB）统一管理。

在立法层面，与政府数据开放有关的风险控制主要体现在《信息自由法》（The Freedom of Information Act，FOIA）、《隐私法》（Privacy Act）、《电子政务法》（E-Government Act of 2002）和《联邦信息安全管理法》（The Federal Information Security Management Act）。

在行政层面，主要由白宫管理与预算办公室负责统管与监督政府数据开放风险控制体系，各部门负责具体推进落实。

在制度设计层面，白宫管理与预算办公室发布的政策说明《将信息作为战略资源进行管理》中详细梳理了有关的立法和行政规章对于风险控制的要求，使这些系统化、具有可操作性的要求能够指导所有政府机关制定自己的数据开放计划。为了实现风险控制，管理与预算办公室要求行政机关应当根据风险管理框架：[1]

（1）在整个系统开发生命周期中考虑所有资源规划和管理活动的信息安全，隐私保护，记录管理，公共透明度和供应链安全问题，以便妥善管理风险；

（2）需与首席信息官（CIOs），行政机关中负责记录管理的高级官员（SAORMs）和行政机关中负责隐私保护的高级官员（SAOPs）协商，为那些无法得到恰当保护或保障的信息系统和组件专门制定计划，并确保此类系统在需要升级、替换或淘汰时能够得到优先考虑；

（3）定期审查并解决程序、人员和技术有关的风险；

（4）参考美国国家标准与技术研究院（NIST）的联邦信息处理标准（FIPS）和特别出版物（SPs）（例如，500，800和1800系列指南)[2]。

在上述提到的所有要求中，信息安全保障与隐私保护是风险控制架构中的两个焦点。根据《开放数据政策——将信息作为资产进行管理》，行政机关必须将隐私和信息安全的分析纳入信息生命周期的每个阶段。[3]特别需要注意的是，行政机关必须审查对收集或制作有限制的信息，以确定是否可以公开发布、是否属于"开放政府指令"中应当开放的范围、是否在法律允许的范围内，以及是否不触犯隐私保护、保密承诺、信息安全、商业秘密、合同或其他限制。如果行政机关基于以上提到的原因决定不公

---

〔1〕 CIRCULAR NO. A-130：Managing Information as a Strategic Resource.

〔2〕 NIST SP 800系列标准是美国NIST（National Institute of Standards and Technology）发布的一系列关于信息安全的指南（SP是Special Publications的缩写）。虽然NIST SP并不作为正式法定标准，但在实际工作中，已经成为美国和国际安全界得到广泛认可的事实标准和权威指南。目前，NIST SP 800系列已经出版了近100多本同信息安全相关的正式文件，形成了从计划、风险管理、安全意识培训、教育以及安全控制措施的一整套信息安全管理体系。参见 https://csrc.nist.gov/publications，last visited on 12.4.2023.

〔3〕 Open Data Policy—Managing Information as an Asset，M-13-13.

开提供数据时，则必须与其总法律顾问办公室协商确认此决定。

此外，根据《面向联邦信息系统的风险管理框架应用》描述的"风险管理框架"，它要求各行政机关根据业务影响分析（mission impact analysis），对每个信息系统和每个系统处理、储存和传送的信息进行分类。各行政机关必须根据信息系统以及信息的安全分类为信息系统选择一套初步的基线安全控制（baseline security controls），然后结合对风险和当地情况的结构性评估，根据需要调整安全控制基线。[1]在实施安全控制之后，各行政机关应当使用《评估联邦信息系统和组织的安全与隐私控制》中所述的适当评估方法对控制进行评估，以确定控制是否正确实施，是否按预期操作，以及是否能在满足系统安全要求的基础上实现预想的目标。各行政机关必须持续监测系统中的安全控制，监测包括但不限于评估控制的效力、记录系统或其运行环境的变化、对相关变化进行安全影响分析，以及不断向指定机构官员报告系统的安全状况。[2]

当行政机关决定是否可以公开数据时还必须考虑数据聚合的"马赛克效应"（Mosaic Effect）。[3]为应对"马赛克效应"，行政机关需要设计一套基于风险的分析框架，通常需要使用统计方法，但其参数可能随时间而变化，这取决于信息的性质、其他信息的可得性以及使得信息识别过程更为便利的现有技术。由于这一分析的复杂性和所涉及的数据范围，各行政机关可选择利用内部可能具有相关专业知识的组织和人员，当然也包括 Data. gov 的工作人员。

总体而言，每个行政机关都有责任进行必要的分析并遵守所有适用的法律、法规和政策。在某些情况下，数据开放风险评估可能会影响行政机关公开数据的数量、类型、形式和细节。

2. 美国政府数据开放的评估标准

美国如何具体开展政府数据开放过程中的评估与风险控制？具体而言，美国开放政府数据时主要在四个节点进行评估：隐私影响评估（Privacy Impact Assessment，PIA），主要用于保护隐私；受限不涉密信息制度（Controlled Unclassified Information，CUI），主要目的是保障信息安全；身份窃贼防御制度（Identity Theft），主要针对身份信息的保护；以及数据质量评估（Information Quality，IQ），主要在于督促行政机构高质量地开放政府数据。

（1）隐私影响评估（PIA）。《电子政务法》（E-Government Act of 2002）要求所有联邦行政机关在开放政府数据之前必须进行隐私影响评估（PIA），而进行隐私影响评估的目标是为了确保行政机关对政府数据的处理符合适用的有关隐私的法律、法规和政策要求，确定在电子信息系统中以可识别的形式收集、维护和传播信息的风险和影响，审查和评估信息处理的保护和替代程序，以减少潜在的隐私风险。隐私影响评估的法律依据主要有：

---

〔1〕 Guide for the Security Certification and Accreditation of Federal Information Systems: a Security Life Cycle Approach, NIST SP 800 - 37 Rev. 1.

〔2〕 Assessing Security and Privacy Controls in Federal Information Systems and Organizations: Building Effective Assessment Plans, NIST SP 800 - 53A Rev. 4.

〔3〕 数据聚合中的"马赛克效应"主要是指个人身份信息可能从不包括其个人识别码的多个数据库中聚合得到或推断出。

表 16 - 1　联邦政府隐私影响评估相关法律文件

联邦法律法规	
1	Privacy Act of 1974, as amended at 5 U. S. C.　§552a, P. L. 93 - 579.
2	E-Government Act of 2002, P . L. 107 - 347.
3	The Freedom of Information Act (FOIA), 5 U. S. C.　§552.
部门规章（以能源部为例）	
1	DOE Privacy Act Regulation, 10 CFR Part 1008
2	DOE Regulations Implementing the FOIA, 10 CFR Part 1004
白宫管理与预算办公室（OMB）发布的通知（circular）和备忘录（memorandum）	
1	OMB Circular A - 130, Management of Federal Information Resources.
2	OMB Memorandum (M) 99 - 05, Privacy and Personal Information in Federal Records.
3	OMB M - 99 - 18, Privacy Policies on Federal Web Sites.
4	OMB M - 00 - 13, Privacy Policy and Data Collection on Federal Web Sites.
5	OMB M - 03 - 22, OMB Guidance for Implementing the Privacy Provisions of the E-Government Act of 2002.
6	OMB M - 05 - 08, Designation of Senior Officials for Privacy.
7	OMB M - 06 - 15, Safeguarding Personally Identifiable Information.
8	OMB M - 06 - 16, Protection of Sensitive Agency Information.
9	OMB M - 06 - 19, Reporting Incidents Involving Personally Identifiable Information and Incorporating the Cost for Security in Agency Information Technology Investments.
10	OMB M - 07 - 16, Safeguarding Against and Responding to the Breaches of Personally Identifiable Information.

美国政府的隐私影响评估已经形成一套完善的模板，具体的设计细节不做过多展开，重点介绍以下三个方面：

A. 隐私需求评估（The Privacy Needs Assessment, PNA）。隐私影响评估的第一步是隐私需求评估（PNA）。不涉密信息系统（Unclassified Information Systems）的所有者，包括行政机关和经授权或委托的承包商，在开放政府数据前，都必须完成隐私需求评估（PNA）。PNA 的目的是确保所有信息系统都能有效地处理隐私问题，它提出四个问题：

a. 信息系统是否收集或维护有关个人的信息？

b. 这些信息是以可识别的形式提供的吗？

c. 是有关特定公民的资料吗？

d. 是关于行政机关或承包商雇员的信息吗？

若上述任一问题的答案为"是"，系统所有者必须完成完整的隐私影响评估。若所有上述问题的答案都为"否"，则无需进行进一步的隐私影响评估。

B. 个人可识别信息（Personally Identifiable Information, PII）。联邦政府需在信息生

命周期的所有阶段都考虑隐私保护，如收集、使用、保存、处理、披露和销毁等。PII也应当对每个阶段的信息处理做法是否会影响个人隐私进行评估。但在此之前，对信息进行分类，尤其关注信息是否属于个人可识别信息（PII），这是关键问题。白宫管理与预算办公室将个人可识别信息（PII）定义为"政府机关收集或保存的有关个人的任何信息，包括但不限于教育、金融交易、病历和犯罪或就业历史，以及可用于区分或追踪个人身份的信息，如其姓名、社会保险号、出生日期和地点、母亲的婚前姓、生物特征数据，与特定个人有联系或可链接的任何其他个人信息"。当政府数据公开计划中包含个人可识别信息（PII）时，必须遵守以下要求：

    a. 合法、必要地收集个人信息，尽量能从最相关处获取信息；

    b. 公开数据收集和使用的目的，收集的数据仅用于该目的；

    c. 允许个人访问自己的个人信息；

    d. 为个人或其他组织提供能够纠正错误信息的渠道；

    e. 确保公开的数据正确且不具有误导性。

    C. 隐私威胁报告制度（Breach Notification Policy，BNP）。一旦发现涉及个人可识别信息（PII）的可疑或确认的数据泄露，行政机关工作人员必须立即按照现有的网络事件报告程序向部门内负责人员报告事件。必须报告的事件类型包括但不限于：

    a. 失去对政府雇员的姓名和社会保险号信息的控制；

    b. 失去对信用卡持有人信息的控制；

    c. 失去对与公众有关的个人可识别信息的控制；

    d. 失去对安全信息（例如登录、密码等）的控制；

    e. 错误传送个人可识别信息；

    f. 发现身份信息盗窃（theft of PII）；

    g. 未经授权访问数据开放平台中储存的个人可识别信息。

    （2）安全影响评估：受限不涉密信息制度（CUI）。受限不涉密信息制度是指当政府信息被界定为受限的不涉密信息时，这些信息需得到特殊保护，其传播、利用和公开将被限制。根据2010年发布的奥巴马政府的13556号总统行政令《受限不涉密信息》（Executive Order 13556 – Controlled Unclassified Information），受限不涉密信息制度的核心是CUI目录。CUI目录及其子目录，依据相关法律、法规和政府发布的政策要求，用于识别整个行政部门中需要保护或控制其传播的非机密信息。国家档案和记录管理局（The National Archives and Records Administration）是CUI目录的执行机构，并监督其他行政机关的落实情况。

    一旦信息被界定为受限的不涉密数据、归入CUI目录，行政机关需要通过实物或电子手段，保证这些信息不会被无意或不适当地获取。[1]具体的CUI目录可查阅美国国家档案和记录管理局的网站，其中按领域划分为关键基础设施、出口管制、金融、移民、情报、国际条约、执法、核信息、税务、交通运输等18大类。当某类政府数据被标记归入为CUI目录后，其开放范围将不同程度受限，例如，仅限联邦政府工作人员访问、仅限承包商访问、仅限浏览但不可下载、仅限申请者使用和不

---

    〔1〕 完颜邓邓、陶成煦：《美国政府数据分类分级管理的实践及启示》，载《情报理论与实践》2020年第12期。

予开放等。无论是限制开放还是不予开放，都需公开限制理由和能够获取该项数据的具体条件。[1]

（3）身份窃贼防御制度（Identity Theft）。根据美国《公平信用报告法》第603条，身份盗窃（Identity Theft）是指"利用另一人的可识别信息实施的欺诈行为"。在开放政府数据的过程中，同样需防范此类行为的发生。

1999年，美国国会颁布了《身份盗窃与假冒防范法》（Identity Theft and Assumption Deterrence Act），该法将身份盗窃确定为新的一类联邦犯罪，责成联邦贸易委员会（FTC）受理身份盗窃受害者的投诉，与联邦、州和地方执法部门共同处理这些投诉，并向受害者提供信息，帮助他们恢复名誉。

从此以后，联邦、州和地方政府机构采取了强有力的措施来打击身份盗窃。联邦贸易委员会（FTC）也将身份盗窃数据结算所（Identity Theft Data Clearinghouse）发展成为消费者和执法机构可利用的重要资源；司法部（DOJ）根据身份盗窃法令和其他法律针对身份盗窃行为积极展开了范围广泛的公诉计划；联邦金融规制机构已经通过并对其管辖范围内的实体提出了稳健的数据安全标准；国会通过了国土安全部发布的2005年《真实身份法》（REAL ID Act）的草案；以及许多其他联邦机构，如社会保障署（SSA）开展了教育消费者如何避免身份盗窃和在遭遇身份盗窃后如何尽快恢复正常的活动。许多私人企业也按要求积极建立保护用户数据免遭身份盗窃的重要措施，教育消费者如何防止身份盗窃，协助执法部门逮捕盗窃身份者，并对遭受损失的身份盗窃受害者提供必要的帮助。

到了2007年前后，盗窃公民身份信息进行诈骗的犯罪变得越来越复杂，对普通公众、公共部门和私营企业都提出了极大的挑战。2007年，小布什政府发布了《打击身份窃贼》（Combating Identity Theft）的战略计划。其中对公共部门应当如何保障数据安全，提出了以下两点要求：

第一，减少公共部门对公民社会保险号（Social Security Number）的不必要使用，制定替代身份信息的管理策略。具体而言，需调查联邦政府目前使用SSN的情况，发布关于适当使用SSN的指导意见，建立行政部门之间的"结算所"（clearinghouse），以尽量减少使用SSN。此外，联邦政府应与州和地方政府合作，审查SSN的使用情况。

第二，确保当联邦机构遭受数据泄露时能够做出有效的、控制风险的反应。具体而言，应向各联邦机构发布如何处理数据泄露的指南，制定并公布在数据泄露之后允许向能够帮助解决数据泄露问题的组织公开信息的一般做法。

此后，美国联邦政府各部门根据2007年战略计划的要求逐一进行落实，在2008年，联邦政府发布了一份政府报告回顾了2007年战略计划的实施情况。自2008年至2022年之间，美国联邦政府层面并未再次发布统一的指令或文件，而是由各部门分别行动，特别是联邦贸易委员会（FTC）和美国国税局（IRS）。FTC和IRS在这十年间发布了许多指导消费者如何保护个人信息、私人企业应当如何遵守用户信息保护规定的文件，但这些文件往往都是针对某些特定的领域或对象，例如，税务、手机运营商、汽车制造商等。

---

〔1〕　更多限制政府数据传播的控制情形，请参见CUI网站相关说明，https://www.archives.gov/cui/registry/limited-dissemination, last visited on 12.4.2023.

（4）数据质量评估（Information Quality，IQ）。如何确保政府数据高质量开放是各国政府数据开放过程中无法回避的核心问题。概括而言，美国对政府数据质量的评估要求经历了一个发展过程，从最初要求政府数据的可靠性，进一步要求政府数据的客观性、实用性和完整性，直到开放政府时期要求各政府机构应当保障开放数据的可及性、完整性、机器可读性和及时性。[1]这一过程也反映出美国政府对待政府数据的态度转变，从最初落脚于政府数据的"正确性"，保证政府内部不会基于错误数据进行决策，到后来强调政府数据的"高质量开放"，确保政府机构能够向公众开放更有价值的政府数据。

美国政府数据质量评估框架的形成主要可分为以下三个阶段：其一，1995 年《精简公文法》（Paperwork Reduction Act，PRA）修订。《精简公文法》要求各行政机构的首席信息官有效管理各机构的信息资源质量，提高信息的集成、质量和实用性，便于联邦机构内外用户的使用。[2]其二，2000 年《信息质量法》通过。《信息质量法》只是一个极为简短的修正案，并未规定具体的信息质量标准，但它要求白宫管理与预算办公室在政府范围内发布信息质量指南向各机构颁布指导原则，确保联邦机构发布的信息（包括统计信息）的质量、客观性、实用性和完整性。白宫管理与预算办公室于2002 年 2 月 22 日正式发布了最终版《行政机构信息质量指南》。[3]其三，2011 年以来奥巴马政府的开放政府计划配套政令相继发布。《A - 130：联邦信息资源管理政策》《使开放和机器可读成为政府信息新的默认规则》和《开放数据政策———将信息作为资产进行管理》等一系列总统备忘录和总统令要求政府开放数据必须提升可及性、完整性、机器可读性和及时性，这将有助于提高政府开放数据的质量。

（四）美国政府数据开放过程中的行政管理体系

1. 主要行政管理架构

根据美国《开放政府数据法》，美国联邦政府数据开放的行政管理体系可以被理解为总 - 分 - 总的架构。由直属于美国总统办公厅（Executive Office Of The President Of The United States，EOP）的白宫管理与预算办公室（Office of Management and Budget，OMB）制定落实联邦政府数据开放政策的指导原则，并负责审查各机构数据清单的完整性和公开性等数据开放相关事宜。白宫管理与预算办公室要求各政府机构必须为其所创建、收集、控制的数据设立账户，并且必须做到：保证其数据清单对政府数据管理机构公开；设立联系人以协助处理和回复因开放数据请求而引发的投诉。出于对隐私、安全、保密和管控的考虑，政府机构必须保证其数据清单中不对外公开数据的比例等。[4]

---

〔1〕 白献阳：《美国政府数据开放政策体系研究》，载《图书馆学研究》2018 年第 2 期。

〔2〕 宋立荣、彭洁：《美国政府"信息质量法"的介绍及其启示》，载《情报杂志》2012 年第 2 期。

〔3〕 Information Quality Act（2000），https：//www.cio.gov/handbook/it-laws/information-quality-act/，last visited on 12. 4. 2023；Agency Information Quality Guidelines，https：//obamawhitehouse.archives.gov/omb/inforeg_agency_info_quality_links#：~：text = Section% 20515% 20of% 20Public% 20Law% 20106 - 554% 2C% 20known% 20as，information% 20% 28including% 20statistical% 20information% 29% 20disseminated% 20by% 20Federal% 20agencies.，last visited on 12. 4. 2023.

〔4〕 蔡婧璇、黄如花：《美国政府数据开放的政策法规保障及对我国的启示》，载《图书与情报》2017 年第 1 期。

白宫管理与预算办公室下设的信息事务管理办公室（Office of Information and Regulatory Affairs）与首席数据官委员会（Chief Data Officer Council）则对跨部门和跨国间的数据共享与开放提供了一个协调合作机制。

各行政部门均需设立首席数据官（Chief Data Officer），各部门首席数据官需协助各部部长并与首席隐私官合作，确定各自部门的开放数据范围，保障开放数据的质量，防范开放数据的风险。[1]

各个部门的开放数据需集中上传美国联邦总务管理局（General Services Administration，GSA）下设公民服务与创新技术办公室（Office of Citizen Services and Innovative Technology，OCSIT）维护的政府数据开放门户网站 Data. gov。OCSIT 是联邦政府向公众提供信息和服务的主要机构，它有助于改善向公众提供的信息和服务，主要职责包括五个方面：云安全、客户体验、数据服务、开放式创新、智能 IT 技术。其中，数据服务的目标是将政府数据资源更好地授权于公众。OSCIT 的一项重要成果为政府数据开放门户网站 Data. gov。

《开放政府数据法》还要求 GSA 与 OMB 合作，建立一个"工具、最佳实践和模式标准的在线存储库，以促进整个联邦政府采用开放数据实践"。这个新的存储库将是开放数据项目的更新和扩展，也将在 Data. gov 上提供。

2. 美国开放政府数据部门实践

国内以往的研究基本局限在介绍美国开放政府数据的立法和 Data. gov 网站运行情况，基本没有触及立法在行政上如何落实的问题。事实上，美国开放政府数据有关工作主要依靠各个行政机构分别推进，由各部长官、首席数据官、隐私官员等部门高级官员负责落实和协调。《开放政府数据法》对首席数据官设定了 14 项职能，包括数据全生命周期管理、参与数据集的管理、格式标准化、数据集的共享与发布、确保以最佳的形式开放数据、审查机构的信息技术基础设施建设以减少数据访问上的障碍、确保该机构最大限度地使用公开的数据等。此外，各部门负责隐私的高级官员应当对政府数据全生命周期中的个人隐私和保密信息进行监督，避免政府数据开放时违反法律法规的要求，侵犯个人隐私、保密信息与国家安全。

根据 2016 年奥巴马政府发布的《事实清单：美国政府对于开放政府伙伴和开放政府的承诺》（FACT SHEET：The United States Commitment to the Open Government Partnership and Open Government）介绍，美国各行政机构积极行动，美国政府数据开放已经在诸多领域取得良好成效。例如，2016 年 6 月，美国国税局（IRS）开始发布超过一百万份电子提交的非营利组织税务表的公开数据，这些公开数据都是可机读格式。现在，公众可以直接从国税局获得这些数据，而不是提交《信息自由法》请求并接收非机器可读的图像文件。

美国卫生和社会服务部（The Department of Health and Human Services，HHS）下设的国立卫生研究院（The National Institutes of Health）一直致力于建立一个拥有 100 万志愿者规模的研究团队，并与卫生和社会服务部（HHS）下设的另一机构合作启动了一个允许个人获得他们的健康数据并决定是否捐赠这些健康数据用于研究的项目。此外，退休军人事务部（the Department of Veterans Affairs）与能源部（Department of En-

---

〔1〕 Open, Public, Electronic, and Necessary（OPEN）Government Data Act, § 3520. Chief Data Officers.

ergy）联手开发来自"百万退伍军人计划"（Million Veterans Program）的数据，利用能源部的信息能力加速科学研究，助力研究人员获取更多数据。

自2015年5月以来，美国越来越多的执法机构接受了开放警务活动数据的概念。这些警察部门已经发布了150多个关于警察与公民之间互动的公开数据集，包括使用武力的情况，交通和服务热线等。

超过150家公用事业和电力供应商承诺为超过6000万家庭和企业提供自己的能源使用数据。这些数据使商业地产公司和房主能够了解他们自己的能源消耗模式，并做出更明智的使用决策，从而节省成本并创造更清洁的环境。

为应对气候变化带来的挑战，美国发布了"气候数据计划"（the Climate Data Initiative）。作为该计划的一部分，美国行政机关已开放了超过675个与沿海洪水，水资源，能源基础设施和北极地区相关的数据集和数据资源。政府还发布了首个阿拉斯加和北极高分辨率高程地图。

3. 政府数据开放网站 Data. gov

Data. gov是美国政府建立的全球首个用户与政府可通过应用程序接口（Application Programming Interface，APIs）进行数据交互的开放网络数据共享平台。网站于2009年5月21日上线，来自美国的11个政府机构提供了最初的76项数据集。该平台以改善公众对联邦政府相关数据收集、利用能力，加快信息化和民主化建设进程，提高政府效能为建设目的。网站设置了数据（DATA）、主题（TOPICS）、影响（IMPACT）、应用程序（APPLICATIONS）、程序开发（DEVELOPERS）、联系（CONTACT）六个板块，根据网站各个板块的实际内容，将网站面向用户的数据服务分为"数据提供""数据检索""数据利用""与用户的交流与互动"四个方面。在联邦政府大力推动下，截至2023年，Data. gov开放的数据集由最初的47个增加至28万余个，超过其他国家和地区数据开放量的总和，覆盖部门包括美国联邦政府、州政府和市政府，还有一些国际组织提供的数据集。[1]美国政府数据开放成效不断显现，基于房地产、气候、农业等重点领域的开放数据，已涌现出一大批数据驱动服务企业。例如，有公司利用美国交通部在Data. gov平台上开放的全美航班数据，开发了航班延误时间的分析系统（Flyontime. US），比航空公司的正式通知提前6个小时，并且准确率达到85%~90%，并向全社会免费开放，任何人都可以通过该系统实时查询美国国内各次航班的延误率及等候时间。除此之外，还有很多开发商和团体利用平台提供的数据开发出了很多APP，如专门提供实时空气质量信息的"AIRNow"、可以发现附近可替代燃料供应站位置的"Alternative Fueling Station Locator"等，这些APP涉及生活的方方面面，既深化了政府的公众服务，也提高了社会福祉。

（五）美国政府数据开放中的授权与收费：制度与实践

1. 开放许可协议（Open Licenses）

2013年，奥巴马政府颁布《联邦开放数据政策》，其中首次使用开放许可（open license）这一概念作为美国联邦政府数据开放的授权形式。《联邦开放数据政策》规定"各机构在收集或创建信息时，必须参照开放数据项目中的最佳做法，对信息适用开放许可，以便在数据公开后，对复制、出版、分发、传输、改编或以其他方式将信息用

---

〔1〕 https://data. gov/, last visited on 12. 4. 2023.

于非商业或商业目的不加限制"。"开放数据项目"进一步规定美国政府雇员在其工作范围内产生的作品默认为美国公有领域作品，没有任何使用限制。但是，由美国政府产生或为美国政府使用而从外部获得的政府数据可能需要适用开放许可。

2016 年通过的《开放政府数据法》再次确认了联邦政府数据开放的"开放许可"授权模式，并将"开放许可"定义为"数据资产以如下形式获得的一项法律保证：A. 公众可免费获得；B. 对其复制、出版、发行、传输、引用或改编不加任何限制"。

"开放许可"必须满足以下条件：

（1）免费的重复使用。开放许可必须允许免费的复制、修改和衍生作品，并允许根据原作品的条款进行传播。作品所附带的权利不得依赖于该作品是某个软件包的一部分。如果作品被从该软件包中提取出来，并在作品许可条款的范围内使用或发行，则作品再发行的所有对象都应享有与原软件包相同的权利。

（2）再传播。开放许可不限制任何一方销售或赠送作品，无论是作品本身还是由多种不同来源的作品组成的作品包的一部分。许可不得要求对此类销售或发行收取版税或其他费用。作为作品以修改形式发行的条件，许可可以要求修改后的作品使用与原作不同的名称或版本号。作品所附带的权利必须适用于所有被重新分配的对象，而无需由这些当事人另行签署许可证。许可不得对与被许可作品一起传播的其他作品施加限制。例如，许可证不得坚持要求在同一媒体上传播的所有其他作品都是开放的。如果作品的改编本被公开发表，这些改编本必须遵守与原作相同的许可条款。

（3）不得歧视个人、团体或工作领域。许可不得歧视任何个人或群体。许可不得限制任何人在特定领域使用作品。例如，不得限制作品用于商业或研究。[1]

2. 知识共享协议（CC0）与公共领域专用许可协议（PDDL）

开放许可协议和知识共享协议（Creative Commons Zero，CC0）是美国政府数据开放过程中最常用的两类授权形式，主要的区别在于开放许可协议限于美国管辖范围内适用，而知识共享协议主要适用于世界范围内的用户使用美国政府数据的情形。

知识共享协议是指"在法律允许的范围内，该作品的权利人放弃了其根据版权法在世界范围内对作品享有的所有权利，包括邻接权与其他相关权利，从而将作品奉献给了公有领域。任何人可以复制、修改、传播和表演该作品，甚至用于商业目的，而无需征得许可。"[2] CC0 协议使得全世界的用户都能够免费且自由地使用美国联邦政府数据。

针对全世界范围内的数据开放，美国政府除了采取 CC0 协议之外，还有另一种常用的跨国协议，即"公共领域专用许可协议"（Open Data Commons Public Domain Dedication and Licence，PDDL）。欧盟司法管辖区内往往针对数据库设定了特殊的"数据库权"，美国政府采取公共领域专用许可协议主要是为了尽量消除行使数据库和数据的权利障碍与限制或完全许可涵盖本数据库和数据的任何权利。PDDL 协议是一份旨在"允许任何人为任何目的自由共享、修改和使用本作品而不受任何限制的文件。本许可适

---

〔1〕　关于开放许可更多的定义和适用，参见 Open Definition，https://opendefinition.org/od/2.1/en/，last visited on 12.4.2023.

〔2〕　关于 CC0 协议更多技术细节，参见 https://creativecommons.org/publicdomain/zero/1.0/，last visited on 12.4.2023.

用于数据库或其内容（数据），可合并使用，也可单独使用。"[1]

除此之外，美国政府数据开放中还有其他特定使用途径的许可协议，例如，Open Data Commons Attribution License（ODC-By），Open Data Commons Open Database License（ODbL），Creative Commons Attribution（CC BY），Creative Commons Attribution-ShareAlike（CC BY-SA）和 GNU Free Documentation License 等。[2]

3. 收费

美国政府数据开放法律与政策明确规定了开放数据必须是免费的。白宫管理与预算办公室和各行政机构有义务不断增加开放数据的渠道、提高开放数据的质量，但不能因此向公众收取费用。在开放数据之外的政府信息收费政策则强调所有的费用收取都不应超过直接产生的边际成本。例如，《信息自由法》详细规定了政府信息收费政策，收费标准以补偿成本为限，且各行政机关应当不断探索降低成本的方式。《联邦信息资源管理政策》也强调对公民的收费以补偿信息分发成本作为标准，且最初的信息收集和处理成本不能计算在收费标准内。

（六）美国政府数据开放一张图

综合上述研究，美国政府数据开放的过程可以通过图 16－3 进行展示。

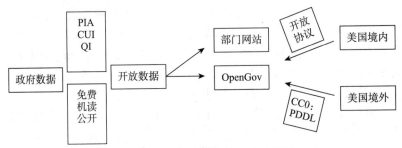

图 16－3　美国政府数据开放一张图

二、欧盟公共部门信息开放的现状与趋势

（一）欧盟公共部门信息开放的现状与趋势

1. 欧盟公共部门信息开放政策与立法概述

数字经济席卷全球，欧盟预计至 2025 年，全球数据量将从 2018 年的 33 兆字节增至 175 兆字节，欧盟 27 个成员国创造的数据经济的价值将达到 8290 亿欧元。[3]数据的规模性、多样性、高速性和高价值性使其成为重要的新型生产要素和竞争要素，深刻地影响了欧盟政策法规及其数字化转型进程。欧盟委员会在 2020 年 2 月发布《欧洲数

---

〔1〕　关于 PDDL 协议更多技术细节，参见 https://opendatacommons. org/licenses/pddl/1－0/，last visited on 12. 4. 2023.

〔2〕　上述各种协议的具体实例参见，Open Licenses ｜ resources. data. gov，https://resources. data. gov/open-licenses/#：～：text＝The%20Federal%20Open%20Data%20Policy%20states%3A%20%E2%80%9CAgencies%20must，the%20information%20for%20non-commercial%20or%20for%20commercial%20purposes. %E2%80%9D，last visited on 12. 4. 2023.

〔3〕　https://commission. europa. eu/strategy-and-policy/priorities－2019－2024/europe-fit-digital-age/european-data-strategy_en，last visited on 22. 01. 2024.

据战略》（A European strategy for data）[1]，为数据立法和数字政策设定了总体战略框架和战略方向，即建立数据单一市场，让欧盟成为数据赋权社会发展的典范。在上述战略的引领下，欧盟制定了多部支柱性立法，旨在促进数据的开放、共享和使用，并确保用户对数据的控制权。

数据价值的保护与利用是数字时代的核心议题，因此，数据战略的一个重要目标是确保数据处理过程中（如收集、存储、复制、传输、使用）个人隐私不被侵犯，以及保障作为公共基础设施的数据经济安全。欧盟立法者于2018年5月25日颁布生效的《通用数据保护条例》（GDPR）是一部对全球数据保护立法影响深远的隐私和安全法案。GDPR赋予个人对其个人数据的控制权，并适用于对个人数据的任何处理，确保个人数据被公平、合法地处理。2023年7月4日，欧盟委员会提出了《执行GDPR补充程序规则条例的提案》[2]，旨在改善监管机构之间的跨境合作，保障GDPR的有效执行。通过该条例，欧盟成员国数据保护局（DPA）在跨境案件中执行GDPR的合作程序能够得到规范和简化，从而提高跨境数据保护案件的处理效率和协调性。

数据是大数据、云计算和人工智能等关键新兴技术的命脉，数据战略的实施需要高质量的数据供给和自由流动的数据流。欧盟《数据治理法》（Data Governance Act）[3]于2023年9月生效，该法对促进跨部门和跨成员国的数据共享流程和治理结构进行了明确规范。作为《数据治理法》的有效补充，欧盟《数据法》（Data Act）[4]于2024年1月11日生效，该法案明确了数据访问、共享和使用的新规则，旨在增加数据的可用性。这两项法案将共同促进可靠地、安全地获取数据，以及推动数据在关键经济领域和公共利益部门的使用。

释放数据红利以增加社会福祉并非是单一的数据保护、数据访问的问题，数据价值的流通释放需要创造一个更加公平、开放和安全的数字市场作为保障。《数字市场法》（Digital Markets Act，DMA）[5]与《数字服务法》（Digital Services Act，DSA）[6]两部法案共同构成了欧盟数字战略的核心，为数据治理制定了更强有力的竞争规则。2022年11月1日生效的《数字市场法》施行事前监管制度，对被归为"守门人"的大型互联网平台企业提出一系列行为义务和禁止性要求，包括允许第三方在某些特定情况下与守门人自身的服务进行互操作，允许企业用户访问他们在使用平台时产生的数据，禁止给予自营服务和产品在排名上更优惠的待遇等。2022年11月16日

---

〔1〕 COMMUNICATION FROM THE COMMISSION TO THE EUROPEAN PARLIAMENT, THE COUNCIL, THE EUROPEAN ECONOMIC AND SOCIAL COMMITTEE AND THE COMMITTEE OF THE REGIONS: A European strategy for data, COM（2020）66 final.

〔2〕 Proposal for a REGULATION OF THE EUROPEAN PARLIAMENT AND OF THE COUNCIL laying down additional procedural rules relating to the enforcement of Regulation（EU）2016/679, COM/2023/348 final.

〔3〕 Regulation（EU）2022/868 of the European Parliament and of the Council of 30 May 2022 on European data governance and amending Regulation（EU）2018/1724（Data Governance Act）.

〔4〕 Regulation（EU）2023/2854 of the European Parliament and of the Council of 13 December 2023 on harmonised rules on fair access to and use of data and amending Regulation（EU）2017/2394 and Directive（EU）2020/1828（Data Act）.

〔5〕 Regulation（EU）2022/1925 on contestable and fair markets in the digital sector（Digital Markets Act）.

〔6〕 Regulation（EU）2022/2065 of the European Parliament and of the Council of 19 October 2022 on a Single Market For Digital Services and amending Directive 2000/31/EC（Digital Services Act）.

生效的《数字服务法》适用于所有为消费者提供商品、服务或内容的数字服务。该法案引入了一套全面的新规则，要求在线平台对其平台内的内容和信息透明度承担严格的问责义务，防止网上非法和有害活动以及虚假信息的传播。

数据价值的挖掘依赖于不断发展进步的计算机技术，欧盟非常重视人工智能技术的普惠性价值，同时致力于防范人工智能的潜在风险。人工智能战略是数字战略的重要组成部分，二者相辅相成，共同增强欧盟在数字经济时代的全球话语权。2021 年 4 月，欧盟委员会公布了全球首部人工智能法律框架《人工智能条例提案》（The Proposal for a Regulation on Artificial Intelligence），即《人工智能法》（the Artificial Intelligence (AI) Act)[1]。该法案的核心是采用基于风险防范的方法，根据使用情况将人工智能系统分为四个不同风险等级：不可接受的风险、高风险、有限风险和最小风险。2023 年 6 月 14 日，欧洲议会以 499 票的赞成压倒性地通过了关于《人工智能法》的谈判立场，随后将与欧盟成员国就法律的最终形式进行谈判。2023 年 12 月，欧盟理事会与欧洲议会成功就《人工智能法》达成政治协议。2024 年 3 月 13 日，对于欧盟乃至全世界的人工智能产业发展及其治理工作是历史性的一天，欧洲议会议员以压倒性多数支持了该法案。该法案以 523 票赞成、46 票反对和 49 票弃权通过了该《人工智能法》（Artificial Intelligence Act）。这是世界上第一部人工智能全面监管法律。

上述提及的法律法规是欧盟数字化转型进程中极具代表性的例子，除此之外，欧盟立法者还实施了众多其他举措，如颁布了旨在增强欧盟在半导体技术和应用领域竞争力，争取更大的数字主权的《芯片法》（Chips Act)[2]、欧盟委员会提出了《建立欧洲数字身份框架条例的提案》（Proposal for a regulation establishing a framework for a European Digital Identity) 以期为欧盟公民、居民和企业部署可信且可控的数字身份等。

总结而言，通过在顶层设计上积极颁布数据治理相关的法律法规和政策，欧盟致力于在内部打造单一数据市场，建立自主的、安全的、高效的，可信赖的数据基础设施；规范对个人数据的处理活动；促进数据在欧盟内部流动、开放、共享和利用；制定明确、公平的数据访问和再利用规则；保障可竞争的、公平的数字市场；争取更大的数字主权，建立安全可控的技术框架，特别是在人工智能、半导体、云计算方面。

2. 欧盟公共部门信息开放和再利用相关的法律概念体系

（1）公共部门信息的定义。欧盟在推动公共数据再利用和开放方面一直处于积极探索的领先地位。具体而言，欧盟使用的术语是"公共部门信息"（Public Sector Information，PSI）。欧盟第 2003/98/EC 号指令[3]（《公共部门信息再利用指令》又称 PSI 指令）制定了一套最低限度的规则，对成员国公共部门机构（public sector bodies）所持有的现有文件的再利用以及促进再利用进行了规范。为了适应世界数据量急剧增长、新的数据类型不断涌现以及数据分析、利用和处理技术（如机器学习、人工智能和物

---

〔1〕 https://digital-strategy. ec. europa. eu/en /policies/ european-approach-artificial-intelligence，last visited 25. 01. 2024.

〔2〕 Regulation (EU) 2023/1781 of the European Parliament and of the Council of 13 September 2023 establishing a framework of measures for strengthening Europe's semiconductor ecosystem and amending Regulation (EU) 2021/694 (Chips Act).

〔3〕 Directive 2003/98/EC of the European Parliament and of the Council of 17 November 2003 on the re-use of public sector information, OJ L 345, 31. 12. 2003.

联网）飞速发展导致的新形势和变化，PSI 指令此后经过 2013 年（Directive 2013/37/EU）[1]和 2019 年两次修订（Directive 2019/1024/EU，又称《开放数据指令》）[2]，不仅扩大了提供公共部门信息的义务主体，而且扩大了公共部门信息的内涵和外延。

欧盟立法者认为，公共部门信息的再利用和开放数据有助于改善内部市场，挖掘数据的经济和社会潜力，并为消费者和法律实体开发新的应用程序。公共部门信息的再利用和开放数据并不是两个孤立的制度。开放数据是指被以开放格式提供的数据，任何人都可以为任何目的自由使用、重复使用和共享。开放数据政策旨在鼓励为私人或商业目的广泛提供和重复使用公共部门信息，尽量减少或不设任何法律、技术或财务限制，促进信息的流通。[3]因此，二者是协同增效、相互补充的，开放数据的目的同样是为了促进公共部门信息的再利用。因此，在欧盟的语境中，下文将统一使用"公共部门信息"的表述，并与我国通常使用的术语"公共数据"和"政务数据"进行内涵和外延的界分。

从收集主体来看，根据欧盟 2019/1024/EU 号指令第 2 条第 11 款，"再利用"是指个人或法律实体为商业或非商业目的而使用由公共部门机构（public sector bodies）或（在特定领域活动的）公共企业（public undertakings）持有的文件。由此可见，欧盟旨在再利用和公开的"公共部门信息"的收集主体是公共部门机构和公共企业。其中，公共部门机构又包括三类主体，国家、地区或地方当局、受公法管辖的机构或由一个或多个此类当局或一个或多个此类受公法管辖的机构组成的协会。根据《数据安全法》第 38 条，我国使用的术语"政务数据"是指"国家机关为履行法定职责的需要收集、使用"的数据。由此可见，欧盟语境中的"公共部门信息"的外延和内涵大于"政务数据"，因为后者仅限于国家机关，而不包括公共企业。根据我国"数据二十条"的规定，公共数据是指"各级党政机关、企事业单位依法履职或提供公共服务过程中产生的公共数据"。因此，欧盟"公共部门信息"在概念上更接近我国"数据二十条"意义上的"公共数据"，因为收集主体包含了公权力政府和为公共利益提供服务的企业两种类型。

从收集过程来看，欧盟立法者在欧盟 2019/1024/EU 号指令立法原因的第 20 点指出，公共部门机构收集、制作、复制和传播文件是为了完成其公共任务；公共企业收集、制作、复制和传播文件是为了提供符合公众利益的服务；当个人或法律实体出于其他原因再次使用这些文件，就构成了再利用。这一阐释与"数据二十条"的规定相似，即收集过程是履行公共职责或公共利益。

（2）公共部门信息的分类。

第一，不同来源的公共部门信息，包括：

公共部门机构为完成其公共任务而产生的信息。公共部门机构包括立法、司法和执法机构，立法机构的公共任务例如制定、修改与废除法律、审批政府公共预算要求、

〔1〕　Directive 2013/37/EU of the European Parliament and of the Council of 26 June 2013 amending Directive 2003/98/EC on the re-use of public sector information, OJ L 175, 27.6.2013.

〔2〕　Directive 2019/1024/EU of the European Parliament and of the Council of 20 June 2019 on open data and the re-use of public sector information (recast), OJ L 172, 26.6.2019.

〔3〕　Directive 2019/1024/EU of the European Parliament and of the Council of 20 June 2019 on open data and the re-use of public sector information (recast), OJ L 172, 26.6.2019, para. 16.

监督政府运作等；司法机构的公共任务例如重大问题的政策研究、负责有关重大决策部署督察工作、行政复议和行政应诉工作、监狱管理工作、监督管理刑罚执行、罪犯改造的工作等；执法机构的公共任务例如应急管理、消防管理、灾害救助、行政执法、安全事故调查等。

公共企业提供符合公众利益的服务而产生的信息。例如，邮政、电力、航空、铁路、医疗健康等服务。

公共资助的研究数据。

第二，不同领域的公共部门信息，包括：

自然领域内，气象和气候数据、水文和水资源数据、土地资源和土壤数据、矿产资源调查数据、生物多样性和生态系统数据，自然灾害和地质灾害数据等。

社会领域内，教育、科研、文化类信息，包括学校、图书馆、博物馆等机构的教育资源、科研报告、数字化文化遗产等；人口和就业统计数据；收入和消费水平数据；社会保障和福利数据；卫生健康和计划生育数据；教育发展统计数据等。

行政管理领域内，法律和行政规章制度类信息，包括法律、法规、政策、程序等；公共政策和治理类信息，包括各级政府的政策文件、报告、公共服务和办事指南类信息等；公共财政和预算类信息，包括各级政府的财政收支数据、预算报告等；行政审批和行政处罚信息；政府采购和政府投资项目数据；行政许可和服务事项标准；行政机构设置和人事信息等。

欧盟专门制定了高价值数据集的专题类别清单，进行数据开放试点应用。高价值数据集被定义为其再利用可为社会和经济带来重要利益的文件。因此，这些数据集必须遵守一套单独的规则，确保它们可以免费提供，并采用机器可读格式。成员国必须通过应用程序接口（API）提供这些数据，并在相关情况下提供批量下载。高价值数据集专题类别清单：a. 地理空间：邮政编码等，国家和地方地图；b. 地球观测与环境：能源消耗和卫星图像；c. 气象：来自仪器的现场数据和天气预报；d. 统计资料：人口和经济指标；e. 公司和公司所有权：商业登记和注册标识符；f. 流动性：路标和内陆水道。

第三，公共部门信息的评估标准。公共部门信息会涉及国家安全、企业秘密和个人隐私，其中重点关注：

安全评估：对公共部门信息的公开和利用是否会危害国家安全、保密统计信息进行评估。如涉及军事、外交、公共安全等信息，以及关键基础设施信息。此外，敏感数据还包括商业秘密或他人知识产权信息。上述敏感数据被排除在再利用和公开之外。

隐私评估：2019/1024/EU 号指令不影响欧盟和成员国法律在处理个人数据方面对个人的法律保护。重新使用个人数据需要符合目的限制原则并匿名化。将信息匿名化是一种手段，可以在对公共部门信息的重复使用与数据安全保护之间寻求平衡。

质量评估：检查公共部门信息的完整性、准确性、最新程度等质量指标，确保在线可发现性和文件及相关元数据的实际可用性，文件及相关元数据采用开放格式，可通过机器读取，并确保互操作性、再利用性和可访问性。对于受公共资金资助的研究数据，应符合可查找、可获取、可互操作和可重复使用的原则（FAIR 原则）。

3. 欧盟公共部门信息开放过程中的行政管理体系

欧盟采用授权的方式，明确 2019/1024/EU 号指令的执行机构。在组织机构方面，由欧洲议会及理事会授权，欧盟委员会负责，并且由一个开放数据和公共部门信息再利用委员会协助欧盟委员会进行工作。

在组织机构职责方面，欧盟委员会应促进成员国之间的合作，并支持设计、测试、实施和部署可互操作的电子界面，从而提高公共服务的效率和安全性；编制在线开放数据成熟度报告，其中包括所有成员国重新使用公共部门信息的相关绩效指标；对公共部门信息的再利用程度、提供条件和补救措施进行监督；发布和更新现有的指导原则，特别是关于建议的标准许可、数据集和文献再利用收费的指导原则，协助成员国以一致的方式实施该指令；修订高价值数据集专题类别清单，增加更多专题类别。

4. 欧盟公共部门信息开放中的授权与收费：制度与实践

（1）开放和再利用的形式。数据门户网站：https://data.europa.eu/en。自 2015 年起，欧盟委员会通过"连接欧洲基金"（Connecting Europe Facility）为欧洲数据门户网站提供资助。该数据门户是一个泛欧公共部门信息库，开放供欧盟再利用。该门户网站还设有一个关于如何再利用开放数据的培训中心，以及一个欧盟和国际再利用者成功案例数据库。

（2）公共部门信息的开放运营环节。原则上，公共部门机构在制定文件再利用的原则时，应遵守欧盟和各国的竞争规则，尽可能避免与私人合作伙伴达成排他性协议。然而，为了提供一种具有普遍经济利益的服务，特定情况下有必要对私人合作伙伴授予再利用公共部门信息（或文件）的专有或排他性权利（以下简称专有权）。

第一，专有权的授予。在文化资源数字化方面，2019/1024/EU 号指令允许设置专有权，并规定专有权期限，以使私人合作伙伴有可能收回其投资。例如，图书馆（包括大学图书馆）、博物馆、档案馆和私人合作伙伴之间通过合作安排，将文化资源数字化的专属权授予私人合作伙伴。但是，立法者强调这一期限应尽可能短，以符合公有资料一旦数字化就应留在公有领域的原则。文化资源数字化专有权的期限一般不应超过 10 年。任何超过 10 年的专有权期限都应接受审查，审查时应考虑到自作出安排以来环境在技术、财务和行政方面的变化。此外，任何公私之间的文化资源数字化的合同安排都应赋予私人合作伙伴在合同关系终止后继续使用的全部权利。

第二，收费。欧盟采用了四个收费原则：

其一，原则上，公共部门信息的再利用应该免费，如果必须收费，原则上应限制在边际成本的范围内。边际成本如是广泛搜索信息或对所需信息的格式进行修改的成本；复制、提供和传播文件以及个人数据匿名化和为保护商业机密信息而采取的措施所产生的成本。

其二，考虑到公共企业的竞争性和需要创收以支付与执行公共任务有关的大部分成本的公共部门机构，允许公共部门机构和公共企业收取高于边际成本的费用。收费应根据客观、透明和可核查的标准来确定，提供和允许重复使用文件的总收入不得超过收集、制作、复制、传播和数据存储的成本，以及合理的投资回报。合理的投资回报是指除收回符合条件的成本所需的回报外，不超过欧洲中央银行固定利率 5 个百分点的总收费百分比。

其三，针对大学图书馆、博物馆和档案馆等机构，允许收取高于边际成本的费用，包括合理的投资回报。提供和允许再利用文献的总收入不应超过收集、制作、复制、传播、保存和权利确认的成本，以及合理的投资回报。在适用情况下，个人数据或商业敏感信息的匿名化成本也应包括在合格成本中。就图书馆（包括大学图书馆、博物馆和档案馆）而言，考虑到其特殊性，在计算合理的投资回报时，可以考虑私营部门对重复使用相同或类似文件所收取的价格。

其四，符合规定的高价值数据集和研究数据应该免费开放。

5. 欧盟公共部门信息开放和再利用的趋势

（1）扩大义务主体。2003/98/EC 号指令仅适用于公共部门机构持有的文件，而将公共企业排除在其适用范围之外。这导致在许多领域，特别是公用事业部门（utility sectors），为公众利益提供服务的过程中产生的文件很难再利用。因此，2019/1024/EU 号指令对第 2003/98/EC 号指令进行修订，以确保该指令适用于从事第 2014/25/EU 号指令第 8 条至第 14 条所述活动的公共企业以及公共机构、作为公共服务运营商的公共企业、作为履行公共服务义务的航空承运人的公共企业、作为共同体船东履行公共服务义务的公共企业。

（2）重视动态数据。动态数据（包括环境、交通、卫星、气象和传感器生成的数据）的经济价值取决于即时信息的可用性和定期更新。因此，在收集数据后，或在人工更新数据集后，2019/1024/EU 号指令要求立即通过应用程序接口（API）和批量下载（如有必要）的方式提供这些数据以供再使用，除非这样做会造成过大的工作量。如果出于合理的公共利益考虑，特别是为了公众健康和安全，必须进行数据核查，则应在核查后立即提供动态数据。这种必要的核查不应影响更新的频率。

（3）严格限制对再利用收取高于边际成本的费用的情形。免费再利用是一项基本原则，对于高于边际成本的例外情况有严格的限定，并且有更高的透明度要求，例如，公布所有收费高于边际传播成本的公共机构名单。

（4）重点放在统计或地理空间数据等高价值数据集上。这些数据集具有很高的商业潜力，可以加速各种增值信息产品和服务的出现。欧盟委员会目前正与欧盟各国合作，确定可在整个欧盟免费提供并易于重复使用的特定高价值数据集清单。

（5）应对新形式的排他性安排。公共部门机构在制定文件再利用的原则时，应遵守欧盟和各国的竞争规则，尽可能避免与私人合作伙伴达成排他性协议，除非是为了提供一种具有普遍经济利益的服务。例如，如果没有专有权，任何商业出版商都不会出版有关信息。如果为了公共利益提供服务而必须授予专有权，则应定期审查授予这种专有权的理由是否有效，每 3 年审查一次。

6. 欧盟公共部门信息开放一张图

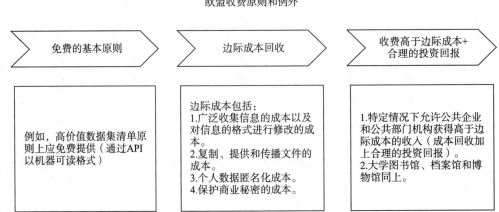

图 16-4　欧盟公共部门信息开放概览图

（二）欧盟成员国公共部门数据开放的现状与趋势：以德国为例

1. 德国公共部门数据开放相关的法律概念体系：公共部门数据的定义

根据欧盟 2019/1024/EU 号指令第 17 条第 1 款的规定，成员国必须在 2021 年 7 月 17 日之前将欧盟 2019/1024/EU 号指令转化为国家法律。德国联邦立法机构通过 2021 年 6 月 25 日颁布的《电子政务法》修正案[1]和《公共部门数据使用法》（Datennutzungsgesetz-DNG）[2]履行了这一义务。

《公共部门数据使用法》几乎一字不差地执行了 PSI 指令的要求。《公共部门数据使用法》没有对"数据"进行定义，但是阐释了"公共部门数据"的提供者。根据《公共部门数据使用法》第 2 条第 2 款，本法所指的数据提供者包括"1. 公共机构；2. 受公共合同和特许权授予规则约束或经营公共客运服务的公共服务企业；3. 与公共资助的研究数据有关，并已通过机构或专题资料库向公众开放：a）大学、研究机构和研究资助组织，b）研究人员，如果本法案规定的其他数据提供者尚未提供该研究数据；如果合法商业利益、知识转让活动或现有的第三方知识产权与此相冲突，则不适用。"因此，尽管德国立法者使用的术语是"公共部门数据"，而非欧盟立法者使用的术语"公共部门信息"，但是，二者在内涵和外延上是相同的。

下文仅讨论德国《公共部门数据使用法》偏离欧盟 2019/1024/EU 号指令之处。

2. 德国公共部门数据开放过程中的行政管理体系

根据《公共部门数据使用法》第 4 条第 2 款，对于图书馆，包括大学图书馆、博物馆和档案馆有权享有版权或相关权利或工业产权的数据，以及公共服务企业的数据，需要获得机构或公共服务企业的授权后才能使用。

根据《公共部门数据使用法》第 7 条第 4 款，机器可读数据的元数据应尽可能酌情通过国家元数据门户网站 GovData 提供。

3. 德国公共部门数据开放中的授权与收费：制度与实践

欧盟和德国均有针对文化资源数字化的特殊专有权授权设置。欧盟 2019/1024/EU 号指令第 12 条规定，如果专有权涉及文化资源的数字化，专有权期限一般不得超过 10 年。如果期限超过 10 年，则应在第 11 年对其期限进行审查，并酌情在此后每 7 年审查一次。德国《公共部门数据使用法》第 6 条第 3 款规定，如果专有权与文化资产数字化有关，则最长可授予 10 年。由此可见，在涉及文化资源的数字化问题上，德国国内法的规定更严格，专有权的最长期限为 10 年，没有延长的可能。

欧盟 2019/1024/EU 号指令第 12 条规定，如果为了公共利益而有必要设置专有权，则应定期审查授予这种专有权的理由是否有效，无论如何应每 3 年审查一次。根据德国《公共部门数据使用法》第 6 条第 2 款，如果为了提供符合公共利益的服务而需要使用数据的专有权，数据提供者应定期审查排他性协议，但至少每 3 年审查一次。由此可见，德国国内法的规定更严格，对排他协议的审查周期最长为 3 年，而欧盟的规定是 3 年为一个审查周期。

4. 趋势

第一，更广泛的数据供应。德国《公共部门数据使用法》于 2021 年 7 月 16 日生

---

〔1〕 Gesetz zur Änderung des E-Government-Gesetzes und zur Einführung des Gesetzes für die Nutzung von Daten des öffentlichen Sektors.

〔2〕 Gesetz für die Nutzung von Daten des öffentlichen Sektors（Datennutzungsgesetz-DNG）.

效,《公共部门数据使用法》更新并取代了德国《信息再利用法》(IWG)。《公共部门数据使用法》将《信息再利用法》的适用范围扩大到公共机构之外,尤其是一些普遍受关注的服务领域(水、能源和运输)的公共服务公司。研究数据也被明确纳入适用范围。

第二,收费受到透明度要求和合理利润率的限制。原则上,数据的使用是免费的。但《公共部门数据使用法》允许数据提供者要求补偿以下活动和措施的边际成本:包括①复制、提供和传播数据;②个人资料的匿名化;③保护商业机密信息的措施。对于下列数据提供者,《公共部门数据使用法》允许对数据的使用收取费用:①需要获得足够收入以支付其履行公共合同的大部分成本的公共机构;②图书馆,包括大学图书馆、博物馆和档案馆;③提供公共服务的企业。但是,公共机构和公共服务企业应根据其确定的客观、透明和可核查的标准计算收费。在相应的计费期内,提供数据和允许使用数据的费用不得超过收集、创建、复制、传播和储存数据的成本,外加合理的利润率,以及个人数据匿名化和商业机密信息保护措施的成本(成本回收模式 + 合理的利润率[1])。图书馆,包括大学图书馆、博物馆和档案馆还可在计算基础上加上保存和权利清除的费用(成本回收模式 + 合理的利润率 + 保存和权利清除费)。

根据《公共部门数据使用法》第12条,如果已确定了适用于公众的数据使用费(标准费),则应在互联网上公布标准费的条件和实际金额,包括其计算依据。如果没有规定使用费的标准,则应说明计算费用时考虑的因素。如有要求,还应说明与具体使用申请有关的费用计算方法。

三、加拿大政务数据开放的现状与趋势

(一)加拿大政务数据开放政策与立法概述

现阶段,加拿大主要通过战略计划与法律相结合的方式对政务数据的开放进行规制。其中,战略计划并没有直接针对政务数据的开放,而是针对政府开放(open government)的行动计划。与之相应,法律则主要是保护在开放政府行动过程中,涉及个人数据的安全保障以及隐私维护。

1. 开放政府行动计划概述

在政府开放上,加拿大早在2012年就发布了《加拿大2012 - 2014开放政府行动计划》。[2] 该计划是加拿大自2011年加入开放政府伙伴关系(OGP)后,首次针对政府应当如何管理并释放相关记录信息进行了规划。此后,加拿大将其开放数据门户网站(data. gc. ca)从一个试点项目转变为永久项目。该开放政府行动计划大致可分为三大层级,即开放数据、开放信息和开放对话。

2014年,加拿大更新了《加拿大2014 - 2016开放政府行动计划》。[3] 该计划是自2012年之后,第二个与开放政府相关的行动计划,该行动计划强制要求联邦政府部门

---

〔1〕 合理的利润率是指总成本中超过支付相关成本所需金额的百分比,但不超过欧洲中央银行为主要再融资业务设定的利率的5个百分点(§3 Abs. 11 DNG)。

〔2〕 Government of Canada, *Canada's National Acyion Plan on Open Government* 2012 - 2014, at https://open. canada. ca/data/en/dataset/ac3eac86 - 6d82 - 4022 - b5b6 - a9dbef21b906, Last visited on 24. 1. 2024.

〔3〕 Government of Canada, *Canada's National Acyion Plan on Open Government* 2014 - 2016, at https://open. canada. ca/data/en/dataset/7a3e088b - 3547 - 4084 - 9a9f - a494e8750fee, Last visited on 24. 1. 2024.

和机构最大限度地发布数据和信息。此外，该计划还确定联邦政府要与各州政府进行合作，以对数据进行共享。同时，该计划明确要求通过建立开放数据交换机制（Open Data Exchange），来实现公主体与私主体之间的数据流通与利用。

2016 年，加拿大更新了《加拿大 2016 – 2018 开放政府行动计划》。[1] 该文件为第三个与开放政府相关的行动计划，并包含了 22 项承诺。上述承诺大部分侧重于建设开放政府的文化并提高数据开放的能力，具体包含四大领域：默示开放、财政透明、创新繁荣与可持续发展。

2018 年，加拿大更新了《加拿大 2018 – 2020 开放政府行动计划》。[2] 该文件为第四个与开放政府相关的行动计划。该计划包含了 10 项承诺，主要侧重于继续促进加拿大政府的开放、透明度和问责制。该计划充分展示了加拿大政府的民主性，即此计划是在与 1 万多名加拿大人协商后制定的，民众以线上与线下的方式提供了想法与建议。同年，加拿大发布了《联邦公共服务数据战略路线图》。[3] 该文件指出数据已经给现有经济模式带来了重大影响，并表明数据有能力使政府能够做出更好的决策，设计更好的程序和提供更有效的服务。对此，加拿大政府拟采取相应的战略规划以使政府、企业、研究人员和非营利部门对数据进行共享并释放数据的价值。诚然，目前公共部门生产并保存了大量的数据，包括项目、地理空间、行政和人口数据。然而，并没有设计相关流通、利用与共享的机制来释放上述数据在社会与经济中本应提供的价值。具体而言，在内部上，加拿大各个公共部门无法对跨部门的数据进行共享；在外部上，公共部门所生产与存储的数据也无法有效流通至自然人、法人、其他非法人组织等非公共部门。据此，为鼓励创新并支持经济发展，应当建立数字化政府，并平衡好政务数据的透明度、互操作性以及隐私保护完善等几项基本要求，以保证政府和其他机构能够释放数据的价值，并最终提供更好的服务，创造新的企业，以及科学研究。

2020 年，加拿大并没有正式发布开放政府行动计划，仅存在计划草案。[4] 该草案并未实质性涉及政务数据的开放，而是从公主体与私主体之间的关系优化、建立参与度以及保障深度交流三个层面来优化政府开放及相关服务。

2022 年，加拿大更新了《加拿大 2022 – 2024 开放政府行动计划》。[5] 该文件为第五个与开放政府相关的行动计划，并具有一定的里程碑意义。该计划对以下五个方面做出承诺：

〔1〕　Government of Canada, *Canada's National Acyion Plan on Open Government* 2016 – 2018, at https：//open. cana-da. ca/data/en/dataset/a8d8ffc5 – cbcd – 429a – 8e94 – 5d4720f3be64, Last visited on 24. 1. 2024.

〔2〕　Government of Canada, *Canada's National Acyion Plan on Open Government* 2018 – 2020, at https：//open. cana-da. ca/data/en/dataset/e7b688b7 – e567 – 4f86 – 9653 – e16fcbe34325, last visited on 24. 1. 2024.

〔3〕　Government of Canada, *Report to the Clerk of the Privacy Council：A Data Strategy Roadmap for the Federal Public Service*, at https：//www. canada. ca/en/privy – council/corporate/clerk/publications/data-strategy. html, last visited on 24. 1. 2024.

〔4〕　Government of Canada, *Consultation for* 2020 – 22 *National Action Plan – Draft Skeleton Plan*, at https：//open. canada. ca/data/en/info/62ba3c8c – c4c3 – 427b – be60 – ac9df42d7335/resource/f07dd728 – eec2 – 47ff – bf8d – 6e72e9bd9a10. , last visited on 24. 1. 2024.

〔5〕　Government of Canada, *Canada's National Acyion Plan on Open Government* 2022 – 2024, at https：//open. cana-da. ca/data/en/dataset/778989e3 – f9a2 – 4a61 – 92dc – fdf0293cf6ca, last visited on 24. 1. 2024.

第一，在气候变化和可持续增长方面（Climate Change and Sustainable Growth），该计划明确，公共部门要保障民众能够获得了解气候变化影响所需的信息。

第二，在民主与公民空间方面（Democracy and Civic Space），该计划明确公共部门要确保信息的准确性，避免虚假信息与错误信息，并确保人人都有机会参与公平的民主进程之中。

第三，在财政、财务与企业透明度方面（Fiscal，Financial and Corporate Transparency），该计划明确公共部门要建立公开受益所有权登记制度（Public Beneficial Ownership registry）来阻止洗钱和逃税行为。此外要建立相应的系统来追踪政府的经费开支。

第四，在司法方面，该计划明确公共部门要帮助市民提供司法援助，以及相关信息的查询。

第五，在数据开放的获取（Open data for results）方面，该计划明确公共部门要保障人民能够易于获取、使用并理解相关数据，并将数据开放并入到日常的行政事务当中。

2023 年，加拿大基于现有的公共服务的进展和工作发布了《加拿大 2023 – 2026 联邦公共服务数据战略》，主要包含以下四大领域：

①在政府的任何活动中要主动考虑与数据相关的事宜，并设计相关的制度。

②有效管理并传递决策数据（data for decision-making）。

③要确保数据再流通过程中的安全，在提供数据驱动型服务的过程中，改善用户体验，并维持基本信任。

④为公共服务提供必需的人才与设备。

2. 数据安全与隐私保护概述

目前，加拿大主要以立法的形式对数据安全与隐私保护进行规制，包括《隐私法》（Privacy Act）、《信息访问法》（Access to Information Act）、《个人信息保护与电子档案法》（Personal Information Protection and Electronic Documents Act）和《消费者隐私保护法》（Consumer Privacy Protection Act）等。

加拿大《隐私法》于 1983 年生效，该法规范了加拿大政府收集、使用、披露个人信息的行为，限制了政府收集信息的尺度并规定了个人的知情权，即政府机构应将收集信息的目的进行告知。在信息使用方面，该法限定了政府的使用权限，即非基于公共目的或未经相关个人的同意，政府机构不得使用其所控制的个人信息。

加拿大《信息访问法》于 1983 年正式生效，该法旨在提高联邦机构的问责制和透明度，以塑造开放和民主的社会，同时对政府进行更为有效的监督。

加拿大《个人信息保护与电子档案法》于 2000 年正式生效，该法主要集中于私权领域，规定了企业在进行商事活动时使用个人信息的范围与准则。

加拿大《消费者隐私保护法》于 2022 年正式生效，该法扩大了消费者的权利，如有权利要求访问关于自身的数据，以及要求企业删除关于消费者自身的数据，提升了消费者对自身隐私的控制力度，并强化了知情同意原则以及问责机制。加拿大《消费者隐私保护法》明确其会使加拿大继续遵守国际贸易伙伴的隐私法，并将对不遵守规定的组织处以罚款。这些罚款将是七国集团国家中最严重的罚款之一，如对企业执行年营业额 5% 或 2500 万美元的罚款（以较高者为准）。同时行政罚款额度为年营业额

3% 或 1000 万美元的罚款（以较高者为准）。[1]

（二）加拿大政务数据开放相关的法律概念体系

1. 政务数据的定义

加拿大于 2023 年更新了数据保护法，但是该法主要针对个人数据，并未涉及公共数据或政务数据。故对于加拿大的公共数据与政务数据等相关问题主要参考《加拿大 2023 – 2026 联邦公共服务数据战略》[2]与《加拿大 2022 – 2024 开放政府行动计划》[3]两项政策文件。

目前，就政务数据而言，加拿大的相关政策文件尚未对政务数据作出明确定义。以加拿大发布的《加拿大 2023 – 2026 联邦公共服务数据战略》为例，该文件在开篇指明加拿大政府要加大数据的开发利用、通过数据驱动的形式提升联邦政府公共服务质量。加拿大的相关政策文件并没有直接明确政务数据的权属配置，其更多关注于对数据的使用等最终效果，如提升政府决策精准度、有效管理政府决策过程中的数据、改善用户体验与维护信任等。

此外，《加拿大 2022 – 2024 开放政府行动计划》虽明确提出了政府信息开放，并表明了对信息的接触，但是其依然没有明确政务数据的概念，以及相关权属配置。该计划仅表明，提供信息接触渠道的上位法依据为《信息访问法案 1983》，并表明该法案的立法宗旨为提升政府信息透明度与开放程度，来确保公众能够有效参与到政府的相关决策活动中并对相关决策活动进行评价，最终保障加拿大政府的行为能够满足公共利益的需求且确保相关的问责机制。

整体而言，加拿大相关的政策文件更加倾向于政府开放，而非政务数据开放，相关立法文件也无外乎围绕保护个人隐私而展开，如加拿大 1983 年颁布的《隐私法》，用来规范联邦政府收集、使用和披露个人信息的行为。同年，《信息访问法案 1983》生效，其目的是提高联邦机构的问责制和透明度，以塑造一个开放和民主的社会，并对这些机构的行为进行合规监督。《隐私法》限制了政府收集信息的尺度，除非与该机构的运营计划或活动直接相关，否则政府机构不得收集任何个人信息。并规定了个人的知情权，即政府机构应将收集信息的目的告知该机构所收集个人信息的任何相关个人信息主体。同时，限制了政府使用信息的尺度，未经相关个人的同意，政府机构不得使用政府机构控制下的个人信息（除非是政府汇编信息或披露信息等"公共"目的）。

2000 年，《个人信息保护和电子文档法》通过，该法案规定了私人或者企业在进行商业活动时使用个人信息的范围与准则。《个人信息保护和电子文档法》是适用于加拿大联邦的个人信息保护立法，规定了私人或者企业在进行商业活动时使用个人信息的范围与准则。作为加拿大最主要的联邦法规之一，《个人信息保护和电子文档法》是

---

〔1〕　Government of Canada, *Consumer Privacy Protection Act*, at https://ised-isde. canada. ca/site/innovation-better-canada/en/consumer-privacy-protection-act, last visited on 24. 1. 2024.

〔2〕　Government of Canada, 2023 – 2026 *Data Strategy for the Federal Public Service*, at https://www. canada. ca/en/treasury-board-secretariat/corporate/reports/2023 – 2026 – data-strategy. html#toc – 3, last visited on 28. 11. 2023.

〔3〕　Government of Canada, *Canada's National Acyion Plan on Open Government* 2022 – 2024, at https://opencanada. blob. core. windows. net/opengovprod/resources/b17b6dab-febb-4bca – 8328 – 2bd19220ee96/en – 2022 – 24 – national-action-plan-on-open-government. pdf? sr = b&sp = r&sig = mPVzWJ0Kb7x7J9L0wlnIbL% 2Bgg82fsh5xNkZmyAYKuQ8% 3D&sv = 2019 – 07 – 07&se = 2023 – 11 – 28T08% 3A32% 3A36Z, last visited on 28. 11. 2023.

隐私权的立法保障。加拿大所有企业在从事商业活动的过程中收集、使用和披露个人信息时，均受到《个人信息保护和电子文档法》制约。上述法律的出台，为加拿大联邦政府的数据治理提供了良好的法律环境。

2. 政务数据的分类

与政务数据的定义一致，加拿大并未明确对政务数据的类别进行界定，从其相关的网站上观察，可以推断加拿大主要以领域或行业进行分类，具体包括地理、天文、水利等自然数据、犯罪、就业、商业等社会数据，以及与国家安全相关的数据。从来源角度上，其包含了政府直接产生的数据与政府因监管等从企业、个人获得的数据。从学理分类上讲，其存在由国家机关及相关法定授权的部门依法收集的公共管理数据，同时存在交通、科学等由公共服务机构提供的公共服务数据。以铁路交通为例，网站的数据提供者有加拿大交通部（联邦机构）、加拿大交通局（政府部门）、加拿大运输安全委员会（公共服务部门）。[1] 所以，在行业分类的基础上，再次以生产该数据的主体进行二次判定，可以得出每个行业所展示的数据均包括了公共管理数据与公共服务数据两大类。

但是对于开放数据的内涵与外延尚未明确界定。《加拿大 2022 - 2024 开放政府行动计划》虽明确表明"open data"，且用了"government data"进行相关表述。但遗憾的是，该计划并未明确表明"government data"的内涵与外延。通过联系上下文，可以推断出，该计划中的"government data"主要指政府所持有的数据，在开放对象上，主要包括政府信息、财政信息等，以及公民、企业所参与的相关活动信息。该计划明确要求数据来源的真实可靠性，以保障并提升数据开放的质量。

诚然，该计划没有明确"government data"的内涵与外延，但是对于开放数据的对象可以通过联系上下文进行推导。前文已对信息的访问和加拿大公民的个人信息进行明确规定，且依据加拿大颁布的《隐私法》等相关立法文件，不难推导出：承载公民个人信息的数据不在数据开放之列。虽然加拿大并没有明确对个人数据、企业数据、政务数据进行分类，但依据文义解释："government data"主要指政府持有的数据，即包含了个人数据与企业数据，但在开放对象上，通过上位法的相关规定，个人数据与企业数据不能被开放或仅能被限制性开放。

值得一提的是，《加拿大 2022 - 2024 开放政府行动计划》不仅提及了数据开放，其还同时明确了信息开放。但是其并没有明确阐明开放的信息与数据之间的关系，仅以"让公众接触到开放数据以外的相关信息"来进行相关表述。该条的重点在于信息开放形式而非开放的对象与范围，即通过建立相关平台加强政府部门之间的合作以确保相关信息的长时间保存。通过联系上下文，可以推断出在方式上，数据开放与信息开放存在一些不同。如数据开放是以默认形式向公众进行开放，其更加倾向于一种公开的状态。而信息开放则是以访问的形式进行开放，即私主体通过申请来对相关信息进行访问。加拿大的《开放政府指令》[2] 和《加拿大 2022 - 2024 开放政府行动计划》等配套政策使开放政府数据规划进一步深化。《加拿大 2022 - 2024 开放政府行动计划》

---

[1] Government of Canada, *Rail transportation*, at https://tc. canada. ca/en/rail-transportation, last Last visited on 28. 11. 2023.

[2] Government of Canada, *Directive on Open Government*, at https://www. tbs-sct. canada. ca/pol/doc-eng. aspx? id = 28108, last visited on 28. 11. 2023.

明确了合法目的情境下使用数据是免费的。[1]

整体而言，该计划并没有明确相关概念的内涵与外延，其仅是一种未来工作方面的计划。从文本上看，该计划重点关注的是财政数据和科研数据。在财政数据方面，主要是对政府的支出与采购信息进行开放、对政府的财政预算与财政分析等数据进行开放、对政府的赠款与捐款基金明细进行开放、对在加拿大注册的企业信息进行开放（该种开放更加类似于我国的工商信息查询）。在科研数据方面，主要以地理数据、科研活动数据为主，此外为促进加拿大的科技创新，关于数据交换类数据也在开放数据之列（Stimulate innovation through Canada's Open Data Exchange）。此外，为保障科研数据的开放力度与效率，《加拿大2022－2024开放政府行动计划》明确表示："加拿大政府将扩大与省、地区和市合作伙伴的合作，进一步标准化和协调跨司法管辖区的开放政府数据的流通。"对此，加拿大政府承诺要采纳《国际开放数据宪章》的相关规定，对数据进行开放。与其他的司法辖区合作，制作高质量与高优先级的数据（集合）清单，使加拿大人更容易比较不同政府之间的数据。与省或地区合作，启动一个联邦在线的、多司法管辖区的开放数据搜索服务，使加拿大人民能够搜索和访问来自跨司法管辖区的数据。

整体而言，《加拿大2022－2024开放政府行动计划》并没有对于政务数据进行明确定义，其更多侧重于政府信息公开。与《加拿大2022－2024开放政府行动计划》相似，《加拿大2023－2026联邦公共服务数据战略》也并未对政务数据与公共数据之间的区别进行明确界定，也未对公共数据、个人数据、企业数据进行区分。值得肯定的是，《加拿大2023－2026联邦公共服务数据战略》将数据作为一项生产要素与重大财产。

3. 政务数据的评估标准

（1）安全评估。在安全评估方面，《加拿大运营安全标准：信息技术安全管理》[2]详细说明了相关人员与任务要求，如技术安全协调员、部门安全官、首席信息官等在内的九类技术治理相关人员。此外，在技术层面，《加拿大白皮书：数据主权和公共云》[3]从公法的角度阐述了数据主权的定位，以及相应的安全保障能力要求。

（2）隐私评估。加拿大颁布的《隐私影响评估指令2010》（DPIA）[4]、《电子文件和记录管理解决方案标准》（SERMS）[5]、《关于隐私实践的指令（2014）》（DPP）[6]、《隐私保护政策2018》（PPP）[7]均要求保护个人信息的安全。上述政策文件使得隐私保护的责任具体化，明确了包括财政委员会、司法部、枢密院、隐私专员等在内的政府机构的任务；要求每个政府机构都建立起本机构内的隐私评估方案，对隐私风险进

〔1〕 Government of Canada, *Open Government Licence-Canada*, at https://open. canada. ca/en/open-government-licence-canada, last visited on 28. 11. 2023.

〔2〕 Treasury Board of Canada Secretariat, Operational Security Standard: Management of Information Technology Security (MITS), at https://publications. gc. ca/collections/collection_2018/sct-tbs/BT39 – 20 – 2004 – eng. pdf, last visited on 28. 11. 2023.

〔3〕 Government of Canada White Paper: Data Sovereignty and Public Cloud.

〔4〕 Directive on Privacy Impact Assessment 2010.

〔5〕 Standard for Electronic and Records Management Solutions 2010.

〔6〕 Directive on Privacy Practice 2018.

〔7〕 Policy on Privacy Protection 2018.

行划分和分级；规定政府在对个人信息进行形成、收集、存储、使用、公开和处置等行为时应该遵守的准则。《电子文件和记录管理解决方案标准（2010）》《电子邮件管理标准（2014）》和《隐私保护政策（2018）》等政策文本，则对政府机构内电子邮件、电子文件等信息的生命周期管理提出了建议。

此外，《信息获取政策 2014》（PAI）[1]《关于信息获取法的临时指令 2016》（IDAAIA）[2]等政策明确了政府信息获取的渠道，以及工作人员在被赋予自由裁量权的同时，还要承担起保护申请人的个人信息、协助申请人、进行人员培训等责任。信息安全更多地被看作是政府安全治理中的一部分。

（三）加拿大政务数据开放过程中的行政管理体系

1. 政府内不同部门的数据共享

加拿大《开放政府指令》规定了加拿大国家图书馆的责任是为政府信息资源转移和控制建立标准，保证部门信息资源能优先转移到国家图书馆（Library and Archives Canada，简称 LAC），且《加拿大 2022 - 2024 开放政府行动计划》明确提出 LAC 有责任保存并提供政府开放信息。对于政府内不同部门的数据共享，加拿大政府主要通过与图书馆开展合作，对政府开放科学项目，实现数据的开放共享。正如前文所述，加拿大的相关文件均是 open government 而非 open data，故在目的上并不是对数据进行开放与共享，而是直接开放政府。

明确一点，数据共享主要指政府各部门间的数据共享以达到对数据无障碍的使用，并在此基础上将数据对外开放。在具体的不同部门组织框架上，主要有从属于加拿大公共服务与采购部的服务共享局、从属于国防部的通信安全局与公共安全局、从属于加拿大国库委员会的国库委员会秘书处与国家图书档案馆共同负责对数据进行开放。

其中，服务共享局主要负责技术治理，具体为：电子邮件转型倡议项目（Information Transformation Initiative）、数据中心项目（Data Center Consolidation Initiative）、电信转型项目（Telecommunications Transformation Program）、工作场所技术设备项目（Workplace Technology Devices）、网络与信息技术安全项目（Cyber and Information Security）。通信安全局主要负责技术治理与审计监控，具体为：国外情报信息的收集、网络安全和技术安全的维护与隐私和元数据的保护。公共安全局主要负责审计监控，具体为：开通 Get Cyber Safety 网站；成立加拿大网络安全事件响应中心（The Canadian Cyber Incident Response Center，CCIRC）、启动网络安全合作计划（Cyber Security Cooperation Program）、定期出版包括《国家网络安全战略》（National Cyber Security Strategy）在内的出版物和公布包括网络安全公告等在内的数据。国库委员会秘书处主要负责跨部门间的协调与事项办理。国家图书档案作为最终的服务端口对相关数据进行开放，并负责管理政策框架（Stewardship Policy Framework）以实现其对文献的保护，数字保存项目（Strategy for Digital Preservation Program），开启网站存档项目，对政府各部门的信息管理提供指导，制定访问政策框架等。

---

〔1〕 Policy on Access to Information 2014.

〔2〕 Interim Directive on the Administration of the Access to Information Act 2016.

2. 统筹和监督政务数据开放的部门

上述组织分别从技术、审计、服务的三重维度在数据开放活动中履行不同的职责。在安全保障层面，加拿大还设立了通信安全专员办公室（Office of the Communications Security Establishment Commissioner, OCSEC）作为独立的外部审计机构以确保通信安全局对数据的收集合法有效。此外，加拿大还成立了安全情报审查委员会（Security Intelligence Review Committee, SIRC）作为加拿大安全情报局的独立的外部审查机构。

在隐私与个人信息保护层面，加拿大成立了信息专员办公室（Office of the Information Commissioner, OIC）和隐私专员办公室（Office of the Privacy Commissioner of Canada, OPC），来确保隐私保护法案及相关法律政策的落实。

内部上，加拿大政务数据开放的部门可归类为三种。其一，内部的技术治理与审计监督机构。其二，外部的审计监督机构。其三，终端的数据开放机构。外部上，加拿大联邦政府还建立了加拿大开放数据交换中心，以实现与私营部门、公民机构、学术界以及其他政府的合作。

（四）加拿大政务数据开放中的授权与收费：制度与实践

加拿大政务数据主要通过 Canada. ca 进行开放。[1] Canada. ca 是加拿大政府的数字化表现形式，其成立的目的主要是为了加拿大人民能够更加有效地了解加拿大政府的信息与服务。

整体上看，加拿大政务数据开放的形式主要是由政府部门自行收集与自行开放，可以理解为"政府——用户"的模式，并非政府通过授权给第三方运营主体以"政府——企业——用户"的运营开放模式。

最后，在收费问题上，《加拿大 2022－2024 开放政府行动计划》明确了合法目的情境下使用数据是免费的。[2] 虽然数据是免费的，但是仍保留了必要的人工费，如终端用户要求行政主体帮其查找相关数据或信息，则需要按 5 小时 5 美元的价格支付人工费，若超过 5 小则额外收取费用。

（五）加拿大政务数据开放一张图

加拿大政务数据的开放模式是以政府为主导的"政府——用户"模式，具体如图 16－5 结构：

以图 16－5 为例，在政府部门对相关数据进行收集之前，由加拿大国家图书馆牵头，与从属于加拿大公共服务与采购部的服务共享局、从属于国防部的通信安全局与公共安全局、从属于加拿大国库委员会的国库委员会秘书处与国家图书档案馆共同负责对数据开放的立法文件与政策文件进行制定。

在制定好相关的立法与政策文件后，各个政府部门，如财政部、卫生部、交通部等自行收集相关数据后统一交给加拿大国家图书馆进行整理，并最终在加拿大政府官网 Canada. ca 进行公开，具体分类如下表所示：

---

〔1〕 Government of Canada, *About Canada. ca*, at https://design. canada. ca/about/, last Last visited on 28. 11. 2023.

〔2〕 Government of Canada, *Open Government Licence-Canada*, at https://open. canada. ca/en/open-government-licence-canada, last Last visited on 28. 11. 2023.

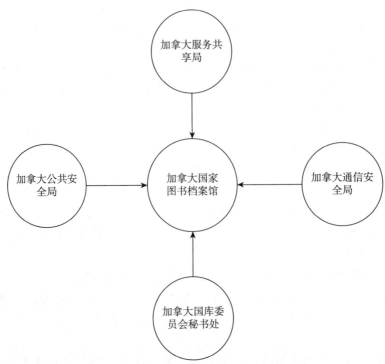

图 16 – 5　加拿大政务数据开放中的政务部门关联图

表 16 – 2　加拿大政务数据公开类

求职	移民	旅游
商业与产业	福利	健康
税务	环境与自然资源	国家安全
文化、历史与体育	政策与司法	交通与基础设施
国外事宜	金融	科技与创新

四、澳大利亚政务数据开放的现状与趋势

（一）澳大利亚政务数据开放政策与立法概述

目前就政务数据开放问题，澳大利亚通过立法形式，以《数据的可用性与透明度法案》[1]对相关问题进行规制。该法案的立法宗旨为建立一个全新且最佳的实践方案，以强有力的保障措施和一致、高效的流程为基础，来对澳大利亚政务数据进行共享，亦即数据计划（Data Scheme）。该计划集中于提升澳大利亚政务数据的可用性与实用率，并提供简单、有效和受信的政府服务，以更好地为政府的政策和项目提供信息，并支持领先世界的研究和发展。

在整个数据计划中，国家数据专员是数据计划的监管者，并就数据计划的运作提供建议和指导。国家数据专员还为最佳实践、数据处理和数据共享提供支持。此外，

---

〔1〕　Data Availability and Transparency Act 2022.

国家数据咨询委员会就道德、平衡数据可用性与隐私保护、信任度与透明度、技术最佳实践路径、行业和国际发展等问题在数据共享方面提供了建议。整体而言，该法案并没有援引数据开放（open data）或政府开放（open government）等词语对相关问题以及框架进行表述，取而代之的是采用数据共享一词。

在该法中，属于可被共享的数据为澳大利亚政务数据（Australian Government data）。澳大利亚政务数据包括由联邦机构或代表联邦机构合法收集（collect）、创造（create）或持有（hold）的任何数据，如气象数据、物流运输数据、农业数据，以及个人与商业数据（personal and business data）。然而，出于对国家安全的考量，一些部门被排除在该计划之外，且该主体所收集、创造、持有的数据是不能被共享的，如澳大利亚联邦警察和澳大利亚安全和情报组织等机构。

同时，被共享的数据具有一定的目的限制，即澳大利亚政务数据仅在满足下列（目的）条件之一时才能被共享：

①政府提供服务（government service delivery）的目的。

②告知政策与相关计划的目的。

③科学发展与研究的目的。[1]

整体而言，该法旨在基于公共利益，安全地对数据进行共享，具体而言包括以下三点：

第一，通过增加澳大利亚政务数据的可用性，为政府服务、政策制定、科学研究等提供数据，来提升政府服务质量水平。

第二，通过对数据共享的流程进行监管，以及提供最佳的实践路径与相应的指导和工具来保障数据安全。

第三，通过制作年度数据共享报告，认证参与者登记信息以及数据共享协议等基础文件以确保数据计划的可信度与透明度。[2]

（二）澳大利亚政务数据开放相关的法律概念体系

1. 政务数据的定义

澳大利亚政务数据开放相关问题，主要依据其《数据的可用性与透明度法案》。[3]然而，该法并没有明确政务数据的相关概念。其在定性篇中仅对数据进行定义，即数据是指能够被交流、分析或处理（通过个人或计算机或其他自动化手段）的任何信息。

通过对该法案的阅读，可在其立法模式上认定，该法并没有在客体层面过度专注于对政务数据的内涵与外延进行界定。其主要是在主体层面对被开放的数据进行界定。该法第一章第 10 条第 2 款明确表明，数据共享主要指公共部门的数据保管人（data custodians of public sector）依据本法，对相关主体提供数据访问渠道。此外，该法第 11 条第 2 款明确了数据保管人的定义，即其应当是一个联邦机构，并且能够单独或联合其他机构共同控制公共部门的数据，或者根据该法第 20 条 F 项成为数据保管人。同时，该条排除了国家数据专员、澳大利亚执法诚信委员会、澳大利亚刑事情报委员会、

---

〔1〕　Australia Government, *Introducing the DATA Scheme*, at https://www.datacommissioner.gov.au/the-data-scheme, last visited on 24.1.2024.

〔2〕　Australia Government, *The DATA Scheme is now open for business*, at https://https://www.datacommissioner.gov.au/, last visited on 24.1.2024.

〔3〕　Data Availability and Transparency Act 2022.

澳大利亚联邦警察、澳大利亚地理空间情报组织、澳大利亚国家审计办公室等 13 家组织机构作为数据保管人。换句话说，上述涉及国家安全的组织所持有的数据不在共享之列。与数据共享相对应，该法也提及了数据开放（releasing the data），但并没有明确界定数据开放的概念，其更多体现为其他主体能够对公共部门所保管的数据进行访问（providing open access to the data）。

综上所述，澳大利亚政府并未对政务数据进行明确定义，其主要通过明确主体的方式，侧面描绘了《数据的可用性与透明度法案》所针对的客体，即由公共部门保管的数据。此外，涉及国家安全、犯罪、电信、情报等相关数据不在共享与开放之列。此外，在该法中，数据的共享与数据的开放在定义上过于模糊甚至存在混同，即均主要涉及主体（entities）对相关数据的访问，并没有区分公主体与私主体间的区别。

2. 政务数据的分类

《数据的可用性与透明度法案》并未对政务数据进行分类，对于政务数据的分类主要依据《生产委员会关于数据可用性与利用程度报告》，以及澳大利亚统计局和澳大利亚档案馆官网上对数据的分类方式。

首先，《生产委员会关于数据可用性与利用程度报告》明确了用于共享与开放的数据类别，即各级公共部门依据法律授权所收集、存储和使用的数据。在数据的收集上，主要包括：

（1）来自个人的数据（个人信息类数据、产权数据、活动轨迹数据、个人以及家庭成员的医疗数据、职业与收入数据）。

（2）来自企业的数据（企业信息类数据、营业额与缴税数据、破产重组类数据、金融监管类数据）。

（3）来自公共部门的数据（如气象、地理等天文气象数据、渔业矿物数据、林业农业数据、公路交通数据、政策文件与其他行政报告类数据）。

其次，澳大利亚统计局（后称 ABS）针对经济、劳动、工业、自然人、健康、环境、新冠病毒、科研、人口普查、"数据地区图谱"、数据服务等进行分类。[1]同时，ABS 公布了具体的分类[2]。但是该分类标准类似于我国《国民经济行业分类》，不属于数据法学上的法理性分类。同时，ABS 发布了相关的标准，但是该标准也是辅助于上述行业分类的标准，使检索数据更加便捷高效。[3]

最后，澳大利亚档案馆（后称 NAA）也按照相关行业/服务建立了分类。其主要包含了澳大利亚政府记录（record）的相关数据，包括：政府部门、法定机关、皇家委员会、军事单位、安全和情报机构、外交职位、执法机构等。同时还记录了与澳大利亚联邦相关的关键信息，具体包括：移民、兵役、运输、环境、交流、安全情报、外交事务、艺术等。[4]

---

〔1〕 Australian Bureau of Statistics, *Statistics*, at https://www. abs. gov. au/statistics, last visited on 28. 11. 2023.

〔2〕 Australian Bureau of Statistics, *Classifications*, at https://www. abs. gov. au/statistics/classifications, last visited on 28. 11. 2023.

〔3〕 Australian Bureau of Statistics, *ABS Forms Design Standards*, at https://www. abs. gov. au/statistics/standards/abs-forms-design-standards/2023, last visited on 28. 11. 2023.

〔4〕 National Archives of Australia, *What's in the collection*, at https://www. naa. gov. au/help-your-research/whats-collection, last visited on 28. 11. 2023.

整体而言，《生产委员会关于数据可用性与利用程度报告》认为公共部门对数据的共享与开放的范围包含了三项来源，即个人、企业、公共部门。ABS 与 NAA 的 分类仅是一种目录式搜查型分类。对于法律性质的分类，需要参考上述数据的收集、记录或生产主体来判断公共数据的内涵与外延。根据其公布的标准来看，NAA 所记录的数据应当仅属于公共管理数据的范畴。因其明确相关数据是由澳大利亚政府（公共管理部门）与作为代理机构的全资国营企业以及上述两类机构内部或外包的开展业务专员所创造与管理的信息。

3. 政务数据的评估标准

（1）安全评估。澳大利亚数字化转型机构于 2021 年制定发布的《数字化政府战略》（Digital Government Strategy）[1]明确了数据资产对国家的重要性，提出建立国家政府数据资产汇集行动。澳大利亚财政部于 2021 年发布《国家数据战略——澳大利亚政府数据的整体经济愿景》（Australian Data Strategy：The Australian Governments whole of economy vision for data，2021），设定了创建可访问、可靠的全国数据生态系统的目标，旨在使数据价值最大化，保护数据并建立数据信任。澳大利亚总理与内阁部 2022 年发布《国家数据安全行动计划》（National Data Security Action Plan）[2]，规定了保障国家数据安全的相关措施、保障数据安全的方法，以及制定数据安全发展路径的要求。

此外，澳大利亚《国家数据专员办公室——四项基础原则》（Office of the National Data Commissioner（ONDC）- Foundational Four）[3]规定了信息与数据治理的基本性原则包括领导原则、战略原则、治理原则和资产发现原则。其中，领导原则：高级领导对整个机构的数据负责；战略原则：相关机构对于使用数据来实现目标需有一个明确的愿景和计划；治理原则：需要有监管数据管理的机制；资产发现原则主要指数据资产的识别与记录。[4]

（2）隐私评估。澳大利亚《信息自由法》[5]赋予每位公众查阅澳大利亚联邦政府部长、部门和大多数机构所持有的文件、数据的合法权利。澳大利亚《隐私法》[6]规定了在澳大利亚开展业务的组织对个人信息的收集、储存使用和披露，以及个人获取相关信息的权利。

此外，在澳大利亚大数据环境下的数据使用和管理，还需要遵照《公共治理、绩

---

〔1〕 Commonwealth of Australia（Digital Transformation Agency），*Data and Digital Government Strategy*，at https://www. dataanddigital. gov. au/sites/default/files/2023 – 05/Data% 20and% 20Digital% 20Government% 20Strategy. pdf，last visited on 28. 11. 2023.

〔2〕 Commonwealth of Australia（Digital Transformation Agency），*National Data Security Action Plan*，at https://www. homeaffairs. gov. au/reports-and-pubs/files/data-security/nds-action-plan. pdf，last visited on 28. 11. 2023.

〔3〕 Commonwealth of Australia（Digital Transformation Agency），*The Foundational Four*，at https://www. datacommissioner. gov. au/sites/default/files/2022 – 08/foundational-four. pdf，last visited on 28. 11. 2023.

〔4〕 Anne-Marie Allgrove，*Australia-Data management advice issued for the Australian Public Service*，at https://www. lexology. com/library/detail. aspx? g = 1b9db7d7 – 3df4 – 41af – a07e – cf8253a68063 #: ~: text = The% 20Foundational% 20Four% 20are:% 20Leadership:% 20A% 20senior% 20leader，Discovery:% 20Data% 20assets% 20have% 20been% 20identified% 20and% 20recorded，last visited on 28. 11. 2023.

〔5〕 Freedom of Information Act 1982.

〔6〕 Privacy Act 1988.

效和问责法》[1]《档案法》[2]《证据法》[3]《电子交易法》[4]等一系列法律管制以促进公众获取公共部门数据、增强公共部门在数据共享方面的诚信和透明度，建立国家公共部门数据共享的体制要求。

（三）澳大利亚政务数据开放过程中的行政管理体系

1. 数据的"共享"

澳大利亚《数据可用性与透明度法案》[5]，促进公众获取公共部门数据、增强公共部门在数据共享方面的诚信和透明度，建立国家公共部门数据共享的体制要求。该法案将 NAA 等机构规定为数据管护者之一，具有履行数据保管、管理和治理，以及提供利用服务的相关法定职责；法案还明确了提前移交至国家档案馆的国家数据的开放获取规则以及数据管护主体和相关权限，协调了数据共享与《档案法》对开放性规定的交叉问题，为国家档案馆等数据管理。

然而，《数据的可用性与透明度法案》在第 13 条虽明确了数据的"共享"，但是该数据"共享"更多偏向于私主体对公主体所保管的数据的访问与收集，而非不同政府部门之间对数据的共享。私主体对相关数据的收集需基于协议且该协议要满足相关法律的规定，且对数据的收集与使用符合协议的约定。收集数据的主体属于认证主体或受信任主体。如果收集的相关数据涉及个人信息，则需满足澳大利亚隐私法案以及相关政策的规定。

2. 认证机制

在《数据的可用性与透明度法案》中，对数据共享的认定更加偏向于对数据的对外授权运营与对数据的使用。其中认证规则主要指鉴定相关主体是否具有管理数据的能力。《数据的可用性与透明度法案》第 77 条明确了企业能力与个人能力的双重标准，即相关企业需有适当的数据管理和治理政策和实践，并有一个适当的与合格的自然人，负责该实体的数据管理和数据治理；该企业能够将未经授权的访问、共享或丢失数据的风险降至最低；该企业具有必要的技能和能力，以确保数据的隐私保护和适当使用，包括管理与这些事项相关的风险的能力等。对于认证的主体是数据服务提供者（AD-SP）而非普通用户的情形，该法案明确强调其应当具备实施去识别数据服务、安全访问数据服务、复杂的数据集成服务等能力。

值得一提的是，《数据的可用性与透明度法案》并没有明确区分普通用户与 ADSP 的区别。该法仅在第 76 条表明任何主体，均可以作为用户或 ADSP 来申请相关认证。认证的申请书具有一系列规范性要求。很大程度上，《数据的可用性与透明度法案》认证用户更加偏向于对数据进行使用的企业而非自然人，但是对于数据的使用类型或程度却不在 ADSP 之列。

《数据的可用性与透明度法案》最后也明确了认证的程序、间期以及对认证的撤销与中止、重签等。此外，《数据的可用性与透明度法案》第 128 条至第 130 条也针对认证登记进行相应的说明。

---

〔1〕 Public Governance, Performance and Accountability Act 2013.

〔2〕 Archives Act 1983.

〔3〕 Evidence Act 1995.

〔4〕 Electronic Transactions Act 1999.

〔5〕 Data Availability and Transparency Act 2022.

3. 统筹和监督政务数据共享与开放的部门

澳大利亚对公共数据的协同管理与治理问题，数据的收集与记录等均是通过国家机关实施的，具体包括：总理与内阁部、财政部、总检察长部、NAA、ABS 与澳大利亚信号局、英联邦检察院办公室、参议院等进行协同管理与治理且上述主体均对数据负有安全保障义务，[1] 各部门之间保持数据的共享与互联互通。对于上述主体资质，NAA 会作为牵头单位定期发布调查问卷进行评估[2]，来保障公共数据收集的社交信任。[3]

NAA 制定的信息和数据管理顶层政策《建立公共文件信任：为政府和社区管理信息和数据》（Building trust in the public record：managing information and data for government and community)[4] 为在国家层面保障公共信息和数据的可信任性、提升政府公信力建立了详细指引。NAA 通过《建立数据互操作性》（Building data Interoperability)[5] 等文件明确了机构间数据互操作能力建构的意义和方法，支持信息资产共享和共同抵御风险，确保数据价值实现。同时，数字化转型机构制定了《数字文件转型计划》（Digital Records Transformation Initiative)，提出政府承诺使用创新方法进行数字文件管理以实现公共部门现代化，促进政府间信息资产的再利用，强调对澳大利亚政府档案管理法规政策的遵守。

除联邦政府外，州和地区政府也开展了地方的数据共享立法活动。如新南威尔士于 2015 年发布了《数据共享（政府部门）法案 2015》[6]，组建了数据分析中心（DAC)，以及明晰了各个政府组织间的数据共享机制，即公共部门机构被授权能够与DAC 或其他机构共享数据，以对政策进行制定并为项目管理和服务提供中的所涉及的问题提供解决方案。南澳大利亚于 2016 年发布了《公共部门（数据共享）法案 2016》[7]，该法授权各机构向其他公共部门机构提供其控制的公共部门数据，用于与政策制定、方案管理和服务提供有关的广泛活动。

4. 投诉、举报与调查

《数据的可用性与透明度法案》在第五章，以专章的形式制定了相应的投诉举报以及调查机制。该法 94 条明确了任何人可就与数据共享计划的管理或运作有关的任何事宜进行投诉。并且国家数据委员（National Data Commissioner）具有对相关行为进行调

---

〔1〕 National Archives of Australia, *Responsibilities of the National Archives and Australian Government Agencies*, at https：//www. naa. gov. au/information-management/information-governance/responsibilities-national-archives-and-australian-government-agencies, last visited on 28. 11. 2023.

〔2〕 National Archives of Australia, *National Archives of Australia Check-up Questionnaire* 2023, at https：//www. naa. gov. au/sites/default/files/2023 – 09/Check-up-questionnaire – 2023. pdf, last visited on 28. 11. 2023.

〔3〕 National Archives of Australia, *2023 Check-up survey* , at https：//www. naa. gov. au/information-management/check-survey, last visited on 28. 11. 2023.

〔4〕 National Archives of Australia, Building trust in the public record, at https：//www. naa. gov. au/information-management/information-management-policies/building-trust-public-record #：～：text = The% 20Building% 20trust% 20in% 20the% 20public% 20record：% 20managing, Australian% 20Government% 20information% 20assets% 20（records,% 20information% 20and% 20data), last visited on 28. 11. 2023.

〔5〕 National Archives of Australia, *Build data interoperability*, at https：//www. naa. gov. au/information-management/build-data-interoperability, last visited on 28. 11. 2023.

〔6〕 Data Sharing (Government Sector) Act 2015, NSW.

〔7〕 Public Sector (Data Sharing) Act 2016, SA.

查的权利。

（四）澳大利亚政务数据开放中的授权与收费：制度与实践

《数据的可用性与透明度法案》主要针对数据的"共享"（实质上是规制对外授权），该法并没有对数据开放的费用进行规制。在授权费用上，该法第139条明确数据委员会有权收取资格认证费用，该费用主要针对资格审查等认证服务，而非用于"共享"的数据，且该费用是支付给联邦政府的。对于政府部门的数据保管者，该法140条明确其可向经认证的主体收取共享数据的服务费用。

就数据开放而言，《生产委员会关于数据可用性与利用程度报告》明确了澳大利亚在数据开放方面较为落后，且开放的数据主要以科研数据为主。在具体的收费问题上，以 ABS 与 NAA 为例，上述网站上的数据均是可以免费阅览与下载的，且声明了重复使用的许可。

在信息访问与查询方面，澳大利亚《信息自由法》明确了对信息的查询是免费的，对访问文档的请求也不收取处理费用。然而，对于请求相关人员检索；授予或否决相关文件、检验、咨询、删除等行为；将一些影音文件进行文本转化；制作副本；由机构对相关文件进行检查等收取一定的"工本费"与"劳务费"。

整体而言，澳大利亚现阶段的数据开放是免费开放。但是在数据"上网"开放后，若相关主体需要更为精准地检索或制作成实体性文件，则需要支付额外的"劳务费"与"工本费"。从理性的角度来看，《数据的可用性与透明度法案》所定义的费用是出于成本回收的考量。然而，对于数据的使用方面是否需要收费，该法处于空白状态。诚然，该法授予了数据专员能够制定相关指南的权利，但是现在还未颁布相关管理指南。

（五）澳大利亚政务数据开放一张图

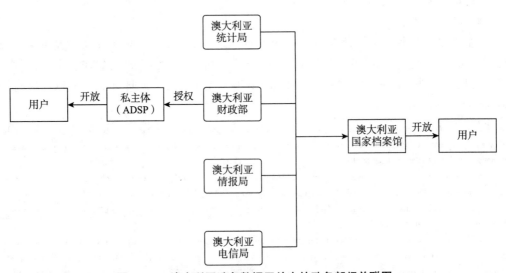

图 16-6　澳大利亚政务数据开放中的政务部门关联图

对澳大利亚的相关文件进行梳理，可得出澳大利亚采取双线并行的数据开放模式，即由 NAA 牵头，各部门对相关数据进行收集后交由 NAA 进行整合与对外开放的"政府——用户"模式，以及《数据的可用性与透明度法案》所明确的 ADSP（"政府——

企业——用户"模式）。

以图 16－6 为例，澳大利亚国家档案馆对各部门收集的数据进行整合并按照法律的要求就不涉及国家安全的数据进行开放。此外，诸如财政部等非国家数据专员、澳大利亚执法诚信委员会、澳大利亚刑事情报委员会、澳大利亚联邦警察、澳大利亚地理空间情报组织、澳大利亚国家审计办公室等 13 家组织机构的公共部门可依据《数据的可用性与透明度法案》对相关认证主体进行数据授权，并通过"政府——企业——用户"的模式对数据进行开放。

五、日本政务数据开放的现状与趋势

（一）日本政务数据开放政策与立法概述

日本政务数据开放发展相较于欧美国家虽然起步较晚，但是整体发展速度较快，水平较高，总体上已经形成比较完善的政务数据开放政策和制度体系。

日本政务数据开放的迅速发展得益于日本在 21 世纪初部署的一系列信息发展政策：2001 年，日本高度信息通信技术社会发展战略本部（以下简称"IT 综合战略部"）发布 E-Japan 战略，[1]这奠定了日本信息化体系建设的硬件基础；2003 年，IT 综合战略部进一步推出 E-Japan II 战略，[2]将发展目光由单一的互联网产业转向全产业；2004 年，日本政府制定了 U-Japan 政策，[3]致力于进一步提高网络覆盖率和使用率；2009 年，IT 综合战略部又推出了 I-Japan 2015 战略，[4]此后日本信息化建设逐渐进入公共部门。真正使日本开始重视政府数据开放的事件是 2011 年的"3.11"东日本大地震。[5]经此，日本政府意识到开放数据在防灾减灾领域的积极作用，这也成为日本启动政府数据开放的契机。

2012 年 7 月 4 日，IT 综合战略部发布《电子政务数据开放战略》，指出了开放数据属于国民共有财产，[6]描述了日本开放政府数据的原因、构想以及措施，拉开了日本政府构建开放数据政策体系的序幕。2013 年 6 月，IT 综合战略部发布《促进电子政务公开数据路线图》，提出到 2015 年，日本在开放数据公开和利用上达到与其他发达国家同等水平。同一时间，日本内阁发布《创造世界最先进的 IT 国家宣言》，宣告首席信息官（Chief Information Officer，CIO）制度正式成立，并提出应当推进面向社会公众的政务数据开放。2013 年 6 月日本各府省 CIO 联合会颁布《关于促进府省开放数据二次利用的基本方案》，整理了各府省公开所持有数据的基本思路。2013 年 10 月，日本内阁提出《日本开放数据宪章行动计划》，承诺将促进关键的数据集以及高价值的数据集开放，制定"公共数据的开放现况与时程安排"。2014 年 10 月，日本政府数据开放门户网站 DATA. GO. JP 正式运行。

---

〔1〕　https：//japan. kantei. go. jp/it/network/0122full_ e. html.

〔2〕　https：//japan. kantei. go. jp/policy/it/040318senryaku_ e. pdf.

〔3〕　https：//www. soumu. go. jp/menu_ seisaku/ict/u－japan_en/new_ outline01b. html.

〔4〕　https：//www. soumu. go. jp/main_ content/000030866. pdf.

〔5〕　オープンデータ基本指針。

〔6〕　为便于读者理解，此处列出原文供参考，"the IT Strategic Headquarters adopted the Open Government Data Strategy set forth below as a fundamental strategy on promoting the use of public data when supporting open government with the understanding that public data is an asset of the people"。

2016 年 5 月，日本启动"开放数据 2.0"计划，该计划以实现能够解决实际问题的政府数据开放为目标，拓宽了政府数据开放的开放主体、开放对象和适用地区等，标志着日本数据开放建设迈入新阶段。2016 年 12 月 14 日，日本内阁颁布的《官民数据活用推进基本法》规定了便捷使用国家、地方公共团体和经营者持有的官民数据，从法律层面对政府数据开放工作进行统一规定和指导，是日本首部专门针对数据利用的法律。同时，该法鼓励企业家及独立行政法人参与到开放数据行动中，推动社会力量共同参与推进政府数据开放。日本促进开放数据及大数据利用的区域振兴机构（Vitalizing Local Economy Organization by Open Data&Big Data，VLED 机构）于 2016 年及 2019 年分别发布了《数据开放手册（数据利用篇）》《商务领域数据开放的应用案例》等文件，分析数据利用过程中可能产生的技术及运用问题，并总结出相关对策，为民间企业的数据利用提供了指导和示范。此外，VLED 机构以及日本一些地方政府还时常举办有关数据利用的竞赛及研讨会等活动，借以调动各界人士利用数据的积极性。

在上述政务数据开放努力的基础上，日本 IT 综合战略部 2017 年 5 月颁布了《开放数据基本指南》，并于 2019 年、2021 年进行修订。总体来看，《开放数据基本指南》总结了国家、地方公共团体和经营者公开和利用公共数据的基本政策，完整介绍了开放数据管理与利用的规制办法，是日本开放数据建设的总指导文件。日本内阁 2018 年 1 月颁布、最新修订于 2020 年 12 月 25 日的《数字政府实施计划》，提出到 2025 年建立一个使国民能够充分享受信息技术便利的数字化社会，并将开放数据作为其中的重要一环加以强调。至此，这一发展标志着政府数据开放已成为日本向数字化社会转型的一大关键战略要素。

（二）日本政务数据开放相关的法律概念体系

1. 政务数据的定义

日本国内法律和政策性文件并未对政务数据作出明确规定，但是从一些条文规定中，可以总结出政务数据的概念。在《官民数据活用推进基本法》第 2 条中，官民数据被定义为"国家，或者地方公共团体，或者独立行政法人或者其他运营者在运行其事务或事业之际，可管理、使用或提供的数据。"[1] 从该条文来看，政务数据应当为国家政府机构可管理、使用或提供的数据。但是，政务数据的概念仍然较为模糊，通过将其与开放数据和公共数据进行比较，可以更清晰地了解日本国内法中政务数据的概念。

政务数据与开放数据。2017 年公布的日本政府数据开放的总指导文件《开放数据基本指南》在对开放数据下定义时，将开放数据描述为"在中央政府、地方政府和企业经营者持有的公共和私营部门的数据中……"[2]，在描述政府数据开放的基本原则时，该文件进一步规定，"公共数据是人民共享的财产，每个政府机构掌握的所有数据，包括作为规划和制定政策（包括法律和预算）基础的数据，都会作为开放数据发布，这是原则。"[3] 该法也规定了，独立行政机构和大学等利用国家资金开展项目和研究，其需要根据该法确立的准则开放数据；但是对于公共事业领域的运营商，如电力、

---

〔1〕 オープンデータ基本指針 §2.1（注：《官民数据活用推进基本法》，第 2 条第 1 项）。
〔2〕 オープンデータ基本指針 §2（注：《官民数据活用推进基本法》，第 2 条）。
〔3〕 オープンデータ基本指針 §3（注：《官民数据活用推进基本法》，第 3 条）。

燃气、通信等企业，该法并未作出强制规定，只是寄予希望。[1]从上述规定中可以概括出，狭义上来看，日本法律中的政务数据应当为中央政府和地方政府持有的数据，而且是开放数据组成部分，或者说政务数据被纳入了开放数据的范畴；广义上来看，政务数据则需要包括独立行政机构和大学等利用国家资金运营的主体所掌握的数据。

政务数据与公共数据。日本国内法律亦未对公共数据作出专门规定，在 2012 年 IT 综合战略部发布的《电子政务开放数据战略》中，日本较多地使用了"公共数据"一词，但是也仅仅认为公共数据是数据开放行为的对象。有些法律甚至使用"公共数据"（公共データ）作为"开放数据"的同义表达，[2]例如，《开放数据基本指南》第 3 条是关于"开放数据的基本准则"的规定，而第 2 项直接规定为"公共数据二次利用规则"。[3]如前所述，日本国内法律将"开放数据"（オープンデータ）规定为既包括政府所拥有的数据，同时也包括行政法人及非政府组织（独立行政法人、その他民間团体）所拥有的数据。[4]换言之，政务数据在开放数据的范畴内，而开放数据可能与公共数据同义，则在此语境下，政务数据也为公共数据的组成部分。此外，也可以推断出，公共数据并非仅为政府或者公共部门所掌握的数据，私营部门掌握的数据也可能属于公共数据。

综上所述，如果非要对日本政务数据下一个定义，那么可概括为国家，包括中央政府和地方政府（广义上还包括使用国家资金的独立行政机构和大学等）在运行过程中可管理、使用或提供的数据，其属于开放数据和公共数据的组成部分。

2. 政务数据的分类

日本并未对政务数据作专门分类，而是如前所述，将每个政府机构掌握的所有数据，包括作为规划和制定政策（包括法律和预算）基础的数据，都作为开放数据的一部分进行开放。值得注意的是，日本在明确开放数据（包含政务数据）的内容之后，会根据不同的标准对开放数据进行分类。在日本国家级数据开放网站 data. e-gov. go. jp 上，开放数据被制作成数据集（datasets）。访问者可以通过提供者的标准，如个人信息保护委员会、环境部、内阁等，将这些数据分为不同类别；也可以通过数据领域的标准，如公共财政数据，农业、森林数据，教育文化数据等等，将数据分为 17 种不同类别。

3. 政务数据的评估标准

日本对政务数据开放的安全和隐私保护有明确的规定，影响国家安全、公共的政务秩序的数据，包含个人信息的数据，可能损害他人权益的数据，不能开放。《开放数据基本指南》在文首部分表明，该政策的制定是基于《电子政务开放数据战略》《官民数据活用推进基本法》等法律和政策。而《官民数据活用推进基本法》第 2 条明确规定了"有可能损害国家安全、妨害公共秩序、给公众安全保护带来障碍的信息"不属于该法规制的范围。[5]因此，作为开放数据组成部分的政务数据，同样不能属于"有可能损害国家安全、妨害公共秩序、给公众安全保护带来障碍的信息"的范畴。《开放数据基本指南》第 3 条第 1 项也明确规定，"不宜公开以下信息：①包含个人信

---

〔1〕　オープンデータ基本指針 §6（注：《官民数据活用推进基本法，》第 6 条）。

〔2〕　参见梅傲、柯晨亮：《日本开放数据利用模式分析及其启示》，载《现代情报》2022 年第 3 期。

〔3〕　オープンデータ基本指針 §3（注：《官民数据活用推进基本法》，第 3 条）。

〔4〕　参见梅傲、柯晨亮：《日本开放数据利用模式分析及其启示》，载《现代情报》2022 年第 3 期。

〔5〕　官民データ活用推進基本法 §2（注：《官民数据活用推进基本法》，第 2 条）。

息的信息；②可能妨碍维护国家或公共安全或秩序的信息；③可能损害他人权益的信息。"[1]不宜公开的信息并非是绝对不能开放。根据《开放数据基本指南》，不宜公开的数据应当积极利用"限定公开"的方法，使限定关系者能够共享；"限定公开"限制数据的使用目的、范围和提供对象，仍以未来转换成开放数据为着眼点。[2]根据日本《个人信息保护法》，除可能侵害他人权利和利益，影响个人信息处理者的业务和违反法令的情形外，本人可以请求个人信息处理者公开可识别该本人的个人数据。[3]

日本对开放政务数据的质量有较高的要求，这体现在政务数据的内容和开放格式两个方面：其一，在政务数据的内容方面，对于一些必须迅速发布、维持时效性的数据，会尽可能快速公开，适时、适当地更新；开放者还要明确标明数据更新周期，以便使用者提前把握更新时间。日本还建立了数据开放交流和反馈制度，内阁IT综合战略部将设立开放数据综合咨询窗口，了解用户对开放数据的需求和意见；各政府机构也将设立咨询台，主动回应用户有关开放数据的个人询问。[4]其二，在政务数据的格式方面，日本要求开放的政务数据应当为机器可读，这是指计算机程序自动处理、编辑数据的能力。[5]同时，日本还要求政府机构以易于在其网站上搜索和使用的格式发布数据，并从用户便利性、系统负载和效率的角度，推动引入通过API实现批量下载和提供的机制。此外，为了能够对所有政府开放数据进行横断面搜索并促进数据利用，数据概要和格式等元信息应按照知识共享定义的"CC0 1.0 Worldwide"进行处理，并发布在"DATA. GO. JP"网站上，这些数据的格式包括pdf、html、xls、csv、xlsx、zip、jpeg、xml、kmz、gif、tiff、doc、exe、txt、docx、lzh、kml、ppt、mp3、epub、jtd、png、php、avi等，使用者可以自由搜索和选择，十分便利。[6]日本国内法律也要求，在政务数据活用推进过程中，必须保证信息通信技术利用上的安全性和可信赖性，同时保证个人和法人的权利利益、国家安全等不受损害。[7]以上的制度设计和配套措施，特别是供需双方双向交流的制度和功能强大的开放网站，保障了开放的政务数据的质量。

（三）日本政务数据开放过程中的行政管理体系

日本负责政务数据开放的行政管理机构主要包括三个，内阁议会、IT综合战略部和政府Chief Information Officer联合会（政府CIO联合会）。

内阁议会主要负责数据开放法律的制定，如《行政机关信息公开法》《官民数据活用推进基本法》等基本法律都由内阁议会制定，这些基本法律通常较为详细地规定了各主体在数据开放中的权利和义务，确保数据利用的相关措施能够有效执行。除此之外，内阁议会还与其他机构一同制定、发布并实施数据开放相关政策，例如，《数字行政开放数据战略》《数据政府实施计划》等，此类计划或者政策则通常较为宏观。

IT综合战略部是基于《IT基本法》于2001年1月成立的部门，其设置在内阁之

---

[1] オープンデータ基本指針 §3（注：《官民数据活用推进基本法》，第3条）。
[2] オープンデータ基本指針 §3（注：《官民数据活用推进基本法》，第3条）。
[3] 個人情報の保護に関する法律 §3（注：《个人信息保护法》，第28条）。
[4] オープンデータ基本指針 §5（注：《官民数据活用推进基本法》，第5条）。
[5] オープンデータ基本指針 §2（注：《官民数据活用推进基本法》，第2条）。
[6] オープンデータ基本指針 §3.3（注：《官民数据活用推进基本法》，第3条第3项）。
[7] 官民データ活用推進基本法 §11（注：《官民数据活用推进基本法》，第11条）。

下，为主制定政务数据开放相关政策的机构，几乎所有的数据开放政策都经过该部门起草、制定和发布。[1]例如，其 2017 年 5 月颁布并经过两次修订的《开放数据基本指南》，完整介绍了开放数据管理与利用的办法，成为日本开放数据建设的总指导文件。IT 综合战略部的秘书处为 IT 综合战略室，设置在内阁官房，该室的室长同时兼任下述政府的 CIO。此外，IT 综合战略部还曾经设立数字行政开放数据调查机关，专门负责开放数据调查事宜，通过数据利用者参与会议，构筑起数据开发者和数据利用者之间沟通的桥梁。

2013 年 6 月，日本发布的《创造世界最先进的 IT 国家宣言》宣告了 CIO 制度正式成立。政府内，由 CIO 领导的其他辅佐官员和专业人员组成了政府 CIO，其成为一个政府机构，而独立行政机构和公共服务企业中也设置有 CIO。CIO 的职责主要是促进该主体内部的业务创新和信息技术的使用，无论是负责整个中央政府的政府 CIO、各地方政府的 CIO，还是独立行政机构等主体的 CIO，都应致力于推进业务创新和信息技术的利用。[2]该组织的运作方式是由工作人员收集所需的信息资料提供给 CIO，CIO 根据信息资料作出决定和指示，再反过来交由工作人员实施。CIO 辅佐官则作为中间管理层负责根据已有的信息资料向上为决策者提出建言，向下为实施者提供帮助。[3]政府 CIO 还起到横向连接各个地方政府的作用，而且各个地方政府都设置有政府 CIO，各府省 CIO 联合会会参与数据政策的起草和制定，例如，其于 2013 年 6 月颁布了《关于促进府省开放数据二次利用的基本方案》，梳理了各府省公开所持有数据的基本思路。[4]

综上所述，日本的政务数据行政管理体系基本为：内阁议会负责制定法律，IT 综合战略部专门负责制定数据战略，政府 CIO 参与制定政策并联系各地方政府，具体实施数据开放战略，机构设置较为完善，分工十分明确。而且各机构之间存在沟通和交流机制，使得整个国家的政务数据开放政策流畅地施展开来。最终通过电子政务数据门户网站 DATA. GO. JP，各个机构的成果得以便捷地呈现在使用者面前，日本的政务数据开放政策取得了较好的效果。

（四）日市政务数据开放中的授权与收费：制度与实践

日本 2012 年 7 月颁布的《电子政务数据开放战略》规定，公共数据是人民群众共有的财产。[5]虽然该文件并未明确政务数据开放的费用问题，但是定下了政务数据为公有的基调。日本于 2013 年 10 月提出了《日本开放数据宪章行动计划》，该计划提供的附件"公共数据的开放现况与时程安排"表明，除了"国家地图数据"，"国家地形数据"以及"企业注册数据"尚未确定是否收费外，其余开放数据都可以由公众免费获取。[6]而根据《开放数据基本指南》中对开放数据下的定义，开放数据为无偿使用的数据。虽然《开放数据基本指南》也规定了向有限用户收取数据系统之维护和管理

---

〔1〕 参见黄雨婷、傅文奇：《日本政府数据开放的政策保障及其启示》，载《数字图书馆论坛》2020 年第 9 期。

〔2〕 参见日本政府网站"政府 CIO Portal"，载 https：//cio. go. jp/what/index. html，最后访问日期：2023 年 11 月 25 日。

〔3〕 参见黄雨婷、傅文奇：《日本政府数据开放的政策保障及其启示》，载《数字图书馆论坛》2020 年第 9 期。

〔4〕 二次利用の促進のための府省のデータ公開に関する基本的な考え方（ガイドライン）（注：《关于促进府省开放数据二次利用的基本方案》）。

〔5〕 電子行政オープンデータ戦略（注：《电子政务数据开放战略》）

〔6〕 Japan Open Data Charter Action Plan § Annex（注：《日本开放数据宪章行动计划》，附件部分）。

费用，但此时，此类数据不能被称为"开放数据"。即便如此，日本政府也期待可以像开放数据一样尽可能多地让这部分数据得到利用。在明确提供费用的计算依据和确定的审查时机后，主管机关应从以下几个方面审查有关费用：通过有效利用廉价且安全的最新技术，降低研究的提供经费；增加用户，降低个别用户的负担额；重新考虑由用户出资提供服务在社会和经济上是否合适。[1]

从上述规定来看，基于政务数据的公共属性，日本允许任何人通过互联网免费使用开放的政务数据。而且，根据《开放数据基本指南》，日本不限制开放的政务数据的使用目的，不对开放的政务数据使用的前置过程设限，数据利用无须经过其他繁琐的行政审批或批准程序；数据利用的目的既可以是商业目的，也可以为非商业目的，并且除有合理依据不允许二次利用的以外，所有开放政务数据均允许二次利用。[2]通过访问 data. e-gov. go. jp 网站，也验证了上述分析，其提供的开放数据可供任何人访问并免费下载利用，整个网站访问的过程都十分友好。

（五）日本政务数据开放一张图

通过上述分析，日本政务数据开放的过程可以通过图 16 - 7 来进行描述。

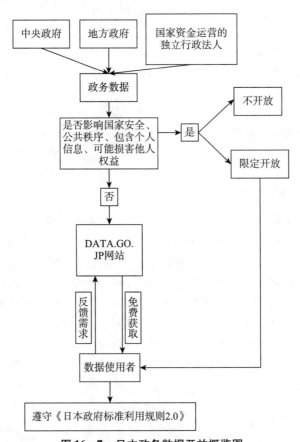

图 16 - 7 日本政务数据开放概览图

---

〔1〕 オープンデータ基本指針 §3.6（注：《官民数据活用推进基本法》，第 3 条第 6 项）。
〔2〕 参见梅傲、柯晨亮：《日本开放数据利用模式分析及其启示》，载《现代情报》2022 年第 3 期。

六、韩国公共数据开放的现状与趋势

（一）韩国公共数据开放政策与立法概述

随着数字化和信息化的发展，韩国政府意识到公共数据对于促进经济发展、改善民生和提高政府效率的重要作用。因此，韩国政府在政策制定和推动公共数据开放方面采取了一系列措施。总体而言，韩国公共数据开放的趋势非常明显，并取得了显著的成果。韩国公共数据管理的政策从保守拘束的方式转变为开放创新的方式，公共数据的处理方式也从保守的被动单向开放转换到积极主动的互动开放。

韩国公共数据开放制度的发展与其数字政府建设的不断深入密不可分。从 20 世纪80 年代开始，随着《促进信息化基本法》的出台，韩国投资 1313 亿美元建设 "韩国信息基础设施工程"，在大力发展基础设施的同时，建立相应的社会、文化环境，开启了政府在国家生活中扮演单纯提供信息角色的数字政府 1.0 时代。数字政府 2.0 时代，以政府公众双向互动、政府应申请而披露相关数据资料为主要特征，这得益于《促进信息化基本法》的制定和韩国政府对 Web2.0 技术的推广使用。2013 年 6 月，韩国政府根据建设透明的政府、有能力的政府、服务型政府的理念，宣布实施数字政府 3.0计划，启动了数字政府建设的新范式。数字政府 3.0 的首要任务就是构建透明政府，构建透明政府、高效政府的核心要求之一便是公共数据的公开。

韩国政府于 2013 年制定实施《促进提供和使用公共数据法》，该法旨在要求公共机构更为主动地公开相关数据，进一步促进数据的流通和使用。2023 年 9 月 25 日、26日，韩国科学与信息通信技术部（MSIT）以《数字化深化新时代的新秩序展现》《韩国向世界展现数字新秩序》为题，在其官网上连续发布《数字权利法案》（Digital Billof Rights）的有关动态，[1]法案提出了应当保障数据访问，促进数据的开放，特别是保障公共数据的访问使用由各主体平等共享，并采取必要措施扩大公共数据的使用范围。韩国公共数据开放近十年的历程表现出以下趋势：

第一，扩大公共数据整合与开放范围，全面开放高价值数据。2013 年，韩国针对数据及政府数据制定《政府机关开放公共数据义务条例》《促进提供和使用公共数据法》。《政府机关开放公共数据义务条例》针对中央及地方 1547 个公共部门制定 3395种基础数据开放计划，并声明到 2017 年扩大到 9470 种基础数据，公众可以通过公共数据门户（data. go. kr）或机构网站获取信息。2020 年 9 月，韩国科学和信息通信技术部（MSIT）宣布将启动数据大坝（Data Dam）项目用于收集和利用私营和公共部门的各种数据。中小企业和政府机构共享与文化、交通、医疗保健、金融、大数据和基于人工智能的学习数据有关的广泛数据。2021 年 11 月 22 日，韩国金融服务委员会（FSC）宣布扩大通过 www. data. go. kr 开放 API 提供的公共金融数据范围。[2]这些开放数据的使用有助于推动韩国公共领域的发展和经济的增长。

第二，在信息流通与交换日益频繁的背景下，构建安全可信赖的数据环境显得尤为重要。韩国于 2020 年通过了旨在扩大个人和企业可以收集、利用的个人信息范围，

---

〔1〕　See https://www. msit. go. kr/bbs/view. do? sCode = user&mId = 214&mPid = 208&bbsSeqNo = 88&nttSeqNo = 3175677。

〔2〕　See https://www. fsc. go. kr/eng/pr010101/76910。

激活大数据产业的"数据三法",即《个人信息保护法》《信用信息法》《信息通信网法》修订案,有效地保护了行业的相关数据安全,减轻了对于信息泄露或者滥用的担忧。

第三,成立国家数据政策委员会,构建跨部委间决策机构。2021年10月12日,韩国科学和信息通信技术部(MSIT)宣布,国务会议通过了《数据产业振兴和利用促进基本法》(以下简称《数据基本法》),[1]旨在为发展数据产业和振兴数据经济奠定基础。《数据基本法》是全球首部规制数据产业的基本立法,对数据的开发利用进行了统筹安排。根据该法,韩国将在总理办公室下设国家数据政策委员会,作为国家数据产业政策的管理机构,并将每三年审议并发布一版数据产业振兴综合计划。此外,韩国政府将系统化地扶持数据分析、交易供应商等专门的数据企业。

然而,韩国公共数据开放也面临一些挑战。例如,数据的准确性和完整性、数据的安全和隐私保护、数据的可获取性和可理解性等问题都需要进一步解决。此外,政府在制定数据政策时既要保护敏感数据,如个人信息或与国家安全相关的数据,同时又要确保开放数据。但是韩国开放数据生态系统并不活跃,[2]而且不同部门和地区之间的数据开放标准和规范也存在差异,需要加强统一和协调。为了应对这些挑战,韩国政府需要进一步加强公共数据开放的法律法规建设,提高数据质量和安全性,加强数据科学的研究和应用,促进跨部门和跨地区的数据共享和交流。同时,还需要加强宣传和教育,提高公众对公共数据开放的认识和参与度,促进数据的合理利用和创新发展。

(二)韩国公共数据开放相关的法律概念体系

1. "公共数据(공공데이터)"与"行政信息(행정정보)"

韩国立法的"公共数据"概念内涵广泛。从主体上看,公共数据的主体既包括了国家机构、地方政府,也包括了符合特定条件的公司等组织。《促进提供和使用公共数据法》规定,公共数据的创建、获取、管理的主体是"公共机构"。[3]这既包括国家机构、地方政府,还包括了《智能化与信息化框架法案》第2条第16款所规定的公共机构,[4]具体是指,国家或地方政府以外的且满足特定条件的公司、组织或机构,地方法人和根据地方公共企业法设立的地方法人,根据韩国法律设立的学校,总统令指定的其他法人机构和组织等。从内容上看,公共数据包括了通过光学或者电子手段处理的数据或信息,如电子文档、数据库等。

韩国立法中,"行政信息"的概念有别于"公共数据"。"行政信息"是《促进提供和使用公共数据法》"公共数据"概念的子项之一,其内涵由《电子政务法》规定,具体是指行政机关在履行职责过程中所创建、获取和管理的以电子方式处理并以符号、文本、声音、视频等形式表达的数据。[5]《电子政务法》对行政机关的定

---

〔1〕 See https://www.msit.go.kr/bbs/view.do? sCode = user&mId = 113&mPid = 238&bbsSeqNo = 94&nttSeqNo = 3181615。

〔2〕 See Taewoo Nam:《Open Data Policy in Korea》,at https://carnegieendowment.org/2022/08/31/open-data-policy-in-korea-pub-87768.

〔3〕 韩国《促进提供和使用公共数据法》(第19408号法律,2023年11月17日施行)第2条。

〔4〕 韩国《智能化与信息化框架法案》(第18298号法律,2022年7月21日施行)第2条第16款。

〔5〕 韩国《电子政务法》(第19030号法律,2023年11月15日施行)第2条第6款。

义则明显不同于公共机构，行政机关特指处理国会、法院、宪法法院、中央选举委员会、中央行政机构（包括总统下属机构和总理下属机构）及其附属机构以及地方政府行政事务的机关。[1]从概念内涵上看，韩国的"行政信息"概念与我国"政务数据"概念总体相似。综上，我们可以发现韩国立法中"公共数据"与"行政信息"的差别，但如前所述，"行政信息"是"公共数据"的组成部分。因此，研究韩国对公共数据所设置的分类、评估等制度，对于理解韩国的政务数据分类、评估与开放模式等制度有重要帮助。

2. 公共数据的分类

韩国公共数据的公开由特定的机构负责，且存在不同的分类标准，但韩国并未就行政信息有单独的分类。《促进提供和使用公共数据法》规定，韩国内政和安全部长与科学和信息通信技术部长应协商制定和实施公共数据公开分类制度。[2]具体而言，根据韩国 2023 年 5 月修订的《公共数据提供标准现状概述》《公共数据开放标准》，韩国公共数据分为了 192 个标准数据集，包括停车场信息、社会企业信息、演出活动信息等。[3]韩国电子政务公开网站对其所公开的数据存在三种不同的分类标准。[4]第一种是按行业分类，将数据分为教育、土地管理、公共行政、金融、工业就业、社会关怀、食品健康、文化旅游、医疗、灾害安全、运输与物流、环保、科技、农业和渔业、统一外交与安全、法律；第二种是按"国家关键数据"的分类，区分了物业信息、交通事故信息、全国健康信息、当地行政信息、合并财务信息、房地产信息、渔业信息、商业信息；第三种是按公布者进行分类，划分了由国家行政机关、自治行政机构、教育行政机构、立法机构、宪政机构、公共机构、委员会、教育机构公布的信息。网站使用者在检索信息时，可以勾选不同分类标准下的数据种类，实现精准定位，所以可以认为行政信息也存在如教育、土地管理等的分类。

3. 公共数据的评估

为保证公共数据的质量，依据《促进提供和使用公共数据法》，韩国制定颁布了《公共数据管理指南》《公共数据提供与管理实务手册》等，并据此构建了公共数据的质量评估体系。《促进提供和使用公共数据法》所涵盖的行政信息部分，同样需要接受该体系的评估。"数据质量"是指数据的新鲜度、准确性和关联性等，本质上表现为为用户提供有用价值的程度。《公共数据管理指南》规定，公共机构应当建立持续、永久的数据质量管理体系；[5]《公共数据提供与管理实务手册》把公共数据的公开过程划分为四个阶段，即规划、建设、运营、使用，并提出了每个阶段应遵守的管理标准与原则；[6]《2023 公共数据质量管理水平诊断与评估手册》明确了公共数据质量诊断与评估的各项指标构成，具体包括了一致性、完整性和有效性。[7]

---

[1] 韩国《电子政务法》第 2 条第 2 款。

[2] 韩国《促进提供和使用公共数据法》第 23 条第 1 款。

[3] 韩国于 2023 年 5 月第十六次修订了《公共数据开放标准》，并将其与《公共数据提供标准现状概述》公开于以下网页中，参见网页 https://www.data.go.kr/bbs/ntc/selectNotice.do?pageIndex=1&originId=NOTICE_0000000000003106&atchFileId=FILE_000000002731026&nttApiYn=N&searchCondition2=2&searchKeyword1=.

[4] 参见韩国电子政务官方网站主页：data.go.kr.

[5] 韩国《公共数据管理指南》（内政和安全部第 2021 - 70 号公告）第 21 条。

[6] 韩国《公共数据提供与管理实务手册》（内政和安全部第 2021 - 70 号公告）第三部分。

[7] 韩国《2023 公共数据质量管理水平诊断与评估手册》"数据质量诊断标准"部分，第 55 页。

（三）韩国公共数据开放过程中的行政管理体系

韩国《促进提供和使用公共数据法》《电子政务法》《数据管理推进法》等法律，共同构筑了解决政府内不同部门的数据共享与汇总、统筹与监督等问题的法律基础。《促进提供和使用公共数据法》对公共数据的开放进行了整体谋划。《电子政务法》第四章解决的是行政信息的共同使用问题。《数据管理推进法》则系统地回应了"如何利用数据推进行政管理"的问题。[1]总体而言，韩国的公共数据开放由开放战略委员会所统领，负责审议和协调与数据开放、数据管理相关的政策和计划并进行检查与评估；内政和安全部则担任数据开放政策的主要执行人，负责制定计划并落实（具体请见图16-8）。

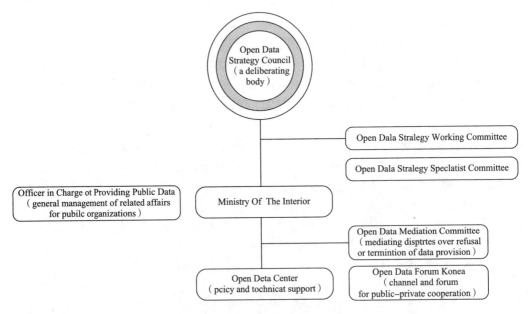

图 16-8 韩国开放数据策略组织[2]

在行政信息收集阶段，具体的收集工作则应当由各行政机关负责人负责；[3]内政与安全部长可通过信息系统公布行政机构行政信息清单的内容，并对需要行政机构共同使用的行政信息进行需求调查。[4]当行政机关负责人与其他行政机关需要共同使用收集和持有的行政信息时，如果其他行政机关等可以提供可靠的行政信息，则不得单独收集相同的信息。[5]

在信息使用阶段，《电子政务法》规定，内政与安全部长在与其他中央政府机构负责人协商后，可制定并公布关于联合使用行政信息的标准和程序的指导方针；[6]第37条赋予了内政和安全部设立"行政信息共同使用中心"的权力，以便不同部门顺利地

---

〔1〕 韩国《数据管理推进法》（第 19408 号法律，2023 年 11 月 17 日施行）。

〔2〕 图源韩国开放政务委员会网站，参见 https://www.odsc.go.kr/eng.

〔3〕 韩国《电子政务法》第 36 条第 1 款。

〔4〕 韩国《电子政务法》第 36 条第 3 款。

〔5〕 韩国《电子政务法》第 36 条第 2 款。

〔6〕 韩国《电子政务法》第 36 条第 5 款。

共同使用行政信息，并促进总统令规定的共同使用必要措施实施；第39条则规定了内政和安全部享有批准共同使用申请的权力，但这种批准的权力受到一定条件的限制，例如需要得到持有该数据的行政机构的同意、涉及个人信息的须经个人信息保护委员会的审议与决议等；第41条赋予了内政与安全部长撤销和暂停批准共同使用行政信息的权力。

在后续管理阶段，《数据管理推进法》则规定公共机构负责人负有管理的义务，[1]其应任命一名负责官员以监督和振兴机构数据管理相关的工作，该官员应承担监督和支持与数据驱动行政管理有关的数据的联系、提供和联合使用等责任。《促进提供和使用公共数据法》规定公共机构负责人应任命一名负责人和一名负责监督的负责人；[2]内政与安全部长须每年对公共数据的提供情况进行评估，向开放数据战略委员会等报告评估结果，并有权要求公共机构按照战略委员会的建议（如有）进行改正。[3]此外，《电子政务法》还规定，对于符合总统令所规定标准的信息系统，行政机构负责人应委托监督法人对该信息系统进行监督。[4]

（四）韩国公共数据开放中的授权与收费：制度与实践

1. 公共数据开放的形式

《促进提供和使用公共数据法》规定，公共机构负责人可以与个人、公司等合作提供相关服务，促进公共数据的提供和使用。[5]《电子政务法》规定了电子政务项目管理的委托事宜，简单而言，行政机关负责人只能将全部或部分的电子政务项目的管理和监督委托给具有专业知识和技术能力的人员。[6]行政机关负责人在委托时，应综合考虑执行项目管理的人员、工作执行计划、电子政务项目管理绩效等因素，具体的标准由总统令规定。

《电子政务业务委托管理规定》则对《电子政务法》第64条之二之规定作出了详细的规定。该法第5条规定了行政机构负责人在宣布委托服务招标时，应采用谈判订立合同的方法，并对投标人进行技术能力评估，需要评估一般条件、事业战略、执行或完成能力、执行计划以及质量管理五大部分。[7]通过自主建设与外包服务相结合的方式，韩国创建了电子政务服务等政务门户网站。

2. 授权与收费

韩国法律对公共数据的使用有明确的立法规定，《数据管理推进法》《电子政务法》等法律规范了行政信息在政府机关内部的共同使用，《促进提供和使用公共数据法》《智能化和信息化框架法》等法律规范了公共数据的社会开放。

（1）行政信息的内部共同使用。行政信息在政府机关内部的流动一般可以通过"数据综合管理平台"实现，但是接入该平台需要获得特定批准，且可能需要付费。

〔1〕 韩国《电子政务法》第16条。
〔2〕 韩国《电子政务法》第12条。
〔3〕 韩国《电子政务法》第9条。
〔4〕 韩国《电子政务法》第57条。
〔5〕 韩国《促进提供和使用公共数据法》第15条。
〔6〕 韩国《电子政务法》第64条之二。
〔7〕 韩国《电子政务业务委托管理规定》（内政和安全部第2021-5号公告）附录1，参见 https://law.go.kr/LSW//admRulInfoP.do? admRulSeq=2100000197313&chrClsCd=010201。

《数据管理推进法》规定，公共机构负责人可以在该平台中登记其认为有必要共同使用的数据，但是被认定为机密的数据、可能涉及国家安全等国家利益的数据等不应共同使用。[1]

此外，该平台的接入还需要经过内政和安全部的批准，申请人应当在其申请中明确共同使用的行政信息、使用范围、使用目的以及持有所需信息的机构；内政与安全部的批准需要考虑该申请所涉及的信息是否为机密、是否涉及国家的切身利益、是否是该机构执行业务所必需的等问题，且内政和安全部在批准前应当获得行政信息持有机构的同意。[2]《电子政务法》规定，通过共同使用中心提供行政信息的组织，可以向使用该行政信息的机构申请费用，具体的费用范围由国民议会规则等规定。[3]

（2）公共数据的社会开放与使用。韩国积极推动公共数据的社会开放与使用，行政信息作为公共数据之子项，同样在社会开放与使用之列。《促进提供和使用公共数据法》确立了"使公共数据人人可访问""公共机构不得禁止或限制公共数据的商业使用"的基本原则，[4]同时该法还提出应建立"公共数据利用支持中心"以及"综合提供系统（即公共数据门户）"，以有效提供公共数据。[5]通过"综合提供系统"或者到相关的公共机构，社会公众无须单独的申请程序即可获得依据"公共数据清单"公开的数据；如果不是该系统所提供的数据，则可以通过向公共机构负责人或利用支持中心提交申请以获取（申请程序见下图16-9）。

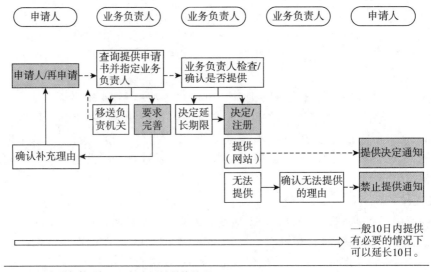

---▶：电子邮件通知 □门户网站最终处理

图 16-9 提供和处理公共数据的程序[6]

---

[1] 韩国《数据管理推进法》第 8 条、第 11 条。

[2] 韩国《电子政务法》第 39 条。

[3] 韩国《电子政务法》第 44 条。

[4] 韩国《促进提供和使用公共数据法》第 3 条第 1 款、第 4 款。

[5] 韩国《促进提供和使用公共数据法》第 13 条。

[6] 图源韩国官方网站，参见 https://www. data. go. kr/ugs/selectPublicDataUseGuideView. do#publicData_ summary_02.

但是，并非所有申请都可以获得批准，因为根据《促进提供和使用公共数据法》第 17 条规定，当某些数据涉及著作权法或其他法律保护的任何第三方权利，且未经相关法律法规获得适当的使用许可时，或者当该数据被认定为属于《公共机构信息公开法》[1]第 9 条禁止公开的信息时，则该申请很可能被驳回。需要明确的是，公共数据确认包含著作权等第三方权利时，并不必然会导致公共数据的不可提供，因为如果可以获得权利人的许可或者可以在技术上与著作权法等所保护的信息明确分离，则公共机构仍可以提供该数据。根据权利人的许可，公共机构在提供相关信息时应注明权利人的许可类型，包括可用于商业或非商业用途且可二次创作许可、仅限于非商业用途且可二次创作许可、可用于商业或非商业用途但禁止二次创作许可以及仅限非商业用途且禁止二次创作许可。

在费用负担层面，韩国立法规定原则上，提供主体应免费提供公共数据，特殊情况下可以收取最低必要成本。韩国《电子政务法》规定行政机构负责人可以向任何通过互联网提供的行政信息获得特殊利益的人收取费用。[2]韩国其他立法有规定，公共机构原则上应免费提供公共数据，如果需要成本，则可以让用户承担最低必要成本，即提供该数据的实际成本。[3]《实务手册》指出各组织可以根据组织的内部规定收取费用，如果该组织没有单独标准的，可以参照手册提供的方式进行计算；手册提供的计算公式为，数据提供成本 = 数据处理成本 + 数据传输成本。数据处理成本，是指应特定用户要求提供数据而额外收集或处理（提取、分析等）的成本；数据传输成本是指开发和维护在线向用户传输数据所需的额外接口等的成本；此外，《实务手册》还提供了计算的参考标准，包括一般费用（提供数据的实际直接费用，如提供数据所需的电子记录介质，如信息公开费）、硬件与软件成本（即购买软硬件以提供数据时的实际成本计量，例如开发新软件）、专业人力的人工成本（不同等级技术人员的工作支出）、因不同数据格式和提供方法而导致的成本（即需要考虑数据生成的复杂性以及提供时所需的管理成本，从而差别性地收费）以及权利使用费（即为获得著作权许可而支付的费用）。[4]

值得注意的是，为了促进公共数据的社会利用，韩国的立法还明确禁止公共机构重复或提供类似的服务，即防止公共机构使用公共数据开发与私营部门提供的服务类似或重叠的服务，以激活私人市场。[5]

（五）韩国公共数据开放一张图

结合上述研究，韩国公共数据开放的过程可以通过图 16 - 10 来展示。

---

〔1〕　韩国《公共机构信息公开法》（第 19408 号法律，2023 年 11 月 17 日施行）。
〔2〕　韩国《电子政务法》第 13 条第 1 款。
〔3〕　《促进提供和使用公共数据法》第 35 条规定了关于费用负担的一般原则；《公共数据管理指南》第 16 条具体化规定了费用负担事宜。
〔4〕　韩国《公共数据提供与管理实务手册》第 51～52 页。
〔5〕　韩国《促进提供和使用公共数据法》第 15 条第 2 款。

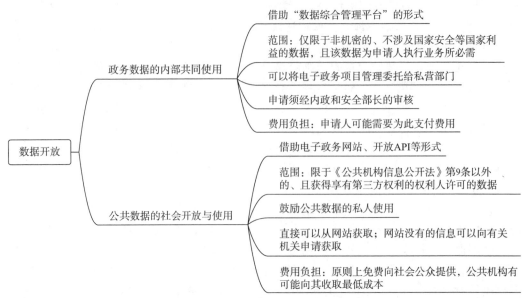

图 16 - 10　韩国政务数据开放概览图

七、域外政务数据开放的总体趋势

与国内的政务数据开放相比，域外更加侧重于开放政府数据（Open Government Data，OGD），且已经从一种治理理念逐渐转化成具体的政策和法律框架，各国政府、国际非政府组织等希望通过向公众提供政府数据来提高政府的透明度、促进政府问责制和创造数据价值。众所周知，政府部门收集、产生和存储着大量的数据。政府数据以其大量级、高价值、低开发等特征被视为各国发展数据产业、促进经济增长等不可忽视的突破口。尤其是在生成式人工智能集中爆发的 2023 年，如何将海量的政府数据安全且高质量地开放给社会，真正实现数据赋权，助力本国的人工智能竞争优势，成为各国政府内部热议的话题。

自 2010 年以来，各国政府尤其是发达国家纷纷将开放政府数据确立为新的国家战略，通过技术化手段将脱敏的政府数据转化为可机读的开放格式，再向公众免费提供数据集，并鼓励再利用这些公共数据集。经合组织曾于 2020 年发布研究报告指出经合组织国家已越来越倾向于制定涵盖所有政府部门的数据战略。[1]随着开放数据质量的逐步提高，政府数据表现出良好的社会价值和经济价值。麦肯锡公司于 2013 年 10 月发布的《开放数据》报告中测算出开放数据的经济利益可在教育、交通等七个方面总计达到 3 兆到 5 兆美元。[2]再以气象数据为例，美国国家海洋和大气管理局也曾于 2016

---

〔1〕　研究结果表明，经合组织国家越来越倾向于制定涵盖所有政府部门的数据战略。See OECD, Open, Useful and Re-usable data（OURdata）Index：2019，https://web-archive.oecd.org/2020 - 03 - 10/547558 - ourdata-index-policy-paper - 2020.pdf，last visited on 12.4.2023.

〔2〕　Open data：Unlocking innovation and performance with liquid information，https://www.mckinsey.com/~/media/McKinsey/Business%20Functions/McKinsey%20Digital/Our%20Insights/Open%20data%20Unlocking%20innovation%20and%20performance%20with%20liquid%20information/MGI_Open_data_FullReport_Oct2013.pdf，last visited on 12.4.2023.

年发布研究报告，通过统计测算得出其开放数据为蓬勃发展的私营气象服务行业提供了每年远超 7 亿美元的附加值，其极地卫星数据为世界船舶航线带来的效益估计每年达 9500 万美元，而美国每年 80 亿~100 亿美元的天气衍生金融业依赖于国家海洋和大气管理局的季节性天气数据和记录，而且这一数字还在不断增长。[1]

然而一体两面，开放政府数据无可避免会给各国政府带来一些棘手的问题，例如，若免费提供政府数据，谁来为政府数据的收集和处理付费？政府机构维护和更新数据的动力是什么？为了使公共价值最大化，哪些数据集应优先发布？政府机构是否应当通过授权机制对运营和使用政府数据的用户进行限制？若政府数据开放过程中发生国家安全、隐私泄露等问题应当如何确定责任？不一而足。

面对上述问题，在详细梳理和深入研究美国、欧洲、加拿大、澳大利亚、日本和韩国等国家的政府数据开放政策及其沿革后，可以发现虽然各国在政策背景、立法细节和实施强度等诸多方面存在不同之处，但仍在如下几个方面呈现出一致的趋势。

（一）以默认开放为原则（Open by default）

无论实践中实施效果如何，域外各国政府在数据开放的顶层设计中大多规定了政府数据应当默认开放的原则。政府数据默认开放原则主要包含以下三个方面：

第一，除了法律法规、合同协议等禁止开放的情形外，其他政府数据或公共部门数据均应默认纳入开放范围。根据《数据安全法》第 38 条规定，"政务数据"是指"国家机关为履行法定职责的需要收集、使用"的数据。而域外各国开放的政府数据往往大于我国政务数据的范畴，且开放数据的义务主体在不断扩大。例如，欧盟旨在再利用和公开的"公共部门信息"的收集主体涵盖公共部门机构和公共企业。其中，公共部门机构又包括三类主体：国家，地区或地方当局，受公法管辖的机构或由一个或多个此类当局或一个或多个此类受公法管辖的机构组成的协会。再如，韩国的公共数据开放义务主体既包括国家机构、地方政府，也包括了国家或地方政府以外的且满足特定条件的公司、组织或机构，地方法人和根据地方公共企业法的地方法人，根据韩国法律设立的学校，总统令指定的其他法人机构和组织等。

除了政府部门之外，具有公法人性质的组织和利用国家资金开展项目和研究的大学、研究机构等主体逐步成为各国开放数据的义务主体。如今仍有争议之处在于公共企事业单位是否应当开放其运营数据。例如，日本对公共事业领域的运营商，如电力、燃气、通信等企业，并未作出强制规定要求其开放数据，只是寄予希望。而欧盟已经在这个问题上做出了突破，2003/98/EC 号指令仅适用于公共部门机构持有的文件，而将公共企业排除在其适用范围之外。2019/1024/EU 号指令对第 2003/98/EC 号指令进行修订，以确保该指令适用于从事第 2014/25/EU 号指令第 8 条至第 14 条所述活动的公共企业以及公共机构、作为公共服务运营商的公共企业、作为履行公共服务义务的航空承运人的公共企业、作为共同体船东履行公共服务义务的公共企业，这就意味着上述公共企业也需按照规定开放其公共数据。德国也紧随其后，将公共部门数据开放的范围扩大到公共管理机构之外，尤其是一些普遍受关注的服务领域（水、能源和运

---

〔1〕　National Oceanic and Atmospheric Administration, OPENING UP GLOBAL WEATHER DATA IN COLLABORA-TION WITH BUSINESSES, https://odimpact.org/case-united-states-noaa-opening-up-global-weather-data-in-collaboration-with-businesses.html, last visited on 12.4.2023.

输）的公共服务公司。

第二，政府数据应当以免费的方式向公众提供。针对政府数据的定价和收费问题，各国普遍规定了免费使用的基本原则，尤以美国为典型代表。其他各国往往附加一个条款，即若在某些情形下需要对开放数据收费，费用需以回收成本为限。例如，韩国的开放数据实务手册提供了一个成本计算公式，数据提供成本 = 数据处理成本 + 数据传输成本。联合国曾在《促使公民参与的开放政府数据指南》中提供了两种公共数据的定价模型，一种是双重许可模式（"dual-licensing model"），即对非商业的再利用免于收费，对商业的再利用收费，另一种则是完全免费的模式，并列举了支持免费使用的四个主要论点。[1]指南的推荐做法是不区分用法或使用目的，免费提供公共数据或者仅收取边际成本。后者也是当今各国的主流定价模式。欧盟对高于边际成本的例外情况有严格的限定，并且有更高的透明度要求，如公布所有收费高于边际传输成本的公共机构名单。

第三，政府数据应当以无限制的方式向公众提供。开放许可协议（Open Licenses），知识共享协议（CC0）与公共领域专用许可协议（PDDL）等开放协议是默认开放原则的重要组成部分。域外各国政府普遍规定政府数据开放适用开放协议的方式。这就意味着一旦政府数据被公开，这些开放协议就为数据的使用提供了法律依据，确保公众能够无限制地复制、下载、再利用、传播这些政府数据。以美国为例，美国联邦政府对境内的开放数据使用者一律适用开放许可协议，对境外的使用者默认适用知识共享协议（CC0）或公共领域专用许可协议（PDDL）。欧盟也要求公共部门机构在制定文件再利用的原则时，应遵守欧盟和各国的竞争规则，尽可能避免与私人合作伙伴达成排他性协议，除非是为了提供一种具有普遍经济利益的服务。

值得注意的是，我国当前广泛讨论的公共数据开放利用与授权收费模式，无论是其通过设计授权运营模式对公共数据的运营者或使用者进行限制，还是探索公共数据的定价收费模式，均与域外各国政府数据开放的趋势大相径庭。为了真正激活数据要素，实现数据赋权，在尊重我国国情的基础上，公共数据的开放利用模式应当摒弃"数据财政"的迷思，回归默认开放、免费开放且无限制开放的基本特征。

（二）以鼓励创新为导向的开放原则（Open by innovation）

过去十年，世界范围内的开放政府数据实践发展迅速，不仅限于理念创新，更体现在开放技术创新和开放制度创新。

在技术层面，各国政府都在探索降低开放数据成本、提高开放数据质量的两全之策，例如不断创新开放数据的技术格式。自 2012 年中期以来，超过 8000 个在美国证券交易所进行交易并符合一定会计准则的公司被要求提供它们的部分年度、季度财务报告——使用可扩展商业报告语言或 XBRL。XBRL 这种计算机语言使用标签处理的方法，把关于公司性能的标准化、可比较的大量信息，以及报告中的数字和文本联系起来。每个公司和一个拥有 11000 个不同标签的图书馆合作来描述它的商业信息，如果需要的话，它还可以添加更多。这些 XBRL 中的数据都是供公众使用的开放数据。[2]

---

〔1〕 参见《指南》第 34 页，"Pricing for public sector information"部分，https://publicadministration. un. org/Portals/1/Guidelines%20on%20OGDCE%20May17%202013. pdf，last visited on 12. 4. 2023.

〔2〕 ［美］乔尔·古林：《开放数据——如何从无处不在的免费数据中发掘创意和商机》，张尚轩译，中信出版社 2015 年版，第 82 页。

在制度层面，不少国家正在探索公共数据信托模式，以解决公共数据开放中的权属难题和利益分配争议等。公共数据信托的设想是将数字经济各角落产生的个人数据都在法律层面归于公共信托之下，从而使其处理受控于作为受托人的国家设定的各类消极和积极用途要求。[1]这种公共信托在美国法上常由司法裁判创制，用于维系包括水域、地下水、野生动物等资源的开放性，其核心是拒绝私人主体对相关资源的独占主张，并要求国家基于事前控制和事后监督确保资源优先或限定用于公共目的。[2]英国和加拿大已经探索了公共数据信托的研究和实践，这种模式将公民的数据视为国家资源，将其作为集体管理公民数据的方式，用于发展有竞争力的数据产业。巴塞罗那也实施了公民数据信托计划来管理公共数据资源。[3]

（三）以促进竞争为导向的开放原则（Open by innovation）

域外各国政府数据开放实践的发展中一个明显的趋势是各国开始重视为开放数据的各个环节创造良好竞争环境，尤其是授权环节，以期实现政府数据的高质量开放和再利用。在我国政策语境下，授权环节主要指限定向谁开放数据的程序，这一环节往往优先考虑国家安全、数据安全、大规模数据处理能力等因素，却忽视了竞争因素在开放数据战略中的关键地位。在域外研究中，由于各国在授权使用环节大多采取开放许可协议、知识共享协议与公共领域专用许可协议，不对开放数据的获取和再利用进行限制，因此，该环节并不存在任何限制竞争的因素。然而在政府向数据处理商采购技术服务以对政府数据进行清洗脱敏、分级分类、开放运营的环节中，近几年各国政府开始逐步引入竞争机制，以达到更好的开放效果。以美国为例，美国联邦政府公开了开放数据项目的承包竞标过程，为更多规模较小的创新技术公司营造更适宜的竞争环境。白宫聘请专业人员开发了 RFP-EZ 系统，使小企业更容易地参与政府技术合同竞标。相比于标准的合约进程，RFP-EZ 使竞标价格减少了 30%。白宫和联邦小企业署（Small Business Administration）正在进一步发展这个项目，为新兴科技公司在竞争政府业务中打通道路。[4]

寰宇内外，政务数据开放是大势所趋。我国应当把握住历史时机，在借鉴世界各国开放数据发展经验的基础上，构建具有中国特色的符合技术规律、经济规律、法治规律的公共数据开放制度，以最大程度地普惠赋能数字中国建设。在保障数据安全的前提下，政务数据应坚持取之于民、用之于民、惠之于民的指导思想，坚持默认开放、免费开放、无限制开放的原则，构建最大范围、最低成本、最简程序和最高质量的政务数据开放制度。作为例外情形，公共数据的开放才需通过授权运营方可实施，且应由法律、行政法规明确规定适用的特定场景和数据范围、在边际成本的范围内收取费用的标准以及实质性公平竞争审查程序。

---

〔1〕 See Aziz Z. Huq, "The Public Trust in Data", University of Chicago, Public Law Working Paper No. 765, 2020, pp. 54 – 57, https://papers. ssrn. com/sol3/papers. cfm? abstract_ id = 3794780#, last visited on 12. 4. 2023.

〔2〕 戴昕：《数据界权的关系进路》，载《中外法学》2021 年第 6 期。

〔3〕 See Salomé Viljoen, "A relational theory of data governance", *YALE LAW JOURNAL*, 2021, 131 (2), pp. 645 ~ 647.

〔4〕 ［美］乔尔·古林：《开放数据——如何从无处不在的免费数据中发掘创意和商机》，张尚轩译，中信出版社 2015 年版，第 69 ~ 73 页。

附文：

重构数据行为及数据主体的概念体系

时建中，中国政法大学教授、中国政法大学数据法治实验室主任。

　　在数字化时代，数据成为现代信息社会的重要资源。数据是构建数据法律制度的基础概念，数据基础制度事关国家发展和安全大局，同时也是数据法律制度的核心和主体。然而，在理论和实践中，对于一些数据概念的界定尚不明晰，围绕相关概念展开的数据法治研究迫在眉睫。

　　数据行为的概念界定

　　数据行为即数据处理或数据处理行为，在法律层面，《中华人民共和国数据安全法》（以下简称《数据安全法》）、《中华人民共和国个人信息保护法》（以下简称《个人信息保护法》）、《中华人民共和国网络安全法》（以下简称《网络安全法》）均有列举式规定。《数据安全法》第3条第2款规定，"数据处理，包括数据的收集、存储、使用、加工、传输、提供、公开等"。《个人信息保护法》第4条第2款规定，"个人信息的处理包括个人信息的收集、存储、使用、加工、传输、提供、公开、删除等"。在承袭数据安全法列举的7种数据处理行为的基础上，个人信息保护法增加规定了"删除"行为。此外，早在2016年通过的《网络安全法》第76条第4项规定，"网络数据，是指通过网络收集、存储、传输处理和产生的各种电子数据"。在数据安全法和个人信息保护法中，"处理"是一个上位概念；在网络安全法中，"处理"则是一个与其他行为并行的概念。

　　在地方数据立法层面，关于数据处理行为的外延的规定有较大差异，可以归纳为以下几种情形。

　　其一，将数据安全法和个人信息保护法的数据处理行为和个人信息处理行为整合为一体。例如，《厦门经济特区数据条例》第2条第2项规定："数据处理，包括数据的收集、存储、使用、加工、传输、提供、公开、删除等"。其二，在全面整合引用数据安全法和个人信息保护法相关行为的基础上，增设其他行为。例如，《苏州市数据条例》第3条规定："数据处理，包括数据的收集存储、使用、加工、传输、提供、公开、删除、销毁等"。在数据安全法和个人信息保护法相关规定的基础上，创设了"销毁"行为。然而，对于电子形式的数据，"销毁"与"删除"差别不大。其三，只引用数据安全法第3条第2款规定，没有整合个人信息保护法中的"删除"。例如，《上海市数据条例》第2项规定："数据处理，包括数据的收集、存储、使用、加工、传输、提供、公开等"。其四，没有完全引用数据安全法的相应规定，并且创设了新的数据行为概念。例如，《深圳经济特区数据条例》第2条第6项规定，"数据处理，是指数据的收集、存储、使用、加工、传输、提供、开放等活动"。没有引用数据安全法和个人信息保护法中的"公开"，而是创设了"开放"行为。其五，在对数据处理作概况规定的基础上，创设了其他数据处理行为。例如，《上海市数据条例》第27条规定：

"市大数据资源平台和区大数据资源分平台（以下统称大数据资源平台）是本市依托电子政务云实施全市公共数据归集、整合、共享、开放、运营的统一基础设施，由市大数据中心负责统一规划"，这创设了"归集、整合、共享、开放、运营"等概念。再如，《四川省数据条例》第26条第2款规定，"公共数据开放，是指政务部门和公共服务组织向社会依法提供公共数据的行为"。《重庆市数据条例》第3条第6、7项分别规定，"公共数据共享，是指政务部门、公共服务组织因履行法定职责或者提供公共服务需要，依法获取其他政务部门、公共服务组织公共数据的行为""公共数据开放，是指向自然人、法人或者非法人组织依法提供公共数据的公共服务行为"，针对公共数据创设并界定了"共享、开放"等概念。

为了更好发挥数据要素的作用，中共中央、国务院印发了《数据二十条》，从不同维度对不同环节的数据处理行为做了非常深入的解构，亦引入了一些数据处理概念。例如，数据来源、生成、生产、采集、持有、托管、加工、流通、交易、应用、治理、供给、跨境流动等。这些概念与数据安全法和个人信息保护法规定的"收集、存储、使用、加工、传输、提供、公开、删除等"处理行为的关系需要进一步研究。例如，《数据二十条》中的"采集"与前述两部法律的"收集"在规则和后果等方面的区别。再如，"数据采集"与"数据收集"、"数据应用"与"数据使用"、"数据供给"与"数据提供"、"数据交易"与"数据流通"存在的差异等。

综上，关于数据行为或数据处理行为，三部法律规定不完全一致；各地规定也不完全一致；各地规定与法律规定更是不完全一致，概念所揭示的数据行为边界及相互之间的关系难以界定。为此，有必要在尊重技术规律、经济规律、法治规律的基础上对数据行为的概念进行系统化的再造，予以明确界定，从而构建数据行为体系。

明晰数据利益与数据主体

随着数字技术的蓬勃发展和广泛运用，数据量呈几何级数增长，数据存储和计算的技术、能力突飞猛进，数据的价值开始衍变，嵌入并赋能生产过程进而成为生产要素。作为信息载体，数据成为人类社会前所未有且取之不尽、用之不竭的新兴生产要素，并为经济发展、社会进步、科技创新赋能。作为信息载体，数据一旦要素化和市场化，就由信息利益载体衍生为资源利益载体。从数据赋能的机理分析，数据处理是数据要素化的前提和过程。没有数据处理行为就不可能实现数据的要素化。数据要素市场化必然推动数据处理服务的专门化、产业化。

鉴于数据作为信息载体和资源的双重属性，数据内容相关利益亦是双重的，即信息相关的利益和资源相关的利益。资源相关的数据利益源于但不同于信息相关的利益。数据行为相关利益源于数据因处理而增质和增值。简而言之，数据因收集而获得且不至于流失并得以保存；数据因存储而汇聚为资源；数据因加工而成为生产要素；数据因传输而弘扬其非竞争性、可复制性、非排他性等资源特征；数据因公开而赋能更多运用场景；数据因使用而彰显其独特的要素价值。

数据处理是数据要素化、资源化、市场化的前提，数据资源的价值基础和增值过程离不开数据处理，数据的合法处理者应当享有正当的数据利益。因此，数据利益可以解构为数据内容相关利益和数据行为相关利益。相应地，数据利益相关者包括数据内容利益相关者和数据行为利益相关者两大类数据主体，前者可被称为数据内容主体，后者可被称为数据行为主体。数据内容利益相关者（即数据内容主体）主要解决"关于谁的数据"这一问题，也就是与数据内容相关的数据利益相关者，包括自然人、法人和非法人组织。与之对应，可以将数据分为关于自然人的数据、关于法人的数据、关于非法人组织的数据，等等。基于自然人、法人和非法人组织的分类，与内容相关的数据利益相关者还可以继续进行更为深入细致的分类。例如，关于自然人的数据，还可以分为身份数据、行为数据、关系数据等；关于法人和非法人组织的数据，还可以分为诸如组织状态数据、产品或者服务的生产经营数据等。

数据行为利益相关者（即数据行为主体）主要解决"数据怎么处理以及由谁处理"这一问题，也就是与数据行为相关的数据利益相关者，根据数据安全法和个人信息保护法有关数据处理和个人信息处理的相关规定，包括数据收集行为及收集者、数据存储行为及存储者、数据加工行为及加工者、数据使用行为及使用者、数据传输行为及传输者、数据提供行为及提供者、数据公开行为及公开者、数据删除行为及删除者，等等。

我们注意到，在借鉴欧盟相关制度的过程中，我们引入了"数据主体"（Data subject）这一表述。"数据主体"概念最早见于欧盟《数据保护指令》。《数据保护指令》的第2条提到了数据主体，即个人数据是指与已识别或可识别的自然人（"数据主体"）有关的任何信息；可识别的自然人是指可以直接或间接识别的人，特别是通过参考识别号码或与其身体、生理、精神、经济、文化、社会身份有关的一个或多个具体因素来识别的人。《数据保护指令》还界定了数据主体的权利，包括对收集和使用其数据的知情权、访问权和反对处理其数据的权利等。《数据保护指令》于2018年被《通用数据保护条例》（GDPR）取代，但"数据主体"概念被沿用。此概念只用于与个人数据相关的情形，指代的就是可被数据识别的自然人。在欧盟法律语境，"数据主体"的构造前提是严格区别个人数据与非个人数据，并且是为了给予个人数据和个人隐私权特别保护。

欧盟有关"个人数据与非个人数据"的分类，非常值得我国借鉴。然而，在借鉴欧盟的"Data subject"构建我国的数据法律制度时，须格外谨慎。原因在于，根据欧盟GDPR对"personal data"定义，即"'personal data' means any information relating to an identified or identifiable natural person（'data subject'）"，"Data subject"系专门针对自然人（natural persons）的个人数据（personal data）而言的。换言之，欧盟语境下的"Data subject"实质上仅仅是自然人个人的数据主体。然而，在我国法理学或部门法学中，"主体"多指法律关系的主体，可以解构为权利主体、义务主体、责任主体等，可以是法人、自然人或者非法人组织。就数据法律制度而言，在将数据划分为公共数据、企业数据和个人数据的背景下，数据法律关系的客体不限于个人数据，还有公共数据和企业数据。相应地，数据法律关系的主体包括个人数据主体、公共数据主体、企业数据主体。在逻辑上，在汉语语境，"数据主体"应该是一个统摄所有数据主体的上位概念，不能限于个人数据主体。换言之，由"Data subject"直译的"数据主体"，事实上仅是个人数据主体，并非作为数据法律制度上位概念的"数据主体"。

（本文原刊载于《中国网信》2023 年第 05 期，收录本书时，对最后一段文字略有修改）

图书在版编目（CIP）数据

数据立法重点问题研究：以全国省级地方立法文件为研究对象 / 时建中主编. -- 北京：中国政法大学出版社，2024. 6. -- ISBN 978-7-5764-1547-6

Ⅰ. D927.021.74

中国国家版本馆 CIP 数据核字第 20249TS674 号

书　名	数据立法重点问题研究：以全国省级地方立法文件为研究对象 Shu Ju Li Fa Zhong Dian Wen Ti Yan Jiu：Yi Quan Guo Sheng Ji Di Fang Li Fa Wen Jian Wei Yan Jiu Dui Xiang	
出 版 者	中国政法大学出版社	
地　址	北京市海淀区西土城路 25 号	
邮　箱	fadapress@163.com	
网　址	http://www.cuplpress.com（网络实名：中国政法大学出版社）	
电　话	010-58908435(第一编辑部) 58908334(邮购部)	
承　印	固安华明印业有限公司	
开　本	787mm×1092mm　1/16	
印　张	44	
字　数	1071 千字	
版　次	2024 年 6 月第 1 版	
印　次	2024 年 6 月第 1 次印刷	
印　数	1~3000 册	
定　价	132.00 元